基金项目号：
中原英才计划，河南省高校哲学社会科学创新人才支持计划（2023-CXRC-26），河南省高校青年骨干教师计划（2019GGJS238）；河南省高等教育教学改革研究与实践项目（2021SJGLX558；2021JGLX096；2019SJGLX450），河南工程学院校级教改项目（2021JYYB028）的阶段性成果。

新文科背景下"345"模式在会计学课程思政与实践育人中的研究与实践

张 悦 著

中国财经出版传媒集团
中国财政经济出版社

图书在版编目（CIP）数据

新文科背景下"345"模式在会计学课程思政与实践育人中的研究与实践／张悦著． --北京：中国财政经济出版社，2022.9

ISBN 978 – 7 – 5223 – 1605 – 5

Ⅰ.①新… Ⅱ.①张… Ⅲ.①高等学校－思想政治教育－研究－中国 Ⅳ.①G641

中国版本图书馆 CIP 数据核字（2022）第 142104 号

责任编辑：彭　波　　　　　责任印制：史大鹏
封面设计：卜建辰　　　　　责任校对：徐艳丽

中国财政经济出版社 出版

URL：http://www.cfeph.cn
E – mail：cfeph@ cfeph.cn

（版权所有　翻印必究）

社址：北京市海淀区阜成路甲 28 号　邮政编码：100142
营销中心电话：010 – 88191522
天猫网店：中国财政经济出版社旗舰店
网址：https://zgczjjcbs.tmall.com
北京财经印刷厂印刷　各地新华书店经销
成品尺寸：185mm×260mm　16 开　29 印张　642 000 字
2022 年 9 月第 1 版　2022 年 9 月北京第 1 次印刷
定价：158.00 元
ISBN 978 – 7 – 5223 – 1605 – 5
（图书出现印装问题，本社负责调换，电话：010 – 88190548）
本社质量投诉电话：010 – 88190744
打击盗版举报热线：010 – 88191661　QQ：2242791300

前　言

2022年是我从事会计教学工作的第11个年头。在教育教学生涯中，从懵懵懂懂到逐渐清晰，从茫然所知到步入正轨，最终我找到了自己的坐标，诠释着自身的使命：教书育人，为人师表。

从2018年入选河南省会计领军人才培养项目以来，我经常前往北京国家会计学院进行培训学习，受到了来自知名大学、央企国企、财政部审计署等名家大咖的耳濡目染和言传身教，每次学习我都收获满满。

现实生活中，会计教育更多强调的是技能，对于品德教育仍显得比较薄弱。一直以来，企业的财务舞弊问题、资本市场丑闻接连不断，青少年身上发生的恶性事件、悲剧、惨剧频频出现，这些触发了我在教学和科研方面的思考。教育的目的到底是什么？业务技能和人品道德相比，德育是否应放在首位？我们该如何在讲授专业课的同时，强化和深化立德树人方面的教育？

我将自己的所想所思持续记录下来，在2019年申报了河南省高等教育教学改革研究与实践项目并获得立项。自此，我们成立了教学团队，我们的课程建设、教材编写、教研论文、学科竞赛、教学创新都以"345"模式为准绳依次展开。

会计学专业具有技术性和应用性，也具有浓重的管理学和经济学属性，因此会计教育不仅是技能教育，更在于管理、经济、思维、创新、伦理等方面的教育。在专业课教学中可以告诉学生要成为什么样的人、怎样运用所学为社会做贡献，用实际行动长才干、做贡献。我一直在探索如何在会计教学中融入思政元素，实现专业教育与思政教育、与实践育人的有机融合。我认为会计学课程思政应按照"更新教学理念——调整教学内容——改革教学方法"这一思路展开，强化经济后果理念、道德教育理念和政治协调理念，通过确定链接点、提炼思政元素、梳理课程思政内容来设计路径，进而开展"345"混合模式建设，推进教学过程由"以教为中心"向"以学为中心"转变，由"知识输入型"向"能力输出型"转变，不断完善"三全育人"格局。

"345"模式指的是线上3建设、线下4建设、线上线下的5协调与整合。线上"3"建设包括在线视频与讨论，在线习题与案例，在线测试与评价；线下"4"建设包括时事案例快速融入，课程内容生活有趣，会计理论启迪人生，人生哲理深化会计；线上线下的"5"协调包括会计问题场景化，教学手段智能化，拓展阅读思政化，教学科研融合化，深入实务持续优化。

我们认为，教育教学改革研究与实践的目的，不仅仅是为了让学生掌握扎实的专业知识和技能，更是要从健全心智、健全人格、健康心态上培养学生全面发展，从而让学生更好地适应社会、服务社会。河南工程学院会计学专业目前在校生2500人左右，加上财务管理专业、审计学专业的学生1170人，以及双学位学生，在校受益学生数将近5000人。课程思政的"345"模式在其他高校也得到了应用推广，受益学生达万人以上，具有一定的示范引领性。

学生得到了精神成长，创新实践、社会责任感和综合素质能力有了明显提升。学习活跃度和学业挑战度显著提升，学生独立思考能力、实践应用能力和竞争力全面增强。线上线下混合式学习使学生加大了学习投入，更为关注解惑和解决问题，课堂气氛活跃；全过程多元化评价增强了学业的高阶性和挑战度，激发了学生的创新智慧和实践应用，学生喜欢并积极参与案例开发、调研报告、研究论文等活动。通过课程思政和实践育人引领，学生积极主动参加校内外的各种实践活动，红河谷小学义务支教活动、"学雷锋"志愿服务月活动、暑期"三下乡"社会实践活动、"诚信校园行"主题活动、"不忘初心，牢记使命"微党课比赛、"宪法在我心中"主题活动、校友杨靖宇精神宣讲活动、迎新志愿活动、校运动会志愿活动等，影响和带动了学院及学校整体的班风和学风建设。2018年6月，会计学院被河南省委高校工委、河南省教育厅授予"河南省教育系统学雷锋活动先进集体"称号，2019年4月被共青团河南省委授予"河南省五四红旗团委"。《财务会计学》《财务分析》《税收理论与实务》《企业纳税筹划》等课程依次获批为河南省一流本科课程，会计学专业2019年获批为河南省一流本科专业，2022年立项为国家一流本科专业。

教学改革非一日之功，需要我们静下心来、摒弃浮躁、安于职守，多听、多看、多想、多问，集思广益；教学改革也非一己之力，需要整个团队成员多沟通探讨，取长补短，发挥集体的智慧和力量。万里长征始于足下，我们的会计学课程思政和实践育人还在改进和不断完善中，我们需要持续密切关注学生的反应，及时捕捉和发现问题，不断思考和调整教育的内容、角度和方式方法，才能真正实现专业教育、思政教育和实践育人的有效融合。

当前，我国已开启了向第二个百年奋进的新征程，经济增长已由高速增长阶段转向高质量发展阶段。立足新的阶段，我们越来越深刻地认识到会计学专业培养的绝不是账房先生，培养的是具有战略思维、思考能力、创新意识和社会责任感的复合型人才，培养的是去伪存真、开拓创新、居安思危、践行使命、勇攀高峰、互助友善、公平正义、担当有为的高素质人才。因此，高校教师应充满职业荣誉感和时代使命感，心存至善、胸怀信念，为社会主义市场经济的高质量发展和人才培养不断贡献智慧和力量。

本书是由张悦担任主编，参与各章节编写的老师还有：第1章吴伟老师参与编写；第2章和第3章杨乐老师参与编写；第4章邱保印老师参与编写；第5章许蔓菁老师参与编写；第6章张玉辉和王一炜老师参与编写；第7章张悦老师编写。附录为张悦老师历年来在实践育人中指导学生形成的获奖作品和成果。

在本书的出版过程中，中国财政经济出版社的编辑们提出了宝贵的意见，为提高本著作的质量，保证修订工作的顺利完成，付出了辛勤的劳动。谨向他们表示衷心的感谢。

目 录

第一章 研究背景及意义 1
- 一、研究背景 1
- 二、研究现状 1
- 三、研究意义 4

第二章 会计学课程思政的调研分析 6
- 一、会计类专业学生对会计职业道德的认知程度 7
- 二、高校对会计学课程思政建设的重视程度 11

第三章 会计学课程思政的路径设计 14
- 一、更新会计学专业的教育理念 15
- 二、调整会计学专业的教育内容 16
- 三、创新"345"混合式教学方法 18

第四章 "345"模式在"中级财务会计学"一流课程中的应用与实践 22
- 一、"中级财务会计学"课程目标 22
- 二、基于"345"模式的课程思政探索与实践 23
- 三、课程资源建设及组织实施 28
- 四、课程特色创新及改革成效 30

第五章 "345"模式在应用型高校会计学教材编写中的应用与实践 32
- 一、数字经济时代对会计学教材提出了新要求 32
- 二、应用型高校会计学教材的编写理念 35

三、"345"模式在会计学教材编写中的应用实践 …………………… 37
　　四、持续打造精品教材，适应和服务数字经济发展 ………………… 40

第六章　"345"模式在会计学专业实践育人中的研究与实施 ………… 42
　　一、会计学专业实践育人的理论研究与探索 ……………………… 42
　　二、"大智移物云区"时代的会计与审计职业发展趋势 ……………… 46
　　三、大数据环境下的审计变化、风险应对与能力建设 ……………… 61
　　四、会计学专业实践育人的成效与进一步能力建设 ………………… 76

第七章　新文科背景下优化会计学人才培养的对策建议 ………………… 82
　　一、优化会计学科教育及人才培养的对策建议 …………………… 82
　　二、加强课程开发和资源建设的计划与未来推进 ………………… 85

第八章　结语 ……………………………………………………………… 87

附录 ……………………………………………………………………… 88
　　科研为先还是教学至上：影响高校教师工作绩效的动因研究
　　　　——基于河南高等院校的调查 ………………………………… 88
　　民营企业绿色发展的"破冰之旅"：障碍壁垒与纾困解难
　　　　——基于民营企业环保现状的调查分析 ……………………… 136
　　"制造"到"智造"：制造业税收现状与技术创新现状的调查分析 …… 168
　　政企合作打好污染防治攻坚战
　　　　——基于环保 PPP 项目的调查研究 …………………………… 203
　　农村双创与乡土情怀：乡村振兴背景下如何激发农村创新创业活力
　　　　——以河南特色小镇为例 ……………………………………… 230
　　脱虚向实与知行合一：社会主义核心价值观与会计职业道德的相得益彰
　　　　——基于会计从业人员的调查分析 …………………………… 252
　　我们需要怎样的公众信息？微信公众号对大学生学习生活的影响研究
　　　　——以河南省高校为例 ………………………………………… 273
　　把舵领航和保驾护航：党组织参与公司治理的中坚作用与"中国奇迹" …… 294
　　中国税治：减税"说服"企业创新和绿色发展了吗？ ……………… 315
　　数据赋能"数字中国"：数据作为生产要素的确认计量与经济价值
　　　　——基于数字平台企业的调查研究 …………………………… 339

立德树人久久为功：社会主义核心价值观引领课程思政的调查研究
  ——以会计学课程为例 ·· 360
看万山红遍：红色文化资源对新时代大学生"三观"塑造的
  育人导向与价值引领 ·· 377
"大智移物云区"能否成为注册会计师行业的"六脉神剑"？ ············ 394
人工智能与就业之争：会计人员何以"安身""立命"？
  ——基于会计从业者的调查研究 ······································· 413
鱼和熊掌能否兼得：环保投资影响企业研发投入吗？ ······················ 432

参考文献 ·· 454

第一章 研究背景及意义

一、研究背景

根据教高〔2020〕3号文，教育部印发的《高等学校课程思政建设指导纲要》指出，把思想政治教育贯穿人才培养体系，全面推进高校课程思政建设，发挥好每门课程的育人作用，提高高校人才培养质量。培养什么人、怎样培养人、为谁培养人是教育的根本问题，立德树人成效是检验高校一切工作的根本标准。落实立德树人根本任务，必须将价值塑造、知识传授和能力培养三者融为一体、不可割裂。全面推进课程思政建设，帮助学生塑造正确的世界观、人生观、价值观，这是人才培养的应有之义，更是必备内容。这一战略举措，影响甚至决定着接班人问题，影响甚至决定着国家长治久安，影响甚至决定着民族复兴和国家崛起。要紧紧抓住教师队伍"主力军"、课程建设"主战场"、课堂教学"主渠道"，使各类课程与思政课程同向同行，将显性教育和隐性教育相统一，形成协同效应，构建全员全程全方位育人大格局。

会计学专业具有技术性和应用性，也具有浓重的管理学和经济学属性，因此会计教育不仅仅是技能教育，更在于管理、经济、思维、创新、伦理等方面的教育。新时代实现国家治理体系和治理能力的现代化，需要规范会计业务处理，提高会计信息的质量，夯实会计服务社会主义市场经济的基础性地位。河南工程学院为河南省首批示范性应用技术型本科高校，校党委高度重视课程建设与教学改革。河南工程学院作为一所服务行业和地方经济发展的应用技术型大学，具有深厚的煤炭、纺织行业背景。根据新文科建设要求、"两性一度"金课标准，会计学专业旨在培养知战略、懂业务、精财务、会分析、善沟通的应用型人才。河南工程学院会计专业始于1954年，1984年开始招收专科生，2008年本科生首次招生。先后依托河南省注册会计师人才培养基地、河南省优秀基层教学组织、河南省"三全育人"综合改革试点院系、河南省一流本科专业、河南省一流本科课程等教学质量工程，其会计学专业历年来在学校的高考录取分数线都是最高的，招生人数规模也是最大的，会计学作为河南工程学院的传统优势学科，得到了充分重视和建设。2022年上半年，会计学专业顺利获批国家一流本科专业建设点。

二、研究现状

《羊城晚报》刊文称，南京大学原副校长董健教授在广州"公众论坛"演讲时指出，中国现代教育要重振启蒙精神，招回大学之魂，"大学要把学生培养成和谐发展的人，而不是有用的机器。"随着我国社会主义市场经济的不断发展和完善，会计学专业成为热门专业之一，开设会计学专业的高校及招生人数不断增加，为会计学专业的发展带来了极好的机遇。然而，会计学专业作为技能性、应用性较强的专业，几乎成为培养"有用机器"的基地，与计算机、外语等技术性专业一道被列入招生培训广告宣传之中。不可否认，会计学专业具有技术性的一面，但毕竟是管理学、经济学范畴的专业，具有浓重的管理学、经济学属性，会计信息及会计工作具有强烈的管理后果、经济后果、社会后果，会计教育不仅仅是技能教育，更在于管理、经济、思维、创新、伦理等方面的教育，梳理和完善会计教育理念已经成为现代会计教育中一个急需解决的迫切问题。

在教学过程方面：在会计教育过程中我们设置了文化基础、计算机基础、数学、英语、经济学、管理学、法学、人文学等知识模块。然而，在会计专业教学过程中，我们发现学生的专业学习大多处于拼盘式的孤立状态，难以将知识联系、结合、融合起来，不会融会贯通，其重要原因在于我们过于注重"教"、忽视"育"。通常我们谈论"课堂教学""教学方法""教学方式"等教学概念，大多是关注教学方面的问题。实际上，教学过程中不仅是学什么，更重要的是怎样学、为什么学以及如何应用等思维方式，以培养其学习兴趣、学习能力，由此谓之"育"。我们认为，会计教育是会计专业教师通过会计的基本理论、基本技能、基本方法的传授，培养受教育者有关会计思想、会计做人、会计做事及会计创新的过程，其核心主线是会计教育理念。

在教书育人方面：孔子早有"知之者不如好之者，好之者不如乐之者"的著名论断，《礼记》中也有"师也者，教之以事而喻诸德也"之语，陶行知指出："先生不应该专教书，他的责任是教人做人；学生不应该专读书，他的责任是学习人生之道"，叶圣陶说："教师之为教，不在全盘授予，而在相机诱导。"卢梭也认为："问题不在于教他各种学问，而在于培养他爱好学问的兴趣，而且在这种兴趣充分增长起来的时候，教他以研究学问的方法"。

在教育思维方面：我国古代重要著作《中庸》中早有"博学之，审问之，慎思之，明辨之，笃行之"的论断。美国有教育家认为："教育就是帮助学生学会自己思考，作出独立的判断，并作为一个负责的公民参加工作"（罗伯特·赫钦斯，1980）。德国教育家赫尔巴特也指出："教学如果没有进行道德教育，只是一种没有目的的手段；道德教育如果没有教学，就是一种失去手段的目的。"陶行知更强调："真的教育必须造就能思考，能建设的人""行动是老子，知识是儿子，创造是孙子。"为此，郭沫若为陶行知的墓碑写下了如下对联："千教万教，教人求真；千学万学，学做真人"。顾明远（2013）主张："教育的本质就是生命教育""生命教育不是一种教育模式问题，而是教育理念的问题。我们要通过生命教育来转变教育观念，更新教育方法，使我们的孩子幸福生活，健康成长"。在教育与训练的关系方面，肖川（2010）认为："教育区别于训练在于教育必定包含精神的因素，有着人格的陶融和心灵的憧憬，最高明的单纯的技能训练也只能将人制造成最有效率的工具"。不难看出，教育的宗旨在于培养人的综合素质，而不是简单地将人培养成某种工具，因为人不是机器，而是具有独立的尊严、人格、思想、价值判断及行为选择的主体，更是构成人类社会的主体，大学生更应具备良好的人文素质和品德修养，具备较强的价值判断、独立思考、创造思维的能力。教育的终极价值应该是人的全面发展，而不是制造器皿和工具（曾鉴，2006）。教育的根本之道是让每个人都有美满人生，自己享受人生并帮助别人享受人生，使全社会快乐总量极大化，而不仅仅是教授谋生的技能，教育目的应从"人才"上升到"人生"。

在会计实务方面：从16年前的银广夏、蓝田股份到近年来的绿大地、万福生科，以及最近的康美药业、康得新财务舞弊问题，会计造假事件频频发生，这表明会计人员的金钱与人生价值、权力与人生价值的关系仍然没有很好解决。目前重"教"轻"育"的问题远远没有很好解决。"教"在于"业"，"育"在于"德"，"德"重在对人生的理解与有效实践。因此，会计教育的内涵有必要从专业教育拓展为专业教育与人生教育并重的双重轨道，这也是"德为先"、德治的社会需要，更是实现人生价值的需要。因此，我们主张在会计教育中应积极引入相关的人生教育，造就"人生价值最大化的会计人才"（栾甫贵，2017），通过会计专业教育与人生教育的融合，将积极的人生观、世界观、价值观引入相关会计专业课程之中，将企业需要的品德素质传递给学生，塑造大学生的优良品质和健康人生，降低道德风险、增强职业能力，推动会计专业教育的改革、完善与升级，提高企业会计人才选拔与应用的质量。

在大学生方面：大学时代是培养和造就大学生优良素质的重要时代，是大学生了解、思考、认识和理解人生意义的重要时代。然而，某些刚刚考上大学的学生好像到达了人生的顶峰，进入大学后不久便陷入人生的低谷，甚至丧失人生目标、质问人生的意义（董晓蕾，2007），有些青少年对生命的理解狭隘化，仅仅将生命视作"生理生命"，忽视甚至无视"人文生命"，一旦不能满足其欲望或受到挫折，顿觉生命无价值、人生无意义（郑晓江，2010）。有调查显示，33.4%的大学生上大学的目的是"拿到文凭找到好工作"，51.4%的学生对人生意义并无自己的答案，不少大学生逐渐丧失了支撑其生命活动的价值资源和意义归宿，陷入了"存在性危机"，处于深刻的"和自然疏离""和社会疏离"等状态（于飞和邓子美，2010）。在这种信仰危机、彷徨迷茫的状态下，出现了少数自杀与杀人的恶性事件。是什么原因产生了如此令人震惊的问题？除了社会平等、道德品质及心理素质等因素以外，这些不该发生的惨剧是否更值得我们教育工作者反思？高等院校的专业教育除了专业技能教育之外，是否在人生教育方面出现了严重的瑕疵？我们应该如何在"教书"的同时，强化、优化、深化"育人"方面的教育？

北京大学徐凯文副教授在第九届新东方家庭教育高峰论坛上指出，有些非常优秀的年轻人，成长过程中没有明显创伤，个人条件优越，却感到内心空洞，感觉不到生命的意义和活着的动力，甚至找不到自己。这是否是个别现象？少数高校出现的本科生、硕士生、博士生甚至教授、博导轻生，暴露出我们的被教育者甚至教育者出现了什么教育问题？以分数论英雄的应试教育、专业教育是否有些偏颇甚至极端？是值得我们深思、再深思的严峻问题。在高等教育过程中，应不断强化、深化人生教育，将人生教育融入专业课程之中，形成潜移默化的熏陶、指引。

三、研究意义

做好高校学生思想政治教育工作，关键是要按照习近平总书记在全国高校思想政治工作会议上所强调的，因事而化、因时而进、因势而新。"新时代高教40条"要求，把思想政治教育贯穿高水平本科教育全过程，强化课程思政和专业思政。把寻找课程教学、学生需求、兴趣爱好的契合点，用学生喜欢的方式表达思想和理论，让学生乐于理解、接受。因此，本书的研究意义体现在：

1. 将社会主义核心价值观和习近平新时代中国特色社会主义思想潜移默化浸入专业教育中，将社会主义核心价值观内化于心、外化于行。

在会计专业课程中结合时事热点问题，引导学生主动学习、积极思考，在潜移默化中实现习近平新时代中国特色社会主义思想的理论认同。推出诸如"国家体制剖析案例、绿色经济发展、华为创新发展历程"等单独的探究式案例，以问题为导向，将管理学理论、学术发展趋势和中国实际紧密结合，增强教学的吸引力、说服力和感染力。充分考虑会计学专业学生的特点，以推进新时代思想政治工作改革攻坚为抓手，把思想政治教育融入专业教育全过程，将习近平新时代中国特色社会主义思想润物无声地浸润到大学生思想中，将社会主义核心价值观内化于心、外化于行，初步形成具有专业特色的"浸润式"思政育人新模式。

2. 探索会计学课程育人的新思路，将"思想价值引领"贯穿课程方案、课程标准、教学计划、备课授课、教学评价等教育教学全过程。

"课程思政"改革的本旨是要广大教师转变教学观念，更新教学内容，改革教学方法，增强专业素养和人格影响力，让课堂教学"活"起来，避免牵强附会、割裂曲解、生搬硬套，达到潜移默化、润物无声、同频共振的立德树人效果。立德树人是高校教育的根本任务，做好全员、全过程、全方位育人是我们的职责。围绕"融入""贯通"两个关键词，共同探索新时代会计专业课程育人的新思路、新方法。发挥学科优势，将"思想价值引领"贯穿课程方案、课程标准、教学计划、备课授课、教学评价等教育教学全过程，进一步做好课程育人工作，激发青年学生的爱国主义情怀和民族自豪感，在"课程思政"的道路上落地见效。

3. 使会计专业课程与思想政治课程同向同行，形成协同效应，引导学生"精神成长"，不断完善"三全育人"格局。

在"价值塑造、能力培养、知识传授"三位一体的课程教学目标中，将价值塑造作为课程的"灵魂"，以"课程思政"改革持续调整优化教学内容，开发整合教学资源，通过定期的教学研讨和经验方法交流，将时代的、社会的正能量引入课程，重点培养学生的思维能力、职业能力和社会责任感，帮助学生专业成才，引导学生"精神成长"。用好课堂教学这个主渠道，不仅不断改进和加强思想政治理论课，还致力于推动"思政育人"与专业教育的有机融合，将思政教学元素融入专业课程之中，寓价值观引导于知识传授之中，确保会计学课程守好一段渠、种好责任田，使会计学课程与思想政治理论课同向同行，形成协同效应。

专业课里的思政引领涤荡学子心灵，激励同学们立鸿鹄志、做追梦人。老师在专业课上可以告诉学生要成为什么样的人、怎样运用所学为社会作贡献，使学生深感新时代青年学子责任重大、使命光荣，用实际行动长才干、作贡献。开展的"不忘初心，牢记使命"主题教育深入人心，坚守兴学报国、为党育才之初心，坚持"立德树人担使命"，把思想政治工作贯穿教育教学全过程，坚持精准施策、精准发力，持续深化课程思政和思政课程改革，不断完善"三全育人"格局，努力培养德智体美劳全面发展，具有家国情怀、创新精神、国际视野，担当民族复兴大任的卓越财经英才。

第二章　会计学课程思政的调研分析

习近平总书记在全国高校思想政治工作会议上的讲话中强调：高校思想政治工作关系着高校"培养什么样的人，如何培养人，以及为谁培养人"这个根本问题。要坚持把立德树人作为中心环节，把思想政治工作贯穿教育教学全过程，实现全程育人、全方位育人。在2020年教育部印发了《高等学校课程思政建设指导纲要》（以下简称《纲要》），《纲要》明确提出，课程思政要在所有高校、所有学科专业全面推进。近年来"三全育人""课程思政"成为高校教育教学领域的热词。在社会经济快速发展下，财务舞弊和资本市场丑闻接连不断，会计道德缺失现象日益明显。例如，英国巴林银行倒闭案、安然事件、雷曼兄弟破产之路、法国兴业银行交易欺诈、华夏证券破产、紫鑫药业炮制惊天骗局、三株口服液破产、三九集团财务造假、三鹿奶粉事件、郑百文破产、康美＋康得新舞弊串通、瑞幸咖啡事件等。这些事件都警示着我们不能继续忽视会计人才培养中的职业道德建设。

经济越发展，会计越重要。这就要求在现有的会计专业课程中，逐步融入思政教育的内容，加强社会主义核心价值观对高校课程思政的引领作用。本部分从社会主义核心价值观内涵出发，对高校会计学课程思政建设进行现实扫描，发现大学生对课程思政认同度较高、高校对课程思政重视程度不足等问题。通过调研高校会计学思政建设、会计学科之间的内在联系，分析了会计学科与高校课程思政教育的关联性、社会主义核心价值观与会计学思政建设之间的相互作用。立德树人、久久为功，高校学科教育的发展、学生个人能力的培养，必须发挥课程思政建设的引领作用，助推高校课程思政的建设和发展，实现学生、高校、社会的协同发展与进步。

习近平总书记在全国高校思想政治工作会议上强调："要用好课堂教学这个主渠道，思想政治理论课要坚持在改进中加强，提升思想政治教育亲和力和针对性，满足学生成长发展需求和期待，各门课都要守好一段渠、种好责任田，使各类课程与思想政治理论课同向同行，形成协同效应"。2021年是中国共产党成立100周年，这是向第二个百年进军之年，也是"十四五"规划开局之年。我们提倡课程思政普及化，从而建设高质量高校课程思政体系。学生时代是形成价值观以及确立正确价值观至关重要的一个阶段，在这个时期，学生非常容易被一些错误，甚至是极端的思想侵蚀感染。因此，加强课程思政方面的教学是迫在眉睫的任务，正确引领学生踏上人生道路的第一步，帮助学生树立正确的三观，坚定其理想以及信念，丰富专业技能知识，培养良好的道德品质。

为深入贯彻落实习近平新时代中国特色社会主义思想，贯彻落实党的十九大和十九届二中、三中、四中、五中全会精神，学习贯彻习近平总书记关于教育的重要论述，努力培养担当民族复兴大任的时代新人，培养德智体美劳全面发展的社会主义建设者和接班人。高校肩负践行着立德树人、为民族复兴提供人才支撑的重任,这也是每位教育者应有的职责和担当,需要教师在教学过程中提炼思政教育的隐性与显性资源,从而使受教育者达到知识、能力与素质的有机统一;需要教师强化课程思政理念,采取切实有效的方法加快构建全员、全过程、全方位育人的思政平台,同耕责任田。加强会计学课程思政建设,更是对会计行业、会计从业人员的警示与启迪,把握新时代脉搏,不断践行社会主义核心价值观。

一、会计类专业学生对会计职业道德的认知程度

高校学生是课程思政的被教育主体,也是高校思政建设情况的最直接表现。我们对河南省十几所高校的会计学类专业学生进行了访谈和问卷调查,并访谈会计专业的老师。访谈及问卷调查包括郑州大学、河南财经政法大学、河南工业大学、河南农业大学、河南工程学院、中原工学院、河南财政金融学院等16所高校共627人,其中本科472人、专科155人。发出800份问卷,回收627份。

(一) 对会计准则内容缺乏认知

会计准则是会计人员从事会计工作必须遵循的基本准则,会计核算工作的规范。朱镕基同志在视察北京国家会计学院时,为北京国家会计学院题词:"诚信为本,操守为重,坚持准则,不做假账。"会计准则是一条有形的红线,对我们起到了警示作用,无论何时在会计工作中都不能触碰这根红线。

从图 2-1 可以看出,河南省 16 所高校会计类专业学生对会计准则内容的了解情况,在各个专业学生对会计准则内容的了解情况中,"不太了解"占大多数,其中审计(专科)对

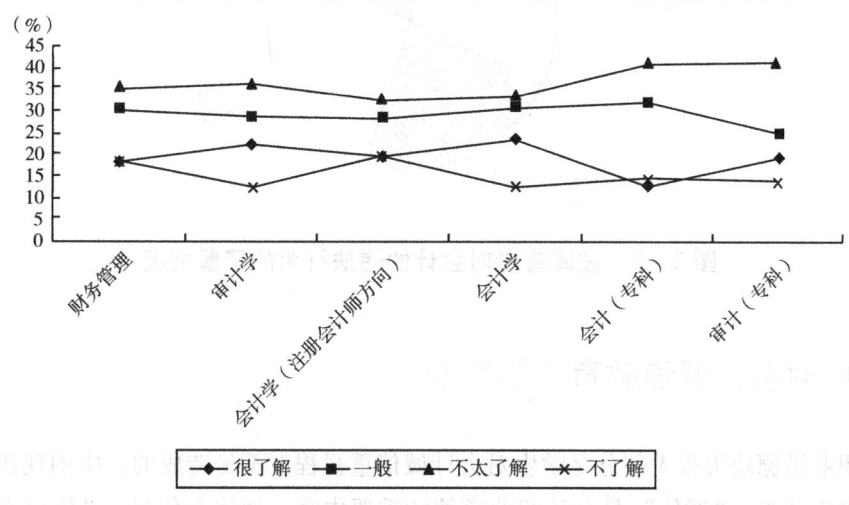

图 2-1 被调查者对会计准则内容的了解情况

会计准则内容的了解情况中,"不太了解"已高达41.31%。而"很了解"占比较小,会计(专科)"很了解"的占比仅仅只有12.74%,这说明高校会计类专业学生对会计准则内容的了解程度十分不足。如果在会计行业中缺乏对会计准则的了解认知,会很容易违背会计相关的规范要求,甚至助推不良风气的滋生。了解并遵守会计准则是会计行业的基本操守,是每个从事会计从业者应该铭记于心的灯塔,会计类专业学生应深入加强对会计准则内容的学习了解。

(二) 对会计违法行为了解不足

近年来会计违法行为频频出现在大众视野,许多案例中涉及的金额、牵扯的利益关系令人震惊,为减少这种现象的频发,加强学生对会计违法行为的认知,我们需要从会计类专业学生对会计违法行为的认知情况入手。

按照河南省16所高校随机调查的会计类专业的学生对会计违法行为了解的多少,从图2-2我们可以清晰地看到,在高校学生对会计违法行为了解的程度中,"基本不了解"占大多数。其中,在学生对会计违法行为的了解程度中,"基本不了解"已高达32%。而"很了解"的占比只有17%,这说明高校会计类学生对会计违法行为了解的程度十分不足。会计类的违法行为助长了腐败现象和不良风气,影响正常的经济秩序,使投资者信心受挫,将会受到法律的制裁,因此,我们应进一步提升学生对会计违法行为的认知程度。

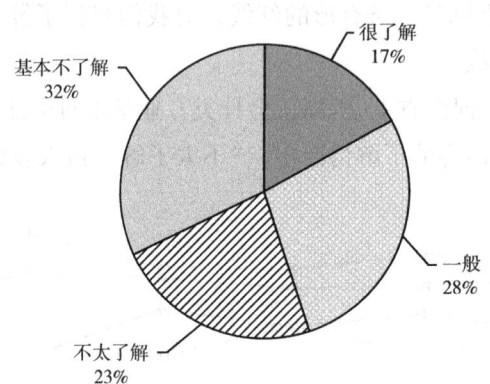

图2-2 被调查者对会计的违法行为的了解情况

(三) 对会计诚信教育不够重视

会计职业道德缺失很大部分是学生对会计诚信重视程度不足造成的,中国现代会计学之父潘序伦先生认为,"诚信"是会计职业道德的重要内容。他终身倡导:"信以立志、信以守身、信以处事、信以待人、毋忘立信、当必有成"。如果缺少诚信,会计的职能就很难发挥出来,市场经济就难以很好地运行。在大学生世界观形成的关键时期,增强其对会计诚信的重视程度,为其日后从事会计工作打下良好基础,这是高校完成会计类学生培养目标的重要举措。

从表2-1、图2-3可以看出,河南省16所高校随机调查会计类专业的学生对会计诚信的重视程度,无论是在哪个专业对会计诚信的重视程度中,"必要性不大"占大多数,其中审计(专科)对会计诚信的重视程度中"必要性不大"已高达42.31%,而各个专业学生对会计诚信的重视程度中"很有必要"占比较小,其中会计(专科)对会计诚信的重视程度中"很有必要"仅占12.74%,由此可见,高校会计专业学生对会计诚信的重视程度不是很高,本科与专科的学生也呈现出一定的差异。会计诚信是会计类专业学习的必要内容,学校有必要在课程教育中加强有关会计诚信长期的、潜移默化的课内及课外教育。

表2-1　　　　　　被调查者认为是否有必要开展会计诚信教育

专业/了解程度	很有必要	一般	必要性不大	没必要
财务管理	18.41%	25.19%	38.15%	18.26%
审计学	22.39%	26.79%	38.36%	12.46%
会计学(注册会计师方向)	19.64%	28.29%	40.46%	11.61%
会计学	23.44%	29.69%	34.38%	12.50%
会计(专科)	12.74%	32.04%	41.86%	13.36%
审计(专科)	19.22%	25.01%	42.31%	13.46%

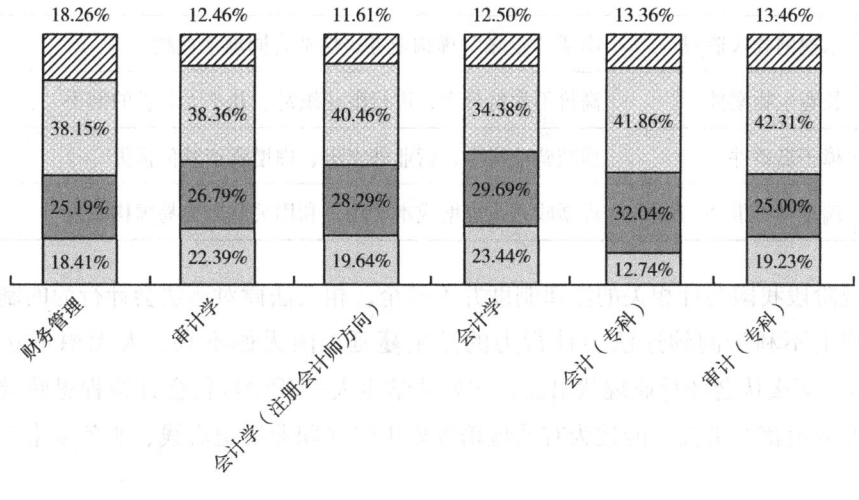

图2-3　被调查者认为是否有必要开展会计诚信教育

近年来社会中亦出现了一些财务造假案例，通过表2-2可以看到，有1995年英国巴林银行倒闭案、1998年三株口服液破产、2001年安然事件、2003年三九集团财务造假、2008年雷曼兄弟破产之路、2012年佛山照明被罚、2016年乐视网收入造假、2018年的长春疫苗财务造假事件、2019年的康美药业A股史上规模最大的财务造假舞弊案、2020年的瑞幸咖啡财务造假案等。表2-2分析了几个典型的财务造假案例，我们不难看出，这些财务造假案与财务人员的职业道德缺失不无关系。因此，有必要进一步加强会计人员道德修养，按照财务制度和准则要求对企业的经营活动进行确认、计量、核算和监督。还有一些会计人员缺少必要的职业道德教育，法制意识淡薄、缺乏爱岗敬业精神和精益求精精神。工作中不能够做到廉洁自律、实事求是、客观公正地办理各项经济事务，为了自身的利益提供虚假会计信息，甚至一些会计人员，利用职务之便监守自盗，最终走上了违法犯罪的道路。

表2-2　　　　　　　　　　　会计财务造假事件分析

时间	事件	造假方式
1995年	英国巴林银行倒闭案	控制不当
1998年	三株口服液破产	虚假广告宣传
2001年	安然事件	做假账来制造利润，通过"资产置换"和关联交易包装业绩，用资本运营来处理"垃圾"
2003年	三九集团财务造假	东墙补西墙，抽取上市公司的巨额资金用于维持运营
2008年	雷曼兄弟破产之路	掩盖负债，粉饰财务报告，营造良好的债务状况
2012年	佛山照明被罚	虚假证券，隐瞒关联交易
2016年	乐视网收入造假	串通"走账"虚构业务、伪造合同虚增业绩
2018年	长春生物案件	高价不卖低价卖，进行眼花缭乱、几乎无收益的倒手
2020年	獐子岛事件	虚减营业成本、营业外支出、虚增资产减值损失
2020年	瑞幸咖啡事件	虚增收入，虚增成本费用，利用关联方交易虚构收入

由于现阶段我国会计相关的法律制度并不健全，相关法律对违法会计行为的制约缺乏强制性，客观上不利于制约违法会计行为的滋生蔓延。国无德不兴，人无德不立，德乃立"兴"之本，那么从会计行业现状出发，如果从学生大一开始进行会计课程思政教育，进行会计行业职业道德的讲授，能较为有效地培养学生恪守职业道德底线、避免未来工作中的违法乱纪。

二、高校对会计学课程思政建设的重视程度

高校在会计学思政建设中发挥导向性作用，高校学生是道德建设核心，但学生的自主学习与认知能力较为薄弱，在很大程度上需要高校进行引导，会计学专业学生对高校的会计学课程思政建设认知反映情况往往能够集中表现出高校会计学课程思政的建设程度。

（一）会计学课程思政建设程度较低

我们对河南省 16 所高校 2017 级至 2020 级的会计类专业的学生进行了随机调查（见图 2-4），调查的问题为"你认为高校对会计类课程思政的建设程度如何"，认为"比较完善"的学生最少，占比都在 12% 以下，而认为"不够完善"的学生最多，占比都在 39% 以上，尤其是 2017 级学生的比例达到了 45%。这说明，大部分会计类高校学生都认为高校对会计类课程思政建设程度较低。从调查中可以看出，高校对会计类课程思政建设程度较低，高校对课程思政的建设应该起到关键作用，因此，充分发挥高校在会计类课程思政建设中的作用刻不容缓。

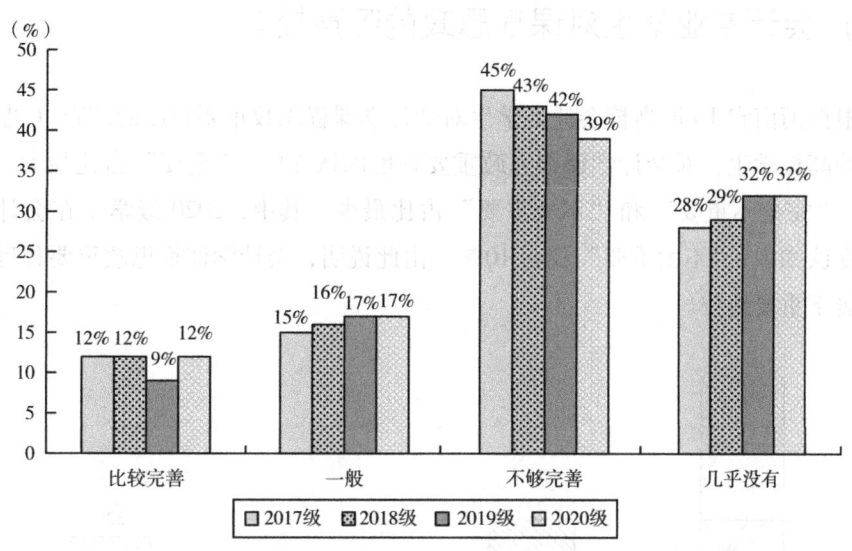

图 2-4　被调查者认为高校对会计类课程思政的建设程度

（二）专业课老师在课程中融入思政教育不足

我们按照河南省 16 所高校随机调查的会计类专业学生进行了随机调查（见图 2-5），

调查的问题为"专业课老师是否在你们的专业课融入课程思政"。我们可以看到，占比最高的是 2017 级"偶尔讲述"占比为 36%，并且"偶尔讲述"在 2020 级中的比例为 30%，"基本不讲"占比为 27%~32%，而"经常讲述"占比为 12%~18%。这说明，目前高校课程思政的建设情况不容乐观，对课堂思政建设的重视程度明显不足，加强会计课程思政建设迫在眉睫。

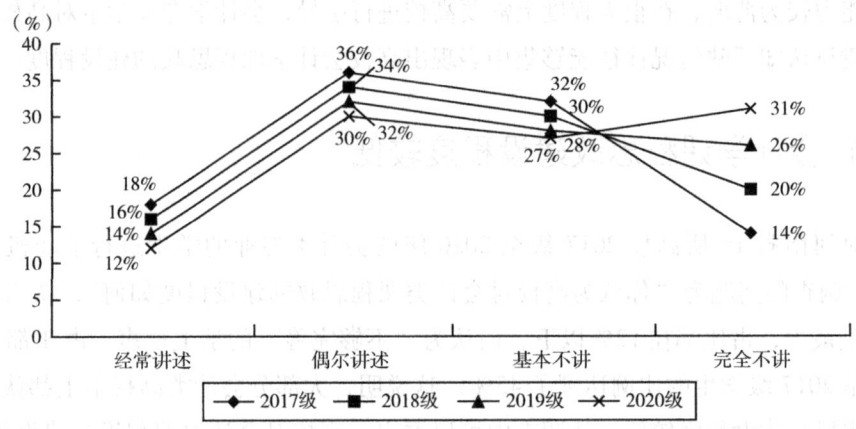

图 2-5　调查样本认为会计专业课老师在专业课中融入课程思政的情况

（三）会计专业学生对课程思政的呼声较高

我们根据河南省 16 所高校会计类学生对会计学课程思政重要程度的调查（见图 2-6），各个年级的高校学生，对会计学课程思政重要程度的认知中，"重要"占比最大，全都达到 35% 以上。"完全不重要"和"不太重要"占比最少。其中，2020 级学生在会计学课程思政重要程度认知中，"不太重要"仅占 10%。由此说明，会计学课程思政重要程度在高校学生心目中居于重要地位。

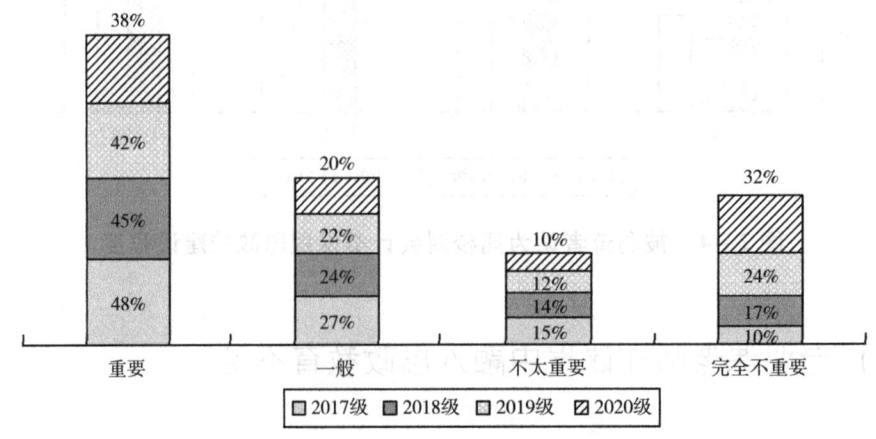

图 2-6　被调查者认为会计类学科课程思政的重要程度

从上述调查结果可以看出，目前学生和教师已经意识到课程思政建设的重要性。但高校目前仍普遍存在"重智轻德"的现象，过多重视大学生知识和技能的学习，而在大学生正确三观的培育方面，没有给予充分的重视。会计学专业具有技术性的一面，但毕竟是管理学、经济学范畴的专业，具有浓重的管理学、经济学属性，会计信息及会计工作具有强烈的管理后果、经济后果和社会后果，会计教育不仅仅是技能教育，更在于管理、经济、思维、创新、伦理等方面的教育，加强会计学课程思政建设已成为现代会计教育中的迫切问题。

第三章　会计学课程思政的路径设计

会计教育中的思政教育与人生教育不是一个全新的话题,但是一个值得深入研究的课题,因为其中涉及教育理念、教育制度、教育管理、师资队伍、专业知识、人文知识、领导支持、学生配合等多方面、多角度的协调,所以需要从高等教育理论、专业培养目标、政策措施配套、实践操作流程等层面进行抽象、总结、梳理,这是培养高质量会计人才的需要,也是促进会计学科发展的需要。

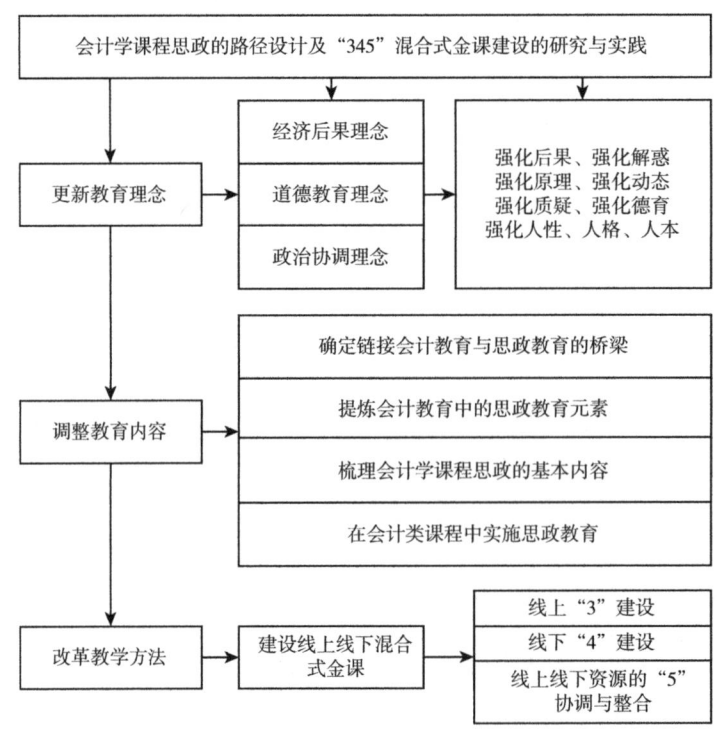

图 3-1　会计学课程思政的基本思路框架

我们认为,大学会计教育目标应体现"独立""自由""批判"等大学精神,以"人才培养"为手段,以"人生价值"为宗旨,将其定位为:培养具有健全人格、服务于人生价值最大化的会计人才。古今中外的会计教育中都强调品德教育,但我国会计教育中的品德教育大多停留在培养目标中的"德、智、体、美"的文字中,实际会计教育中更加强调的是技能,而对于品德教育仍显得比较薄弱。只有在品德的陪伴或约束下,高超的技能才能发挥出正能量。拥有高超武功而缺乏武德的人,很可能成为一个危害社会的人。

一、更新会计学专业的教育理念

在将会计专业视为应用型专业、会计教育是技能教育的背景下，会计教育中出现了重会计轻管理、重操作轻原理、重规则轻质疑、重簿记轻报告、重现在轻历史、重西方轻本土、重个体轻系统、重本体轻环境、重技巧轻育人等教育理念的误区，因而应强化后果、强化解惑、强化原理、强化动态、强化质疑、强化德育等会计教育理念。而将人生价值融入会计教育目标后，则应树立和强化人性、人格、人本、尊严等理念。

（一）经济后果理念

会计信息作为重要的经济信息之一，会计信息披露具有明显、深刻的经济后果。20世纪80年代美国爆发的金融危机以及2007年由美国引发的全球金融危机，分别与会计计量中的历史成本模式、公允价值模式有关。任何会计政策选择都会产生不同的会计信息，都将引起不同的经济后果甚至引起资本市场乃至宏观经济的震荡。美国安然公司、世界通讯公司的会计造假以及我国银广夏、蓝田股份等公司的会计造假，均引起了较大的市场震动，我国股市进入了长达四年的熊市给国民经济带来了重大负面影响。我们在讲授会计学课程中，树立经济后果理念将使学生更清晰地理解会计政策选择的原因及其经济背景、经济后果，深刻理解会计学的经济属性和管理功能。

（二）道德教育理念

道德作为立人之本，是人类社会得以长期稳定发展的精神基础，职业道德更是受到古今中外各行各业的重视，会计职业道德在我国经济社会中的影响有目共睹。遗憾的是，在我们会计学教育过程中，很少涉及这些内容，一是认为《基础会计》中有专门内容，二是认为会计职业道德是在参加工作后的会计实际工作中体现、检验出来的，在会计学专业课程中无法检验，甚至有人认为会计职业道德不是讲的而是做的。其实，道德、职业道德、会计职业道德是长期的熏陶、修养的结果，了解会计中的道德内容、道德风险点及其控制，对于培养学生正确的人生信念、做人信念、做事信念，提高育人水平，无疑大有帮助。因此，用会计思想诠释、指导人生，用人生经验领会、深化会计。通过案例分析培养其诚信做人理念、信息传递理念，为其毕业入职后的个人发展及社会贡献奠定专业理念基础。

（三）政治协调理念

政治取向对任何国家都具有方向性、战略性的作用。一国的政治取向、政策决定了该国的经济、法律、社会、教育、科技等取向。与国家政治取向协调，一直是我国会计制度改革的基本脉络。20世纪50年代初会计制度照搬苏联模式，是当时政治背景的产物，"文革"时期会计制度的弱化是该时政治背景的必然；1981年会计制度的恢复、1985年中外合资企业会计制度的实施，是为以社会主义经济建设为中心、改革开放等政治方向变革的结果；1993年的"两则两制"、2001年企业会计制度改革、2007年我国会计准则的国际趋同，是建立社会主义市场经济体制目标、加入世界贸易组织（WTO）、我国市场经济地位等政治主张和目标的要求。树立政治协调理念，有助于使学生将我国会计改革以及会计规则与国家大政方针结合，从国家宏观政治高度认识会计，使会计更好地为国家建设发展服务，切实彰显和发挥会计的作用，即，会计是资源配置的镜子、宏观经济运行的指针、产权制度的践行者、经济学的运作助手。

会计学的教学理念的梳理、树立、运用是一个长期复杂的过程，是评价教师教学水平的软性指标。理念决定态度，态度决定行为，行为决定结果，结果验证理念。

二、调整会计学专业的教育内容

（一）确定链接会计教育与思政教育的桥梁

发现会计教育与思政教育的契合点、搭建两者的沟通桥梁，是理解和实施人生教育的关键环节。为此，我们可以通过寻求两者的共性入手，找到最大公约数，其关键点即在于会计教育中的人生教育解读。会计理论是系统化会计知识体系的总结，会计工作是一系列会计流程的总结，会计方法是一系列会计手段的总结。无论会计理论、会计工作还是会计方法，与人生理念、人生过程、人生手段具有极其密切的内在逻辑联系，均具有系统性、整体性。因此我们可以大胆地做出如下判定：任何会计理论、会计工作、会计方法均具有一定的思政教育价值，值得我们深入挖掘、探讨和实践。例如，作为会计对象的资金运动，在会计中分为静态、动态两个侧面，在我国分为资产、负债、所有者权益、收入、费用、利润六个会计要素，形成了相关会计等式及会计报表基本要素，设计了会计目标、会计假设、会计信息质量特征，在此基础上设计了相关会计确认、计量、记录与报告等会计核算的规则，以满足会计目标的要求。在人生教育中，则体现为人生是一系列的运动过程，静态表现为某一时点的身体的健康状况，动态表现为一定时期的收获（财富、情感、地位、名誉等）与付出（体力、精力、情感等）的最终成果（对社会的贡献、社会评价等）；资产为享有的地位、金钱，负债为获得相关地位、金钱所亏欠他人的情感与不当手段，净资产为个人的品德及名誉的存量；收入为快乐，费用为痛苦，利润为幸福感受；会计目标与人生目标、会计假设与人生过程、会计信息质量特征与为人处世原则的密切关系则不难理解，会计核算四个环节与人生诸多决策的关联性更是显而易见。

（二）提炼会计教育中的思政教育元素

生存、生活、成长、成功、快乐、幸福、病痛、死亡，是人生不可或缺的重要组成部分。了解人生的流程以及不同阶段的特点、目标，是把握人生价值实现的基本前提。不同人生阶段组成了完整的人生过程，年龄段是划分人生阶段的基本和重要的标志之一。不同年龄段的生理特点与心理特点不同，其人生目标与生活重心不同、价值判断与行为选择不同。会计教育中凡涉及上述方面的理论、技能、方法，均可以作为人生教育元素，引入人生教育理念。会计教育的对象是具有判断力的学生，会计教育的载体是具有人格特征的企业，会计教育的内容是具有生命教育启迪的会计理论及方法。会计教育引入生命教育的内容：1. 财务会计概念框架与人生框架；2. 会计确认与人生定位；3. 会计计量与职业规划；4. 会计报告与人生幸福；5. 会计信息质量与品德修养；6. 会计核算方法与思维优化。

例如，对于资产负债表和利润报表，有以下理解：

（1）郑丁旺：2018 年接受厦门国家会计学院采访。

资产：给予他人的帮助；负债：获得他人的帮助。

净资产：对社会的净贡献。

（2）黄世忠：厦门国家会计学院 2018 届研究生毕业典礼讲话。

资产＝爱心、奉献、助人；负债＝贪婪、索取、求人

净资产＝净贡献

资产＝金钱、地位；负债＝索取、敲诈、害人

净资产＝名誉（荣誉，信誉，名声）

（3）黄世忠：厦门国家会计学院 2019 届研究生毕业典礼讲话。

收入＝对社会奉献的增加或向社会索取的减少

费用＝向社会索取的增加或对社会奉献的减少

利润＝对社会的奉献净额

收入是幸福的来源，快乐、成功、舒适、与人为善

费用是幸福的抵减，痛苦、失败、艰辛、与人为恶

（三）梳理会计学课程思政的基本内容

把握会计教育的内涵与外延是梳理会计教育内容的前提。本书中的"会计"是指财务会计，因此这里的会计教育是指财务会计的专业教育，通常包括基础会计、中级财务会计、高级财务会计、成本会计、政府会计、财务分析等专业课程设置，其中的基础会计主要包括会计基础理论、会计核算的基本方法两大部分，其他课程主要是对会计对象六要素的确认、计量、记录、报告的讲解。因此，会计教育的基本内容可以概括为会计基础理论与会计核算

方法两大类别，以此为基础划分为相关的细目和内容。"智商高、情商低"是社会对很多大学生的评价。其实这里的"情商低"在很大程度上是"德"的问题，而这一问题的出现是长期潜移默化的结果。对此我们可以通过案例、课程内容进行人生观、价值观、世界观、诚信、清廉等方面的直接和间接教育，例如，我们可以梳理如下德育方式：历史成本与个人成就，公允价值与世界看法，货币资金与人生追求，有价证券与金钱崇拜，存货收发与诚信做人，固定资产与生命价值，无形资产与品德价值，负债的履行与感恩，损益与公平，财务报表的编报与合作等。主要的德育点有：货币资金收支、存货收发、有价证券购售、固定资产处置、无形资产确认、负债的形成与偿还、所有者权益的确认、损益的确认与分配、财务报表的编报等。

（四）在会计课程中实施思政教育

根据会计教育内容，不失时机地嵌入、引导人生教育，使学生提升对人生价值的认识，深化对会计知识的理解，从中领悟会计的系统性、完整性、变动性、管理性等特征与功能，在会计与人生的相互印证、相互解释中更深刻地认识会计、把握人生，在丰富会计专业知识和增强专业能力的同时，完善个人品质和道德水平，为确立和实现有益于个人、有益于社会的人生价值目标提供有益的帮助。会计中的人生已如上述简要说明，而人生对会计的理解和感悟又如何领悟？人生是从出生至死亡所经历的过程，表现为人的生存及生活，生存是基础，生活是一种动态发展。生存是存量，生活是增量，在会计中的表现也非常充分：账户余额是存量，发生额是增量；资产负债表反映了人的生存状态，现金流量表、利润表、所有者权益变动表反映了人的发展能力等。对此，课堂授课时重点集中在难点、疑点、后果方面，注重知识点的梳理与整合，培养和锻炼学生的逻辑思维、求知欲望、后果意识、思考习惯，以期更好地实现我们的专业培养目标。

三、创新"345"混合式教学方法

以会计学基础知识为题材，增加科学素养、趣味性和实用性。教学模式新颖独特、内容易懂实用、语言幽默风趣，整个授课过程以日常生活中的实例方式展现，从实例中分析、归纳、阐释财会知识，引导听众了解和使用会计知识，激发学习会计兴趣。通过线上讲授、线上讨论学习和线下答疑交流，使学生了解生活中的财会知识，并对会计学学科知识有更深一步的认识，培养学生创造性地应用会计知识进行实践探索的能力，提高学生有关会计学方面的科学和人文素养。具体如图3-2所示。

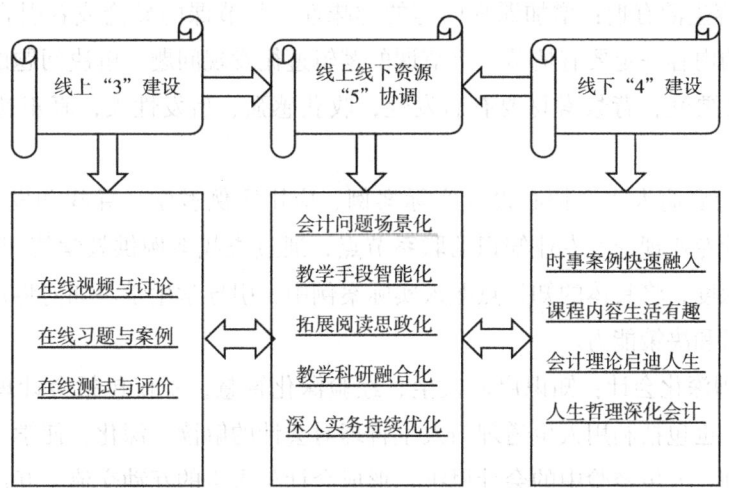

图 3-2　会计学课程思政的"345"模式

（一）线上"3"建设

1. 在线视频与讨论：线上学习体现了慕课"碎片化学习"特点，包括观看在线视频，做在线测试，完成互评作业，参与网上互动和讨论，注重激发学生的学习自主性和参与性。线下再将 SPOC 与翻转课堂相结合，通过小组讨论、案例分析，运用探究式教学方法，侧重知识点的深化扩展与综合应用，增强互动性强。

2. 在线习题与案例：利用信息化技术手段实现精准教学。引入超星学习通、雨课堂等信息化技术手段作为教辅工具，利用随机抽答、投稿等互动功能活跃课堂气氛，通过单元习题和案例分析，把分析数据图表化并实时反馈学生的学习效果，教师依据学生的学习情况以学定教，有针对性地制订教学方案和个性化答疑辅导，动态调整教学资源，实现精准教学。

3. 在线测试与评价：制订以形成性考核为主的线上线下综合性教学评价方法。将考核方式与教学活动和课程学习结果进行匹配，从视频学习、课后单元测验、同伴互评作业、课堂案例讨论、小组案例汇报、结课考试/分析报告等方面进行综合考核，形成过程性评价和总结性评价相结合的综合性教学评价方法。

（二）线下"4"建设

1. 时事案例快速融入：课程每一节课讲解一个会计知识点，以"当前时事问题或现象 + 会计知识点 + 知识点解决问题或解释现象 + 知识升华"的模式，即先呈现一个或一类时事中的问题或现象，再从会计的角度介绍与之相关的会计知识点，然后用介绍的知识去解决前面的问题或解释现象，最后举一反三，将讲解的知识点作提炼和升华。

2. 课程内容生活有趣：增加课程内容的趣味性，每节课的导论或者引言尽量能够吸引学生，每节课的内容一定要有情节，每节课的逻辑遵循发现问题、解决问题的思路，凸显知识解决问题的重要性，背景素材要有启发性，收获感强、启发性大，真正达到寓教于乐的目的。

3. 会计理论启迪人生：精心设计实际案例、应用案例教学。寻找和发现将人生道理、人生哲理与会计专业理论及专业知识的联系节点，通过查找案例供教学使用，涉及面广泛，既有广度又有深度，将具体的知识点融入实际案例中，引导学生学习如何将理论知识应用于实际，提高分析和决策能力。

4. 人生哲理深化会计：知识启迪人生、经验深化智慧，不仅包括会计理论与会计知识对人生的启迪，也包括利用人生道理与人生哲理对会计的解读、深化，使学生体会到会计知识中的人生道理、人生经验中的会计思维，形成会计与人生的互动交流、互动学习，提升人文素养、道德修养与专业思维水平。

（三）线上线下的"5"协调与整合

1. 会计问题场景化：场景化案例帮助学生识别问题。为实现学生能力提升的目标，课程组经过大量实地调研企业，收集符合实际的案例，将深奥的会计问题具体化和场景化，引导学生站在利益相关者的角度看待会计问题，思考行业特性、企业经营模式、交易特征对会计处理的影响。事实证明，场景化的视频案例，能够吸引学生的注意力，帮助学生识别问题，深入思考；在视频场景化案例之外，还设计了大量讨论题和拓展阅读，要求学生用学过的理论解决问题，做到理论联系实际。

2. 教学手段智能化：利用现代化手段促进学生加大学习投入。秉承"教师投入带动学生投入"的理念，从吸引学生主动投入和督促学生加大投入两个角度入手。为了促进学生积极主动学习，通过编写大量的贴合实际的案例、对话、讨论素材，借助现代化的教学手段，用动画、短剧表演等方式展现，力求形式生动活泼。除了课程内容之外，教师还需要关注系统中学生的提问和作业情况，用公告、问题答复、发放奖品等方式加强与学生的互动。

3. 拓展阅读思政化：精心设计思政内容与课程内容无缝衔接。在课程中强化企业社会责任、职业道德及职业素养、遵纪守法、诚实守信、人生教育等体现人生观、世界观和价值观三观的内容，教师精心设计在案例分析、拓展阅读和课后讨论等资源中引导学生思考和讨论，通过对具体问题的分析提高思政觉悟，并将有关内容纳入课程考察和测评范围。

4. 教学科研融合化：将教学和科研相结合是我们改革的一个方向，老师们平时不断关注和学习国内外前沿话题和最新研究成果，也可以将自身的科研成果融入教学过程，供学生阅读和学习，同时为学生大四论文选题和毕业论文写作积累了素材。选拔学术能力较强的学生加入老师的科研项目,培养和带动学生的学术素养和热情。

5. 深入实务持续优化:不断深入企业调研,结合企业的实务工作,认真分析学习反馈,持续优化和完善课程资源。通过将视频资源与非视频资源相结合,及时互动答疑,弥补在线学习的不足。为了保证在线课程的教学质量,除了有计划地组织学生企业参观和调研外,还需要定期安排教师轮流答疑,认真对待学生提出的每一个问题。针对实务难题增加直播,线上线下有效结合。

第四章 "345"模式在"中级财务会计学"一流课程中的应用与实践

一、"中级财务会计学"课程目标

2019年12月"中级财务会计学"课程获批和立项为河南省首批线上线下混合式一流本科课程。"中级财务会计学"课程是会计学、审计学和财务管理专业的必修核心课程，理论性和操作性都很强。"中级财务会计学"课程在2019版本科专业人才培养方案中是专业教育课程中的核心课程，6学分，96学时。其分为"中级财务会计学1"和"中级财务会计学2"，各占3学分、48课时。"中级财务会计学"是对资产、负债、所有者权益、收入、费用和利润六大会计要素的变化情况进行确认和计量，最终以报表的形式将会计信息传递给利益相关者和信息使用者，以满足他们的决策需要。"中级财务会计学"共计15章内容，其中"中级财务会计学1"涵盖了前八章，主要围绕资产要素的确认和计量问题展开；"中级财务会计学2"涵盖了后七章，主要围绕负债、所有者权益、收入、费用和利润要素的确认和计量问题展开。

当今信息技术发展迅速，对会计专业人才的要求不断提高，应更加注重培养学生发现问题、分析问题和解决问题的能力。会计规范形式已经由会计制度转向会计准则，这也要求会计专业人员具有更强的职业判断能力。因此，教学目标体现在如何透过复杂的会计准则语言，让学生理解会计改革和会计准则修订背后的经济实质，更好地培养学生的思辨能力，培养能适应社会主义市场经济建设需要，具备人文素养、科学精神和诚信品质，具有专业胜任能力、思考能力和沟通技巧的高素质复合型人才。根据新文科建设要求、"两性一度"金课标准，培养知战略、懂业务、精财务、会分析、善沟通的应用型会计人才。

1. 新时代的素质目标：在课程中融入思政元素，培养具有良好的道德修养和社会责任感，坚持会计职业操守和道德规范，遵纪守法、诚实守信和勇于奉献的新文科财经人才。一是培养学生有关会计思想、会计做事及会计创新的思维和理念；二是增强学生的专业认同感和自信心，树立社会主义核心价值观，具有良好的道德修养和社会责任感；三是培养学生积极向上的科学理想，坚持会计职业操守和道德规范，遵纪守法、诚实守信和勇于奉献。

2. 创新性的知识目标：能阐释会计六大要素的具体内容，运用会计准则，较为清晰地描述经济业务活动会计处理的流程和方法。熟悉并形成有关人工智能、大数据等学科交叉、业财融合等相关知识储备。掌握管理学、经济学等学科基础知识，具备人文社会科学知识和良好的思想政治理论素养，掌握并能运用高等数学、统计学、外语和计算机等方面的知识技能，建立较全面、扎实的知识背景。

3. 高阶性的能力目标：培养学生在"VUCA"时代解决实际财务问题、智能财务数据分析、大数据信息获取等复杂业务的综合能力和高阶思维。培养学生的专业能力、信息获取能力、人际交往与沟通能力，持续创新的实践能力。一是锻炼学生分析问题、解决问题的能力；二是关注社会发展前沿、会计变化动态，不断提升学生对新知识的学习能力以及社会适应能力。

二、基于"345"模式的课程思政探索与实践

（一）现实研判：宏观到微观、社会至个人均需深化思政教育

从宏观层面来看，任何会计政策选择都会产生不同的会计信息，都将引起不同的经济后果，甚至引起资本市场乃至宏观经济的震荡。风靡全球的金融危机、国际国内各大公司的会计造假都给经济发展带来了重大负面影响。因此，财务会计学具有浓重的经济属性和管理色彩，会计政策和会计行为会对整个社会经济发展以及国家治理体系建设带来深远的影响。就微观个体而言，我们看到有些非常优秀的学生，个人条件优越，成长过程中没有明显创伤，却感到内心空洞，感觉不到生命的意义和活着的动力（徐凯文，2019）。大学生甚至硕士博士、教授、博导选择轻生放弃生命，这样的悲剧时有发生，暴露出我们的被教育者和教育者缺少社会责任、人文关怀等精神成长（朱永新，2021）。我们需要深思和改变以分数论英雄的应试教育和专业教育，在高等教育过程中强化和深化思政教育，将思政教育融入专业教育之中，以课程思政对学生形成潜移默化的熏陶和指引，培养学生正确的做人做事信念、自信自强、诚实守信等精神涵养。

因此，以会计学专业的必修核心课程"财务会计学"为例，探讨课程思政的设计与实践，目的和意义体现在：1. 将社会主义核心价值观和习近平新时代中国特色社会主义思想潜移默化浸入会计专业教育中，内化于心、外化于行；2. 探索财务会计学课程思政的新思路，将"思政价值引领"贯穿课程方案、教学计划、备课授课、教学评价等教育教学全过程；3. 使财务会计专业课程与思想政治课程同向同行，形成协同效应，引导学生"精神成长"，不断完善"三全育人"格局。在财务会计课程中结合时事热点问题，用好课堂教学这个主渠道，达到潜移默化、润物无声、同频共振的立德树人效果。发挥学科优势，围绕"融入""贯通"两个关键词，在"课程思政"的道路上落地见效。

（二）确立方案：改革教育理念、教育内容和教学方法

在财务会计专业课上可以告诉学生要成为什么样的人、怎样运用所学为社会作贡献，用实际行动长才干、作贡献。坚守兴学报国、为党育才之初心，坚持"立德树人担使命"，把

思想政治工作贯穿教育教学全过程,不断完善"三全育人"格局。在推进"课程思政"进程中,通过多次讨论充分集聚众人智慧制定课程思政建设方案,有效推进课程改革。我们从以下方面进行了课程思政方案设计:

1. 改革教育理念,推进"思政育人"与专业教育有机融合。引导学生认识到,实现中华民族伟大复兴的中国梦,他们责无旁贷,引导学生不仅学习专业知识,更让他们明白为什么而学习。将中国优秀传统文化、唯物辩证法及历史唯物论贯穿到财务会计学教学中,深入挖掘专业课程中蕴含的思想政治教育元素,有机融入爱国、法治、诚信、仁爱、合作、创新等思政元素,润物无声地引导学生将个人成长与社会的进步发展紧密相连。

2. 改革教育内容,由"知识输入型"向"能力输出型"转变。将会计问题具体化和场景化,并运用现代化教学手段,制作包括视频、课后练习与测试、案例分析、质疑与讨论、拓展资源库等大量学习资源,实现以"学生中心"和"能力提升"为核心的教改目标。财务会计课程建设内容中的专业知识密切跟踪最新的理论与实务动态,同时,课程资源无缝衔接课程思政的内容,强化企业的社会责任、个人的职业道德及职业素养、诚实守信、遵纪守法等社会主义核心价值观的内容。

3. 改革教学方法,推动向"课堂学习+在线学习+实践学习"三个课堂转变。通过具体化和场景化的教学案例帮助学生将理论和实践结合起来,促进学生主动思考。科学设计教学内容,教学资源丰富多样,开展"课堂革命"、逐步打造"金课",采用线上线下混合教学方式,推进教学方法和考核评价方式改革。在推进课程思政过程中将信息技术与教育教学深度融合,能够推动高等学校教育会计教学改革,提高高等教育会计教学质量,服务学习型社会建设。

(三)精准施策:建设"中级财务会计学"混合式金课

会计教育应以"人才培养"为手段,以"人生价值"为宗旨,培养具有健全人格的会计人才(栾甫贵,2013)。现实生活中,会计教育更多强调的是技能,而对于品德教育仍显得比较薄弱,而只有在品德的陪伴或约束下,高超的技能才能发挥出正能量。因此,本课程建设为实现思政教育与专业教育的有机融合,在财务会计的教学中,融入了爱国、法治、诚信、仁爱、合作、创新等思政元素,构建了线上"3"建设、线下"4"建设、线上线下"5"协调整合的"345"混合金课模式。财务会计课程思政建设按照"更新教学理念——调整教学内容——改革教学方法"这一思路展开。

1. 更新教育理念。

(1)经济后果理念。在授课中树立经济后果理念使学生更清晰地理解会计政策选择的原因及其经济背景、经济后果,深刻理解财务会计学的经济属性和管理功能。

(2)道德教育理念。在课程中讲授财务会计中的道德内容、道德风险点及其控制,通过案例分析培养学生正确的做人信念、做事信念,提高育人水平。

(3)政治协调理念。将课程内容与会计改革、国家大政方针结合,帮助学生从国家宏观政治高度认识会计在服务国家建设发展方面的地位和作用,认识到会计是资源配置的镜子、宏观经济运行的指针、产权制度的践行者、经济学的运作助手(尚洪涛,2010)。

2. 调整教育内容。

社会环境发展变化日新月异,会计准则体系也在与时俱进,财务会计学教学内容应结合社会经济发展环境不断加强拓展分析,培养学生处理复杂业务和适应环境变化的能力,注重引导学生积极思考,提高职业分析能力、判断能力和创新能力,因此课程内容需要持续打通和链接学术前沿、思政教育,为培养学生的家国情怀、创新精神、国际视野奠定知识储备和能力基础。例如,可以确立会计理论、会计工作、会计方法与人生理念、人生过程、人生手段之间的逻辑联系,以及会计目标与人生目标、会计信息质量特征与为人处世原则、会计核算环节与人生诸多决策的关联性(栾甫贵,2017)。通过在课程内容中加入案例分析对学生进行人生观、价值观、世界观、诚信、清廉等方面的教育,栾甫贵教授认为在会计学课程中可以梳理出如下思政内容:历史成本与个人成就,公允价值与世界看法,货币资金与人生追求,金融资产与金钱崇拜,存货收发与诚信做人,固定资产与生命价值,无形资产与品德价值,负债的履行与感恩,损益与公平,财务报表的编报与合作等,如图4-1所示。

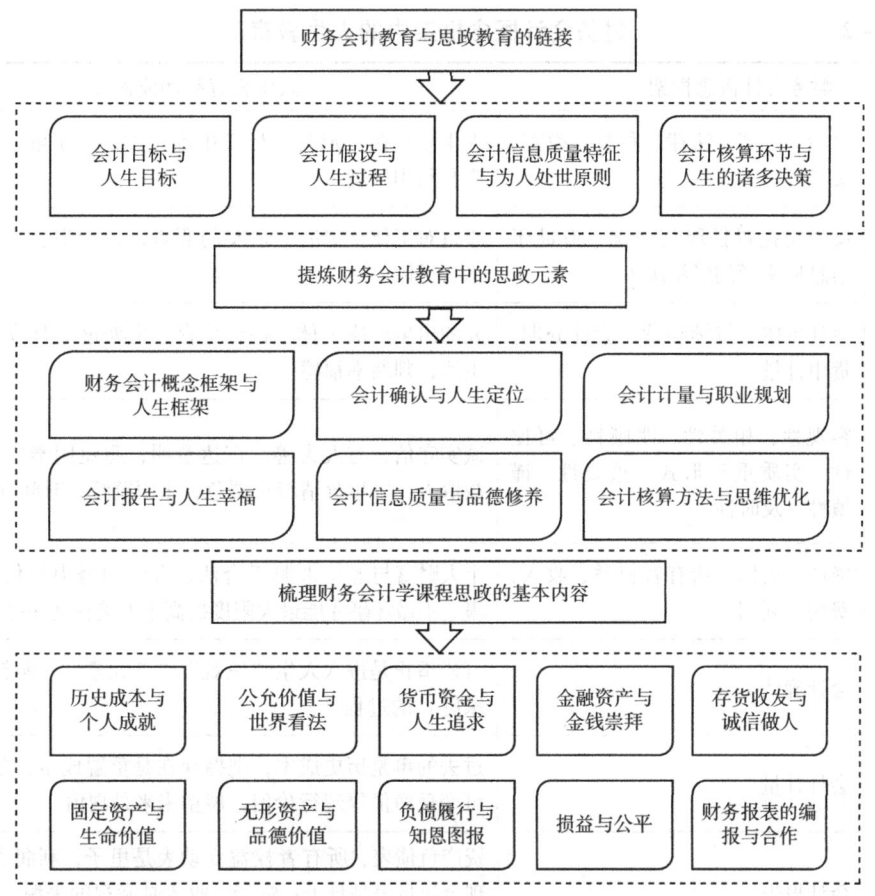

图4-1 财务会计学课程思政内容框架

通过合理组织、利用、谋划线上教学和线下教学，在有限的课时内计划和分配好时间，通过教学理念、教学重点、教学方式与教学方法等方面的灵活运用，避免思政内容和专业课内容形成"两张皮"，在为学生提供更丰富、更有用信息的同时，使得思政教育能真正融入学生的自觉思维和行动之中。使学生在会计与人生的相互印证、相互解释中更深刻地认识会计、把握人生，在提升会计专业知识和专业能力的同时，完善个人品质和道德水平。参考和借鉴首都经贸大学栾甫贵教授的文章，人生教育举例如表4-1和表4-2所示。

表4-1　　　　　　　　会计核算方法中的人生教育举例

会计核算方法	人生教育举例或内涵
审核和填制凭证	言之有物、言之有据，避免主观臆断，尊重客观事实
登记账簿	过去是历史成本，回顾过去、总结过去是更好把握现在、拥抱未来
成本计算	一分耕耘一分收获，减少和消除不劳而获、急功近利的思维和行为
财产清查	言行一致，兑现承诺，勤于自省，取长补短
编制会计报表	资产负债表、所有者权益变动表是体验表，利润表与现金流量表是业绩表

表4-2　　　　　　　　财务会计概念框架中的人生教育

财务会计概念框架		人生教育举例或含义
会计环境	政治、经济、法律、科技、教育、文化等	人生总是在一定时空环境中度过的，应了解、认识、适应和利用环境
会计目标	反映受托责任履行情况，有助于信息使用者的经济决策	履行对工作、家庭、亲友的职责，言行举止应适时、适当、得体
会计假设	会计主体、持续经营、会计分期、货币计量	人的出生形成主体，持续生存，定期过生日或总结工作生活，判断幸福感
会计信息质量特征	客观性、相关性、明晰性、可比性、实质重于形式、重要性、谨慎性、及时性	诚实守信，与人为善，言达意明，避免阳奉阴违，不以貌取人，办事分清轻重缓急，未雨绸缪，时间观念
会计要素	资产、负债、所有者权益、收入、费用、利润	个人财富与地位来源于合法、合情的努力与付出，做好事、不做坏事才能最大限度提高个人美誉度并提升幸福感
	会计确认	言谈举止是进入人生"三观""三元素"（赚钱、事业、家庭）的过程
	会计计量	过去的事是历史成本，把握现在是重置成本，公允价值、可变现净值等现行价值，展望未来是现值
	会计报告	资产负债表、所有者权益变动表是里子，利润表是面子，现金流量表是日子；资产、收入是幸福的来源，负债、费用是幸福的抵减，净资产、利润是幸福的存量

3. 建设线上线下混合式课程。

整个授课过程以日常生活中的实例方式展现，从实例中分析、归纳、阐释财会知识，从而激发学生学习会计的兴趣，引导学生对财务会计知识融会贯通。通过线上讲授、线上讨论学习和线下答疑交流，使学生对财务会计知识有更深一步的认识和理解，培养学生创造性地应用理论知识进行实践探索的能力。

首先，线上"3"建设。在录制视频之前，我们围绕每个章节提炼思政元素、梳理出课程思政的基本内容，然后再融入视频录制。例如，中级财务会计1有八章，我们将每章依次定位如下：第1章财务会计概念框架与人生框架，第2章货币资金与人生追求，第3章存货收发与企业诚信，第4章和第5章分别为金融资产和金钱崇拜（上）和（下），第6章长期股权投资与合作共生，第7章固定资产与生命价值，第8章无形资产与品德价值。围绕着这个课程思政框架，目前我们已经完成了课程思政特色的教学视频录制，中级财务会计学我们开发了36个视频，高级财务会计学开发了24个视频，每个视频15分钟左右，目前已投入使用。我们当前正在做的工作是，针对每个知识点设置融合思政元素的习题库、案例库和作业库。

其次，线下"4"建设。线下"4"建设包括时事案例快速融入，课程内容生活有趣，会计理论启迪人生，人生哲理深化会计。一是时事案例快速融入指的是在上课之初，会以最新的社会热点导入。例如，讲第7章无形资产时，以炙手可热的热门企业的股票市值和账面价值进行导入，揭开无形资产的神秘面纱。二是课程内容生活有趣指的是以学生耳熟能详的知名企业为例，如京东、淘宝、天猫的数据信息如何形成数字资产入账，循序渐进引导学生掌握数字资产的确认和计量问题。三是会计理论启迪人生体现在，如何以会计理论去类比和映射人生的方方面面，例如，会计目标与人生目标、会计确认与人生定位、会计计量与职业规划、会计报告与人生幸福、会计信息质量与品德修养，会计核算方法与思维优化。学生在学完某些章节之后，亲手绘制会计与人生的漫画，反映了学生丰富的内心世界、对真善美的人生追求。四是人生哲理深化会计体现在，如何用人生哲理认识和领会会计中的各种概念和理论，用人生经验领会、深化会计，由此开展线上线下混合式教学，运用翻转课堂、教学信息化工具等教学方式，吸引和督促学生加大学习投入，以期取得良好效果。

最后，线上线下的"5"协调与整合。一是会计问题场景化。财政厅组织我们指导会计实践案例，笔者将所指导的会计实践案例带入课堂。例如，河南水利投资集团的《智慧财务助力水投数字化转型》、河南日报集团的《国有文化企业财务信息化系统建设实践》、许昌市中心医院的预算绩效管理实践，这些真实的案例资料能让学生对会计的最新发展、业务实践更为直观、感同身受。二是教学手段智能化。借助动画、影视剧视频剪辑等方式不断更新和完善教学资源，例如，学生将热播影视剧中精彩的财务片段剪辑出来，增强了课程的趣味性和对生活的热爱。三是拓展阅读思政化。向学生推荐会计学术联盟、云顶财说以及会计核心期刊的微信公众号，推荐《孔子的智慧》《鉴史问廉》《中国现代会计之父：潘序伦》等书籍，让学生从中领略从古至今的立信会计精神。通过微信公众号中时时更新的文献的阅读,也为学生大四论文选题和毕业论文写作积累了素材。四是教学科研融合化。在教学过程中融入国内外热点话题和最新研究成果以及老师自身的科研成果,激发和培养学生的家国情怀和创新精神。连续多年指导学生参加"挑战杯"河南省大学生课外学术科技作品竞赛,多次获得一等奖、二等奖和三等奖。教师团队开创了微信公众号"345"财经研学社,不定期发布研学分享,将研学过程中好的经验做法做好传承,去影响和带动更多的学生勇于探索、开拓创新,充分利用课上和课余时间做更多有意义的事情。五是深入实务持续优化。我们深入企业参观和调研,或者邀请河南省会计领军人才走进校园,将实务界最新的业务实践和发展变化讲授给学生。针对实务难题可以增加直播,线上线下有效结合。

三、课程资源建设及组织实施

(一) 建设发展历程

河南工程学院会计专业始于 1954 年,1984 年开始招收专科生,2008 年本科生首次招生。财务会计学本科课程始于 2008 年。依托河南省注册会计师人才培养基地、河南省优秀基层教学组织、河南省"三全育人"综合改革试点院系、河南省一流本科专业、河南省一流本科课程等教学质量工程,"中级财务会计学"课程作为会计学专业(包含 CPA、ACCA、CIMA 方向)、财务管理专业、审计学专业的必修核心课程,学分和学时数是课程体系中是最高的,并得到了充分重视和建设。

2017 年以前:线下阶段。持续优化财务会计学的教学内容和教学流程,改进教学方法。挖掘整理本土教学案例和思政素材引入教学。课程深受学生好评。

2018~2019 年:线上阶段。借助网络优质资源,使用慕课平台,利用名校、名师、名课效应,增强学生的碎片化学习、提升学生学习兴趣和主动性。2019 年底课程组开发了自有教学视频、课程思政小视频,深入推进学生线上学习。

2020 年至今:线上线下混合阶段。打造立体化教学资源,适应数字经济发展。不断更新知识点内容,增加思政案例讲解与讨论,拓展使用短视频、动态图、延伸阅读等,致力打造金课,聘请企业专家参与课程思政建设,持续完善线上线下教学资源。

(二) 课程改革中要解决的重点问题

1. 课时紧张与线上线下安排的协调问题:把对准则的记忆、理解等低阶目标转变为思辨、应用、思维提升等高阶目标,重视和强调解惑、动态、质疑、经济后果及德育,需要更合理地组织教学,在有限课时内提供更丰富有用的信息。

2. 师资队伍与线上线下教学的实施问题:教师的知识储备和更新速度跟不上社会发展

的日新月异，教师队伍结构单一、缺少多学科背景的综合型教师。线上资源帮助学生关注前沿和会计实务变化，提升对新知识的认知及社会适应能力。

3. 学习兴趣与学生自主学习的配合问题：大多数学生比较关注专业知识，热心于CPA、ACCA、CIMA等证书考试，对人文、品德等课程兴趣不足。通过融入人文精神和思政元素，丰富了教学内容，增强学生的学习兴趣，提高学习效果。

4. 专业课程教育与思政教育的融合问题：会计准则较为枯燥和抽象，财务会计学课程具有浓重的管理学和经济学属性。专业教育与思政教育的融合使学生更清晰地理解会计政策选择的经济背景、经济后果，更好地认识会计在服务国家建设发展方面的地位和作用，实现立德树人的根本目标。

（三）课程内容与资源建设及应用

我们结合智能财务、大数据信息技术、时代发展前沿，融入课程思政元素，对课程内容进行设计优化。例如，中级财务会计学1有八章，我们将每章依次定位为：财务会计概念框架与人生框架，货币资金与人生追求，存货收发与企业诚信，金融资产和金钱崇拜（上）和（下），长期股权投资与合作共生，固定资产与生命价值，无形资产与品德价值。围绕着这个框架，开发了每个章节的教学视频，在线习题和案例，课后的在线模拟测试、作业提交和评价。

1. 线上资源建设及应用：线上资源有中国大学MOOC平台、超星学习通平台、河南工程学院理实一体化教学平台。拓展阅读来自中国知网，会计学术联盟、大学之教、云顶财说、会计领域高水平期刊等公众号，财政部、审计署等部门官网。

我们开发制作多种SPOC教学资源，建设和形成了自有线上资源。章节课程视频（60个），电子课件（60个），影视剧剪辑短视频（25个），企业场景化视频（10个），课程思政案例（30个），思维导图（13个），分组讨论方案设计（30个），学生手绘章节课程思政内容（60个），在线题库、在线文献资料等。线上资源满足了学生碎片化学习的需要，也改变传统教学资源单一的问题。

2. 线下资源建设及应用：通过与马克思主义学院的老师开展研讨，融入思政元素，课堂开展案例分析和小组讨论；通过"挑战杯""学创杯"等学科竞赛，培养学生的实践和创新能力；深入企业调研、开展社会调查，邀请会计领军人才进校园授课和讲座，持续开展线下教学活动。立项了煤炭行业"十四五"规划教材，利用信息技术，正在开发适合应用型本科高校的财务会计学立体化数字教材、云教材及配套资料。

（四）课程教学组织实施过程

课程教学以学生为中心，分为课前、课中和课后三个环节。

1. 课前，利用学习通平台发布学习任务、在线测试题等，了解学生在线学习情况，回顾旧知；2. 课中，使用学校智慧教室发布案例或者短视频、聚焦问题，引出新知，开展案例分析、小组讨论等活动应用新知，加强过程考核，提升学生思辨能力；3. 课后，利用在线平台发布测试题和拓展阅读资料，以问题为导向，锻炼学生思考、举一反三。以会计工作流程为驱动，从实例中分析、归纳、阐释财会知识，引导学生融会贯通，培养学生分析和解决会计实际工作的综合能力，增强学生的学习兴趣和积极性。

（五）课程成绩评定方式

在课程成绩评定方面，依据新文科培养导向，构建符合课程目标的多元化评定方式。综评成绩由期末考试（70%）+平时成绩（30%）构成。期末考卷中加入开放式题目的设置，考查学生对热点话题的理解与应用，课程思政题目在考卷中占20%左右；平时成绩包括签到（10%）+课堂互动（25%）+开放式作业（20%）+在线学习记录（25%）+课程思政热点话题讨论（20%）等。指导学生在课外时间做的课程思政小视频、课程思政案例、课程思政方面的调研报告等，作为加分项，是给予学生创新学分的依据。

四、课程特色创新及改革成效

（一）课程特色与创新

1. 明确和凸显经济后果理念、道德教育理念、政治协调理念等教学理念，对会计教育的目标进行再次定位。会计教育目标不应仅仅定位为培养"会计人才"，还应关注"会计人生"的培养，由此带来会计教育理念的更新、教育内容、教育方法的调整与完善。我们主张用会计思想诠释、指导人生，用人生经验领会、深化会计。学生学习效果、参与度、获得感及满意度均得到了提升。

2. 推进教学过程由"以教为中心"向"以学为中心"转变，教学内容由"知识输入型"向"能力输出型"转变。编写案例、对话、讨论素材，借助现代化的教学手段，用动画、案例研讨等方式展现，将会计问题具体化和场景化，引导学生思考行业特性、企业经营模式、交易特征对会计处理的影响。通过定期收集教学数据开展教学反思与改进，注重教学改革迭代优化，不断优化教学设计。

3. 积极融入信息技术，构建了线上线下"345"混合模式，推动向"课堂学习+在线学习+实践学习"三个课堂转变。结合河南工程学院示范校建设和"三步走"发展规划，采用线上与线下相结合、部分知识点翻转课堂等教学形式，利用多媒体声、色、图、动画、制图表等功能，调动学生学习的积极性。该模式较好地解决了传统教学中的短板，推进应用型高校课程改革创新，在同类院校得到了推广应用。

"345"混合建设模式在省内外具有一定的示范引领性，得到了省内外十余所本科高校的推广和应用。获得了河南工程学院教学成果奖一等奖、课程思政设计大赛一等奖、课堂教学创新大赛特等奖。

（二）改革成效

在课程评价方面，课程组教师的评教成绩一直位于学院前列，督导专家和学生都给予了高度肯定。学生线上学习和课堂表现的积极性大大提高，能够主动寻找问题和答案，进行合作式学习和探索。课程组老师积极进行课程思政教学改革，依托会计学院课程思政研究中心，目前已形成"基础会计学—中级财务会计学—高级会计学—财务分析"课程思政建设的完整链条，在学校的课程思政设计大赛中荣获多个奖项，多位教师连续多个学年获得教学质量优秀奖，优秀本科毕业论文指导教师，大学生课外学术科技作品竞赛优秀指导教师等。

在育人效果方面，学生从学"知识"到强"能力"和"素质"，提升了学生动手能力、分析问题、解决问题的能力，增强学生的沟通交流能力、逻辑思维能力、组织协调能力。在第13届、第14届和第15届，连续三届"挑战杯"河南省大学生课外学术科技作品竞赛中，获得一等奖、二等奖和三等奖多项。教学团队建设的课程思政是从整门课程体系建设和内容创新的高度来构建课程思政内容，不仅让学生学专业知识，也从健全心智、健全人格、健康心态方面培养学生全面发展，从而更好地适应社会、服务社会。学生得到精神成长、创新实践、社会责任感和综合素质能力有明显提升。学生积极主动参加学校的各种实践活动，义务支教活动、暑期"三下乡"社会实践活动、"不忘初心、牢记使命"微党课比赛、"宪法在我心中"主题活动、校友杨靖宇将军抗战精神宣讲活动等，影响和带动学院及学校整体的班风和学风建设。会计学院先后被授予河南省"三全育人"综合改革试点院（系），"河南省教育系统学雷锋活动先进集体"称号，"河南省五四红旗团委"。2021年4月得到了《中国会计报》的专访报道，《会计学课程思政的"345"模式，助力教学改革和三全育人》于2021年4月2日专栏刊登。

第五章 "345"模式在应用型高校会计学教材编写中的应用与实践

具有科学性、时代性和前沿性的教材才能切实发挥提高人才培养质量的基础性作用。数字经济时代会计学教材编写面临着新的标准和更高要求，教材编写应强化业财融合、管理会计、非结构化会计监督方面的内容，凸显经济后果理念、道德教育理念、政治协调理念和数字思维理念。以教材章节思政化、会计问题场景化、拓展阅读延伸化、科研和实务融合化、教材形式立体化、结合专家经验加以优化来践行和革新会计学教材编写，适应和服务数字经济发展，培养学生在信息时代的数字化生存能力。

习近平总书记指出，世界正在进入以信息产业为主导的快速发展期，我们要把握数字化、网络化、智能化融合发展的契机，以数字经济为杠杆培育经济发展新动能。这一重要论述是对当今世界信息技术主导作用、经济发展态势的准确把握，是对利用信息技术推动国家创新发展和经济高质量发展的重要部署。会计工作在服务国家经济建设发展方面具有十分重要的地位和作用，可以说会计是资源配置的镜子、宏观经济运行的指针、产权制度的践行者、经济学的运作助手（栾甫贵，2019）。随着信息技术的快速发展财务数据日益复杂化和多样化，会计主体变得模糊、审计对象变得复杂，数字经济时代会计职业面临着诸多机遇和挑战，对会计人才培养、会计学科发展以及会计学教材的编写出版也提出了新的标准和要求。

一、数字经济时代对会计学教材提出了新要求

随着新经济时代的到来和数字经济的发展，云化、数字化和在线化发展将进一步深化，数据化、智能化、平台化的互联网运营成为发展的重中之重。在技术上云计算、大数据、人工智能、区块链、5G奠定了驱动商业创新的技术基础，数字化生存成为必然，数字化消费、数字化生产、数字化交互、数字化协同将会成为时代发展的关键词，互联网经济未来的增长空间也一定会聚焦于如何在互联网思维下去提升、改造实体经济，甚至是催生颠覆性的新商业模式。

会计学具有浓重的经济学属性，会计工作具有强烈的管理后果、经济后果和社会后果，会计信息是市场经济发展中重要的经济信息之一，因此，会计工作在服务国家建设发展方面具有十分重要的地位和作用，可以说会计是资源配置的镜子、宏观经济运行的指针、产权制

度的践行者、经济学的运作助手（栾甫贵，2019）。随着财务数据日益复杂化和多样化，数字经济企业的发展和虚拟公司的出现使企业瞬间即可诞生或消逝，会计主体变得模糊，审计对象变得复杂，数字经济时代会计职业面临着诸多机遇和挑战，对会计人才培养、会计学科发展以及会计学教材编写出版也提出了新的标准和要求。而目前的会计学教材尤其《财务会计学》教材中部分知识点内容已经陈旧，新的会计准则还未同步跟进，已经产生了理论界滞后于实务发展的"两难"局面。

（一）会计工作重心转移要求强化业财融合方面的内容

随着信息技术和数字经济的发展，会计的工作重心逐渐转移，由原来的账务核算职能逐渐向管理会计职能转型。随着信息技术和数字经济的发展，会计的工作重心逐渐转移，由原来的账务核算职能逐渐向管理会计职能转型。对此，我们做了一个主题为《"大智移物云区"背景下会计职业的发展趋势》的社会调查。调查结果如表5-1所示。本调查针对每个选项划分五个量级，每一个量级及其分值依次为：非常认同为5分，认同为4分，中立态度为3分，不认同为2分，非常不认同为1分，选项的平均得分越高说明认可程度越高。

表5-1　　　　　　　　财务会计向管理会计转型的体现及认同程度

选项	非常不认同	不认同	中立态度	认同	非常认同	平均分
（1）财务软件的不断创新及应用取代了会计人员的基础性工作	3.46%	5.97%	19.50%	34.28%	36.79%	3.95
（2）会计核算范围和时点已难以与新经济企业发展的需求相适应	2.83%	4.72%	21.07%	35.53%	35.85%	3.97
（3）会计信息高度集中且共享对会计人员的能力提出更高的要求	2.83%	2.83%	18.55%	32.08%	43.71%	4.11
（4）企业注重和加强成本控制，更好的做出预测和决策	2.84%	3.77%	16.35%	33.96%	43.08%	4.11

调查结果显示，在数字经济时代财务软件的不断创新及应用取代了会计人员的基础性工作（3.95分），以往的会计核算范围和时点已难以与新经济企业发展的需求相适应（3.97分），会计信息高度集中且共享对会计人员的能力提出更高的要求（4.11分），加强成本控制才有助于企业更好地做出预测和决策（4.11分）。而财务会计学教材在这些方面目前缺少相关的内容呈现，教材中的财务会计理论和知识体系落后于经济社会的时代发展。因此，结合学术发展前沿以及中国经济社会的当前时代背景来革新财务会计教材迫在眉睫。1. 有71.07%的被调查者认为，随着数字经济发展，财务软件的不断更新升级和应用，会计工作中大量的基础性工作被智能化所取代。会计人员从单一且反复的核算工作中解脱出来，应该

投入更多时间和精力去思考如何管理企业促进企业更好发展,因此财务会计学教材应淡化会计核算内容、强化管理会计内容。2. 有71.38%的被调查者认为,以往的会计核算范围和时点已难以与新经济企业发展的需求相适应,数字化使得企业经营业务呈现多样化,大量的非结构化数据无法通过传统的会计核算进行体现,而且现代企业变幻莫测,瞬间即可成立或破产迫切加大了对会计信息及时性的需求。而传统的会计核算是在业务活动之后,事后的核算信息不能满足企业事前决策的需要,对业财融合的呼声越来越高、亟需会计深入业务甚至走在业务的前面,因此,财务会计学教材应淡化事后核算决策的内容、强化业财融合和事前决策的内容。3. 有75.79%的被调查者认为,数字时代对会计人员能力提出了更高要求。数字化平台每天都会产生海量数据信息,各种数据信息形式多样、高度集中且共享,如何让海量数据信息发挥价值仅靠会计核算职能已无法实现,对会计人员的判断能力、分析能力、预测能力、决策能力等素质能力的要求大大提高,因此财务会计学教材应强化对数据信息的运用、分析等能力培养方面的内容。4. 有77.04%的被调查者认为,数字经济时代企业更加注重和加强成本控制以便更好地做出预测和决策。尤其受新冠肺炎疫情的影响,经济低迷,各行各业都受到一定的冲击,大大凸显出了成本控制的重要性,因此,财务会计学教材应进一步强化成本管控、预测和决策等方面的内容。

(二) 会计职能转变要求增加非结构化会计监督的内容

数字经济时代经济社会正在发生深刻的变革,给会计工作带来了新的发展机遇,信息化思维逐步融入了会计工作的方方面面,会计的监督职能为企业正常运行和发展提供了一定保证。由表5-2可知,75.47%的被调查者认为会计信息结构日益复杂,非结构化数据增加,会计的两大职能核算与监督发生了变化,从核算职能向数据分析和加工职能转变,从结构化监督向非结构化监督转变,因此数字经济时代应重点培养会计人员的数据分析和加工能力。传统的会计监督主要在于监督和判断信息的可靠性、真实性和准确性等方面,而数字化平台形成的客观数据信息使得传统会计监督流于形式,会计监督转向了对非结构化数据的使用、分析和判断方面,例如,如何辨识舞弊现象的形成,如何控制业务活动的不必要支出,如何规范内部控制流程等方面。

表 5-2　　　　　　　　非结构化会计监督的体现

选项	非常不认同	不认同	中立态度	认同	非常认同	平均分
强化事前和事中监督,建立起有效的防范机制	1.89%	2.20%	16.35%	34.91%	44.65%	4.18
增强会计人员的信息分析和加工能力	1.89%	2.52%	17.92%	33.33%	44.34%	4.16

续表

选项	非常不认同	不认同	中立态度	认同	非常认同	平均分
借助大数据技术拓宽监督的参与范围，深化监督的参与程度	2.20%	2.20%	22.01%	36.16%	37.42%	4.04
增加会计相关法律法规的内容和范围	2.52%	3.46%	22.64%	31.76%	39.62%	4.03
增加对非结构化数据的判断和使用	2.83%	2.83%	22.33%	33.96%	38.05%	4.02
事务所和会计师更为注重会计信息的预测能力	2.52%	3.46%	23.27%	34.28%	36.48%	3.99

调查结果显示，数字经济时代会计监督职能的转变主要体现在强化事前和事中监督、建立起有效的防范机制（4.18分），增强会计人员的信息分析和加工能力（4.16分），借助大数据技术拓宽监督的参与范围、深化监督的参与程度（4.04分），增加会计相关法律法规的内容和范围（4.03分），增加对非结构化数据的判断和使用（4.02分），事务所和会计师更加注重会计信息的预测能力（3.99分），具体如表5-2所示。其主要原因在于：1.会计信息结构复杂化、非结构化数据增加，会计的两大职能核算与监督应从核算职能向数据分析和加工职能转变、从结构化监督向非结构化监督转变。因此应重点培养会计人员对数据尤其非结构化数据的分析和加工能力。2.传统的会计监督主要在于监督和判断信息的可靠性、真实性和准确性，而数字化平台形成的客观数据信息使得传统会计监督流于形式，会计监督转向了对非结构化数据的使用、分析和判断，例如，如何辨识舞弊现象的形成，如何控制业务活动的不必要支出，如何规范内部控制流程等方面。而当前的财务会计学教材内容难以满足和实现非结构化会计监督的需要，教材的改革和编写应向培养学生的数字化思维转变，增加事后编报向实时报告转变的内容，增加会计信息事前和事中监督的内容，培养学生由事后管理向事前预防和事中管控的思维转型。

二、应用型高校会计学教材的编写理念

随着数字经济的发展，数据化、智能化、平台化的互联网运营成为发展的重中之重。大数据、人工智能、移动互联网、物联网、云计算、区块链、5G等技术奠定了驱动商业创新的技术基础，数字化消费、数字化生产、数字化交互、数字化协同成为时代发展的关键词。数字化生存成为必然，如何革新会计学教材在数字经济时代的编写理念并付诸实践是一道现实而又紧迫的难题。

(一) 教材编写遵循的基本原则

教育部和各省教育厅已启动了普通高等教育"十四五"规划教材建设工作。要求以习近平新时代中国特色社会主义思想为指导，落实立德树人根本任务，积极弘扬和践行社会主义核心价值观，建设具有科学性、时代性和前沿性的高水平教材，充分发挥教材在提高人才培养质量中的基础性作用。教材建设的基本原则是：

1. 政治方向正确。以习近平新时代中国特色社会主义思想为指导，有机融入中华优秀传统文化、革命文化和社会主义先进文化，加强法治意识和国家安全、民族团结以及生态文明教育，努力构建中国特色、融通中外的概念范畴、理论范式和话语体系，引导学生树立正确的世界观、人生观和价值观。

2. 内容科学准确。遵循教育教学规律和人才培养规律，教材内容结构严谨、逻辑性强、体系完备，反映教学内容的内在联系、发展规律及学科专业特有的思维方式，能够满足教学需要。

3. 特色鲜明突出。全面反映中国特色社会主义实践创新成果，及时融入相关学科领域科研最新发展，充分融合现代信息技术手段，内容前沿，呈现方式多样，富有启发性，有利于激发学习兴趣及创新潜能，重点瞄准国家重大发展战略、新兴产业、特色产业人才培养需求。

(二) 凸显会计学的思维理念

会计学具有技术性和应用性，也具有浓重的管理学和经济学属性，因此不仅体现于技能教育，更在于管理、经济、思维、创新、伦理等方面的教育。充分考虑该学科特点，以推进新时代思想政治工作改革攻坚为抓手，应更注重培养学生有关会计思想、会计做人、会计做事及会计创新的思维和理念，努力培养具有家国情怀、法治意识、社会责任和人文精神的卓越财经人才。因此，会计学教材编写应着重凸显经济后果理念、道德教育理念、政治协调理念、数字思维理念四个方面。

1. 经济后果理念。树立经济后果理念使学生更清晰地理解会计政策选择的原因及其经济背景、经济后果，深刻理解会计学的经济属性和管理功能。会计学教材面向的对象是涉世未深的学生，教材的载体是经济法人的企业，因此会计教材的内容应凸显具有经济后果理念和警戒教育的会计理论及方法。教材中应重点凸显难点、疑点、后果，注重知识点的梳理与整合，培养和锻炼学生的逻辑思维、求知欲望、后果意识和思考习惯。

2. 道德教育理念。通过在教材内容中呈现会计的道德内容、道德风险点及其控制，通过案例分析培养学生正确的做人信念、做事信念，提高育人水平。将知识、技术、技巧的内容重心转变为原理、思维、联系的内容重心，重视和强调解惑、动态、质疑以及德育等方面的教学内容（栾甫贵，2017），例如，在教材中融入对人的尊严、价值、命运的维护、追求和关切等人文精神，在一定程度上丰富了教材内容，也增强了教材内容的趣味性。

3. 政治协调理念。将教材内容与会计改革、国家大政方针结合，帮助学生从国家宏观政治高度认识会计在服务国家建设发展方面的地位和作用。将中国优秀传统文化、唯物辩证法及历史唯物论贯穿到会计学教材中，深入挖掘章节内容中蕴含的思想政治教育元素，有机融入家国情怀、法治意识、社会责任等思政元素，润物无声地引导学生将个人成长与祖国前途命运紧密相连。

4. 数字思维理念。从以传授知识为主转向以培养学生全面素质为主，注重培养学生的创新精神、主动获取和应用数字信息的能力以及批判性思维能力，提高学生分析和解决会计实际工作的综合能力。以职业能力培养为核心，会计工作流程为驱动，在"教中学，学中做"，体现教材内容的实践性和应用型特色，从而推进教材编写理念由"以教为中心"向"以学为中心"转变，由"知识输入型"向"能力输出型"转变，不断完善"三全育人"格局。

三、"345"模式在会计学教材编写中的应用实践

根据《国际教育标准分类法》，将高等教育第 5 级分为 5A1、5A2、5B 三种类型，分别培养学术研究型人才、应用型专门人才和实用型职业技术人才。5A2 型即应用型本科培养，要求以体现时代精神和社会发展要求的人才观、质量观和教育观为先导，构建满足和适应经济与社会发展需要的专业结构、课程体系，更新教学内容、教学环节、教学方法和教学手段，注重培养学生的实践能力和创新能力，培养具有较强社会适应能力和竞争能力的高素质应用型人才。因此，要助力应用型财经人才培养，必须对传统会计教材编写模式进行变革，探索大数据、数字化技术、思政元素与会计教材编写内容的融合。

（一）主要应用思路

信息技术的突飞猛进和知识经济的迅速崛起使得数据信息传播在空间和时间上都发生了巨大变化，知识更新周期缩短，社会职业流动性加快。为适应数字经济社会发展，会计学教材编写除了要体现新会计准则、具有操作性和涵盖职业技能考试知识点之外，教材编写还必须在教材内容、教材形式和资料呈现等方面不断进行创新，以完成立德树人的核心使命。

1. 在教材内容方面，一是结合会计研究热点问题，更新补充教学案例，以问题为导向，将会计理论、学术发展前沿和中国经济社会的当前时代背景紧密结合。二是在教材内容中设置大量现实案例和讨论素材，增加案例讲解与讨论比例，将会计问题具体化和场景化，专业理论与思政元素进一步融合、扩充教学内容。三是教材要按照"理论够用、注重实用、结合考证、讲练结合"的原则编写，逻辑体系合理科学，搭建的学科知识结构与技能训练对

接市场需求，实践层面的内容能反映会计智能化的新变化和新要求。

2. 在教材形式方面，打造立体化新形态教材。结合会计数据、会计信息、会计核算与会计工作日益云端化、共享化、智能化和管理化这一发展背景，教材编写能够体现新业务、新操作、新法规，案例、例题、表格、实训等要尽量反映数字经济时代会计事项和岗位的新需求。以纸质教材与电子教材的形式出版课程主教材和学习指导书，引进"互联网+"技术，完善每个章节的二维码内容，包括术语释疑、短视频、动态图、延伸阅读等；进一步更新学习指导书内容，出版会计学教材及配套学习指导书和电子教材光盘，打造数字化教学资源，适应数字经济发展。

3. 在资料呈现方面，反映和满足应用型高校会计教学的实际需求。将教学大纲、电子教案及教学课件、视频串讲、准则实时更新、模拟试题等教学资料配套齐全，以便提供更多的教学支持。一是根据培养方案、教学大纲、考试大纲的要求，结合每一章节的教学目标，形成围绕知识点展开、清晰表达知识框架的资料，包括章节介绍、学习大纲、预备知识、参考资料、习题作业、案例分析等。二是形成案例库和案例集，习题库和习题集，同时形成课程思政为特色的授课计划和教案。三是围绕每个章节开发视频和课件，开发专题性的线上与线下教学资源。通过二维码或增值服务码将纸质教材、在线课程网站和教学资源库等线上线下教育资源有机整合来创新教材形态。

（二）具体实践方案

会计学教材编写的具体实施方案体现在教材章节思政化、会计问题场景化、拓展阅读延伸化、教学科研融合化、教材形式立体化、结合专家经验加以优化六个方面。

1. 教材章节思政化。在高等教育过程中强化和深化思政教育，将思政教育融入专业教育之中，以课程思政对学生形成潜移默化的熏陶和指引，深入挖掘思政元素贯穿到教材内容编写中，达到润物无声、同频共振的立德树人效果。以财务会计学教材为例，结合课程思政建设对章节标题重新命名，如财务会计概念框架与人生框架，货币资金与人生追求，存货收发与诚信做人，金融资产与金钱崇拜，长期股权投资与人生定位，固定资产与生命价值，无形资产与品德价值，流动负债与知恩图报，非流动负债与人生决策，所有者权益与唯物辩证法等，如表5-3所示。

2. 会计问题场景化。为实现学生能力提升的目标，收集整理符合企业实际、社会前沿与实务动态的案例，将深奥的会计问题具体化和场景化，引导学生站在利益相关者的角度看问题。场景化的案例分析能够吸引学生的注意力，帮助学生识别问题和深入思考，并辅之以习题讨论和拓展阅读，强化学生的社会责任、职业道德及素养、问题分析与解决等能力培养。在教材中将案例放在理论知识之后，每个章节穿插二维码、课后练习与测试、案例分析、质疑与讨论等学习资料，构建和形成每个章节的案例及其分析要点。要求学生用学过的理论解决问题，做到理论联系实际。

表 5-3　　　　　　　　　财务会计学教材编写大纲

章节名称举例	章节名称举例
第1章　财务会计概念框架与人生框架	第8章　流动负债与知恩图报
第2章　货币资金与人生追求	第9章　非流动负债与人生决策
第3章　存货收发与诚信做人	第10章　所有者权益与唯物辩证法
第4章　金融资产与金钱崇拜	第11章　收入、费用与利润
第5章　长期股权投资与人生定位	第12章　财务报表的编报与合作
第6章　固定资产与生命价值	第13章　资产负债表日后事项
第7章　无形资产与品德价值	第14章　会计变更与差错更正

3. 拓展阅读延伸化。为促进学生积极主动学习，精心设置拓展阅读与教材内容无缝衔接，在教材每章节的案例分析和课后习题之外，将经济社会中发生的宏观大事、名人轶事、会计先贤、历史故事等作为拓展阅读融入教材，强化学生职业道德、遵纪守法、诚实守信、人格教育等体现人生观、世界观和价值观三观内容。从拓展阅读材料中凝练出若干思考题，引导学生思考和讨论，通过对具体问题的分析提高学生的思政觉悟，推进思政育人与专业教育的有机融合。拓展阅读材料在教材中的呈现方式可以是网址链接或者二维码，学生用手机扫码后可以获取到文字内容或者动画视频，借助信息技术实现拓展阅读的可视化。

4. 科研和实务融合化。教师将平时关注的国内外前沿话题以及自身的科研成果融入教材编写，培养学生的学术素养和创新能力。通过深入企业调研，结合当前企业的现实工作，在教材中增加和完善实务内容，培养学生会计工作的实践能力，提高学生分析和解决会计实际工作的潜能和素养。教材是提高人才培养质量的主流标配和基础工具，结合学术前沿和实务发展推进和打造教材内容是提升人才培养质量的关键。虽然信息技术的快速发展可以取代大量基础性的会计工作，但诸如战略地图、预算管理、职业判断、职业敏感、职业道德等在数字经济时代是会计职业应具备的核心能力素养，因此将科研和实务动态前沿融入教材内容编写是提升会计人才培养质量、适应和服务数字经济发展的必然趋势。

5. 教材形式立体化。为适应数字经济发展，调整更新知识点内容，使用术语释疑、小视频、动态图等方法形成二维码融入教材的每个章节，充分利用多媒体声、色、图、动画、制图表等功能，编写立体化教材、调动学生学习的积极性。将重要的知识点以及易混淆、易出错的理论点录制成微课，将会计确认、计量、记录、报告环节的动手实践录制成微课或动画，仿真模拟呈现实训操作过程，形成若干二维码嵌入每个章节，扫码后即可进入微课学习，使学生对较枯燥晦涩的知识点有更为直观和清晰的理解，对会计理论及方法实践有更真实客观的认识，从而缩短理论和实践之间的距离。

6. 结合专家经验加以优化。初步形成教材草稿，聘请知名学者、企业专家进行指导，结合实务难题和社会环境变化更新补充和完善教材知识点、章节测试题，或者以文字释疑的形式更新补充到教材里面，便于学生学以致用。可以聘请实务专家以开展讲座、开设直播的方式对最新实务问题进行讲解，线上线下有效结合，请专家参与课程改革，加大对课程体系、教学内容、教学手段和方法的改革力度，助力培养具有思考能力、数据分析能力和信息加工能力、信息技术运用能力、风险研判能力、预测和决策能力，以及职业道德能力和持续创造价值能力的高素质复合型会计人才。

四、持续打造精品教材，适应和服务数字经济发展

数字经济时代对会计人员提出了更高的能力要求，主要体现在：会计人员应提高思考能力、数据分析能力和信息加工能力，提升信息技术的运用能力、预测和决策能力，强化对各种风险因素的研判能力和应变能力，会计人员应不断加强跨领域学习新知识新技能，提高会计职业道德素养和持续创造价值的能力，具体如表5-4所示。

表5-4　　　　　数字经济时代会计人员的能力培养

选项	非常不认同	不认同	中立态度	认同	非常认同
提高思考能力、数据分析能力和信息加工能力	1.57%	2.20%	14.15%	32.08%	50.00%
提升信息技术的运用能力、预测和决策能力	2.20%	1.57%	14.47%	34.28%	47.48%
强化对各种风险因素的研判能力和应变能力	2.52%	1.57%	16.67%	30.82%	48.43%
不断加强跨领域学习新知识新技能	1.89%	3.77%	16.04%	31.45%	46.86%
提高会计职业道德素养和持续创造价值的能力	1.89%	2.83%	18.24%	33.96%	43.08%

随着信息技术的快速发展，会计人员需要借助和利用数字化平台生成数据、筛选数据、分析数据、提炼有用信息，为企业战略目标的制定以及资金规划提供参考依据和决策支持。虽然大智移物云技术可以取代大量基础性的会计工作，但诸如战略地图、滚动预算管理、职业判断、职业敏感、职业道德等素质能力是人类的特有技能，在数字经济时代更是会计人员应具备的核心能力素养，也是提升会计人员持续创造价值能力的关键所在。会计学教材是提高人才培养质量的主流标配和基础工具，因此推进和打造会计学精品教材、适应和服务数字经济发展是提升会计人才培养质量的当务之急和重中之重。

目前，高等院校人才培养方案的更新远滞后于数字经济的发展速度，在会计学专业的人才培养方案中尚不能充分体现大智移物云的课程设置。高校应通过建设大数据等相关教材培

养学生的数字化思维，教会学生使用大数据分析程序语言与工具（如 R 语言、Python、Java 等）、数据可视化分析工具，将人工智能、财务机器人等原理和方法融入现行会计教材建设和相关课程开设中去，增加和完善大数据技术、数据可视化、机器学习等相关内容。

综上所述，在数字经济时代，对于会计学教材建设提出了更高要求，教材编写应强化业财融合和管理会计方面的内容，增加非结构化会计监督方面的内容。教材编写理念应凸显经济后果理念、道德教育理念、政治协调理念和数字思维理念。按照教材章节思政化、会计问题场景化、拓展阅读延伸化、科研和实务融合化、教材形式立体化、结合专家经验加以优化来践行和革新财务会计学教材编写，从而推进和打造精品教材，适应和服务数字经济发展，培养学生在信息时代的数字化生存能力。

第六章 "345"模式在会计学专业实践育人中的研究与实施

2019年4月,教育部、中央政法委等13个部门联合召开"六卓越一拔尖"计划2.0启动大会,并强调要发展新工科、新医科、新农科、新文科。2020年4月,《教育部等八部门关于加快构建高校思想政治工作体系的意见》指出"深化实践教育,把思想政治教育融入社会实践、志愿服务、实习实训等活动"。2020年11月,新文科建设工作会议在山东大学召开,全面部署并发布了《新文科建设宣言》。新文科建设已成为新时代中国高等教育建设的重要举措,成为中国人文科学发展的有力支撑。实践育人是高校开展新文科教育教学工作的有效载体,是落实"三全育人""五育并举"要求的重要举措,是促进大学生德智体美劳全面发展的基础路径。

一、会计学专业实践育人的理论研究与探索

实践育人是指以学生在课堂上习得的理论知识为基础,开展以学生成长为中心的多种实践活动,促进学生形成实践能力、创新精神、高尚品格的新型育人方式。实践育人的形式有多种,包括课程实践、专业实践、教学实践、志愿服务、社会实践、体育运动、美育实践、劳动实践、心理素质拓展、学科竞赛、创业实践、参观调查、勤工助学、专业见习实习等。通过多种多样的实践活动从不同角度来培养学生,以实现育人之目的。这些不同形式的实践活动之间也会相互作用、相互影响,共同促进人的能力培养与素养提升。因此,实践育人是适应新时代教育发展要求的必然选择,是课程思政建设中的有效途径,是实现立德树人根本任务的基础。

首先,对学生而言,会计学专业的传统教学方法是以教师为核心,教师通过课堂讲授、理论考试、课程论文等方式考查学生对知识的掌握程度,而对学生学以致用的要求较低(方延明,2020)。学生在遇到实际问题时难以综合不同学科知识解决复杂问题(张敏,2021),对知识的学习仅停留在表面,使得学习环节与实践应用环节脱节。

其次,对教师而言,授课教师往往只承担少数几门课程的教学任务,其关注重点往往是如何让学生理解特定课程的授课内容,而缺少了不同学科知识的融合性教学(刘永泽,2019),使得学生所接受的知识仍然较为单一,缺乏知识整合的能力。

再次,在实践育人方式上,很多高校普遍存在育人方式陈旧、育人效果不明显的现象。

虽然通过诸如学术讲座、实习实训、科技竞赛等方式培养学生的实践创新能力，但未能真正调动学生的主观能动性。另外，很多高校未能从顶层设计上制定出实践育人的方案，往往只是学校科研、教务、学生管理等部门从各自职能出发做局部设计，缺乏育人的整体性。

最后，结合新文科背景开展实践育人模式优化设计，增强学生学习的探究性、合作性和创造性，是对传统教学方法的改进与提升，推进教学过程由"以教为中心"转向"以学为中心"，由"知识输入"转向"能力输出"（见图6-1）。

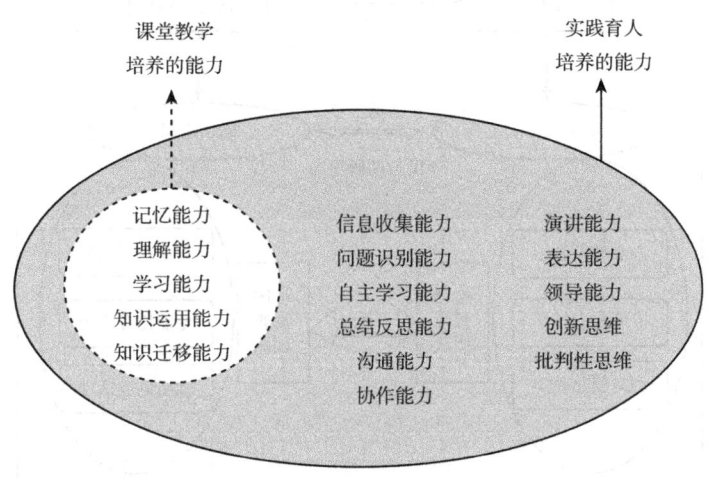

图6-1 实践育人培养的能力

（一）实践育人目标

1. 构建"学践研赛创"的实践教学体系。建设"知识学习+实践应用+科研训练+学科竞赛+创新创业"的能力培养体系，培养学生在实践应用中强化知识、在技能竞赛中提升能力、在科学研究中创意创造创业。

2. 深化"校企政"合作推动实习实践平台建设。联合企业、行业、协会、政府等社会资源，共建实习基地、新文科实验室、众创空间等，引导用人单位变为联合培养单位，通过实习实践平台建设开展"校企政共育"。

3. 探索和实施"保障机制+激励机制"。完善校院二级管理实践管理体系，通过修订完善大学生科研项目管理办法、科研贡献激励办法、科研项目协同育人专项实施细则、学科竞赛等实践教学管理制度，设立学生科研奖学金、创新创业奖学金等提高对学生的激励。

（二）实践育人思路

1. 优化人才培养模式，顶层设计实践教学体系。在人才培养方案设置上引入"倒逼机制"，构建"平台+模块+项目"的应用型人才培养模式。

2. "学校—企业—行业协会"三方联通,打造课程五位一体化。依托校企政、产学研协同育人,构建多元化、开放性实践活动载体。

3. 产学研相结合、教学做一体化。推动和实现第一课堂和第二课堂对接,团学组织与基层教学组织对接,专业实训教学和社团活动对接,教学科研和社会服务与产业对接(见图6-2)。

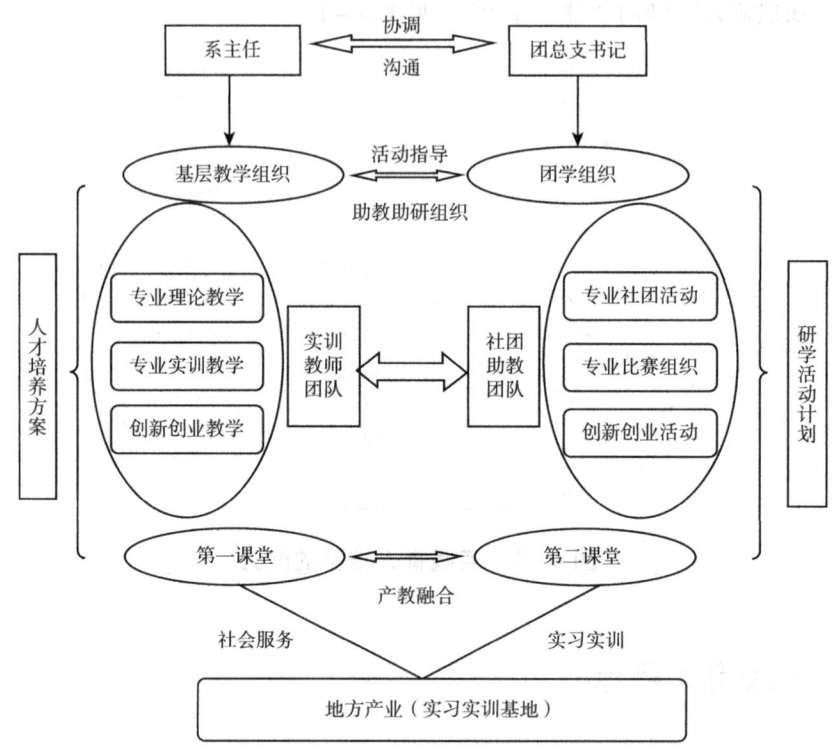

图6-2 产学研相结合、教学做一体化的实践体系

(三)实践育人方案

1. 创新构建人才培养体系,实现会计专业人才培养与会计职业社会需求的紧密对接。创新构建"一目标、二平台、三维度"的人才培养体系,即以培养高素质、复合型、应用型、创新型会计专业人才为目标,通过充分整合校内外优质教学资源,搭建校内实验实训平台和校外实习实训基地(二平台),提升学生知识思维、个人品质和成长能力。

2. 革新教学手段与方法,提升教学效果与人才培养质量。以新文科和"两性一度"金课标准为引领,以浸润式的课程思政元素为主线,组织好线上学习、课堂学习、实践学习,利用智能化教学手段,提升教学效果和培养质量。

3. 整合校内外优质教学资源,完善实践教学条件,为学生综合能力培养提供保障。以校内实习实训为基础,以校外企业实践为延伸,以学生学科竞赛为补充,以创新创业为拓展，通过校内、校外实践平台的紧密结合与建设运用，实现对学生专业技能、实践能力、团队精神与分析能力、创新意识与创新能力等综合素质能力的培养。

4. 打造和利用网络课堂、理论课堂、实验课堂、企业课堂、创新课堂五个课堂，培养和强化学生的创新实践能力和综合职业能力。着力打造和利用五个课堂，突出独立思考和实践应用能力的培养，推进"产学研相结合，教学做一体化"。理论学习与社会实践相结合、专业知识学习与科学研究及学科竞赛相结合、校内实验与校外实践相结合，充分发挥五个课堂的协同效应，强化对学生综合职业能力培养的全方位、全过程、多维度的立体化培养体系。

（四）解决的关键问题

本书解决的关键问题在于：

1. 单一化人才培养与学生多元化发展需求之间的矛盾问题。培养目标同质化尤其是重理论轻实践的积弊问题，导致实践教学不能满足对学生综合能力培养、多元化发展的要求。

2. 创新创业实践与专业教育脱节、耦合不到位的问题。创新实践要依托专业教育来开展，专业教育要借助创新实践来提升，两者结合是新文科人才培养方向的关键所在。

3. 教师实践能力薄弱，实践育人指导不到位的问题。师资是新文科教育改革的软肋，高校教师尽管学历高、理论功底好，对一线业务实践不敏感，需要校企政共育。

4. 传统教学手段与方法制约教学质量提升的问题。会计教师还未能充分认识到虚拟仿真、可视化技术、智能财务等现代教育手段对提升教学质量的积极作用，实践教学领域更为迫切。

本书的创新性体现在：

1. **课程模块创新**：分类培养、多元发展，满足学生不同发展方向的需求。注重因材施教和个性化培养，推进分层教学、分流培养、项目驱动，在课程体系中设置"自主发展课程"模块，分为三个方向"专业学术、创新拓展、就业综合"，使具备学术潜质的学生能成功考研深造，使具有创业志向的大学生敢于创业和勇于创业，使具有就业意愿的学生具有更强的动手能力和就业能力。

2. **教学模式创新**：构建实践育人模式，推动向五个课堂转变。结合我校示范校建设和三步走发展规划，结合当前"大智移物云区"的兴起与发展，着力打造和利用网络课堂、理论课堂、实验课堂、企业课堂、创新课堂五个课堂，突出独立思考和实践应用能力的培养，推进"产学研相结合、教学做一体化"，为应用型高校人才培养提供有益的思路指引和应用参考。

3. **改革举措创新**：由"以教为中心"转向"以学为中心"，由"知识输入"转向"能力输出"。秉承"教师投入带动学生投入"的理念，构建师生研学团队，开展案例开发、视频制作、社会调查、论文写作等研学活动,以教学、科研、竞赛、创新实践一体化,实现第一课堂与第二课堂对接,团学组织与基层教学组织对接,专业实训教学和社团活动对接,教学科研和社会服务及产业对接。

二、"大智移物云区"时代的会计与审计职业发展趋势

习近平总书记指出,世界正在进入以信息产业为主导的快速发展期,我们要把握数字化、网络化、智能化融合发展的契机,以信息化、智能化为杠杆培育经济发展新动能。这一重要论述是对当今世界信息技术主导作用、发展态势的准确把握,是对利用信息技术来推动国家创新发展和经济高质量发展的重要部署。

人类社会经历了农业革命、工业革命,正在经历信息革命。当前,以数字化、网络化、智能化为代表的新一轮科技革命方兴未艾,"大智移物云区"技术日益成为创新驱动发展的先导力量。信息技术与生物技术、新能源技术、新材料技术等交叉融合,正在引发以绿色、智能、泛在为特征的群体性技术突破。信息、资本、技术、人才在全球范围内加速流动,"大智移物云区"技术推动产业变革,促进工业经济向信息经济转型,国际分工新体系正在形成。网信事业代表新的生产力、新的发展方向,推动人类认识世界、改造世界的能力空前提升,并带来生产力质的飞跃,引发生产关系重大变革,成为重塑国际经济、政治、文化、社会、生态、军事发展新格局的主导力量。全球信息化进入全面渗透、跨界融合、加速创新、引领发展的新阶段。

现如今,人们的工作学习、衣食住行、医疗社保等方方面面已离不开"大智移物云区"技术的支撑。"大智移物云"这个概念是邬贺铨院士在2013年8月中国互联网大会上提出来的,是指大数据、智能化、移动互联网、物联网和云计算。《中国互联网络发展状况统计报告》显示,截至2019年6月,我国网民规模达8.54亿,互联网普及率达61.2%,网络支付用户规模达6.33亿,网络购物用户规模达6.39亿,网络购物用户占网民整体的74.8%,网络购物交易规模及其占社会商品零售总额的比重均居全球首位,而且目前仍处于中高速增长阶段。社交网络大大方便了人们之间的交流:截至2018年底,微信每月活跃用户超过10亿,每天发送信息450亿次,音视频通话达4.1亿次,这需要高水平云计算保障能力才能做到。与此同时,"大智移物云区"技术也对各行各业产生了重大影响,颠覆了传统生产企业的生产方式,推动工业企业信息化与工业化的融合,研发了财务机器人在会计领域的应用,实现了审计领域的数据共享。

会计学和审计学都具有浓重的经济学属性,会计和审计工作具有强烈的管理后果、经济后果和社会后果,会计和审计信息是市场经济发展中重要的经济信息之一,因此,会计审计工作在服务国家建设发展方面具有十分重要的地位和作用,可以说是资源配置的镜子、宏观经济运行的指针、产权制度的践行者、经济学的运作助手(栾甫贵,2019)。随着财务数据

日益复杂化、多样化，网络经营的发展和虚拟公司的出现使企业瞬间即可诞生或消逝，会计主体变得模糊，审计对象变得复杂，分析和研究"大智移物云区"技术对会计职业和审计职业带来的机遇与挑战，以及对会计和审计工作所产生的影响，具有较强的现实意义，也为会计学科和审计学科的发展提供经验指导，为推进"大智移物云区"时代高校会计人才和审计人才的培养，以及大数据、信息化审计法律法规的建立健全提供政策启示，揭示会计审计教育服务经济高质量发展的重要意义。

（一）国内外研究现状与社会调查基本介绍

1. "大智移物云区"对会计职业的影响。

由于制度背景、研究对象以及研究方法的不同，有关"大智移物云区"对于会计职业的影响形成了不同的观点。有学者认为大数据给会计和财务工作带来了机遇，发挥会计和财务人员更多的战略作用，帮助他们塑造更好的职业前景，且会计的管理职能得到了重视并逐步实现，会计人员的工作量明显减少，从而可以将更多的精力投入企业经营管理中，业财融合进一步加强，工作任务的细分更加明确，工作效率显著提升，会计职业有了更好的发展机遇（秦荣生，2015；谢诗蕾，2020）。也有学者认为信息技术的发展会促使会计职业发生转型，利用"大智移物云区"技术有力地推动会计工作进入"大会计"时代，借助现代信息技术推动会计工作链条向前和向后延伸，不断拓展会计职业的功能范畴并实现新的突破，由对价值的反映到对价值的创造，推动了现代企业的发展（黄世忠，2015；张庆龙，2020）。还有学者持相反观点，认为信息技术的发展会给会计职业带来巨大的挑战。随着"大智移物云区"时代的到来，每天产生的数据都是海量的，信息更新的速度非常快，海量的数据信息不但使得业务处理层出不穷，同时也加大了会计人员处理业务的速度要求，提高了对会计人员在海量数据中的甄别能力、判断能力等方面的素质要求（秦荣生，2013；徐经长，2019）。"大智移物云区"时代我国的会计教育理论研究尚处于起步阶段，亟待更多理论成果对实践加以支撑（刘国城、董必荣，2017）。"大智移物云区"是新兴的经济形式，如何将其深度融合于会计教育领域之中，形成本科会计教育的新形态，任重而道远。

2. "大智移物云区"对审计职业的影响。

目前，有为数不多的文献研究了"大智移物云区"对审计职业的影响，认为信息技术的进步会给审计职业带来机遇，并促进审计职业的发展。有学者认为信息技术的发展可以提高"重要性"水平评估的准确性，提高审计工作的效率和审计证据的质量，同时能够及时地反映审计信息及其结果（秦荣生，2014；况玉书、刘永泽，2019）。也有学者认为信息技术的发展给审计职业带来巨大的风险和挑战，导致审计信息数据过多，数据采集和筛选难度加大，隐私信息的安全性得不到保障，审计信息数据通过网络介质进行传输也容易感染病毒，造成信息泄露，给审计工作增加了风险（秦荣生，2015；袁野，2020）。对审计职业而言，审计的传统稽核职能正逐渐由智能化软件来实现，而职业评估、职业判断等能力贡献才是当下乃至未来审计人员需具备的核心素养。当前审计教育仍强调理论知识的传授和基础技能的掌握，审计专业人才培养的改革显得滞后而迟缓（王奕俊，2020）。人才培养方案势必要进行调整乃至变革，才能适应当下及未来审计职业与审计专业人才技能要求的巨变。

综合来看，目前国内外关于"大智移物云区"对会计职业和审计职业影响的研究尚不多见，尤其是"大智移物云区"时代会计职业和审计职业面临的机遇与挑战，会计工作和审计工作发生的转变，会计人员与审计人员的能力提升与未来发展等方面的研究更为少见。本部分结合会计职业和审计职业的特点，采用问卷调查和定量分析的方法研究"大智移物云区"对会计职业与审计职业的影响，并据此探讨会计职业和审计职业的能力建设和人才培养。

3. 有关"大智移物云区"的基本调查。

（1）样本描述。

本次调查得到了来自全国22个省区市、不同行业、不同学历以及不同年龄段从事审计和会计工作的人员支持，共获得318份有效问卷。调查样本覆盖范围和对象具有代表性，调查的样本对象是在审计署、审计厅、审计局以及财政系统、税务系统等行政单位，企事业单位的会计部门和审计部门，会计师事务所，高校从事会计审计教学和工作的各行各业人员。调查样本的基本情况如表6-1所示。

表6-1　　　　　　　　　调查样本的基本情况

指标	类别	数量（个）	比例（%）
性别	男	128	40.25
	女	190	59.75
年龄段	25岁以下	122	38.36
	25~35岁	117	36.79
	36~50岁	70	22.01
	51~60岁	9	2.83
	60岁以上	0	0
企业性质	国有企业	55	17.30
	民营企业	66	20.75
	外资企业	7	2.20
	行政事业单位	39	12.26
	高校	88	27.67
	会计师事务所	17	5.35
	其他	46	14.47
总样本量		318	100

本调查问卷共分为五个部分：第一部分为基本信息；第二部分为"大智移物云区"知多少；第三部分为"大智移物云区"对会计职业的影响；第四部分为"大智移物云区"对审计职业的影响；第五部分为相关政策建议调查。问卷整体及各个部分的信度均表现较好，如表6-2所示。同时采用了SPSS在线分析对318个有效样本进行了数据分析处理，客观呈现"大智移物云区"对会计职业和审计职业的影响。

表6-2 调查问卷信度分析

问卷内容	信度α
调查对象的基本信息	0.993
"大智移物云区"知多少	0.953
"大智移物云区"对会计职业的影响	0.986
"大智移物云区"对审计职业的影响	0.982
相关政策建议调查	0.975

（2）"大智移物云区"的熟悉程度及其应用。

本调查将熟悉程度划分为五个层次，分别为完全不了解、不大了解、知道、了解和非常了解。"知道"及以上层级选项的占比越高，表明对该技术的熟悉度越高，否则对此技术的熟悉度越低。通过对318个有效样本的分析发现，目前熟悉程度最高的是移动互联网，占比为93.39%；人工智能次之，占比为88.36%；大数据（82.08%）和物联网（81.45%）紧随其后，云计算的熟悉程度最低，占比为76.10%。具体调查情况如表6-3所示。

表6-3 "大智移物云区"技术的熟悉度

	完全不了解	不大了解	知道及以上
移动互联网	2.83%	3.78%	93.39%
人工智能	2.83%	8.81%	88.36%
大数据	5.66%	12.26%	82.08%
物联网	4.08%	14.47%	81.45%
云计算	5.35%	18.55%	76.10%

本调查将对"大智移物云区"技术的应用情况划分为三大类，分别为已应用、打算应用和不打算应用。具体调查结果如表6-4所示。被调查人员所从事的工作对移动互联网的应用程度最高，为58.81%，其次是大数据占比为37.42%，然后是云计算占比为25.15%，人工智能（19.81%）和物联网（18.87%）的应用程度较低。

表6-4　　　　　　　"大智移物云区"技术的应用情况

	已应用	打算应用	不打算应用
移动互联网	58.81%	20.12%	21.07%
大数据	37.42%	26.42%	36.16%
云计算	25.15%	25.79%	49.06%
人工智能	19.81%	27.36%	52.83%
物联网	18.87%	24.21%	56.92%

综合表6-3和表6-4可知，随着信息化时代的到来，越来越多的人开始逐渐了解并熟悉"大智移物云区"技术，但"大智移物云区"技术在会计工作和审计工作中的普及率仍较低，尤其是人工智能和物联网技术的应用程度更低。因此，政府、企业和高校应加大对"大智移物云区"技术的推进、应用和培训力度，加快整个社会的技术进步和信息化进程。

（3）"大智移物云区"带来的便利化程度。

本调查将"大智移物云区"技术带来的工作和生活便利程度划分为五个量级，每一个量级及其分值依次为，非常认同为5分，认同为4分，中立态度为3分，不认同为2分，非常不认同为1分，选项的得分越高说明认可程度越高，具体如表6-5所示。从表6-5可知，被调查人员对这6个选项的认同度均较高，其中"生活更加便捷化"的认同度最高，平均得分为4.10分；其次是"移动办公""推动信息化与工业化的融合"和"数据资源的价值扩大化"，平均得分依次为4.09分、4.04分和4.03分；然后是"商业模式不断创新"为3.92分，平均得分最低的是"颠覆传统的生产方式"为3.74分。

表6-5　　　　　　"大智移物云区"技术带来便利的认同程度

选项	平均分值	标准差
生活更加便捷化	4.10	1.03
移动办公	4.09	1.00
推动信息化与工业化的融合	4.04	1.03
数据资源的价值扩大化	4.03	1.03
商业模式不断创新	3.92	1.04
颠覆传统的生产方式	3.74	1.10

这一结果表明，目前"大智移物云区"技术已深入人们的工作和生活，为人们带来越来越多的便利和影响。尤其是2022年受新冠肺炎疫情的影响，工作人员无法返回单位工作办公，云化、数字化和在线化发展进一步深化，数据化、智能化、平台化的互联网运营成为重中之重，依靠数字技术的舆情响应成为主流阵地的标配，更加凸显了"移动办公"的重

要性和推动信息化快速发展的必要性和重要性。根据被调查人员对"数据资源的价值扩大化"的认可程度,可以看出随着信息技术的发展,数据资源的价值越来越得到重视。当今时代,数据资源对于企业尤其新经济企业来说,是能够带来经济效益的战略资产,如何将数据资源加以确认和计量、将数据资源的价值可视化、使数据资源发挥和创造更大价值,是实务界的现实问题。

进一步通过 LSD 事后检验和均值比较,对不同性别和年龄段的被调查人员"生活更加便捷化"和"移动办公"的方差分析,可以发现,在性别上被调查人员对"生活更加便捷化"($p=0.870$)和"移动办公"($p=0.418$)的认同程度没有显著差异,但在年龄上被调查人员对"生活更加便捷化"($p=0.031$)和"移动办公"($p=0.000$)的认同程度均存在显著差异,详见表 6-6 和表 6-7。对于"生活更加便捷化"而言,"25~35 岁"的得分最高为 4.17 分,"51 岁以上"的得分最低为 3.11 分;对于"移动办公"而言,得分最高的仍为"25~35 岁"(4.23 分),得分最低的仍为"51 岁以上"(2.78 分)。由此表明,对年龄越大的人而言,对"大智移物云区"这一新生事物的接受能力和应用程度越低,能够徜徉和享受信息化快捷和便利的人群以青年人为主。因此,只有结合和考虑年龄差异和人群特征,才能更好地推进"大智移物云区"的普及和应用。

表 6-6　　"生活更加便捷化"的方差分析

描述变量		样本量	均值	标准差	F 值	F 检验显著性
性别	男	128	4.09	1.06	0.027	0.870
	女	190	4.11	1.02		
年龄段	25 岁以下	122	4.11	0.97	2.997	0.031
	25~35 岁	117	4.17	1.00		
	36~50 岁	70	4.09	1.07		
	51 岁以上	9	3.11	1.54		

表 6-7　　"移动办公"的方差分析

描述变量		样本量	均值	标准差	F 值	F 检验显著性
性别	男	128	4.04	1.07	0.658	0.418
	女	190	4.13	0.95		
年龄段	25 岁以下	122	4.04	0.96	6.417	0.000
	25~35 岁	117	4.23	0.96		
	36~50 岁	70	4.13	0.96		
	51 岁以上	9	2.78	1.39		

（二）"大智移物云区"时代会计职业的机遇与挑战

1. 会计工作效率的提升。

"大智移物云区"时代，随着信息技术的发展、财务软件的普及，会计工作效率的提升主要体现在税务、业务和财务一体化进程加快（4.21分）、会计人员的财务分析能力不断加强（4.19分），会计核算流程不断优化（4.13分），会计人员查错纠弊的能力不断提升（4.05分）上。因此，要想提升会计的工作效率，为企业更快更好地创造经济价值，应从加快税务、业务和财务融合，提升会计人员的财务分析能力着手并放在首要地位，具体如表6-8所示。

表6-8　　　　会计工作效率提升的体现及认同程度

	非常不认同	不认同	中立态度	认同	非常认同	平均分
税务、业务和财务的一体化进程加快	1.89%	3.46%	13.20%	34.28%	47.17%	4.21
财务分析能力不断加强	1.89%	3.77%	12.58%	37.42%	44.34%	4.19
会计核算流程不断优化	1.89%	4.09%	15.41%	36.16%	42.45%	4.13
查错纠弊的能力不断提升	1.89%	4.08%	19.18%	37.11%	37.74%	4.05

2. 会计核算向管理会计职能的转型。

随着信息技术的发展，会计的工作重心逐渐转移，由原来的账务核算职能逐渐向管理会计职能转型。这一转型主要体现在财务软件的不断创新及应用取代了会计人员的基础工作（3.95分），以往的会计核算范围和时点已难以与企业发展的需求相适应（3.97分），会计信息高度集中且共享对会计人员的能力提出更高要求（4.11分），加强成本控制以便企业更好的做出预测和决策（4.11分）上。具体结果如表6-9所示。其中，（1）有71.07%的受访者认为，随着信息技术的发展，财务软件的不断更新升级和应用，会计工作中大量的基础性工作被智能化所取代，会计人员从单一且反复的核算工作中解脱出来，有更多的时间和精力去思考如何管理企业促进企业更好发展，加快了会计核算向管理会计职能的转变。（2）有71.38%的受访者认为，以往的会计核算范围和时点已难以与企业发展的需求相适应，"大智移物云区"的发展使得企业经营业务呈现多样化，大量的非结构化数据无法通过传统的会计核算进行体现。而且现代企业变幻莫测，瞬间即可成立或破产迫切加大了对会计信息及时性的需求，而传统的会计核算是在业务活动之后，事后的核算信息不能满足企业事前决策的需要，因此对业财融合的呼声越来越高、亟需会计深入业务甚至走在业务的前面，从而大大促进了会计核算向管理会计职能的转型。（3）有75.79%的受访者认为，"大智移物云区"

时代对会计人员能力提出了更高要求。随着大数据平台的建立每天都会产生大量数据信息,各种数据信息形式多样、高度集中且共享,如何让海量数据信息发挥价值仅靠传统会计核算职能已无法实现,对会计人员的判断能力、分析能力、预测能力、决策能力等素质能力的要求大大提高,从而促进向管理会计职能的转型。(4)有77.04%的受访者认为,企业为了加强成本控制、更好地做出预测和决策能够促使会计核算向管理会计职能转型,尤其2022年由于我国受新冠肺炎疫情的影响,经济低迷,各行各业都受到一定的冲击,大大凸显出了成本控制的重要性,会计在发挥成本控制职能的同时,也应当在预测和决策方面助一臂之力,才能推动企业健康可持续发展。

表6-9 会计核算向管理会计职能转型的体现及认同程度

	非常不认同	不认同	中立态度	认同	非常认同	平均分
1. 财务软件的不断创新及应用取代了会计人员的基础工作	3.46%	5.97%	19.50%	34.28%	36.79%	3.95
2. 会计核算范围和时点已难以与企业发展的需求相适应	2.83%	4.72%	21.07%	35.53%	35.85%	3.97
3. 会计信息高度集中且共享对会计人员的能力提出更高的要求	2.83%	2.83%	18.55%	32.08%	43.71%	4.11
4. 企业为了加强成本控制,更好的做出预测和决策	2.84%	3.77%	16.35%	33.96%	43.08%	4.11

3. 会计人员面临失业的问题。

随着"大智移物云区"时代的到来,尤其人工智能在会计工作中的创新和应用,会计人员面临的挑战之一就是失业问题。这一挑战主要体现在财务共享中心相继发展、提高了对会计人员的业务要求(3.92分),传统会计思维跟不上网络会计发展的步伐(3.78分),财务软件的创新及应用取代了会计人员的基础工作(3.76分),会计行业的基础工作人员已达到饱和状态(3.65分),其他职业人员转行从事会计职业(3.33分)上。其中,有68.55%的被调查者认为,随着财务共享平台的构建、财务共享中心的发展,会计人员需要具备更高的业务能力,否则将面临失业问题;认同度较高的还有传统会计思维跟不上网络会计发展的步伐(63.84%),财务软件的不断创新及应用取代了会计人员的基础工作(63.52%),"大智移物云区"的发展使得各种经济业务变得错综复杂,信息技术的发展和应用也会每天产生海量数据信息,面对庞杂的业务处理和庞大的数据信息,会计人员也需要与时俱进不断提高业务能力,才能应对"大智移物云区"技术给会计职业带来的挑战,赢得更好的职业发展空间。

4. 会计人员自身综合素质有待提升。

既然"大智移物云区"的发展使会计人员面临失业风险、业务风险、稽查风险等各种风险和挑战，会计人员只有顺应时代潮流大力提升自身综合素质，才能更好地胜任会计工作。为了更好地应对这些风险和挑战会计人员必须提升自身的综合素质。按照调查形成的得分高低，依次为：思考和决策的思维方式需要做出改变（4.22分），改善自己的知识结构和知识储备（4.21分），熟练掌握计算机的相关操作、为数据分析打下坚实基础（4.18分），需要进一步提升管理能力（4.17分），具备较高的职业道德和良好的职业素养（4.12分）。但五种素质的平均得分相差不大，说明这五种素质能力在"大智移物云区"时代都极其重要，会计人员的职业能力不能再仅局限于传统的核算与监督职能范畴，而是要顺应时代发展不断提升自身软实力，通过提升多方面的素质能力实现价值创造。

5. 会计信息的安全性问题。

近年来，移动互联网和物联网不断深化发展，人工智能和云计算逐渐普及，大数据平台逐步构建及完善，在大大推动会计信息化发展的同时，在会计数据信息的安全性方面也产生了一系列问题，主要表现在：会计信息传输过程中保密措施不当（4.06分），会计信息系统运行的风险（4.05分），存储的会计数据可能丢失或篡改（4.04分）、会计信息传输过程中的完整性可能无法保障（3.95分），用户的非法访问（3.86分）。对会计人员而言，需要加强职业道德教育和信息安全教育，防止对信息系统的非法访问和越权操作，避免对会计数据的非法篡改、删除以及数据的丢失和泄露，通过强化会计人员的保密意识和风险意识保障会计信息的安全性。

（三）"大智移物云区"时代会计职能的发展与转变

1. 财务会计账务流程的优化。

会计人员账务处理的传统流程大体分为七大步骤：原始凭证分类、编制记账凭证、登记会计账簿、科目汇总、登记总账、对账核账、编制会计报表。传统手工记账流程烦琐且易出错，各个步骤不能同步进行使得会计核算效率低、数据处理速度慢，难以为管理层决策提供及时的财务信息。而"大智移物云区"技术的应用使得账务处理的各个步骤同步进行，提高会计核算效率，实时反映财务状况，为成本管控以及管理层决策及时提供数据信息，更快更精准地实现价值创造。本调查将会计账务流程优化的体现划分为五个量级，非常认同为5，认同为4，中立态度为3，不认同为2，非常不认同为1，具体如表6-10所示。财务会计记账流程的优化主要体现在由事后核算转向全过程管理（4.12分），业务与财务的融合进程加快（4.07分），财务软件的不断创新及应用（4.06分），企业内部控制体系不断完善（4.03分）上。这些体现与近年管理会计职能的发展方向一致，也体现了会计核算向管理会计职能的转型，即会计人员应走在业务前面，由事后核算向全过程管理的思维转变。

表 6-10　　　　　　　　财务会计记账流程优化的体现

项目	1	2	3	4	5	平均分
由事后核算转向全过程管理	2.20%	2.20%	17.92%	37.11%	40.57%	4.12
业务与财务的融合进程加快	2.52%	2.83%	17.92%	38.68%	38.05%	4.07
财务软件的不断创新及应用	2.52%	2.52%	20.44%	35.53%	38.99%	4.06
企业内部控制体系不断完善	2.83%	3.46%	21.38%	32.39%	39.94%	4.03

2. 从事后财务报表向实时财务报表转变。

按照传统账务处理流程，会计人员只有在生产经营活动结束后才编制财务报表，报表编制时间滞后严重影响了会计信息供给的及时性和信息使用效率。随着电商及网络平台的兴起和发展，企业的经营模式复杂化、业务活动多样化，为做好经营决策对财务信息的及时性提出了更高要求，对实时财务信息的使用、实时报表的呈现等需求日益迫切和强烈，企业也逐渐意识到实时财务报表的重要性和有用性，"大智移物云区"技术的发展正推动着财务报表从事后报告逐步向实时报告进行转变。表 6-11 是财务报表从事后报告向实时报告转变的具体体现。

表 6-11　　　　　　财务报表从事后报告向实时报告转变的体现

项目	1	2	3	4	5	平均分
及时提供给报表使用者，使其做出正确的决策	3.15%	0.63%	15.72%	34.59%	45.91%	4.19
将会计广泛融入单位经营全过程	2.52%	2.20%	13.21%	40.25%	41.82%	4.17
会计管理由"静态"变为"动态"	2.83%	1.57%	16.67%	35.53%	43.40%	4.15
打破传统财务"信息孤岛"	2.83%	1.57%	19.81%	33.65%	42.14%	4.11

财务报表从事后报告向实时报告转变的主要表现有：（1）及时提供给报表使用者，使其做出正确的决策（4.19 分），"大智移物云区"技术的发展使得对会计信息的及时性要求越来越高，尤其对业务数据和风险控制"实时性"要求较高的特定行业更是如此，如银行、证券、保险业等，更是要做好财务信息的及时有效供给。（2）将会计广泛融入单位经营全过程（4.17 分），不局限于财务部门内部，而是扩大眼界和思维将财务与业务有效融合，把会计融入经营全过程实现信息流、物流、资金流的高度融合，从而达到高效配置资源和业财协同，会计能实时呈现业务所需的信息，业务活动信息也能实时传送至会计，从而促进财务报表从事后报告向实时报告的转变。（3）会计管理由"静态"变为"动态"（4.15 分）。（4）打破传统财务"信息孤岛"（4.11 分），一方面，"大智移物云区"的发展和应用可以有效贯通业务和财务的信息传递和共享，业务部门和财务部门不再相互独立，有效实现业财

融合和信息的互动互通;另一方面,"大智移物云区"的发展和应用也改变了出具财务报表的时间和空间局限,财务报表由原来的事后编报转向全程编报,无论是年度信息、跨年信息还是时间序列信息,无论是产品信息、部门信息还是单位整体信息,随时随地满足信息使用者的信息需求,有效弥合了传统报表在时间和空间上的滞后和割裂,真正实现财务报表从事后报告向实时报告的转变。

3. 会计信息从反映过去向预测未来转变。

会计信息从反映过去向预测未来转变的重要性得到了企业的日益重视,"大智移物云区"技术的发展加速了这一转变进程。会计信息从反映过去向预测未来进行转变主要体现在可以更加及时地提供财务信息(4.21 分),更好地给企业创造经济价值(4.14 分),更加凸显预算管理的重要性(4.11 分),促进财务人员实现角色的转换(4.03 分),有助于企业规避风险(4.02 分),可以识别不必要的开销、控制成本(3.95 分)上,具体如表 6-12 所示。其中,80.5% 的被调查者认为,这种转变可以更加及时地提供财务信息,有助于会计人员收集、存储和分析数据,将有用信息快速提供给决策者以及时做出决策;77.35% 的被调查者认为,这一转变能为企业更快地带来和创造经济价值,会计信息能发挥预测作用便能支持管理层做出准确的投资决策,同时做好成本管控降低不必要开支,为企业创造更大价值;76.41% 的被调查者认为,这种改变能更加凸显预算管理的重要性,预测和预算都是面向未来,都需要较客观公允的数据基础,"大智移物云区"技术可以为预测和预算管理提供数据支撑,有效发挥预测作用以及满足预算管理的需要。

表 6-12 会计信息从反映过去向预测未来转变的体现

项目	1	2	3	4	5	平均分
可以更加及时地提供财务信息	2.21%	3.14%	14.15%	32.39%	48.11%	4.21
更好地给企业创造经济价值	1.89%	1.89%	18.87%	35.53%	41.82%	4.14
更加凸显预算管理的重要性	2.20%	1.89%	19.50%	35.53%	40.88%	4.11
促进财务人员实现角色的转换	1.89%	3.14%	21.07%	37.74%	36.16%	4.03
有助于企业规避风险	2.20%	3.47%	21.38%	36.16%	36.79%	4.02
可以识别不必要的开销,控制成本	1.89%	4.40%	22.96%	38.05%	32.70%	3.95

4. 从结构化监督向非结构化监督转变。

"大智移物云区"时代经济社会正在发生深刻的变革,给会计工作带来了新的发展机遇,信息化思维逐步融入会计工作的方方面面,会计的监督职能为企业正常运行和发展提供了一定保证。调查显示,75.47% 的被调查者认为会计信息结构日益复杂,非结构化数据增加,会计人员应更注重数据分析和加工能力,因此会计的两大职能核算与监督发生了变化,从核算职能向数据分析和加工职能转变,从结构化监督向非结构化监督转变。传统的会计监督主要在于监督和判断信息的可靠性、真实性和准确性等方面，"大智移物云区"技术形成的客观数据信息使得传统会计监督流于形式，会计监督应转向对于非结构化数据的使用、分析和判断方面，例如，如何辨识舞弊现象的形成，如何控制业务活动的不必要支出，如何规范内部控制流程等方面（刘国城、董必荣，2017）。"大智移物云区"时代会计监督职能的转变主要体现在强化事前和事中监督、建立起有效的防范机制（4.18分），增强会计人员的信息分析和加工能力（4.16分），借助大数据技术拓宽监督的参与范围、深化监督的参与程度（4.04分），增加会计相关法律法规的内容和范围（4.03分），增加对非结构化数据的判断和使用（4.02分），事务所和会计师更注重会计信息的预测能力（3.99分）上。具体如表6-13所示。"大智移物云区"时代会计信息从反映过去向预测未来转变，财务报表从事后编报向实时报告转变，凸显了加强事前和事中监督的重要性，会计监督只有走在业务之前才能切实建立起有效的预防机制，对可能发生的各种风险进行防范和控制，从而实现由事后管理向事前预防和事中管控的职能转型。

表6-13　　　　　　　　会计监督职能转变的体现

项目	1	2	3	4	5	平均分
强化事前和事中监督，建立起有效的防范机制	1.89%	2.20%	16.35%	34.91%	44.65%	4.18
增强会计人员的信息分析和加工能力	1.89%	2.52%	17.92%	33.33%	44.34%	4.16
借助大数据技术拓宽监督的参与范围，深化监督的参与程度	2.20%	2.20%	22.01%	36.16%	37.42%	4.04
增加会计相关法律法规的内容和范围	2.52%	3.46%	22.64%	31.76%	39.62%	4.03
增加对非结构化数据的判断和使用	2.83%	2.83%	22.33%	33.96%	38.05%	4.02
事务所和会计师更为注重会计信息的预测能力	2.52%	3.46%	23.27%	34.28%	36.48%	3.99

（四）"大智移物云区"时代审计职业的机遇与挑战

1. 审计风险降低。

"大智移物云区"给会计职业带来发展机遇与挑战的同时，也给审计职业带来了新的机遇和挑战。被调查者普遍认为，"大智移物云区"给审计职业带来的机遇主要体现在审计风险降低和审计工作效率提升上,给审计职业带来的挑战主要体现在审计对象复杂化、审计人员素质有待提升和审计信息的泄露风险上。调查发现,80%的被调查者认为"企业的信息化程度不断提高"能够降低审计风险(4.17分),79.55%的被调查者认为"数据分析技术不断完善"也能够降低审计风险(4.13分),"大智移物云区"时代随着数字平台的建立,企业信息化发展水平和数据分析技术越来越完善,使得会计数据信息的准确性大大提高,审计人员在实施审计程序时也可以借助数据分析技术,在提高准确性和计算效率的同时更容易发现错报,从而降低审计风险。另外,信息技术发展带来审计监督全覆盖(4.12分)、审计"重要性"水平的确定更加准确(4.01分)也可以降低审计风险,利用"大智移物云区"技术审计师能够及时发现和捕捉到重大错报和重大风险领域,从而制订合理的"重要性"水平,降低审计风险。具体如表6-14所示。

表6-14　　　　　"大智移物云区"降低审计风险的体现

项目	1	2	3	4	5	平均分
企业的信息化程度不断提高	1.46%	3.14%	15.40%	38.81%	41.19%	4.17
数据分析技术不断完善	2.21%	3.46%	14.78%	38.36%	41.19%	4.13
信息技术发展带来审计监督全覆盖	2.51%	1.89%	16.35%	39.94%	39.31%	4.12
审计"重要性"水平的确定更加准确	2.20%	4.41%	17.61%	41.82%	33.96%	4.01

2. 审计工作效率提升。

"大智移物云区"技术促进了审计工作效率的提升,调查结果如表6-15所示。80.19%的受访者认为"跨领域审计数据的共享"(4.19分)可以提升审计效率,审计数据的共享可以有效帮助审计人员快速获取数据信息和审计证据,及时发现高风险高错报领域,并精准实施相应的审计程序,从而节约时间成本提高审计效率,对于发生审计师变更的企业来说,跨领域审计数据的共享更为有用和重要,可以大大提升审计工作效率。77.98%的受访者认为"大数据分析平台的构建"(4.14分)也可以提升审计效率,大数据分析平台的构建使得审计人员收集和整理审计证据的时间大幅度缩减,大数据分析技术能够帮助审计人员处理大量重复且简单的工作,从而提升审计效率。另外,审计技术的不断完善及创新(4.11分)、审计风险的降低(3.78分)也能促进审计效率的提升,一方面,当审计人员评估整体风险较低时,可以适当减少或简化审计程序从而提升审计效率;另一方面,当审计风险降低时,意味着审计人员在审计过程中出错的可能性降低,可以适当减少不必要的审计成本投入从而提升审计效率。

表 6-15　　　　　　　　　　审计工作效率提升的体现

项　目	1	2	3	4	5	平均分
跨领域审计数据的共享	1.57%	2.83%	15.41%	35.22%	44.97%	4.19
大数据分析平台的构建	2.20%	1.89%	17.92%	35.53%	42.45%	4.14
审计技术的不断完善及创新	1.89%	1.89%	20.13%	35.85%	40.25%	4.11
审计风险降低	2.83%	6.92%	27.36%	34.91%	27.99%	3.78

3. 审计对象复杂化。

"大智移物云区"技术的发展使得审计对象日益复杂化，调查结果如表6-16所示。77.67%的被调查者认为"企业的经营业务和规模不断扩大"使得审计对象复杂化（4.08分），企业为了分散经营风险在业务领域开展多元化经营，既可以通过线下渠道开展业务活动，也可以线上进行网络化经营，在分散风险增强自身竞争力的同时，企业的经营规模也在不断扩大，经营业务的多元性越强、业务活动越多、营业规模越大，审计对象就越复杂化。76.10%的被调查者认为"由于信息技术的发展，审计对象的内容大大扩展"（4.03分），信息技术发展使得数据形式和质量也趋于复杂化，不仅产生了大量结构化数据，非结构化数据的出现提供了更多审计证据但也大大增加了审计难度，从而使审计对象更加庞杂。另外，审计环境发生改变（3.94分）、企业瞬间即可诞生或消逝使会计主体变得模糊（3.88分）也增加了审计工作的复杂性，尤其是网络化经营和虚拟公司的出现，使得企业之间的互动往来和交易信息大幅增多，企业还可根据发展需要进行业务活动的自由组合、捆绑经营等，各种业务活动瞬间即可诞生或消逝，从而使得交易主体甚至会计主体变得模糊，审计人员不易辨识，致使审计对象变得复杂。

表 6-16　　　　　　　　　　审计对象复杂化的体现

项　目	1	2	3	4	5	平均分
企业的经营业务和规模不断扩大	2.52%	3.46%	16.35%	38.68%	38.99%	4.08
由于信息技术的发展，审计对象的内容大大扩展	2.52%	4.72%	16.67%	39.94%	36.16%	4.03
审计环境发生改变	1.89%	5.03%	22.96%	37.11%	33.02%	3.94
企业瞬间即可诞生或消逝使会计主体变得模糊	2.52%	5.03%	26.10%	34.28%	32.08%	3.88

4. 审计人员综合素质有待提升。

"大智移物云区"时代，审计人员的综合素质有待提升，尤其数字化思维有待加强，调查结果如表6-17所示。83.01%的被调查者认为"熟练掌握并运用大数据处理和分析"

(4.26分) 最为重要,随着越来越多的信息技术应用到审计领域(如审计数据共享、大数据平台、互联网技术等),以及被审计单位信息系统的普及,每天所产生的海量数据信息仅靠人工传统审计显然难以为继,熟练掌握并运用大数据处理和分析是审计人员亟需提升的首要素质能力。81.76%的被调查者认为"不断增加信息技术知识储备"(4.24分)也很关键,审计人员需要与时俱进,不断加强"大智移物云区"等信息技术的知识储备,加强和具备持久学习、终身学习的能力,才能顺应时代发展,更好胜任审计工作。另外,提高自身的职业判断能力(4.21分)、具有更高的职业道德(4.11分)更是审计人员需要强化的素质能力建设,审计领域中大量基础且重复的工作已逐渐被人工智能所取代,但职业判断能力、职业敏感性、职业道德等是"大智移物云区"技术永远无法取代的,因此审计人员需要重点加强机械性规律性工作之外的软实力建设。信息时代数据信息就是数字资产,也能为企业带来和创造经济利益,若审计人员对此缺少职业判断力和敏感性,或缺乏职业道德,不能对数字信息加以充分合理地利用或滥用数据资源,出具的审计报告不公允不客观,就会给报告使用者和被审计单位造成损失和负面影响。因此,审计人员综合素质有待提升是"大智移物云区"时代审计职业面临的第二个挑战。

表 6-17　　　　　　　审计人员需要提升的素质调查

项目	1	2	3	4	5	平均分
熟练掌握并运用大数据处理和分析	2.52%	1.89%	12.58%	32.70%	50.31%	4.26
不断增加信息技术知识储备	1.89%	3.77%	12.58%	32.39%	49.37%	4.24
提高自身的职业判断能力	1.57%	4.09%	14.15%	32.39%	47.80%	4.21
具有更高的职业道德	2.20%	3.46%	17.61%	34.28%	42.45%	4.11

5. 审计信息泄露的风险。

审计信息易发生泄露风险是"大智移物云区"时代审计职业面临的第三个挑战,调查结果如表6-18所示,审计信息泄露风险主要体现在审计信息传输过程中保密措施不当(4.09分)、审计人员违规向外界透露审计信息(4.05分),使用非专用设备处理审计信息(4.03分)以及审计人员违规使用互联网传送数据(4.01分)上。当前审计人员实施的审计程序、对审计数据的处理分析、审计过程及其结果的信息存储,越来越多地借助计算机实施开展,如果缺少保密措施或保密措施不当,计算机系统易遭受非法入侵从而使审计信息泄露。另外,如果审计人员不顾职业道德违规向外界透露审计信息,如将被审计单位的机密信息非法透露给他人以获取利益,也会导致审计信息泄露。因此,审计人员开展审计工作最好能使用专有专用的设备,否则,使用非专用设备所留下的审计痕迹一旦被不法人员窃取和捕获,会导致无可挽回的损失。再者,对于跨时间跨空间的审计工作来说离不开互联网技术的信息传输,当前我国的5G网络、数据中心等新型基础设施建设日趋完善,快捷的互联网在数据传输方面也有着双面影响,若审计人员违反互联网使用规则(如使用非法的IP地址)

滥以传输，那么数据信息得不到互联网的安全性保障，失去保护的审计信息很容易被他人截取，最终导致审计信息泄露。

表6-18　　　　　　　　　审计信息泄露的风险体现

项目	1	2	3	4	5	平均分
审计信息传输过程中保密措施不当	2.83%	3.14%	15.72%	38.36%	39.94%	4.09
审计人员违规向外界透露审计信息	1.57%	4.40%	20.13%	34.91%	38.99%	4.05
使用非专用设备处理审计信息	1.26%	4.72%	21.70%	34.59%	37.74%	4.03
审计人员违规使用互联网传送数据	2.20%	3.46%	22.33%	35.22%	36.79%	4.01

（五）"大智移物云区"时代审计程序和方法的转变

1. 风险评估程序的转变。

经调查，72%以上的被调查者认为"大智移物云区"技术使审计中的风险评估程序发生了转变，较之原来的风险评估程序而言，信息化背景下的风险评估程序能更加准确地衡量和评价被审计单位的财务业绩，能更方便地查阅文件和报告、节省时间、提高审计效率，审计师可以更全面地了解被审计单位的内部控制，能够更精准地识别和评估重大错报风险，也能更详细地了解行业状况、法律法规和监管环境。

2. 进一步审计程序的转变。

经调查，70%以上的被调查人员认为"大智移物云区"技术使审计工作的进一步审计程序也发生了转变，主要体现在进一步审计程序由期中或期末审计向实时审计转变，函证由向第三方函证向云端储存的数据函证转变，审计数据由样本数据向全部数据转变，以及存货的盘点方式由实地盘存制向数据分析法转变上。

三、大数据环境下的审计变化、风险应对与能力建设

2020年10月，在中共中央关于制定国民经济和社会发展第十四个五年规划和二〇三五年远景目标的建议中，有20余次提到了"大数据"与"数字化"，大数据已俨然成为我国经济高质量发展的重要内容。步入新发展阶段、开启现代化新征程，习近平总书记立足战略高度进行了前瞻性的规划，从大数据首次写入中央政府工作报告，到实施国家大数据战略，为加快数字中国建设指明了方向，为发展大数据审计提供了重要战略机遇。2014年颁布的《国务院关于加强审计工作的意见》中提出要求：要加快推进审计信息化，创新电子审计技术，提高审计工作能力、质量和效率，推进对各部门、单位计算机信息系统安全性、可靠性

和经济性的审计。2015年12月，中共中央办公厅、国务院办公厅印发的《关于实行审计全覆盖的实施意见》指出：通过审计全覆盖发现国家重大决策部署执行中存在的突出问题，维护国家经济安全；同时探索建立审计实时监督系统，实施联网审计。中国注册会计师协会2017年提出，要研究大数据、人工智能等先进信息技术在注册会计师行业的落地应用，但这一进程极为缓慢。移动互联、数据爬虫、云计算、人工智能等技术的快速发展，各种数据搜集、存储和分析技术的不断进步，在促进国家治理体系现代化方面发挥着越来越重要的作用。当前大数据技术已经在医疗、保险、零售、金融等行业得到了广泛推广应用。大数据审计也成为未来审计发展的一个重要趋势。然而，与大数据审计随之而来的，还有数据质量风险、安全风险等一系列不容忽视的风险控制问题。

（一）国内外研究现状与社会调查基本介绍

1. 国内外研究现状。

从大数据审计的发展来看，Christine E. Earley（2015）发现，虽然各会计师事务所对大数据较为重视，但相比其他行业，审计行业的大数据运用程度依然不足，由此提出了加强审计与大数据融合应用的技术方案。Michael（2015）发现，国际四大会计师事务所在实践中越来越重视大数据技术的运用，但当前大数据审计的推进依然面临着困难和障碍，需要朝着提供个性化审计服务、提升审计服务水平和服务效率、加强云审计平台建设和审计法规体系建设、促进审计人员思维转变等方面继续努力和完善（秦荣生，2016）。随着"大智移云物区"（大数据、人工智能、移动互联网、云计算、物联网、区块链）的发展，审计方式、相关审计证据、审计效果、审计师行为、整体审计形式等都有了潜移默化的改变，审计对象、审计方式的大数据化以及审计全覆盖等因素迫切要求审计工作与大数据技术结合起来（何准，2019），如此不仅能够加强对数据之间相关性的发掘、助推实时审计的发展，还可以加快审计全覆盖的实现，助力审计工作效率的提高（蒋红兰，2019）。

从大数据实时审计过程来看，大数据审计流程一般为"数据采集——数据处理——数据应用"三个阶段，黎明（2019）认为大数据审计平台模型的设计应包括数据采集、数据存储、建模、可视化处理四个阶段。无论是三阶段还是四阶段，首要阶段都是数据采集，目前网络爬虫技术在采集审计数据和证据方面得到了广泛运用（孙梦蝶，2018），在商业银行审计工作中，可视化分析技术和多数据源分析在数据采集的方面也得到了推广应用（陈伟，2019），这些数据处理和统计分析技术相对于传统的抽样审计而言，能够更有效地控制误差，得到的审计依据和审计结果更客观可靠（陈大峰，2019）。由于大数据审计的相关指南和准则尚不健全，联网审计的数据采集、数据存储、管理等方面的风险处理尚未形成标准，做好大数据日常的安全维护、数据质量监控是当前的主要问题（邢珍红，2019），优化内部控制流程、转换数字思维、提升审计人员技能，是降低大数据实时审计风险的有效举措（王秋菲，2018）。目前大数据审计思维及人才培养理念还相对滞后，大数据审计复合型人才的社会供给严重不足（Kathy Enget，2016），政府在做好社会环境和行业领域的顶层设计时，还应推动大数据平台、软硬件设施的研发和应用，大力培养大数据审计的专业人才。通过优化高校人才培养机制，将大数据等课程融入高校审计人才培养方案，为大数据审计的未来发展奠定基础，在人才队伍建设方面培养中坚力量。

大数据审计是当今社会的研究热点和前沿话题，针对该主题的研究还较少，已有研究已关注到大数据审计在企业风险管控中的价值与应用，而对大数据审计自身的风险剖析与探讨尚不多见。为了对大数据审计的风险有较为全面和系统的了解，本部分联系社会实际，通过问卷调查的方式剖析和挖掘大数据审计中的风险和应对措施，以期为推进大数据审计发展提供一定的参考价值。

2. 社会调查的基本介绍。

"大数据"（Big Data）或称巨量资料，指的是所涉及的数据量规模大到必须利用技术工具，才能在一定时间内实现收集、分析、处理和转化，成为决策的可用和有用信息。大数据时代，不仅改变了传统的数据采集、处理和应用技术方法，还促使人们的思维方式发生改变，改变了人们理解和研究社会经济现象的技术和方法（袁野，2020）。大数据不仅正在改变着我们的工作方式、生活方式以及认知方式，也正在改变着审计的方式（秦荣生，2014）。大数据审计使得我们的思维方式由抽样思维向全量思维转变，由精确思维向效率思维转变，由因果关系逻辑向相关性转变（秦荣生，2014）。大数据的意义并非在于拥有海量数据，而是在于能够用数据思维和信息技术对数据进行分析处理并加以利用，从而做出更科学有效的决策。正是鉴于大数据审计和传统审计不同的工作逻辑，进而为了厘清大数据审计的具体逻辑线条、识别大数据审计的风险点以及针对风险点的应对措施，本部分通过问卷调查的方式，分析整理大数据审计中的风险识别和风险应对，为推动大数据技术在审计中的应用、建立健全审计方法体系提供参考借鉴。通过剖析大数据背景下审计工作各阶段的风险点和风险应对方法，为助推实时审计在工作实践中的开展和应用提供一定的方法指引。

本次调查得到了来自全国28个省区市、不同行业、不同学历以及不同年龄段从事审计和会计工作的人员支持，共获得786份有效问卷。调查样本覆盖范围和对象具有代表性，调查的样本对象是在审计署、审计厅、审计局以及财政系统、税务系统等行政单位，企事业单位的审计部门，会计师事务所，高校从事审计教学和审计工作的各行各业人员。调查样本的基本情况如表6-19所示。

定量数据研究离不开信度分析，信度分析说明如下：如果 α 系数的值高于0.8，则说明该数据的可信度高；如果 α 系数的值介于0.7~0.8，则说明该数据的可信度较好；如果 α 系数的值只介于0.6~0.7，则说明该数据的信度可以接受；如果 α 系数的值小于0.6，则说明可信度不佳，不适宜进一步研究分析。

如表6-20所示，总问卷及各部分问卷的信度均表现较好，问卷总体的 α 系数为0.982，问卷第二部分和第三部分以及最后的对策建议部分的 α 系数值分别为0.981、0.967和

表 6-19　　　　　　　　　　　有效样本的基本信息

指标	类别	数量（个）	比例
性别	男	274	34.86%
	女	512	65.14%
学历水平	大专及以下	62	7.89%
	本科	404	51.40%
	硕士	213	27.10%
	博士及以上	107	13.61%
单位性质	国有企业	81	10.31%
	民营企业	56	7.12%
	外资及合资企业	5	0.64%
	行政事业单位	84	10.69%
	高校	216	27.48%
	会计师事务所	270	34.35%
	其他	74	9.41%
总样本量		786	100%

0.883，可见问卷各部分调研数据的 α 系数值均高于 0.8，表明调研数据的可信度很好，可以继续进一步做研究分析。

表 6-20　　　　　　　　　　　问卷信度分析

问卷	信度 α
问卷总体	0.982
大数据审计现实发展部分	0.981
风险识别与风险应对部分	0.967
对策与建议部分	0.883

（二）大数据对审计带来的现实影响

1. 对大数据特点的认识。

根据大数据的 4V 特征，即数据体量大（Volume）、传输速度快（Velocity）、数据种类多（Variety）、价值密度低（Value）的特点，我们通过问卷设置了七级量表，调查受访者对于大数据特点的认知度。每个选项的量级设置为 7 个等级，每一个量级及其分值依次为，非常认同为 7 分，中立态度为 4 分，非常不认同为 1 分，由 1~7 代表认同程度依次上升，选项的平均得分越高说明认可程度越高。如表 6-21 所示，受调查者对大数据特点的认知主要集中在数据种类多、传输速度快和数据体量大三个方面，这三个选项的平均分值都在 6 分以上。

表 6-21　　　　　　　　　　　对大数据的认知

选项	1	2	3	4	5	6	7	平均分
数据种类多	2.29%	0.64%	1.40%	4.96%	14.25%	23.28%	53.18%	6.11
传输速度快	2.04%	1.02%	0.89%	4.96%	11.32%	23.92%	55.85%	6.18
数据体量大	1.53%	0.76%	1.27%	4.71%	12.60%	23.66%	55.47%	6.19
价值密度低	7.38%	3.18%	7.25%	14.25%	20.10%	18.70%	29.13%	5.09

注：1 代表非常不认同，7 代表非常认同，数字越大代表认同程度越高。

价值密度低这一选项的平均分值只有 5.09 分，相比其他三个选项明显较低。综合来看，认同该选项的受调查者达到了 67.93%。经过交叉分析，我们发现"价值密度"该选项的认知度与受调查者的行业存在很大的相关性。通过排序，我们发现平均得分最高的前两大行业是信息传输、软件和信息技术服务业，以及金融业（货币金融服务、资本市场服务、保险业等），其平均得分远高于其他 16 个行业，可能是因为从事这两个行业的审计人员对大数据工作的接触和应用较多，对大数据的特征认识也最为准确。

2. 大数据对审计工作带来的变化。

（1）对审计工作整体带来的改变。

目前大数据技术引发了审计方式、审计模式、审计服务和审计人才的专业技能等一系列的变化，从表 6-22 的第一列可知，对于影响审计方式、审计模式、审计服务这三个方面的认知得分较为接近，平均得分都在 5.8 分左右。在审计人才的专业技能方面，选项"信息技术运用、审计证据的评估判断能力进一步提高"的得分最高，说明大数据技术对审计工作的冲击更多地体现在对审计人员的专业技能要求层面。面对大数据时代的机遇和挑战，审计人员最为重要的是要与时俱进、加强学习，不断提高大数据环境下自身的信息技术运用和审计证据的评估判断能力。

进一步地，以会计师事务所为例，大数据对该子样本的影响按得分由高到低体现为：要求审计人才专业技能方面的信息能力和评估判断能力进一步提升依然排在首位（5.94 分），然后依次是审计服务由单一审计报告转向个性化审计服务（5.82 分），审计模式由抽样审计走向全面审计（5.79 分），审计方式由有限事后审计转向全面持续审计（5.82 分），说明对会计审计职业领域而言，大数据环境对从业人员的信息化能力和职业判断能力的要求大大提高。综上所述，大数据对审计工作整体的影响主要体现在审计方式、审计模式、审计服务和审计人才的专业技能四个方面，尤其对审计人才的专业技能产生的影响最为迫切。面对庞杂的业务处理和生成的海量数据信息，审计人员需要与时俱进不断提高业务能力，才能应对"大智移物云"等技术进步给审计职业所带来的挑战，赢得更好的职业发展空间。

表 6-22 大数据对审计工作带来的影响变化

1. 对审计工作整体带来的影响（平均得分）		2. 对审计程序的影响（平均得分）		3. 对风险评估程序的影响（平均得分）	
审计方式（有限的事后审计到全面的持续审计）	5.82	检查、观察、询问的审计程序将被数据分析法替代	5.30	更好地了解被审计单位的内部控制	5.65
审计模式（从抽样审计向全面审计，从而规避抽样风险）	5.79	函证由向第三方函证向云端储存的数据函证转变	5.67	更好地识别和评估重大错报风险	5.67
审计服务（由单一的审计报告到个性化的审计服务）	5.82	重新计算、重新执行、分析程序的审计程序将由期中或期末执行向持续审计转变	5.69	更加准确地衡量和评价被审计单位的财务业绩	5.67
审计人才的专业技能（信息技术运用、审计证据的评估判断能力要求进一步提高）	5.94			更好地了解行业状况，法律环境和监管环境	5.74
				更方便地查阅文件和报告，节省时间	5.94

（2）对审计程序带来的改变。

本部分依然采用 7 级量表的形式调研分析大数据对审计程序的影响，具体结果如表 6-22 的第二列所示。按照认可程度得分由高到低依次为：①重新计算、重新执行、分析程序的审计程序将由期中或期末执行向持续审计转变；②函证由向第三方函证向云端储存的数据函证转变；③检查、观察、询问的审计程序将被数据分析法替代，相对而言，比前两项的得分要低很多。这说明，一些需要审计人员实地检查盘点的审计程序不易受大数据技术的影响、影响程度较低，而函证、重新计算等审计程序更容易受信息技术的影响、容易被其他方法替代。因此，积极借助大数据技术形成和发展新的审计技术方法，可以提高审计工作效率。进一步地，同样以会计师事务所这一子样本为例，得分情况和先后顺序稍微有所变化，得分由高到低依次为：①函证由向第三方函证向云端储存的数据函证转变（5.67 分）；②重新计算、重新执行、分析程序的审计程序将由期中或期末执行向持续审计转变（5.69 分）；③检查、观察、询问的审计程序将被数据分析法替代（5.30 分）。这说明，大数据对审计程序带来的变化较多地体现在函证方式、重新计算和分析程序等方面，与整体样本的结论基本一致。相比于检查、观察、询问等审计程序而言，大数据对重新计算、重新执行、函证方式的影响最为突出和明显。

（3）对风险评估程序带来的影响。

依然采用 7 级量表的形式调查大数据对风险评估程序的影响，具体结果如表 6-22 的第三列所示。按照认可程度得分由高到低依次为：①更方便地查阅文件和报告、节省时间；

②能够更好地了解行业状况、法律环境和监管环境；③更加准确地衡量和评价被审计单位的财务业绩；④更好地识别和评估重大错报风险；⑤更好地了解被审计单位的内部控制情况。不难发现，大数据对风险评估程序带来的影响更多地体现在效率的提高方面，尤其是时间投入、人力资本等成本的节约方面，对于更准确地风险识别、风险研判、评估和分析方面，仅依靠大数据技术是难以完全做到精细化科学化管理，仍需要大量借助人的主观意识活动、价值判断和职业判断分析能力。同样以会计师事务所为例，该子样本的调查得分情况和先后顺序排布与整体样本的结果基本一致。要切实发挥大数据在识别和评估风险、衡量评价业绩和内部控制方面的作用，离不开人的意识活动能力，当前大数据与AI人工智能、神经网络、机器学习等结合应用，提高并增强了风险评估程序在审计业务中的效率和准确性。

3. 大数据审计的优势与劣势。

大数据审计与传统审计的优劣对比如表6-23所示。大数据审计的优势按照认可程度的得分由高到低依次为：①大数据审计可以消除时空限制，提升审计工作灵活性；②节约时间及成本，提升审计工作高效性；③审计过程有效监管，提升审计工作科学性；④改善业务质量，提升审计工作客观性。

同样地，大数据审计的劣势按认可程度得分由高到低依次为：①对企业信息化建设、网络基础设施建设提出了新的要求；②对审计人才的技能需求进一步提高；③平台数据信息安全难以保障；④审计证据的收集过程复杂化。

表6-23　　　　　　　　　　大数据审计的优劣与劣势

优势	平均得分	劣势	平均得分
消除时空限制，提升审计工作灵活性	5.88	对企业信息化建设、网络基础设施建设提出新的要求	6.03
节约时间及成本，提升审计工作高效性	5.84	审计人才的技能需求进一步提高	5.96
过程有效监管，提升审计工作科学性	5.78	平台数据信息安全难以保障	5.51
改善业务质量，提升审计工作客观性	5.76	审计证据收集过程复杂化	5.39

从表6-23可以看出，大数据审计四个方面优势的平均得分都在5.7分以上，四个选项的分值较为接近。较为突出的优势体现在，大数据审计能够消除时空限制、节约时间成本，提升审计工作的灵活性和高效率。而劣势的平均得分虽都在5分以上，但这四个方面劣势选项的分值差异较大，尤其是前两个劣势的平均得分在6分左右。说明大数据审计相比传统审计虽有着多方面优势，但劣势也是显而易见的，较为突出的问题体现在网络基础设施、平台维护和信息化建设迫在眉睫，大数据审计人才队伍的建设和技能建设也亟须提上日程。

简而言之，大数据审计相比传统审计，优势更多地体现在大数据审计的灵活性、科学性、高效性和客观性上，劣势主要体现在大数据审计的建设和实施两个方面，建设方面是指建设投入以及成本的大幅增加，主要体现在大数据审计人才的培养和大数据基础设施的建设投入上，实施方面主要是指面临数据安全风险以及审计证据复杂化所带来的挑战。

4. 开展大数据审计的障碍分析。

为了对大数据审计当前面临的问题有更加深入的了解，我们采用7级量表的形式分析开展大数据审计所面临的障碍。大数据审计发展主要面临六个方面的障碍，如表6-24的第1列和第2列所示，全样本的打分由高到低依次为：（1）人才引进和培养成本；（2）初始投入成本；（3）数据业务外包成本；（4）外部数据成本；（5）管理层重视程度不够；（6）运行与维护成本。这六类成本障碍的平均分值都在5分以上。首先，大数据审计人才的引进成本和培养成本是目前面临的最大障碍，得到了87.15%被调查者的认同，社会上具备大数据和审计技能的复合型人才供应不足，严重影响了企事业单位实施和发展大数据审计的进程。其次，初始投入成本高和数据业务外包成本高，得分分别为5.65和5.62分，分别得到了83.97%和83.84%被调查者的认同。初始投入成本主要是指大数据平台、网络基础设施的建设，数据业务外包正是由于多数单位没有充足的资金和能力去建设大数据平台，采取了将数据业务外包给专业的数据公司，但无论是自行投入还是外包这两大类成本投入都很高、单位和部门均难以承付，就会导致很多单位难以开展大数据审计。最后，获取外部（第三方）数据成本较高、管理层对大数据审计的重视程度不足、数据平台的运行和维护成本这些因素也大大影响了大数据审计的发展。管理层对于大数据目前还缺乏深入认识，加之受资金资源的配置约束，在推行大数据审计方面心有余而力不足。大数据平台的运行和维护成本主要是指大数据相关的硬件、软件以及数据的管理和运转成本，在运行与维护成本、获取外部数据成本均较高的情况下，只能通过借助第三方平台来开展大数据审计，如利用协议形式通过相应的财务共享中心、云审计平台等，来进行数据的储存、交流和共享。

表6-24　　　　　　　　大数据审计发展面临的障碍

选项	全样本平均分	会计师事务所	审计和财税系统等行政单位	企业单位	高校
人才引进和培养成本	5.82	5.70	6.14	5.88	5.91
数据业务外包成本	5.62	5.58	5.90	5.68	5.67
管理层不重视	5.60	5.55	5.96	5.65	5.65
初始投入成本	5.65	5.66	6.04	5.56	5.66
外部数据成本	5.61	5.61	6.02	5.59	5.59
运行与维护成本	5.50	5.61	5.70	5.26	5.57

为进一步了解大数据审计发展面临的困难和障碍，我们把从事审计、财税工作的全样本对象分为四个子样本进行对比分析，分别是：（1）会计师事务所；（2）审计系统、财政系统、税务系统等行政单位；（3）企业单位的审计人员；（4）在高校从事审计教学和审计工

作的人员。通过表6-24不难发现，每一类子样本均认为大数据审计人才的引进和培养是首要障碍问题。值得一提的是，审计系统和财税系统的行政事业单位对大数据审计的呼声最高，对六类障碍的认同和反应最为强烈，对每一项的打分均远高于全样本的平均分，由此反映出在政府审计领域推行和发展大数据审计的重要性和迫切性。总之，大数据审计的建设与发展目前面临着一系列的障碍和困境，关键在于人才和成本的问题，集中地体现在人才培养、设备投入和运行成本、购买数据的业务等费用上，还受制于管理层的重视支持程度、是否能与第三方达成数据共享的协议等方面。

结合社会现实和实务专家经验，数字经济时代对大数据审计提出了更高要求，中国石油化工集团审计部周立云总经理认为主要表现在以下方面：(1) 数据量大、范围广、来源广：需要处理来自相关各个系统的数据，为适应"业财""业审"融合，既需要经营管理数据，也需要业务数据；不仅需要单位内部数据，也需要外部数据（供应商、客户）以及网站、微博、Wifi等数据。(2) 数据格式多，数据要求颗粒度细：除了结构化数据外，还要处理非结构化的文本、图片、音频、视频、日志、传感器、计量仪等数据，且分析和监控要求的数据越来越详细。(3) 数据算法、数据分析深度要求高：除了统计分析外，还需要各种新算法新建模，如关联规则、图形算法、聚类算法、分类算法、自然语义处理、文本处理技术等，对预警、预测、决策支持的分析要求越来越高。(4) 数据服务响应要求快：管理层和各个层面都希望及时获取可靠数据用于决策、管理和监控，要求审计部门更高的工作效率和更快的服务响应速度，大量数据资源如何快速高效集成、共享和交换，上述这些问题都是当前开展大数据审计面临的现实困难和挑战。

（三）大数据审计的风险识别与风险应对

1. 大数据审计的风险识别。

从技术角度认识和了解大数据审计的阶段路径，主要分成三个阶段：一是审计数据的采集与传输阶段：通过网络爬虫等数据搜集技术，搜集各种相关数据，并通过云端传输到审计单位；二是审计数据的存储阶段：通过数据库或数据平台将审计数据进行数据融合以及分类筛选，剔除错误数据，为处理和分析阶段做准备；三是审计数据的处理和分析阶段：通过软件和程序来分析审计数据，从而发现审计证据之间的联系，得出可靠的审计结论。

大数据是当今社会的热点话题，目前的研究多集中在大数据的概念、技术、模型及应用等方面，研究大数据审计的成果较少，针对大数据审计风险主题的研究更是少见。在数据的采集和传输、存储、处理和分析这三个阶段都有风险因素的形成和存在，为了对大数据审计的风险有较为全面和系统的分析，我们综合考虑客观和主观、内因和外因等因素，创新性地将整个大数据程序中的风险因素划分为数据质量风险、数据标准风险、数据安全风险、数据来源风险、组织风险和管理架构风险六个方面，以期为推进大数据审计发展提供一定的参考指引。具体如图6-3所示。

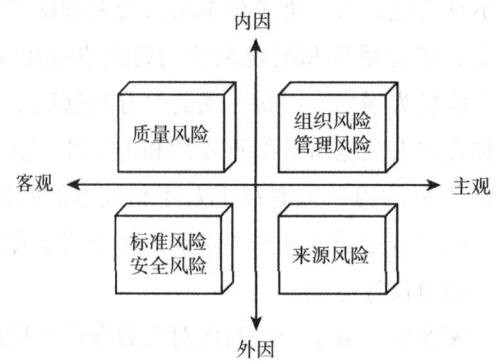

图 6-3　大数据审计的六类风险

图 6-3 中的六类风险不存在严格的界限，并非完全割裂，我们根据客观和主观、内因和外因的程度大小做了划分。一是数据质量风险（真实性、可靠性）：审计数据最基本的要求就是要真实、可靠。审计数据的质量关乎整个审计流程的正确性，在大数据背景下，风险因素更为复杂。只有重视数据质量风险，才能防治"假账真审"此类问题的出现。二是数据标准风险（格式、结构多样性）：目前的数据软件和应用都没有专门的审计数据采集和输出端口，加之各单位各部门的信息系统不互联互通，"信息孤岛"的问题导致收集结构化数据无法高效融合，同时非结构化数据的采集也给数据融合和分析带来了挑战。三是数据安全风险（完整性、遗失、毁损），主要体现在：网络黑客的非法侵入和攻击，系统运行的安全隐患，网络硬件设施的意外损坏、常规替换和失窃，面临的各种环境因素如电力故障、设备故障等。四是数据来源风险，主要体现在：业务流程、支撑平台的固有风险，审计业务流程中存在的审计风险，主观人为风险如人员舞弊，数据造假等。五是组织风险（规章制度、管控办法、考核机制）：大数据建设相关的规章制度不完善、不健全，没有合理的大数据管控办法和考核机制从而衍生的审计风险。六是管理架构风险（人员角色、人员职责）：审计人员的数据安全意识不足，有关数据安全性重要性的教育不到位，企业对审计人员职责的划分不够合理，不能够建立有效的数据使用、下载的审批制度，从而产生数据泄露等风险。

（1）数据采集和传输阶段。

首先，我们针对数据采集和传输阶段，采用 7 级量表的形式调查分析上述六类风险。被调查者对六类风险认可程度的平均打分具体如表 6-25 所示。可以明显看到，六类风险的平均得分均在 5 分以上，数据采集和传输阶段的这六类风险按照得分由高到低依次为：来源风险、质量风险、安全风险、标准风险、管理风险和组织风险。因此，在数据采集和传输阶段，大数据审计的风险首要体现为数据的来源风险和质量风险。采集数据开展审计时，不仅需要采集内部数据，还需要采集来自第三方的外部数据，数据质量控制上更加复杂，审计风险也更大；采集过程中数据的完整性能否得到保障，数据传输过程中是否存在遗漏与毁损，企业是否拥有完备的灾难恢复计划和业务持续方案，工作人员有没有应急能力，这又是影响数据安全的风险隐患。因此，不仅结构化数据（即数据库和数据平台中导出的格式规范的数据信息）需要采集，还需要采集非结构化数据（如各种格式的文、图、音、像、表等），繁杂的数据类型导致了严峻的审计数据标准风险。相对而言，组织风险和管理风险的平均得分位居其他四类风险之后，在数据采集和传输阶段不是首要的风险因素。在数据采集和传输阶段，应重点关注数据自身的风险成因，如数据的来源、质量、安全、标准等问题，采取相应的措施及时化解和防范，从而增强审计取证的效率、可信力和充分性。

表6-25 大数据审计的风险识别——三阶段六风险的平均得分情况

风险类型	数据采集和传输阶段	数据存储阶段	数据处理和分析阶段
质量风险	5.61	5.48	5.52
标准风险	5.54	5.45	5.54
安全风险	5.61	5.57	5.53
来源风险	5.62	5.49	5.49
组织风险	5.48	5.42	5.42
管理风险	5.49	5.49	5.46

（2）数据存储阶段。

从表6-25可以明显看到，六类风险的平均得分均在5分以上，数据存储阶段的六类风险按照得分高低依次为：安全风险、来源风险、管理风险、质量风险、标准风险和组织风险。可以发现，相比数据搜集与传输阶段，数据存储阶段各项风险的排名发生了改变，但安全风险和来源风险依然排名靠前，数据管理风险紧随其后；而数据质量风险、标准风险和组织风险的排序较为居后，在数据存储阶段不是主要的风险因素。

首先，安全风险是数据存储阶段最应关注和重视的首要风险，这是因为在存储阶段可能会发生数据丢失和受损，如数据库和操作系统遭到恶意攻击和破坏、环境或人为因素导致数据毁损和丢失等。如果缺乏有效的安全防护、数据加密以及灾难恢复计划，数据信息将存在安全隐患从而带来审计风险。其次，在数据存储阶段，来源风险仍不可掉以轻心，如来源于内部控制、业务流程、存储媒介的固有风险，来源于舞弊动机、不良心理的人为风险等，控制好数据存储阶段的风险来源才能为保护审计证据的完整性、为形成客观公正的审计结论提供合理保证，实现预期审计目标。最后，存储阶段的管理风险也不容忽视，重点在于审计人员是否有足够的安全意识，对审计人员的职责分配是否合理，能不能有效杜绝舞弊、优化管理流程从而提高数据的安全性。若没有建立有效的监督和惩罚制度，在数据重要性和安全性方面管理不到位，就可能导致数据泄露、发生徇私舞弊等现象，从而带来审计风险。总之，在数据存储阶段，应重点关注数据的安全风险、来源风险和管理风险。

（3）数据处理和分析阶段。

从表6-25可以看到，数据处理和分析阶段的六类风险按照得分高低依次为：标准风险、安全风险、质量风险、来源风险、管理风险和组织风险。可以发现，相比数据采集传输阶段以及数据存储阶段，数据处理和分析阶段各项风险的排名发生了变化。数据采集传输阶段的首要风险是来源风险，数据存储阶段的首要风险是安全风险，数据处理分析阶段的首要风险是标准风险。标准风险在数据处理和分析阶段得到了高度关注，数据的处理和分析需要借助各种软件和程序进行，来发现审计证据间的相关性和审计线索。目前尚缺乏专门的审计数据采集和输出端口，所收集的结构化数据、非结构化数据无法高效地进行数据融合，繁杂的数据类型、数据结构由于标准不统一难以精准匹配形成耦合，就难以形成有效的审计证据和审计结论。因此，数据标准风险为处理数据分析数据带来了难度，也为大数据审计带来了挑战。

2. 大数据审计的风险应对。

纵观国内外文献研究和实务经验，针对大数据审计上述各环节和阶段可能发生的风险点，一般有以下风险应对举措：一是改进数据采集、传输、存储或分析技术，目前很多风险点的出现源于大数据技术以及大数据技术在审计领域的应用还不太成熟，存在较大改进空间。二是建立审计数据的格式标准，大数据技术会形成各种各样的信息，如果审计数据的格式没有一定的标准，则会给数据分析带来困难，影响分析结果。三是健全灾难恢复与可持续计划，变幻的环境条件、网络攻击等因素会造成数据的毁损、遗失和泄露，灾难恢复计划和业务可持续方案能助力审计工作走出困境。四是加强数据平台及企业内部管理，管理层对数据管理的重视，可以通过建立有效的运管规则来防范数据质量风险和安全风险。五是调整规章制度、管控办法和考核机制，面对新的风险点，及时制定相应的规章制度和管控办法。六是明确人员责任、建立授权审批制度，通过制定有效的分级授权与保密机制，保证职责分离，确保岗位设置的合理性。

我们采用7级量表的形式调查在数据采集和传输阶段、数据存储阶段、数据处理和分析阶段的风险应对措施。为了得到较为公允的调查结果、增强应对措施的实用和应用性，我们把从文献和实务经验中提炼出的六项措施与三阶段相结合让被调查者进行了打分，具体如表6-26所示。

表6-26 大数据审计的风险应对——三阶段六措施的平均得分情况

应对措施	数据采集和传输阶段	数据存储阶段	数据处理和分析阶段
改进数据采集、传输、存储或分析技术	5.77	5.76	5.80
建立审计数据的格式标准	5.70	5.74	5.71
健全灾难恢复与可持续计划	5.74	5.76	5.73
加强数据平台及单位内部管理	5.79	5.77	5.76
健全规章制度、管控办法和考核机制	5.71	5.74	5.69
明确责权利关系，建立授权审批制度	5.77	5.75	5.76

（1）数据采集和传输阶段。

在数据采集与传输阶段，按照轻重缓急的程度和顺序，应对措施如下：①加强数据平台和单位内部管理，这直接关乎数据的真实性、可靠性以及数据安全。②明确责权利关系，建立授权审批制度提升企业内控质量，降低管理风险；改进数据的采集和传输技术。③建立健全灾难恢复计划。④健全规章制度、管控办法和考核机制，建立审计数据的格式标准，从而增强数据的相关性和安全性，提升大数据审计的效率。

由前面风险识别的调研结果来看，来源风险、质量风险、安全风险是数据采集和传输阶段的主要风险。结合审计实务的现实发展，在采集和传输阶段应充分考虑数据的来源途径和涉及范围，以使采集的数据能互补相辅，以"业财"融合助力"业审"融合，采集财务数据与非财务数据，如销售收入、产量与生产设备产能的数据，销售收入、产量与人员配比，收入、成本、产量与原材料、能耗的数据，销量与运费、运输量的数据；业务规则数据（如设置的各种阈值、计提比例上限等）；时空多维度数据（天气状况、节假日促销时间差等）；业务流程一致性的证据信息等。

（2）数据存储阶段。

在数据存储阶段，应对措施及其顺序如下：①加强数据平台及单位内部管理。②改进数据存储技术，健全灾难恢复与可持续计划，做好数据的复原和拯救、保障业务可持续。③明确责权利关系、建立数据授权审批制度，做好数据的安全保密工作，通过加强内控降低风险。④健全规章制度、管控办法和考核机制，建立审计数据的格式标准，防范和化解数据存储阶段的风险，提高审计效率。

由前面风险识别的调研结果来看，安全风险、来源风险、管理风险是数据存储阶段的主要风险。根据2020年国资委《关于深化中央企业内部审计监督工作的实施意见》（国资委监督〔2020〕60号文），可以根据人员层级与业务需要赋予相应的数据查询权限，建立审计实时监督平台，推进实施联网审计，构建投资、财务、资金、运营、内控等业务信息系统集成、共享、融合的审计生态链予以防范和应对风险。

（3）数据处理和分析阶段。

数据处理和分析阶段不同于前两个阶段，这一阶段首要的风险应对措施不再是加强数据平台及单位内部管理，而是改进数据分析技术。其原因在于数据处理和分析阶段是对大数据的综合应用，需要较高的技术支持来发现和挖掘审计证据和审计线索，并且只有强化和提升数据处理分析技术，才能对各种纷繁复杂的数据进行融合和配对，形成科学有效的审计证据和审计结论。其他方面的风险应对措施及其重要性顺序与数据采集传输阶段基本一致，值得说明的是，在数据处理分析阶段由于对数据的大量下载和使用，会对数据安全形成风险隐患，要特别注意建立分级授权和保密机制，明确相关人员的责权利关系，以更好地防范风险。

由前面调研结果来看，标准风险、安全风险、质量风险是数据处理和分析阶段的主要风险。目前回归分析、聚类分析法在审计工作中已得到了较多运用，机器学习技术、自然语言处理技术（NLP）、知识图谱、文本处理技术也在不断推广应用，这些数字化的审计方法都可以降低数据处理和分析阶段的风险，提高审计效率。例如，中国石油化工集团审计部门采用自然语言处理技术，对比投标文件实质内容章节的相似度，自动预警相似度较高的招标数据，能快速发现错误一致性的数据；利用天眼查中的单位关系图谱，自动筛查出有股权投资或实质控制权单位之间围标、串标的情况；采用聚类分析法分析参与投标单位的契合度，分析是否存在围标、串标等虚假招标风险。这些技术和方法可以实现结构化和非结构化数据的融合分析，大大化解了数据标准风险。

为做好大数据审计的风险应对和能力提升，中国石油化工集团对此做出了中长期规划，措施方案如下：①健全和完善审计系统平台：完善提升集成管理系统、ERP环境下的在线审计系统、基于数据平台的审计智能预警系统，以及配套的数据子集，逐步实现相关系统的集成和共享。②夯实数字化应用基础：全面推动集团公司数据仓库和云平台的建设，完善与审计、内控、风险、法律等监督相关的数据基础和建模工作，在能够预见到的问题和风险基础上，对结构化数据进行架构形成审计模型，对非结构化数据进行模型开发。③以非现场审计为抓手：以互联网为依托，推动以业务岗位为基础的非现场审计常态化与高效化，推动审计组织方式的转变，要进一步做到非现场审计与现场审计的有机结合，同时拓展信息系统的审计范围。④深化数字化技术应用：近期，适当对文档进行自然语言识别，利用算法进行部分场景的智能数据处理，发现未知的问题线索；远期，全面拓展至图像、语言、文档、视频等非结构化数据，探索以大数据为对象的人工智能审计。⑤以技术方法学习总结带动创新应用：打破大数据技术"瓶颈"，通过加强对语言技术的深入学习来加强数据采集、数据分析、数据处理，探索机器学习与人工智能在审计实践中的深化应用（数据建模工具化），全面总结应用经验和数据审计方法，形成典型方法库，做到"以点带面"的信息应用支持。

（四）大数据环境下的风险应对能力建设

1. 强化信息技术运用能力和职业素养。

在大数据时代，审计人员应当不断增强自身的专业技能，强化和提升对信息技术的运用能力，努力成为掌握大数据技术和审计技能的复合型人才。若一味拘泥于传统的审计技能，只会被时代所淘汰。做好审计工作需要时刻保持职业道德素养和法律后果意识，这是最基本的行为规范和职业操守，只有敬畏职责、敬畏法律，才能真正成为有益于审计行业、有益于大数据审计的专业人才。为了增强建设措施的实用和应用性，我们结合现实环境和实务经验提出了若干建议，在大数据时代审计人员应着重从以下方面加强能力建设：（1）具备持续学习能力和创新能力，自我强化信息技术的运用能力；（2）提高职业道德素养与法律后果意识；（3）加强对大数据的整合和分析能力；（4）提升对审计证据的评估判断能力；（5）强化对各种风险因素的研判和应变能力。顺丰集团首席审计官刘国华认为，审计人员应具备三项技能"行为技能+知识技能+执业技能"，行为技能是首要的，包括沟通能力和经营意识；知识技能包括数据思维和专业技能;执业技能指的是执业品德、快速学习能力、逻辑分析能力和组织协调能力。

2. 继续完善大数据审计相关法规制度。

在政府和社会层面,推进大数据审计发展亟须从以下几个方面着手:(1)建立健全大数据审计的相关法规制度;(2)加强对系统和软件供应商的监管,完善行业标准;(3)建立行业大数据审计分析平台;(4)在高校人才培养方案中融入大数据的相关课程;(5)加快数据审计分析模型和审计软件的研发。大数据审计的推进和发展离不开政府和行业协会的顶层设计作用,政府在完善大数据审计相关法律法规的同时,还需要加强市场监管、规范行业标准,才能推动大数据审计在我国的持续健康发展。另外,高校作为人才培养的摇篮,理应承担起培养大数据审计人才的艰巨任务,在人才培养方案中融入大数据技术和专业课程的相关交叉课程,培养复合型应用人才为大数据审计的发展注入活力。从审计行业角度来看,目前亟待建立健全审计行业的大数据平台,加快数据审计分析模型和审计软件的研发,为大数据审计的发展进行实践探索和经验积累。2020年12月,《中国内部审计协会——信息系统审计实务指南》《ISACA——第四版信息技术审计框架(ITAF)》《谷安天下——数字风险治理白皮书》发布,为继续推进大数据审计提供了指引,也为大数据审计建设提出了新的要求:(1)实时监控:从"揭露问题型"向"持续改进型"转变;(2)业审融合:审计对象从"被动接受型"向"主动参与型"转变;(3)价值引领:从单纯强调"独立性"向积极追求"价值增值"转变;(4)风险预警:从"过程控制型"向"风险管理型"转变;(5)全面审计:由局部审计向全覆盖审计转变;(6)技术创新:对于审计技术、方法,从"借鉴应用型"向"开发创新型"转变。

3. 加强平台建设和单位数字化转型。

在企事业单位层面,相关建议如下:(1)为审计人员提供持续学习、提升技能的途径和平台;(2)加强数据安全的日常管理工作;(3)加快大数据审计平台的建设;(4)重视并加快构建数据安全防护系统;(5)管理层需要提高推进大数据审计的重视程度。毋庸置疑,大数据审计对相关专业人才的技能要求很高,审计人员需要具备信息化、财会审等多领域的相关知识和技能,因此企事业单位需要为审计人员提供持续性学习的渠道和途径,使从业者在掌握审计技能的同时能熟悉和运用大数据技术。企事业单位还需要加强日常安全管理工作,包括大数据的运管规则、分级授权与保密机制、相关的监督与处罚办法等,只有建立完善的规章制度,做好责权利分配,才能有效防范和降低风险。管理层在重视审计工作的同时应合理定位审计工作的价值创造能力,从数据安全和数据中心建设等层面引导大数据审计的建设和发展,引导审计工作积极进行数字化转型,积极向"五全"转型靠拢,即"全场景、全感知、全联接、全智能、全价值",充分利用单位自身的信息系统和外部大数据为组织增加价值。基于业审融合构建审计价值链,实现审计智能预警、审计监督作业、审计管理集成一体化,构建"审计后台、审计中台、审计后台"的完整链条:(1)审计后台,聚焦研发:在于业务研究和价值管理,如业务流程和数据逻辑的理解、风险节点的梳理、规则输出、跟进整改等;(2)审计中台,聚焦监控:包括数据中台和业务中台,数据中台包括风险清单、静态指标、动态模型、分析工具等,业务中台包括异常线索库、业务制度流程、审计程序方法、历史经验、表单模板等;(3)审计前台,聚焦项目:在于协同调度资源,把关审计质量和审计报告,对审计项目进行经验赋能、数据赋能、风险赋能和方法赋能。例如,顺丰集团审计部基于"审计价值链"进行了组织重构,由垂直型重构为矩阵型,横向划分为"审计后台、审计中台、审计后台",纵向基于人、财、物、IT、运营等划分为若干业务责任组,小组成员双向汇报,横向专注业务管理、纵向专注流程环节,基于业务的矩阵型组织在审计效率及价值协同方面发挥了积极作用。

4. 努力培养大数据审计的复合型人才。

在高校,审计学专业属于技能性、应用性较强的专业,也具有浓重的管理学、经济学属性,因此审计教育不仅仅是技能教育,更在于管理、经济、思维、创新、伦理等方面的教育。因此,新时代实现国家治理体系和治理能力的现代化,需要提高人才培养质量,夯实审计服务社会主义市场经济的基础性地位。基于此,根据上述调研结果我们认为,审计教育和人才培养应按照"更新教学理念——调整教学内容——改革教学方法——优化培养方案"这一思路展开。在人才培养方案中增设"大智移物云区"的相关课程。目前,高等院校人才培养方案的更新远滞后于"大智移物云区"(大数据、人工智能、移动互联网、物联网、云计算、区块链)的发展速度,在审计学的人才培养方案中尚不能充分体现"大智移物云区"的课程设置。高校应通过开设大数据相关课程培养学生的数字化思维,教会学生使用大数据分析程序语言与工具(如 R 语言、Python、Java 等)、数据可视化分析工具,或者通过选修课的形式将人工智能、财务机器人等原理和方法融入审计学专业的相关课程中去,增设大数据技术平台、数据可视化、机器学习等相关内容,同时结合人工智能和大数据的原理和技术,持续改进现有的会计审计实验室,为学生提供人工智能和大数据情境下实践操作的机会。

四、会计学专业实践育人的成效与进一步能力建设

(一)会计学专业实践育人成效

从学生方面来说,学习活跃度和学业挑战度显著提升,学生独立思考能力、实践应用能力和竞争力全面增强。线上线下混合式学习使学生加大了学习投入,上课更为关注解惑和解决问题,课堂气氛活跃;全过程多元化评价增强了学业的高阶性和挑战度,激发了学生的创新智慧和实践应用,学生积极参加案例开发、调研报告、论文写作等创意创作。

2015 年以来,学生参与学科竞赛 200 余项,覆盖 3000 人次,获省级及以上奖项 90 余项,特别是在 2017 年、2019 年、2021 年连续三届的"挑战杯"终审决赛获一等奖 4 项、二等奖 8 项、三等奖 3 项,位居全校和全省前列。挑战杯获奖作品名称具体见表 6-27 所示。

表 6-27　　　　　2017~2021 年连续三届"挑战杯"获奖作品

时间	获奖作品名称	级别
2017 年第 13 届"挑战杯"河南省大学生课外学术作品竞赛终审决赛	《科研为先还是教学至上：影响高校教师工作绩效的动因研究——基于河南高等院校的调查研究》	一等奖
	《碧水蓝天的渴求：环境治理投资的驱动力及其绿色效益测评——基于河南省企业的调查研究》	三等奖
2019 年第 14 届"挑战杯"河南省大学生课外学术作品竞赛终审决赛	《民营企业绿色发展的"破冰之旅"：障碍壁垒与纾困解难——基于民营企业环保现状的调查分析》	一等奖
	《脱虚向实与知行合一：社会主义核心价值观与会计职业道德的相得益彰——基于会计从业人员的调查》	二等奖
	《教育信息化环境下大学生学习策略与 MOOC 使用调查研究——以河南省高校为例》	二等奖
	《"制造"到"智造"：制造业税收现状与技术创新现状的调查分析》	二等奖
	《政企合作打好污染防治攻坚战——基于环保 PPP 项目的调查研究》	二等奖
	《农村双创与乡土情怀：乡村振兴背景下如何激发农村创新业活力——以河南特色小镇为例》	二等奖
	《我们需要怎样的公众信息？微信公众号对大学生学习生活的影响研究——以河南省高校为例》	二等奖
2021 年第 15 届"挑战杯"河南省大学生课外学术作品竞赛终审决赛	《中国税治：减税"说服"企业创新和绿色发展了吗？》	一等奖
	《把舵领航和保驾护航：党组织参与公司治理的中坚作用与"中国奇迹"》	一等奖
	《立德树人久久为功：社会主义核心价值观引领课程思政的调查研究——以会计学课程为例》	二等奖
	《数据赋能"数字中国"：数据作为产能要素的确认计量与经济价值——基于数字平台企业的调查研究》	二等奖
	《"大智移物云区"能否成为注册会计师行业的"六剑神脉"？——基于注会人员的调查分析》	三等奖
	《看万山红遍：红色文化资源对新时代大学生"三观"塑造的育人导向和价值引领》	三等奖

近五年会计学专业毕业生的就业率始终保持在 95% 以上，就业岗位与本专业的相关度高达 87%。考研、考公人数逐步增加，60% 的学生在毕业 5 年后能够获得中级以上职称，25% 的毕业生工作 5 年后可成为本单位的中高层技术骨干或管理岗位领导。多名校友在河南能源化工集团、平煤神马集团、郑州煤业集团、河南投资集团、恒天重工、中车集团、中铁集团、各省市税务局财政局等企事业单位担任财务负责人。会计学专业高考第一志愿报考率

和报到率在河南工程学院文科类专业排名第1，录取分数一直位于河南省同批次同类专业之首。

从教师方面来说，教师全身心投入教研教改和改革创新，成绩斐然。以打造有情有义、有温度、有爱的教育过程为目的，获校教学成果奖3项，省一流课程、优秀课程、精品在线课程4门，校课程思政教学设计大赛获奖课程5门。主编省部级规划教材2部，校企共建教材2部，省部级教改项目4项，发表教研论文13篇。获国家社科思政专项1项、教育部基金2项，完成世界银行贷款项目"中国经济改革促进与能力加强项目"的子项目1项。成立中税中兴行业学院，签署16家实习基地，合作开发10余门应用型课程及教材。多位老师分别获得了中原英才计划人才，省高层次人才，省科技创新人才，省会计领军人才，省教学标兵，省青年骨干教师，省级教学技能竞赛一等奖、课堂教学创新大赛一等奖，校讲课大赛特等奖和一等奖。获校教学质量奖20余人次，学生评教优秀率常年保持在98%以上。

会计学专业先后获批省注册会计师人才培养基地、省财政厅重点支持专业、省一流本科专业、会计专业硕士建设点、国家一流本科专业。会计学系被评为省优秀基层教学组织。会计学院被授予河南省教育系统学雷锋活动先进集体、省五四红旗团委、"三全育人"综合改革试点院系。

改革的引领示范成效引发了校内外广泛关注。中国会计报、期货日报、河南省会计领军公众号、搜狐网、大河网、河南商报、郑州晚报等中央级、地方级报道改革实践20余次。在学校的教学工作会议、科技创新工作会议、课程思政教学创新沙龙、河南省会计领军学术论坛、中国会计学会工科院校年会等公开场合，对会计学课程思政和实践育人改革做了专门报告。2021年4月2日《会计学课程思政的"345"模式，助力教学改革和"三全育人"》，中国会计报专栏报道了改革成效。

（二）进一步能力建设

通过调查研究发现，"大智移物云区"技术是推动科技创新进步和经济高质量发展的新动能，会计职业和审计职业是服务国家经济建设发展的左右手，提高会计与审计人才培养质量可以为新时代实现国家治理体系现代化做好资金安全信息保障。通过问卷调查发现，"大智移物云区"技术给会计与审计职业带来了效率提升、管理转型、审计风险降低等机遇，也带来了失业、提升素质、安全防护等挑战，以及会计职能和审计程序的转变。会计与审计人员应强化数据整合分析能力、信息技术运用能力、风险研判应变能力、职业道德素养等能力建设，会计与审计的学科教育和人才培养应围绕优化教学理念、教学内容、教学方法和培养方案展开，提高人才培养的"塔勒布"韧性，夯实会计与审计服务社会主义市场经济的基础性地位。

1. 会计职业的能力建设。

根据前述有关"大智移物云区"时代会计职业的机遇、挑战和职能转变分析，我们认为会计人员需要侧重五个方面的能力建设,具体如表6-28所示。按照被调查者对五大能力认可程度的高低排序,"大智移物云区"时代会计职业的能力建设依次体现在:会计人员应提高思考能力、数据分析能力和信息加工能力,提升信息技术的运用能力、预测和决策能力,强化对各种风险因素的研判能力和应变能力,会计人员应不断加强跨领域学习新知识新技能,提高会计职业道德素养和持续创造价值的能力。随着信息化技术的快速发展,会计人员要学会借助和利用"大智移物云区"技术生成数据、筛选数据、分析数据、提炼有用信息,为企业战略目标的制定以及资金规划提供参考依据和决策支持。信息时代大量简单且重复的会计核算工作被人工智能所取代,会计人员的能力建设应更多体现在预测、决策、经营和管理方面,这需要持续学习增强知识储备才能融会贯通,不断创新工作思路和方式方法,用敏锐的洞察力和丰富的想象力为企业创造更大价值。虽然"大智移物云区"技术可以取代大量基础性的会计工作,但诸如战略地图、滚动预算管理、职业判断、职业敏感、职业道德等素质能力是人类的特有技能,在"大智移物云区"时代更是会计人员应具备的核心能力素养,提升会计人员的职业道德是提升其持续创造价值能力的关键所在,经得起诱惑守得住初心才不会被时代所淘汰。

表6-28 "大智移物云区"时代会计人员的能力建设

项目	非常不认同	不认同	中立态度	认同	非常认同
提高思考能力、数据分析能力和信息加工能力	1.57%	2.20%	14.15%	32.08%	50.00%
提升信息技术的运用能力、预测和决策能力	2.20%	1.57%	14.47%	34.28%	47.48%
强化对各种风险因素的研判能力和应变能力	2.52%	1.57%	16.67%	30.82%	48.43%
不断加强跨领域学习新知识新技能	1.89%	3.77%	16.04%	31.45%	46.86%
提高会计职业道德素养和持续创造价值的能力	1.89%	2.83%	18.24%	33.96%	43.08%

2. 审计职业的能力建设。

根据前述有关"大智移物云区"时代审计职业的机遇、挑战和审计程序转变分析,我们认为审计人员需要侧重五个方面的能力建设,具体如表6-29所示。按照被调查者对五大能力认可程度的高低排序,"大智移物云区"时代审计职业的能力建设体现在:审计人员需要大力加强对大数据的整合、分析、研判和应变能力,工作单位应为审计人员提供持续学习、提升技能的途径和平台,政府相关部门应建立健全与大数据、信息化审计相关的法律法规,审计人员应提升和加强信息技术的运用能力、审计证据的评估判断能力,强化职业道德素养与法律后果意识。信息技术的发展推动企业经营规模扩大化、业务活动复杂化、交易信息海量化,审计人员只有增强对大数据的整合分析和研判应变能力,才能从海量数据中准确定位高风险领域、高质量获取审计证据。与此同时,审计人员也需要在日新月异的社会大环境中不断提升学习能力,不断了解和认知新事物、新技术和新方法,才能从容应对审计中可能出现的各种难题。目前,有关大数据审计、信息化审计的法律法规尚不健全,政府相关部门尽快建立健全有关法律法规迫在眉睫,健全大数据审计的法律法规能够为审计人员提供定心丸和强心剂,使得"大智移物云区"技术下的审计工作有法可依,为提升审计质量奠定法律基础。

表6-29　　　　　"大智移物云区"时代审计人员的能力建设

项目	非常不认同	不认同	中立态度	认同	非常认同
加强对大数据的整合、分析、研判和应变能力	1.57%	1.89%	13.21%	32.70%	50.63%
为审计人员提供持续学习、提升技能的途径和平台	2.20%	1.89%	13.21%	31.76%	50.94%
建立健全与大数据、信息化审计相关的法律法规	1.89%	2.83%	13.84%	33.02%	48.43%
提升信息技术的运用能力、审计证据的评估判断能力	1.89%	1.89%	15.09%	32.70%	48.43%
提高审计人员的职业道德素养与法律后果意识	2.20%	2.20%	19.81%	28.93%	46.86%

随着"大智移物云区"技术在会计领域和审计领域的广泛应用,给会计职业和审计职业带来了很多机遇,工作效率得到了提升、向管理会计职能转型、降低审计风险等;同时也给会计职业和审计职业带来了诸多挑战,如失业问题、综合素质有待提升、信息安全问题等。因此,"大智移物云区"时代会计工作面临着财务会计记账流程的优化、从事后报告向实时报告转变、从反映过去向预测未来转变、从结构化监督向非结构化监督转变等方面的职能转变,审计工作面临着风险评估程序的转变、由期中期末审计向实时审计转变、由第三方函证向云端数据函证转变、由样本审计向全数据审计转变等方面的职能转变。据此,我们提出了会计人员应提高思考能力、数据分析能力和信息加工能力,提升信息技术的运用能力、预测和决策能力,强化对风险因素的研判能力和应变能力,加强跨领域学习新知识新技能,提高会计职业道德素养等方面的能力建设;对于审计人员提出了加强对大数据的整合分析和研判应变能力、持续学习能力、对信息技术的运用能力、审计证据的评估判断能力、强化职业道德素养与法律后果意识等方面的能力建设。

随着大数据技术在审计领域的广泛应用,给审计工作和审计职业带来了很多改变,引起了审计方式、审计模式、审计服务和审计人才的专业技能等方面的变化。从审计程序来看,函证从传统的第三方函证向云端存储的数据函证转变,重新计算、重新执行、分析程序由期中或期末执行向实时审计持续审计转变。审计人员可以更好地了解行业状况、法律环境和监管环境,更快捷方便地查阅资料文件和报告。与传统审计相比,大数据审计不仅能消除时空限制、节约时间成本,还能对审计过程进行有效监管、改善业务质量,但也面临着数据安全风险及审计证据复杂化,人才队伍建设和技能建设、设施平台维护、数据共享和信息化建设等障碍和挑战。要顺利推进大数据审计建设发展,需要做好数据采集和传输、存储、处理和分析三个阶段的风险识别和风险应对。在数据采集传输阶段通过加强数据平台和单位内部管理重点应对数据的来源风险、质量风险和安全风险，在数据存储阶段通过明确责任建立授权审批制度、灾难恢复计划与业务可持续方案重点应对数据安全风险、来源风险和管理风险，在数据处理和分析阶段通过改进数据分析技术和明确责权利关系重点应对数据标准风险、安全风险和质量风险，提升大数据审计的科学性与高效性。

调研结果带来的启示在于，"大智移物云区"时代会计与审计人员应具备持续学习能力和创新能力，自我强化信息技术的运用能力，对审计证据的评估判断能力以及对各种风险因素的研判和应变能力。政府和行业协会应继续发挥顶层设计作用，在完善大数据审计相关法律法规的同时，加强市场监管和规范行业标准。企事业单位应当为会计与审计人员提供持续学习、提升技能的途径和平台，加快构建数据平台和数据安全防护系统。对于高校人才培养的启示在于，强化经济后果、道德教育、政治协调等教学理念，通过线上线下混合式教学将会计问题场景化、教学手段智能化、深入实务持续优化，在人才培养方案中增设"大智移物云区"的相关课程，帮助学生修炼好信息时代的数字化生存能力，增强数字浪潮冲击下的"塔勒布"韧性，从容应对 VCUA 时代的各种不确定性与挑战。

第七章 新文科背景下优化会计学人才培养的对策建议

会计职业是服务国家经济建设发展的健康助手，提高会计人才培养质量可以为新时代实现国家治理体系现代化做好资金安全信息保障。当前信息技术给会计职业带来了效率提升、管理转型等机遇，也带来了提升素养、安全防护等挑战，以及会计职能和工作流程的转变。会计人员应强化数据整合分析能力、信息技术运用能力、风险研判应变能力、职业道德素养等能力建设，会计学科教育和人才培养应围绕优化教学理念、教学内容、教学方法和培养方案展开，提高人才培养的"塔勒布"韧性，夯实会计服务社会主义市场经济的基础性地位。

一、优化会计学科教育及人才培养的对策建议

在高校，会计学专业属于技能性、应用性较强的专业，也具有浓重的管理学、经济学属性，因此会计学科教育不仅仅是技能教育，更在于管理、经济、思维、创新、伦理等方面的教育。河南工程学院从 2008 年开始招收第一届会计本科班，至今已 13 年了，为社会输送了大批从事会计工作的应用型人才。

随着"大智移物云区"技术在会计领域的广泛应用，给会计职业带来了很多机遇，工作效率得到了提升、向管理会计职能转型、降低核算风险等；同时也面临了诸多挑战，如综合素质有待提升、信息安全问题等。研究发现，信息技术时代会计工作面临着财务会计记账流程的优化、从事后报告向实时报告转变、从反映过去向预测未来转变、从结构化监督向非结构化监督转变等方面的职能转变。因此，新技术环境下会计人员从事会计工作应重点提高思考能力、数据分析能力和信息加工能力，提升信息技术的运用能力、预测和决策能力，强化对风险因素的研判能力和应变能力，加强跨领域学习新知识新技能，强化职业道德素养与法律后果意识等方面的能力建设。

（一）以行业学院建设为抓手，抓实产教融合校企协同育人

高校作为人才培养的摇篮，理应承担起培养复合型人才的艰巨任务，在人才培养方案中融入信息技术和专业课程的相关交叉课程，培养复合型应用人才。我们研究后发现，会计人才培养需要增强五个方面的能力建设，依次体现在：（1）提高思考能力、数据分析能力和

信息加工能力；（2）提升信息技术的运用能力、预测和决策能力；（3）强化对各种风险因素的研判能力和应变能力；（4）不断加强跨领域学习新知识新技能；（5）提高会计职业道德素养和持续创造价值的能力。随着信息技术的快速发展，会计人员要学会借助和利用"大智移物云"技术生成数据、筛选数据、分析数据、提炼有用信息，为企业战略目标的制定以及资金规划提供参考依据和决策支持。信息时代大量简单且重复的会计核算工作被人工智能所取代，会计人员的能力建设应更多地体现在预测、决策、经营和管理方面，这需要持续学习增强知识储备才能融会贯通，不断创新工作思路和方式方法，用敏锐的洞察力和丰富的想象力为企业创造更大价值。虽然信息技术可以取代大量基础性的会计工作，但诸如战略地图、滚动预算管理、职业判断、职业敏感、职业道德等素质能力是人类的特有技能，在"大智移物云"时代更是会计人员应具备的核心能力素养，提升职业道德是提升其持续创造价值能力的关键所在，经得起诱惑守得住初心才不会被时代所淘汰。

近年来，河南工程学院以行业学院建设为抓手，积极探索、构建"产教融合"的路径、方式与方法，创新性地提出了"一主体、四联动、八共建"行业学院建设的"河工模式"，即以行业龙头企业或地方高成长性企业为主体，政府、学校、企业、协会等四方联动，以企业实质性投入资金不少于300万元作为主体履约保障，推进实质性合作"八共建"：共建专业、课程、实验室、实习实训基地、就业创业基地、科技创新基地、师资培养基地、成果转化基地。在行业学院建设过程中，发挥企业作为投资主体、人才培养主体、管理主体、评价主体等方面的主体作用，发挥学校在专业设置与企业需求对接、课程内容与企业创新对接、人才素质技术水平与企业岗位对接、科学研究与企业核心技术开发对接等方面的主导作用。

2018年河南工程学院会计学院与河南中税中兴咨询集团合作，成立了中税中兴会计学院，校企联合应用型人才培养模式"中兴班"2018年首次开始招生，目前已培养三届学生，共121人；校企双方共建课程、共建竞赛平台、共建实习基地，将学校教育与企业教育相结合、课堂教学与实践能力要求相结合、课程设置与企业标准相结合、学习与工作相结合，落实和践行应用型会计人才培养模式，逐步形成了以会计学专业为核心，注册会计师、ACCA、CIMA三个方向为扩展的专业扩展群，推进产学研协同创新，着重培养应用型、创新型、复合型专业人才。

（二）培养学生的职业道德素养，提升行为技能和执业技能

在数字经济时代，会计人员应当不断增强自身的专业技能，强化和提升对信息技术的运用能力，努力成为掌握大数据技术和财会技能的复合型人才。若一味地拘泥于传统的人才培养模式，只会被时代所淘汰。做好会计工作需要时刻保持职业道德素养和法律后果意识，这是最基本的行为规范和职业操守，只有敬畏职责、敬畏法律，才能真正成为有益于会计行业的专业人才。为了增强建设措施的实用性和应用性，我们结合现实环境和实务经验提出了若干建议，应着重从以下方面加强人才培养和能力建设：（1）培养学生的持续学习能力和创新能

力，强化信息技术的运用能力；（2）培养学生的职业道德素养与法律后果意识；（3）培养学生对大数据的整合和分析能力；（4）培养学生对经济事项的分析判断能力；（5）培养学生对各种风险因素的研判和应变能力。在数字经济时代，会计人员应具备三项技能"行为技能+知识技能+执业技能"，行为技能是首要的，包括沟通能力和经营意识；知识技能包括数据思维和专业技能；执业技能指的是执业品德、快速学习能力、逻辑分析能力和组织协调能力。

河南工程学院会计学院根据 OBE 理念修订人才培养方案，结合应用型人才的能力素质要求，着力培养学生的学习能力、实践能力和创新能力。人才培养方案突出应用型专业及课程群建设，由校企双方共同制定，加大实践教学力度，提高学生实践操作能力，各专业实践课程学分比例达 30% 以上。增加课外实践和创新创业学分，利用实验室开放、增加综合性和设计性实验等方式，通过校企、校校合作等途径，将大学生科学研究、学科竞赛、科技创新以及社会实践活动等，纳入人才培养方案。大力推进"双学位"教育，培养复合型会计应用人才。积极推行"双证书""1+X"制度，鼓励学生考取会计及财经相关职业资格证。探索产教研融合、任务驱动、项目导向的"教、学、做"一体化教学模式，强化学生行为技能和执业技能的培养。结合现代信息技术，改进课程教学内容，创新教学方法，因材施教，为学生创造个性化与多样化的学习机会和学习体验，引导学生自主学习、合作学习和探究学习，提高教与学的质量和效率。

（三）培养高素质复合型会计人才，提升学生的社会责任感

会计学专业属于技能性、应用性较强的专业，也具有浓重的管理学、经济学属性，因此会计教育不仅仅是技能教育，更在于管理、经济、思维、创新、伦理等方面的教育。因此，新时代实现国家治理体系和治理能力的现代化，需要提高人才培养质量，夯实会计服务社会主义市场经济的基础性地位。基于此，我们认为，审计教育和人才培养应按照"更新教学理念——调整教学内容——改革教学方法——优化培养方案"这一思路展开。

首先，更新教学理念。在课程讲授中融入道德内容、道德风险点及其控制，培养学生正确的做人信念和做事信念，为学生毕业入职后的个人发展及社会贡献奠定信念基础。同时将课程内容与我国会计改革、审计改革及国家大政方针相结合，帮助学生从国家宏观政治高度认识会计在服务国家建设发展方面的地位和作用。注重培养学生的社会责任感、创新精神、主动获取和应用知识信息的能力以及批判性思维能力。

其次，调整教学内容。信息技术的突飞猛进和知识经济的迅速崛起使得数据信息传播在空间和时间上都发生了巨大变化，知识更新周期缩短，社会职业流动性加快。为适应经济社会发展需要，高等教育必须在教学理念、教学内容和方法目标上不断进行创新，通过课程内容的整合优化，满足人才培养精细化和通识化的双向要求，使学生在提升专业知识和专业能力的同时，完善个人品质和道德水平。

再次，改革教学方法。现有的教学方法和手段还相对滞后于信息技术和网络社会的发

展,过去长期形成的陈旧教学方式在高等院校中仍相当普遍地存在。在会计教学中可借助信息技术开展线上线下混合式教学,将会计问题具体化和场景化,引导学生站在利益相关者的角度看问题,通过借助动画、小视频等方式呈现,并在案例分析、拓展阅读和课后讨论中强化职业道德、遵纪守法、诚实守信、人格教育等价值观内容,通过对具体问题的分析提高学生的思政觉悟。

最后,在人才培养方案中增设"大智移物云区"等交叉学科的相关课程。目前,高等院校人才培养方案的更新远滞后于"大智移物云区"(大数据、人工智能、移动互联网、物联网、云计算、区块链)的发展速度,在会计学的人才培养方案中尚不能充分体现"大智移物云区"的课程设置。高校应通过开设大数据相关课程培养学生的数字化思维,教会学生使用大数据分析程序语言与工具(如 R 语言、Python、Java 等)、数据可视化分析工具,或者通过选修课的形式将人工智能、财务机器人等原理和方法融入现行会计信息系统的相关课程中去,增设大数据技术平台、数据可视化、机器学习等相关内容,同时结合人工智能和大数据的原理和技术,持续改进现有的经管实验室,为学生提供人工智能和大数据情境下实践操作的机会。

二、加强课程开发和资源建设的计划与未来推进

目前,我们在财务会计学课程中采用理论教学与实践教学相结合、线上与线下相结合、部分知识点翻转课堂等多种教学形式,以职业能力培养为核心,会计工作流程为驱动,培养学生分析和解决会计实际工作的综合能力,增强学生的学习兴趣和积极性。进一步加强课程思政建设的计划与未来推进的想法如下。

(一)进行课程定位打造金课,辐射和带动会计类课程建设

对会计学中的思政元素进行思考、搜集和整合,致力于打造精品课程和形成校内思政示范课程,逐渐形成正向影响力和辐射带动力,通过进一步挖掘和共享国内企业优秀案例,共享优秀教育资源和课程思政教育理念,为带动整个会计类课程群建设提供推动力。还可以分类制订学习目标,设计不同层次、不同知识点的课程教学内容,增加案例讲解与讨论比例,专业理论与思政元素进一步融合、扩充教学内容,实现相近学科知识交叉,拓宽课程学习的广度和深度。

(二)打造立体化教学资源,适应数字经济和信息技术发展

随着新经济时代的到来和数字经济的发展,云化、数字化和在线化发展将进一步深化,

数据化、智能化、平台化的互联网运营成为发展的重中之重。在技术上云计算、大数据、人工智能、区块链、5G 奠定了驱动商业创新的技术基础，数字化生存成为必然，数字化消费、数字化生产、数字化交互、数字化协同将会成为时代发展的关键词，互联网经济未来的增长空间也一定会聚焦于如何在互联网思维下去提升、改造实体经济，甚至是催生颠覆性的新商业模式。而目前的会计学教材中部分知识点内容逐渐陈旧，新的会计准则还未同步跟进，已经产生了理论界滞后于实务发展的"两难"局面。因此，我们在授课过程中根据财务和会计领域的热点话题，及时调整完善知识点内容，本着"精益求精"原则，进一步对课程知识点进行改进、补充和完善，满足数字经济发展的需要。另外，修订、出版课程主教材和学习指导书（纸质教材与电子教材）也是亟待进行的工作，对于现有主教材进行修订和完善，引进"互联网+"技术，完善微课二维码内容（包括术语释疑、短视频、动态图、延伸阅读等）；进一步更新学习指导书内容，出版会计学教材及配套学习指导书和电子教材光盘，打造"立体化"教学资源，实现多维度立体教学。

（三）拓宽课改视野，聘请知名学者和企业专家参与课程改革

为加强课程团队建设和加大课程改革力度，在课程团队、硬件建设、网络资源、教学研究、教学资源等方面形成可持续发展，进一步提高课程建设质量，计划聘请知名学者、企业专家参与课程改革，拓展对课程体系、教学内容、教学手段和方法的宽度和力度，丰富和完善线上线下教学资源。不断优化教学环境，更新补充和完善课程知识点视频、章节测试题讲解视频的录制，持续完善课程网络资源。同时结合最新会计研究热点问题，更新补充教学案例，便于学生学以致用，以问题为导向，引导学生积极思考，将财务会计理论、学术发展前沿和中国经济社会的当前时代背景紧密结合，增强教学的吸引力、说服力和感染力。

（四）丰富和完善线上线下教学资源，形成系统性的课程资料

在线上资源方面，首先我们根据培养方案、教学大纲、考试大纲的要求，结合每一章节的教学目标，形成围绕知识点展开、清晰表达知识框架的课程完整资料，包括课程介绍、教学大纲、预备知识、教学辅导、参考资料、考核方式、在线作业、在线题库和在线答疑等。其次，我们围绕课程思政形成案例库和案例集，习题库和习题集，同时形成以课程思政为特色的授课计划和教案。再次，围绕财务会计学课程思政内容编写高水平应用型本科教材，深度开发校企合作资源开设校企合作课程。最后，开发适应不同教学对象的视频课件，满足不同层次教学需求，面对高校学生和社会学习者的不同需求，基于不同教学目的和受众对象，开发专题性的线上与线下教学资源，满足不同客户需求，实现优质教学资源共享。

第八章 结 语

本书以我国近年来大学生的信仰危机、会计实务中的财务造假为背景,探索在会计学专业中引入思政教育的必要性、可行性和方式方法,以及会计逻辑、会计理论、会计方法等方面的思政教育内容,更新教育理念、调整教育内容、丰富教学方法,从人才培养体系、课程建设体系和内容创新的高度来构建课程思政内容,引导学生在国家发展和个人前途的交汇点上规划人生,将个人成长与时代发展、社会进步和环境变化紧密相连。

首先,通过明确和凸显经济后果理念、道德教育理念、政治协调理念等教学理念,对会计教育的目标进行再次定位。会计教育目标的定位关系到会计学专业培养方案的设计、教育理念的确立、教学方法的选择等问题。会计教育目标不应仅仅定位为培养"会计人才",还应关注"会计人生",用会计思想诠释、指导人生,用人生经验领会、深化会计,由此带来会计教育理念的更新、教育内容和教育方法的调整与完善,以提升会计学专业人才的综合素质。

其次,推进教学内容由"知识输入型"向"能力输出型"转变,推进教学过程由"以教为中心"向"以学为中心"转变。通过整理大量现实案例、讨论素材,将会计问题具体化和场景化,引导学生站在利益相关者的角度看待会计问题。不仅让学生学专业知识,而且从健全心智、健全人格、健康心态上培养学生全面发展,从而更好地适应社会、服务社会。

最后,构建线上线下"345"混合模式,推动向"课堂学习+在线学习+实践学习"三个课堂转变。结合当前"大智移物云区"的兴起与发展,利用现代化手段促进学生加大学习投入。采用理论教学与实践教学相结合、线上与线下相结合等多种教学形式,以职业能力培养为核心,会计工作流程为驱动,运用案例导入、任务驱动等教学方法,在"课堂学习+在线学习+实践学习"三个课堂中充分利用多媒体声、色、图、动画、制图表等功能,调动学生学习的积极性,培养和提高学生分析和解决会计实际工作的实践能力和综合素质。

万里长征始于足下,我们的课程思政建设和实践育人还在探索和不断完善中,我们需要持续密切关注学生的反应,及时捕捉和发现问题,不断思考、探索和调整教育的内容、角度和方式方法,真正实现思政教育和专业教育的有效融合。在会计人才培养中,持续强化经济后果理念、道德教育理念、政治协调理念等教学理念,做实课程定位、提炼思政元素、实施思政教育等教学内容的调整,通过线上线下混合式教学将会计问题场景化、教学手段智能化、拓展阅读思政化、教学科研融合化、深入实务持续优化,以及在人才培养方案中增设大智移物云区的相关课程,帮助学生修炼好信息时代的数字化生存能力,增强数字浪潮冲击下的"塔勒布"韧性,在实务工作中能更加从容地应对 VCUA 时代的各种不确定性与挑战。

附 录

科研为先还是教学至上：影响高校教师工作绩效的动因研究
——基于河南高等院校的调查

一、绪论

（一）研究背景及意义

1. 研究背景。

提高教育质量的关键在于教师，提高教学质量的出路在于科研。教师要是有了科研意识，才有可能站在科学的角度审视自己的工作，才能把教育教学工作变为有目的、有计划、有科学方法的研究过程。教师只有在教学、科研相结合的实践活动中，才能感受到时代的脉搏，由此获得最新信息。

随着我国科教兴国政策的实施，人们受教育的程度逐渐提高；而随着高校的扩招，越来越多的人能够进入高校进行学习。并且高校的发展日趋完善，人们非常注重教学与科研的发展。高校教师作为教育发展的核心力量之一，在教学和科研发展中承担的角色尤为重要。而由于学生人数不同且质量参差不齐，教师授课面临很大的难题；由于教师家庭因素、个人能力、相关政策导向影响，科研工作也迟缓或停滞不前。故当务之急是提高教学与科研质量，并平衡好两者的关系，才能促进高校教师各方面稳健提升。

2. 研究意义。

通过调查研究，认清高校中教学和科研的发展关系并进行现状分析，以此寻找一条平衡两者关系的有效发展道路，使教学和科研齐头并进，为高校营造良好的氛围，促进高校及高校教师队伍又好又快的发展。

当今社会经济全球化、竞争激烈化、科技进步步伐加快、人才观念的转变，要求学校培养的人才要有国际意识、终身学习的意识、良好的交往能力。单纯的传道、授业，已无法满足学生成长需求、社会发展对人才培养目标变化的要求。因此，高校教师应努力提升科研与教学水平，转变传统教育理念，创建新型课堂，提高学生学习积极性和学习成效，全面深化课程改革。科研一般都具有较高的学术水平和科学价值，是展示、交流与推广教育科学研究成果和工作绩效的一种有效方式。同时，科研的形成、发表与交流又可以反过来推动教育事业的不断深入和发展。辩证教学与科研的关系，落实"教学与科研相统一"的原则，为培养创新型人才奠定良好的基础。

（二）研究思路与方法

1. 研究思路。

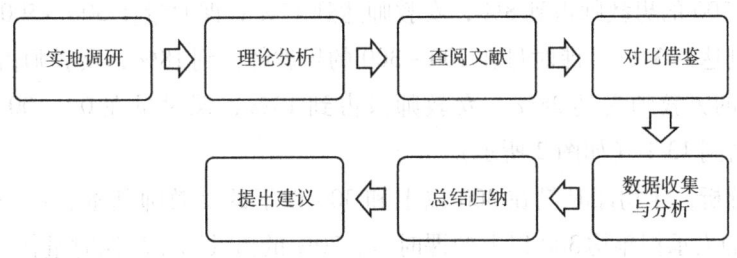

图1　课题思路

2. 研究方法。

本课题使用的主要研究方法有：文献检索法、归纳分析法、问卷调查、访谈调查法、理论和实践相结合的方法。

文献检索法：根据学习和工作的需要获取文献的过程。以高校教师的教学与科研为主题查阅相关文献。

归纳分析法：建立在事实论据之上，找出影响教学与科研动因的共同点，归纳所反映的结果，得出结论。

问卷调查：以书面形式间接收集研究材料的一种调查手段。通过向调查者发放简明清晰的调查问卷，调查者填写与教学和科研相关的问题，来间接获得材料和信息的一种方法。

访谈调查法：通过访谈详细地了解高校教师对科研教学的态度，直接获取相关信息，并对问卷调查的结果进行补充。

理论和实践相结合的方法：理论必须和实践相结合，实践只有在科学理论的指导下，才能得到检验和发展，才能变成现实生产力。以高校教师绩效评价的相关理论为指导，构建高校教师绩效评价体系，选取合适的绩效评价方法，做到理论与实践的结合。通过应用理论、指导实践、总结实践、提升理论这一过程，使研究成果既具有理论依据，又具有可操作性、针对性。

二、高校教师教学现状分析

教学，是教师的教和学生的学所组成的一种人类特有的人才培养活动。通过这种活动，教师有目的、有计划、有组织地引导学生学习和掌握文化科学知识和技能，促进学生素质提高，使他们成为社会需要的人。

本研究以河南高校为例，对可能影响高校教师教学的因素，如性别、年龄、学历、学科、职称、教龄、学校性质、学生类型进行了分析。

（一）教师每年所承担的课时量

从问卷调查结果来看，年均课时量达到700以上的男教师占到8%，女教师只有1%；课时量在500~700的男教师占到8%，女教师达到17%；课时量在300~500的男教师占到14%，女教师则达到31%；课时量在200~300的男教师占到18%，女教师占到25%；课时量在100~200的男教师占到28%，女教师只占到13%；课时量在0~100的男教师占到14%，女教师占到13%（如图2所示）。

从性别来分析，年均课时量在300以上和300以下的女教师基本各占一半，而男教师中，仅有30%的人承担年均300以上的课时量，70%的男教师年均课时量在300以下。由此看来，在教学的工作量方面，女教师是主力军。

我们将收集到的数据进行了交叉分析，以年龄为自变量，分析了不同年龄段的教师每年承担的教学课时量，如表1所示。

表1　　　　　　　　教师每年承担课时量（按年龄）

X/Y	0~100	100~200	200~300	300~500	500~700	700以上
24~30岁	(35.14%)	(29.73%)	(24.32%)	(5.41%)	(5.41%)	(0%)
31~40岁	(6.56%)	(21.31%)	(18.03%)	(31.15%)	(18.03%)	(4.92%)
41~50岁	(5.41%)	(2.7%)	(27.03%)	(40.54%)	(21.62%)	(2.7%)
51~60岁	(7.69%)	(7.69%)	(38.46%)	(30.77%)	(15.38%)	(0%)
60岁以上	(0%)	(25%)	(25%)	(25%)	(0%)	(25%)

从表1我们可以看出，24~30岁的教师每年的课时量为0~100，占35.14%；31~40岁、41~50岁、51~60岁的教师大多集中在300~500课时量，分别占31.15%、40.54%、30.77%。因此，中青年教师是教学的主力军。

而从学历上看，本科学历以下的教师承担的0~100和300~500课时量各占50%；本科学历的教师承担的300~500课时量居多，占30.23%；硕士学历的教师承担的300~500课时量居多，占26.19%；博士学历的教师承担的200~300课时量居多，占37.5%；博士后学历的教师承担的700以上课时量最多，占42.86%。因此，学历的高低与教学工作量之间并无直接关系。学历越高，并不表明教学工作量越少。不同学历的教师在教学中都发挥着一定作用（如图3所示）。

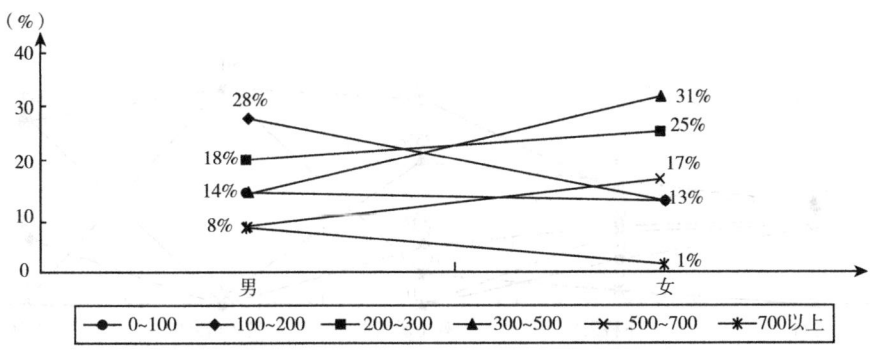

图 2　教师每年承担的课时量（按性别）

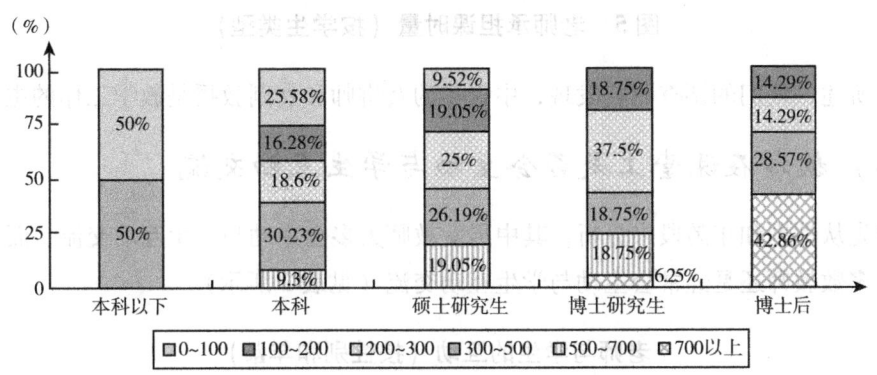

图 3　老师每年承担课时量（按学历）

从职称来分析，助教承担的课时量以 0~100 居多，占 44%；讲师承担的课时量以 300~500 居多，占 28.57%；副教授承担的课时量以 300~500 居多，占 35.42%；教授承担的课时量以 200~300 居多，占 43.75%。因此，讲师和副教授是教学工作的主要力量（见图 4 所示）。

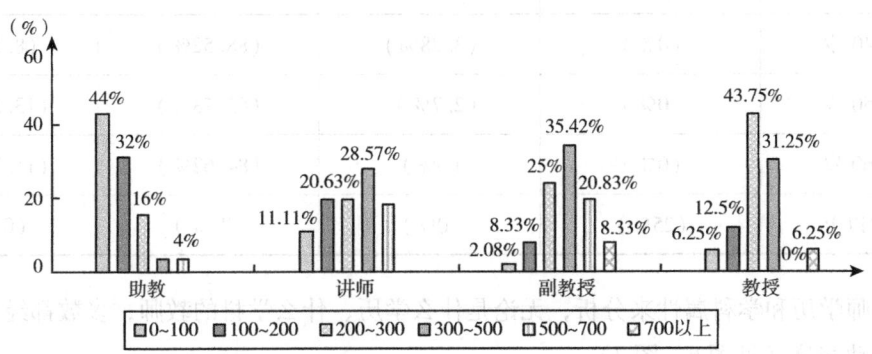

图 4　老师每年承担课时量（按职称）

从学生类型来分析，给专科生上课的教师的课时量集中在 200~500；给本科生上课的教师的课时量集中在 300~500；给硕士研究生上课的教师的课时量集中在 200~300；给博士生研究生上课的教师的课时量主要为 200~300 学时。

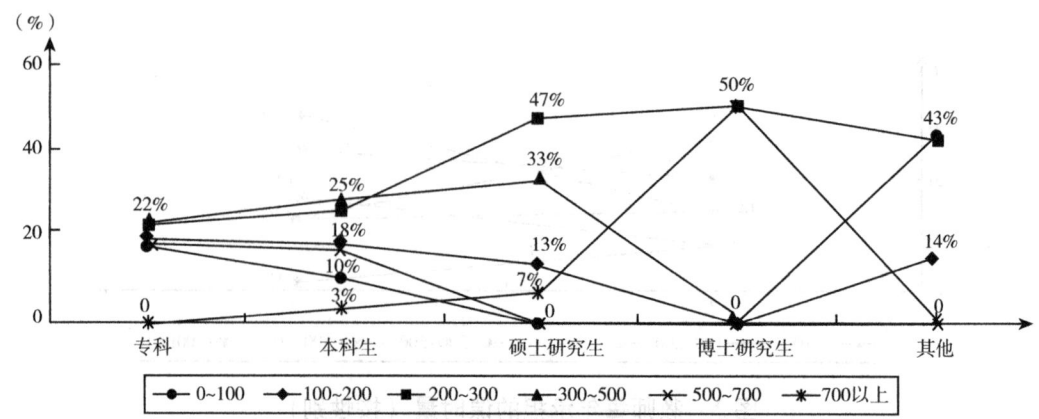

图5 老师承担课时量（按学生类型）

综上所述，我们的调查研究发现，中青年的女讲师和女副教授是教学工作的主力军。

（二）教师在课堂上是否会主动与学生互动交流

我们先从性别和年龄段来分析，其中男女教师大多会主动与学生互动交流。而在年龄上来看，大多数教师还是经常会主动与学生互动交流（见表2所示）。

表2　　　　　　　　老师与学生的互动（按性别和年龄）

X/Y	从不会	学生要求才会	经常会	偶尔会
男	(4%)	(0%)	(84%)	(12%)
女	(1.96%)	(2.94%)	(80.39%)	(14.71%)
24~30岁	(8.11%)	(0%)	(67.57%)	(24.32%)
31~40岁	(0%)	(3.28%)	(88.52%)	(8.2%)
41~50岁	(0%)	(2.7%)	(83.78%)	(13.51%)
51~60岁	(0%)	(0%)	(84.62%)	(15.38%)
60岁以上	(25%)	(0%)	(75%)	(0%)

从教师学历和学科属性来分析，无论是什么学历、什么学科的教师，多数都经常会主动与学生互动交流（见图6、图7）。

从职称和教龄来看，无论教师的职称是什么，无论教师的教龄有多大，多数经常会主动与学生互动交流（见图8、图9）。

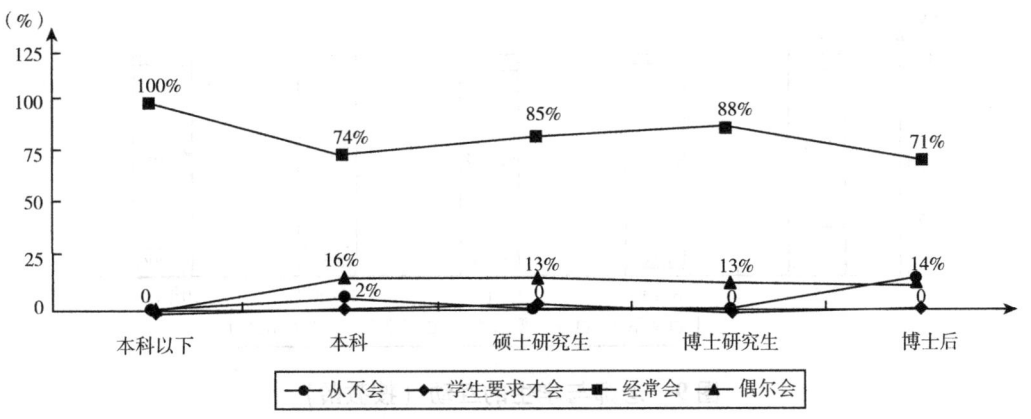

图 6 老师与学生的互动（按学历）

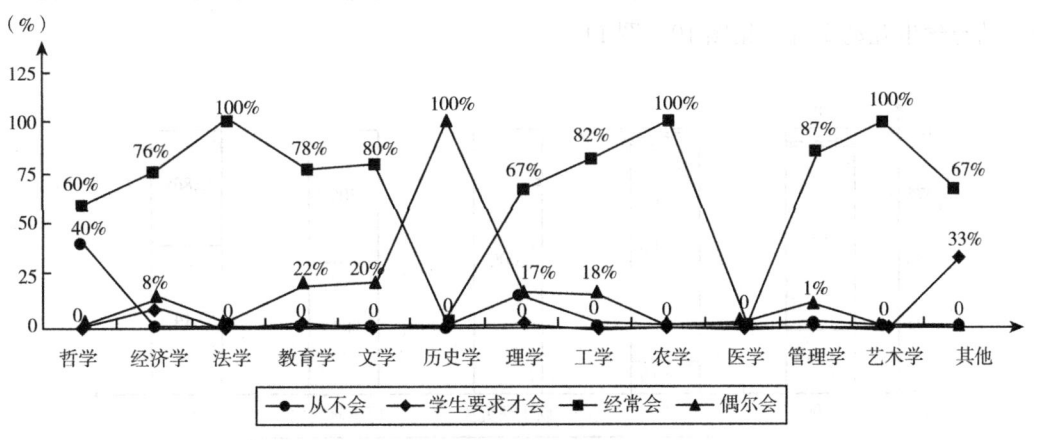

图 7 老师与学生的互动（按学科）

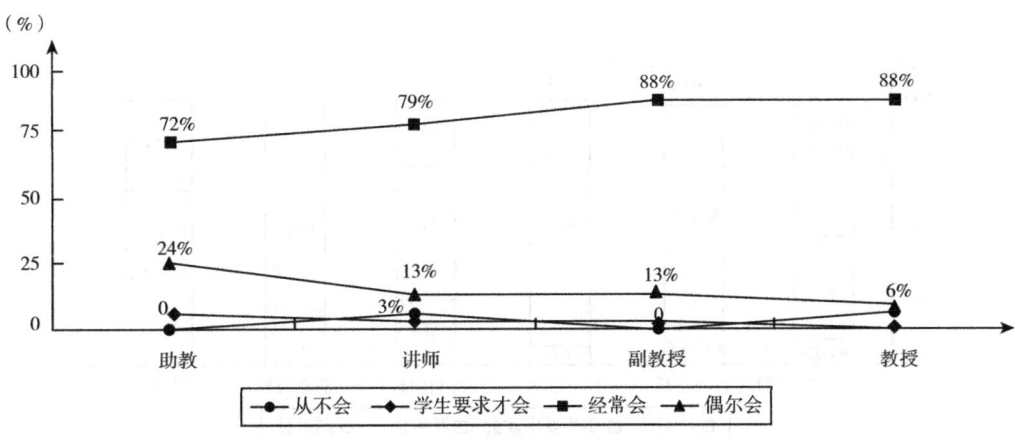

图 8 老师与学生的互动（按职称）

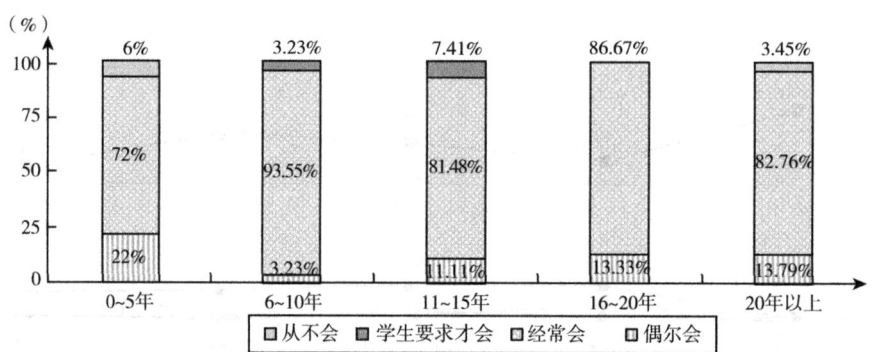

图 9　老师与学生的互动（按教龄）

从学生类别和学校性质来分析，不论学生为专科生、本科生、硕士研究生还是博士研究生，也不论学校是"985""211"高校还是普通本科、独立院校、专科院校，教师大多经常会主动与学生互动交流（见图10、图11）。

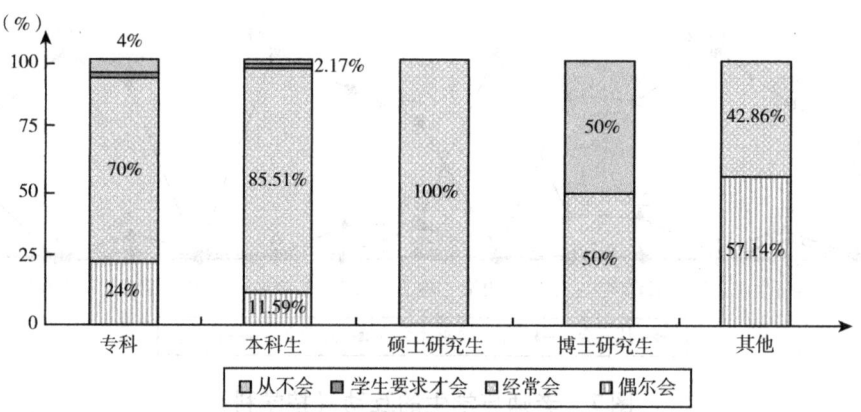

图 10　老师与学生的互动（按学生类别）

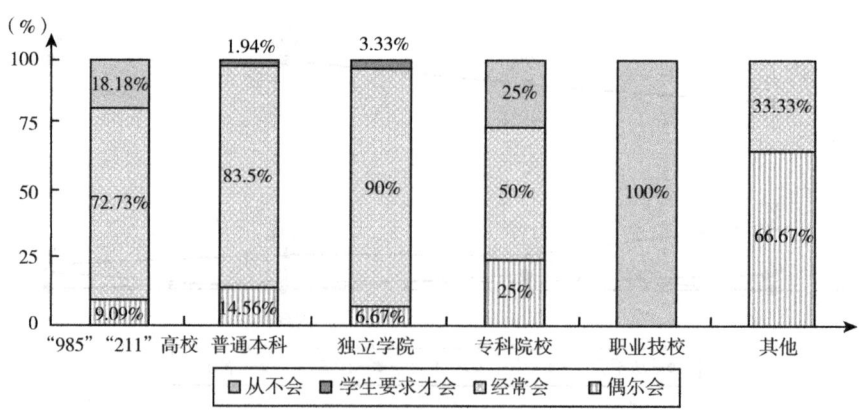

图 11　老师与学生的互动（按学校性质）

整体来看,80%以上的教师在课堂上会主动与学生互动交流。这种互动尤其体现在法学、历史学、农学、艺术学这四大学科、年龄在31~40岁的女教师的本科教学课堂上。

(三) 教师对学生对评教的态度

不论性别、年龄,大多数的教师还是会在乎学生对自己的评教(见表3)。

表3　　　　教师对学生对自己评教的态度(按性别与年龄)

X/Y	在乎	不在乎	不清楚	其他
男	(84%)	(8%)	(6%)	(2%)
女	(86.27%)	(7.84%)	(5.88%)	(0%)
24~30	(86.49%)	(5.41%)	(8.11%)	(0%)
31~40	(95.08%)	(1.64%)	(3.28%)	(0%)
41~50	(78.38%)	(13.51%)	(8.11%)	(0%)
51~60	(76.92%)	(15.38%)	(7.69%)	(0%)
60以上	(25%)	(50%)	(0%)	(25%)

从图12~图17,我们可以发现,不论教师的教龄、学历、学生类别、学校性质、学科性质、职称如何,70%以上的教师都会在乎学生对自己教学的评价。而且,我们发现一个规律,教师在乎评教的程度与其职称成反比,即职称越低,对评教结果越在乎。

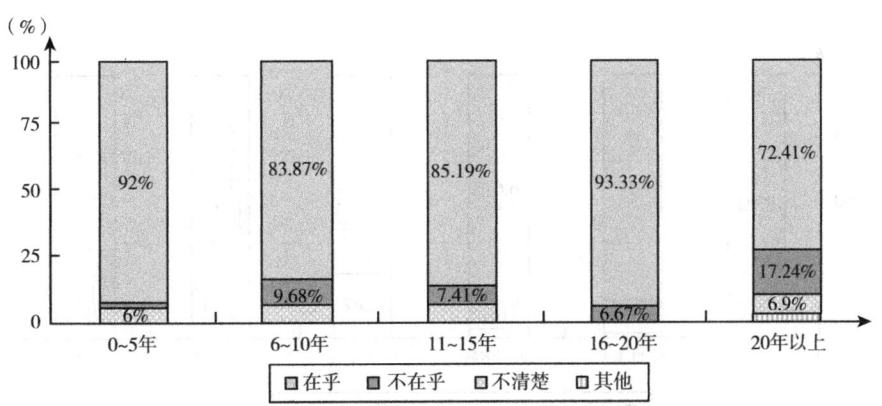

图12　教师对学生对自己评教的态度(按教龄)

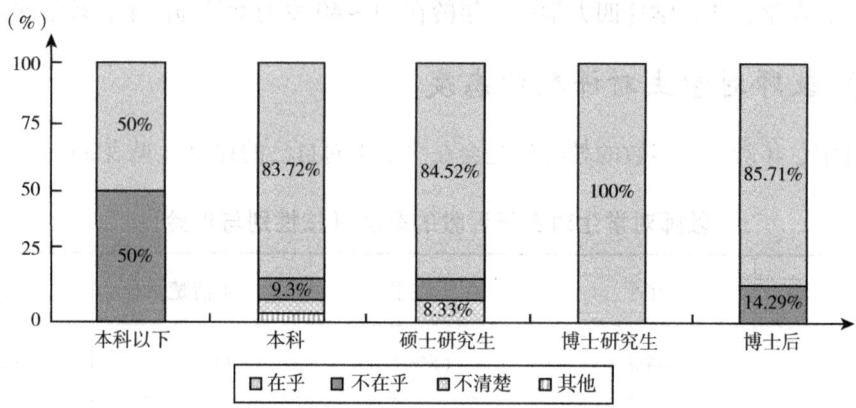

图 13　教师对学生对自己评教的态度（按学历）

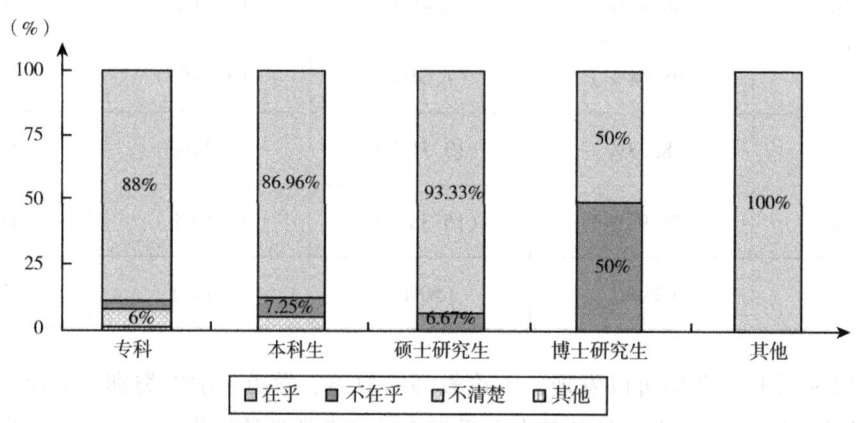

图 14　教师对学生对自己评教的态度（按学生类别）

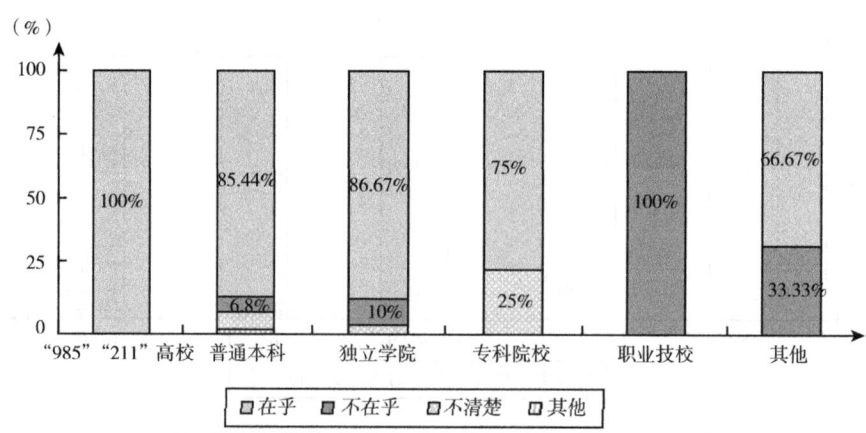

图 15　教师对学生对自己评教的态度（按学校性质）

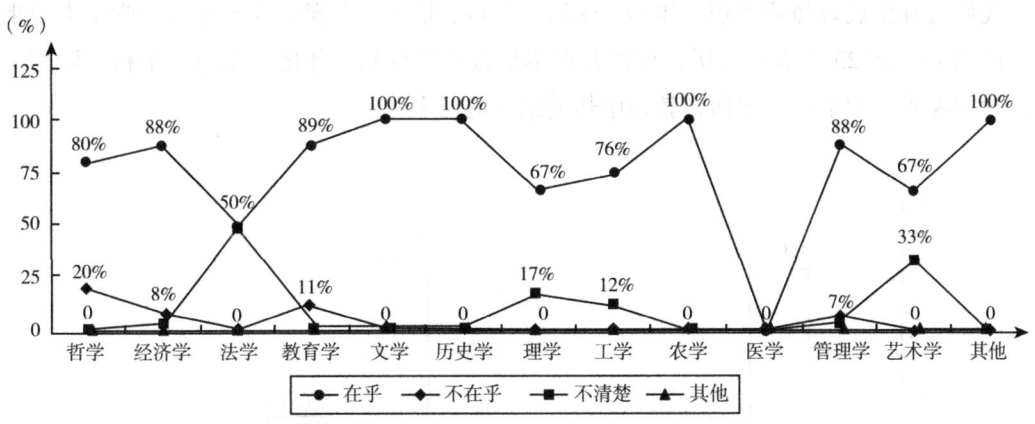

图 16　教师对学生对自己评教的态度（按学科）

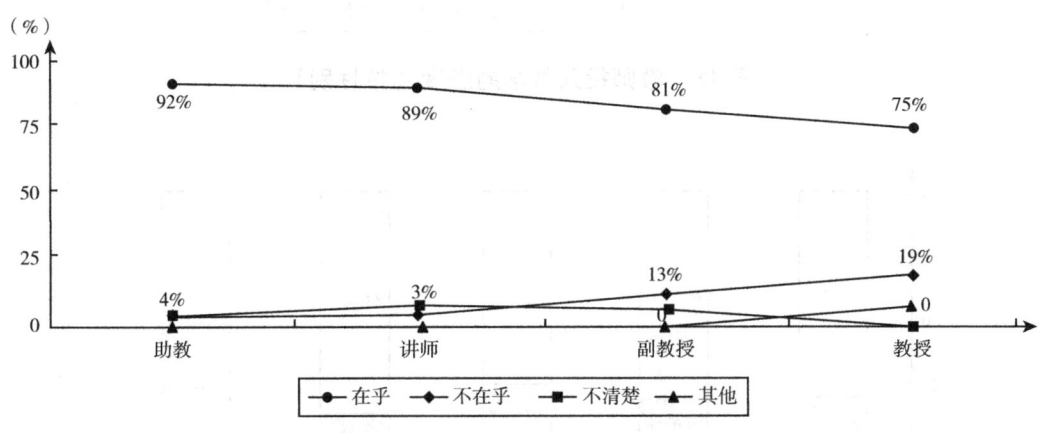

图 17　教师对学生对自己评教的态度（按职称）

（四）教师投入教学的态度问题

先从总体上分析，将近 80% 的教师对教学是充满热爱之情的（见表 4）。这一点在法学、文学、历史学、理学、农学、管理学、艺术学这七大学科、教龄在 0~15 年的女教师身上体现得更为明显。

表 4　　　　　　　　　　　　教师投入教学的态度

选　项	比　例
热爱献身	77.63%
完成任务	21.71%
敷衍了事	0.66%

我们再分别从教师的性别、年龄、学历、学科、职称、教龄、学校性质、学生类型来分析。由图 18～图 23 和表 5 分析，可以看出不论教师的性别、年龄、学历、学科、职称、教龄、学校性质、学生类型如何，教师中热爱献身的居多。

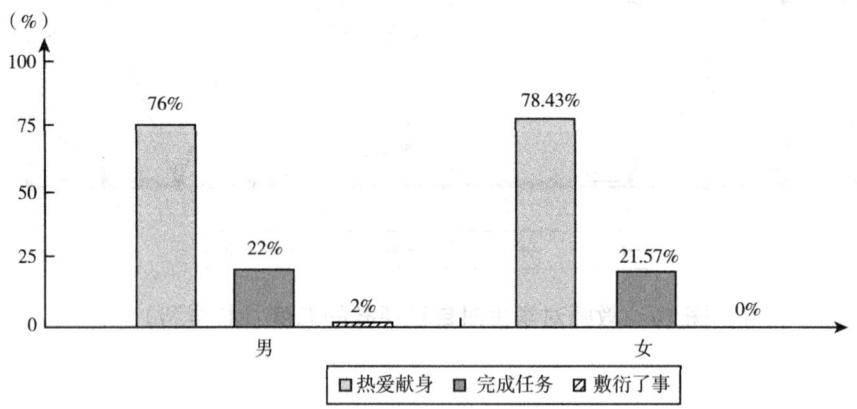

图 18　教师投入教学的态度（按性别）

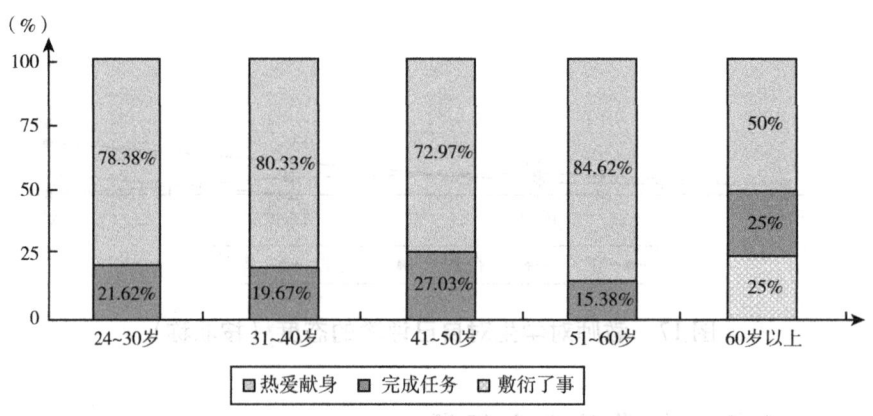

图 19　教师投入教学的态度（按年龄）

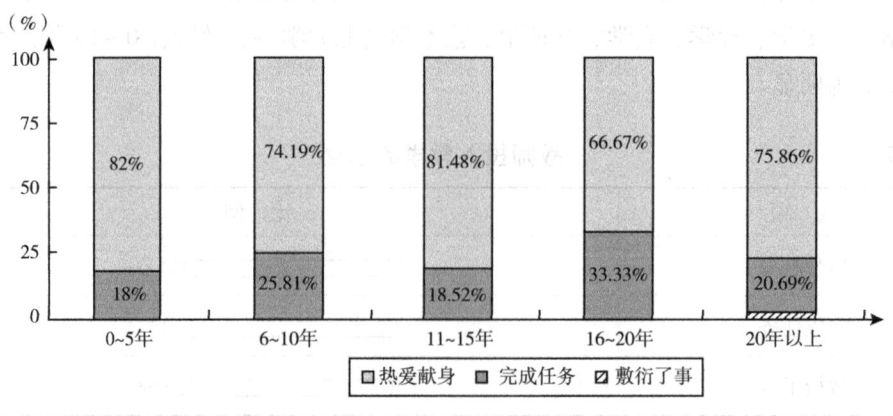

图 20　教师投入教学的态度（按教龄）

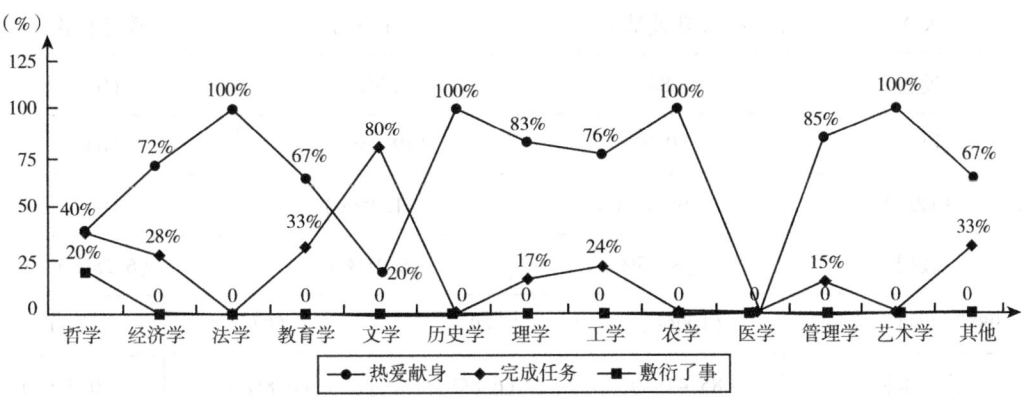

图 21 教师投入教学的态度（按学科）

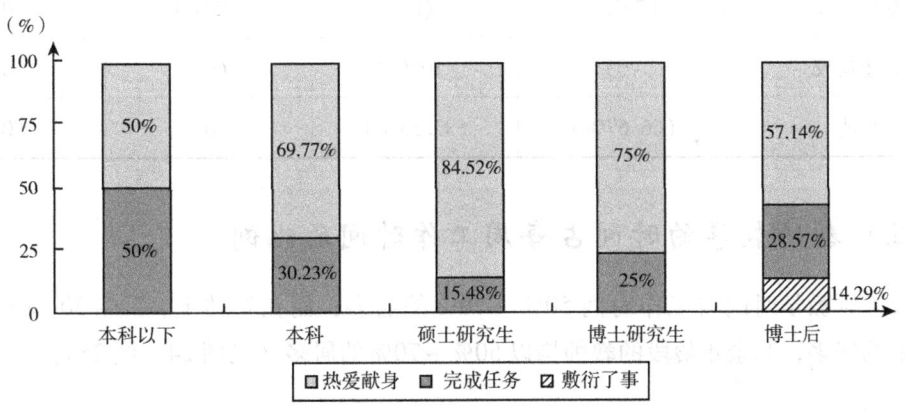

图 22 教师投入教学的态度（按学历）

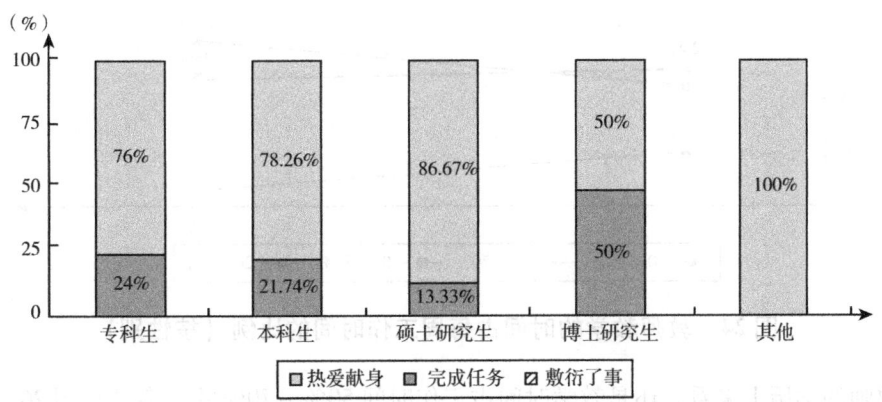

图 23 教师投入教学的态度（按学生类别）

表 5　　　　　　教师投入教学的态度（按职称和学校性质）

X/Y	热爱献身	完成任务	敷衍了事
助教	(80%)	(20%)	(0)
讲师	(80.95%)	(19.05%)	(0)
副教授	(68.75%)	(31.25%)	(0)
教授	(87.5%)	(6.25%)	(6.25%)
"985""211"高校	(100%)	(0)	(0)	(0)
普通本科	(85.44%)	(6.8%)	(6.8%)	(0.97%)
独立学院	(86.67%)	(10%)	(3.33%)	(0)
专科院校	(75%)	(0)	(25%)	(0)
职业技校	(0)	(100%)	(0)	(0)
其他	(66.67%)	(33.33%)	(0)	(0)

（五）教师教学的时间占每周工作时间的比例

男女教师教学时间占工作时间 50%~70% 的居多；而在年龄上，24~30 岁的教师占 70% 以上的居多，其余年龄段的教师均以 50%~70% 的居多（见图 24、图 25）。

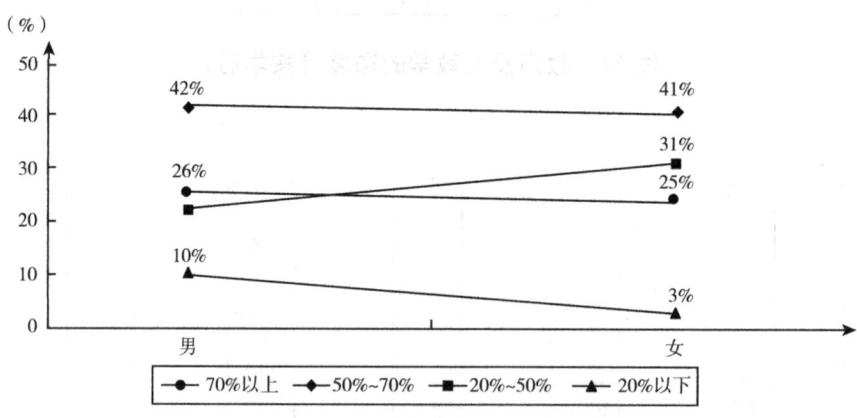

图 24　教师教学的时间占每周工作时间的比例（按性别）

从教师的学历上来看，还是教学时间占工作时间 50%~70% 的居多（见图 26）。

从教师的职称来看，助教教学时间占工作时间 20%~50% 和 70% 以上为多数，讲师和副教授占 50%~70% 为多数，教授占 70% 以上为多数（见图 27）。

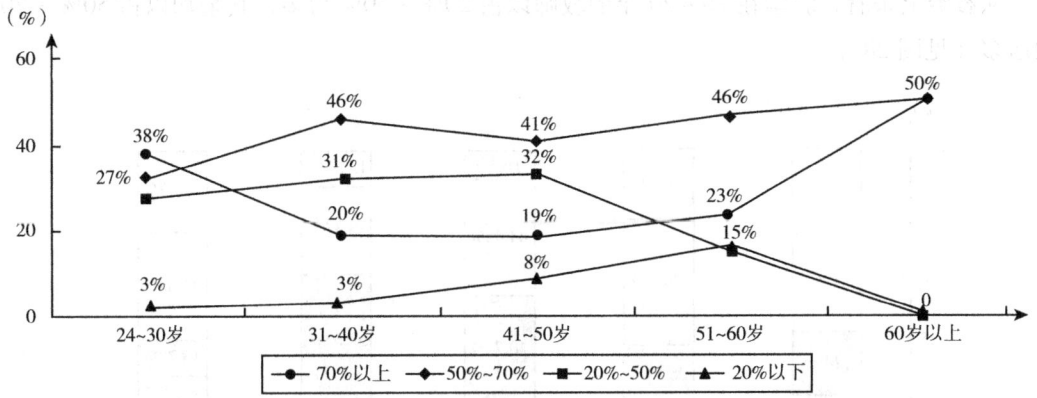

图 25　教师教学的时间占每周工作时间的比例（按年龄）

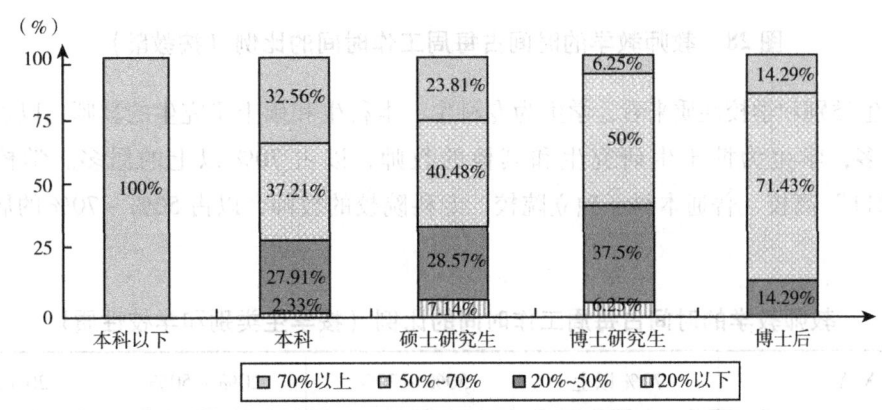

图 26　教师教学时间占每周的工作时间的比例（按学历）

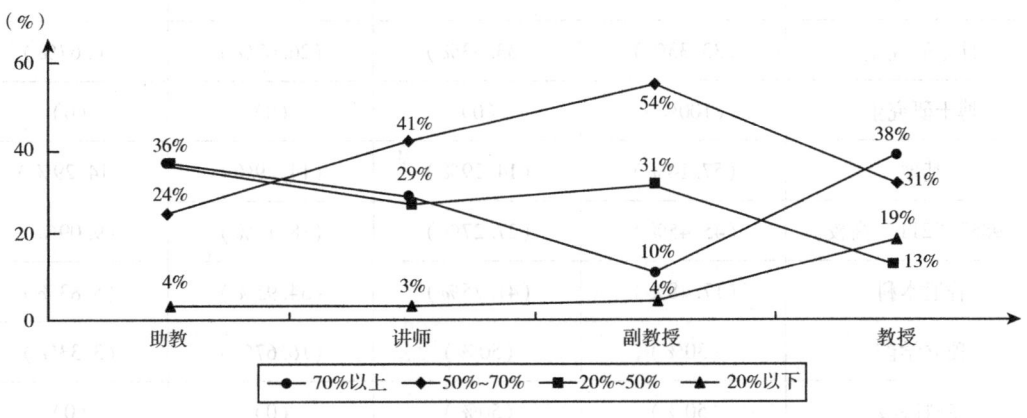

图 27　教师教学时间占每周的工作时间的比例（按职称）

从教龄上来看,教学在 16~20 年的教师以占 20%~50% 为多,其余均以占 50%~70% 的居多(见图 28)。

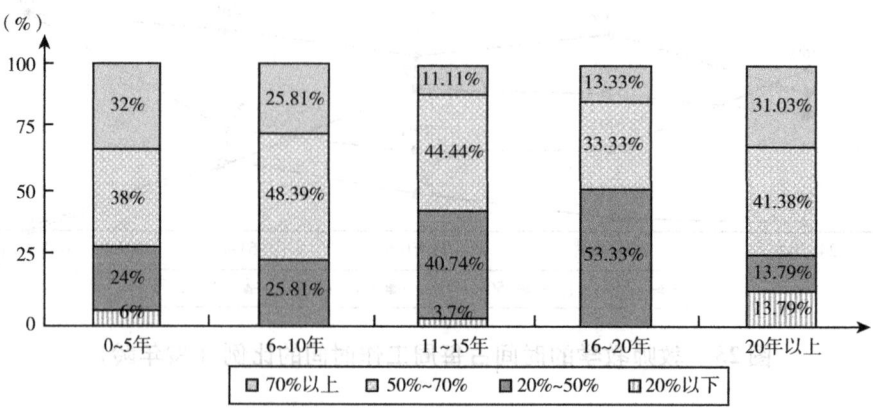

图 28　教师教学的时间占每周工作时间的比例(按教龄)

从学生类别和学校性质来看,学生为专科生、本科生和硕士研究生的教师,以占 50%~70% 的居多;学生为博士生研究生和其他的教师,以占 70% 以上的居多。学校性质为 "985""211" 高校、普通本科、独立院校、专科院校的教师,以占 50%~70% 的居多(见表 6)。

表 6　教师教学的时间占每周工作时间的比例(按学生类别和学校性质)

X/Y	70%以上	50%~70%	20%~50%	20%以下
专科	(26%)	(38%)	(26%)	(10%)
本科生	(21.74%)	(43.48%)	(28.99%)	(5.8%)
硕士研究生	(33.33%)	(33.33%)	(26.67%)	(6.67%)
博士研究生	(100%)	(0)	(0)	(0)
其他	(57.14%)	(14.29%)	(14.29%)	(14.29%)
"985""211"高校	(45.45%)	(27.27%)	(18.18%)	(9.09%)
普通本科	(17.48%)	(41.75%)	(34.95%)	(5.83%)
独立学院	(30%)	(50%)	(16.67%)	(3.33%)
专科院校	(50%)	(50%)	(0)	(0)
职业技校	(100%)	(0)	(0)	(0)
其他	(100%)	(0)	(0)	(0)

三、高校教师科研现状分析

(一) 教师科研基本现状分析

科研,即在一定的世界观和方法论的指导下进行的科学层次中的探索和应用活动。它可以将科研人员在研究过程中利用已有的理论知识,通过整理、规划、数据收集、图表分析等行为,探讨出新奇或更有实用价值的作品。高校教师作为高级知识分子中的带头人,理应结合自身实际,进行适当的科学研究。例如,发表论文,通过现象得出本质,出谋划策,帮助解决社会上的疑难问题;或为谋求自身职业发展等。

不同高校老师教龄、学历、学校性质等与众不同,教师自身水平参差不齐,科研工作也大同小异。下面我们以河南高校为例,对不同高校教师科研方面进行分析。

图 29 是根据高校老师的不同学历来分析教师每周查看文献的数量,可以看出不同教师学历水平中,从本科到博士研究生,查看文献数量呈现向数量多的趋势发展,其中本科和硕士研究生学历的 50% 以上倾向于读 1~3 篇。而本科以下学历分为 1~3 篇、3~6 篇两种,说明其老师积极性很高,而博士后却没预想的看最多的文献,大致有 60% 的教师读 1~3 篇,28% 的教师读 3~6 篇。

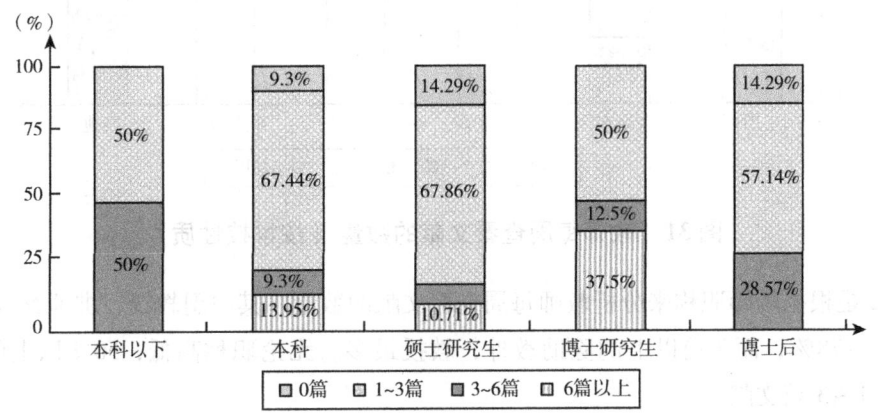

图 29 教师每周查看文献的数量(按教师学历水平)

图 30 是根据学生的类型来分析教师每周查看文献的数量,可以看出带领专科学生的老师未查看文献的占 20%,过一半查看 1~3 篇,而带领博士研究生学历的也竟有一半没查看文献。而从带领本科生到博士研究生、其他学历学生的,观看 3 篇论文以上的越来越多。其中带领本科生看 1~3 篇的最多。

图 31 是根据学校性质来分析教师每周查看文献的数量,其中除了其他类院校外,从职业技校到重点高校,查看 3 篇以上论文数量的增加显而易见,说明重点高校很重视科研工作的开展,但普通本科、独立院校、专科学校的每周查阅 1~3 篇文献的教师超过了一半。总体来看,每周查阅文献数量的多少与学校性质呈正相关关系,即学校层次越高,教师对于文献的阅读量越大。

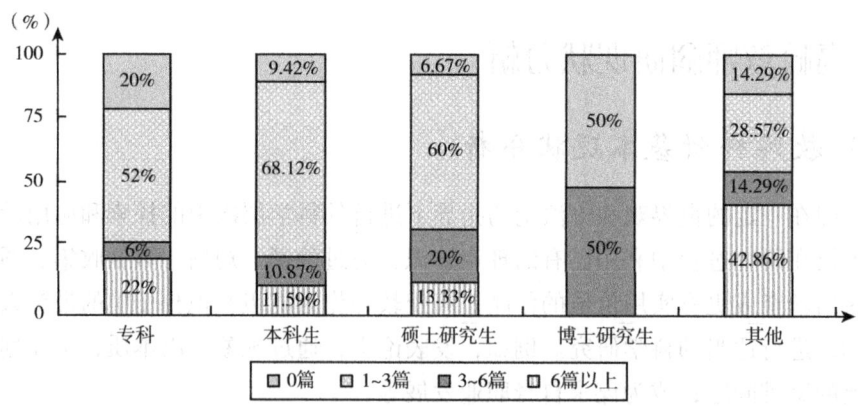

图30 教师每周查看文献的数量（按学生类型）

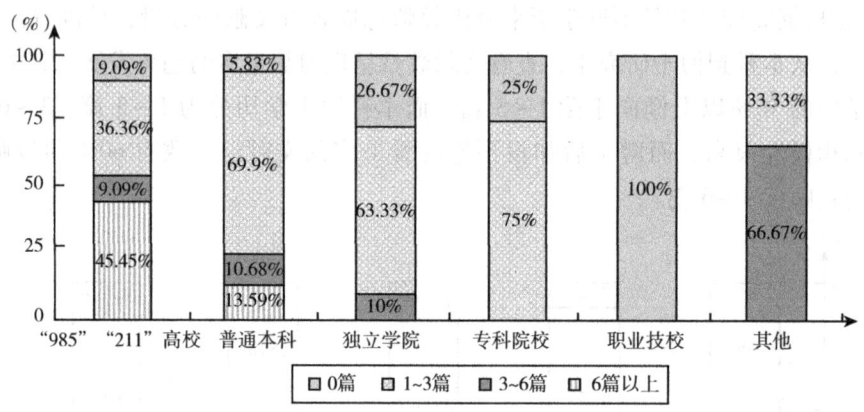

图31 教师每周查看文献的数量（按学校性质）

图32是根据教师职称来分析教师每周查看文献的数量，其中副教授、讲师查看1~3篇的在60%~78%，而3篇以上的除助教外，教授最多。无论职称高低，50%以上的教师每周会查阅1~3篇文献。

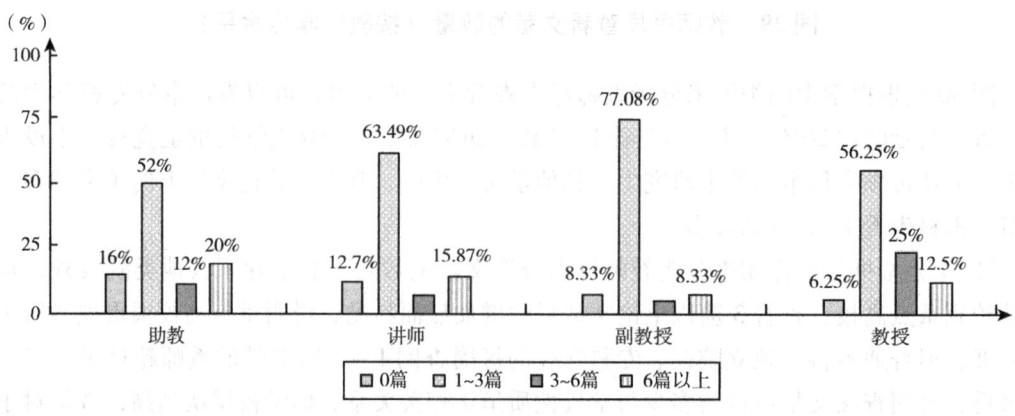

图32 教师每周查看文献的数量（按教师职称）

图 33 是根据教师教龄来分析教师每周查看文献的数量，其中有 16～20 年教龄的老师 93% 查看 1～3 篇论文。

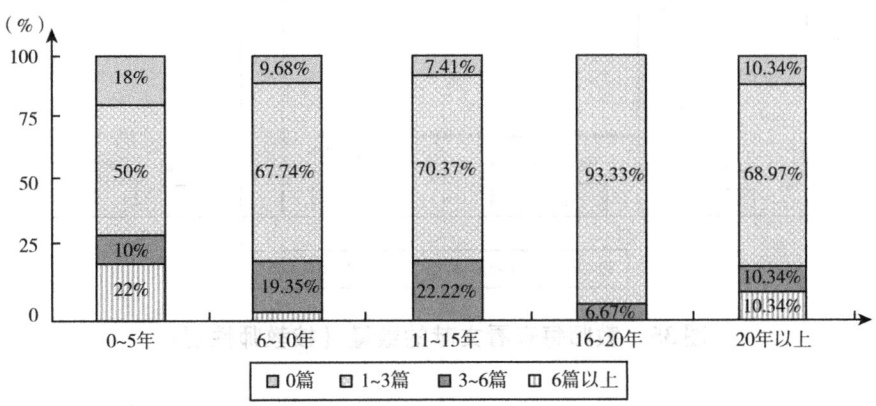

图 33　教师每周查看文献的数量（按教师教龄）

图 34 是根据教师年龄来分析教师每周查看文献的数量。无论教师教龄、年龄的大小，50% 以上的教师在退休前，都会坚持每周查阅 1～3 篇文献。

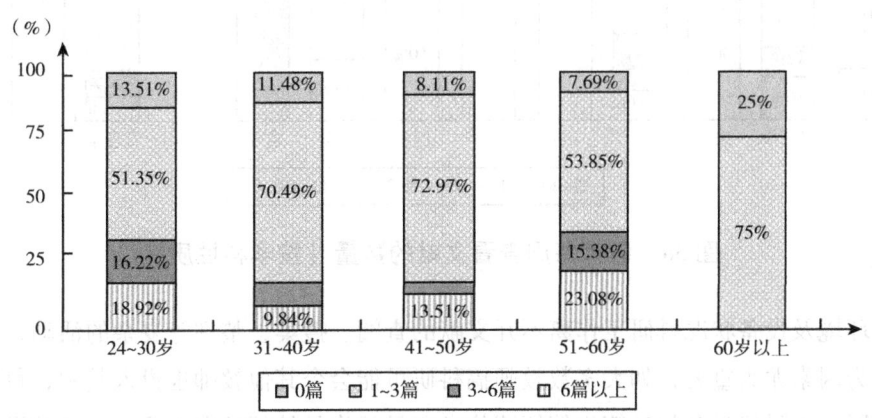

图 34　教师每周查看文献的数量（按教师年龄）

图 35 是根据教师性别来分析教师每周查看文献的数量。无论男教师还是女教师，60% 以上的教师都会坚持每周查阅 1～3 篇文献。但每周查阅 3 篇以上文献的男教师数量远高于女教师数量。

图 36 是根据学科性质来分析教师每周查看文献的数量，其中文科类、工科类、经济、管理类学科的查看论文数 1～3 篇的居多，3 篇以上的以历史学、农学、法学的领先，未查看的在哲学中占比达 40%。

高校教师的科研倾向高校教师科研工作一般倾向于写论文，而论文课题的选择又随教师个人想法各有不同。教师可以要把教育实践活动中迫切需要的问题直接转化为研究课题，也可以是从教学实践的疑难、矛盾和困境中发现研究课题；或是从具体的教学场景中捕捉研究课题等。

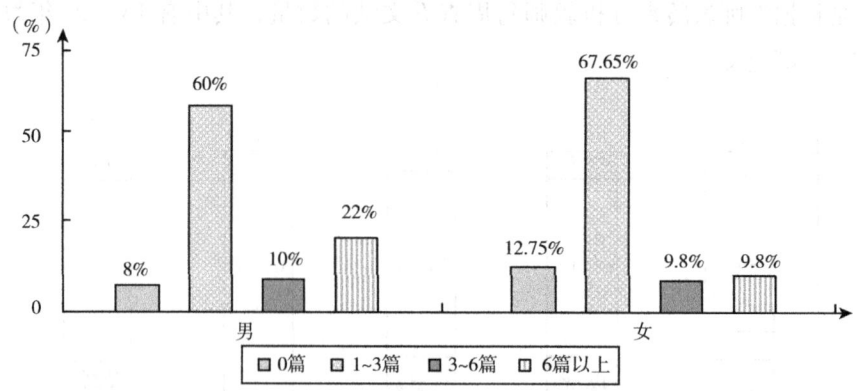

图35 教师每查看文献的数量（按教师性别）

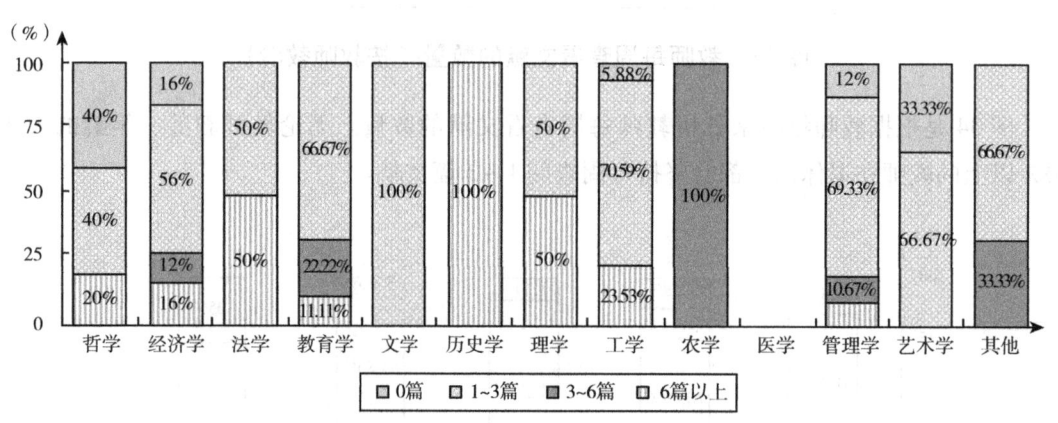

图36 教师每周查看文献的数量（按学科性质）

科研环境及设备状况科研工作离不开文献的查阅、搜集、整理等复杂的活动，科研环境尤其是人为因素尤为重要，如大多数教师搞科研可能会令其他教师也投入其中，科研氛围会越来越浓厚。而科研设备如计算机等便捷信息工具就像是教师的左右手，优良的设备也在一定程度上促进了教师科研的热情。

关于教师科研的相关政策导向或学校机制学校或社会有时会对科研工作者给予奖惩制度。奖励可能是钱财等物质奖励，也会是给予某种荣誉，或是会在退休时获得更完善的保障机制；惩罚可能会影响教师职称评定、奖金减少等。

科研评价的过程、特性以及其存在的问题高校教师科研评价一般分为行政导向的合格评价阶段、职务评审导向的量化评价阶段、分配导向的综合量化评价阶段。高校教师评价的特性主要表现为科研评价具有民主性、管理咨询性、一般偏好于对绩效的测度。但是其存在的问题也很多，如评价方法不完善、重形式轻实质、评价标准单一化。所以针对以上问题，我们应该树立"教师为本"的思想，明确评价目的；结合高校科研活动规律，实行多层次分类评价；实行定性和定量相结合的评价方法；合理构建教师评价体系

（见图37）。只有完善好外部影响因素，教师科研工作才能顺利进行。可用表7来分析高校教师认为较好的评价机制的方式。

表7 高校教师认为科学的科研评估方式

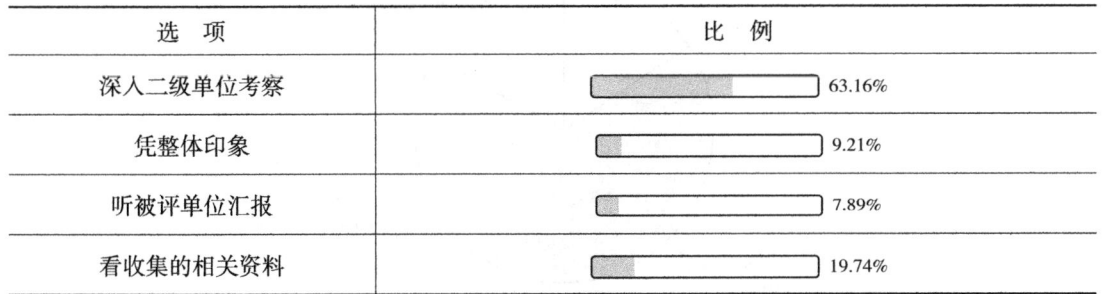

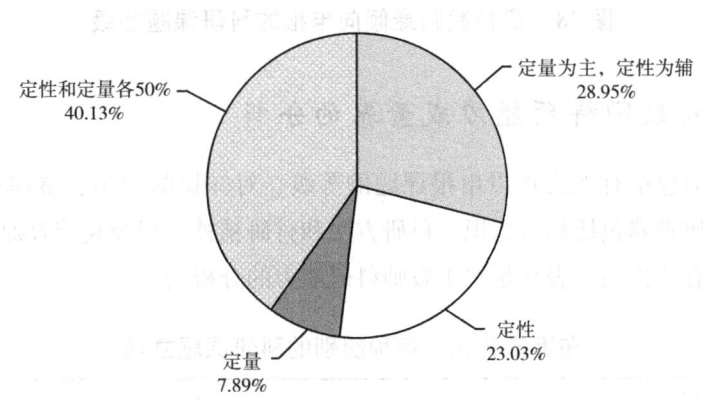

图37 高校教师认为的科研工作评估形式

（二）高校教师对待科研的态度

从上述对不同年龄、性别、教龄、学历、学科的教师每天查阅论文数量，可以得出年龄较大或处于职业技校的老师对科研兴趣很小，其他类的对于科研还是多少有自己的贡献的。表8是教师科研投入时间及关于科研方面的意愿：将近77%的教师科研投入时间不足每周工作时间的一半。只有23%的教师会占用每周一半以上的时间用于科学研究。

表8 教师科研的时间占每周工作时间的比例

选项	比例
70%以上	7.89%
50%~70%	15.13%
20%~50%	36.84%
20%以下	40.13%

图 38 表明，高校教师最倾向于申报的课题优先顺序依次是：省部级课题、厅级课题、校级课题、国家级课题，而与经费的多少无直接关系。

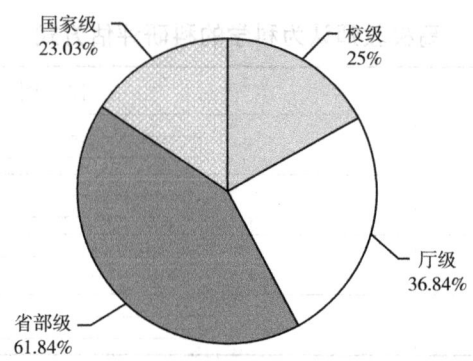

图 38　高校教师最倾向申报的科研课题等级

（三）高校教师科研能力或素养的分析

教师科研能力包括有能力可以申报课题的等级、对知识的搜集、整理以及对图表的应用、分析等，科研素养包括科研意识、科研方法和科研精神。现今高校教师科研能力良莠不齐，科研素养也有待提高。表 9 是关于教师科研能力的分析表。

表 9　　　　　　　　　在近三年获得何种级别的科研课题立项

选项	比例
没有	26.97%
校级	39.47%
厅级	30.92%
省部级	30.92%
国家级	4.61%

教师科研能力及素养的弱势成因主要有以下几个方面：科研管理薄弱制约科研能力的发展；经费投入严重不足，难以为教师科研素养提供培养平台；不良的外部环境致使教师积极性难以提升；奖惩制度对其心态的影响；评价机制导向不合理造成教师提升自身科研素养热情不高；科研知识和方法缺乏，难以为教师科研提供理论支持；科研态度不端正，功利性明显；科研能力普遍较低，科研活动难以开展；适应性文化从内在制约科研素养的提升。图 39 为关于影响教师科研能力或素养的因素分析。

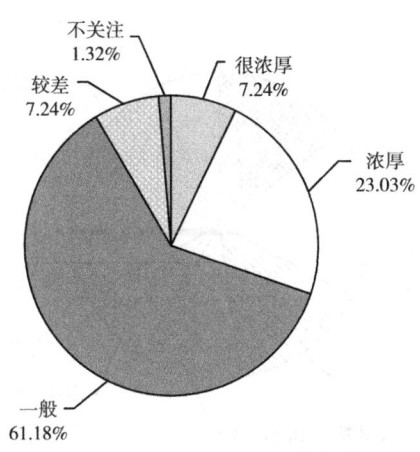

图 39　教师感受的周围科研氛围

表 10　　　　　　　　　教师科研工作中最大的苦恼分析

选　项	比　例
任务量过重	26.97%
自身能力不足	42.11%
学校对科研重视程度不够	32.89%
对科研缺少兴趣	21.05%
家庭原因	15.13%
对新科技（软件）运用不娴熟	17.76%
科研数据资料获取较困难	42.11%
缺少带领人和引路人	57.24%
高水平论文发表太困难	67.76%
项目立项较困难	55.92%

从调查结果来看，教师认为科研工作中存在的苦恼依次在于：（1）高水平论文发表太困难；（2）缺少带领人和引路人；（3）项目立项较困难；（4）科研数据资料获取较困难；（5）自身能力不足；（6）学校对科研重视程度不够；（7）任务量过重；（8）对科研缺少兴趣；（9）对新科技（软件）运用不娴熟；（10）家庭原因。

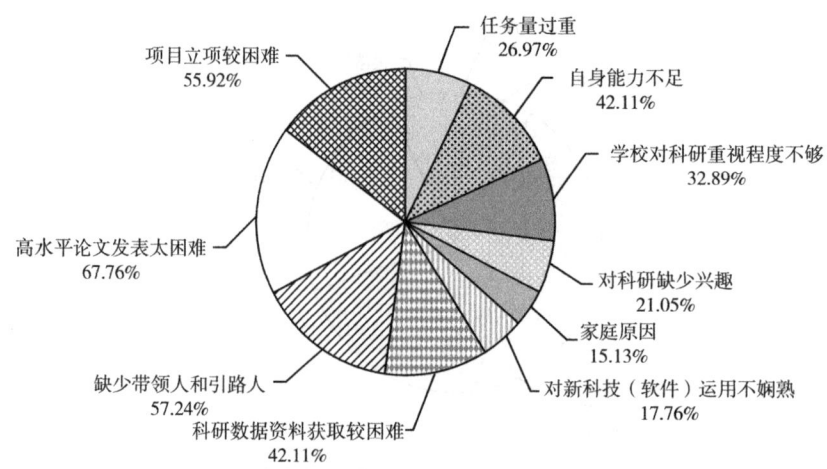

图 40　教师科研工作中最大的苦恼分析

（四）高校教师科研绩效及成果分析

高校教师不同的学历、职称、年龄、性别等在其科研中花费的精力、拥有的热情和能力等大有不同，故其产生的绩效也因人而异。图 41 是对不同教师人群的科研绩效分析。

图 41 是根据高校老师的不同学历来分析教师近三年发表的有关科研论文的数量。本科以下全都发表的是 1~3 篇，从本科到博士研究生，3~6 篇的基本呈递增状态，而博士研究生和博士后 6 篇以上的也占据小部分，相比其他较为突出。说明学历较高的教师，科研论文的成果越丰富。

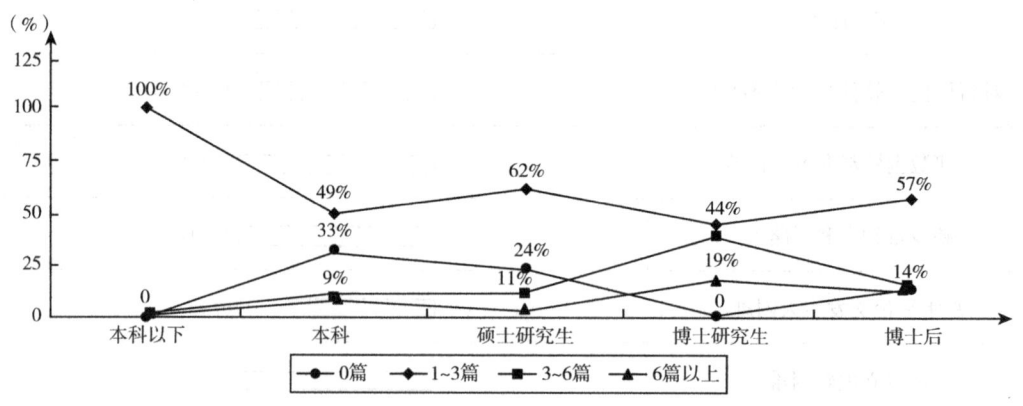

图 41　近三年发表的有关科研的论文数量（按教师学历水平）

图 42 是根据学生学历水平来分析教师近三年发表的有关科研论文的数量，它与老师每周查看文献的数量的图表中各项占比类似，但这里博士研究生发表论文数没有或有 1~3 篇。

图 43 是根据学校性质来分析教师近三年发表的有关科研论文的数量，其和不同性质学校的教师查看论文数量占比类似。

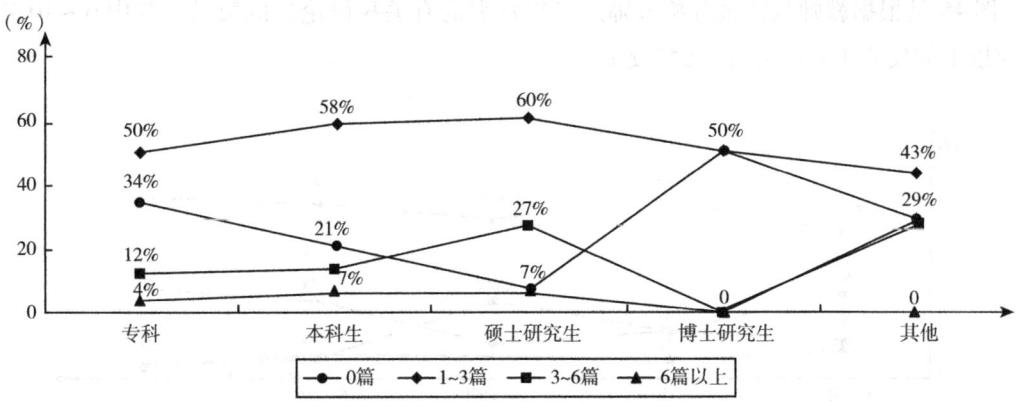

图 42 近三年发表的有关科研的论文数量（按学生学历水平）

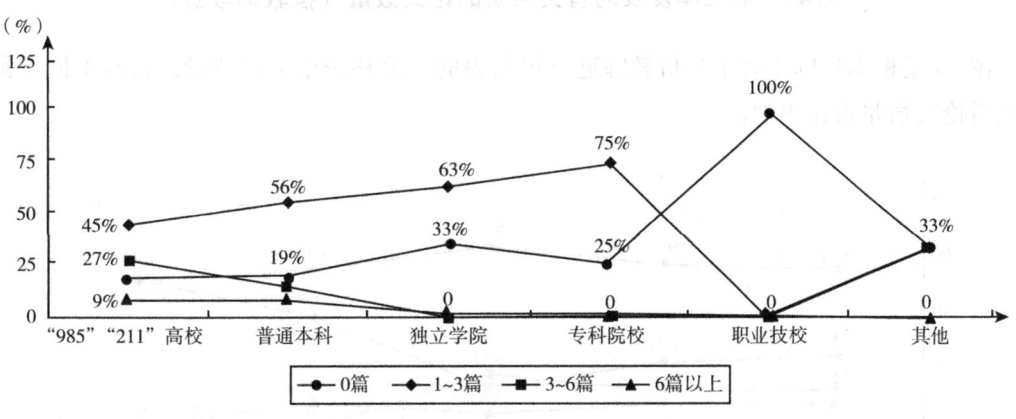

图 43 近三年发表的有关科研的论文数量（按学校性质）

图 44 是根据教师职称来分析教师近三年发表的有关科研论文的数量，其中讲师发表的 1~3 篇论文最多，占 60%，而副教授发表的 3 篇以上的论文较其他职称老师多，教授发表各数量的论文占比也与前者类似。

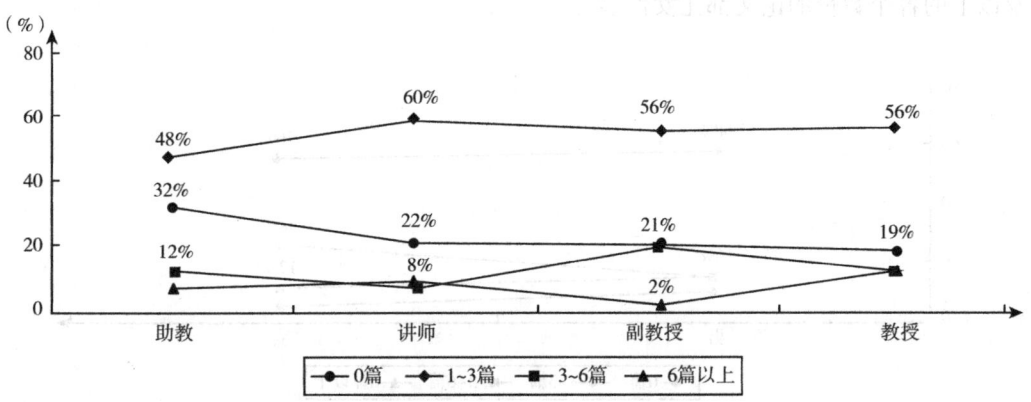

图 44 近三年发表的有关科研的论文数量（按教师职称）

图 45 是根据教师教龄来分析教师近三年发表的有关科研论文的数量,其中 6~10 年和 20 年以上的发表 1~3 篇的论文数较多。

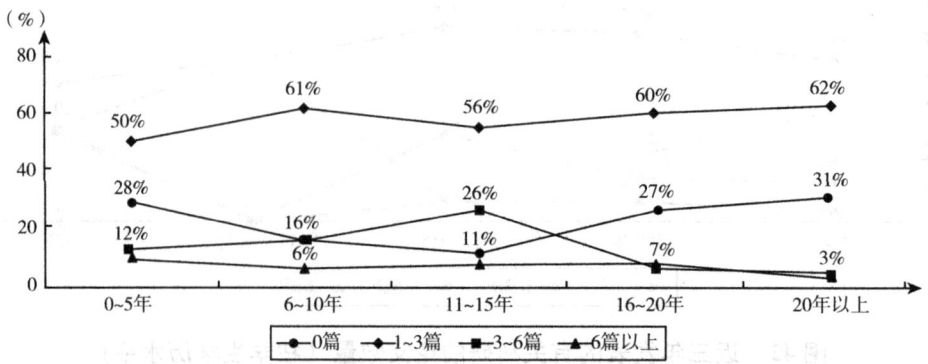

图 45　近三年发表的有关科研的论文数量(按教师教龄)

图 46 是根据教师年龄来分析教师近三年发表的有关科研论文的数量,它与不同年龄教师查看论文数量占比类似。

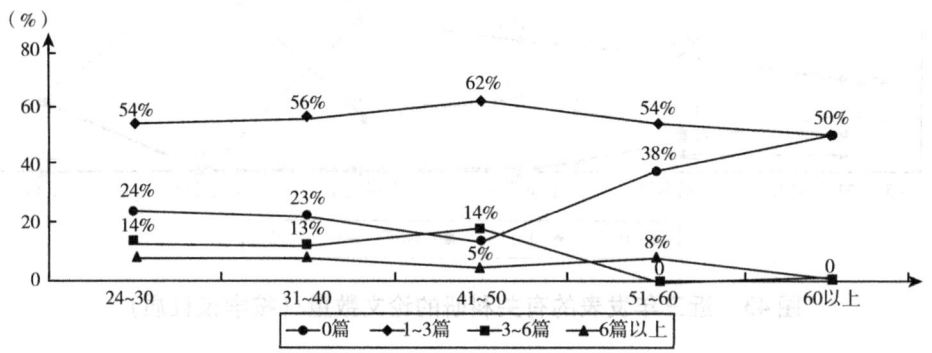

图 46　近三年发表的有关科研的论文数量(按教师年龄)

图 47 是根据教师性别来分析教师近三年发表的有关科研论文的数量,其中男性发表 1 篇及以上的各个数量的论文都比女性多。

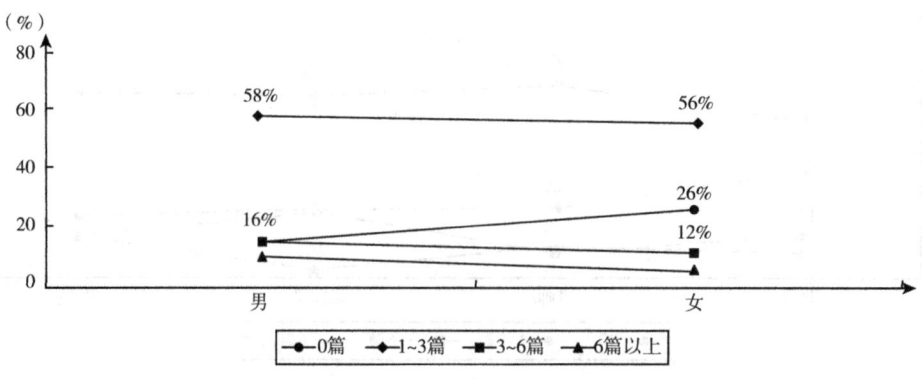

图 47　近三年发表的有关科研的论文数量(按教师性别)

图48是根据学科性质来分析教师近三年发表的有关科研论文的数量，1~3篇的发表情况与按学科性质查看文献数量占比类似，6篇以上的法学达50%，遥遥领先，但未发表论文的集中在哲学、经济学、文学、教育学等学科。

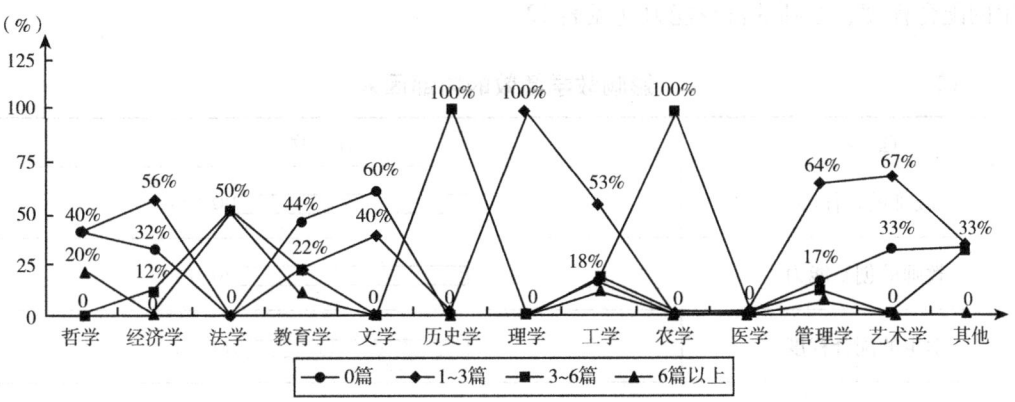

图48　近三年发表的有关科研的论文数量（按学科性质）

四、影响教学绩效的动因分析

通过对教学现状的分析，为进一步研究影响高校教师教学绩效的原因，我们针对河南省各类高校教师做了一些调查，其影响教学绩效的动因主要与教师的自身因素、教学烦恼及学生类别等因素有关。

（一）教学氛围

根据问卷的总体调查结果，有55.26%的高校教师认为周围的教学氛围一般，较差的只有4.61%，由此可见，基于河南高校的调查结果显示，各高校的教学氛围处于中上水平（见表11）。

表11　　　　　　　　　　教师对教学氛围的评价

选项	比例
很浓厚	11.18%
浓厚	28.29%
一般	55.26%
较差	4.61%
不关注	0.66%

（二）影响教学绩效的内部因素

从调查结果来看，影响教学绩效最重要的因素依次是教师的责任心、教师的创新能力、学生的配合程度、教师的自身能力（见表12）。

表12　　　　　　　　　影响教学绩效的内部因素

选项	比例
教师的责任心	82.24%
教师的创新能力	64.47%
学生的配合程度	63.16%
教师自身能力	57.24%

1. 从不同年龄和教龄分析内部因素。

表13　　　　　　　影响教学绩效的内部因素（按教龄）

X/Y	教师的责任心	教师的创新能力	学生的配合程度	教师自身能力
0~5年	(80%)	(78%)	(70%)	(68%)
6~10年	(77.42%)	(70.97%)	(74.19%)	(64.52%)
11~15年	(88.89%)	(51.85%)	(48.15%)	(40.74%)
16~20年	(93.33%)	(53.33%)	(46.67%)	(60%)
20年以上	(79.31%)	(51.72%)	(62.07%)	(44.83%)

由表14可以得出，越年轻的教师越注重教师的责任心、创新能力和自身能力方面的提升。

表14　　　　　　　影响教学绩效的内部因素（按年龄）

X/Y	教师的责任心	教师的创新能力	学生的配合程度	教师自身能力
24~30	(81.08%)	(81.08%)	(64.86%)	(62.16%)
31~40	(81.97%)	(60.66%)	(65.57%)	(60.66%)
41~50	(81.08%)	(56.76%)	(59.46%)	(48.65%)
51~60	(92.31%)	(69.23%)	(61.54%)	(38.46%)
60以上	(75%)	(25%)	(50%)	(100%)

2. 从性别、学科和学历分析内部因素。

由表 15 可以得出,女教师认为影响教学绩效的主要因素是教师的责任心和学生的配合程度。男教师认为影响教学绩效的主要因素是教师责任心和创新能力。

表 15　　　　　影响教学绩效的内部因素(按性别和学科以及学历)

X/Y	教师的责任心	教师的创新能力	学生的配合程度	教师自身能力
男	(76%)	(66%)	(52%)	(50%)
女	(85.29%)	(63.73%)	(68.63%)	(60.78%)
X/Y	教师的责任心	教师的创新能力	学生的配合程度	教师自身能力
哲学	(80%)	(60%)	(60%)	(80%)
经济学	(76%)	(72%)	(60%)	(48%)
法学	(100%)	(50%)	(100%)	(50%)
教育学	(77.78%)	(77.78%)	(44.44%)	(66.67%)
文学	(80%)	(60%)	(40%)	(100%)
历史学	(100%)	(100%)	(100%)	0 (0%)
理学	(83.33%)	(50%)	(50%)	(33.33%)
工学	(82.35%)	(76.47%)	(47.06%)	(29.41%)
农学	(100%)	(100%)	(100%)	(100%)
医学	(0)	(0)	(0)	(0)
管理学	(85.33%)	(57.33%)	(72%)	(62.67%)
艺术学	(100%)	(66.67%)	(66.67%)	(66.67%)
其他	(33.33%)	(100%)	(33.33%)	(66.67%)
X/Y	教师的责任心	教师的创新能力	学生的配合程度	教师自身能力
本科以下	(100%)	(50%)	(100%)	(50%)
本科	(81.4%)	(67.44%)	(60.47%)	(55.81%)
硕士研究生	(84.52%)	(65.48%)	(64.29%)	(59.52%)
博士研究生	(81.25%)	(68.75%)	(68.75%)	(56.25%)
博士后	(57.14%)	(28.57%)	(42.86%)	(42.86%)

3. 从学生性质和学校性质分析内部因素。

表16　　　　　影响教学绩效的内部因素（按学生性质）

X/Y	教师的责任心	教师的创新能力	学生的配合程度	教师自身能力
专科	(82%)	(64%)	(72%)	(58%)
本科生	(82.61%)	(64.49%)	(62.32%)	(57.25%)
硕士研究生	(93.33%)	(60%)	(60%)	(53.33%)
博士研究生	(50%)	(50%)	(0)	(100%)
其他	(85.71%)	(57.14%)	(57.14%)	(71.43%)

由表17可以得出，学校层次越高，越注重教师的创新能力。反之，相比重点学校和本科院校以及专科院校更注重课堂教学过程中学生的配合程度。

表17　　　　　影响教学绩效的内部因素（按学校性质）

X/Y	教师的责任心	教师的创新能力	学生的配合程度	教师自身能力
"985""211"高校	(63.64%)	(72.73%)	(63.64%)	(45.45%)
普通本科	(87.38%)	(61.17%)	(62.14%)	(55.34%)
独立学院	(76.67%)	(73.33%)	(70%)	(70%)
专科院校	(50%)	(75%)	(75%)	(50%)
职业技校	(0)	(0)	(0)	(100%)
其他	(100%)	(66.67%)	(33.33%)	(33.33%)

无论基于哪个角度，教师的责任心这个内部因素占有很大部分。

（三）激励教师在教学中投入更多精力的因素

由表18调查研究发现，激励教师在教学中投入更多精力的因素依次是：（1）更好的职业发展；（2）更多的福利报酬；（3）学生的成长成才；（4）完善的退休保障。

表18　　　　　激励教师在教学中投入更多精力的因素

选项	比例
完善的退休保障	39.47%
更好的职业发展	69.08%
更多的福利报酬	63.82%
学生的成长成才	61.84%
其他	9.21%

1. 从教龄和年龄分析。

通过教龄和年龄分析，年龄越大，教龄越长的教师，更注重学生的成才和成长，而年轻的教师则注重更好的职业发展。

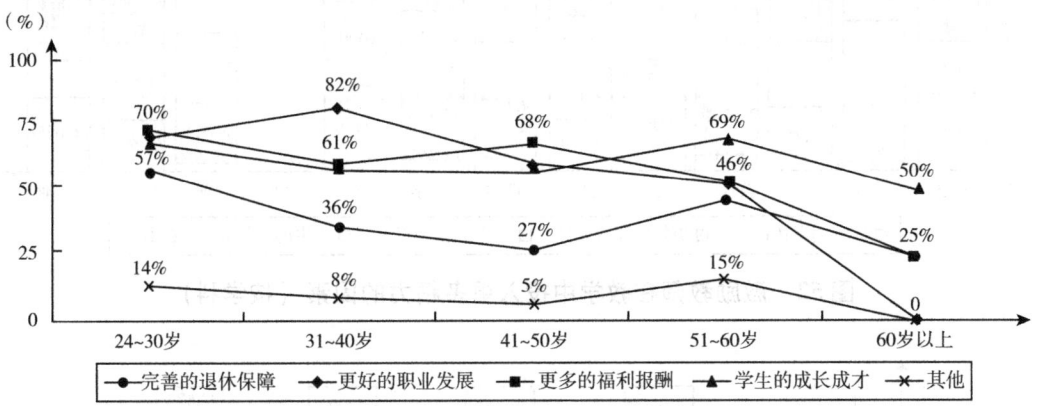

图 49　激励教师在教学中投入更多精力的因素（按年龄）

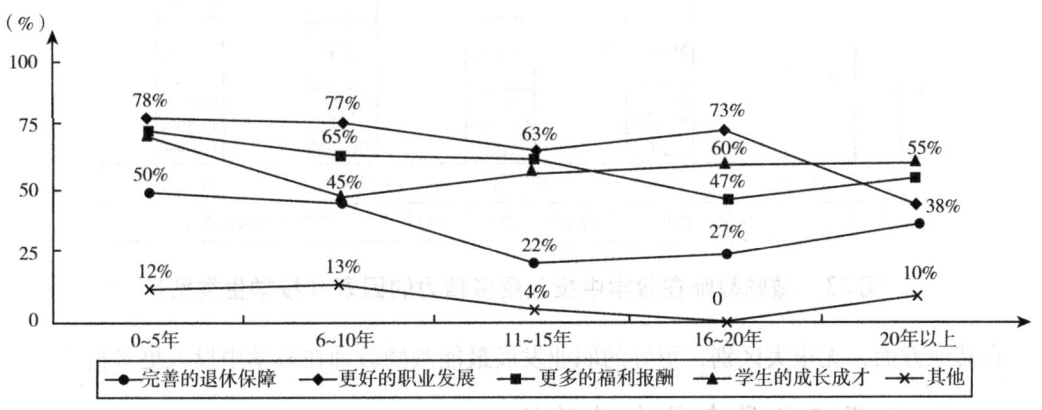

图 50　激励教师在教学中投入更多精力的因素（按教龄）

2. 从性别、学科、学生类别分析（见图 51 ~ 图 53）。

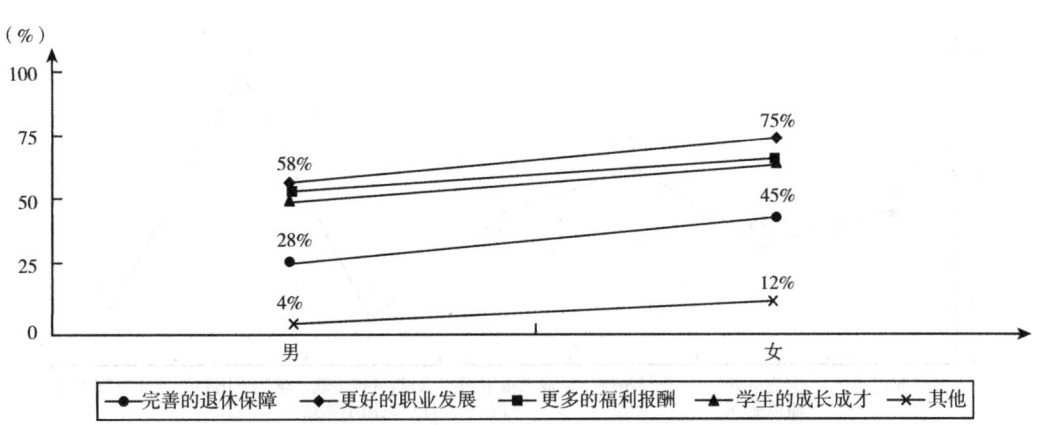

图 51　激励教师在教学中投入更多精力的因素（按性别）

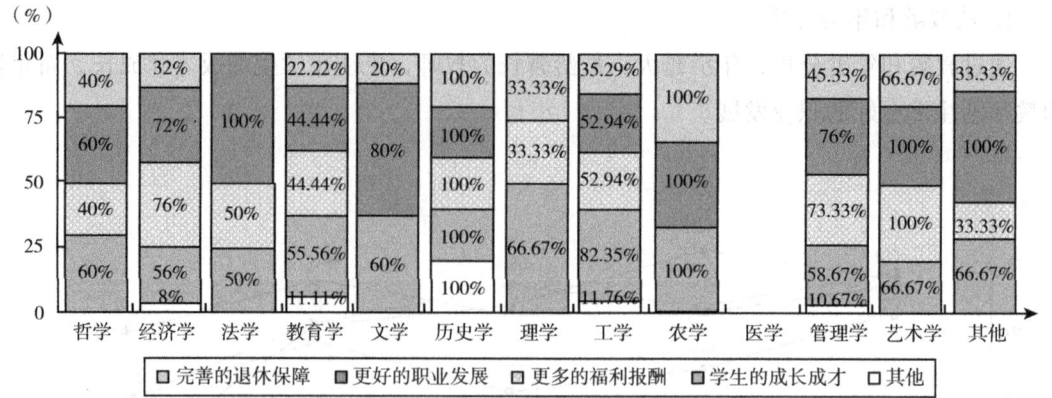

图 52 激励教师在教学中投入更多精力的因素（按学科）

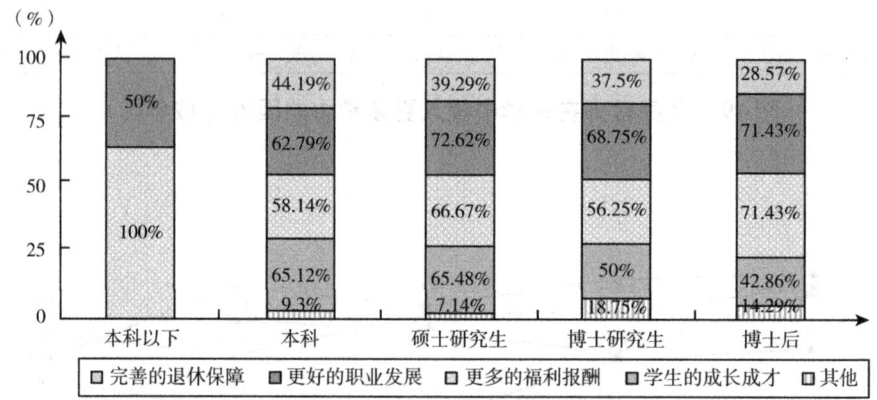

图 53 激励教师在教学中投入更多精力的因素（按学生类别）

在其他方面，无很大区别，更好的职业发展最能激励教师在教学中投入更多精力。

（四）教师在教学中最大的苦恼

从图 54 可得出，学生不用心学习和教学硬件不足是教师在教学中最大的苦恼。

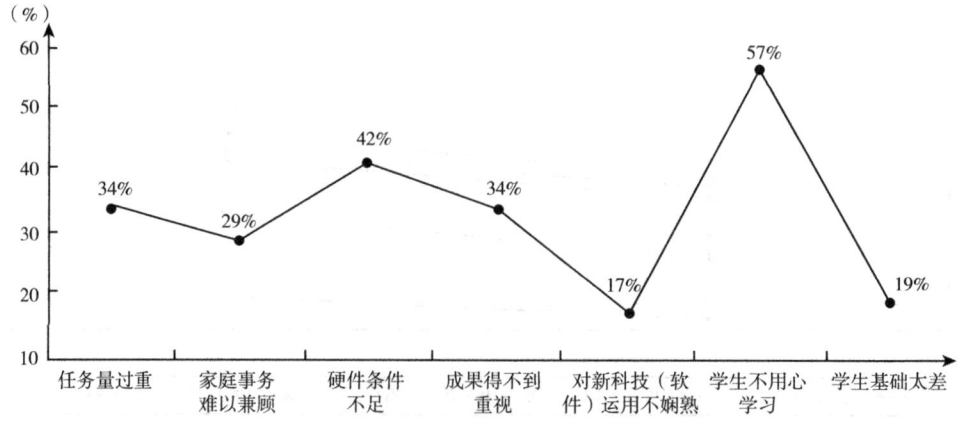

图 54 教师在教学中最大的苦恼

由图 55、图 56 得出，学生不用心学习和学校的硬件条件不足这两个教学烦恼，在本专科院校中的老师中更为明显，这与高校的性质和学生的自身素质，有着密切关系。对于河南省的高校情况，普通本科居多，专科院校也鳞次栉比，高校教师在教学中的苦恼，也基于此种现状。

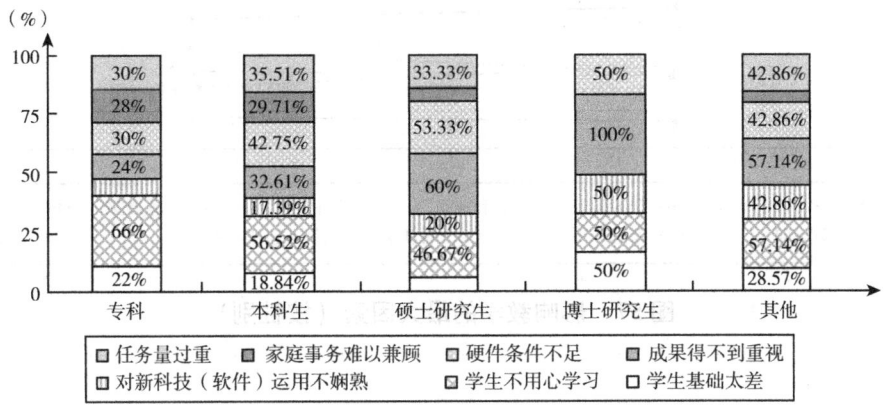

图 55 教师在教学中最大的苦恼（按学历）

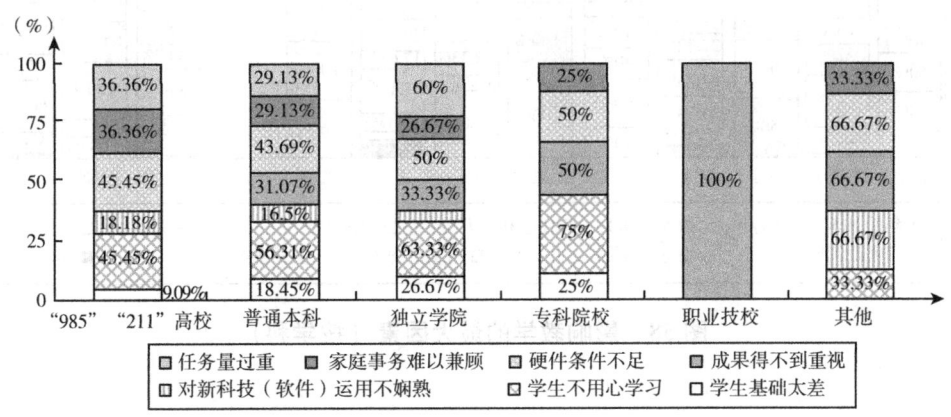

图 56 教师在教学中最大的苦恼（按学校性质）

（五）影响教学的最大因素

前面探究了影响教学质量的内部因素，以及教师教学中的苦恼，现在全方面探究教学受哪个方面影响最大。

1. 从性别来分析影响教学的最大因素。

在性别方面，男女老师的意见基本一致，老师的个人偏好、责任心和能力是最重要因素（见图 57）。

2. 从学科、学生种类以及学校性质来分析（见图 58～图 60）。

从学科、学生种类以及学校性质的柱状图中可见，个人偏好、责任心和能力仍占有主要地位。职业技校的样本较少，家庭原因占 100%，但是不具有代表性。

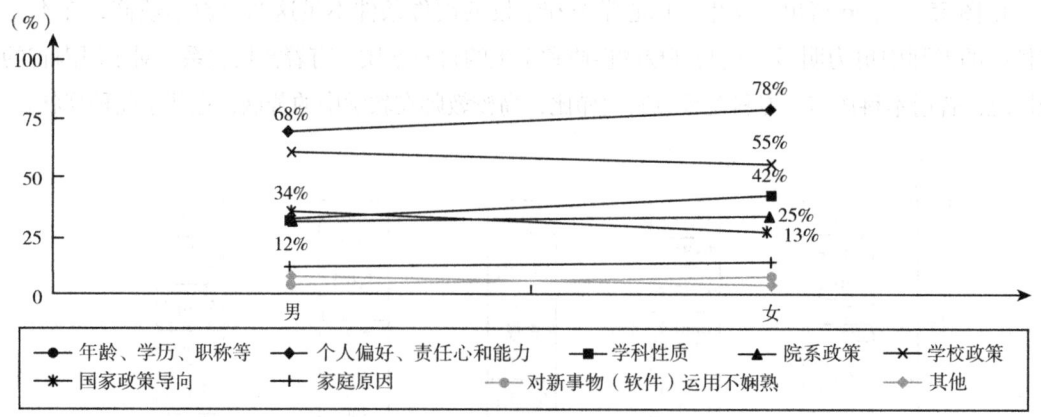

图 57　影响教学的最大因素（按性别）

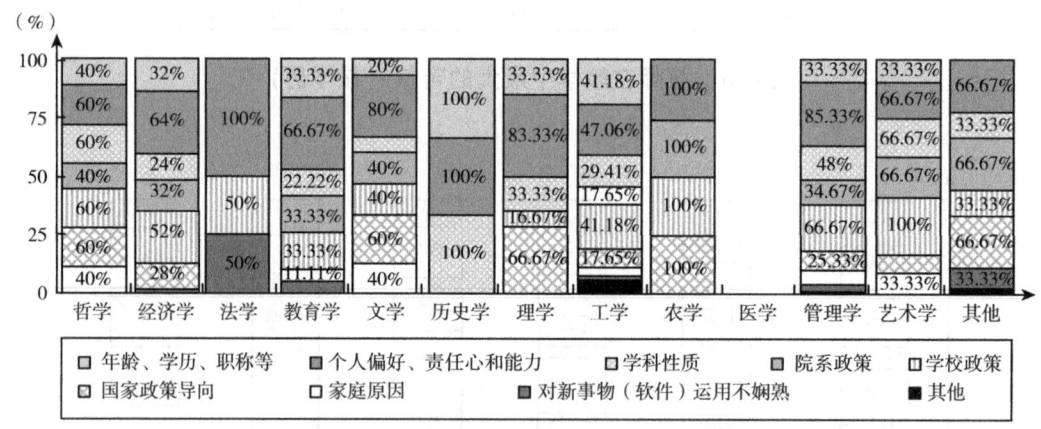

图 58　影响教学的最大因素（按学科）

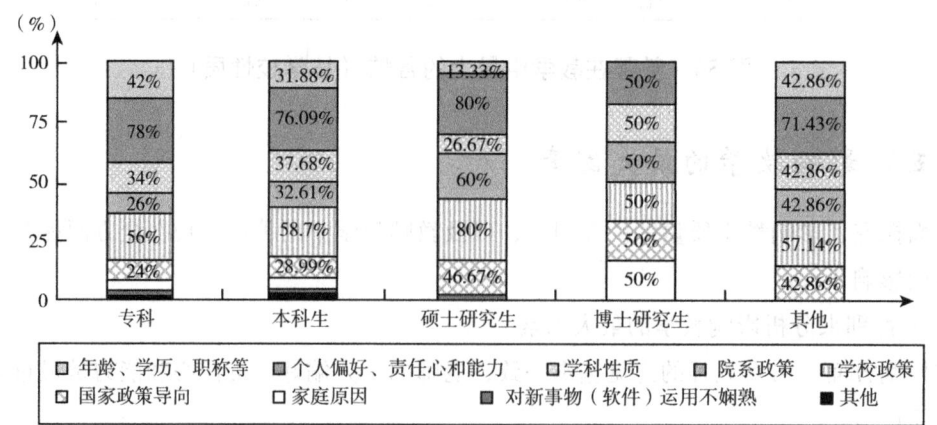

图 59　影响教学的最大因素（按学历）

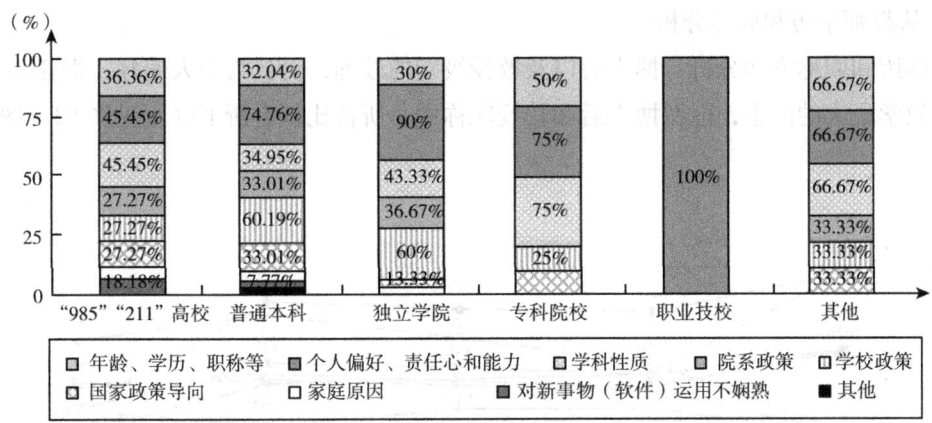

图 60　影响教学的最大因素（按学校性质）

3. 从年龄和教龄分析。

从老师年龄和教学年龄这方面分析，无论年龄大小和教龄长短，老师的个人偏好、责任心和能力仍是主要因素，老师的内部因素影响最大（见图 61、图 62）。

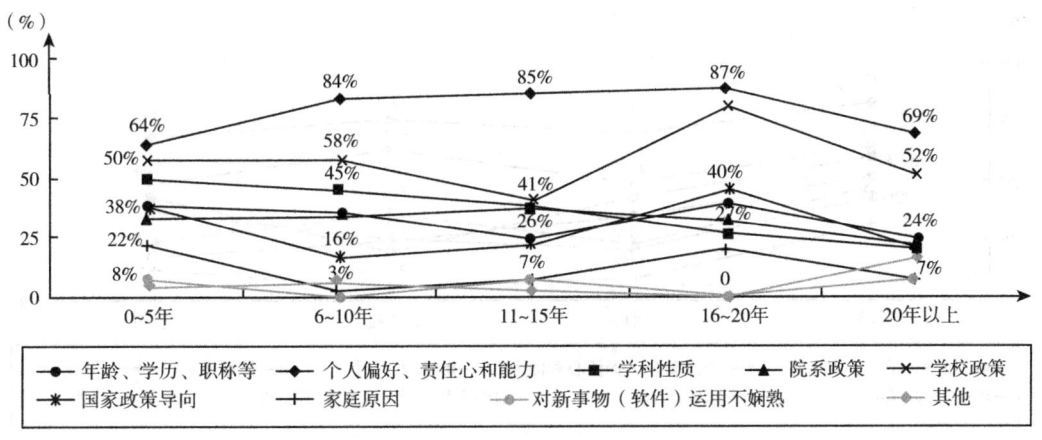

图 61　影响教学的最大因素（按教龄）

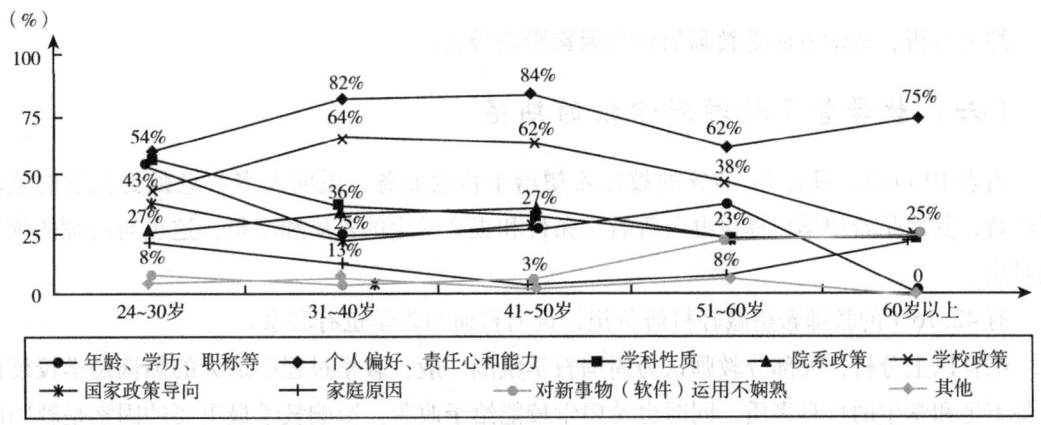

图 62　影响教学的最大因素（按年龄）

4. 从教师学历和职称分析。

从学历和职称方面分析，博士后以及教授级别的教师，仍认为个人偏好、责任心和能力是影响教学最大的因素，但在博士后和教授职称中，所占比例有所下降（见图63、图64）。

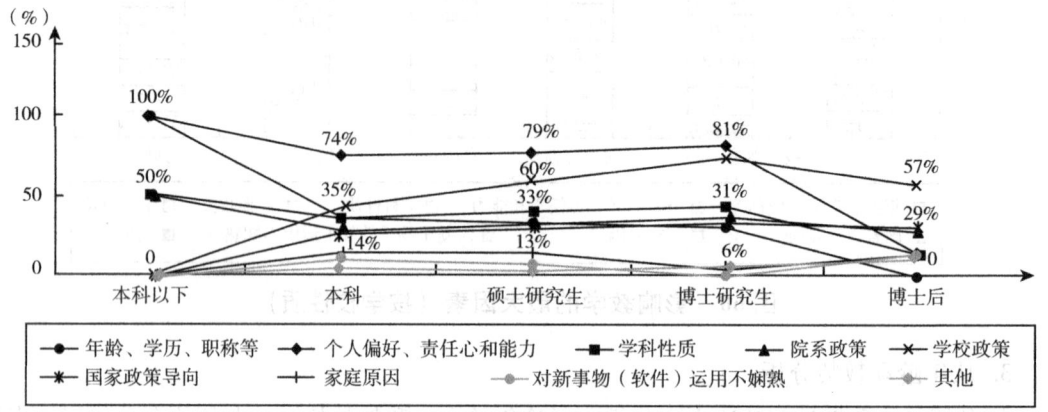

图63　影响教学的最大因素（按学历）

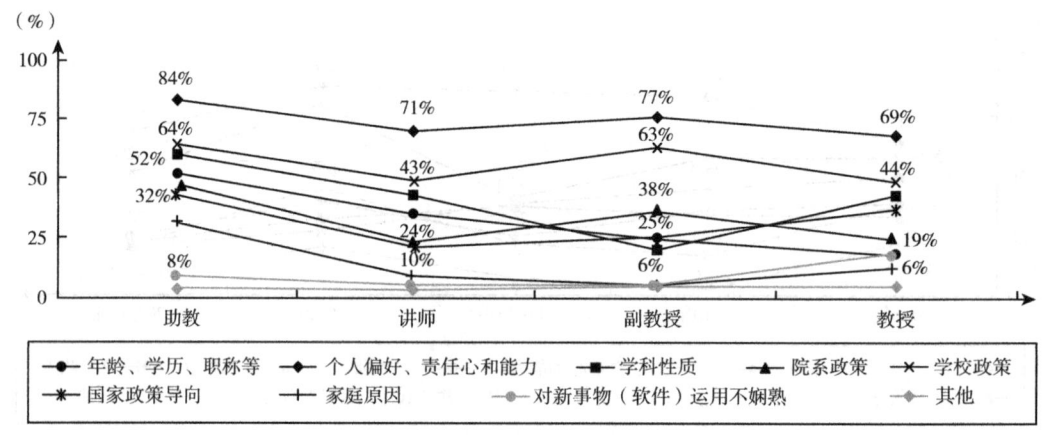

图64　影响教学的最大因素（按职称）

综上分析，教学方面受教师的自身因素影响最大。

（六）教学骨干教师对学校的期望

由表19可知，只有14.47%的教师希望给予行政职务，说明大多数老师更在意的是教育经费，其次是希望学校提供办公等教学条件和提高学生的素质和质量，这也与教师的烦恼相对应。

有42.76%的教师希望减轻科研负担，说明科研与教学也有联系。

综合以上分析，大部分教师认为周围教学氛围一般，教学过程中最大的烦恼是学校硬件设备不足和学生的自身素质，同时也希望学校能给予改善。影响教学最重要的因素是教师的个人偏好、责任心和能力，主要是内部因素。

表19　　　　　　　　　　　教学骨干教师对学校的期望

选　项	比　例
给予更多的经费用于教学	76.97%
给予管理行政职务	14.47%
提供办公等教学条件	52.63%
减轻科研负担	42.76%
注重学生招生质量	46.05%
注重学生的入学教育、日常管理	44.74%

五、影响科研绩效的动因分析

通过对科研现状的分析，为进一步研究影响高校教师科研绩效的原因，我们针对河南省各类高校教师做了一些调查，其影响科研绩效的动因主要与教师的教龄、学历以及所在高校的性质等因素有关。

（一）科研氛围

1. 教师教龄与科研氛围。

由调查结果可以大致看出，目前一些高校的教学氛围、不同教龄段的高校科研氛围均集中表现一般，还出现了一些科研氛围较差的情况，在11～15年教龄的教师中，科研氛围较差表现得尤为突出，甚至在教龄超过20年以上的教龄中，出现了对科研不关注的科研氛围（见图65）。

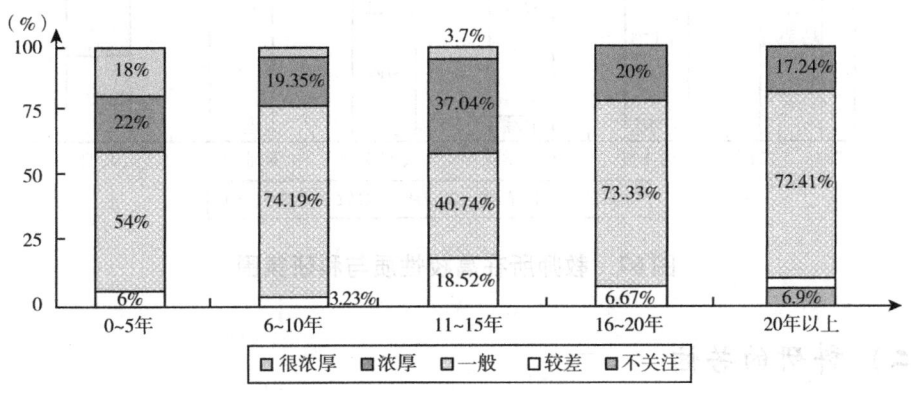

图65　教师教龄与科研氛围

浓厚的教育科研氛围是学校教育科学研究向纵深发展的重要保证，是研究型、专家型教师"批量"诞生和成长的摇篮。要形成浓厚的教育科研氛围，必须实现教育科研的大众化。

2. 教师学历与科研氛围。

教师学历的高低，很大一部分影响着教师的科研水平，由图66可以看出，不同学历的教师所处的科研氛围整体还是挺好的，但仍然存在着一些教师对科研不太关注。

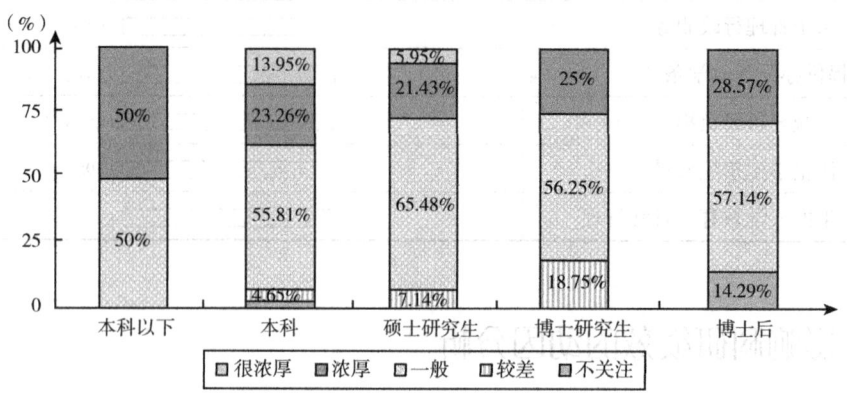

图66 教师学历与科研氛围

3. 教师所在高校性质与科研氛围。

由图67可以很直观地看出来，不同性质的高校所处的科研氛围也有所不同，科研氛围的浓厚程度与所在高校的性质整体呈现正相关。"985""211"高校的教师所处的科研氛围表现为较浓厚；普通本科和专科院校的教师所处的科研氛围表现为一般浓厚；其他性质的高校教师所处的科研氛围表现得没有很浓厚。

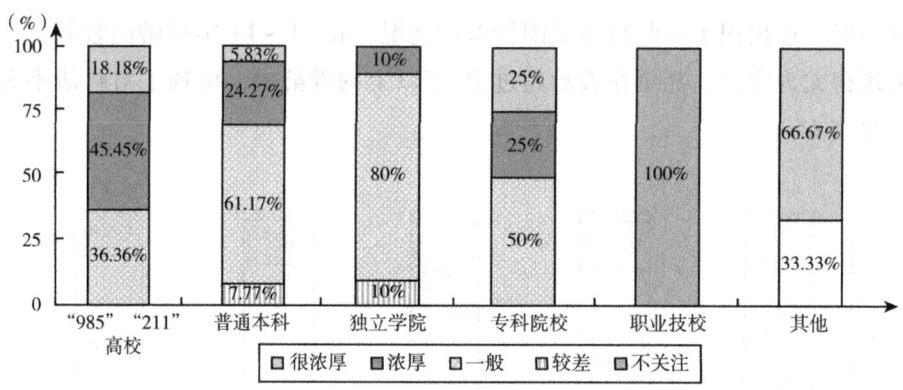

图67 教师所在高校性质与科研氛围

（二）科研的苦恼

1. 不同教龄段所面临的科研苦恼。

从调查结果来看，缺少带领人和高水平论文发表太困难，是目前各个教龄段教师在科研上面临的两大主要的苦恼（见表20）。

表20　　　　　　　　　　不同教龄段所面临的科研苦恼

X/Y	任务量过重	自身能力不足	学校对科研重视程度不够	对科研缺少兴趣	家庭原因	对新科技（软件）运用不娴熟	科研数据资料获取较困难	缺少带领人和引路人	高水平论文发表太困难	项目立项较困难
0~5年	(30%)	(48%)	(44%)	(24%)	(22%)	(26%)	(38%)	(56%)	(52%)	(36%)
6~10年	(29.03%)	(45.16%)	(41.94%)	(25.81%)	(16.13%)	(16.13%)	(48.39%)	(54.84%)	(67.74%)	(58.06%)
11~15年	(25.93%)	(22.22%)	(25.93%)	(25.93%)	(22.22%)	(14.81%)	(51.85%)	(70.37%)	(81.48%)	(70.37%)
16~20年	(26.67%)	(66.67%)	(13.33%)	(13.33%)	(6.67%)	(6.67%)	(33.33%)	(80%)	(93.33%)	(86.67%)
20年以上	(20.69%)	(34.48%)	(20.69%)	(10.34%)	(0%)	(13.79%)	(37.93%)	(37.93%)	(68.97%)	(58.62%)

2. 不同学历的教师所面临的科研苦恼。

不同学历的教师所面临的科研侧重点也不同，本科以下学历教师主要面临着任务量过重和学校对科研重视程度不够的苦恼；本科学历的教师面临的主要科研问题是高水平论文发表太困难和项目立项较困难；硕士研究生和博士研究生学历的教师所面临的主要科研苦恼是高水平论文发表太困难和项目立项较困难（见表21）。

表21　　　　　　　　　　不同学历的教师所面临的科研苦恼

X/Y	任务量过重	自身能力不足	学校对科研重视程度不够	对科研缺少兴趣	家庭原因	对新科技（软件）运用不娴熟	科研数据资料获取较困难	缺少带领人和引路人	高水平论文发表太困难	项目立项较困难
本科以下	(100%)	(0)	(100%)	(0)	(0)	(0)	(0)	(0)	(0)	(0)
本科	(25.58%)	(46.51%)	(25.58%)	(18.6%)	(16.28%)	(9.3%)	(32.56%)	(41.86%)	(55.81%)	(53.49%)
硕士研究生	(26.19%)	(44.05%)	(36.9%)	(27.38%)	(17.86%)	(17.86%)	(52.38%)	(69.05%)	(77.38%)	(59.52%)
博士研究生	(31.25%)	(31.25%)	(37.5%)	(6.25%)	(6.25%)	(37.5%)	(31.25%)	(56.25%)	(56.25%)	(56.25%)
博士后	(14.29%)	(28.57%)	(0)	(0)	(0)	(28.57%)	(14.29%)	(28.57%)	(71.43%)	(42.86%)

整体来看，不同学历的教师所面临的主要问题集中表现在高水平论文发表太困难和项目立项较困难。

3. 不同性质的高校所面临的科研问题。

所在高校的性质不同，所面临的科研问题也有所不同。"985""211"类院校所面临的科研问题主要是缺少带领人和引路人；普通本科院校和独立院校所面临的主要是缺少带领人和引路人以及项目立项较困难；专科院校、职业技术院校等类高校，所面临的主要科研问题是自身能力不足以及学校对科研重视程度不够（见表22）。

表22　　　　　　　　　　不同性质的高校所面临的科研问题

X/Y	任务量过重	自身能力不足	学校对科研重视程度不够	对科研缺少兴趣	家庭原因	对新科技（软件）运用不娴熟	科研数据资料获取较困难	缺少带领人和引路人	高水平论文发表太困难	项目立项较困难
"985""211"高校	(27.27%)	(18.18%)	(27.27%)	(9.09%)	(18.18%)	(18.18%)	(9.09%)	(36.36%)	(27.27%)	(27.27%)
普通本科	(24.27%)	(43.69%)	(28.16%)	(19.42%)	(14.56%)	(17.48%)	(41.75%)	(60.19%)	(73.79%)	(62.14%)
独立学院	(33.33%)	(43.33%)	(43.33%)	(30%)	(10%)	(20%)	(60%)	(63.33%)	(76.67%)	(53.33%)
专科院校	(25%)	(50%)	(50%)	(50%)	(50%)	(0)	(25%)	(50%)	(25%)	(50%)
职业技校	(0)	(100%)	(0)	(0)	(0)	(0)	(0)	(0)	(0)	(0)
其他	(66.67%)	(33.33%)	(100%)	(0)	(33.33%)	(33.33%)	(33.33%)	(0)	(0)	(0)

（三）科研工作评估

1. 不同教龄段对科研工作的评估。

不同教龄段的教师普遍认为对科研工作的评估应该定性和定量各占50%。

2. 不同学历的教师对科研工作的评估。

不同学历的教师对科研工作的评估主要侧重在定性或者定性和定量各占50%。

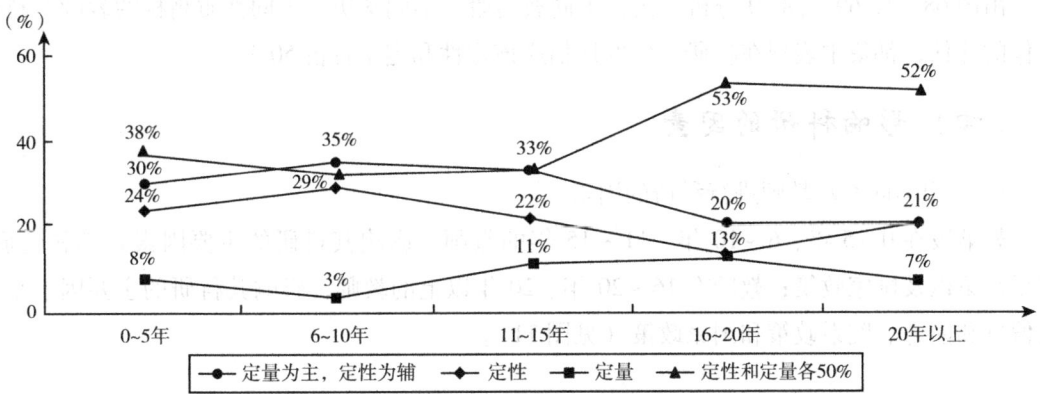

图 68 不同教龄段对科研工作的评估

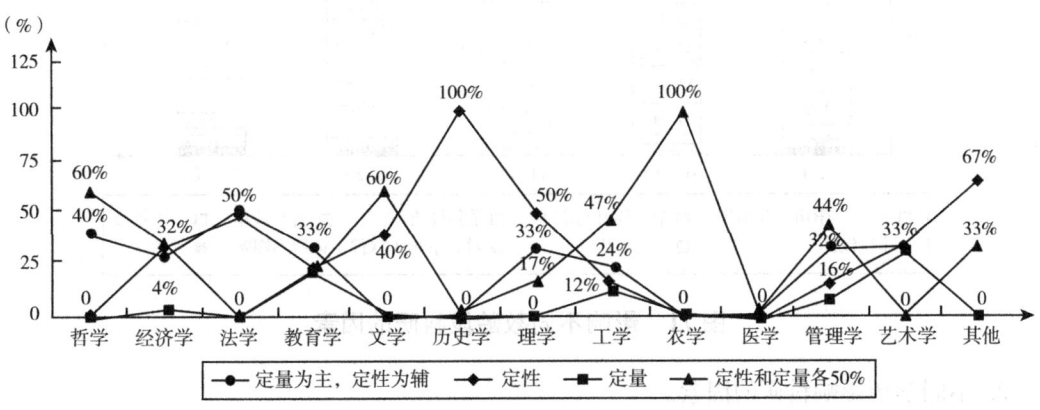

图 69 不同学历的教师对科研工作的评估

3. 不同性质的高校对科研工作的评估。

不同性质的高校教师，认为对科研工作的评估主要集中在定性和定量各50%。

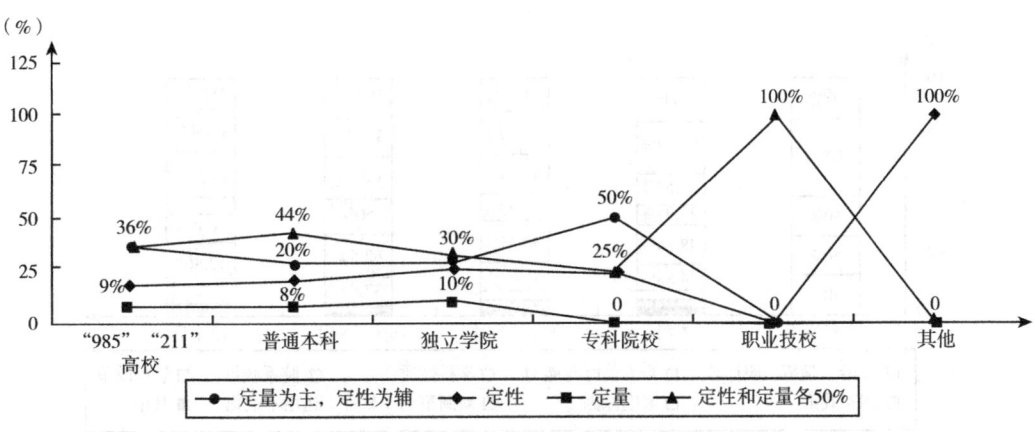

图 70 不同性质的高校对科研工作的评估

由图68、图69、图70分析得出，不同教龄段、不同学历、不同性质高校的教师对科研工作的评估，都集中表现在科研工作的评估应该定性和定量各占50%。

（四）影响科研的因素

1. 影响不同教龄教师进行科研的因素。

教龄段在0~5年、6~10年、11~15年的教师，影响其科研的主要因素是学科性质、院系政策以及国家政策；教龄在16~20年、20年以上的教师，影响其科研的主要因素是个人偏好和能力、院系政策和国家政策（见图71）。

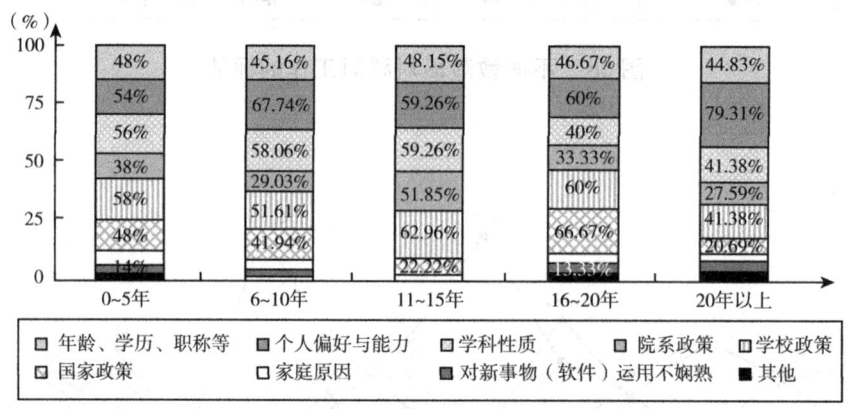

图71　影响不同教龄段科研的因素

2. 不同学历影响科研的因素。

从调查结果来看，本科以下学历的教师，影响其科研的主要因素有学科性质、国家政策、学校政策及院系政策；本科学历的教师，影响其科研的主要因素有个人偏好能力及年龄、学历、职称等因素；硕士研究生、博士研究生及博士后学历的教师，影响其科研的主要因素集中在学科性质、个人偏好和能力以及院系、学校及国家政策上（见图72）。

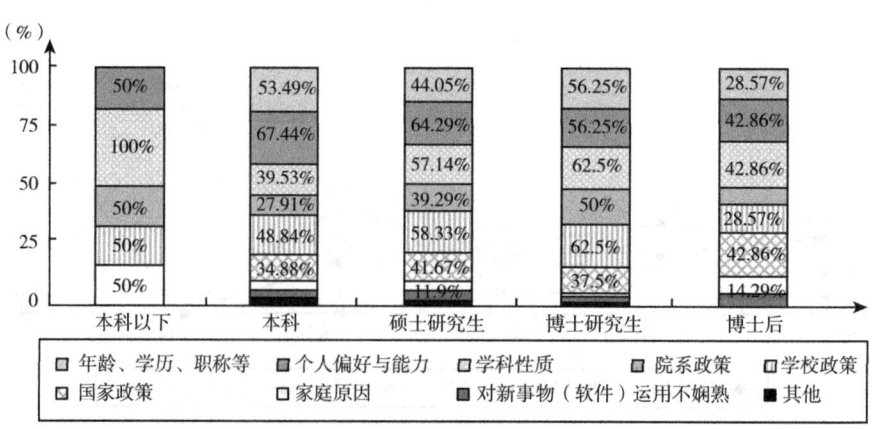

图72　不同学历影响科研的因素

3. 不同性质的高校影响科研的因素。

由图 73 可以看出，不同性质的高校影响其科研的因素也不同。"985""211"高校的教师，影响其科研的主要因素为学科性质及个人偏好与能力；普通本科和独立学院的教师，影响其科研的主要因素为个人偏好与能力、学科性质及年龄、学历和职称等因素。

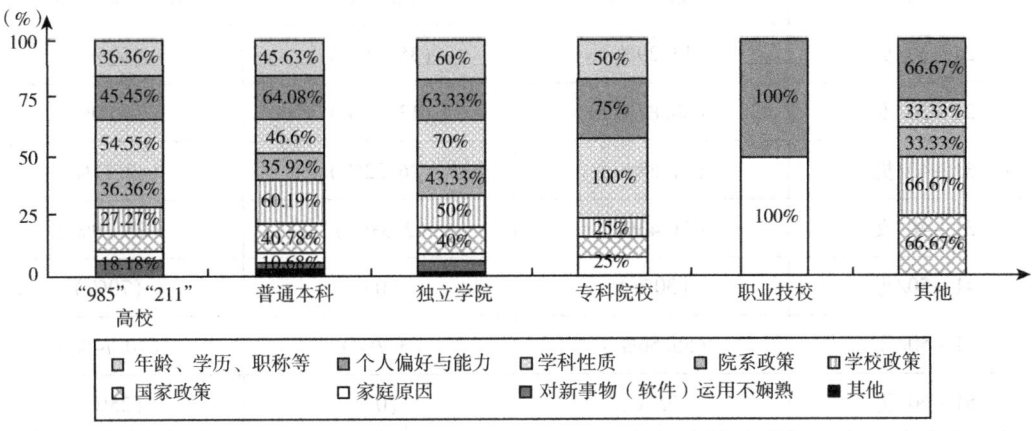

图 73　不同性质的高校影响科研的因素

六、教学与科研的辩证关系

我们经过查看相关论题的论文，汇总出五种教学与科研间的关系，即（1）教学与科研是相互矛盾的活动；（2）教学与科研有很小或者没有关系；（3）教学是传递科研知识的方式；（4）教学是科研或探究式学习的榜样，鼓励着探究性的学习；（5）教学与科研在学习中有着共生的关系。

（一）教师的工作重点

从我们统计出来的调查问卷的统筹分析中来看，有 52.63% 的老师在学校工作中倾向教学，有 36.84% 的老师认为教学和科研并重，仅有 10.53% 的老师倾向科研（见表 23）。从教师工作重点的调查结果来看，有 50% 的教师工作重点在于教学，40% 的教师认为教学和科研并重，仅有 10% 的教师倾向于科研。

表 23　　　　　　　　　　　　　教师的工作重点

选　项	比　例
倾向教学	52.63%
倾向科研	10.53%
教学和科研并重	36.84%

于是,我们将数据采取了交叉信息分析,以年龄段和性别为自变量,分析不同人群对教学与科研的关系所持的看法。

表24　　　　　　　　　教师的工作重点（按年龄和性别）

X/Y	倾向教学	倾向科研	教学和科研并重
24~30/男	(14.29%)	(35.71%)	(50%)
24~30/女	(60.87%)	(13.04%)	(26.09%)
31~40/男	(31.58%)	(26.32%)	(42.11%)
31~40/女	(71.43%)	(2.38%)	(26.19%)
41~50/男	(30%)	(0)	(70%)
41~50/女	(55.56%)	(3.7%)	(40.74%)
51~60/男	(75%)	(0)	(25%)
51~60/女	(55.56%)	(0)	(44.44%)
60以上/男	(33.33%)	(33.33%)	(33.33%)
60以上/女	(100%)	(0)	(0)

转化为柱状图则如下:

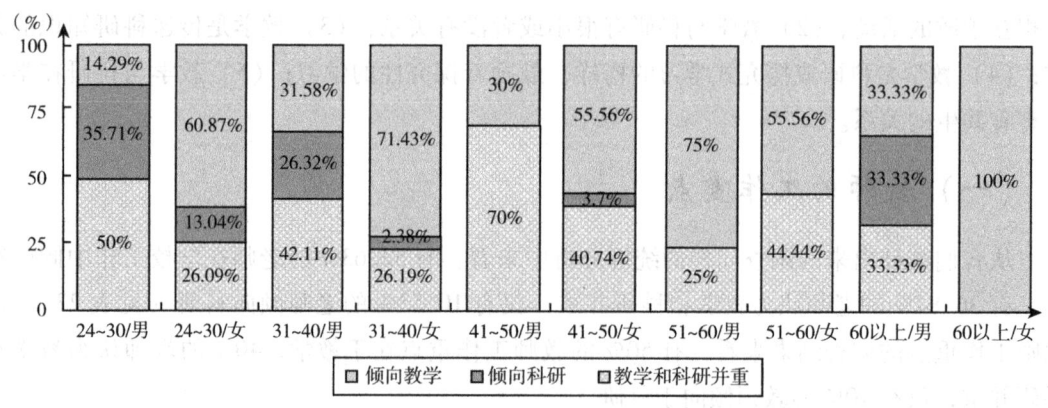

图74　教师的工作重点（按年龄和性别）

从表24和图74中可以看出,50岁以下的中青年男性教师都比较倾向于搞科研,因为他们有大量的时间和体力可以投入高强度的科研工作中去,处于老年阶段的教师则更倾向于从事教学工作,反而倒是所有年龄段的女性教师都以教学为主,她们并不想把时间都花费在研究时间周期长、收效慢的科研中去,还不如靠教学来提高自己的知识水平和人脉关系,养活自己。还有一个有趣的发现无论何种年龄的教师,倾向教学的女教师远高于男教师,倾向科研的男教师远高于女教师。

当涉及教学与科研是何种关系的问题时,73.03%的参与调查的老师认为教学与科研呈正相关,即教育科学相长,相互促进,两者之间就像一枚硬币的正反面一样,无法分离。在进行科研方面的建设时,也可以在教学课堂上传授给学生,把理论与实践相结合,为科研提供真实的数据。15.13%的人认为教学与科研呈负相关,即教学与科研存在矛盾,在老师教学能力提高的同时,会减少做科研的时间、态度与热情,影响科研的进程,反之也是。

(二)教学与科研的关系

表 25　　　　　　　　　　教学与科研的关系

选项	比例
正相关	73.03%
负相关	15.13%
不相关	11.84%

我们又以参与调查的教师的学历和研究学科为方向做了交叉分析,结果如下:

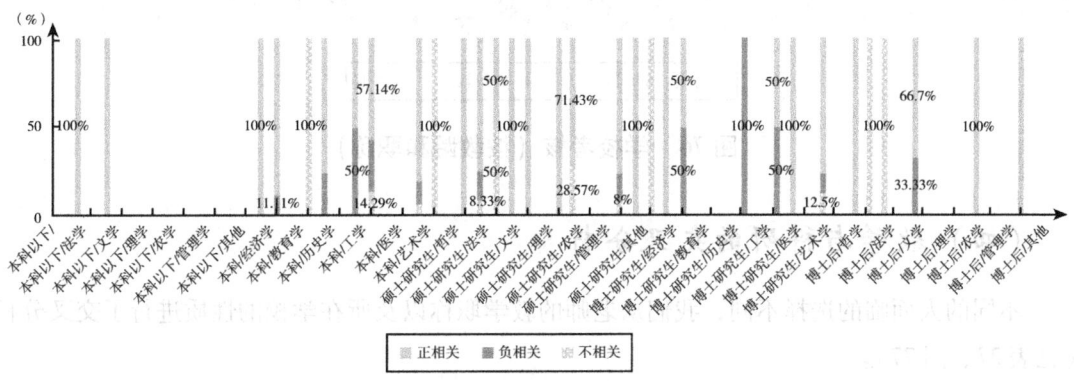

图 75　教学与科研的关系(按学历和研究学科)

由表 25 和图 75 可以得出,75%左右的教师认为教学与科研呈正相关,可以相互促进;15%的教师认为两者呈负相关;10%的教师认为两者不相关。

(三)学校考核

在职称评定、福利报酬上,受调查的老师所选的比例大致相同,为教学与科研都应该侧重,不应该只重学不重科研,或者只重科研不重教学。

在以职称和教龄为主要分析对象的条件下,从柱状图中我们可以看到,刚进入教学行业的青年教师,职称较低,需要从事科研来提升自己的地位,同样职称较高的教授级的老师也一直保持着一颗科研的心,在从事近二十年的教学生涯中,已经积攒了很多知识用于科研,他们已经不是为了地位或者职称,而是自己的爱好(见表26、图76)。

表26　　　　　　　　　　　　学校考核

选项	比例
科研	8.55%
教学	40.13%
科研与教学	49.34%
其他	1.97%

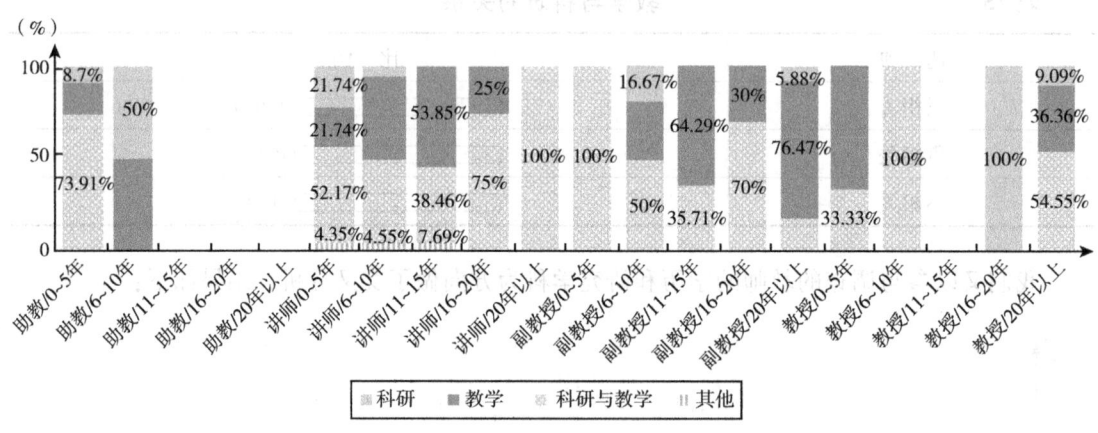

图76　学校考核(按教龄和职称)

(四)教学与科研的交叉分析

不同的人面临的选择不同,我们从老师的教学职称以及所在学校的性质进行了交叉分析(见表27、图77)。

表27　　　　　教学与科研发生冲突(按职称和学校性质)

X/Y	科研	教学	不清楚
助教/"985""211"高校	(50%)	(50%)	(0)
助教/普通本科	(20%)	(66.67%)	(13.33%)
助教/独立学院	(20%)	(60%)	(20%)
助教/专科院校	(0)	(100%)	(0)
助教/职业技校	(0)	(0)	(0)
助教/其他	(100%)	(0)	(0)

续表

X/Y	科研	教学	不清楚
讲师/"985""211"高校	（40%）	（40%）	（20%）
讲师/普通本科	（14.71%）	（79.41%）	（5.88%）
讲师/独立学院	（5%）	（95%）	（0）
讲师/专科院校	（0）	（100%）	（0）
讲师/职业技校	（0）	（0）	（0）
讲师/其他	（0）	（100%）	（0）
副教授/"985""211"高校	（50%）	（0）	（50%）
副教授/普通本科	（11.9%）	（85.71%）	（2.38%）
副教授/独立学院	（0）	（100%）	（0）
副教授/专科院校	（0）	（0）	（0）
副教授/职业技校	（0）	（0）	（0）
副教授/其他	（0）	（0）	（0）
教授/"985""211"高校	（0）	（50%）	（50%）
教授/普通本科	（8.33%）	（91.67%）	（0）
教授/独立学院	（0）	（100%）	（0）
教授/专科院校	（0）	（0）	（0）
教授/职业技校	（0）	（0）	（100%）
教授/其他	（0）	（0）	（0）

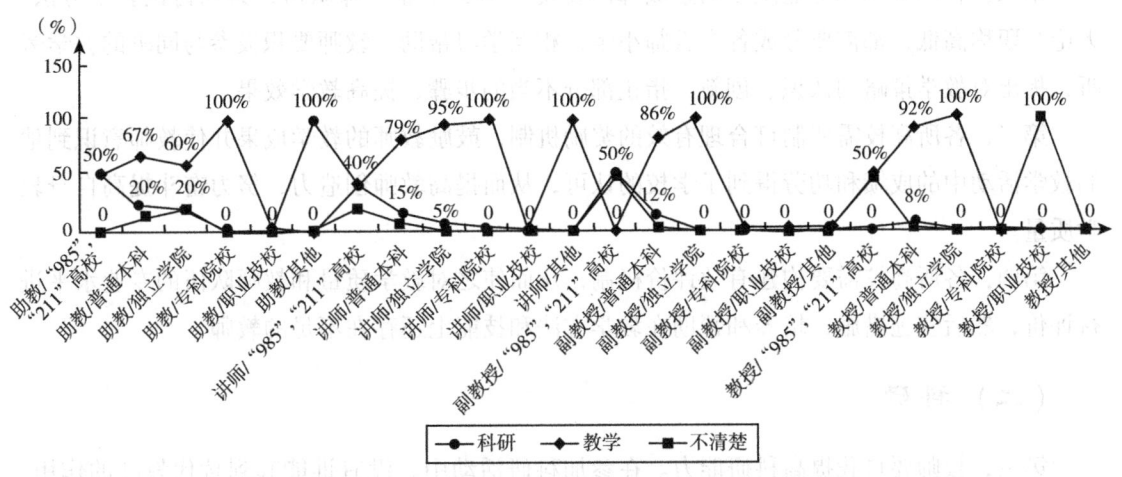

图77 教学与科研发生冲突（按职称和学校性质）

在实力雄厚的"985""211"高校中，学术氛围越浓的高校，选择科研的老师就越多，反倒是在以实际应用为主的技校或者应用型的本科院校,科研氛围并不浓厚的地方,选择教学的老师偏多。

综上所述,我们通过将不同的因素进行组合,并进行交叉分析,将教学与科研的关系进行了一番探讨,最后认为,对于不同年龄段、不同教龄、不同学位职称和学历水平的老师来说,在刚进入教学岗位的年轻教师敢于挑战自我,喜欢科研,在职称晋升关键时期的中年教师也将自己的大把精力投入科研事业中。在以年龄为基本研究对象分析时,从整体来看,倾向教学或者科研的人数基本持平,但是在青年教师的人群中,更愿意将教书作为自己的首要任务,而不是一门心思搞科研。处在中年的教师群体则更愿意从事科研。而工作多年的老教师则均匀分布在这三种观念上。

在以性别为评判标准时,在受访的男性教师中,接近半数的人认为教学与科研同等重要,倾向教学的人多于倾向科研的人群。在女性教师中,超过半数的老师认为在学校工作中教学最为重要,从事科研的人很少。因此,在教学与科研的关系上并不能从单个因素进行评价,而是要全面客观地从多个角度进行分析,辩证地看待这个问题。

七、对策与建议

(一)教学

第一,加强学习,培养本校研究教师。各所高校需要经常组织教师培训、全面培养各项技能、不断深入学习、提升自我,其中要集中专业技能的培训,尝试将现代技术应用于教学方面,传授知识给学生。

第二,各所大学和专业院校的系或部门要统一形成专业教师队伍,共同讨论教学方法。无论是职称高低,都需要分成各个教师小组,相互学习帮助。教师要积极参与同事的教学旁听,提出对教学策略的认识、创新,指正部分不当的步骤,提高教学效果。

第三,各所高校需要制订合理有效的奖励机制,鼓励教师的教学成果并使教师意识到他们教学活动中的成绩和功劳得到了学校的认可,从而提高教师创造力,努力奋斗提高自身教学质量。

第四,各所高校需要构建有效评价机制,从而使之对教学质量和教师队伍的专业水平进行评价,然后实施措施,培养和帮助在教学方法和技能上还存在不足的教师。

(二)科研

第一,教师要自我提高科研能力。在参加科研活动中,没有谁能起到替代教师的作用。所以每个高校教师要提高自身的科研能力。教师参加科研技能培训或自己培养科研技能并确立研究要求是十分重要的。此外,教师应该积极参加学术交流会研讨会,主动向国内外科学杂志投寄研究成果,有利于教师提高科研文章写作技能,也可以提高教师的科研能力。

第二，转变观念，形成科研的良好氛围。学校领导要充分重视科研的必要性和重要性，把科研的发展摆在教育的战略地位，并将这种责任感、紧迫感传递给广大教师，引导其从"教书匠型"走向"研究型"。领导要带头进行科学研究，抓好科研骨干培养的同时，引领全体教师走上科研兴校的道路。

第三，增加科研投入，建立科研激励机制。列出教育科研专项经费，主要用于课题研究、专家咨询、培训教师、推广教育科研成果等方面。

第四，在科研活动中加强各高校学习交流。可联合举办科技类竞赛，组织本校老师去它校开展专题讲座、相互调研学习。

第五，通过科研成果评价教师能力。目前高校更注重教师的专业素养和授课能力，但教师的科研能力却未能得到足够的重视，各高校应亟待提高。而评价高校教师科研成果最重要的标志是科研成果对于社会生活的实际应用性。因此，高校与企业之间可建立联系。通过与企业的联合，高校在确定研究方向的同时也可使自己研究成果应用于企业。

获奖情况：第 13 届"挑战杯"河南省大学生课外学术科技作品终审决赛一等奖
完成人员：张伍丰，高佳好，宋诗赞，于娟娟，陈卉

民营企业绿色发展的"破冰之旅"：
障碍壁垒与纾困解难

——基于民营企业环保现状的调查分析

摘要：绿色发展不仅是民营企业的社会责任，更是其实现高质量转型发展的重要依托。改革开放四十多年以来，民营企业快速发展的同时，也面临着诸多问题。2018年11月1日，习近平总书记主持召开民营企业家座谈会，充分肯定民营企业在中国经济中的地位和作用，成为支持民营企业发展的最强音。然而，民营企业在环保投资中，看似发展前途光明，实则"玻璃门""卷帘门"现象频发，民营企业绿色发展存在哪些障碍因素，如何解决和摆脱这些困境成为社会亟待解决的问题。

2019年1月21日，生态环境部、全国工商联联合发布了《关于支持服务民营企业绿色发展的意见》，旨在鼓励民营企业积极参与污染防治攻坚战，帮助民营企业解决环境治理困难，提高绿色发展能力，形成支持服务民营企业绿色发展长效机制，以促使民营企业成为践行新发展理念、推进供给侧结构性改革、推动经济高质量发展、建设国家现代化经济体系的重要主体。

通过访谈和问卷调查，调研小组选取了536家不同地区、行业和规模的民营企业为研究对象，针对民营企业对环保政策的关注度、环保投资动因、环保投资现状以及环保投资实际行动4个方面进行现状分析，基于民企绿色发展的外部障碍、自身障碍和社会障碍3个角度，对样本数据进行XY交叉研究，剖析出制约民营企业绿色发展的主要障碍因素，为民营企业的绿色发展提出差异化、具体化的解决方法，精准纾困，以期提升民企环保投资主动性、为民企绿色发展行稳致远赋能引擎，促进国家的绿色现代化建设。

关键词：民营企业；绿色发展；障碍因素；疏解路径分析

一、民企绿色发展：事关经济高质量发展的问题

（一）有利于供给侧结构性改革，促进中国绿色现代化建设

2019年1月21日，生态环境部、全国工商联联合发布了《关于支持服务民营企业绿色发展的意见》，旨在鼓励民营企业积极参与污染防治攻坚战，帮助民营企业解决环境治理困难，提高绿色发展能力，形成支持服务民营企业绿色发展长效机制。强化企业绿色发展理念，引导民营企业深入学习贯彻习近平生态文明思想和全国生态环境保护大会精神，牢固树

立生态环境保护主体责任意识，把生态环境保护和可持续发展作为企业发展的基本准则。支持民营企业绿色发展，激发民营经济发展活力，深入推进供给侧结构性改革，从而推动经济的高质量发展，促进中国绿色现代化建设。

（二）有利于提升民企环保主动性，生态环境质量持续改善

实施财税优惠政策，支持民营企业参与有条件的地方政府和社会资本共同发起区域性绿色发展实施国家环保科技重大项目和中央环保投资项目；创新绿色金融政策，加快推动设立国家绿色发展基金，鼓励基金，支持民营企业污染治理和绿色产业发展；落实绿色价格政策，积极推动资源环境价格改革，加快形成有利于资源节约、环境保护、绿色发展的价格机制；完善市场化机制，推进碳排放权、排污权交易市场建设，支持民营企业达标排放、积极减排、合规履约，提高环境成本意识。一系列政策措施的出台落实，可以进一步激发和提升民营企业进行环保投资的热情和激情，从而促进生态环境质量持续改善。

（三）有利于优化营商环境，为民营企业行稳致远赋能引擎

加快"放管服"改革，进一步深化简政放权，做好生态环境机构改革涉及行政审批事项的划入整合和取消下放工作；强化科技支撑服务，加大科技攻关，突破一批污染防治、清洁生产、循环经济等关键核心技术，开展重点行业环境治理综合技术方案研究，及时更新国家先进污染防治技术示范目录；大力发展环保产业，做好生态环境项目规划储备，及时向社会公开项目信息与投资需求；建立环保产业供给方与需求方交易信息平台，推动生态环保市场健康发展。严格落实各项支持民企绿色发展政策，持续加大帮扶力度，不断优化营商环境，推进民营企业加快转型升级、实现更高质量发展，不断开创民营企业发展新局面。

二、现实扫描：民营企业绿色发展现状

（一）民企对环保政策的关注度

如图1显示，对环保政策"非常了解"的情况中，华中地区的企业占比最高，占42.86%；其次是华东地区的企业，占25.71%；对相关环保政策"听说过，不太了解"的情况中，华中地区的企业占比最高，占51.01%；东北地区的企业占比最低，占2.53%。由此可知，中东部地区对环保政策的了解程度较高，西北、西南等偏远地区对环保政策了解程度较低。

根据图2可知，各行业对环保政策的了解程度都不高，"非常了解"指标都只在10%左右，"听说过，但不太了解"指标均为60%左右。相较于其他行业，物流业对环保政策的关注程度较高，电力、燃气及水的生产和供应业对环保政策关注不高。

由表1可知，对相关环保政策"非常了解"占比最大的是近五年平均营业收入在50亿以上的民企，占比为42.86%；"听说过，不太了解"占比最大的是1000万元以下的企业，

占 26.77%；"没听说过"占比最大的是 1000 万元以下的企业，占 30.28%。可以看出，企业经营规模越小，对环保政策的关注度越低。

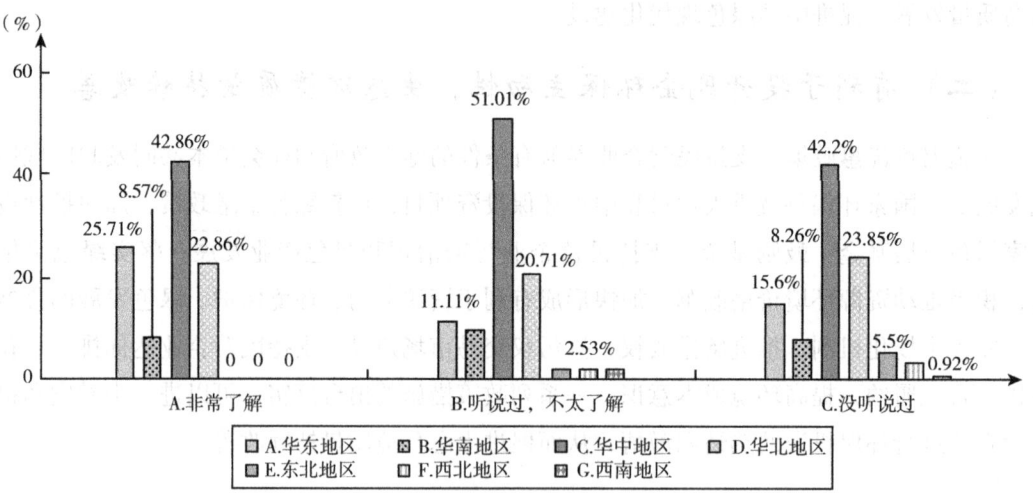

图 1 调查样本对相关环保政策了解情况（基于区域差异）

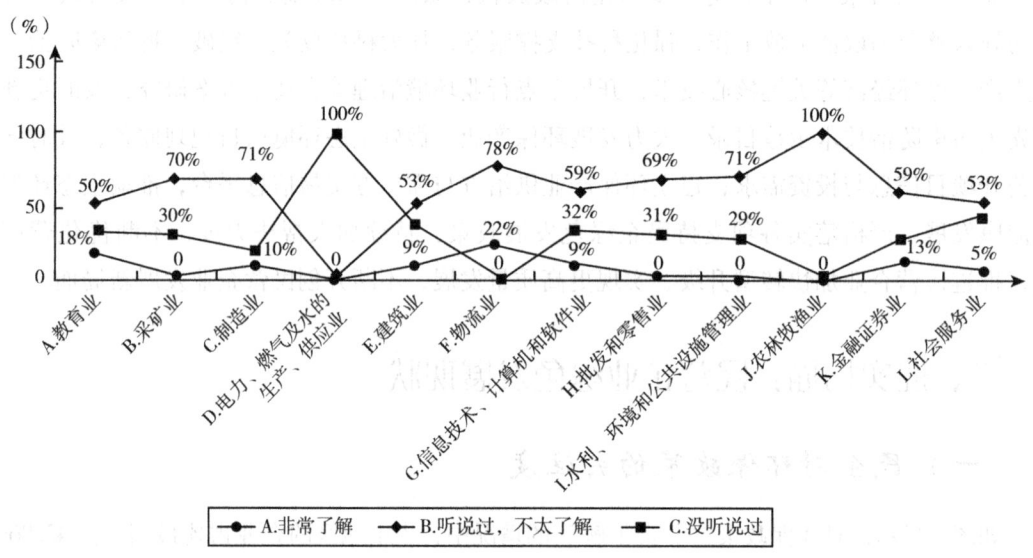

图 2 调查样本对相关环保政策了解情况（基于行业差异）

表 1 调查样本对《意见》了解情况（基于营业收入）

X/Y	50亿元以上	20亿~50亿元	5亿~20亿元	1亿~5亿元	5000万~1亿元	1000万~5000万元	1000万元以下
非常了解	42.86%	8.57%	11.43%	8.57%	5.71%	8.57%	14.29%
听说过，不太了解	10.10%	7.58%	13.64%	16.16%	14.14%	11.62%	26.77%
没听说过	13.76%	8.26%	8.26%	19.27%	6.42%	13.76%	30.28%

(二) 民企绿色环保投资动因

根据图3可知，在企业环保投资目的中，华东、华南和西南地区民营企业的环保投资的目的主要是获取税收优惠政策，说明这三个地区的环保税收激励政策较好；华中地区民营企业进行环保的主要目的是开发绿色环保产品；华北地区民企认为环保是企业的责任，理应进行投资的占比最大，可看出该地区民企环保意识较高。

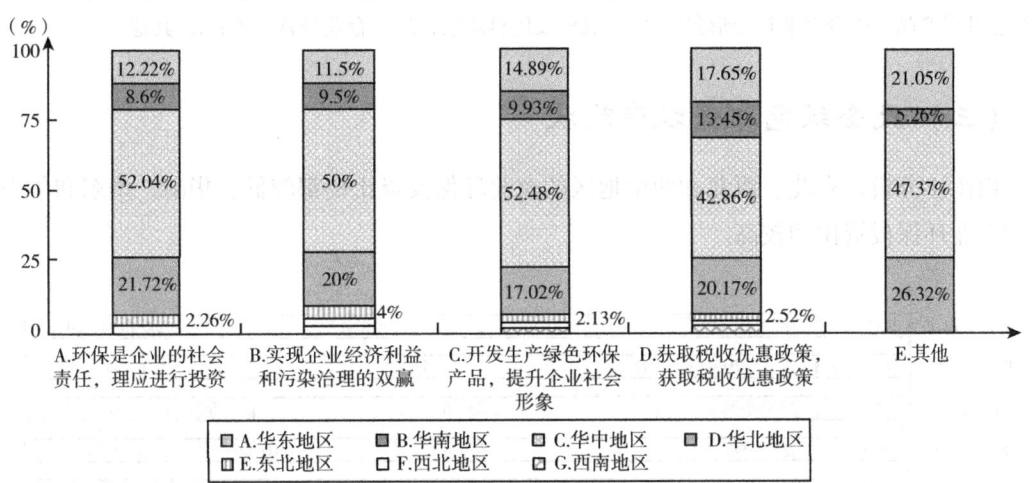

图3 企业进行环保投资的主要目的（基于区域差异）

根据表2可知，各个行业都有一定的环保意识，但污染较重的行业环保意识较高，如采矿业、电力燃气供应业和建筑业进行环保投资主要目的都是实现经济利益和污染治理双赢。

表2 企业进行环保投资的主要目的（基于行业差异）

X/Y	A	B	C	D	E
教育业	63.51%	50%	47.30%	37.84%	4.05%
采矿业	70%	90%	20%	30%	10%
制造业	75.61%	70.73%	36.59%	29.27%	2.44%
电力、燃气及水的生产、供应业	50%	75%	50%	0.00%	0.00%
建筑业	53.13%	71.88%	28.13%	31.25%	6.25%
物流业	55.56%	77.78%	88.89%	55.56%	11.11%
信息技术、计算机和软件业	64.71%	47.06%	44.12%	29.41%	11.76%
批发和零售业	61.54%	53.85%	46.15%	38.46%	15.38%
水利、环境和公共设施管理业	71.43%	71.43%	42.86%	42.86%	0.00%

续表

X/Y	A	B	C	D	E
农林牧渔业	33.33%	100%	0.00%	0.00%	0.00%
金融证券业	71.43%	57.14%	48.21%	39.29%	0.00%
社会服务业	61.02%	49.15%	32.20%	35.59%	8.47%

注：A. 环保是企业的社会责任，理应进行投资；B. 实现企业经济利益和污染治理的双赢；C. 开发生产绿色环保产品，提升企业社会形象；D. 获取税收优惠政策，降低企业经营成本；E. 其他。

（三）民企绿色环保投资现状

由图 4 分析，东北、西北和西南地区的企业环保投资比例都较低；华南、华东和华中地区的企业环保投资比例较高。

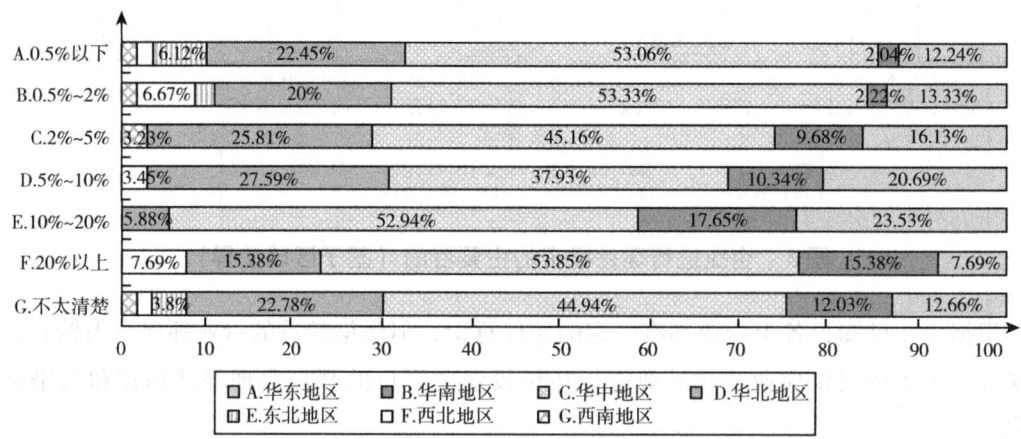

图 4　企业每年的环保投资占当期总投资比例（基于区域差异）

如表 3 所示，环保投资比例 0.5% 以下，占比最大的行业是电力、燃气及水的生产和供应业。环保投资比例在 20% 以上中占比最大的行业是采矿业，占 10%。其中高耗能产业如采矿业、电力、燃气及水的生产和供应业和制造业，在环保投资比例在 20% 以上占比较低，在环保投资比例在 0.5% 以下占比较高，反映出对生态文明建设投资力度较少。

表 3　企业每年的环保投资占当期总投资比例（基于行业差异）

X/Y	0.5%以下	0.5%~2%	2%~5%	5%~10%	10%~20%	20%以上	不太清楚
教育业	12.16%	10.81%	13.51%	12.16%	5.41%	8.11%	37.84%
采矿业	0.00%	40%	0.00%	10%	20%	10%	20%
制造业	12.20%	12.20%	14.63%	9.76%	4.88%	7.32%	39.02%

续表

X/Y	0.5%以下	0.5%~2%	2%~5%	5%~10%	10%~20%	20%以上	不太清楚
电力、燃气及水的生产和供应业	50%	25%	0.00%	0.00%	0.00%	0.00%	25%
建筑业	18.75%	15.63%	12.5%	3.13%	6.25%	0.00%	43.75%
物流业	0.00%	22.22%	11.11%	22.22%	22.22%	0.00%	22.22%
信息技术、计算机和软件业	26.47%	5.88%	5.88%	2.94%	0.00%	0.00%	58.82%
批发和零售业	15.38%	15.38%	7.69%	0.00%	0.00%	0.00%	61.54%
水利、环境和公共设施管理业	14.29%	14.29%	0.00%	0.00%	28.57%	0.00%	42.86%
农林牧渔业	0.00%	33.33%	0.00%	0.00%	33.33%	0.00%	33.33%
金融证券业	12.5%	12.5%	7.14%	8.93%	3.57%	3.57%	51.79%
社会服务业	13.56%	11.86%	5.08%	10.17%	0.00%	1.69%	57.63%

根据图5可知，企业环保投资占当期总投资比例在0.5%以下，近五年的平均营业收入在1亿~5亿元的企业占比最大，占21%；营业收入在50亿元以上的企业占比最小，占3%；企业环保投资占当期总投资比例在20%以上；营业收入在50亿元以上的企业占比最大，占12%；营业收入在1000万元以下的企业占比最小，占1%。可以看出无论企业近五年的平均营业收入高低，近三分之二的企业环保投资比例都在0.5%以下，环保投资力度较小。

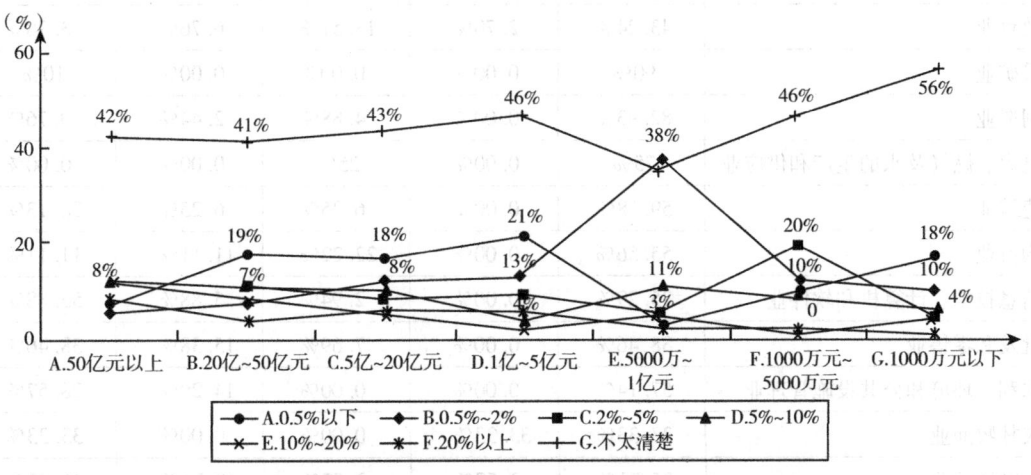

图5 企业每年的环保投资占当期总投资比例（基于营业收入）

如图 6 所示，华中地区的企业在各种趋势中占比都是最大的，其中在逐渐增多趋势中占比为 47.93%，在增减波动趋势中占 60.87%，在逐渐减少趋势和无环保投资中占比分别是 33.33% 和 42.86%，从中可以看出华中地区的企业在环保投资上投资力度较大，但投资力度不稳定。

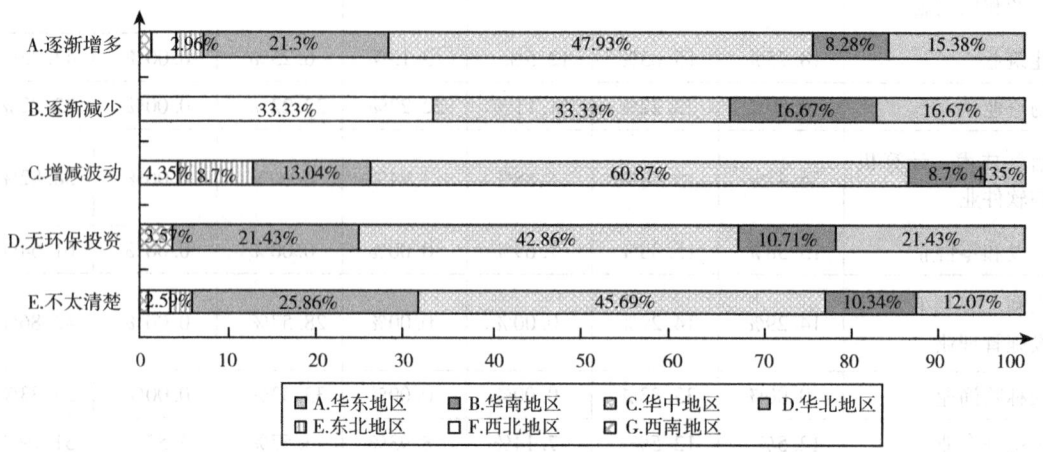

图 6　企业近五年环保投资趋势（基于区域差异）

根据表 4 可知，采矿业在逐渐增多趋势中占比最大，占 90%；制造业和电力、燃气及水的生产和供应业占比分别是 82.93% 和 75%；农林牧渔业在逐渐减少趋势中占比最大，占 33.33%；物流业在增减波动趋势中占比最大，占 22.22%；而批发和零售业在无环保投资中占比最大，占 15.38%。可以看出对生态环境影响较大的行业，在环保投资力度相对于其他企业较大。

表 4　　　　企业近五年环保投资趋势（基于行业差异）

X/Y	逐渐增多	逐渐减少	增减波动	无环保投资	不太清楚
教育业	43.24%	2.70%	13.51%	6.76%	33.78%
采矿业	90%	0.00%	0.00%	0.00%	10%
制造业	82.93%	0.00%	4.88%	2.44%	9.76%
电力、燃气及水的生产和供应业	75%	0.00%	25%	0.00%	0.00%
建筑业	59.38%	0.00%	6.25%	6.25%	28.13%
物流业	55.56%	0.00%	22.22%	11.11%	11.11%
信息技术、计算机和软件业	35.29%	0.00%	2.94%	5.88%	55.88%
批发和零售业	38.46%	0.00%	7.69%	15.38%	38.46%
水利、环境和公共设施管理业	57.14%	0.00%	0.00%	14.29%	28.57%
农林牧渔业	33.33%	33.33%	0.00%	0.00%	33.33%
金融证券业	35.71%	3.57%	3.57%	10.71%	46.43%
社会服务业	42.37%	1.69%	3.39%	13.56%	38.98%

如图7所示，近五年的平均营业收入在50亿元以上的企业在逐渐增多趋势中占比最大，占22%，在其他情况中，营业收入为1000万元以下的企业占比最大。可知企业的营业收入水平是其连续进行环保投资的重要因素。

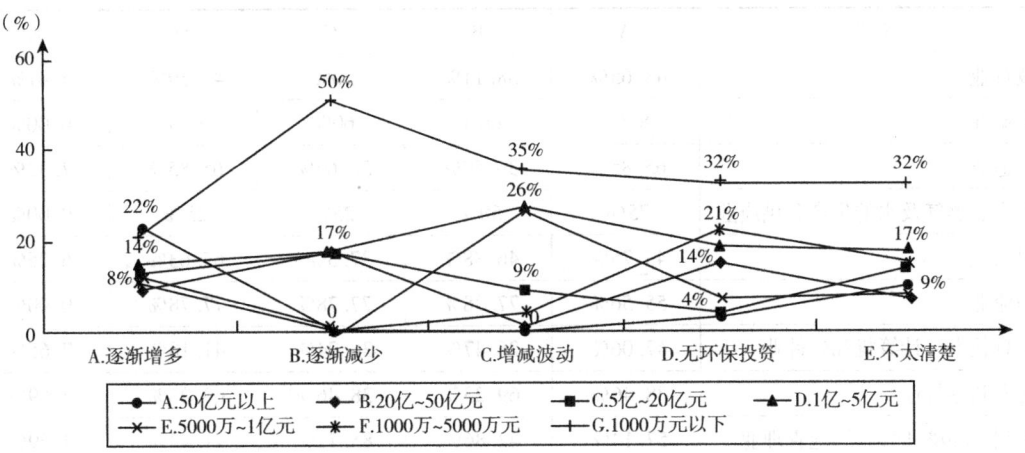

图7 企业近五年环保投资趋势（基于营业收入）

（四）民企绿色环保实际行动

图8中，最突出的是华中地区的企业，在各方面占比都是最大，最低占比47%，最高占比是53%，在占比上是其他地区的企业2倍以上，从中可以看出华中地区的企业在治污减排上有重大贡献。

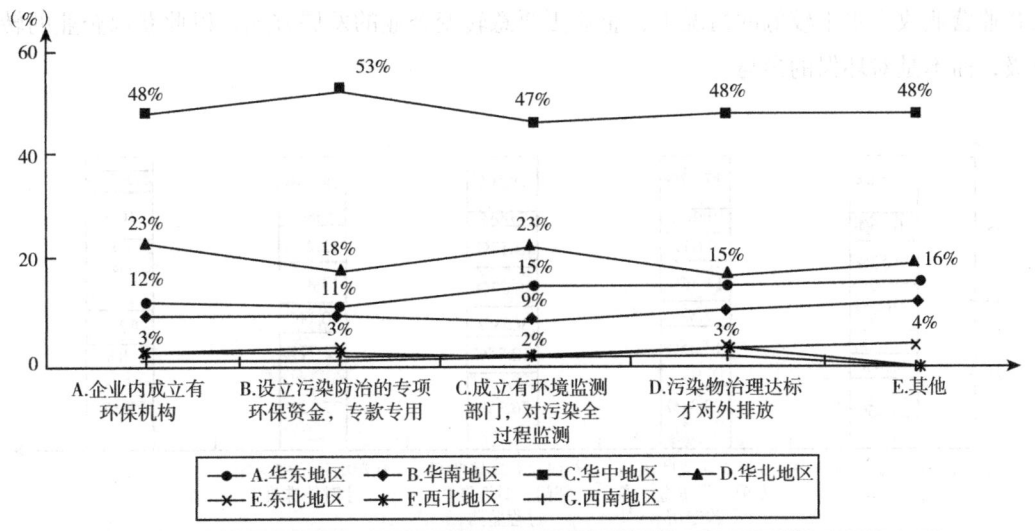

图8 企业在治污减排方面已实施的措施（基于区域差异）

由表5可知，在明确的四个方面中，采矿业占比较高，且相差不大，占60%以上，物流业、农林牧渔业和水利、环境和公共设施管理业的占比相对其他行业较大,可以看出对生态环境影响比较直接的行业在绿色发展方面都采取了一定的实际行动。

表5　　　　　　　　企业在治污减排方面已做到的(基于行业差异)

X/Y	A	B	C	D	E
教育业	48.65%	58.11%	50%	44.59%	5.41%
采矿业	80%	60%	60%	80%	0.00%
制造业	65.85%	36.59%	53.66%	65.85%	7.32%
电力、燃气及水的生产和供应业	75%	50%	25%	25%	0.00%
建筑业	43.75%	46.88%	37.5%	65.63%	6.25%
物流业	55.56%	77.78%	77.78%	77.78%	0.00%
信息技术、计算机和软件业	47.06%	26.47%	38.24%	41.18%	17.65%
批发和零售业	38.46%	69.23%	38.46%	69.23%	7.69%
水利、环境和公共设施管理业	57.14%	42.86%	85.71%	71.43%	14.29%
农林牧渔业	66.67%	66.67%	66.67%	33.33%	0.00%
金融证券业	55.36%	58.93%	50%	58.93%	5.36%
社会服务业	47.46%	37.29%	47.46%	49.15%	8.47%

注:A.企业内成立有环保机构,建立减排制度;B.设立污染防治的专项环保资金,专款专用;C.成立有环境监测部门,对污染全过程监测;D.污染物治理达标才对外排放;E.其他。

如图9所示,近五年平均营业收入在1000万元以下的企业,在已做到的治污减排各方面占比都是最大,占比在23%以上。可以看出企业在治污减排上和营业收入并无绝对关系,在企业营业收入水平较低的情况下,企业更愿意转变企业的发展方式,以此获取企业的转型升级,而不是对环保的参与。

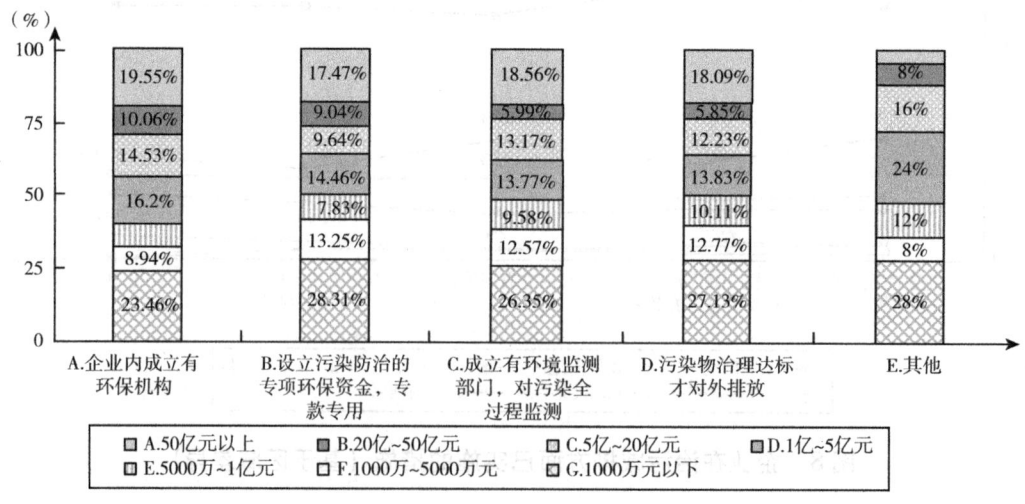

图9　企业在治污减排方面已实施的措施(基于营业收入)

从图 10 可知，华中地区的企业在资源节约与利用已实施措施的各方面占比都是最大，最低占比 46.15%，最高占比 53.74%，其次是华东地区的企业，但是华东、华中地区的企业相比相差较大。

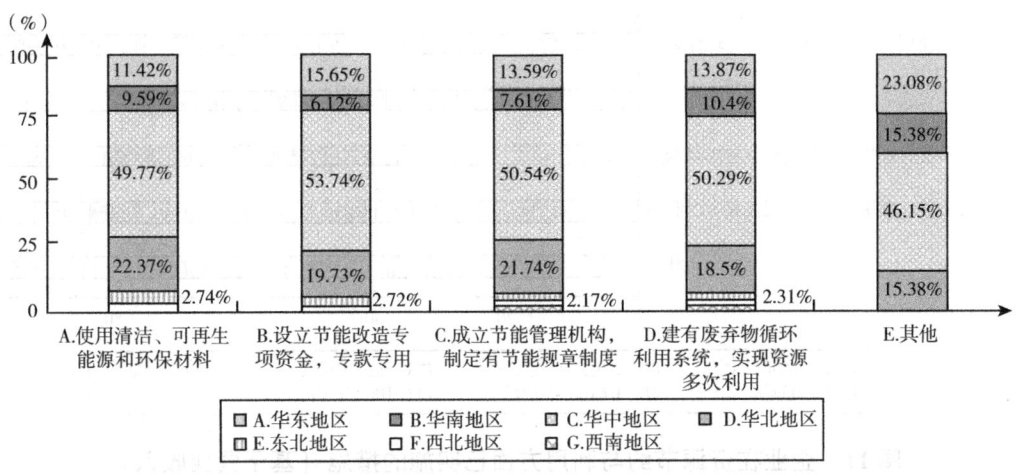

图 10　企业在资源节约与利用方面已实施的措施（基于地区差异）

由表 6 可知，采矿业在资源节约与利用方面已实施措施的占比较大，其占比相差不大，其次是物流业、批发和零售业、水利、环境和公共设施管理业以及农林牧渔业占比较大。可以看出对资源需求量大的行业通过不同手段提高资源的利用率。

表 6　企业在资源节约与利用方面已实施的（基于行业差异）

X/Y	A	B	C	D	E
教育业	55.41%	48.65%	48.65%	48.65%	5.41%
采矿业	90%	60%	60%	60%	0.00%
制造业	60.98%	31.71%	53.66%	60.98%	2.44%
电力、燃气及水的生产和供应业	50%	25%	75%	0.00%	0.00%
建筑业	68.75%	50%	43.75%	43.75%	3.13%
物流业	55.56%	55.56%	77.78%	77.78%	0.00%
信息技术、计算机和软件业	61.76%	23.53%	38.24%	38.24%	5.88%
批发和零售业	69.23%	53.85%	61.54%	69.23%	0.00%
水利、环境和公共设施管理业	85.71%	71.43%	57.14%	71.43%	0.00%
农林牧渔业	66.67%	66.67%	100%	66.67%	0.00%
金融证券业	64.29%	46.43%	64.29%	50%	1.79%
社会服务业	69.49%	37.29%	54.24%	47.46%	6.78%

注：A. 使用清洁、可再生能源和环保材料；B. 设立节能改造专项资金，专款专用；C. 成立节能管理机构，制定有节能规章制度；D. 建有废弃物循环利用系统，实现资源多次利用；E. 其他。

如图 11 所示，近五年平均营业收入在 1000 万元以下的企业，在资源节约与利用已做到的各方面占比都最大，均为 25% 以上；其次是近五年平均营业收入在 50 亿元以下的企业。可以看出企业在资源节约与利用方面与企业的收入水平并非呈现正相关。

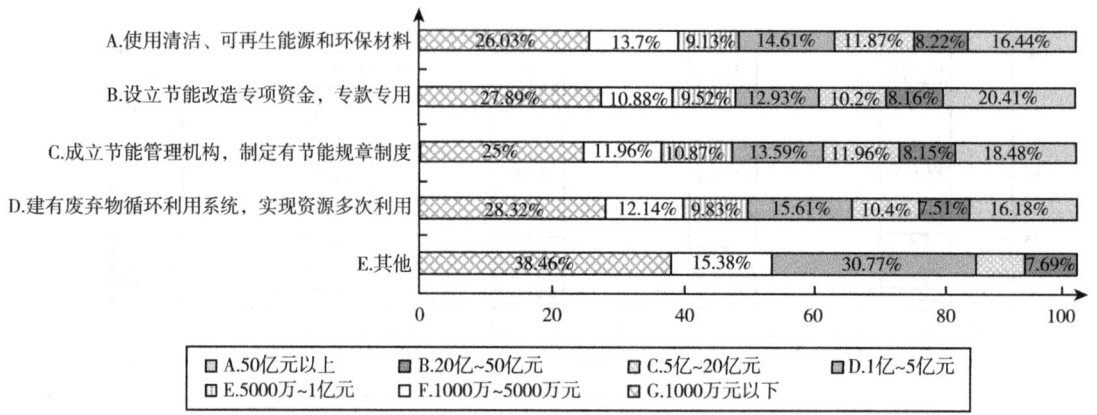

图 11 企业在资源节约与利用方面已实施的措施（基于营业收入）

三、山重水复疑无路：民营企业绿色发展的障碍因素

（一）外部障碍因素

图 12 显示出民营企业员工对民企环保建设外部障碍的看法。"环保指标、监管责任主体不明确"占比最大；其次是"相关扶持政策不完善"；然后是"政企之间缺乏信任及契约精神"和"环境绩效考评体系有待强化"；最后，占比最小的是"市场准入规则不合理"这一障碍。

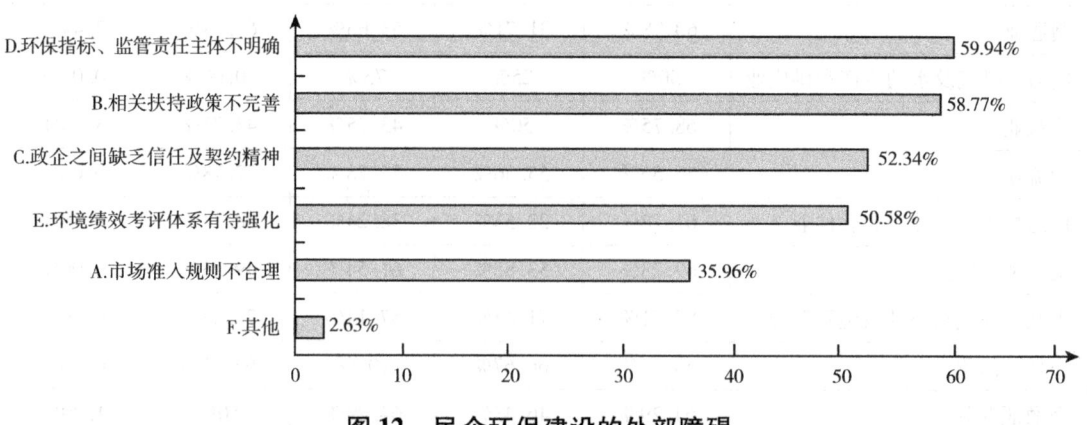

图 12 民企环保建设的外部障碍

1. 市场准入规则不合理。

由图 13 可知，认为民营企业环保建设的外部障碍是"市场准入机制不合理"的各类行

业中,物流业占比最大,占 56%;其次是批发零售业和社会服务业,分别占 54% 和 46%;而水利、环境和公共设施管理业和农林牧渔业占比最低。可以看出,新兴产业和社会服务业受不合理的市场准入机制影响较大,而传统民生行业和第一产业受到的影响较小。

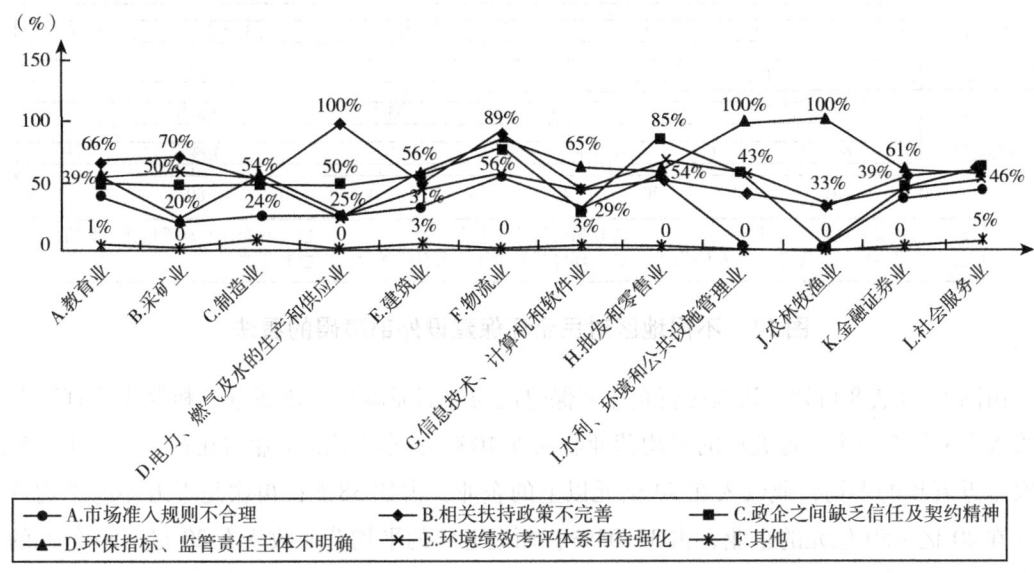

图 13　不同行业对民企环保建设外部障碍的看法

根据表 7 和图 14 可知,在认为民营企业环保建设的外部障碍是"市场准入机制不合理"的看法中,华中地区的企业占比最大,为 42.59%;而西北地区的企业占比最小,占 11.11%;华东、华南、华北、东北和西南地区的企业占比分别为 37.5%、25%、30.67%、20% 和 33.33%。可以看出华北地区的企业受不合理的市场准入机制影响较大,对华南、东北地区的企业影响较小,而对西北地区的企业影响较大。

表 7　　　　　　　不同地区对民企环保建设外部障碍的看法

X/Y	A	B	C	D	E	F
华东地区	37.5%	43.75%	43.75%	58.33%	54.17%	4.17%
华南地区	25%	56.25%	59.38%	65.63%	59.38%	6.25%
华中地区	42.59%	66.67%	57.41%	59.26%	50%	2.47%
华北地区	30.67%	53.33%	42.67%	64%	42.67%	1.33%
东北地区	20%	50%	70%	50%	40%	0.00%
西北地区	11.11%	66.67%	33.33%	33.33%	77.78%	0.00%
西南地区	33.33%	50%	66.67%	66.67%	66.67%	0.00%

注:A. 市场准入规则不合理;B. 相关扶持政策不完善;C. 政企之间缺乏信任及契约精神;D. 环保指标、监管责任主体不明确;E. 环境绩效考评体系有待强化;F. 其他(表 7、表 8 注解含义相同、后部分不再赘述)

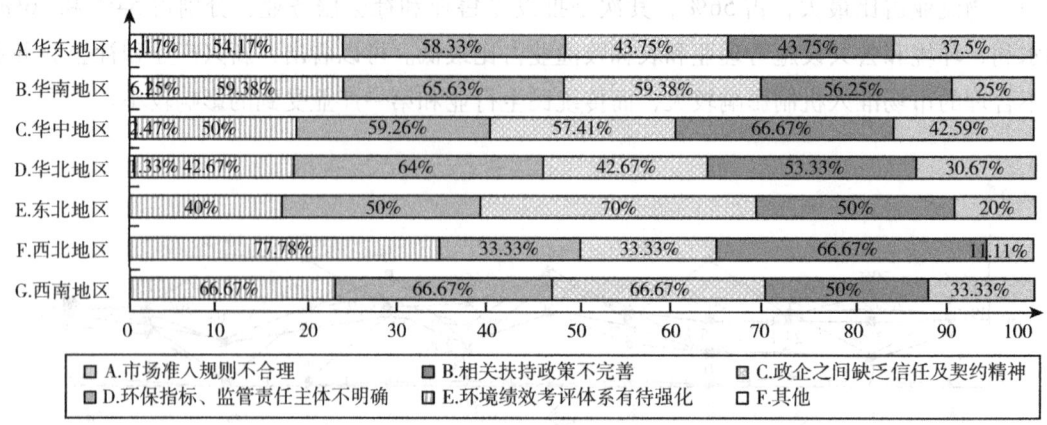

图14　不同地区对民企环保建设外部障碍的看法

由图15和表8可知，认为民营企业环保建设的外部障碍是"市场准入机制不合理"各营业收入水平的企业中，近五年的平均营业收入在1000万元以下的企业占比最大，占47.25%；其次是近五年的平均营业收入在50亿元以上的企业，占比38%；再次是近五年的平均营业收入在20亿~50亿元的企业，占37.04%；而近五年的平均营业收入在20亿~50亿元的企业占比最小，占20%。由此可知，无论企业近五年平均营业收入高低，都认为不合理的市场准入机制影响较大。

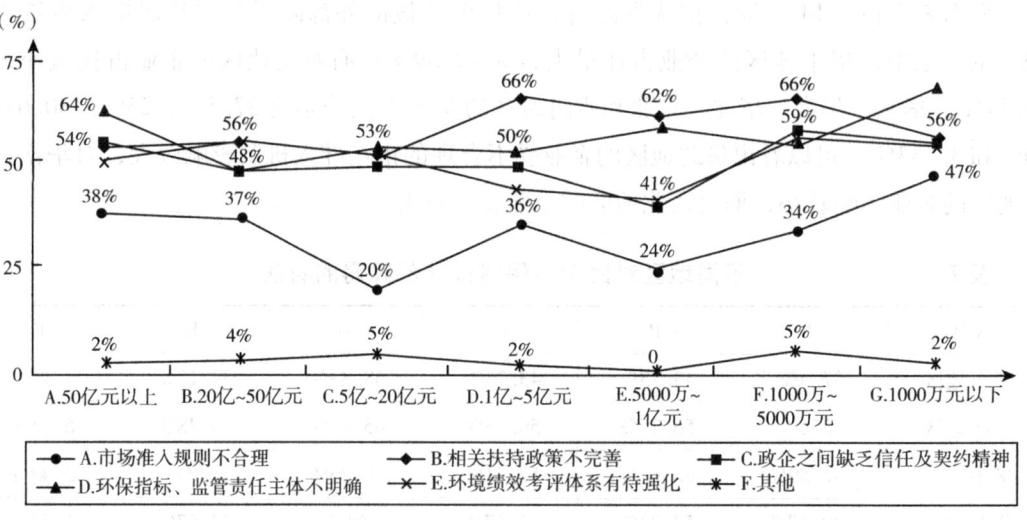

图15　不同规模企业对民企环保建设外部障碍的看法

2. 相关扶持政策不完善。

由图13可知，认为民营企业环保建设的外部障碍是"相关扶持政策不完善"的各行业中，电力、燃气和水的生产与供应业占比最高；其次，物流业和采矿业分别占89%和70%；而占比最低的行业是农林牧渔业，占33%。可以看出对能源消耗较多的行业受国家不完善的扶持政策影响较大。

表8　　　　　　　　不同规模企业对民企环保建设外部障碍的看法

X/Y	A	B	C	D	E	F
50亿元以上	38%	54%	56%	64%	50%	2%
20亿~50亿元	37.04%	55.56%	48.15%	48.15%	55.56%	3.70%
5亿~20亿元	20%	52.5%	50%	55%	52.5%	5%
1亿~5亿元	35.71%	66.07%	50%	53.57%	44.64%	1.79%
5000万~1亿元	24.32%	62.16%	40.54%	59.46%	40.54%	0.00%
1000万~5000万元	34.15%	65.85%	58.54%	56.10%	56.10%	4.88%
1000万元以下	47.25%	56.04%	56.04%	69.23%	53.85%	2.20%

注：A~F注解含义见表7。

根据表8和图15可知，认为民营企业环保建设的外部障碍是"相关扶持政策不完善"近五年平均营业收入不同的企业中，近五年平均营业收入在1亿~5亿元的企业占比最高，占66.07%；而近五年平均营业收入在5亿~20亿元的企业占比最低，占52.5%。可知营业收入水平较低的企业受国家相关政策影响较大。

3. 政企间缺乏信任及契约精神。

由图13可知，认为民企环保建设的外部障碍是"政企之间缺乏信任及契约精神"的各行业中，物流业占比最高，占89%；其次是批发和零售业，占85%；农林牧渔业占比最低；余下行业占比在50%左右的占据多数。可以看出"政企之间缺乏信任及契约精神"对各行业影响都较大。

如表8和图15所示，认为民企环保建设的外部障碍是"政企之间缺乏信任及契约精神"近五年平均营业收入不同的企业中，近五年平均营业收入在1000万~5000万元的企业占比最大，占58.54%；而近五年平均营业收入在5000万~1亿元的企业占比最低，占40.5%。可以看出，各营业收入水平的企业有50%左右都认为民营企业绿色发展的外部障碍是"政企之间缺乏信任及契约精神"，说明政府在威信建设方面有不到位之处。

4. 环保指标、监管责任主体不明确。

由图13可知，认为民企环保建设的外部障碍是"环保指标、监管责任主体不明确"的不同行业中，水利、环境和公共设施管理业和农林牧渔业占比最大；而占比最低的是采矿业，占20%。可以看出高污染行业认为环保指标、监管主体明确，低污染行业认为不明确。

由表7和图14可知，认为民企环保建设的外部障碍是"环保指标、监管责任主体不明确"的不同地区的企业中，西南地区的企业占比最高，占66.67%；而占比最低的是西北地区的企业，占33.33%。可以看出除西北地区以外，其余各地区民企中有过半的认为民营企业绿色发展的外部障碍是"环保指标、监管责任主体不明确"。

由表8和图15可知，认为民企环保建设的外部障碍是"环保指标、监管责任主体不明确"近五年平均营业收入不同的企业中,平均营业收入在1000万元以下的企业占比最大;而占比最低的是近五年平均营业收入在20亿~50亿元的企业,占比48.15%;其余规模的企业占比都在50%以上。由此可知,营业收入水平较低的企业认为"环保指标、监管责任主体不明确"这一障碍影响较大。

5. 环境绩效考评体系有待强化。

根据图13可知,认为民企环保建设的外部障碍是"环境绩效考评体系有待强化"的不同行业中,制造业和批发零售业占比最大,均占54%;其次是采矿业,占50%;而占比最低的是电力、燃气和水的生产与供应业,占25%。可以看出环境绩效考评体系对第二产业影响较大。

由表7和图14可知,认为民企环保建设的外部障碍是"环境绩效考评体系有待强化"的不同地区企业中,西北地区的企业占比最高,占77.78%;而占比最低的是东北地区的企业,占40%。可以看出大部分地区有六成左右的企业认为民营企业绿色发展外部障碍是"环境绩效考评体系有待强化"。根据数据可以反映出环境绩效考评体系具有区域局限,是影响民营企业绿色发展的一大障碍。

(二) 民企自身因素

图16是企业员工对民企环保建设自身障碍的看法,"融资难、融资贵,环保项目难以实施"占比最大;其次是"税负负担重,环保难兼顾"和"环保人才短缺";再次是"更注重研发创新和经济效益";最后占比最小的是"企业更注重经济效益"。

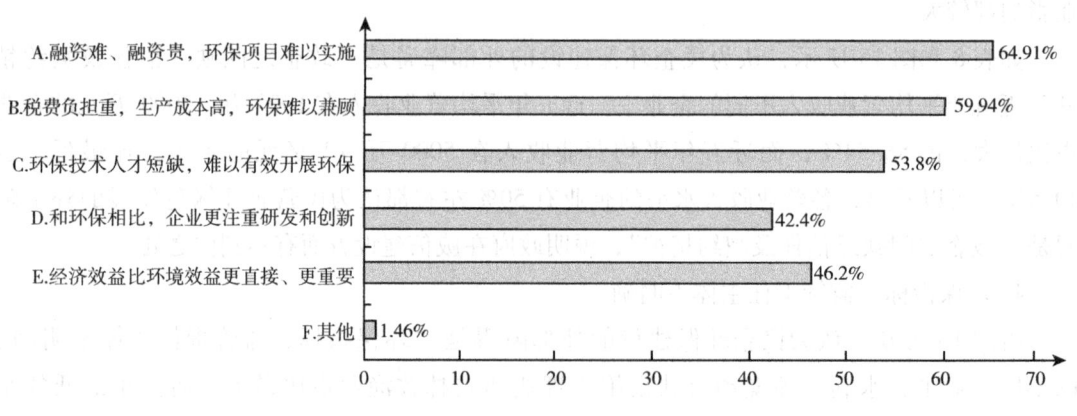

图16 民企环保建设的自身障碍

1. 融资难、融资贵,项目难以实施。

根据图17可得,90%的采矿业企业都认为"融资难、融资贵,环保项目难以实施"是民企环保建设的自身障碍,占比最大;其次是电力、燃气及水的生产和供应业企业,占比为75%;而占比最小的行业是农林牧渔业,占比仅为33%。这说明,民营企业在第二、第三产业中存在着较为严重的融资问题,而第一产业中融资问题较小。

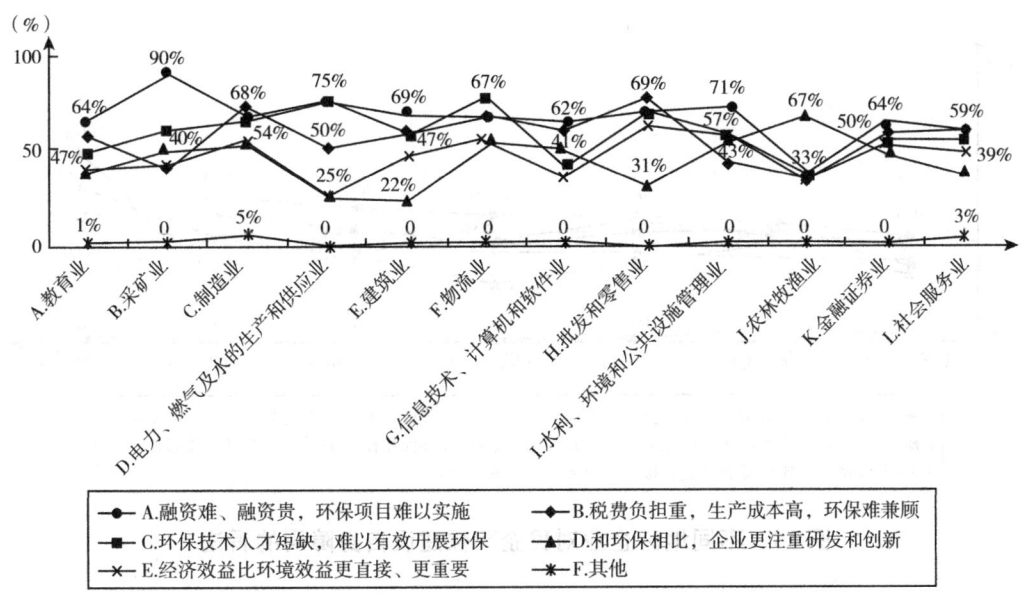

图 17　不同行业对民企环保建设自身障碍的看法

由表9和图18可知，在认为民企环保建设自身障碍是"融资难、融资贵，环保项目难以实施"的各地区企业中，西北地区的企业占比最大，为77.78%；其次，东北地区、华北地区、华中地区和华南地区的企业占比相差不大，都在67%左右；最后，占比最小的是华东地区的企业，仅为56%。可以看出，西部地区经济不发达，民营企业进行融资较为困难；而东部地区经济发达，经济发展速度快，民企融资困难较小。

表 9　　　　　　　不同地区企业对民企环保建设自身障碍的看法

X/Y	A	B	C	D	E	F
华东地区	56.25%	54.17%	39.58%	37.5%	41.67%	2.08%
华南地区	62.5%	56.25%	59.38%	53.13%	43.75%	6.25%
华中地区	66.05%	66.05%	56.79%	43.83%	47.53%	1.23%
华北地区	66.67%	53.33%	50.67%	32%	46.67%	0.00%
东北地区	70%	50%	60%	50%	50%	0.00%
西北地区	77.78%	33.33%	66.67%	55.56%	55.56%	0.00%
西南地区	66.67%	100%	66.67%	83.33%	33.33%	0.00%

注：A. 融资难、融资贵，环保项目难以实施；B. 税费负担重，生产成本高，环保难兼顾；C. 环保技术人才短缺，难以有效开展环保；D. 和环保相比，企业更注重研发和创新；E. 经济效益比环境效益更直接、更重要；F. 其他（表9、表10注解含义相同，后部分不再赘述）

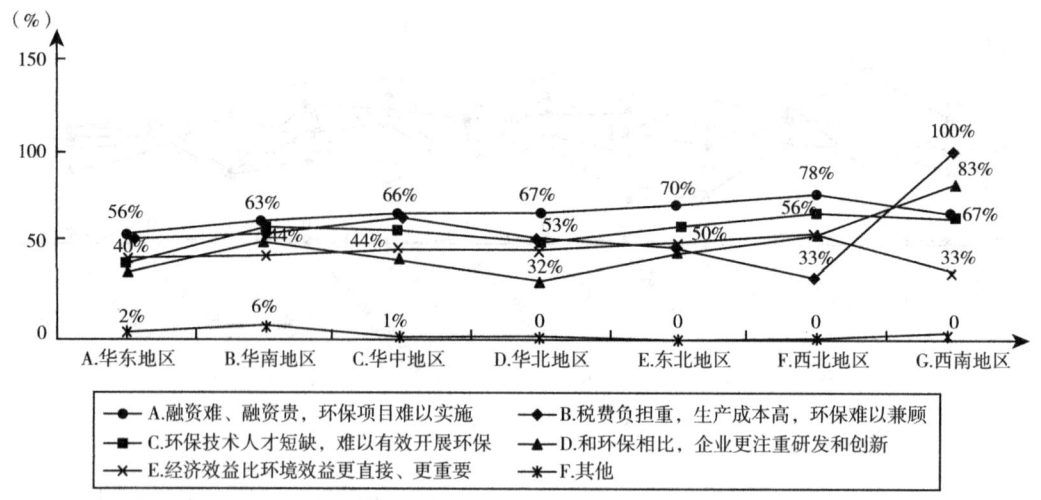

图 18　不同地区企业对民企环保建设自身障碍的看法

根据表10和图19可知，在认为民企环保建设自身障碍是"融资难、融资贵，环保项目难以实施"的各种规模的企业中，占比最大的是营业收入在50亿元以上的企业，为74%；而占比最小的是营业收入在1000万~5000万元的企业，占比为58.54%。分析可得，这一障碍对各种营业收入水平的企业影响都很大，但营业收入水平低的企业会比营业收入水平高的企业融资更加困难。

表 10　　　　　　　不同规模企业对民企环保建设自身障碍的看法

X/Y	A	B	C	D	E	F
50亿元以上	74%	56%	58%	44%	56%	0.00%
20亿~50亿元	62.96%	62.96%	62.96%	37.04%	29.63%	3.70%
5亿~20亿元	65%	55%	52.5%	50%	35%	2.5%
1亿~5亿元	60.71%	66.07%	46.43%	37.5%	53.57%	0.00%
5000万~1亿元	64.86%	56.76%	48.65%	40.54%	32.43%	0.00%
1000万~5000万元	58.54%	58.54%	63.41%	43.90%	41.46%	2.44%
1000万元以下	65.93%	61.54%	51.65%	42.86%	53.85%	2.20%

注：A~F注解含义见表9。

2. 税费负担重、生产成本高，环保难以兼顾。

根据图17可得，78%的物流业企业都认为"税费负担重、生产成本高，环保难以兼顾"是民企环保建设的自身障碍，占比最大；占比最小的行业是农林牧渔业，占比仅为33%。这说明，国家的税收政策存在行业差异，农林牧渔业企业税收占比小，税收负担较轻；而物流业企业和电力、燃气及水的生产和供应业企业税收负担较重，是企业一大自身障碍。

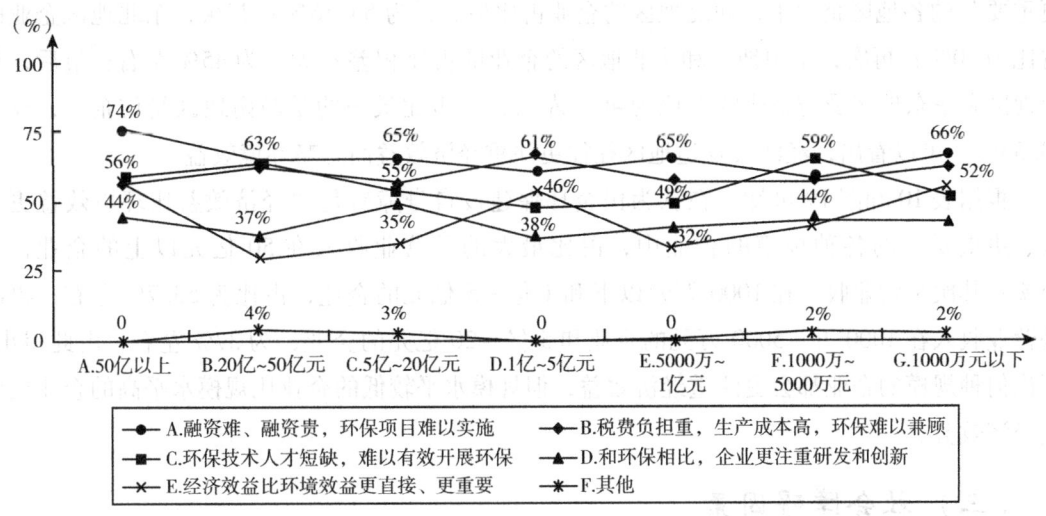

图19 不同规模企业对民企环保建设自身障碍的看法

由表9和图18可知，在认为民企环保建设自身障碍是"税费负担重，生产成本高，环保难以兼顾"的各地区企业中，西南地区的企业占比远高于其他企业；而占比最小的是西北地区的企业，仅为33.33%。可以看出，西南地区企业的税收问题比较突出，税收负担较重。

3. 环保技术人才短缺，环保意识薄弱。

根据图17可得，79%的批发和零售业企业都认为"环保技术人才短缺，难以有效开展环保"是民企环保建设的自身障碍，占比最大；而占比最小的是农林牧渔业企业，占比仅为33%。由此看出，缺乏环保技术人才的多为批发零售业等科技水平较低的企业。

由表9和图18可知，在认为民企环保建设自身障碍是"环保技术人才短缺，难以有效开展环保"的各地区企业中，西北、西南地区的企业占比高，为66.67%；而占比最小的是华东地区的企业，仅为39.58%。可以看出，东部地区企业经济发达，不缺乏环保技术人才；而西部地区企业经济不发达，环保技术人才流入少。

4. 注重研发创新，忽略环保建设。

由表9和图18可知，在认为民企环保建设自身障碍是"和环保相比，企业更加注重研发和创新"的各地区企业中，西南地区的企业占比最高，为83.33%；而占比最小的是华北地区的企业，仅为32%。由此可以看出，西部地区企业更注重研发和创新，对环保不注重。

根据表10和图19可知，在认为民企环保建设自身障碍是"和环保相比，企业更加注重研发和创新"的各规模企业中，占比最大的是营业收入在5亿~20亿元企业，为50%；而占比最小的是营业收入在1亿~5亿元和20亿~50亿元的企业，为37.2%左右。由此得出，不论企业的营业水平高低，都更注重研发和创新而忽略环保建设。

5. 经济效益直接，环境效益滞后。

由表9和图18可知，在认为民企环保建设自身障碍是"经济效益比环境效益更直接、更重要"的各地区企业中，西北地区的企业占比最高，为55.56%；其次，东北地区企业的占比为50%；再次，华中地区和华北地区的企业的占比相差不大，为45%左右；最后，华南地区和华东地区受访企业的占比为40%左右；而占比最小的是西南地区受访企业，仅为33.33%。可以看出，经济欠发达地区往往更注重经济效益而忽略环境效益。

根据表10和图19可知，在认为民企环保建设自身障碍是"经济效益比环境效益更直接、更重要"的各种规模的企业中，占比最大的是营业收入在50亿元以上的企业，为56%；其次是营业收入在1000万元以下和1亿~5亿元的企业，占比为53.7%左右；再次是营业收入在1000万~5000万元的企业和5亿~20亿元的企业，为37%左右。由此得出，不论何种规模的企业都会更注重经济效益，但规模水平较低的企业比规模水平高的企业更注重经济效益。

（三）社会障碍因素

如图20所示，"在要素获取和资源分配方面存在不合理现象"占比最大；其次是"在市场准入许可、金融借贷方面存在不公平现象""在政府采购和招投标方面存在不平等待遇"和"地区政策、媒体舆论或文化礼仪不注重环保指引"；占比最小的是"与国企等其他市场主体存在竞争挤占关系"这一障碍。

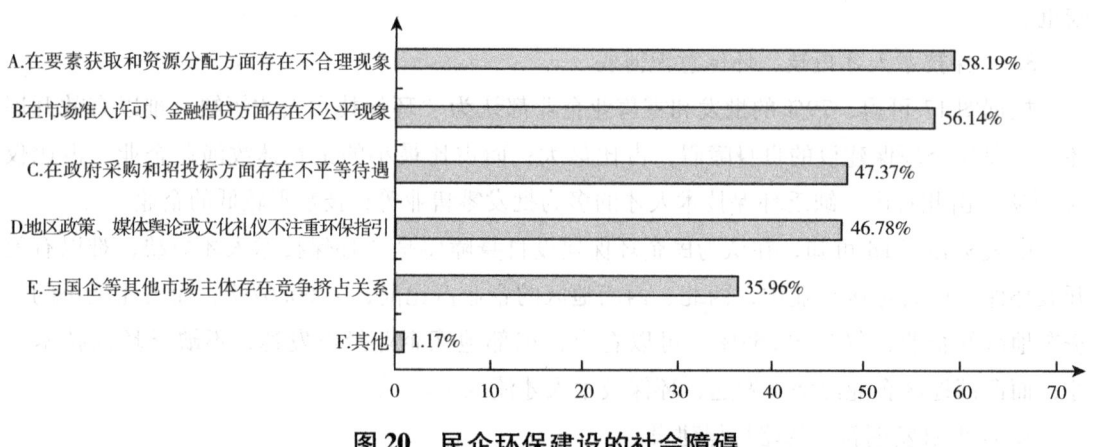

图20　民企环保建设的社会障碍

1. 要素获取和资源分配不合理。

从表11和图21可知，认为民企环保建设社会障碍是"在要素获取和资源分配方面存在不合理现象"的各行业中，制造业占比最大，占68.29%；其次是信息技术、计算机和软件业和批发零售业，分别占61.76%和61.54%；而农林牧渔业占比最低，占33.33%。由此可得，"在要素获取和资源分配方面存在不合理现象"这一障碍对各行业的影响都较大。

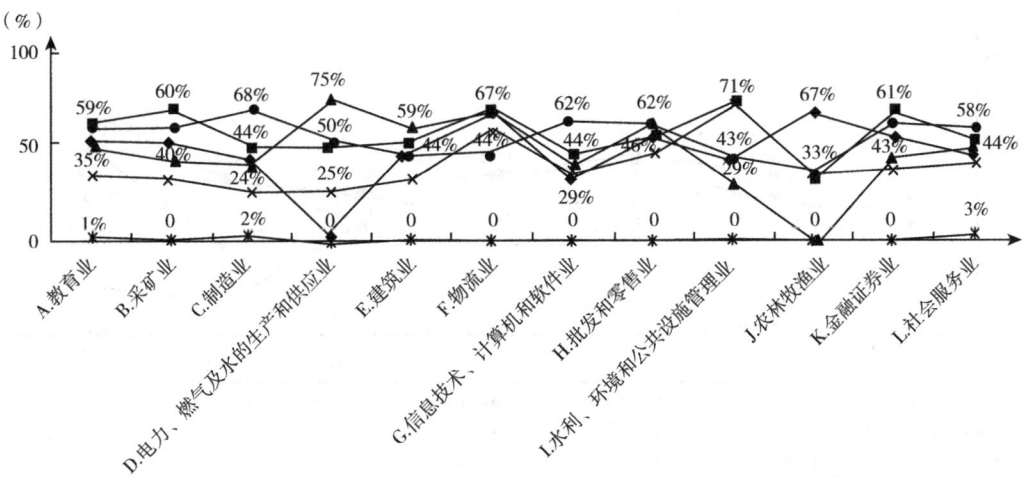

图 21　不同行业对民企环保建设社会障碍的看法

表 11　　　　　　　不同行业对民企环保建设社会障碍的看法

X/Y	A	B	C	D	E	F
教育业	59.46%	52.70%	59.46%	50%	35.14%	1.35%
采矿业	60%	50%	70%	40%	30%	0.00%
制造业	68.29%	43.90%	48.78%	39.02%	24.39%	2.44%
电力、燃气及水的生产和供应业	50%	0.00%	50%	75%	25%	0.00%
建筑业	43.75%	50%	50%	59.38%	31.25%	0.00%
物流业	44.44%	66.67%	66.67%	66.67%	55.56%	0.00%
信息技术、计算机和软件业	61.76%	29.41%	44.12%	38.24%	35.29%	0.00%
批发和零售业	61.54%	53.85%	53.85%	61.54%	46.15%	0.00%
水利、环境和公共设施管理业	42.86%	42.86%	71.43%	28.57%	71.43%	0.00%
农林牧渔业	33.33%	66.67%	33.33%	0.00%	33.33%	0.00%
金融证券业	60.71%	53.57%	67.86%	42.86%	35.71%	0.00%
社会服务业	57.63%	44.07%	52.54%	47.46%	40.68%	3.39%

注：A. 在要素获取和资源分配方面存在不合理现象；B. 在政府采购和招投标方面存在不平等待遇；C. 在市场准入许可、金融借贷方面存在不公平现象；D. 地区政策、媒体舆论或文化礼仪不注重环保指引；E. 与国企等其他市场主体存在竞争挤占关系；F. 其他（表11、表12、表13注解含义相同、后部分不再赘述）

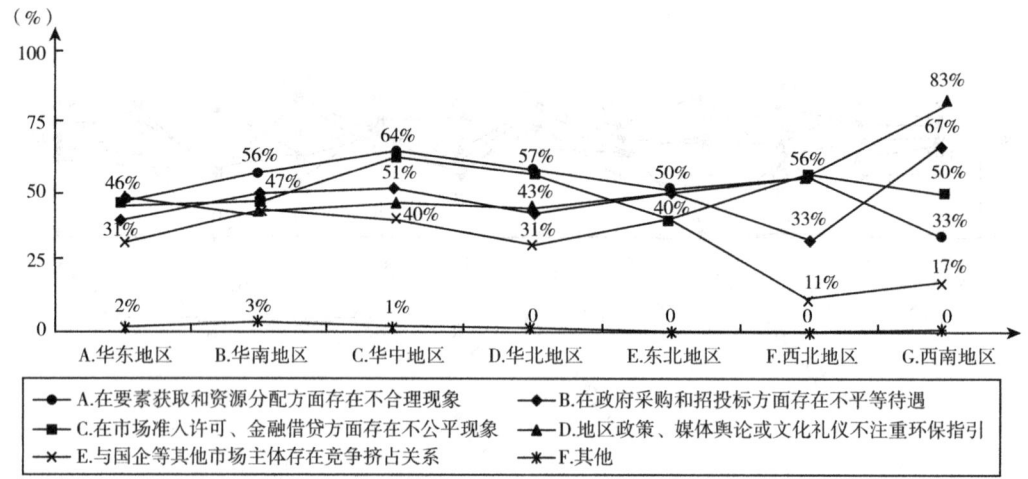

图 22　不同地区对民企环保建设社会障碍的看法

从表 12 和图 22 可知，认为民企环保建设的社会障碍是"在要素获取和资源分配方面存在不合理现象"的各地区企业中，华中地区的企业占比最大，占 64.20%；占比最低的是西南地区的企业，为 33.33%。可以看出"要素和资源的不合理分配"这一障碍，除西南地区企业外，对余下地区民企的绿色发展影响都较大。

表 12　　　　　　　　不同地区对民企环保建设社会障碍的看法

X/Y	A	B	C	D	E	F
华东地区	45.83%	39.58%	45.83%	47.92%	31.25%	2.08%
华南地区	56.25%	50%	46.88%	43.75%	43.75%	3.13%
华中地区	64.20%	51.23%	62.35%	45.68%	40.12%	1.23%
华北地区	57.33%	42.67%	56%	45.33%	30.67%	0.00%
东北地区	50%	50%	40%	50%	40%	0.00%
西北地区	55.56%	33.33%	55.56%	55.56%	11.11%	0.00%
西南地区	33.33%	66.67%	50%	83.33%	16.67%	0.00%

注：A~F 注解含义见表 11。

从表 13 和图 23 可知，认为民企环保建设的社会障碍是"在要素获取和资源分配方面存在不合理现象"的企业中，近五年的平均营业收入在 5000 万~1 亿元的企业占比最大，占 72.97%；而近五年平均营业收入在 5 亿~20 亿元的企业占比最小，占 50%。可以看出不论企业营业收入水平高低，要素获取和资源分配的不合理都是其绿色发展的重要障碍。

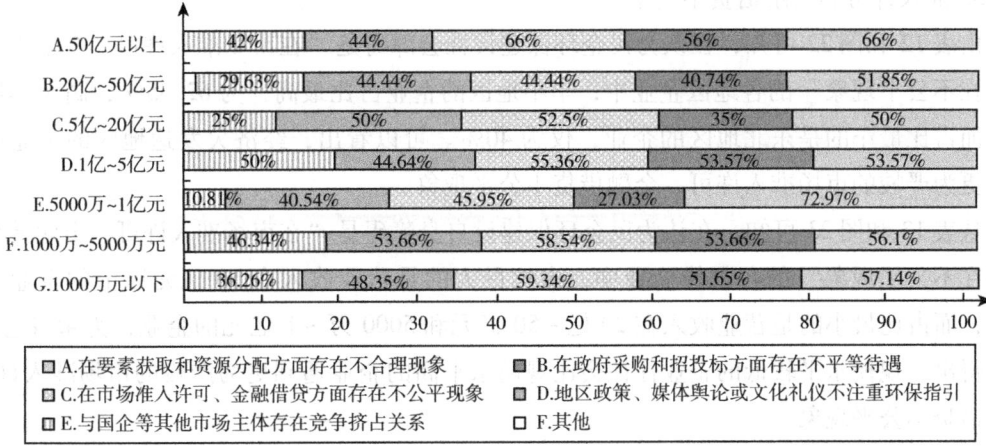

图23　不同规模企业对民企环保建设社会障碍的看法

表13　　　　　　　不同规模企业对民企环保建设社会障碍的看法

X/Y	A	B	C	D	E	F
50亿元以上	66%	56%	66%	44%	42%	0.00%
20亿~50亿元	51.85%	40.74%	44.44%	44.44%	29.63%	3.70%
5亿~20亿元	50%	35%	52.5%	50%	25%	0.00%
1亿~5亿元	53.57%	53.57%	55.36%	44.64%	50%	0.00%
5000万~1亿元	72.97%	27.03%	45.95%	40.54%	10.81%	0.00%
1000万~5000万元	56.10%	53.66%	58.54%	53.66%	46.34%	2.44%
1000万元以下	57.14%	51.65%	59.34%	48.35%	36.26%	2.20%

注：A~F注解含义见表11。

2. 政府采购和招标投标不平等。

从表12和图22可知，认为民企环保建设的社会障碍是"在政府采购和招投标方面存在不平等待遇"的各地区企业中，西南地区的企业占比最大，占66.67%；占比最低的是西北地区的企业，占33.33%。可以看出政府采购和招投标方面的不平等现象更容易发生在经济欠发达地区。

从表13和图23可知，认为民企环保建设的社会障碍是"在政府采购和招投标方面存在不平等待遇"的企业中，近五年的平均营业收入在50亿元以上的企业占比最大，占66%；而近五年平均营业收入在5000万~1亿元的企业占比最小，占27.03%；其次是近五年平均营业收入在5亿~20亿元的企业，占35%。可以看出政府采购和招投标的不平等现象对中等规模的企业影响较小。

3. 准入许可和金融借贷不公平。

由表12和图22可知，在认为民企环保建设社会障碍是"在市场准入许可、金融借贷方面存在不公平现象"的各地区企业中，华中地区的企业占比最高，为62.35%，高于其他企业；而占比最小的是东北地区的企业，仅为40%。可以看出，经济欠发达地区的企业往往遇到更为严峻的市场准入许可、金融借贷不公平现象。

从表13和图23可知，在认为民企环保建设自身障碍是"在市场准入许可、金融借贷方面存在不公平现象"的各规模企业中，占比最大的是营业收入在50亿元以上的企业，为66%；而占比最小的是营业收入在20亿~50亿元和5000万~1亿元的企业，为45%左右。由此得出，规模水平较低的企业往往会比规模水平高的企业遇到更为严峻的市场准入许可、金融借贷不公平现象。

4. 地区政策和文化舆论不注重。

从表11和图21可知，认为民企环保建设社会障碍是"地区政策、媒体舆论或文化指引不注重环保"的各行业中，电力、燃气及水的生产和供应业企业占比最大，占75%，其次是物流业企业和批发零售业企业，分别占66.67%和61.54%。由此可得，"地区政策、媒体舆论或文化指引不注重环保"这一障碍在各行业存在差异，能源消耗量大的行业更易面临这一障碍。

由表12和图22可知，在认为民企环保建设社会障碍是"地区政策、媒体舆论或文化指引不注重环保"的各地区企业中，西南地区的企业占比最高，为83.33%；而占比最小的是华南地区的企业，仅为43.75%。可以看出，经济欠发达地区的企业在地区政策、文化舆论方面存在劣势。

从表13和图23可知，在认为民企环保建设自身障碍是"地区政策、媒体舆论或文化指引不注重环保"的各规模企业中，占比最大的是营业收入在1000万~5000万元的企业，为53.66%；而占比最小的是营业收入在5000万~1亿元的企业，为40.54%。由此得出，营业收入水平较低的企业比营业收入水平高的企业在地区政策、文化舆论不注重环保方面更存劣势。

5. 与国企等其他主体挤占竞争。

由表12和图22可知，在认为民企环保建设社会障碍是"与国企等其他市场主体存在竞争挤占关系"的各地区企业中，华南地区的企业占比最高，为43.75%；占比最小的是西北和西南地区的企业，仅为1.11%左右。可以看出，这一障碍对经济较为发达的地区影响较大。

从表13和图23可知，在认为民企环保建设自身障碍是"与国企等其他市场主体存在竞争挤占关系"的各规模企业中，占比最大的是营业收入在1亿~5亿元的企业，为50%；其次是营业收入在1000万元以下、1000万~5000万元和50亿元以上的企业，占比为40%左右；而占比最小的是营业收入在5000万~1亿元的企业，仅为10.81%。由此得出，"与国企等其他市场主体存在竞争挤占关系"这一障碍对各种规模的企业都存在影响。

四、柳暗花明又一村：民营企业绿色发展的纾困解难

2018年11月1日，习近平总书记出席民营企业家座谈会，并发表重要讲话。总书记把民营企业当前的困境比作"三座大山"——市场的冰山，融资的高山，转型的火山。因此，解决民营企业当前的困境，就是要多管齐下，着力解决最突出的问题，推翻"三座大山"。

（一）因地制宜：不同地区民营企业的纾解路径

1. 提供税费减免政策，减轻企业负担。

由表14可见，华东地区的民营企业最想得到的支持是完善环保规制、环保补偿、督查管理和奖惩绩效考评体系；而华南、华中、华北、东北地区的民营企业最想得到的支持则是提供向环保领域倾斜的税费减免和优惠政策；西北地区的民营企业则是希望因地制宜，制定有区域差别、行业差异的环保引导政策；西南地区的民营企业比较特殊，对于各项支持的要求都比较强烈。

表14　　不同地区的民营企业认为在环保方面应该得到的支持

X/Y	A	B	C	D	E	F	G	H
华东地区	52.08%	52.08%	52.08%	43.75%	56.25%	50%	39.58%	2.08%
华南地区	62.5%	68.75%	56.25%	53.13%	65.63%	59.38%	46.88%	3.13%
华中地区	61.11%	71.60%	56.79%	57.41%	58.64%	55.56%	40.12%	1.85%
华北地区	62.67%	66.67%	44%	45.33%	48%	50.67%	33.33%	1.33%
东北地区	60%	80%	40%	30%	40%	40%	20%	0
西北地区	66.67%	11.11%	66.67%	22.22%	33.33%	55.56%	44.44%	0
西南地区	83.33%	100%	83.33%	66.67%	83.33%	66.67%	50%	0

注：A. 市场竞争关系公平化，形成有制度保障的营商环境；B. 提供向环保领域倾斜的税费减免和优惠政策；C. 优化政企在环保领域的战略合作，明晰责权利关系；D. 在简化审批、金融信贷、人才配置等方面提供便利；E. 完善环保规制、环保补偿、督查管理和奖惩绩效考评体系；F. 因地制宜，制定有区域差别、行业差异的环保引导政策；G. 支持民营企业走出去，学习国外先进的环保经验；H. 其他。

由表14可知，全国大部分地区，尤其是华南、华中等经济发达人口密集地区的民营企业，最需要得到的是提供向环保领域倾斜的税费减免和优惠政策。这些地区经济较为发达，地方政府财政资金较为宽裕，可以根据本地区的具体情况，对环保、科技创新投入大的企业，实施具体化差异化的税收减免政策和财政补贴政策。

2. 降低制度交易成本，减少审批手续。

由表15可知，在营商环境方面，华中、华东、东北、西北、西南等地区的民企对于"降低制度交易成本，资质许可、交易运营等各事项标准化，收费透明化"反应最强烈；而华北地区则认为应该"督察监管规范软硬并重，奖惩分明，慎用停产停业等强制措施"。因

此,在营商环境方面,需要行政和法律两方面的共同支持和保障。

在行政方面,要推动健全市场准入机制,打破地域壁垒,规范市场秩序,清理规范性文件。在项目环境影响评价管理过程中,对各类企业主体公平对待、统一要求,营造公平的市场发展环境。在法律方面,依法平等保护各类市场主体,推动完善社会主义市场经济主体法律制度,准确把握市场准入标准,服务开放型经济新体制建设,保障市场交易公平公正,加强破产制度机制建设,完善社会主义市场主体救治和退出机制。

表 15　　　　　　不同地区的民营企业在营商环境方面的诉求

X/Y	A	B	C	D	E	F	G
A. 华东地区	58.33%	64.58%	62.5%	52.08%	39.58%	33.33%	2.08%
B. 华南地区	62.5%	65.63%	65.63%	75%	65.63%	59.38%	3.13%
C. 华中地区	65.43%	69.14%	71.60%	61.11%	53.09%	48.77%	1.23%
D. 华北地区	65.33%	57.33%	53.33%	53.33%	46.67%	34.67%	1.33%
E. 东北地区	70%	70%	50%	50%	50%	30%	0.00%
F. 西北地区	44.44%	66.67%	22.22%	44.44%	44.44%	33.33%	0.00%
G. 西南地区	83.33%	100%	66.67%	50%	50%	50%	0.00%

注:A. 推进"放管服"改革,改善政企失信违诺现象,践行契约精神改善信用环境;B. 督察监管规范,软硬并重,奖惩分明,慎用停产停业等强制措施;C. 降低制度交易成本,资质许可、交易运营等各事项标准化,收费透明化;D. 鼓励企业持续推进重大创新项目,给予财政创新补贴;E. 打造人才流通便利、商务便捷、办税方便、海关通关便捷等绿色通道;F. 加强信息平台建设,提供畅通的信息获取、问询、反馈等信息沟通渠道;G. 其他。

3. 明确绿色发展规划,提升发展水平。

表 16 表示我国不同地区的民营企业认为自身应该做的努力。可以看出,几乎每个地区的企业都选择"把绿色发展作为公司战略规划,明确环保的重要地位",其次,几乎每个地区的民营企业都认为应该加强技术研发。

根据自己所处地区的特殊情况,合理制订发展规划。因此,企业应增强环保意识,在一些经济欠发达地区,即使没有能力对环保建设投入过多的资金,但是也要严格执行国家的环保指标,而对于一些经济发达地区的企业,则要加大环保资金的投入力度,加强自主创新,努力改进生产工艺和生产流程。

表 16　　　　　　不同地区的企业认为自身应该做哪些努力

X/Y	A	B	C	D	E	F
华东地区	64.58%	60.42%	52.08%	60.42%	31.25%	2.08%
华南地区	65.63%	62.5%	65.63%	56.25%	46.88%	3.13%
华中地区	65.43%	66.05%	62.35%	67.28%	44.44%	1.23%

续表

X/Y	A	B	C	D	E	F
华北地区	62.67%	53.33%	56%	52%	44%	1.33%
东北地区	60%	70%	40%	50%	30%	0.00%
西北地区	88.89%	33.33%	44.44%	55.56%	55.56%	0.00%
西南地区	83.33%	66.67%	66.67%	66.67%	50%	0.00%

注：A. 把绿色发展作为公司战略规划，明确环保的重要地位；B. 设立环保管理机构，建立健全绿色产品生产机制；C. 加强技术研发，向社会提供先进的环保技术；D. 注重引进和培养人才，助力清洁生产和企业转型升级；E. 形成与外部行政机关、企事业单位的定期沟通交流机制；F. 其他。

（二）量体裁衣：不同行业民营企业的纾解路径

1. 制定差异扶持政策，满足不同行业需求。

由表17可知，各行业对民企参与环保建设应得到的支持意见不一致，教育业的选择比较平均，而加工制造业和采矿业的选择则主要集中在市场竞争关系公平化和税费减免两个领域，农业则集中在"支持民营企业走出去，学习国外先进的环保经验"。由此可见，不同行业的看法和诉求不同。

表17　　不同的行业认为民营企业在环保方面应该得到的政策支持

X/Y	A	B	C	D	E	F	G	H
教育业	54.05%	56.76%	54.05%	52.70%	45.95%	40.54%	29.73%	2.70%
采矿业	100%	60%	50%	60%	40%	80%	30%	0.00%
制造业	73.17%	80.49%	48.78%	53.66%	65.85%	56.10%	36.59%	2.44%
水电气供应业	75%	50%	50%	50%	25%	25%	25%	0.00%
建筑业	53.13%	68.75%	56.25%	50%	68.75%	62.5%	40.63%	0.00%
物流业	33.33%	66.67%	44.44%	77.78%	55.56%	55.56%	44.44%	11.11%
信息技术产业	55.88%	67.65%	52.94%	38.24%	58.82%	52.94%	32.35%	0.00%
批发和零售业	61.54%	61.54%	46.15%	38.46%	61.54%	69.23%	38.46%	0.00%
公共设施管理业	85.71%	100%	71.43%	71.43%	71.43%	100%	42.86%	0.00%
农业	33.33%	33.33%	33.33%	33.33%	33.33%	66.67%	66.67%	0.00%
金融业	66.07%	66.07%	55.36%	57.14%	53.57%	53.57%	51.79%	1.79%
社会服务业	57.63%	69.49%	55.93%	44.07%	57.63%	52.54%	42.37%	1.69%

注：A. 市场竞争关系公平化，形成有制度保障的营商环境；B. 提供向环保领域倾斜的税费减免和优惠政策；C. 优化政企在环保领域的战略合作，明晰责权利关系；D. 在简化审批、金融信贷、人才配置等方面提供便利；E. 完善环保规制、环保补偿、督查管理和奖惩绩效考评体系；F. 因地制宜，制定有区域差别、行业差异的环保引导政策；G. 支持民营企业走出去，学习国外先进的环保经验；H. 其他。

政府在制定环保扶持政策时，应主要考虑加工制造业和采矿业等污染较重的企业，这些企业的加工流转环节较多，且每一环节都要缴税，因此税收是他们较重的负担，减税降费措施必须优先针对这些行业，切实减轻企业负担，释放企业创新创造活力。

2. 优化市场竞争环境，务求公正合理透明。

由表18可以看出，民企在营商环境方面最大的诉求是"督察监管规范，软硬并重，奖惩分明，慎用停产停业等强制措施"。因此，在优化营商环境方面，应该从以下方面着手：推动健全市场准入机制，打破地域壁垒，规范市场秩序，对生态环境领域政府投资项目制定科学合理的招标采购条件，减少社会资本市场准入限制，清理在招投标等环节的不合理限制，破除民营企业参与竞标污染防治攻坚战重大治理工程项目的准入屏障。在项目环境影响评价管理过程中，对各类企业主体公平对待、统一要求，营造公平的市场发展环境。

表18　　　　　　　　不同行业的民营企业在营商环境方面的诉求

X/Y	A	B	C	D	E	F	G
教育业	55.41%	62.16%	59.46%	55.41%	45.95%	31.08%	2.70%
采矿业	80%	100%	70%	70%	80%	60%	0.00%
制造业	63.41%	78.05%	65.85%	78.05%	36.59%	39.02%	2.44%
水电气供应业	50%	50%	50%	75%	75%	25%	0.00%
建筑业	78.13%	65.63%	59.38%	62.5%	59.38%	50%	0.00%
物流业	66.67%	88.89%	88.89%	77.78%	77.78%	66.67%	0.00%
信息技术业	58.82%	44.12%	55.88%	52.94%	64.71%	47.06%	0.00%
批发和零售业	69.23%	69.23%	76.92%	61.54%	53.85%	46.15%	0.00%
公共设施管理业	100%	100%	57.14%	57.14%	57.14%	57.14%	0.00%
农业	33.33%	66.67%	33.33%	33.33%	33.33%	66.67%	0.00%
金融业	69.64%	69.64%	69.64%	44.64%	41.07%	37.5%	1.79%
社会服务业	59.32%	59.32%	64.41%	57.63%	50.85%	54.24%	1.69%

注：A. 推进"放管服"改革，改善政企失信违诺现象，践行契约精神改善信用环境；B. 督察监管规范，软硬并重，奖惩分明，慎用停产停业等强制措施；C. 降低制度交易成本，资质许可、交易运营等各事项标准化，收费透明化；D. 鼓励企业持续推进重大创新项目，给予财政创新补贴；E. 打造人才流通便利、商务便捷、办税方便、海关通关便捷等绿色通道；F. 加强信息平台建设，提供畅通的信息获取、问询、反馈等信息沟通渠道；G. 其他（表18、表21注解含义相同，后部分不再赘述）。

政府工作报告中有一个新的提法：按照竞争中性原则，在要素获取，准入许可，经营运行，政府采购和招投标等方面，对各类所有制企业平等对待。在法律环境方面，让民营企业平等参与市场竞争，切实维护市场交易主体合法权益，绝不能用行政手段强加干涉正常竞争，更不允许行政干预司法。

3. 引入第三方治理模式，健全绿色生产机制。

由表19可以看出，采矿业和加工制造业认为自身最应该做到"设立环保管理机构，建立健全绿色产品生产机制"。因此，企业应该立足长远，积极引入第三方治理模式，降低环境治理成本，提升绿色发展水平。通过第三方专业化市场服务，为有环境治理和低碳发展需求的民营企业提供问题诊断、治理方案编制、污染物排放监测以及环境治理设施建设、运营和维护等综合服务。此外，还要完善财务指标体系，合理评估经营风险。与银行等金融机构加强财务信息的沟通交换，降低融资成本，拓宽融资渠道。

表19　　　　　　　　不同行业的企业认为自身应该做哪些努力

X/Y	A	B	C	D	E	F
教育业	63.51%	62.16%	58.11%	54.05%	41.89%	2.70%
采矿业	100%	80%	60%	90%	60%	0.00%
制造业	70.73%	46.34%	60.98%	53.66%	36.59%	2.44%
电力、燃气及水的生产和供应业	75%	50%	50%	75%	25%	0.00%
建筑业	65.63%	65.63%	65.63%	71.88%	59.38%	0.00%
物流业	66.67%	77.78%	88.89%	77.78%	33.33%	0.00%
信息技术、计算机和软件业	47.06%	44.12%	58.82%	61.76%	35.29%	0.00%
批发和零售业	76.92%	76.92%	38.46%	46.15%	30.77%	0.00%
水利、环境和公共设施管理业	71.43%	42.86%	57.14%	71.43%	28.57%	0.00%
农林牧渔业	33.33%	33.33%	33.33%	100%	33.33%	0.00%
金融证券业	57.14%	71.43%	60.71%	57.14%	46.43%	1.79%
社会服务业	74.58%	64.41%	54.24%	64.41%	44.07%	1.69%

注：A. 把绿色发展作为公司战略规划，明确环保的重要地位；B. 设立环保管理机构，建立健全绿色产品生产机制；C. 加强技术研发，向社会提供先进的环保技术；D. 注重引进和培养人才，助力清洁生产和企业转型升级；E. 形成与外部行政机关、企事业单位的定期沟通交流机制；F、其他（表19、表22注解含义相同，后部分不再赘述）。

（三）对症下药：不同规模的民营企业的纾解路径

1. 设立绿色发展基金，支持企业环保。

由表20可知，不论大小规模的民营企业，希望得到的外部支持依然是"提供向环保领域倾斜的税费减免和优惠政策"。因此，要扶持民营企业在环保方面发展，就必须继续加大减税力度。

表20　不同平均营业收入规模的民营企业认为在环保方面应该得到的支持

X/Y	A	B	C	D	E	F	G	H
50亿元以上	78%	70%	48%	58%	60%	44%	36%	0.00%
20亿~50亿元	55.56%	77.78%	51.85%	51.85%	66.67%	55.56%	44.44%	3.70%
5亿~20亿元	60%	62.5%	72.5%	52.5%	47.5%	52.5%	42.5%	2.5%
1亿~5亿元	55.36%	73.21%	55.36%	48.21%	55.36%	51.79%	30.36%	0.00%
5000万~1亿元	54.05%	54.05%	45.95%	40.54%	43.24%	54.05%	32.43%	0.00%
1000万~5000万元	60.98%	68.29%	56.10%	51.22%	56.10%	63.41%	48.78%	2.44%
1000万元以下	59.34%	63.74%	49.45%	51.65%	59.34%	56.04%	40.66%	3.30%

注：A. 市场竞争关系公平化，形成有制度保障的营商环境；B. 提供向环保领域倾斜的税费减免和优惠政策；C. 优化政企在环保领域的战略合作，明晰责权利关系；D. 在简化审批、金融信贷、人才配置等方面提供便利；E. 完善环保规制、环保补偿、督查管理和奖惩绩效考评体系；F. 因地制宜，制定有区域差别、行业差异的环保引导政策；G. 支持民营企业走出去，学习国外先进的环保经验；H. 其他。

加快推动设立国家绿色发展基金，鼓励有条件的地方政府和社会资本共同发起区域性绿色发展基金，支持民营企业污染治理和绿色产业发展。完善环境污染责任强制保险制度，将环境风险高、环境污染事件较为集中的行业企业纳入投保范围。健全企业环境信用评价制度，充分运用企业环境信用评价结果，创新抵押担保方式。鼓励民营企业设立环保风投基金，发行绿色债券，积极推动金融机构创新绿色金融产品，发展绿色信贷，推动解决民营企业环境治理融资难、融资贵问题。对于银行等金融机构来说，要解决"不愿贷，不敢贷，不能贷"，适度放宽对企业环保投资的贷款门槛。

2. 治理失信违诺现象，改善信用环境。

由表21可知，较大规模的民营企业认为推进"放管服"改革是他们需要的，而且要改善政企失信违诺现象，践行契约精神改善信用环境。而中小民营企业对各方面的措施要求都比较强烈，说明中小民营企业在营商环境方面的"获得感"还有待提升。

表21　　不同营业规模民营企业在营商环境方面的诉求

X/Y	A	B	C	D	E	F	G
50亿元以上	76%	80%	74%	52%	44%	42%	0.00%
20亿~50亿元	74.07%	70.37%	59.26%	55.56%	37.04%	44.44%	3.70%
5亿~20亿元	67.5%	70%	55%	57.5%	50%	47.5%	2.5%
1亿~5亿元	58.93%	66.07%	67.86%	66.07%	55.36%	44.64%	0.00%
5000万~1亿元	54.05%	54.05%	62.16%	51.35%	54.05%	29.73%	0.00%
1000万~5000万元	58.54%	60.98%	65.85%	65.85%	58.54%	58.54%	2.44%
1000万元以下	62.64%	62.64%	60.44%	58.24%	50.55%	40.66%	2.20%

注：A~F注解见表18。

推进"放管服"改革,改善政企失信违诺现象,践行契约精神,改善信用环境;督察监管规范,软硬并重,奖惩分明,慎用停产停业等强制措施;降低制度交易成本,资质许可、交易运营等各事项标准化,收费透明化;鼓励企业持续推进重大创新项目,给予财政创新补贴;打造人才流通便利、商务便捷、办税方便、海关通关便捷等绿色通道;加强信息平台建设,提供畅通的信息获取、问询、反馈等信息沟通渠道。

3. 加强技术研究开发,走创新发展之路。

由表22可以看出,大小规模的民营企业认为自身应该从"把绿色发展作为公司战略规划,明确环保的重要地位"和"加强技术研发,向社会提供先进的环保技术"两个方面着手。因此,民营企业首先应该做的是生态文明观念的确立,坚持人与自然和谐共生,推进绿色发展,循环发展,低碳发展,形成节约资源保护环境的发展理念,形成人与自然和谐发展新格局。其次,民营企业要加强技术创新,改进生产工艺,降低生产成本,转变发展方式,走新型工业化道路。无论是从当前的成本提升角度,还是从资源环境压力角度,加快转型升级都是民企的不二选择。这就要求民企顺应产业演进规律,加快淘汰落后产能,改进生产工艺和流程,向高端产业转型。只有加强研发投入力度,加快科技创新步伐,才能保持竞争优势并实现跨越发展。

表22　　　　　　　不同营业规模的民营企业认为自身应该做的努力

X/Y	A	B	C	D	E	F
50亿以上	68%	74%	74%	58%	42%	0.00%
20亿~50亿元	74.07%	66.67%	55.56%	51.85%	51.85%	3.70%
5亿~20亿元	60%	60%	67.5%	67.5%	42.5%	2.5%
1亿~5亿元	55.36%	62.5%	51.79%	67.86%	35.71%	0.00%
5000万~1亿元	59.46%	40.54%	51.35%	56.76%	35.14%	0.00%
1000万~5000万元	65.85%	68.29%	68.29%	56.10%	56.10%	2.44%
1000万元以下	72.53%	58.24%	50.55%	62.64%	41.76%	2.20%

注:A~F注解见表19。

五、风物长宜放眼量:民企绿色发展的研究结论

在现状研究中,我们运用XY交叉分析法对民营企业样本从不同行业、区域和规模三个方面对企业的环保意识、企业的环保投资趋势、企业已采取的措施进行交叉分析。通过对样本分析,我们发现:

(1)从被调查企业对《全国工商联、生态环境部关于支持服务民营企业绿色发展的

指导意见》的了解程度可得,其中"非常了解"国企占17.20%、行政事业单位占13.95%、民营企业仅占6.54%。从中可知,虽然国家出台了支持民企绿色发展的指导意见,但相对于国有企事业单位来说,民企内部宣传贯彻力度不足,民企对绿色发展的关注程度不高。

(2) 在对民营企业绿色环保投资比例调查时发现,民营企业的环保投资比例主要占当期总投资的0.5%以下,说明民营企业的环保投资力度远远不够。

(3) 在对环保投资趋势研究时,无环保投资的民企占57.14%,环保投资呈逐渐增多的趋势的仅占39.05%,甚至我们在进行调查时,有的企业直言不讳地说道:"一般企业活着都难,搞什么环保。"可见,受各种障碍因素影响,绝大部分民企根本不重视环保投资。

在进行障碍研究分析时,我们把民企绿色发展障碍分为三个部分:外部障碍、自身障碍和社会障碍,并且多次运用XY交叉分析法对不同行业、地区的企业进行探析。经归纳汇总我们得到:

(1) 在外部障碍方面,有以上五种障碍。其中,64.71%的民营企业认为"环保指标、监管责任主体不明确"是他们面临的最大障碍。从地区分布来看,西南地区有近七成(66.67%)的民营企业认为这是他们的最大障碍;从行业分布来看,公共管理业和农林牧渔业对这一障碍反应最强烈。其次,"相关扶持政策不完善"也是阻碍民企绿色发展的突出问题,占比近六成(57.14%)。

(2) 从企业自身来说,同样有五方面障碍。其中"融资难、融资贵,环保项目难以实施"是民企绿色发展面临的最大障碍,占比为64.91%。从地区分布来看,西北地区受访的民营企业有接近八成(77.78%)认为这是他们的最大障碍;从行业分布来看,采矿业认为这是他们面临的最大障碍,占90%。其次,有六成(59.94%)的民营企业认为"税费负担重,生产成本高,环保难以兼顾"也是他们绿色发展过程中面临的主要障碍。

(3) 我们还从社会角度总结了五个障碍。其中"市场准入许可、金融借贷方面存在不合理现象"是民企绿色发展面临的最大障碍,占比为59.19%。从地区分布来看,这一障碍是华中地区受访企业面临的最大问题,占62.35%;从行业分布来看,这一障碍是公共管理业面临的最大问题,占71.43%。其次,受访的民营企业中有56.91%的认为"在要素获取和资源分配方面存在不合理现象"这一问题比较突出。

在进行疏解路径分析时,我们结合障碍因素的调查结果,制定出具体化、差异化的解决方法,着力解决最突出的问题,"精准纾困":

(1) 针对不同地区的民营企业,应实施税费减免政策,减轻企业负担;降低制度性交易成本,减少审批手续;明确绿色发展规划,提升发展水平。

(2) 针对不同行业的民营企业,应制定差异化扶持政策,满足不同行业需求;优化市场竞争环境,务求公正合理;引入第三方治理模式,健全绿色生产机制。

(3) 针对不同营业规模的民营企业,应设立绿色发展基金,支持企业转型;治理失信违诺现象,改善信用环境;加强技术研究开发,走创新发展之路。

做好环境保护,建设美丽中国需要社会各行各业的共同努力。"绿水青山就是金山银山",树立绿色发展的理念,是每个企业义不容辞的责任。山重水复疑无路,柳暗花明又一村。随着改革开放的不断深入,我们相信在党和政府的高度重视和大力扶持下,民营企业的绿色发展能够有更加广阔的天地。

获奖情况:第 14 届"挑战杯"河南省大学生课外学术科技作品终审决赛一等奖
完成人员:吴培钊,胡林岩,吉祥,赵智华,李梦婷

"制造"到"智造":制造业税收现状与技术创新现状的调查分析

摘要:制造业是立国之本,体现了一个国家的生产力水平,是区别发展中国家和发达国家的重要因素。近年来,我国制造业正处于从"中国制造"到"中国智造"的转型过程中,为加速推动制造业转型升级,我国政府积极发挥职能作用,不断完善鼓励制造业发展的财税政策,以此激励制造企业技术创新,财政部和国家税务总局也出台了相关的税收优惠政策和研发创新鼓励政策,然而我国制造业税收和技术创新仍存在税收政策目的性不强、研发投入不足等问题。

2015年《政府工作报告》中首次提出"中国制造2025",坚持创新驱动、智能转型、强化基础、绿色发展,加快我国从制造大国转向制造强国的进程。为促进制造企业智能转型,我国颁布了多项减税降费的财税政策以及促进企业技术创新的相关政策,其中,2019年4月开始执行的增值税降税政策——将增值税税率下调3%,减轻了制造企业成本负担,并鼓励制造企业加大技术研发投入,加快我国从"制造"到"智造"的转型。

本文选取我国A股四大板块中(沪市主板、深市主板、中小企业板、创业板)发布社会责任报告的上市公司为研究对象,将其2013~2017年每年的年度报告、社会责任报告及简报进行手工整理,并选择需要的数据进行提取,如研发投入额、研发人员数量、公司资产负债表中的应交税费以及现金流量表中实际支付的各项税费等,经过数据筛选和整理后得到2413个有效样本。从减税降费和创新驱动两个角度,针对制造业企业创新转型升级提出税收体系优化和技术创新体系优化建议。

关键词:制造企业;财税政策;技术创新

一、制造业转型升级:关乎国家经济现代化的战略问题

(一)制造业转型承担了我国经济发展的重要责任

制造业是我国经济发展的重要代表,是实现现代化的主导力量。随着新时代经济的不断发展,我国现行制造业难以满足生态文明建设的要求,对自然资源需求量过大,能源利用效率低,自然资源消耗过快。随着市场需求的不断提升,我国企业在设备与技术方面过于依赖国外企业,自主创新能力不强,导致我国制造业处于全球价值链中低端的现状,因此我国制造业急需由大变强。

(二) 制造业转型以税收政策和企业技术创新为关键力量

如何实现制造业企业从"制造"到"智造"的转型,是当前经济发展面临的重大问题,打造良好的经济环境是发展实体经济、建设制造强国的重要前提和有效保障。税收作为经济的典型代表,可以直接反映出经济的发展规模、速度和效益,因此实施普惠性减税降费政策与加大技术创新投入是制造企业转型的关键途径,并且是一项长期的、艰巨的基础性战略任务,一定要保证整个实施过程能够有机结合、切实执行。

(三) 制造业转型为中央财政密切关注的国家发展问题

2015年《政府工作报告》中首次提出"中国制造2025",坚持创新驱动、智能转型、强化基础、绿色发展,加快从制造大国转向制造强国。李克强在2015年6月17日国务院常务会议上提出"集众智者成大事",要通过大众创业、万众创新,用亿万人层出不穷的新鲜点子,激发市场活力,真正推进中国制造的智能转型。2018年5月1日起实施的增值税改革中,5~10月合计减税2980亿元,在增值税改革中制造业减税规模排在首位。2019年,将增值税税率下调3%,增值税是钢铁业的第一大税种,这一措施能够明显降低钢铁业税负,更有效带动制造业降本增效。

二、现实考察:制造企业调查样本信息阐述

(一) 研究方法与样本数据来源

1. 研究方法。
(1) 数据调查法。搜集和整理上市公司财务报表,获取企业的相关信息。
(2) 文献研究法。查阅各类文献资料,了解我国制造业企业的发展现状。
(3) 观察分析法。通过对数据和图表的对比分析,直接获得信息。
2. 样本数据来源。

政府对上市公司是否发布社会责任报告并未作强制规定,而愿意主动发布社会责任报告的公司,必定是相对诚信、相对可靠的公司,其社会责任感也相对较强。因此,选择发布社会责任报告的公司作为我们的初始研究样本。

我们选取了沪市主板、深市主板、中小企业板以及创业板四大板块发布社会责任报告的上市公司,将其2013~2017年每年的年度报告、社会责任报告及简报进行手工整理,并选择需要的数据进行提取,如研发投入额、研发人员数量、公司资产负债表中的应交税费以及现金流量表中实际支付的各项税费等。共得到初始样本3415个。

在得到初始样本之后,我们进行了以下筛选及整理。
(1) 为契合研究,剔除没有披露研发投入的企业。

(2) 统一数据单位及百分比。对于有明显错误及百分比错误的数据，重新查阅报表，修改错误。若重要项目缺失，则剔除该样本。

(3) 统一行业类型。数据均以证监会颁布的《上市公司行业分类指引》为标准，严格按照行业大类名称进行整理。

(4) 统一进行地区名称整理。严格按照我国34个省级行政区进行所属地区的划分，便于对数据按地区进行分类分析。

整理完成后，共得到2413个有效样本数据。

（二）样本数量分布

如表1所示，2013~2017年样本数量总共有2413个。其中，沪市主板样本数量最多，为1326个；创业板样本数量最少，为228个；深市主板为299个；中小企业板为560个。

表1　　　　　样本数量分布情况　　　　　单位：个

板块	2013年	2014年	2015年	2016年	2017年	合计
创业板	27	38	42	62	59	228
沪市主板	178	260	275	245	368	1326
深市主板	9	64	61	84	81	299
中小企业板	86	104	106	131	133	560
合计	300	466	484	522	641	2413

如表2所示，制造业企业样本数量为1579个，且样本数量呈现逐年增长。在数据整理前期未刻意收集制造业企业样本的情况下，依然得到较多的制造业企业样本，因而可侧面看出制造业是我国的支柱产业。

表2　　　制造业企业与非制造业企业样本数量分布情况　　　单位：个

企业类型	2013年	2014年	2015年	2016年	2017年	合计
制造业企业	201	312	317	336	413	1579
非制造业企业	99	154	167	186	228	834
合计	300	466	484	522	641	2413

如图1所示，从总体来看，2017年制造业企业的样本数量所占比例达到64.43%，远远大于其余行业，排名第二的信息传输、软件和信息技术服务业仅占7.49%。

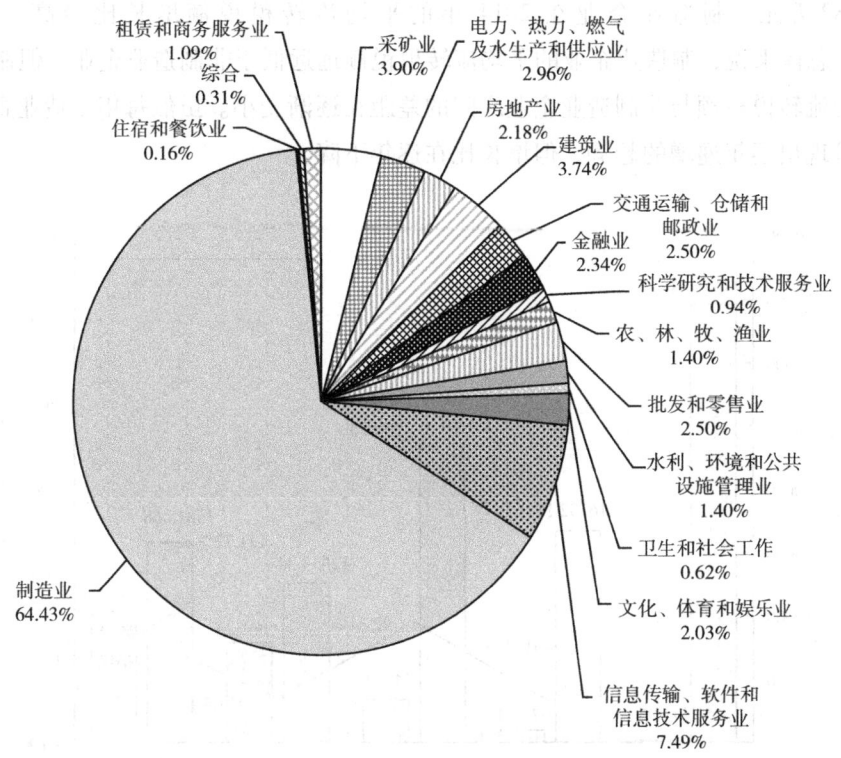

图 1　2017 年各行业样本数量占比情况

三、减税降费：制造企业税收现状分析

针对税收，具体分析了流转税、所得税、资源税、行为税和财产税这五个税种，从而对制造业的税收现状进行详细的分析。

表 3　　　　不同企业类型各税种 2013～2017 年平均税额统计　　　　单位：万元

企业类型	流转税	所得税	资源税	财产税	行为税
制造业企业	5285.45	10876.89	1997.76	1341.93	3709.55
非制造企业	19120.64	34512.70	11140.05	2092.04	10190.53

总体来看，非制造业企业各税种的平均税额均比制造业企业高。制造业企业和非制造业企业均为平均所得税税额最高，平均财产税税额最低。

（一）制造企业流转税和财产税稳中有升

如图 2 所示，2013～2017 年，制造业企业平均流转税税额相比非制造业来说均较低，与非制造业企业之间的差额分别为 34463.88 万元、15758.74 万元、20452.07 万元、4732.86 万元、5472.82 万元。制造业企业在 2014 年的平均流转税税额增长比最高，同比增长 466.13%。总体来说，制造业企业的平均流转税税额远远低于非制造业企业，但制造业企业每年的平均流转税税额与非制造业企业之间的差距在逐渐变小。虽然每年制造业企业平均流转税税额呈现出逐年递增的趋势，但增长比在逐年下降。

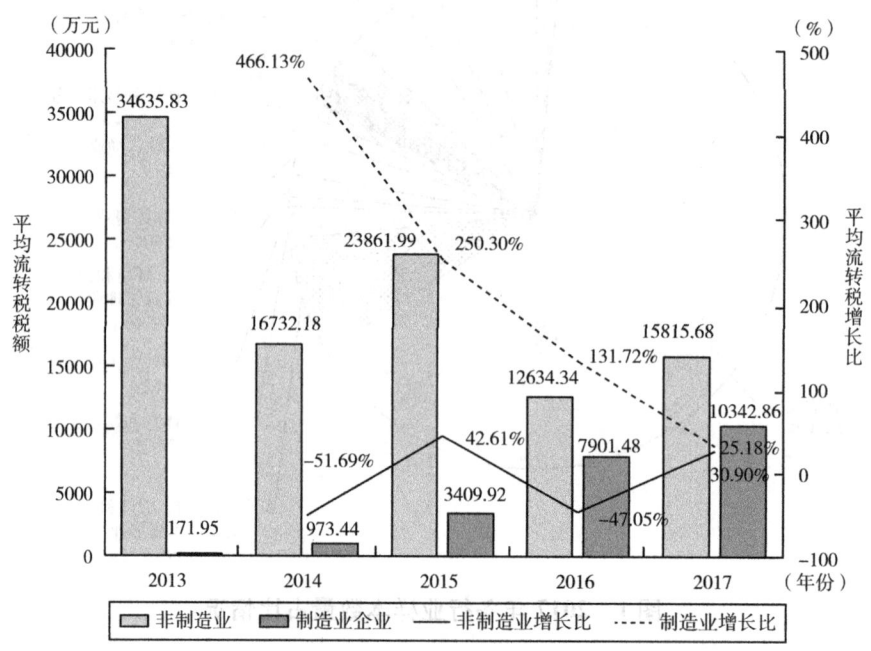

图 2　制造业企业与非制造业企业平均流转税税额及增长比

如表 4 所示，我们可以看出，从不同地区来看，制造业企业中，华东地区的上海平均流转税税额最高，为 20495.90 万元，西南地区的云南最低，为 -7621.84 万元，两者之间相差 27000 万元左右。不同地区的平均流转税税额差异较大，而东北、华北、华南、西北这四个地区的平均流转税税额最大值之间相差不大。总体来看，除华北、华中、华南和华东地区的非制造业企业平均流转税税额比制造业企业的高外，其他三个地区制造业企业的平均流转税税额均比非制造业企业高。

如表 5 所示，总体来看，近五年制造业企业平均流转税税额呈现逐年递增趋势。其中，制造业企业与每年平均流转税税额均最高的建筑业相比有较大差距，两者之间每年的差额分别为 225509.06 万元、107647.14 万元、199045.52 万元、28406.91 万元、39513.19 万元。2013～2015 年，电力、热力、燃气及水生产和供应业流转税税额最低，制造业与其相比有很大差距，两者之间的差额分别为 39281.28 万元、9503.73 万元、39610.85 万元。2016 年，租赁和商务服务业平均流转税税额最低，比制造业企业低 8620.86 万元。2017 年，卫生和社会工作平均流转税税额最低，比制造业低 10145.78 万元，仅达到制造业企业的 2%。

表4　　不同地区各省份制造业与非制造业企业平均流转税税额对比　　单位：万元

地区	省份	非制造业企业	制造业企业
东北地区	黑龙江	2120.30	3078.99
	吉林	—	2583.94
	辽宁	7506.16	8419.05
华北地区	北京	55276.57	7534.32
	河北	20106.77	1615.86
	内蒙古	11127.21	-3635.75
	山西	11559.97	4493.19
	天津	5992.85	3906.23
华东地区	安徽	6727.39	4253.18
	福建	3642.88	1657.76
	江苏	16598.53	1788.13
	江西	3047.95	3262.74
	山东	4249.84	6548.23
	上海	10927.82	20495.90
	浙江	5366.34	3119.54
华南地区	广东	10042.87	6025.95
	广西	1315.34	1977.79
	海南	-788.83	873.55
华中地区	河南	1644.06	1226.62
	湖北	15062.60	-2747.51
	湖南	1725.64	2226.35
西北地区	甘肃	—	-970.10
	宁夏	—	1231.81
	青海	-2441.26	5765.67
	陕西	6446.56	2863.24
	新疆	5471.93	4710.99
西南地区	贵州	30456.83	-412.13
	四川	1567.85	11682.32
	西藏	96.22	5106.73
	云南	4706.43	-7621.84
	重庆	3930.85	10048.22

表5　　各行业2013~2017年平均流转税税额统计　　单位：万元

行业	2013年	2014年	2015年	2016年	2017年	平均值
采矿业	29097.49	20840.48	12821.70	26343.48	36021.99	25284.35
电力、热力、燃气及水生产和供应业	-39109.33	-8530.29	-36200.93	14752.77	16315.25	-8957.29
房地产业	393.06	7097.61	4452.15	13086.55	18976.30	10421.89
建筑业	225681.01	108620.58	202455.44	36308.39	49856.05	113194.98
交通运输、仓储和邮政业	775.86	2400.10	6797.77	4279.10	7616.57	4921.41
金融业	—	8163.93	29200.25	19818.07	7577.96	14783.87
科学研究和技术服务业	582.33	715.34	840.27	2238.07	2250.62	1916.57
农、林、牧、渔业	-7995.94	-210.21	472.16	389.80	613.89	-650.45
批发和零售业	5368.69	3247.08	6989.86	13088.44	15997.22	9007.07
水利、环境和公共设施管理业	6206.51	9414.47	11602.61	11727.70	12996.78	11027.55
卫生和社会工作	145.64	554.91	233.13	711.93	197.08	400.24
文化、体育和娱乐业	-549.39	2352.35	1971.63	1875.81	1289.43	1552.57
信息传输、软件和信息技术服务业	4509.75	3010.25	5404.12	3790.82	4523.26	4245.64
制造业	171.95	973.44	3409.92	7901.48	10342.86	5285.45
住宿和餐饮业	—	—	—	—	580.04	580.04
综合	939.05	4589.75	79.94	1103.00	600.72	1027.91
租赁和商务服务业	2094.70	219.35	-3678.74	-719.38	9897.71	2314.12
平均值	11545.03	6181.26	10466.73	9587.90	12289.51	10067.28

如图3所示，总体来看，制造业企业平均流转税税额位居第七，为5285.45万元，比平均流转税税额最高的建筑业低107909.53万元，仅为建筑业平均流转税税额的5%。制造业企业平均流转税税额比最低的电力、热力、燃气及水生产和供应业高14242.74万元。交通运输、仓储和邮政业以及信息传输、软件和信息技术服务业平均流转税税额则与制造业企业相差不大。

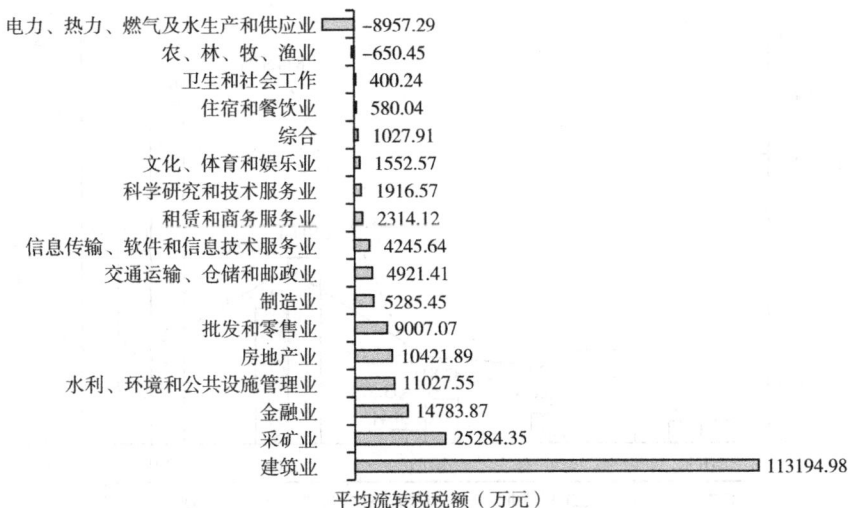

图3 各行业平均流转税税额

如图4所示，近五年中，制造业企业平均流转税额在2014年增长比最高，同比增长469.30%。制造业企业的平均流转税税额呈逐年递增趋势，增长比则呈逐年降低趋势。

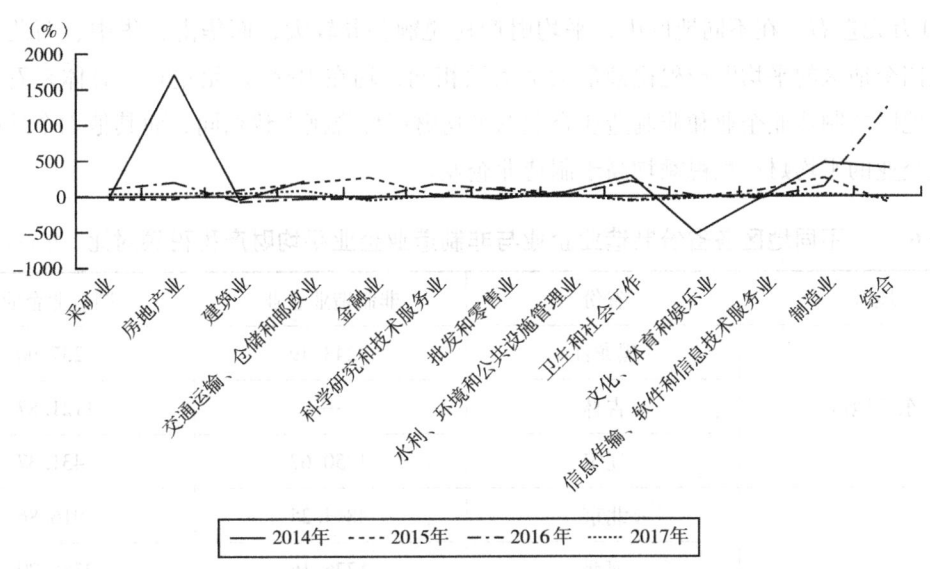

图4 各行业2014~2017年平均流转税税额增长比

如图5所示，制造业企业的平均财产税税额呈现先增后降再增的趋势，2017年最高，为1672.55万元，2015年最低，为120.41万元。制造业企业平均财产税税额增长比呈现出先降后增再降的趋势，2015年最低，同比降低53.37%，在2016年最高，同比增长874.97%。总体来看，2013年和2014年制造业企业和非制造业企业的平均财产税税额相差不大，但2015~2017年制造业企业平均财产税税额远远低于非制造业企业。

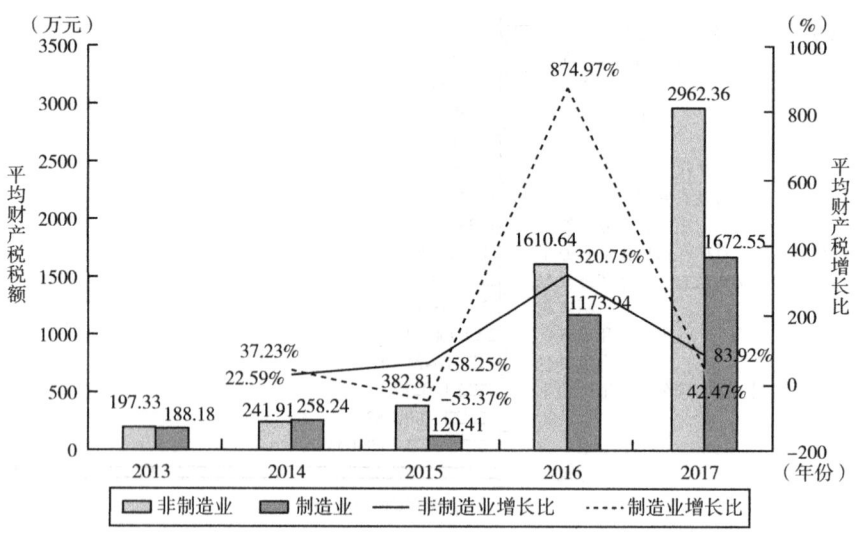

图 5　制造业企业与非制造业企业平均财产税税额及增长比

如表 6 所示，我们可以看出，从不同地区来看，制造业企业中，西南地区的西藏平均财产税税额最高，为 3402.64 万元，最低的为华南地区的海南，为 130.60 万元，两者之间相差 3000 万元左右。在不同地区中，平均财产税税额差异较大，而华南、华中、西北和东北地区这四个地区的平均财产税税额最大值大致相同，均在 1000 万元左右。总体来看，东北和华中地区的制造业企业和非制造业企业的平均财产税税额大致相同，而其他六个地区的非制造业企业的平均财产税税额均高于制造业企业。

表 6　不同地区各省份制造业企业与非制造业企业平均财产税税额对比　单位：万元

地区	省份	非制造业企业	制造业企业
东北地区	黑龙江	243.49	237.90
	吉林	—	1121.87
	辽宁	1250.67	431.37
华北地区	北京	4844.25	2916.86
	河北	1776.16	2756.29
	内蒙古	132.87	814.08
	山西	1319.48	2999.14
	天津	1227.33	566.78
华东地区	安徽	491.02	1364.37
	福建	636.36	413.33

续表

地区	省份	非制造业企业	制造业企业
华东地区	江苏	1223.76	757.12
	江西	454.71	535.92
	山东	906.77	1936.84
	上海	1618.59	2580.90
	浙江	1524.02	660.09
华南地区	广东	3901.73	1433.13
	广西	68.07	1221.18
	海南	426.33	130.60
华中地区	河南	552.09	741.35
	湖北	1181.65	1324.09
	湖南	509.66	1201.53
西北地区	甘肃	—	912.27
	宁夏	—	348.10
	青海	1208.09	695.81
	陕西	1023.12	1163.73
	新疆	1036.17	1836.76
西南地区	贵州	1705.13	239.73
	四川	579.35	1196.91
	西藏	39.03	3402.64
	云南	1550.30	842.46
	重庆	192.58	1487.67

如表7所示，近五年来，制造业平均财产税税额呈先增后降再增的趋势。其中，2015年制造业平均财产税税额最低，为120.41万元，2017年最高，为1672.55万元，2013年、2014年的平均财产税税额相差不大，均在200万元左右。2016年与2017年相差不大，分别为1173.94万元、1672.55万元。2013年，文化、体育和娱乐业平均财产税税额最高，为750.65万元，制造业仅为其25%左右。农、林、牧、渔业平均财产税税额最低，为0.56万元，仅为制造业的0.2%。2014年，租赁和商务服务业平均财产税税额最高，为866.88万元，是制造业平均财产税税额的3.35倍。电力、热力、燃气及水生产和供应业平均财产税税额最低，为13.94万元，仅达到制造业的5.3%。2015年，电力、热力、燃气及水生产和

供应业平均财产税税额最高,为1197.37万元,是制造业的10倍。采矿业平均财产税税额最低,为52.99万元,仅为制造业的46%。2016年,金融业平均财产税税额最高,为5768.98万元,是制造业平均财产税税额的5倍。综合平均财产税税额最低,为105.9万元,仅为制造业的9%。2017年,租赁和商务服务业平均财产税税额最高,为7895.44万元,是制造业的4倍。科学研究和技术服务业平均财产税税额最低,为187.57万元,仅为制造业的13.9%。

表7　　　　各行业2013~2017年平均财产税税额统计　　　　单位:万元

行业	2013年	2014年	2015年	2016年	2017年	平均值
采矿业	—	36.56	52.99	4075.63	4534.96	4031.29
电力、热力、燃气及水生产和供应业	—	13.94	1197.37	3413.24	7651.83	5683.49
房地产业	211.85	398.77	356.18	1870.04	3128.46	1854.01
建筑业	38.03	44.37	—	808.08	3433.91	2237.18
交通运输、仓储和邮政业	24.32	361.77	—	1644.22	1281.31	1312.91
金融业	—	—	—	5768.98	985.98	2825.60
科学研究和技术服务业	—	—	—	116.24	187.57	147.94
农、林、牧、渔业	0.56	108.18	123.16	449.30	625.76	432.49
批发和零售业	193.86	141.27	365.59	1636.95	2255.55	1587.33
水利、环境和公共设施管理业	—	—	—	229.45	555.09	403.13
卫生和社会工作	—	—	—	171.90	340.10	284.04
文化、体育和娱乐业	750.65	759.66	444.78	414.99	1330.39	813.13
信息传输、软件和信息技术服务业	181.26	115.01	116.57	137.86	2207.47	1159.80
制造业	188.18	258.24	120.41	1173.94	1672.55	1341.93
住宿和餐饮业	—	—	—	—	2864.30	2864.30
综合	—	—	—	105.90	289.51	179.34
租赁和商务服务业	—	866.88	857.25	2827.09	7895.44	4773.61
平均值	192.57	251.82	241.51	1310.76	2088.54	1589.62

如图6所示,电力、热力、燃气及水生产和供应业平均财产税税额最高,为5683.49万元,制造业排名第九,为1341.93万元。科学研究和技术服务业平均财产税税额最低,为147.94万元,仅为制造业的11%。

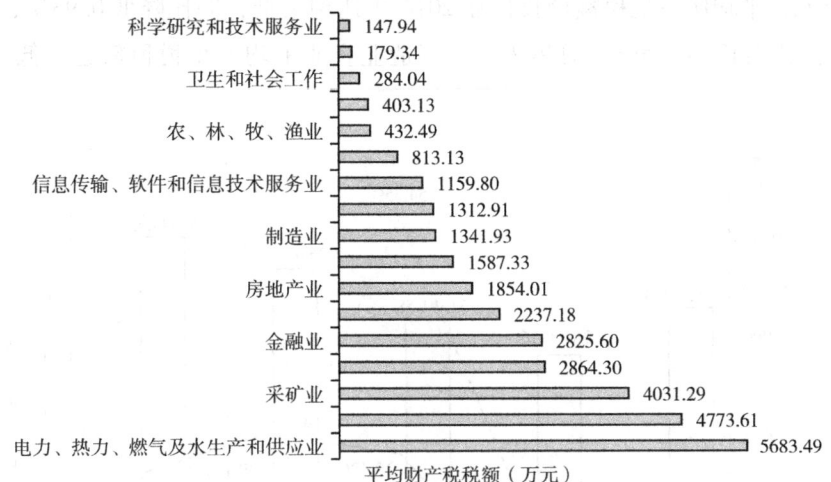

图6　各行业平均财产税税额

如图7所示,制造业企业平均财产税税额增长比在2016年最大,为874.95%,在2015年最小,较上年降低53.37%。除农、林、牧、渔业,综合,交通运输、仓储和邮政业,电力、热力、燃气及水的生产和供应外,其余行业增长比与制造业增长比的变化趋势大致相同。总体来看,制造业平均财产税税额呈现先增后降再增的趋势。

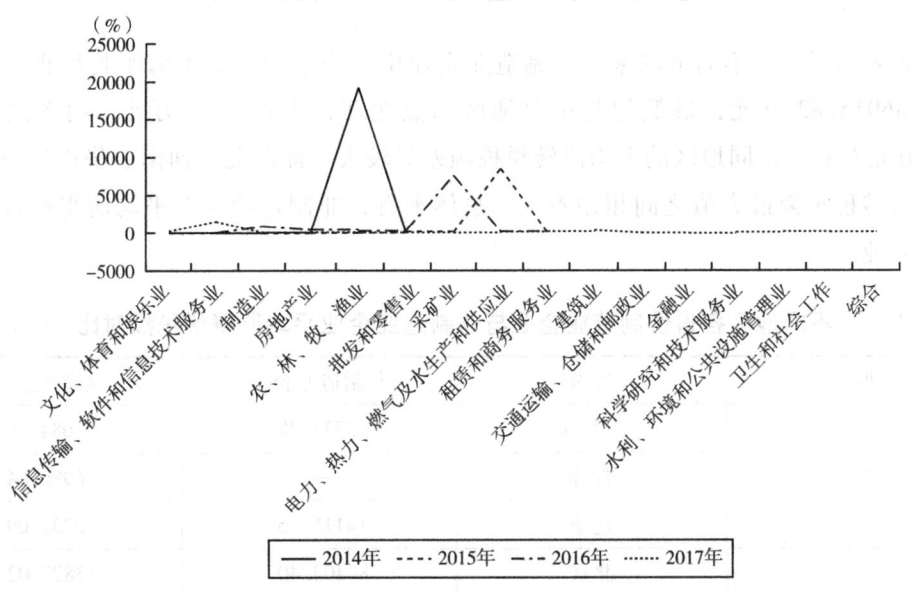

图7　各行业2014~2017年平均财产税税额增长比

(二) 制造企业所得税和行为税保持稳定

如图 8 所示，2013～2017 年，制造业企业平均所得税税额在 2017 年达到最高，为 13697.13 万元，平均所得税税额增长比在 2014 年达到最低，同比降低 0.93%，在 2015 年达到最高，同比增长 54.35%。总体来看，制造业企业平均所得税税额远远低于非制造业企业。

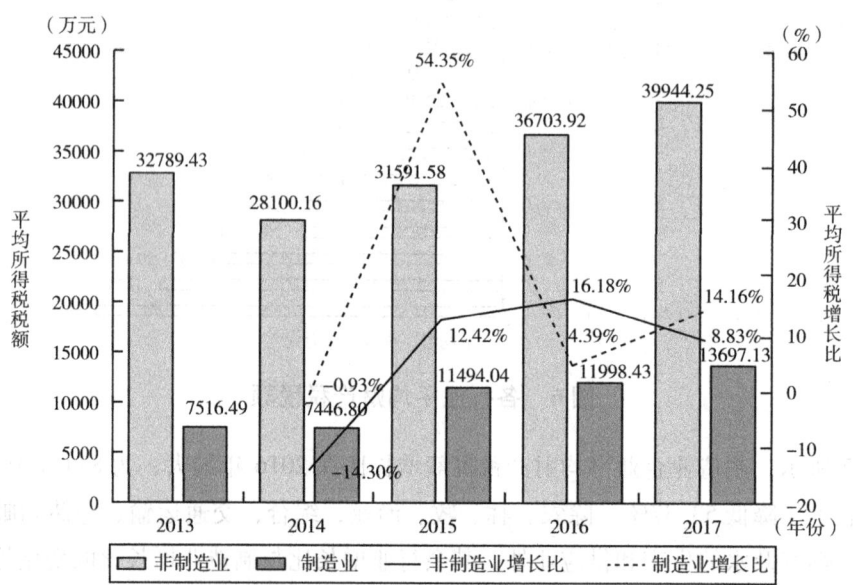

图 8 制造业企业与非制造业企业平均所得税税额及增长比

如表 8 所示，从不同地区来看，制造业企业中，华东地区的上海平均所得税税额最高，为 36915.82 万元，最低的是东北地区的黑龙江，为 684.70 万元，两者之间相差 30000 万元左右。不同地区的平均流转税税额差异较大，而西北、西南、华南这三个地区的平均流转税税额最大值之间相差不大。总体来看，非制造业企业平均所得税税额高于制造业企业。

表 8　不同地区各省份制造业企业与非制造业企业平均所得税税额对比　　　单位：万元

地区	省份	非制造业企业	制造业企业
东北地区	黑龙江	3772.28	684.70
	吉林	—	6986.64
	辽宁	14115.35	2233.09
华北地区	北京	84403.40	13827.02
	河北	12353.32	15376.50
	内蒙古	5240.63	3040.16

续表

地区	省份	非制造业企业	制造业企业
华北地区	山西	16126.75	4157.61
	天津	15441.59	2559.29
华东地区	安徽	6390.30	3994.02
	福建	13339.05	3569.04
	江苏	23113.31	7108.55
	江西	9774.78	19458.01
	山东	16219.78	13307.12
	上海	26751.02	36915.82
	浙江	18453.40	10047.59
华南地区	广东	39976.55	12204.78
	广西	3930.25	7128.20
	海南	2993.90	702.80
华中地区	河南	2291.67	3167.84
	湖北	16695.39	3179.78
	湖南	7072.60	4584.99
西北地区	甘肃	—	3147.23
	宁夏	—	748.53
	青海	2906.84	9822.23
	陕西	10649.39	6951.52
	新疆	8122.91	7398.62
西南地区	贵州	26146.72	1298.98
	四川	4507.11	9169.94
	西藏	733.65	4536.24
	云南	13118.55	3392.63
	重庆	10676.81	4200.37

如表9所示，近五年，制造业的平均所得税税额大致呈逐年递增趋势。2013年，制造业企业平均所得税税额排名较靠后，为7516.49万元，而文化、体育和娱乐业最低，为762.24万元，仅为制造业的10%。2014年，制造业企业平均所得税税额排名较靠后，为7446.75万元，而农、林、牧、渔业最低，为1044.92万元，仅为制造业的14.3%。2015~2017年平均所得税税额最高的行业为建筑业，其税额约为制造业的10倍。总体来看，制造业企业平均所得税税额远远低于非制造业企业。

表9　　各行业 2013～2017 年平均所得税税额统计　　单位：万元

行业	2013年	2014年	2015年	2016年	2017年	平均值
采矿业	33359.85	24827.82	17356.44	35056.52	58238.44	35185.77
电力、热力、燃气及水生产和供应业	24113.89	23580.87	18203.74	21755.26	22342.42	21810.05
房地产业	29118.92	68102.98	57035.29	99025.18	83753.69	72557.67
建筑业	132031.09	100966.78	135045.07	143622.72	136706.39	130611.68
交通运输、仓储和邮政业	21783.07	24716.07	41675.95	42141.56	43510.19	36518.25
金融业	—	50475.82	76511.73	49932.21	55064.67	57525.40
科学研究和技术服务业	1247.95	1442.33	869.19	1823.34	2391.17	1930.23
农、林、牧、渔业	849.45	1044.92	2370.09	2255.72	1784.07	1720.14
批发和零售业	9617.29	11523.93	13893.68	18705.89	33302.51	18002.36
水利、环境和公共设施管理业	4615.52	8163.47	7296.19	9000.21	11724.23	8723.41
卫生和社会工作	2118.53	2304.43	3351.68	3175.44	6401.65	4119.56
文化、体育和娱乐业	762.24	6586.12	2858.14	3106.13	4379.84	3560.86
信息传输、软件和信息技术服务业	8421.90	4262.51	9505.91	7296.79	6718.69	7157.40
制造业	7516.49	7446.80	11494.36	11998.43	13697.13	10876.96
住宿和餐饮业	—	—	—	—	607.41	607.41
综合	8392.49	15704.00	7446.75	8009.50	2637.46	7574.02
租赁和商务服务业	4384.28	7959.28	14123.97	16088.79	24499.74	15545.49
平均值	15912.54	14316.39	18471.98	20818.43	23062.30	19083.54

如图9所示，近五年制造业平均所得税税额为10876.96万元，相比其余各行业来说，税额占比中等偏下。最高的是建筑业，其税额约为制造业的12倍，对于税额相对较高的交通运输和金融业，其税额为制造业的3～5倍，相比综合、信息传输、水利等行业来说，税额大致相近，住宿和餐饮业的平均所得税税额最低，约为制造业的5%。总体来看，制造业企业的平均所得税税额远远低于非制造业企业。

如图10所示，2014～2017年，2014年平均所得税税额增长最高的行业为文化、体育和娱乐业，达到了764.05%，降幅最大的行业为信息传输、软件和信息技术服务业，为-49.39%。

2015年平均所得税税额增长最高的行业为农、林、牧、渔业,比制造业高出72.74%。2016年平均所得税税额增长最高的行业为科学研究和技术服务业,较上年提高109.77%,比制造业高出105.38%。2017年平均所得税税额增长比最高的行业为卫生和社会工作业,为101.60%,比制造业高出87.44%。总体来看,近五年,制造业的平均所得税税额增长比呈先降后增的变化趋势,2015年增长比最高,较上年提高54.35%。

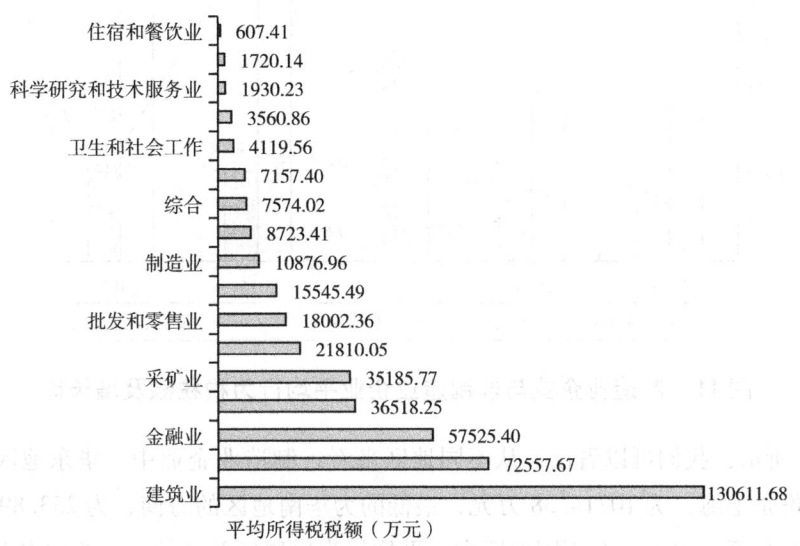

图9 各行业平均所得税税额

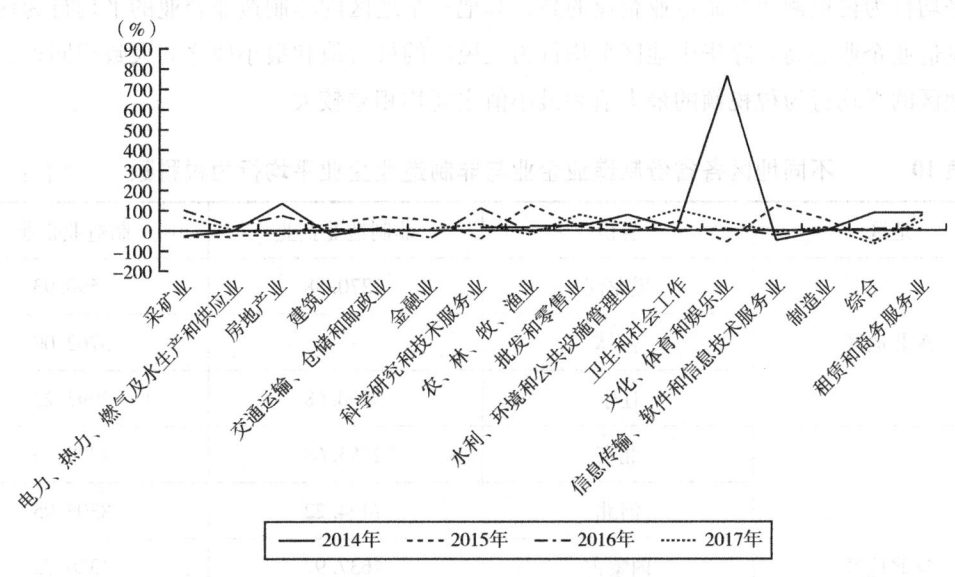

图10 各行业2014~2017年平均所得税税额增长比

如图11所示,制造业企业中,平均行为税税额大体呈现逐年增长趋势,2017年最高,为4772.80万元,2013年最低,为2572.23万元。制造业企业平均行为税税额增长比呈现出先增后降再增的趋势，2014 年最低，为 3.55%，2015 年最高，为 40.85%。总体来看，2013～2017 年，非制造业企业平均行为税税额远远高于制造业企业。

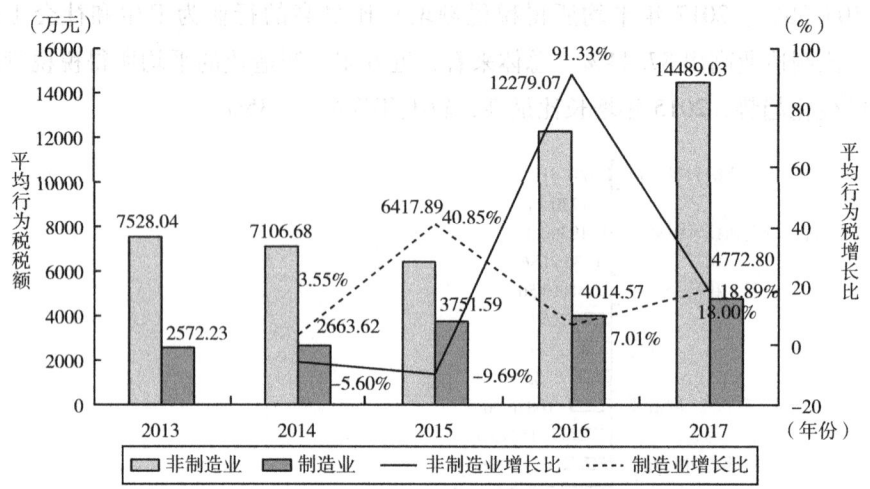

图 11　制造业企业与非制造业企业平均行为税税额及增长比

如表 10 所示，我们可以看出，从不同地区来看，制造业企业中，华东地区平均行为税税额最高省份是上海，为 10214.38 万元，最低的为华南地区的海南，为 253.89 万元，两者之间相差 10000 万元左右。在不同地区中，平均行为税税额差异较大，总体来看，华南地区的非制造业企业平均行为税税额与制造业企业大致相同，而西北、东北和华东地区的制造业企业平均行为税税额比非制造业企业的高，其他三个地区的非制造业企业的平均行为税税额均比制造业企业的高。除华中地区平均行为税税额的最大值和最小值之间大致相同外，其他各个地区的平均行为税税额的最大值和最小值之间均相差较大。

表 10　不同地区各省份制造业企业与非制造业企业平均行为税税额　　单位：万元

地区	省份	非制造业企业	制造业企业
东北地区	黑龙江	1270.88	590.93
	吉林	—	3762.00
	辽宁	3260.68	2997.22
华北地区	北京	32755.68	4729.75
	河北	7494.22	8305.95
	内蒙古	4637.97	1326.72
	山西	5415.51	3856.64
	天津	1811.69	1552.13

续表

地区	省份	非制造业企业	制造业企业
华东地区	安徽	1121.79	4655.82
	福建	1806.09	1022.68
	江苏	4067.86	1484.96
	江西	218.42	5167.23
	山东	6123.83	4979.46
	上海	2368.80	10214.38
	浙江	2093.15	1660.09
华南地区	广东	5969.23	4192.06
	广西	640.71	2752.93
	海南	368.54	253.89
华中地区	河南	2639.61	1591.95
	湖北	3550.41	1491.41
	湖南	771.81	1367.01
西北地区	甘肃	—	2901.12
	宁夏	—	404.58
	青海	1864.67	1903.19
	陕西	2491.56	1726.60
	新疆	2190.32	3270.08
西南地区	贵州	11017.97	430.03
	四川	534.80	5908.93
	西藏	297.26	3749.10
	云南	4211.29	1374.74
	重庆	929.73	8365.53

如表11所示，2013年，制造业平均行为税税额排名第六，为2572.23万元，建筑业平均行为税税额最高，制造业仅为其10.84%；2014年，制造业平均行为税税额排名第六，为2663.62万元，建筑业平均行为税税额最高，制造业仅为其9.81%；2015年，制造业平均行为税税额排名第六，为3751.59万元，建筑业平均行为税税额最高，制造业仅为其21.46%；2016年，制造业平均行为税税额排名第七，为4014.57万元，建筑业平均行为税税额最高，制造业仅为其5.35%；2017年，制造业平均行为税税额排名第六，为4772.80万元，建筑业平均行为税税额最高，制造业仅为其5.39%。

表11　　各行业 2013~2017 年平均行为税税额统计　　　单位：万元

行业	2013年	2014年	2015年	2016年	2017年	平均值
采矿业	17997.54	11215.09	9147.70	9791.38	88514.14	31157.50
电力、热力、燃气及水生产和供应业	10110.12	7521.90	10853.61	8214.45	7490.40	8768.75
房地产业	3149.34	6194.13	3934.17	7595.59	6816.30	5892.16
建筑业	23722.60	27159.35	17485.61	75576.02	23438.53	34893.25
交通运输、仓储和邮政业	2188.84	1868.44	2883.09	2934.20	2381.26	2452.89
金融业	—	2528.31	28551.26	6324.45	2734.37	8688.90
科学研究和技术服务业	380.93	537.56	266.01	688.21	444.38	520.84
农、林、牧、渔业	57.93	83.85	118.63	387.54	551.07	252.61
批发和零售业	3004.20	2429.95	3502.46	6475.22	7650.96	4643.98
水利、环境和公共设施管理业	284.25	274.17	418.46	917.30	1428.03	776.60
卫生和社会工作	88.07	149.51	94.53	180.82	279.14	188.87
文化、体育和娱乐业	1072.99	864.60	528.52	418.50	684.98	617.38
信息传输、软件和信息技术服务业	571.28	3947.60	1609.07	766.45	871.07	1526.16
制造业	2572.23	2663.62	3751.59	4014.57	4772.80	3709.55
住宿和餐饮业	—	—	—	—	234.08	234.08
综合	139.04	211.99	213.59	456.62	381.00	312.37
租赁和商务服务业	374.50	633.81	875.31	1983.07	2219.68	1452.31
平均值	4207.64	4131.93	4671.57	6959.39	8228.81	5949.56

如图 12 所示，各行业平均行为税税额中制造业排名第七，为 3709.55 万元，建筑业排名第一，制造业仅为其 10.63%，可见制造业平均行为税税额虽然排名较靠前，但其税额并不高，与排名第一的建筑业还是有很大差距。

如图 13 所示，2014~2017 年，2015 年，制造业企业平均行为税税额增长幅度最大，较 2014 年增长 40.85%。2014 年增长幅度最小，较 2013 年增长 3.55%。非制造业企业中的金融业、采矿业和建筑业的各年份增长比变化较大，而其他行业的每年增长比变化较为平稳。总体来看，制造业平均行为税税额增长比较为平稳，四年间变化不大，平均财产税税额呈平稳增长趋势。

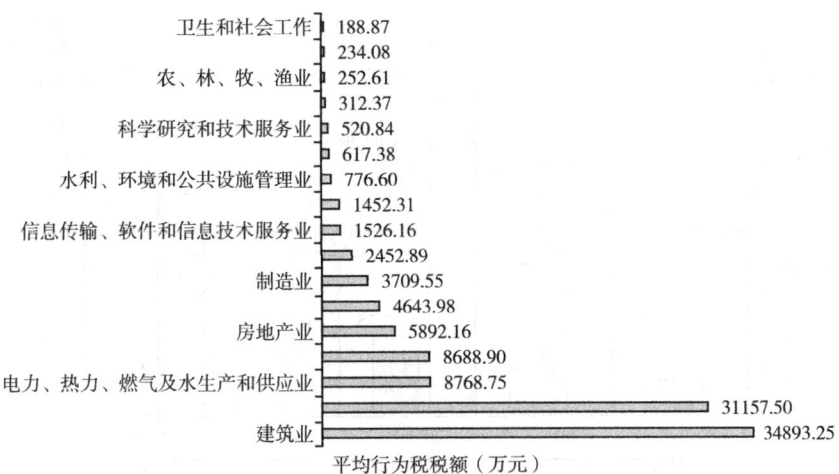

图 12　各行业平均行为税税额

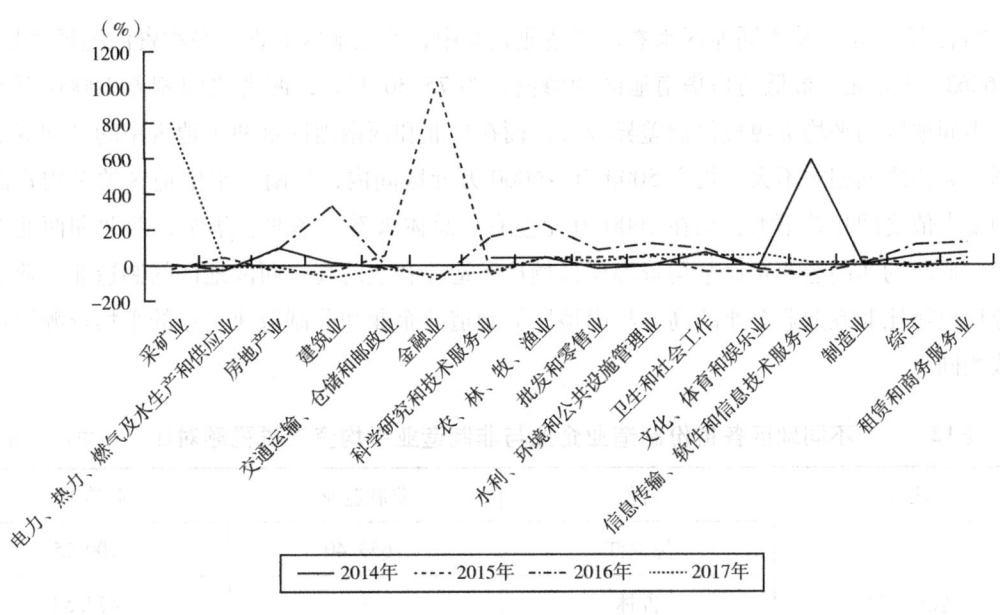

图 13　各行业 2014~2017 年平均行为税税额增长比

（三）制造企业资源税稳中有降

如图 14 所示，2013~2017 年，制造业企业平均流转税税额总体均呈现出先增后降的趋势，其平均资源税增长比呈现先增后降再增的趋势。制造业企业平均资源税税额在 2015 年达到最高，为 4327.35 万元，增长比也达到最高，同比增长 67.39%，在 2016 年达到最低，为 1767.45 万元，增长比也达到最低，同比降低 59.16%。2013~2017 年，制造业企业平均资源税税额远远低于非制造业企业。

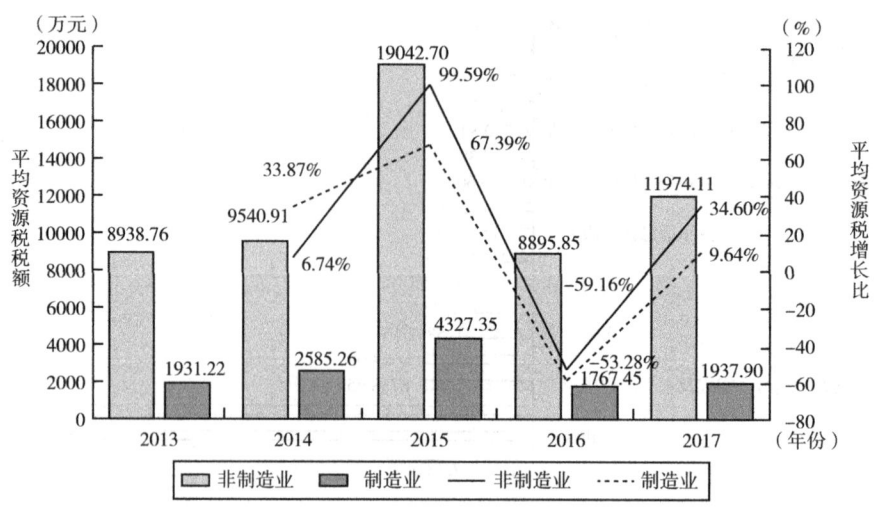

图 14　制造业企业与非制造业企业平均资源税税额及增长比

如表 12 所示,从不同地区来看,制造业企业中,西北地区的青海平均资源税税额最高,为 16263.65 万元,最低的是华南地区的海南,为 75.30 万元,两者之间相差 10000 万元左右。不同地区的平均资源税税额差异较大,而在华北和西南地区这两个地区中的平均资源税税额最大值之间相差不大,均在 5000 万~6000 万元区间内,华南和华中地区的平均资源税税额最大值之间相差不大,均在 1000 万元左右。总体来看,华北、华东、西北和西北地区这四个地区的非制造业企业平均资源税税额比制造业企业的高,西南地区的制造业企业平均资源税税额比非制造业企业的高,华南地区的制造业企业和非制造业企业的平均资源税税额大致相同。

表 12　不同地区各省份制造业企业与非制造业平均资源税税额对比　　单位:万元

地区	省份	非制造业	制造业
东北地区	黑龙江	653.40	100.75
	吉林	—	1473.52
	辽宁	493.90	2915.21
华北地区	北京	31454.94	3225.09
	河北	19471.57	5885.89
	内蒙古	74.26	1470.24
	山西	40905.47	551.61
	天津	1099.87	439.46

续表

地区	省份	非制造业	制造业
华东地区	安徽	672.16	2113.51
	福建	4498.93	461.90
	江苏	599.76	972.35
	江西	827.53	10994.11
	山东	20837.81	1707.65
	上海	1408.02	1595.89
	浙江	842.15	434.83
华南地区	广东	1042.65	972.20
	广西	67.40	924.51
	海南	692.21	75.30
华中地区	河南	10046.19	1012.93
	湖北	3503.35	2485.04
	湖南	72.91	543.48
西北地区	甘肃	—	1749.80
	宁夏	—	182.94
	青海	15305.58	16263.65
	陕西	26009.44	505.64
	新疆	7718.43	3044.54
西南地区	贵州	285.60	398.37
	四川	465.18	2569.80
	西藏	658.99	3277.71
	云南	2497.48	6023.86
	重庆	151.56	873.18

如表13所示，2013~2017年，2013年采矿业平均资源税税额最高，为23594.12万元，是制造业平均资源税税额的11倍。房地产业平均资源税税额最低，为18.25万元，仅达到制造业的0.9%。2014年，采矿业平均资源税税额最高，为22193.61万元，是制造业平均资源税税额的8倍。信息传输、软件和信息技术服务业平均资源税税额最低，为1.07万元，两者相差甚远。2015年，采矿业平均资源税税额最高，为42841.70万元，与制造业平均资

源税税额相近。房地产业平均资源税税额最低,为16.92万元,两者相差较大。2016年,采矿业平均资源税税额最高,为47178.19万元,是制造业平均资源税税额的26倍。卫生和社会工作平均资源税税额最低,为13.5万元,仅达到制造业的0.7%。2017年,采矿业平均资源税税额最高,为80186.28万元,是制造业平均资源税税额的40倍。住宿和餐饮业平均资源税税额最低,为12.6万元,仅达到制造业的0.6%。总体来看,近五年,制造业平均资源税税额呈先升后降再升的趋势。其中,2016年制造业平均资源税税额最低,为1767.45万元,2015年最高,为4327.35万元,其余年份的平均资源税税额较为均衡,大致在2000万元。总体来说,制造业企业平均资源税税额远远低于非制造业企业。

表13　　各行业2013~2017年平均资源税税额统计　　单位:万元

行业	2013年	2014年	2015年	2016年	2017年	平均值
采矿业	23594.12	22193.61	42841.70	47178.19	80186.28	50552.62
电力、热力、燃气及水生产和供应业	524.19	382.85	673.57	4683.68	3791.83	3050.25
房地产业	18.25	1310.47	16.92	1402.82	1617.70	1384.06
建筑业	542.31	623.20	1272.40	6140.08	5582.63	4533.20
交通运输、仓储和邮政业	71.11	1471.07	2639.04	3140.97	1243.79	1926.55
金融业	—	—	—	715.16	153.59	408.85
科学研究和技术服务业	—	—	—	229.38	61.71	145.54
农、林、牧、渔业	—	740.21	28.17	405.96	567.84	447.57
批发和零售业	3792.81	7163.22	9305.12	814.84	1078.25	2371.90
水利、环境和公共设施管理业	—	—	—	224.66	437.05	337.93
卫生和社会工作	—	—	—	13.50	19.84	17.30
文化、体育和娱乐业	—	—	—	790.91	313.42	538.13
信息传输、软件和信息技术服务业	4770.82	1.07	66.91	1638.42	117.58	808.29
制造业	1931.22	2585.26	4327.35	1767.45	1937.90	1997.76
住宿和餐饮业	—	—	—	—	12.16	12.16
综合	697.33	718.89	349.49	425.34	211.73	433.15
租赁和商务服务业	—	—	—	969.64	678.72	751.45
平均值	5116.46	5483.45	12024.61	4025.04	5175.96	5121.19

由图 15 可知，制造业平均资源税税额排名第五，为 1997.76 万元，仅达到采矿业的 4%，采矿业平均资源税税额最高，为 50552.62 万元，住宿和餐饮业平均资源税税额最低，为 12.16 万元，仅达到制造业的 0.6%。

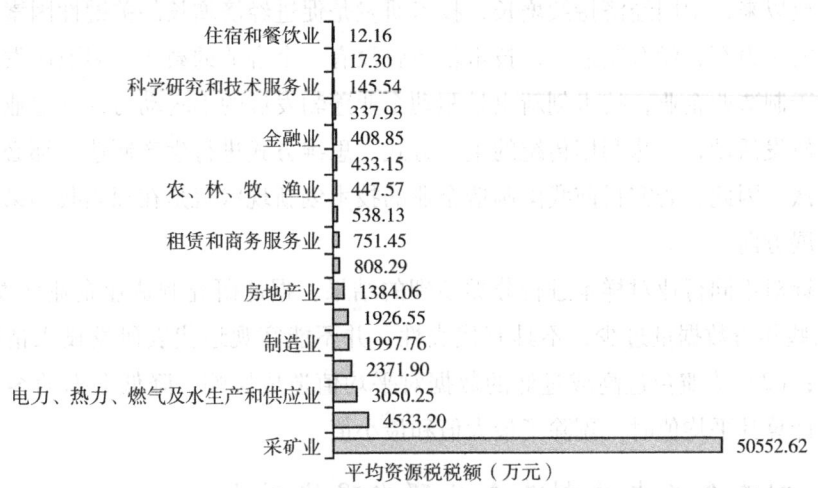

图 15　各行业平均资源税税额

如图 16 所示，制造业企业在 2015 年平均资源税税额增长幅度较大，较 2014 年增长 67.39%，在 2016 年下降幅度最大，较 2015 年降低 59.16%。除农、林、牧、渔业，综合，交通运输、仓储和邮政业外，其余行业增长比与制造业增长趋势相同。总体来看，制造业平均资源税税额整体呈现先升后降再升的趋势，其平均资源税增长比也呈现先升后降再升的趋势。

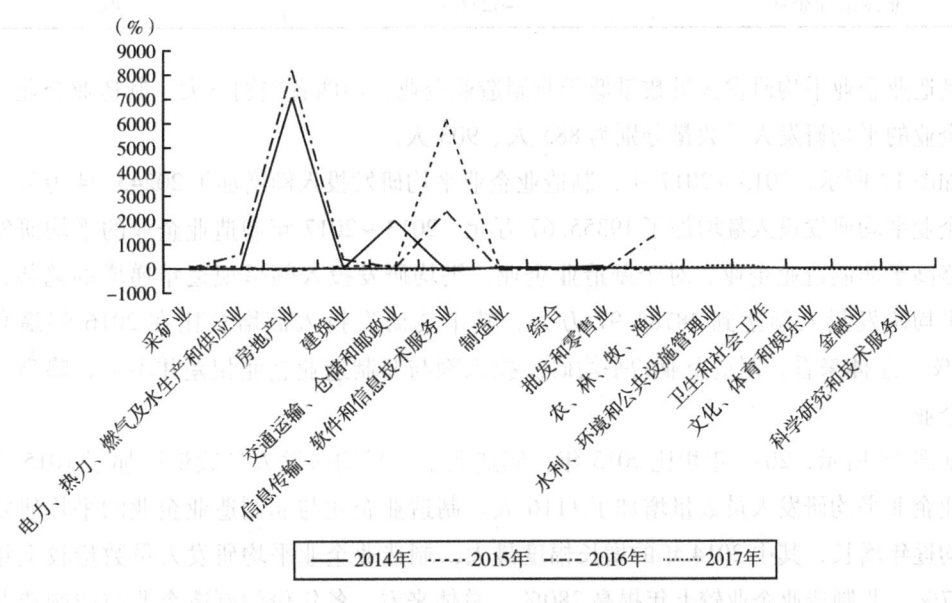

图 16　各行业 2014~2017 年平均资源税税额增长比

四、创新驱动：制造企业技术创新现状分析

改革开放以来，中国经济持续增长，技术研发是促进经济增长的关键性因素。而制造业是技术创新的主力军，没有制造业，技术创新就没有一个合适的载体，多数研发活动也就无法进行。对于制造业企业，技术创新也是驱动企业蓬勃发展的不竭动力，制造业企业如果不进行创新、研发活动，一味利用传统的生产方式、思维方式进行生产制造，那必然会被时代的浪潮所淘汰。因此，研究目前我国制造企业的技术创新现状就是在探索我国第二产业目前和未来的发展方向。

以下是针对不同行业对样本进行分类整理的结果，据此研究制造业企业研发投入现状：(1) 由于某些年份数据量过少，不具有代表性，并不能客观地代表研发投入情况，因此我们将其剔除；(2) 为避免过高或过低的数据对平均值造成影响，降低数据的客观性和代表性，因此在计算其平均值时，剔除了最大值和最小值。

（一）制造企业与非制造企业研发现状对比

如表14所示，制造业企业平均研发投入额高于非制造业企业，但两者基本相等。制造业企业与非制造业企业的平均研发投入额分别为41280.22万元、40241.47万元。

表14 制造业企业与非制造业企业平均研发投入额及人员数量

企业类型	平均研发投入额（万元）	平均研发人员数量（人）
制造业企业	41280.22	885
非制造业企业	40241.47	903

制造业企业平均研发人员数量低于非制造业企业，但两者差别不大。制造业企业与非制造业企业的平均研发人员数量分别为885人、903人。

如图17所示，2013～2017年，制造业企业平均研发投入额增加了20243.74万元，非制造业企业平均研发投入额增加了19355.67万元。2013～2017年制造业企业的平均研发投入额均略高于非制造业企业。对于制造业企业，平均研发投入额呈现逐年递增的趋势，2017年的平均研发投入额达到48784.97万元，其平均研发投入额增长比在2016年最高，为19.70%。总体来看，制造企业的平均研发投入额与非制造业企业相差并不大，略高于非制造业企业。

如图18所示，2017年相比2013年，制造业企业平均研发人员数量增加了1015人，非制造业企业平均研发人员数量增加了1116人。制造业企业与非制造业企业的平均研发人员数量均逐年增长，其中2014年的增长幅度最大，制造业企业平均研发人员数量较上年提高247.27%，非制造业企业较上年提高280%。总体来看，各年份的制造企业与非制造业企业平均研发人数相差很小。

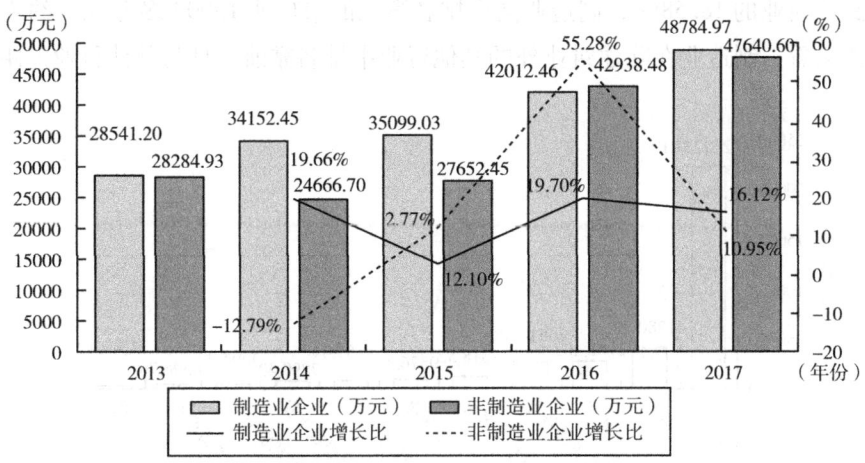

图 17　制造业企业与非制造业企业平均研发投入额及增长比

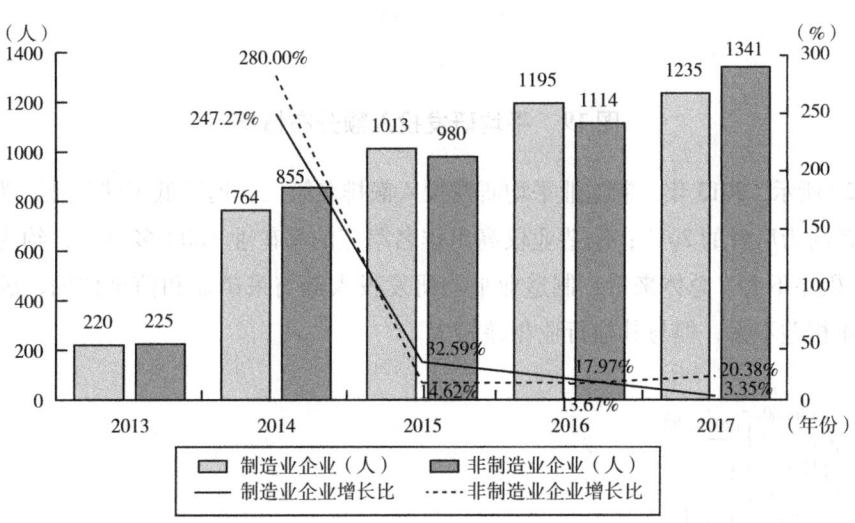

图 18　制造业企业与非制造业企业平均研发人员数量及增长比

（二）制造企业研发投入逐年增加

在对各行业企业研发投入进行分析时，因租赁和商务服务业、科学研究和技术服务业、卫生和社会工作、住宿和餐饮业和综合样本量过少，不能代表本行业企业研发投入现状，因此我们将其剔除，并据此进行图表分析。

数据分析结果显示，制造业的研发投入 2013～2017 年呈逐年递增趋势，2014 年较 2013 年提高 19.66%，2015 年较上年提高 2.77%，2016 年较上年提高 19.7%，2017 年较上年提高 16.12%，增速较为平稳，五年的平均研发投入额为 41280.22 万元。每年制造业的平均研发投入额排名在各行业中均很靠前，且保持在前四名。

如图 19 所示，制造业企业平均研发投入额远远低于排名第一的建筑业，为 41280.22 万元，仅达到建筑业的 18.58%；制造业高出排名第三的采矿业 13000 多万元，约为采矿业的 50%。总体来看，制造业在除建筑业外的其他行业中排名靠前，且与其他行业差距较大。

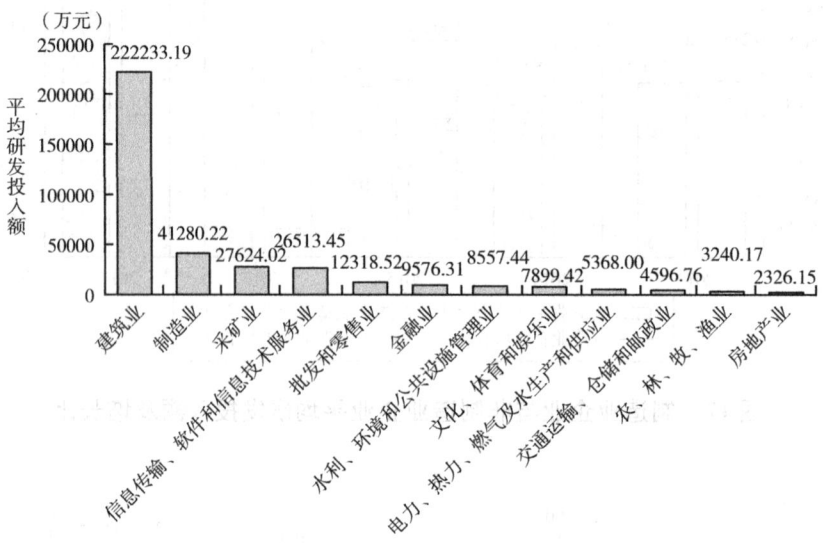

图 19　平均研发投入额分布情况

如图 20 所示，2013 年，制造业平均研发投入额排名第二，远远低于建筑业，为 28541.20 万元，前者约为后者的 20%；制造业仅高出排名第三的采矿业 1600 多万元，约为采矿业的 6%，两者相差不大。总体来看，制造业平均研发投入额与采矿业和信息传输、软件和信息技术服务业相差不大，但与其他行业相差较大。

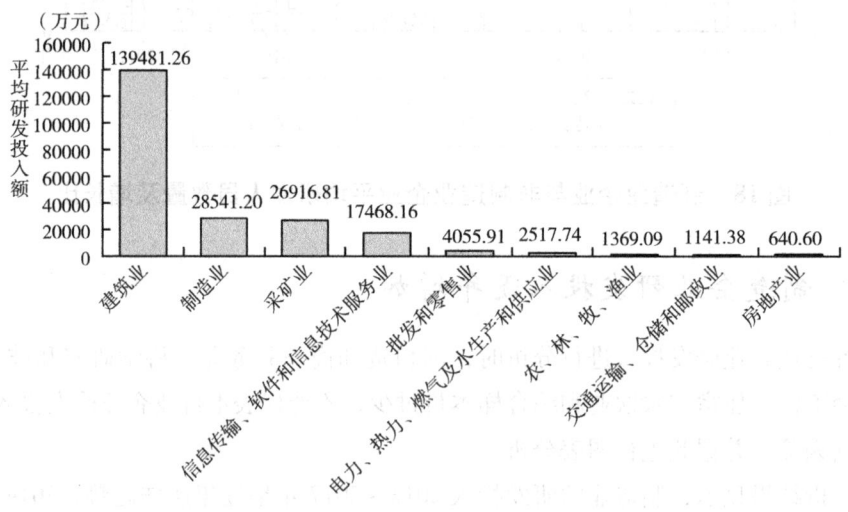

图 20　2013 年各行业平均研发投入额

如图 21 所示，2014 年，制造业平均研发投入额排名第二，远远低于建筑业，为 34152.45 万元，仅达到建筑业的 26%。与 2013 年相比，2014 年制造业平均研发投入额增长 19.66%。

制造业仅高出排名第三的采矿业 13673 万元，约为采矿业的 66.76%，两者相差较大。总体来看，制造业平均研发投入额与采矿业和信息传输、软件和信息技术服务业相差均约为 13000 万元，与其他行业相差很大。

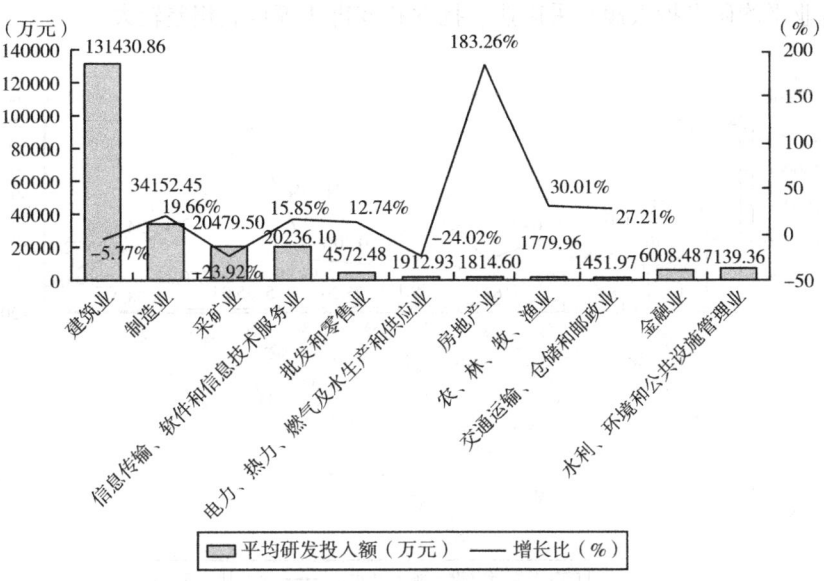

图 21　2014 年各行业平均研发投入额及增长比

如图 22 所示，2015 年，制造业平均研发投入额排名第二，远远低于建筑，为 35099.03 万元，仅达到建筑业的 21%。与 2014 年相比，2015 年制造业平均研发投入额增长 2.77%。制造业高出排名第三的信息传输、软件和信息技术服务业 9385 万元。总体来看，制造业与采矿业、金融业、批发和零售业等行业相差较大。

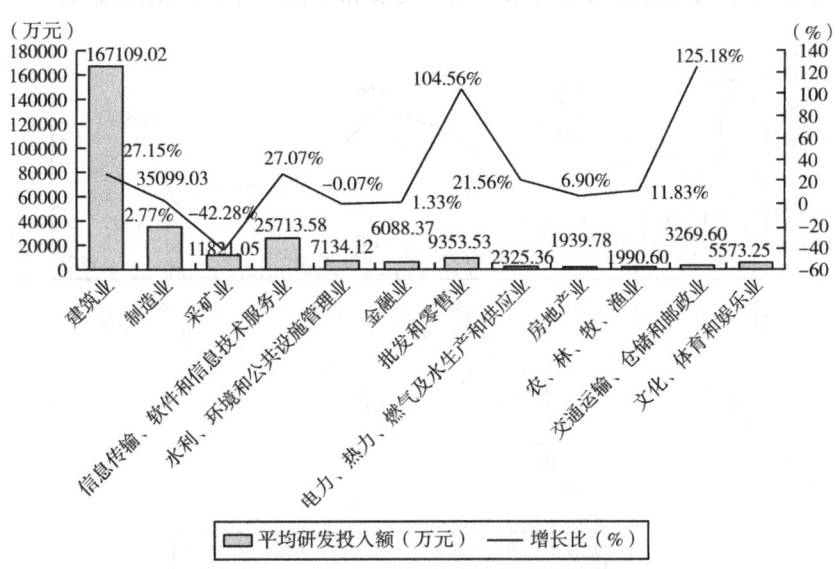

图 22　2015 年各行业平均研发投入额及增长比

如图23所示，2016年，制造业平均研发投入额排名第二，远远低于建筑业，为42012.46万元，仅达到建筑业的21%。与2015年相比，2016年制造业平均研发投入额增长19.7%。制造业高出排名第三的信息传输、软件和信息技术服务业17811万元，两者相差较大。总体来看，制造业平均研发投入额与采矿业、批发和零售业等行业相差较大。

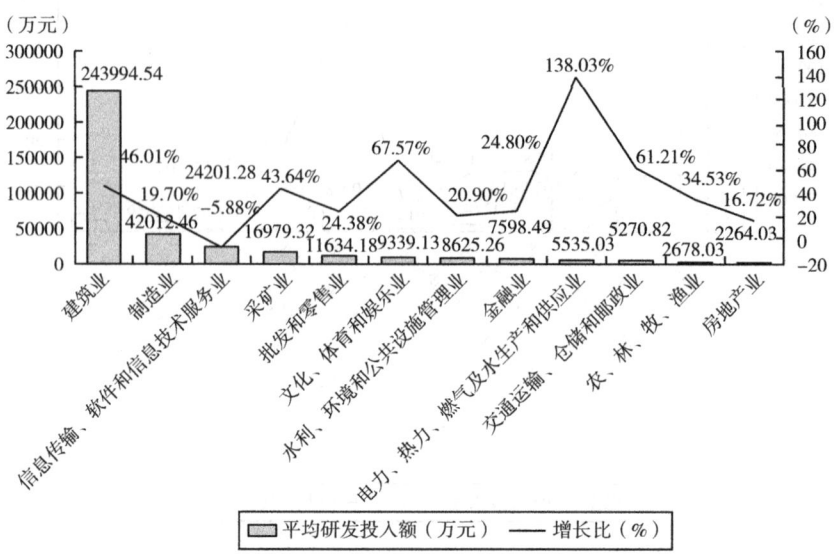

图23　2016年各行业平均研发投入额及增长比

如图24所示，2017年，制造业平均研发投入额排名第二，远远低于建筑业，为48784.97万元，仅为建筑业的18.3%。与2016年相比，2017年制造业平均研发投入额提高16.12%。制造业高出排名第三的信息传输、软件和信息技术服务业16527.33万元，两者相差较大。总体来看，制造业平均研发投入额与采矿业、批发和零售业等行业相差较大。

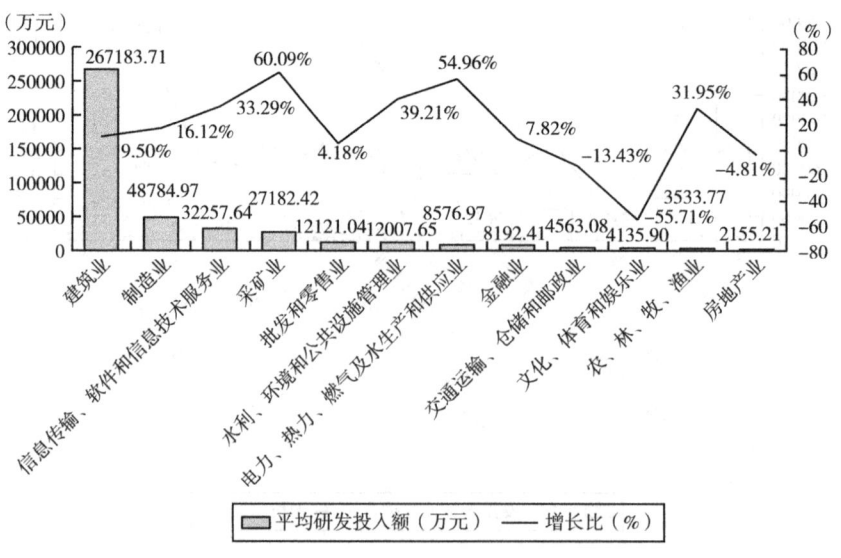

图24　2017年各行业平均研发投入额及增长比

（三）制造企业研发人员数量逐年增加

在进行各行业企业研发人员数量分析时，因 2013 年样本量过少，我们仅统计了 2014～2017 年的数据。其中卫生和社会工作、住宿和餐饮业和综合，由于样本量过少，不能代表本行业企业研发人员数量现状，因此我们将其剔除，并据此进行图表分析。

数据分析结果显示，制造企业的平均研发人员数量在 2014～2017 年呈逐年递增趋势，2015 年较 2014 年提高 32.59%，2016 年较上年提高 17.97%，2017 年较上年提高 19.7%，2017 年较上年提高 3.35%，增速较为平稳，五年的平均研发人员数量为 885 人。制造企业的平均研发投入额每年排名在各行业中均很靠前，且保持在前四名。

如图 25 所示，各行业中平均研发人员数量位居前三的是建筑业，信息传输、软件和信息技术服务业，采矿业，分别为 3805 人、1081 人、991 人。制造业行业的研发人员数量仅排名第四，为 885 人，仅占建筑业的 23.26%，但与排名第二、第三的行业相差不大。

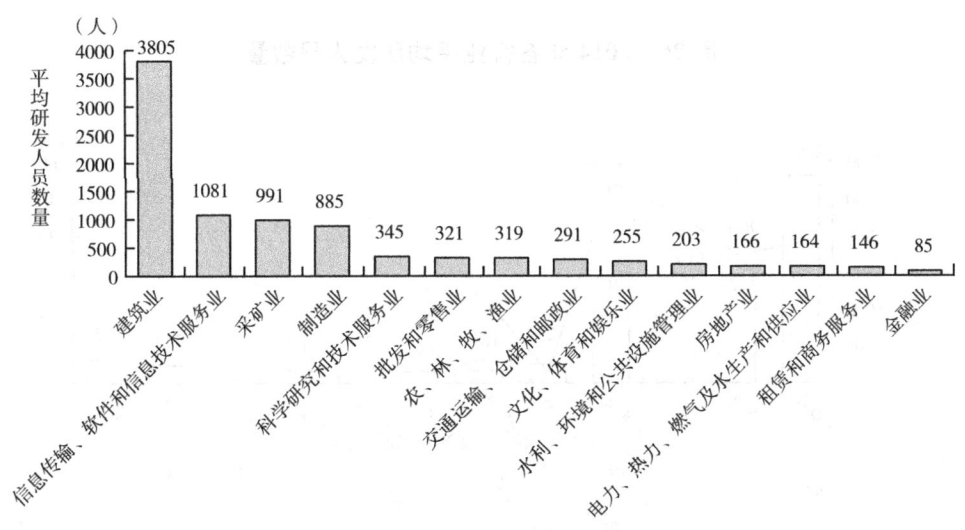

图 25　各行业平均研发人员数量

如图 26 所示，2014 年，各行业平均研发人员数量中制造业排名第三，为 764 人，平均研发人员数量最多的行业是建筑业，为 2412 人，制造业仅为其平均研发人员数量的 31.67%，排名第二的是信息传输、软件和信息技术服务业，为 1151 人，制造业仅为其平均研发人员数量的 66.38%。总体来看，在各行业中制造业的平均研发人员数量排名较为靠前，但与排名第一的建筑业还是有较大差距。

如图 27 所示，2015 年，制造业平均研发人员数量在各行业中排名第四，为 1013 人，较 2014 年增长 32.59%，增长幅度较大。排名第一的仍是建筑业，为 2797 人，制造业仅为其平均研发人员数量的 36.22%。总体来看，制造业平均研发人员数量在各行业中排名很靠前，但与排名第一的建筑业有很大差距，与排名第二、第三的行业差距均很小。

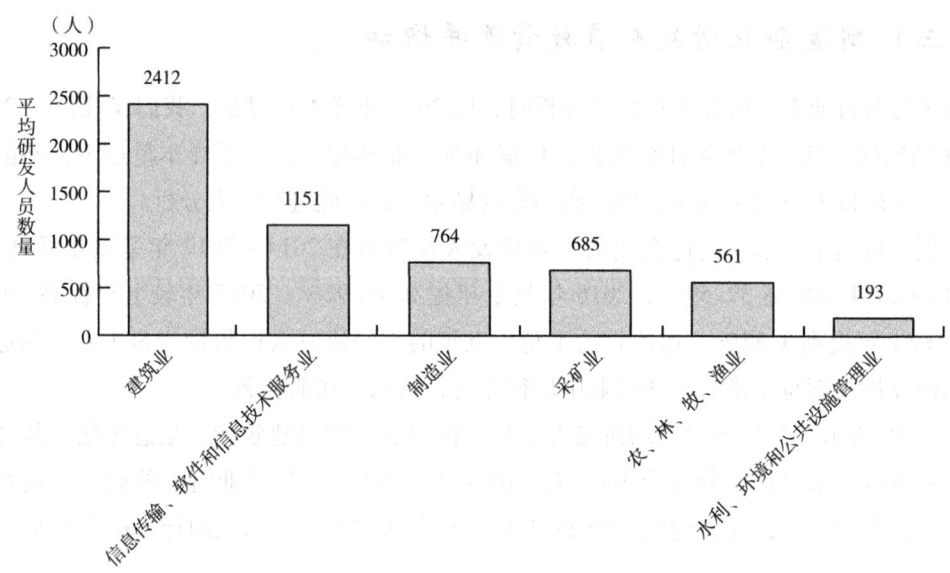

图 26 2014 年各行业平均研发人员数量

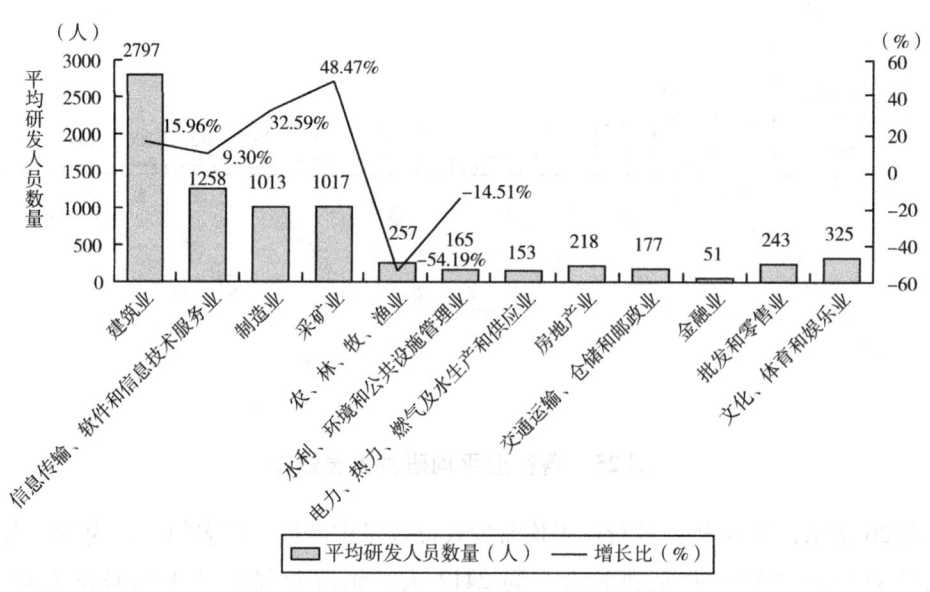

图 27 2015 年各行业平均研发人员数量

如图 28 所示，2016 年，制造业平均研发人员数量在各行业中排名第三，为 1195 人，较 2015 年增长 17.97%。排名第一的仍是建筑业，为 4750 人，制造业仅为其平均研发人员数量的 25.16%。总体来看，在各行业中制造业平均研发人员数量排名较靠前，但与排名第一的建筑业有很大差距，与排名第二的行业差距很小。

如图 29 所示，2017 年制造业平均研发人员数量在各行业中排名第三，为 1235 人，较 2016 年增长 3.35%，增长幅度较小。排名第一的仍是建筑业，为 5260 人，制造业仅为其平均研发人员数量的 23.48%。总体来看，在各行业中制造业平均研发人员数量排名较靠前，但与排名第一的建筑业有很大差距，与排名第二的行业差距很小。

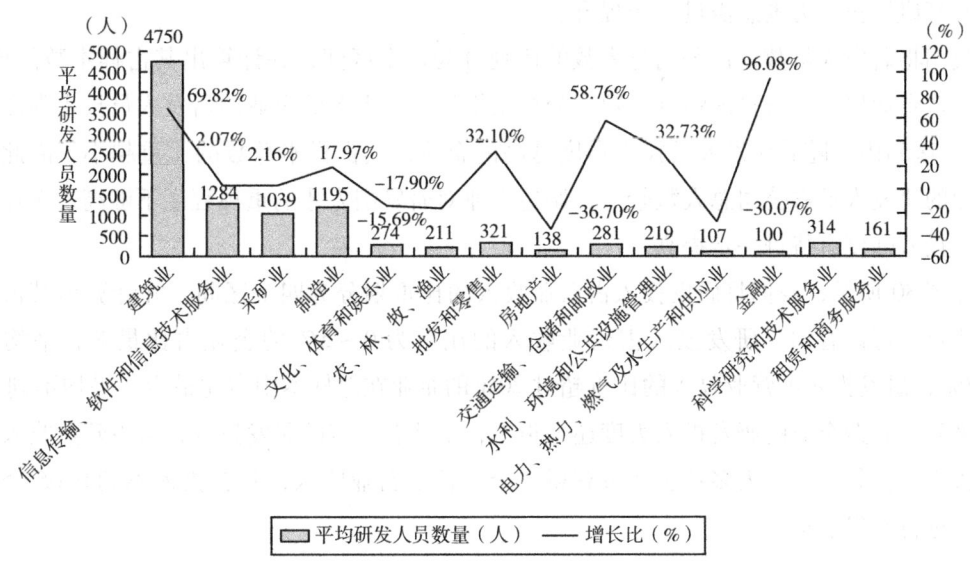

图 28　2016 年各行业平均研发人员数量

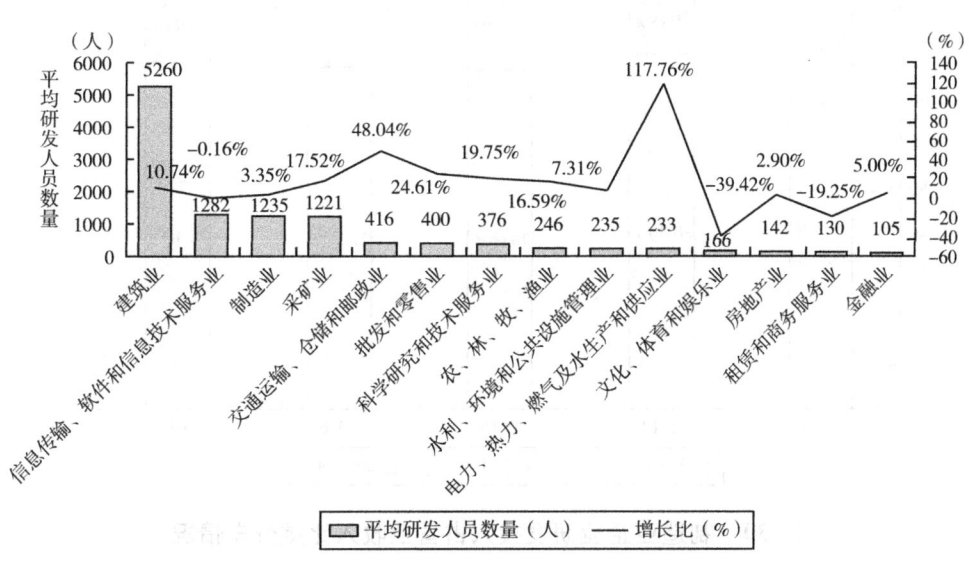

图 29　2017 年各行业平均研发人员数量

（四）制造企业研发强度仍需加大

研发投入强度指企业研发投入额占营业收入的比重，此指标可以较为客观地反映出制造企业研发投入的强度，我们将企业研发投入强度划分为四个区间，分别为 0～5%，5%～10%，10%～20%，20%～50%。数据分析结果显示，制造企业中研发投入强度在 0～5%

区间内的企业占比最高,平均超过70%,而研发投入强度超过1%的企业在样本中占比不到1%,因此,制造企业的研发投入强度总体还是处于一个很低的水平,企业对研发的重视程度以及其研发投入力度急需进一步提升。

我们将研发人员数量占公司总人数的比划分为八个区间,并计算出其占样本数的比重,作为制造企业研发人员投入强度。数据分析结果显示,大多数企业的研发人员投入强度都在0~10%区间内,随着研发人员投入强度越高的企业,其占样本总数的比重越小。因此,制造企业的研发人员占公司总人数较低,制造企业对研发型人才的重视程度不够高,企业的研发人员投入强度有待进一步提高。

如图30所示,我们将研发投入占营业收入的比重划分为四个区间,并计算出其占样本数的比重。可以看出,研发投入占营业收入的比重为0~5%的企业占比最多,平均高达76.37%,研发投入占营业收入的比重超过20%的企业在总样本中占比最少,平均不到1%。总体来看,制造企业的研发投入力度还是很小,虽然有一定的研发投入,但占营业收入的比重却很小。换句话说,大多数企业每获得一个单位的营业收入,只会投入不到0.05个单位的资金进行研发活动。

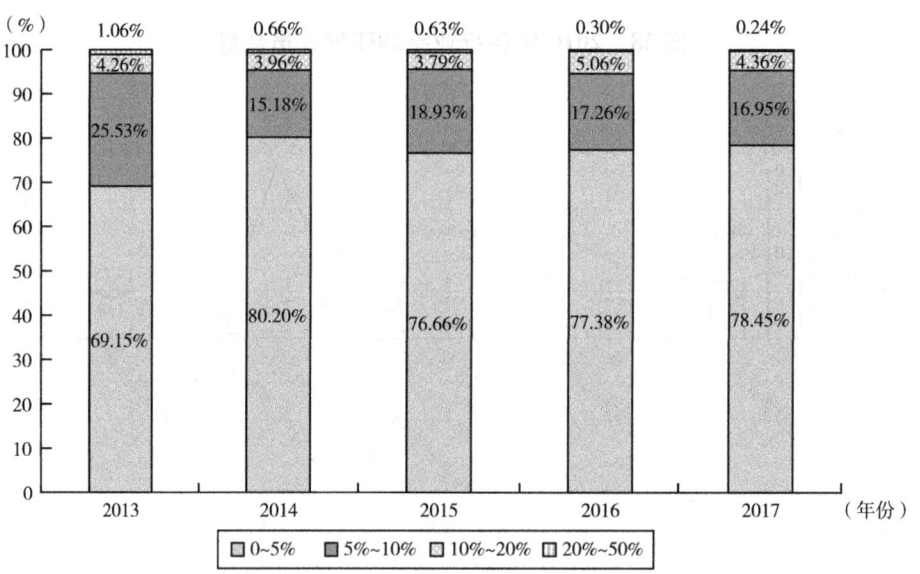

图30 制造业企业研发投入占营业收入比重分布情况

如图31所示,我们将研发人员数量占公司总人数的比重分为八个区间,并计算出其占样本数的比重。可以看出,研发人员数量占公司总人数的比重为0~10%和10%~20%的企业占比最多,均为30%~40%,研发人员数量占公司总人数的比重超过20%但低于40%的企业在总样本中占比较少;研发人员数量占公司总人数的比重超过40%的企业在总样本中占比最少,均低于5%。可以看出,制造业企业的研发人员投入强度相对较弱。因此,制造企业的研发人员投入力度有待进一步提升。

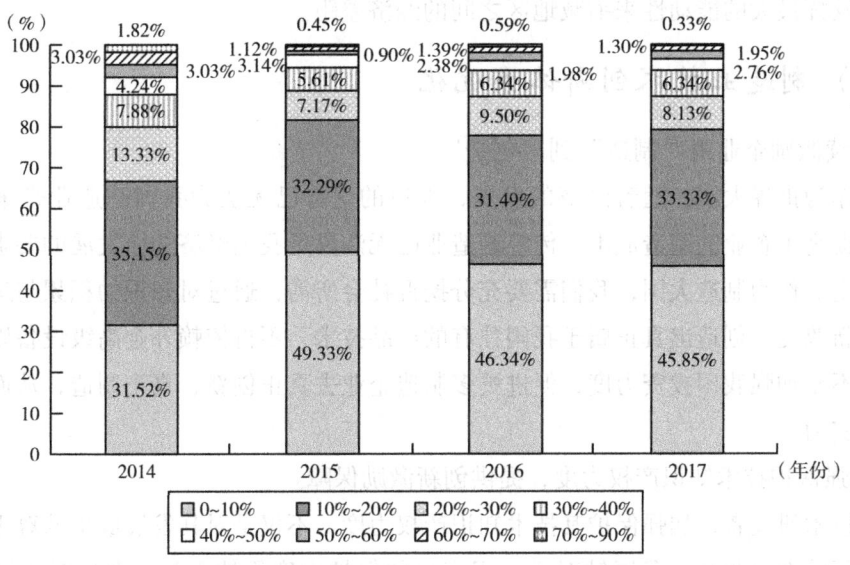

图 31　制造业企业研发人员数量占公司总人数比重分布情况

五、"制造"到"智造"：促进制造业转型升级的对策建议

（一）制造业税收体系优化

1. 加大财税力度，降低企业成本。

我国现阶段正处于"中国制造 2025"的攻坚时期，为实现制造业加速转型，有效提升我国经济综合实力，打造良好的经营环境是重要前提和有效保障。中央财政按照深化供给侧结构性改革要求，实行税收优惠、减税降费等积极财税措施，减轻市场经济负担，进一步降低企业经营成本。

2. 完善税收制度，实现公平合理。

税收是国家财政收入的主要来源，也是我国政府对国民经济有效地进行宏观调控的主要手段之一，对我国的经济社会发展具有十分重要的作用。我国的税收制度，从改革开放起，经过二十多年的发展，有了长足的进步，但税收制度仍然不可能做到面面俱到，因此有待进一步的完善。税收制度应实现对不同种类的企业公平合理的对待，进一步完善多样化的税收制度，让企业能根据自身情况选择适宜的税收政策，达到公平合理的目标。

3. 结合地域特点，引导运用政策。

税收离不开经济的发展，经济发展又需要税收政策做引导，而战略新兴产业的发展水平代表了一个国家未来的综合实力，因此，大力发展战略新兴产业是从"中国制造"到"中国智造"升级转型的重要方向。地方政府应注重对普惠性政策和特惠性政策进行有效的结合，再根据各个区域自身的特点制订合适的目标和方向，对不同地域实施不同力度的优惠扶持政策，发挥最大的能动性来缩减地区之间的经济差距。

（二）制造业技术创新体系优化

1. 继续激励企业由"制造"到"创造"。

我国作为世界大国，随着经济的发展，人口的优势已无法为我国制造业带来更多的利益，反而提高了企业的制造成本。传统制造业已无法满足我国经济全面发展的要求，需要进行转型改变。作为制造大国，我们需要充分挖掘社会所需，通过对知识的积累与运用实现高质量的创新改变，创造出真正属于我国独有的产品技术，不再依赖外企高级设备以及技术资源。同时不断加强我国投资力度，促进更多制造企业去真正创新、真正制造，从而综合提高我国经济实力。

2. 加强保护技术知识产权力度，提供创新激励保障。

对于技术研发者，加强保护其技术知识产权力度，不仅是对其发展成果的尊重，也是对其继续创新的有效激励，我国针对于知识产权的保护力度仍然不足，而且对于知识产权的"创新"与"模仿"缺少明确划分，因此我们要围绕所创新的技术知识产权的差异性，提出更加谨慎的保护制度，同时加强监督力度，全面保护技术知识产权的安全。

3. 实现技术创新对象由"重点"到"全面"。

在国家重点关注的制造业对象中，我国提供了较大的政策支持与投入力度，从而更有效地推进我国经济的发展，然而在新时代全面发展的环境下，对社会各行业、各领域全面支持是基本前提，促进制造业技术创新由点到面全面发展，从而更加有效地提升我国综合经济实力，尽早完成"中国制造2025"的发展规划。

获奖情况：第14届"挑战杯"河南省大学生课外学术科技作品终审决赛二等奖

完成人员：韩钰，崔颖超，马鸣宇，李心怡，梁瑞，许英英，薛书梅，王紫徽

政企合作打好污染防治攻坚战

——基于环保 PPP 项目的调查研究

摘要：党的十八大以来习近平总书记关于生态文明建设的重要论述中，多次强调"绿水青山就是金山银山"的理念，然而我国生态环境仍面临污染源众多、污染现象严重等现状，有效地开展生态治理已迫在眉睫。PPP 作为新一轮生态治理的创新模式，其环保项目融入经济建设、政治建设、文化建设、社会建设各方面和全过程，从源头上扭转生态环境恶化趋势，为人民创造良好生活环境。我们通过对新修订《中华人民共和国环境保护法》和《污染防治攻坚战三年行动计划（2018~2020 年）》等相关政策的探究，发现我国环保产业进入以政企合作模式为主导的 2.0 时代。

首先，我们在 PPP 模式理论支撑下，从 BOT 和 TOT 两种实施模式对政企合作打好污染防治攻坚战展开分析。其次，对"有形之手"的政府和"无形之手"的企业两个 PPP 主体对象的优势进行探究，在政府"干预而不专权"，企业"盈利而不暴利"的基础上形成"平等协商、风险共担、互利共赢"的合作关系。最后，从环保 PPP 项目的发展趋势、发展格局和治污领域展开主要分析，发展趋势从时间角度得知环保 PPP 项目在 2012 年首次实施，此后 3 年项目数量增加较慢，但在 2015 年新增 122 个，此后环保 PPP 项目均增加明显；从区域角度得知经济发达的北京、江苏、浙江等地 PPP 环保项目较少，而经济较落后的云南、贵州、河南等地的 PPP 环保项目较多，即环保 PPP 项目的发展并非与经济发展水平一致。从发展格局中环保 PPP 项目市级 423 个、县镇 410 个，两者分布基本均衡；2012~2019 年 833 个环保 PPP 项目的发展阶段中，准备阶段 162 个，采购阶段 206 个，执行阶段 465 个，环保 PPP 项目大多都处于执行阶段，基本步入正轨；从示范项目级别中我们发现河北省 29 个 PPP 环保项目中国家级示范项目高达 24 个；广东省高达 100 个环保 PPP 项目中国家级示范项目只有 2 个，这表明环保 PPP 项目在全国范围内的质量参差不齐，因此我们在加快环保 PPP 项目建设数量的同时不要忽视项目质量；从回报机制中我们发现可行性缺口补助的项目高达 442 个，可见政府对环保 PPP 项目更要求公益性；在治污领域研究中，以河南省为例，其中水资源的 PPP 环保项目中关于生态自然水的有 41 个，而关于城市污染水治理的只有 4 个。我们推测河南省 PPP 环保项目生态水的治理问题更加紧迫。

对于政企合作下政府与企业所面临的情况，从企业、政府和社会环境三个方面展开解读：企业投资回报率低、项目投资时间长、资金周转难度大；政府政策不稳定、过多干预以及社会中相关人才的缺乏和风险共担体制的不健全等问题，在一定程度上制约环保 PPP 项目的发展,我们认为政府应当践行契约精神、规范程序化要求、减少行政干预;企业应抱团发展、提高自身抗风险能力、制定科学的发展战略、多方面筹措资金,积极融入环保产业发展。

关键词:政企合作;污染;环保;PPP项目

一、新一轮环保PPP拉开序幕

(一)促进生态文明改革,加快建设美丽中国

PPP环保项目融入经济建设、政治建设、文化建设、社会建设各方面和全过程,从源头上扭转生态环境恶化趋势,为人民创造良好生活环境,加快建设美丽中国步伐,对全球生态安全做出贡献。中央政府出台了一系列政策来促进环境发展。PPP模式是对传统发展模式的一种创新,促进经济转型升级,通过政府和社会资本合作模式有利于整合社会资源,提升经济增长动力,促进经济结构调整和转型升级,符合以效率、和谐、持续为目标的经济增长和社会发展方式,实现经济社会可持续发展。

(二)推进政府职能改革,实现资源合理配置

PPP环保项目将社会资源、资本、自然资源等资源进行合理分配,有效承担社会经济发展单元所需要的基础设施,公共服务设施,公用项目的融资、建设、运营等任务,与由政府承担配置的传统相比,切实发挥了市场在资源配置中的作用,实现资源的充分利用。政企环保项目的建设,不仅可以推动经济社会的绿色协调发展,而且能够提高政府的服务质量,满足了人民对美好生活的期望。

(三)发挥企业优势力量,促进供给提质增效

政企合作不仅能实现风险共担,还可以充分发挥企业在技术、资金、经营管理方面的优势作用。不仅降低企业投资的成本和风险,而且企业与政府合作会更加积极、主动、有效与金融机构进行对接,这有利于拓宽企业的资源与融资渠道,扩大生产经营或进行其他项目投资,从而促进政府和企业强强联手、资源共享,实现共赢,有效推动绿色发展,有利于供给侧结构性改革、促进供给提质增效。

(四)环保PPP连年增长,政企合作前景广阔

近几年来,全球化的各国政府在自然垄断产业领域投入资金减少,发展中国家政府财政短缺,国有企业的低效率和资源的低利用率,在环境保护、城市公用事业等领域中,面对资源相对有限并且社会对公共物品需求迅速增长的情况,迫使政府寻求民营部门共同来解决问题,这样一来,新的运营模式应运而生,公私合营迅速发展,涉及政治和经济各个领域。基

于PPP模式的独特优势，作为PPP模式子领域之一的环保PPP也正逐渐受到政府和社会资本的重视，在政府专项资金和技术匮乏的背景下，PPP模式与环保产业的融合引发新一轮的热潮。在政府大力推广政企合作的背景下，大量的生态环境建设和保护项目列入财政部政府和社会资本合作项目库。根据财政部PPP项目库数据汇总，如图1所示，2012~2018年，环保PPP个数呈线性趋势增加。

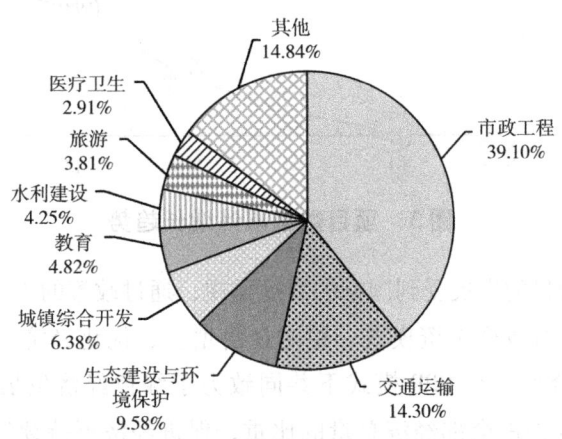

图1　环保PPP项目逐年增长量分析

从图2全国PPP项目库总量构成来看，2019年1月，市政工程类项目3415个，占项目库数量的39.10%，位各行业第一；生态建设与环境保护类项目837个，占项目库数量的9.58%，位列各行业前五。在PPP项目中，环保PPP占据着一席之地。由此可见，PPP模式与我国环保产业发展和构建的深度融合，前景十分广阔。我国环保项目数量共计833个，经济总量9306亿元人民币，对我国的经济发展有巨大的推动作用。

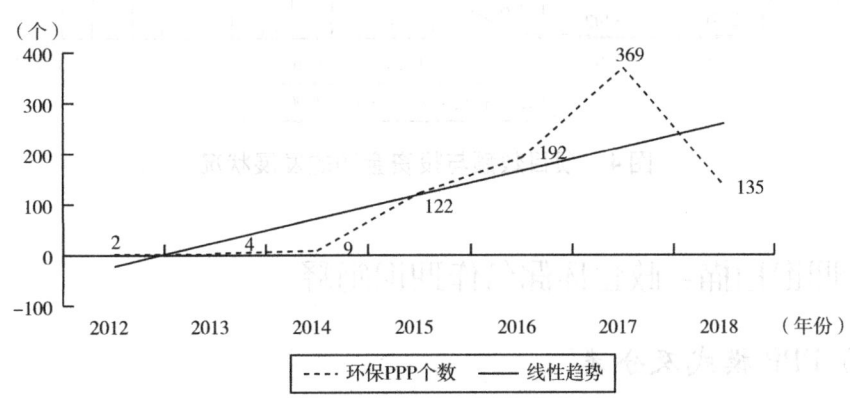

图2　全国PPP入库项目各行业投资构成（PPP项目库整理）

通过图3，我们可以清楚地认识到2014年以后我国环保项目数量大幅度增长。这一趋势线表明国家和党对环保项目的重视，对绿色发展的支持。政府出台了一系列政策促进了政企合作环保项目的增加，这种持续增加不仅有利于环保的发展，还有利于经济结构的优化。

这种现象有利于吸引社会资本对环保类项目的投资，提高环保类项目的生命力。PPP模式下的环保项目在我国已经落地生根，取得了巨大的进步，对于我国政府和企业相互合作具有长远的指导意义。

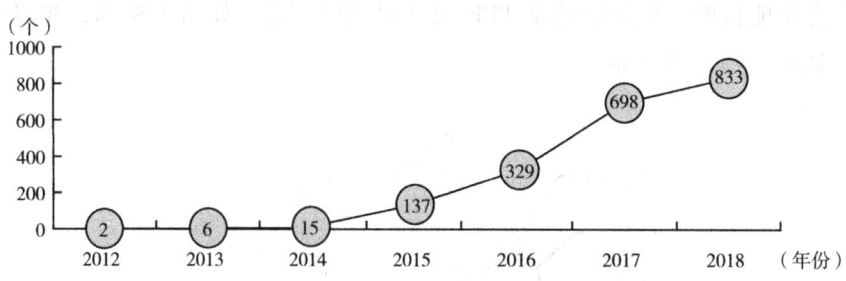

图3　项目数量累计增长趋势

总体来说，PPP项目的发展受到国家的高度重视，通过政策的不断出台逐步改善PPP发展中遇到的问题，PPP对改变融资模式、稳定经济增长、优化经济结构都具有一定战略意义。政府和企业相互合作，在PPP模式下共同致力于绿色经济发展，有利于增加我国的GDP总量，加大绿色经济占全部经济总量的比重，促进经济可持续发展；有利于优化我国产业环境，带动传统重工业和第三产业的协同发展；有利于增加就业，提高人均GDP水平，提升人民的幸福感和认同感。

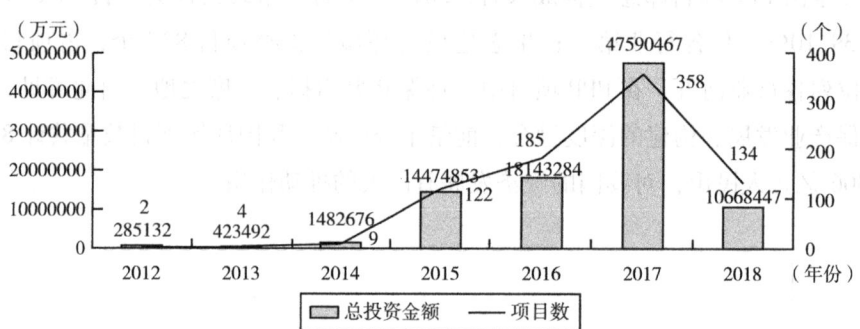

图4　项目数额与投资金额的发展状况

二、理论扫描：政企环保合作理论阐释

（一）PPP模式及分类

PPP模式又称PPP，英文名称：Public—Private—Partnership。

PPP模式简单而言就是公私合营，即公共部门（政府）与私人部门（私人企业）签订特许权协议，形成一种合作关系，并以此为基础，签订合同来明确双方的权利和义务以确保合作的顺利完成。

PPP有广义和狭义之分，广义的PPP泛指公共部门和私人部门为提供公共产品或服务而建立的各种合作关系,狭义的 PPP 更加强调合作过程中风险分担机制和项目的物有所值原则。广义的 PPP 可以分为外包、特许经营和私有化三大类。

如图 5 本小组主要说明特许经营一类。

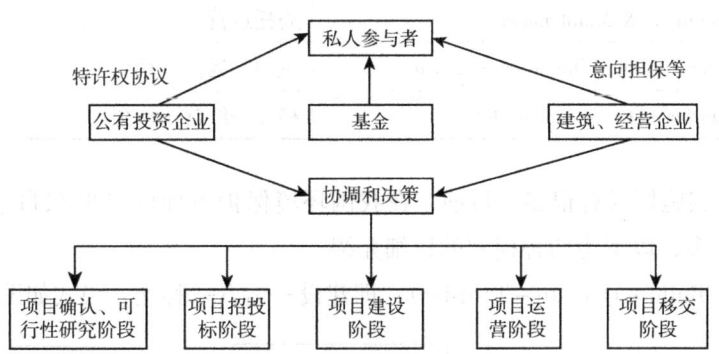

图 5　特许经营模式

PPP 作为在公共基础设施中建设发展起来的一种优化的项目融资与实施模式,其具体模式分类及简单介绍如图 6 和表 1。

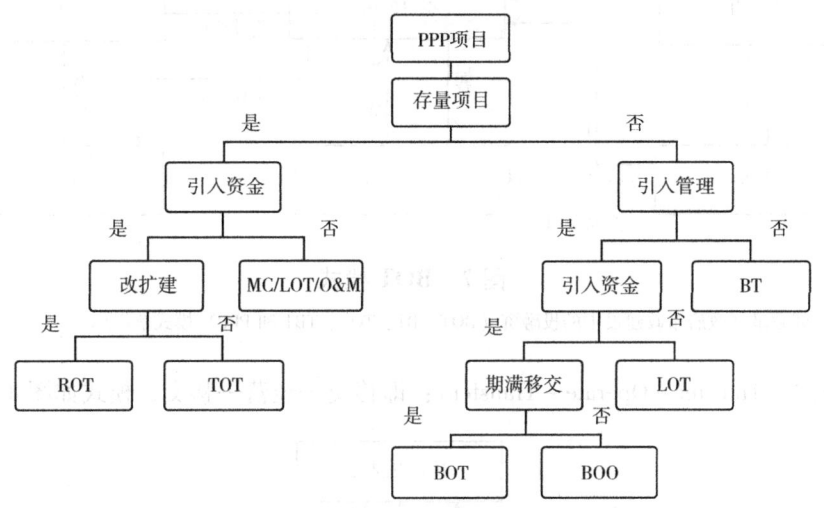

图 6　PPP 具体模式分类

表 1　　　　　　　　　　　各 PPP 模式一览表

实施模式	英文名称	具体含义
BOO	Building – Owning – Operation	建设—拥有—经营
BOT	Build – Operate – Transfer	建设—经营—转让
BT	Build – Transfer	建设—移交
LOT	Lease – Operation – Transfer	租赁—运营—移交

207

续表

实施模式	英文名称	具体含义
MC	Management Contract	管理合同
O&M	Operations & Maintenance	委托运营
ROT	Reconstitution – Operation – Transfer	重构—运营—移交
TOT	Transfer – Operate – Transfer	移交—经营—移交

PPP 的具体实施模式有很多，目前，在我国环境保护方面的 PPP 项目中，尤以 BOT 和 TOT 模式应用最多，以下为两种模式的详细介绍。

BOT 模式（Build – Operate – Transfer）：即建设—运营—移交，模式如图 7 所示。

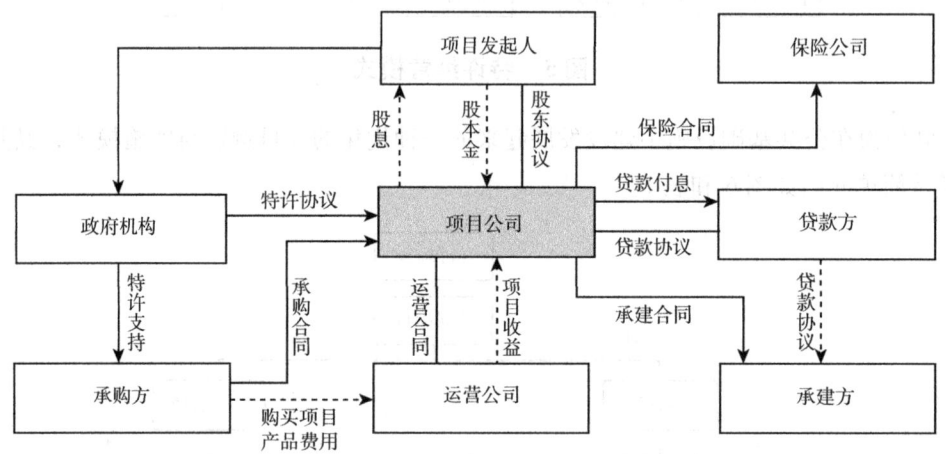

图 7　BOT 模式

资料来源：郭致星《政府市政建设中的投融资（BOT、BT、TOT、TBT 和 PPP）模式解析》。

TOT 模式（Transfer – Operate – Transfer）：即移交—经营—移交，模式如图 8 所示。

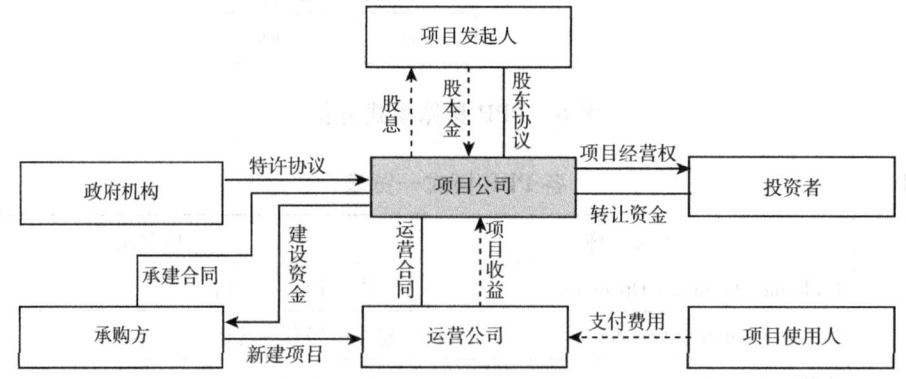

图 8　TOT 模式

资料来源：郭致星《政府市政建设中的投融资（BOT、BT、TOT、TBT 和 PPP）模式解析》。

除详细介绍这两种 PPP 具体实施模式之外,其他的具体实施模式也有各自的特点,但一般合同期限不长,政府除了委托企业主体对公共基础设施进行投资、建设、运营、维护外,实际上还将公共设施的服务职责转移给了企业主体,但在公共资产的建设、改建、所有权等还归属于政府主体。

由图 9 和表 2 清晰可知,我国政企合作模式以 BOT 模式为主,占比达到 79.71%,以 TOT、BOO、ROT 等模式为辅。我国政企合作在促进绿色发展方面存在多种不同的运营模式,各种运营模式之间有相同之处,但同时存在不同的侧重点,充分说明了 PPP 模式在我国的广泛应用。通过对环保类 PPP 项目运作方式的调查,我们深刻认识到对于不同类型的环保问题,企业可以根据实际情况采用不同的运营模式,采用不同的方法交叉分析和处理,不仅有利于企业大幅降低环保项目初期的运营难度,还有利于提高项目的存活率。

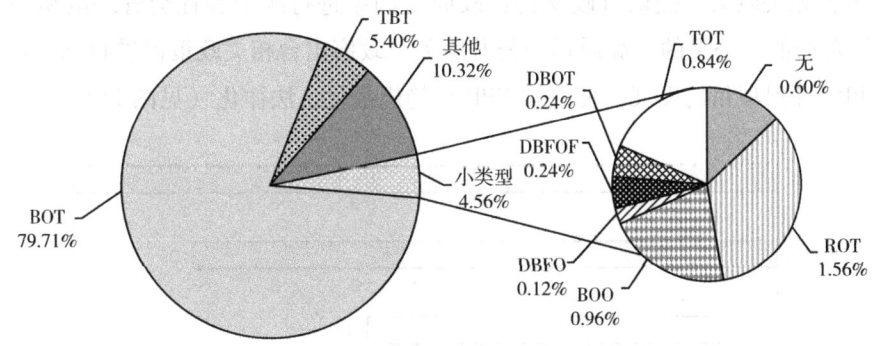

图 9 中国环保 PPP 项目运作方式类型

表 2 运营模式分析

运营模式	BOT	TOT	BOO	ROT
阐述	建设—移交—运营	移交—经营—移交	建设—拥有—经营	重构—运营—移交
运营模式	TOT	BT	DBFO	DBOT
阐述	转让—经营—转让	建设—移交	设计—建设—融资—经营	设计—建设—经营—转让

(二)政企天然优势:有形之手与无形之手

借用大卫·李嘉图的一个非常经典的国际经济学理论——比较优势,假设 A 为我国的政府,B 为我国的企业,政府需要建设一项基础设施工程,如果由政府出资建设该工程,有资源优势但建设成本高;如果由企业出资建设,有技术优势但资源上的机会成本大;由此可知,政府与企业都有自己较为独特的"比较优势",若政府和企业利用各自的优势进行合作,在降低成本的同时还可实现互利共赢。

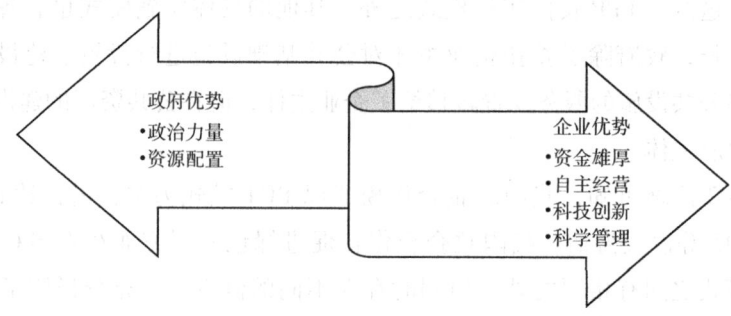

图 10　政府企业各自的天然优势

1."有形之手"。

（1）出台相关政策，提供行政支持：政府是国家进行统治和社会管理的机关，为各社会群体提供普遍的、公平的、高质量的公共服务。政府出台相关政策促进我国工业领域和市政领域上 PPP 环保项目的发展，使我国 PPP 日趋规范化、法律化（见图 11）。

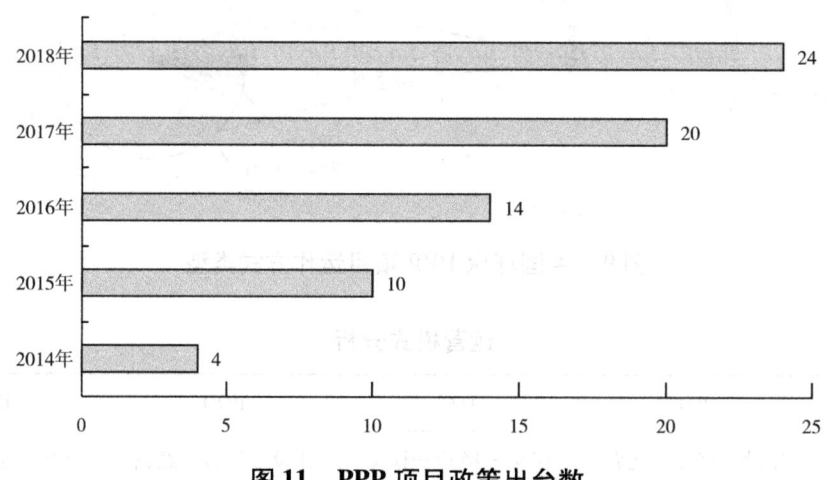

图 11　PPP 项目政策出台数

（2）拥有较大资源配置权：在社会经济活动中，自然资源、资本、劳动力、技术等要素资源具有稀缺性，通过政府的合理配置决定是否能实现了资源的最大化利用，政府在资源配置上具有引导性、弥补性和规制性，政府充分发挥"有形之手"，努力纠正"越位"，解决"错位"，也避免"缺位"，使社会资源配置更有效，从而促进经济健康发展。

我国的"南水北调"工程充分体现了政府合理的资源配置能力，在解决沿线城市生活、工业用水的同时改善了北方地区的生态环境，提高了水资源的配置效率。

2."无形之手"。

（1）资金力量雄厚，筹资渠道广：PPP 环保项目需要有巨额的资金投入，而企业是追求利润最大化的经济主体，拥有强大的市场活力。企业是一种营利性组织，通过这种组织形式实现了众多资本的联合，从而进行再生产以创造社会财富获得经济效益。这不仅满足社会生产力发展的需要，还具备实现资本增值的一定优势。

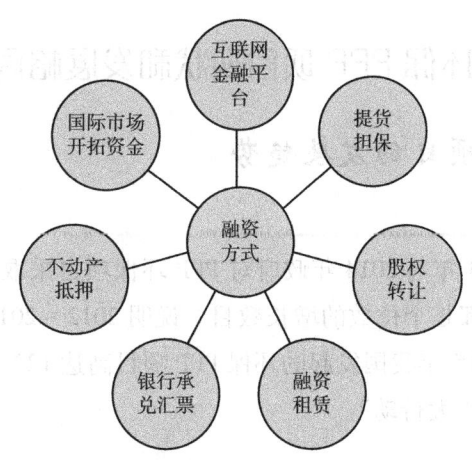

图 12 企业的融资方式

（2）自主经营，灵活性强：企业的经营职能是与政府行政管理职能、宏观和行业管理职能相分离，尤其改革开放以来进行的"放权让利""扩大企业自主权"等措施，企业具有更加灵活的自主经营权。

（三）政企有机结合：合作博弈与互补共生

1．"干预而不专权"。

PPP 项目是政府和企业之间的合作，合作需要双方按照市场规则、按照合同契约办事，而不是"行政权力"一家独大，政府和企业要在平等协商、依法合规的基础上达成合作关系，坚守契约精神，严格按契约规则办事，同时注重处理好政府与市场主体之间的关系，不"越位"、不"错位"、不"缺位"。

2．"盈利而不暴利"。

环保 PPP 是一种公益性项目，但企业是营利性组织。项目建成后，企业拥有一定时间段的经营权，在这段独立经营的期间，企业很有可能为了追求利润，而违背项目的建设目的牟取暴利，城市公共基础设施的提供往往带有一定的公益性，而政府作为公共部门来说，要从提高服务质量和效率的角度出发，平衡项目的风险和收益，避免出现暴利和亏损，达到"激励相容"的效果。

3．"平等协商、风险共担、互利共赢"。

在 PPP 模式下，需要政府和社会资本合作进行公共基础设施的运作，在政府与企业合作的过程中，政府需要围绕"物有所值"价值目标，按照《政府采购法》探索创新适合政府和社会资本合作项目的采购方式，进行公开招标，并以等协商原则明确政府和项目公司间的权利与义务。政府应建立科学的 PPP 项目评估机制，企业应不断提高自身科技创新实力，承担相应风险、履行相应义务、享有相应权利。因此，PPP 模式关键在于政企之间的良性合作，政府和企业均应营造良好的合作氛围，在合作中求发展，在合作中实现共赢。

三、现实坐标：环保 PPP 项目现状和发展格局

（一）环保 PPP 项目的发展趋势

1. 时间分析。

从图 13 得出，在 2013 年与 2014 年政府对 PPP 环保项目采取稳中求进的发展基调，每年的项目都有所增长，但都是个位数的增长数目。说明 2012~2014 年我国政府对 PPP 项目处在试点阶段，但是在 2015 年我国发起的环保 PPP 项目高达 122 个项目，或许是 2015 年我国对环境保护做出了许多"大行动"。

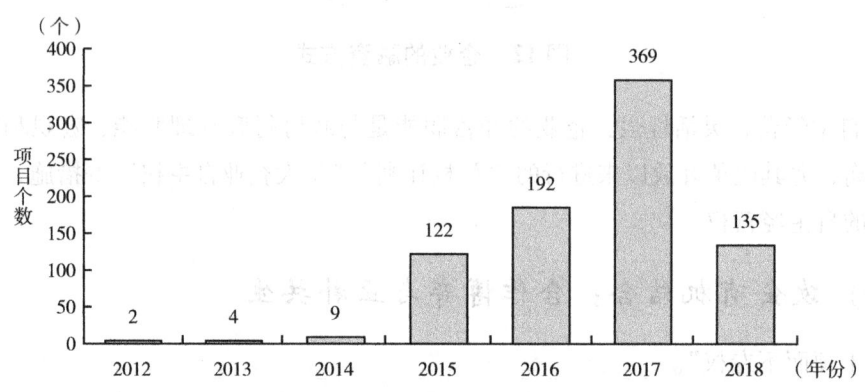

图 13　环保 PPP 项目数量分析

从表 3 的十大事件中我们可以看出，2015 年是我国环保事业蓬勃发展的时间，而且我们的新《环保法》也终于开始正式实施了，在这一年我国环保 PPP 项目高达 122 个，比上年多发起了 113 个。

表 3　2015 年度中国环保十大事件

序号	事件
1	新《环保法》正式实施
2	环保部首次"约谈"地方政府一把手
3	治理整顿环评"红顶中介"
4	"水十条"正式出台
5	天津爆炸案将环评问题推上风口浪尖
6	北京上空再现"阅兵蓝"
7	《生态文明体制改革总体方案》出台
8	环保首次改革实行"垂直管理"
9	北京首发红色预警
10	PPP 模式全面展开

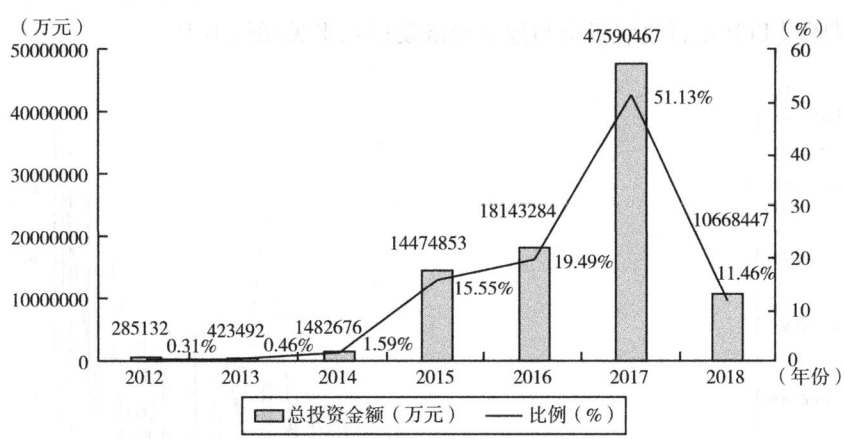

图14 PPP环境投资分析

由图14可知，与2015年的PPP环保项目相比，2016年与2017年无论在投资项目数量还是投资额上均呈现大幅度的增长。并且在2016~2017年我国环保PPP项目建设范围涉及了甘肃、黑龙江、山西、重庆四个地区，这反映了我们的环保力度的加大，环保PPP项目基本已经覆盖全国大多省份，全国性的环境保护工作都已经开展。

2. 区域分析。

由图15和图16知，2012~2018年PPP环保项目在各省区市的分布是不均衡的，在经济不发达的青海分布最少，在经济较为发达的广东发起项目最多，但PPP环保项目和地区的经济发展水平并不一致。由此可见PPP环保项目和不同地方的实际发展现状联系较密切，与地区经济水平的高低关联度不大。

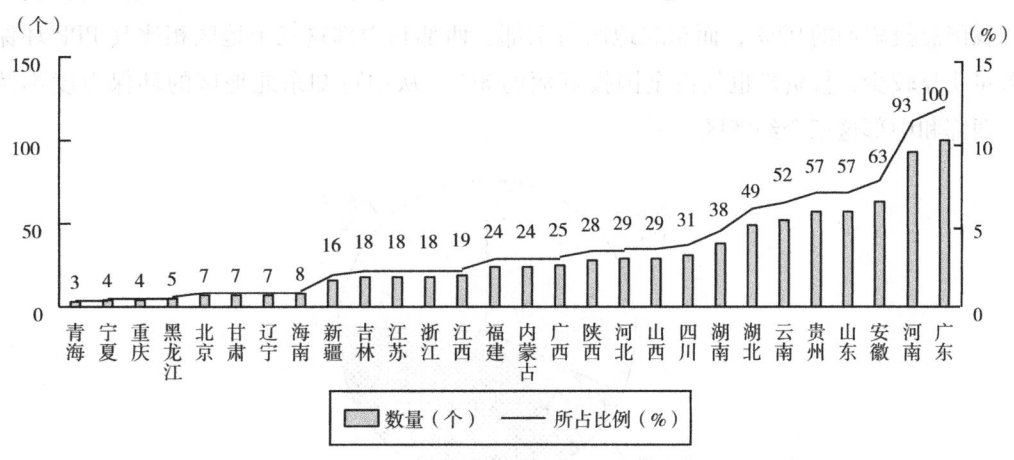

图15 各省环保PPP项目数量

通过图16，我们再从投资额上作比较，尽管广东省项目数量最多但是从投资额上来看却是河南省占有最大投资数额。广东省的投资额排在全国第九，而国家关于全国PPP环保项目投资额度最多的前八个地区都位于中西部较不发达地区，这更加验证了我们的分析结果——全国环保 PPP 项目政府投资与地方经济发展水平关联性不大。

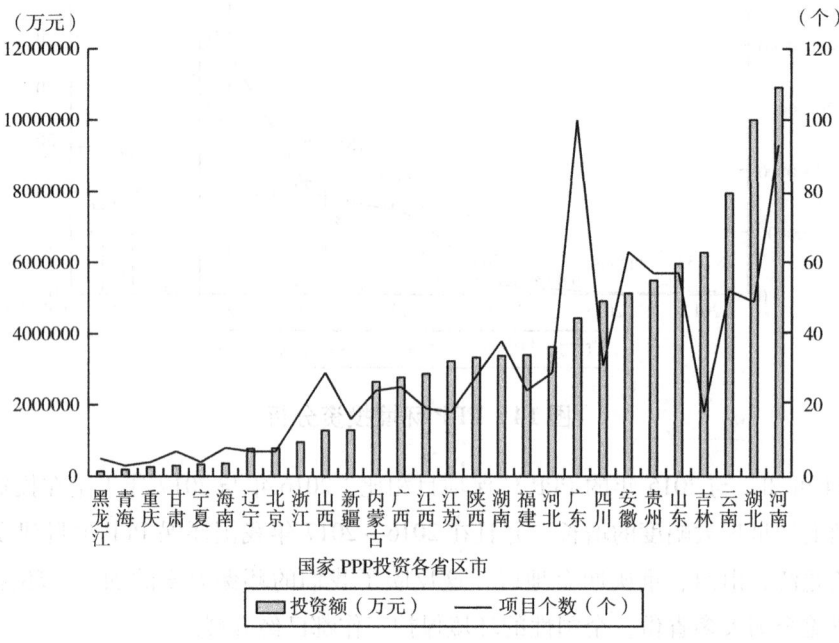

图 16　各省 PPP 环保投资项目金额、数量对比

从图 17、图 18 和表 4 可知，我国环保项目数量 833 个，总计 93068352 万元，约 9307 亿人民币。东部地区投资额占比 24%，项目数量 261 个；西部地区投资额占比 32%，项目数量 251 个，东北地区投资额占比 8%，项目数量 30；中部投资额占比 36%，项目数量 291。这三个地区 PPP 环保项目总量占我国环保项目总量的 90.94%，三个地区的投资额比重占我国总投资额的 92%，而东北地区与东部、西部和中部这三个地区相比其 PPP 环保项目数量明显较少，投资额也仅占全国投资额的 8%，从中可知东北地区的环保力度不及东部、西部和中部这三个经济区。

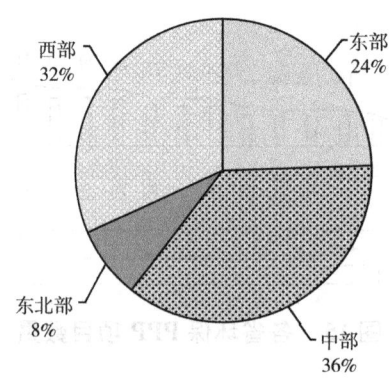

图 17　各经济区投资额

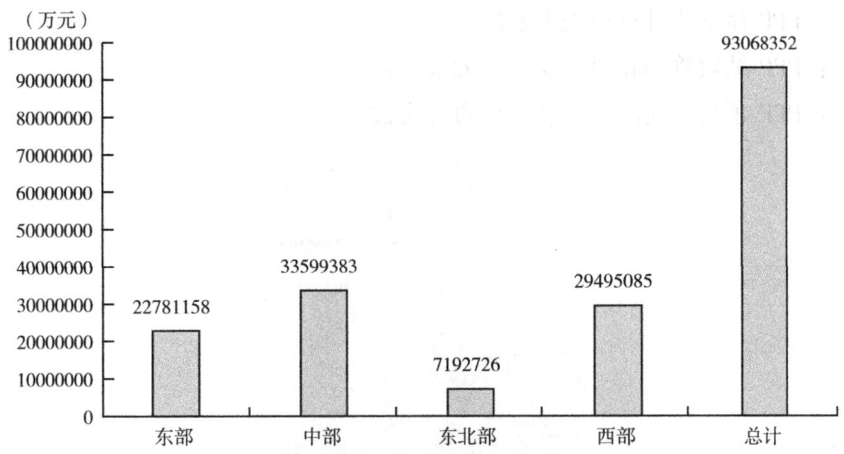

图 18　各经济区投资额条形图

表 4　　　　　　　　各经济区环保 PPP 投资数量对比

经济区	PPP 环保项目个数
东部	261
中部	291
东北部	30
西部	251
总计	833

我国四大经济区的环保项目投资总额将近 1 万亿元，但我国环保产业依旧存在巨大的发展空间。我国已纳入项目库的 PPP 数量达到 7000 个，投资超过 10 万亿元，而环保类项目仅仅 833 个。说明我国环保类项目市场发展前景非常广阔。

3. 趋势分析。

从时间和空间来看，我国的 PPP 环保项目投资额和投资数量近几年处于快速增长阶段。对于未来几年我国的环保 PPP 项目的走向，我们推测 PPP 环保项目的投资力度将会更大。其主要原因如下。

（1）在 2018 年 12 月 14 日自 16 日举办的第十二届中国城市建设投融资论坛上，现代研究院发布了《2019 年中国 PPP 行业发展趋势报告》，据现代研究院高级研究员陈超群介绍，2019 年中国 PPP 行业发展将呈现九大趋势。

趋势一：条例出台引领 PPP 进入规范发展新阶段

趋势二：本源回归 PPP 重要作用将持续发挥

趋势三：PPP 政府支出管理将进一步规范

趋势四：PPP 信用体系建设进入新阶段

趋势五：地方政府 PPP 管理创新加强

趋势六：民营资本投资运营项目增速加快

趋势七：PPP 存量项目将迎来大发展
趋势八：PPP 绩效管理将进入实质性发展阶段
趋势九：PPP 项目直接融资将获得阶段性突破

图 19　2019 年中国 PPP 行业发展趋势报告封面

我们可以从九大趋势看出，2019 年的 PPP 项目无论是在数量还是在质量上都将有所提升，我们有理由相信在 2019 年 PPP 环保投资项目也会有所增长。而且在未来几年里 PPP 环保项目将会变得更加热门，这与我国近年来热门的绿色环保发展理念相契合。

（2）从落地率上我们也可以进行分析研究，PPP 环保项目执行情况我们可以从图 20 进行分析。

从 2012 年执行了 1 个 PPP 环保项目到 2017 年的 169 个执行项目，可见 PPP 环保项目的执行情况是乐观的。从每年执行项目的情况看，在 PPP 环保项目工作上无论是政府还是企业都是持积极态度的，项目落地率比较高也反映了 PPP 环保项目的可行性，这些都验证了 PPP 环保项目未来的乐观趋势。

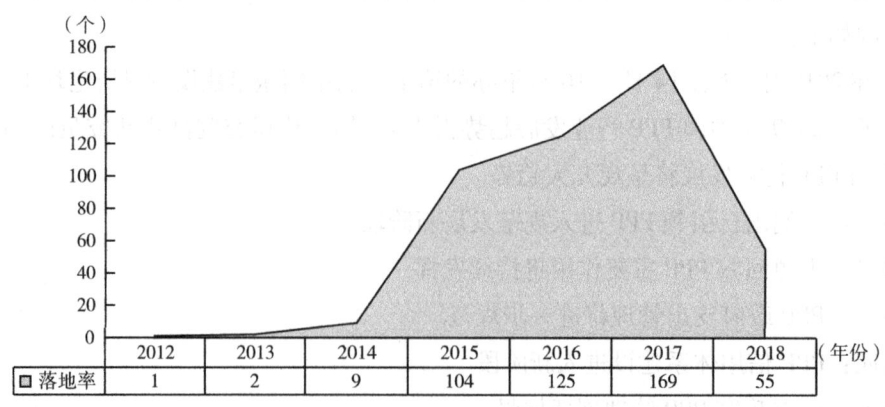

图 20　项目执行个数

（3）PPP环保项目在未来有很大的发展空间，财政部史耀斌副部长在"PPP改革在中国"国际研讨会上曾指出我国PPP具有三个明显特点：起点高、重创新、强基础。截至2019年3月1日，财政部公布的PPP管理库项目8699个PPP项目数据中，有关环保的项目有833个，这些环保PPP项目的优势在未来将会得到更多体现。

从图21中我们可以看出PPP项目投资数量最多的是市政工程，其次是交通运输项目，PPP环保项目占第三，可见环保项目在PPP项目中占有十分重要的地位。生态环境保护一直是近几年最热门的话题，相信在未来PPP环保项目会有更大的投资空间，这也与它不断上升的发展趋势相契合。我国交通运输业发展迅速并且已经发展多年，而生态环境保护方面发展起步较晚，在不久的将来，PPP生态环境项目数量将有望大于交通运输项目数量。

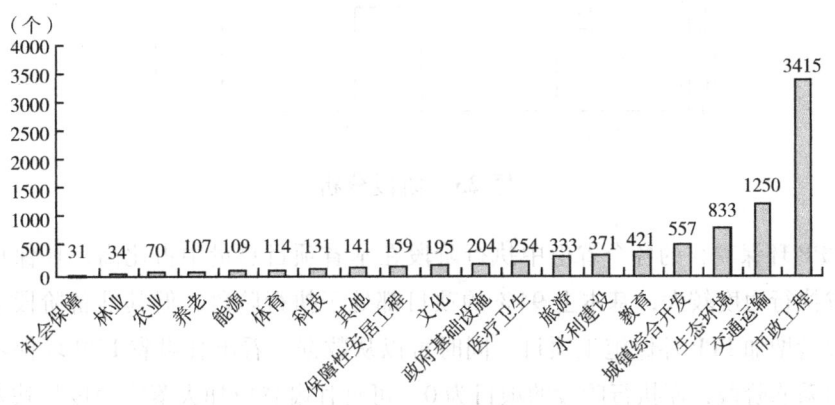

图21　PPP在各领域分布个数条形图

（二）环保PPP项目的发展格局

1. 市级与县镇项目布局。

从2012年1月1日到2019年3月1日财政部公布的PPP环保项目中属于市级别的项目一共有423个，属于县镇级别的有410个。从项目个数上来看市级和县镇的投资力度相当，说明PPP环保投资工作在大小城市中基本上是被同等对待的，这也从侧面反映了我国的环境保护工作是全国性的、全方位的、多层次的。

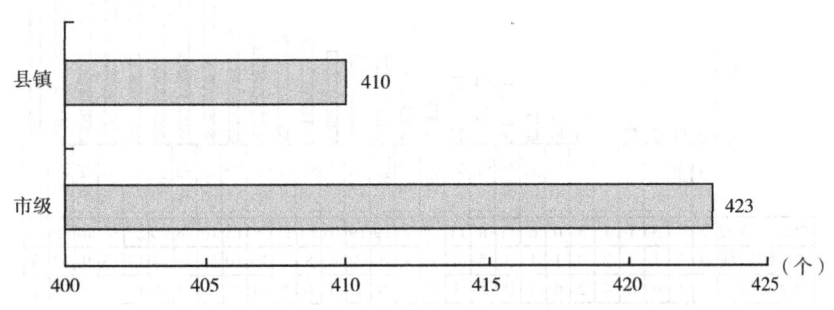

图22　市级、县镇项目数量分析

2. 项目执行阶段的分析。

环保 PPP 项目所处阶段主要有准备阶段、采购阶段和执行阶段，从图 23 中的数据我们可以看出，当今国内的环保 PPP 项目以执行阶段为主，这也验证了我们前面论述的环保项目执行率高的推理。我国当今的 PPP 环保项目大多数都处于在进行和准备进行阶段，我国的环境保护绿色发展项目大多已经步入正轨。

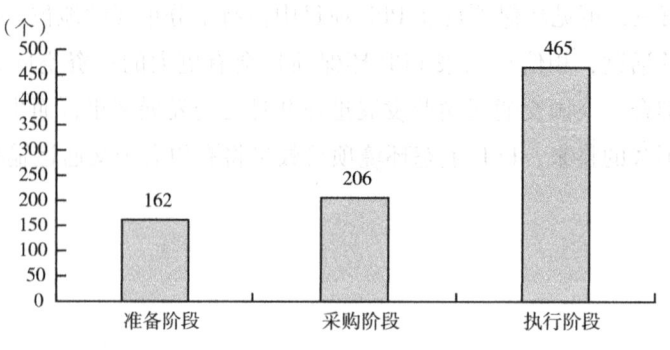

图 23　阶段分析

参与 PPP 环保项目的各个省份中执行阶段在本省项目总量中占比高，环保项目数量最多的广东省执行力度较大，基本上 94% 的项目都处于执行阶段，但其准备阶段不足，可见近期不会大量增加 PPP 环保施工项目。同时可以从数据中看出甘肃省 PPP 环保项目都处于准备阶段和采购阶段，而执行阶段的项目为 0，可见甘肃省应加大落实力度尽快落地准备完毕的项目。

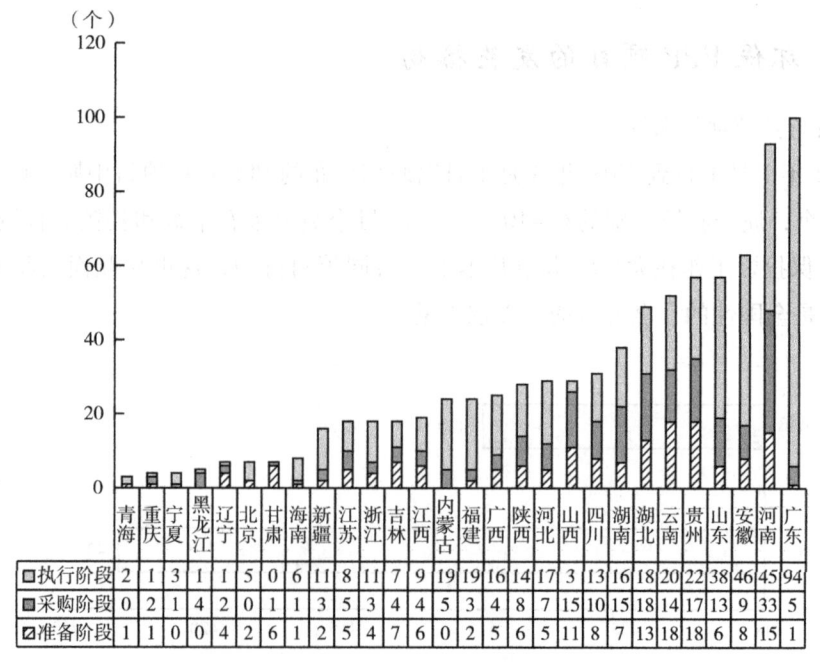

图 24　各省项目阶段分析

3. 示范项目的分布状况。

从总体分布状况图中我们可以看出 PPP 环保项目属于国家级示范项目的有 95 个，属于省级（市级）示范项目的有 46 个，两者都是的有 5 个，既不是国家级又不是省级（市级）示范项目的有 687 个，可见示范项目的级别越高示范项目数量越少，而等级最低的示范项目占比高达 82.5%。可见我国 PPP 环保项目虽多但质量有待提高，国家级示范项目占比过小，PPP 环保项目应加大省级或国家级示范项目质量的提升。

由图 25 中可以看出，河北省虽然 PPP 环保项目数量并不多，但其国家级示范项目高达 24 个。同时根据图 26 可以看出，海南到湖南十个省没有一个国家级示范项目，因此我国的环保 PPP 项目在部分省的质量有待提高，众多国家级示范项目的河北省可以成为其他省份借鉴学习的典范。

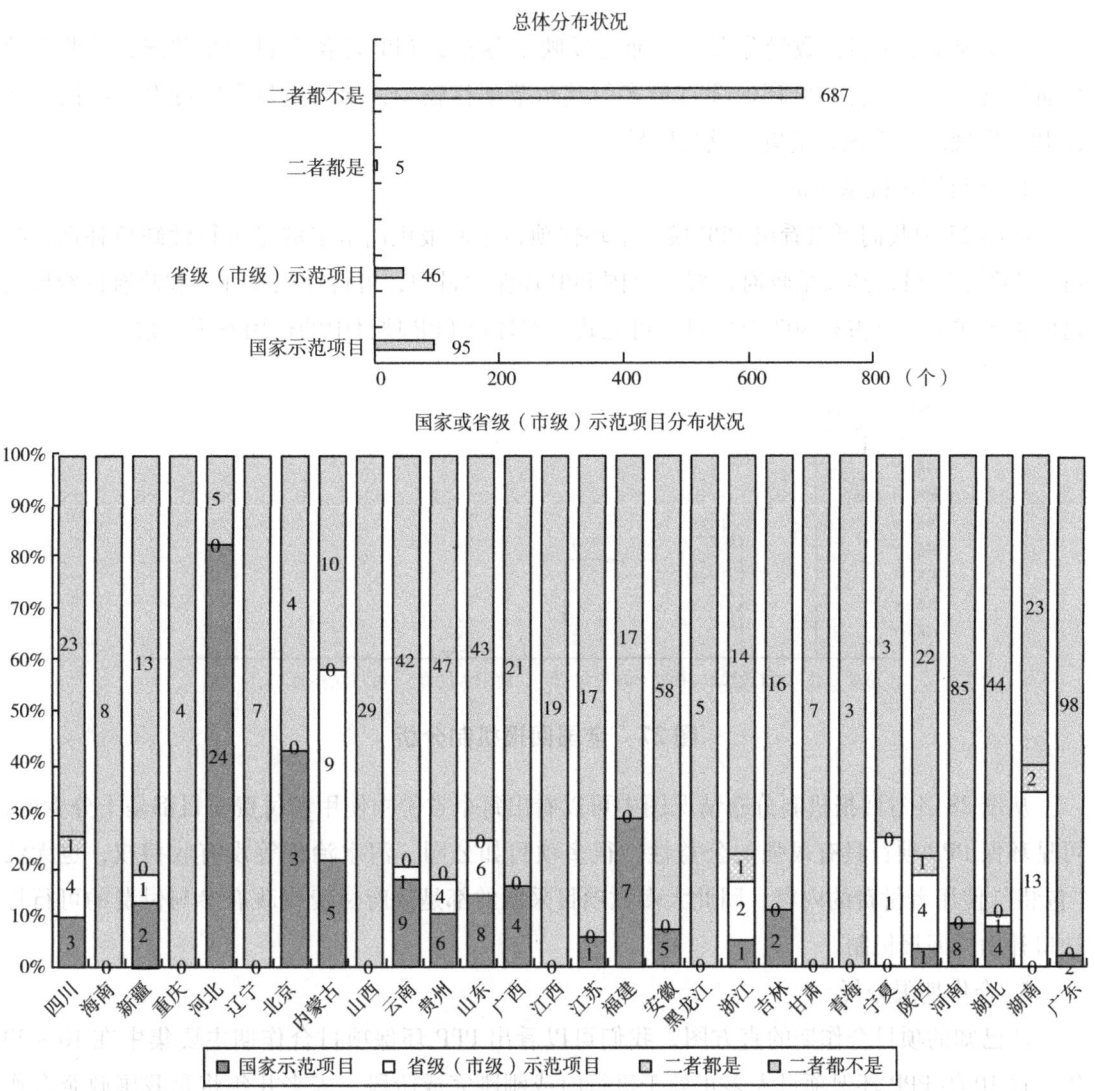

图 25 示范项目分类

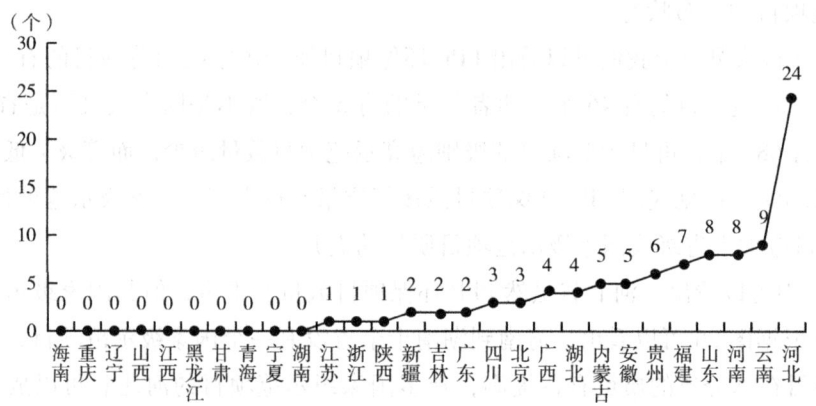

图26 各省国家级示范项目

国家级示范项目的数量分布一方面也反映了各省的PPP环保项目质量状况，河北省项目质量较高，广东省PPP环保项目最多但其示范项目较少，项目质量有待提升。我国的环保PPP发展既要重视数量更要重视质量。

4. 项目回报机制分析。

从图27中我们可以看出PPP模式下环保项目中回报机制最多的是可行性缺口补助，共占有442个项目，其次是政府付费。全国PPP环保项目中，可行性缺口补助和政府付费形式这两种形式的项目占有802个项目，可见政府在环保PPP项目中的作用不可或缺。

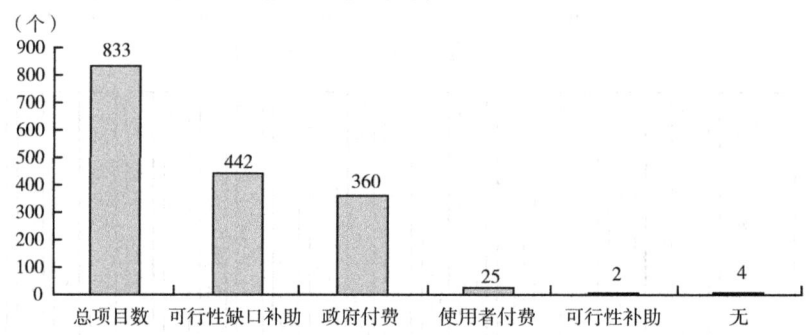

图27 全国回报机制分析

从图28各省回报机制分布情况图中可以看出每个省份中使用者付费项目都是十分少的，可见环保PPP项目具有很强的公益性，很多项目如公园、河水治理等没有收费权，也无法"包装"使用者付费的内容，因此大多数项目采取的都是政府付费或政府参与付费的可行性缺口补助的回报机制。

5. 合作期限分析。

从已知的项目合作期的直方图，我们可以看出PPP环保项目合作期主要集中在10~20年，这10年PPP环保项目大多正处于进行时或刚刚完成阶段，未来几年将是我国政企合作环保发展的关键时期。

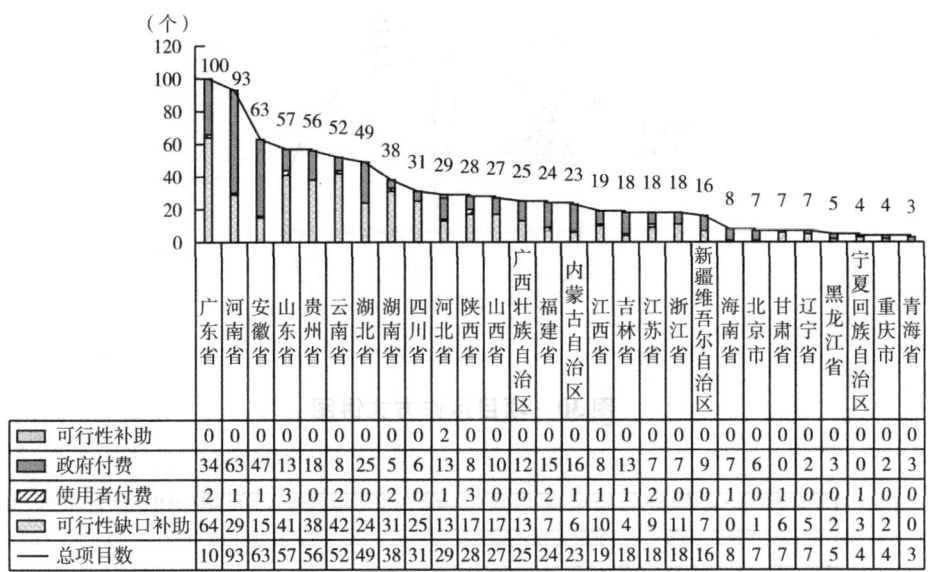

	广东省	河南省	安徽省	山东省	贵州省	云南省	湖北省	湖南省	四川省	河北省	陕西省	山西省	广西壮族自治区	福建省	内蒙古自治区	江西省	吉林省	江苏省	浙江省	新疆维吾尔自治区	海南省	北京市	甘肃省	辽宁省	黑龙江省	宁夏回族自治区	重庆市	青海省
可行性补助	0	0	0	0	0	0	0	0	0	0	0	2	0	0	0	0	0	0	0	0	0	0	0	0	0	0	0	0
政府付费	34	63	47	13	18	8	25	5	6	13	8	10	12	15	16	8	13	7	7	9	7	6	0	2	3	0	2	3
使用者付费	2	1	1	3	0	2	0	2	0	1	3	0	0	2	1	1	1	2	0	0	1	0	1	0	0	1	0	0
可行性缺口补助	64	29	15	41	38	42	24	31	25	13	17	17	13	7	6	10	4	9	11	7	0	1	6	5	2	3	2	0
总项目数	100	93	63	57	56	52	49	38	31	29	28	27	25	24	23	19	18	18	18	16	8	7	7	7	5	4	4	3

图 28 各省 PPP 环保项目回报机制采取情况

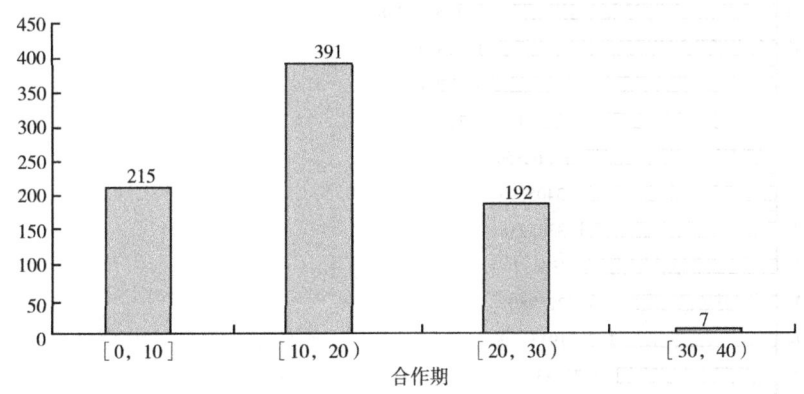

图 29 项目合作期直方图

6. 项目运作方式比较分析。

从图 30 中我们可以看出环保 PPP 项目运作采取的最主要方式就是 BOT 方式，在中国一般称这种运作方式为"特许权"，这种方式的采用为政府节省了时间成本减少了政府负担。环保 PPP 项目运作方式尽管是 BOT 呈"一家独大"的局面，但是同时存在 BOT + TOT、ROT 等其他方式，可见我国采取了多样形式的项目运作方式。

7. 项目投资额的比较分析。

对于 PPP 环境投资的力度而言，最好的反映数据就是项目的投资额，投资力度反映了重视程度，尤其是对不同地区的投资额进行比较更能反映全国范围的环保 PPP 发展状况。

河南省 PPP 环保项目投资额最大，与最少的黑龙江对比相差近 100 倍，黑龙江省属于东北重工业生产基地之一，而在 PPP 环境保护投资方面的力度在全国范围内处于较低水平。

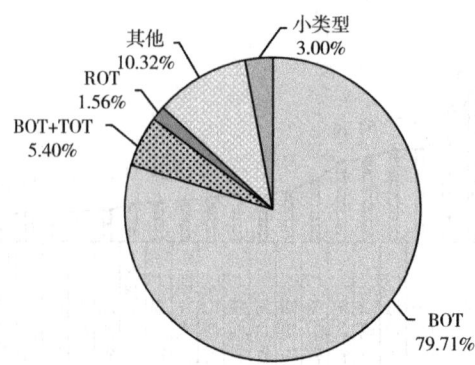

小类型
3.00%
其他
10.32%
ROT
1.56%
BOT+TOT
5.40%
BOT
79.71%

图 30　项目运作方式饼图

河南 10911895
湖北 10004862
云南 7951219
吉林 6276891
山东 5966370
贵州 5495338
安徽 5136454
四川 4912937
广东 4438713
河北 3628597
福建 3405695
湖南 3385258
陕西 3336149
江苏 3225980
江西 2871913
广西 2771483
内蒙古 2644355
新疆 1297902
山西 1289001
浙江 961936
北京 790480
辽宁 776031
海南 363387
宁夏 335790
甘肃 299789
重庆 261089
青海 189034
黑龙江 139804
0
2000000
4000000
6000000
8000000
10000000
12000000（万元）

图 31　各省投资额对比图

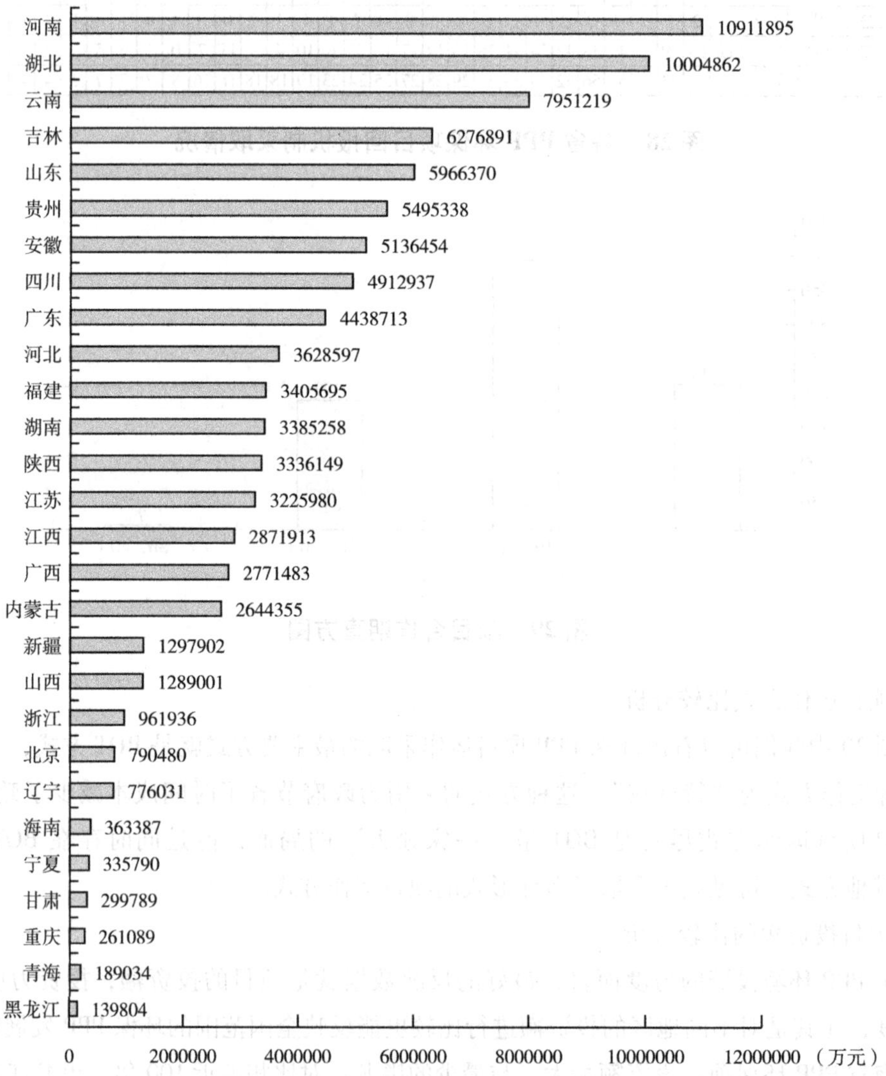

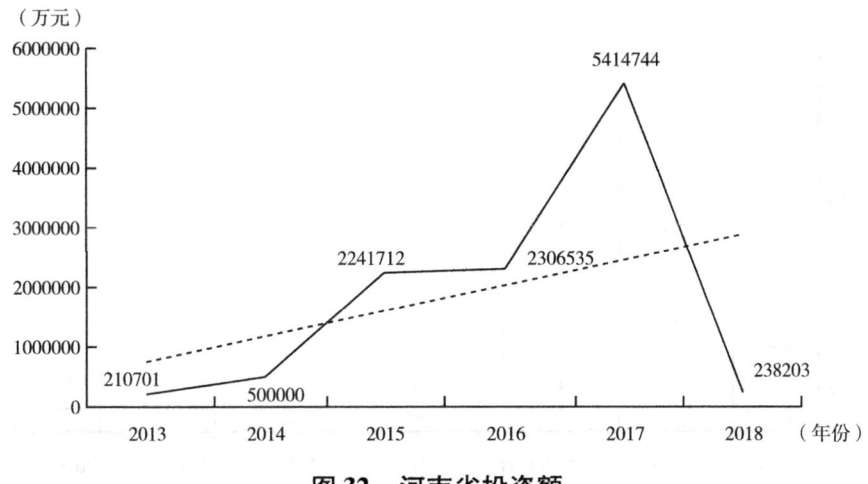

图 32　河南省投资额

以投资额最多的河南省为例，从 2013 年河南省开展了第一批 PPP 环保项目，当时投资额为 210701 万元，此后数年投资额快速增加，在 2017 年达到峰值。

从图 33 中我们可以看出 2017 年项目主要集中在县镇级别单位的 PPP 环保项目，因此我们可以推论 PPP 环保项目在县镇级别上的投资越来越受到重视。同时结合前面 PPP 环保项目的执行力度和合作期，我们可以推论 2018 年不仅河南 PPP 环保新投资项目减少，而且全国的 PPP 环保投资力度下降。

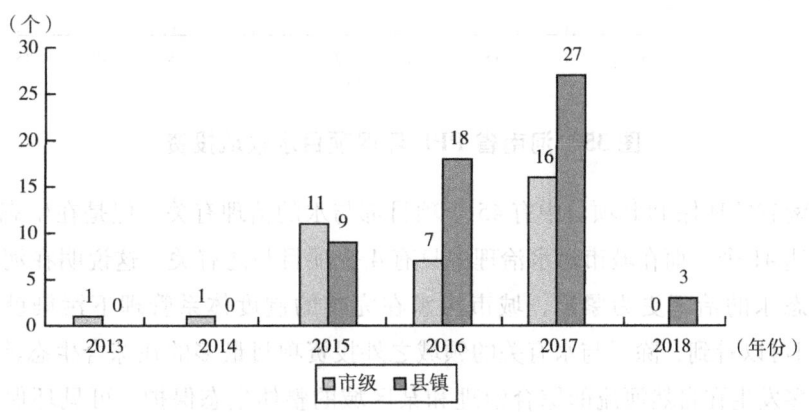

图 33　河南省五年投资数量分析图

（三）环保 PPP 项目的治污领域

1. 环保 PPP 项目的领域分布。

由以上分析可知环保 PPP 项目近几年的投资与发展都处于快速发展之中，这些项目在公园建设、河水污水治理、综合生态保护、绿地治理等方面都有所涉及。我们以河南省为例对 PPP 环保项目的环保环节着重分析。

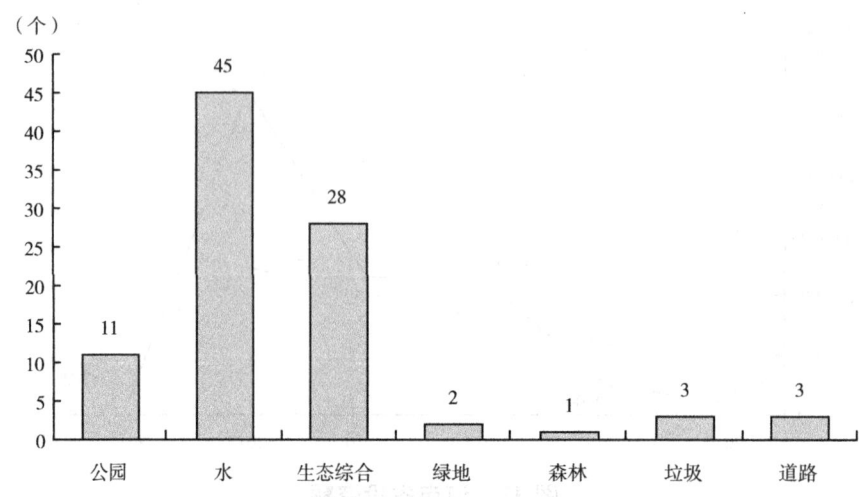

图 34　河南省环保 PPP 投资领域分析

我们从河南省环保 PPP 项目分布的领域方面来看，河南省环保 PPP 投资项目个数最多的是与水有关的项目。我们可以从图 35 进行分析。

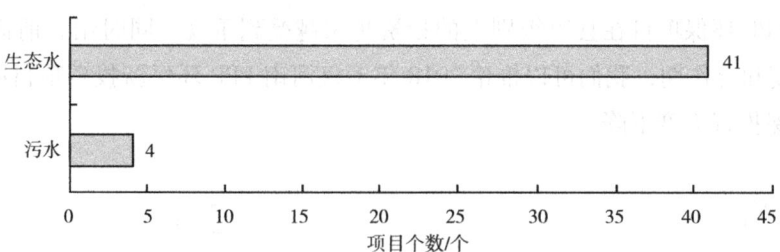

图 35　河南省 PPP 环保项目水领域投资

有关河南省的环保 PPP 项目中有 45 个项目都与水的治理有关。但是在生态自然水的领域中项目高达 41 个，而在城市污水治理中只有 4 个项目与之有关。这说明在河南省 PPP 环保项目中生态水的治理更为紧迫，城市污水在完善的制度体系管理下污染就比较少。从图 34 中我们可以看到，除了与水有关的领域之外投资项目最多的在综合生态治理领域，这种投资项目多发生在自然河流的综合治理和某区域的整体生态保护。可见环保 PPP 项目的投资并不是以经济发达的区域为重心，许多远离城市的污染地可能才是更加需要治理的地方。

2. 环保投资的前景分析。

（1）环保领域 PPP 项目普遍具有三个特点，公益性强、复杂性强、技术性强。在环境公共服务领域社会资本投入日趋占据主导地位，这是一种发展趋势。同时，运作模式与投资回报机制将不断创新，按效果付费的资金使用方式可以有效提高资本利用效率，这推动了 PPP 环保资金使用将逐步转变为效果导向，PPP 模式将促进财政资金使用方式变革。

（2）环保 PPP 模式的推广需要结合自身特点和实际，有许多问题需要我们明确和关注。首先我们要突出重点，分清轻重缓急，确保当前环境保护重点任务与投资方向一致。其次，环境综合治理项目尤其强调其可操作性，环境 PPP 模式推进需要加强政策引导和模式创新。

四、攻坚策略：政企合作打好污染防治攻坚战

（一）政企合作面临严峻考验

企业：投资回报率低，企业是追逐利润的团体，如果回报利润低、项目实施时间长、政府可信度低等原因导致企业亏损、难以正常运转等一系列问题，企业利益得不到满足，会降低企业在 PPP 项目中合作的积极性，从而降低 PPP 项目的实际完工质量。

政府：政策并不具有绝对的稳定性，PPP 项目在短期内无法完成，它需要经历一个阶段，但是受到我国官员任期的限制，政策不会固定不变，间接影响 PPP 项目的后续工作。据相关数据显示，政府的过度干预影响了超过 85% 的项目，在国内，更有很多因为政府的过度干预而最终导致项目失败的案例。

社会：市场专业人才缺乏，短时间内无法形成完善的实施团队，缺乏专业的人才机构和咨询机构的支持。风险分担体制也并不健全，由于 PPP 项目投资金额大、时间跨度长、相关细节复杂等问题，使 PPP 项目存在很多无法避免的风险。因政绩等因素，政府官员会在 PPP 合作前期承诺负担相应的风险，但在项目真正实施时或者是问题出现时置身事外，使企业面临很大的困境。

由图 36 所知，我国在 2012 年到 2017 年项目投资额增长显著，但是在 2018 年大幅降低，这就很能说明问题的严重性。如果政府不能做出改变，完善相应的规章制度，那么我国 PPP 项目可能会长期处于低迷状态。

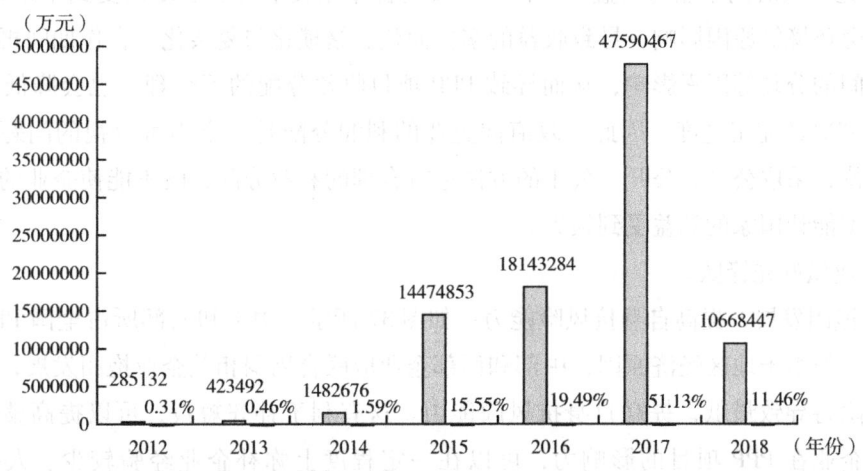

图36　2012~2018 年 PPP 环境投资分析

（二）政企联手共创崭新局势

1. 政府做好指挥官。

（1）增强政府威信，不断完善制度，规范程序要求：提高政府办事效率，政府官员在任期间应该列好"政治清单"，认真履行职责。我国法律法规还不够完善，应加大对法律法规的完善力度，规范程序要求，营造和谐社会。法律法规的健全也会促进PPP项目的发展，从而吸引更多资金涌入。

（2）提高政府对政企合作的支持力度，给予政策和资金支持：我国政府应当加大对PPP项目的支持力度，引导企业进行PPP项目的投资和建设。增设专项基金，用于从事PPP相关项目的建设，政府也应当推动高校、社会机构对PPP项目给予资金和人才支持，逐步完善PPP项目的相关机制，使PPP项目流程更加合理，使PPP项目更加能够发挥其公益性。

（3）在事先谈判完毕的合同前提下，减少在项目进程中的干预：很多政府部门对自身在整个PPP项目当中所处的位置认识不清，导致在实际进行的过程中过度干预PPP项目。政府应摆正自身位置，建立PPP项目的相关追责机制，谨慎用权。

（4）坚持规范发展，政府要增强对PPP项目的整体认识：政府应当创造公平有序的营商环境，提高企业的参与度，要细化措施，把好红线，摆正自身位置。

在坚持规范发展PPP项目的道路上，必须要注意以下几点：一是要严守"红线"，要强化财政承受能力论证的百分之十的硬性约束，统一将所有PPP项目都保存在PPP信息库当中，及时公开相关数据；二是守住"底线"，严禁各类借PPP项目为名大肆举债的行为；三是要搭好"天线"，要对进行过程中的PPP项目做到心中有数；四是明确"界限"，要对PPP的实施过程进行层层把关，防止滥竽充数。

（5）完善政府同企业的收益分配：由于政企合作相关细节过于复杂受到未来时期经济、政治、社会环境等原因影响，导致收益的多方面化、繁琐化与复杂化。合作期间再受到政府与企业之间的分歧等因素影响，从而导致PPP项目收益分配的不合理，也会降低PPP的推行效率和PPP的完工进度。因此，政府同企业的利润分配是一个不可忽视的问题，政府应当认真对待，采取公平、公开、公正的方法进行合理的利益分配，既不能使企业的合理利润减少，也不能让国家的利益受到损失。

2. 企业做好先锋队。

（1）抱团发展，提高自身抗风险能力：如图37所示，中部和西部所占全国PPP投资额比例较多，但由于地区经济原因，中部和西部企业应联合周围相关企业抱团发展，将自己所承担的风险将导致最低，提高自身抗风险能力。这有利于补齐短板，可以提高整体的竞争力，提高企业在PPP项目的影响力，可以在一定程度上弥补企业经验较少、人手不足的缺陷。

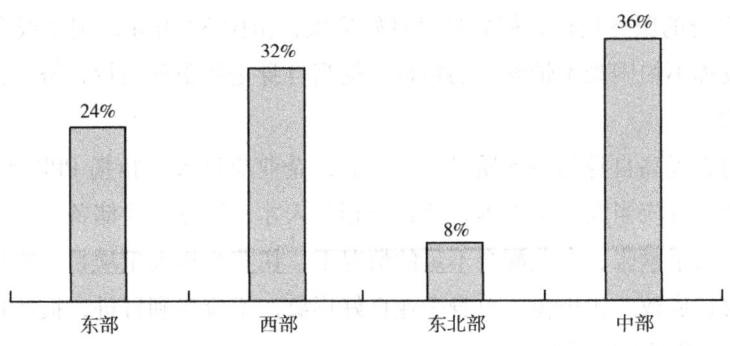

图37　各地区占全国投资额百分比

（2）提前对PPP项目进行考察：从图38中可以看出现今PPP项目的主体依旧是以智慧城市等含金量较高的项目为主，这就对进行PPP项目的企业提出了更高的要求。

企业应对要进行的PPP项目进行全方位的了解，确保在自身企业的能力承担范围之内。在了解项目的过程中，应当询问相关专业的造价咨询公司，进行详细咨询，确保对所进行的项目信息充分掌握。

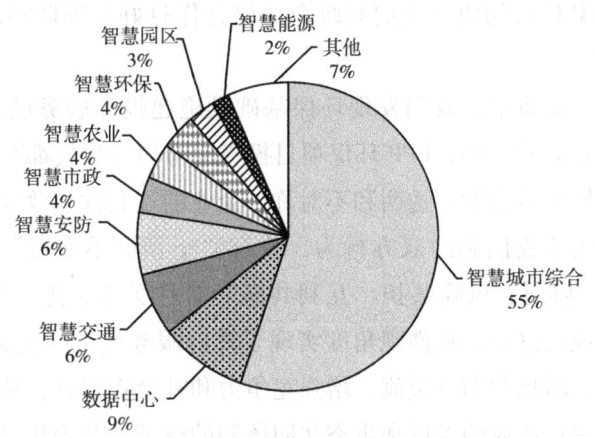

图38　PPP项目种类所占百分比

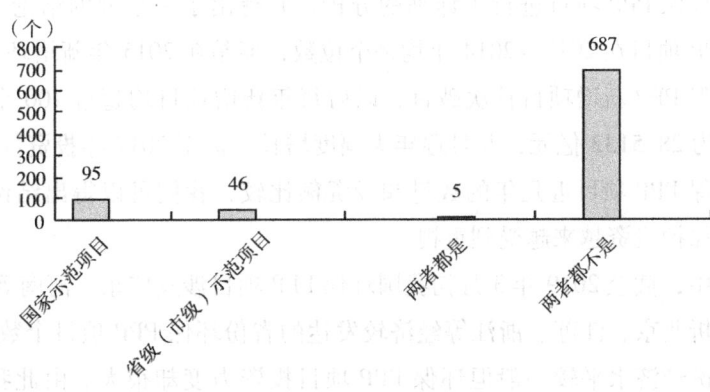

图39　PPP项目是否为国家示范项目具体分析

(3) 提高自身的服务质量,树立自身良好形象:由图 39 可知,国家级及省级示范项目较少,企业应发挥不怕困难不怕吃苦的精神,提高自身企业服务质量,努力打开市场,促使企业的发展壮大。

那么,如何去提高自身的服务质量?一方面,企业应该大力招揽 PPP 项目的专业人才;另一方面,企业自身应当大力培养本企业自身相关人才,做好人才储备等工作。企业在自身项目经验缺乏、人手紧张、专业配合不足的情况下,切莫承担大量项目,要将已有项目的做精做好,细节决定成败。积极树立自身企业良好形象,不应贪利冒进,损坏自身形象,不利于企业自身的长期的良好的发展。

(4) 多方面筹措资金:PPP 项目有资金需求量大、持续时间长等特点,可以利用多方面筹措资金来弥补资金来源的不足,可以向政府申请低息贷款,向社会机构寻求资金援助。

结论

针对当今中国社会对环保问题越来越重视的现状,政企环保合作为政府的项目融资打开了一条道路,基于 PPP 模式的研究我们对政企环保合作打好污染防治攻坚战做出详细分析并提出相关建议。

从国家颁布的相关政策中,我们发现环保基础设施建设和服务已成为 PPP 模式的重点推广领域,随着众多政策的支持,PPP 环保项目投资额与项目数量都明显增长。

政府的强制性易导致信息的不透明和不对称,企业的逐利性与政府的公益性要求易激化矛盾,针对这些问题需要我们制约双方行为,政府"干预而不专权",企业"盈利而不暴利",最终形成"平等协商、风险共担、互利共赢"合作关系,进一步推进 PPP 项目的顺利。政企环保合作的成功进行,从微观角度实现了政府服务质量的提高、财政负担的减轻;企业也可以扩大市场、增加利润现金流、增强竞争力和社会责任感,从宏观角度推进了经济结构的调整、促进了绿色产业的发展和生态文明体制的改革,并为建设美丽中国、实现经济与生态的可持续发展做出了不可磨灭的贡献。

我们对全国环保 PPP 项目进行了详细的分析,并得出了一系列的结论。从时间分析中我们知道环保 PPP 项目在 2012~2014 年均是个位数,但是在 2015 年新增环保 PPP 项目 122 个,这是我国环保 PPP 新增项目首次破百,以后每年新增项目均超过 100 个。2012 年环保 PPP 项目投资额为 28.5132 亿元,并且逐年大幅度增长,甚至 2017 年投资额高达 4759.0467 亿元。通过对环保 PPP 项目近几年的数量和投资额比较,我们可以得出结论:在 PPP 模式项目中我国环境保护投资越来越受到重视。

从区域分析中,截至 2019 年 3 月初我国环保 PPP 项目涉及广东、河南等 28 个省份,在文中我们详细分析北京、江苏、浙江等经济较发达的省份环保 PPP 项目个数较少,而云南、贵州、河南等省份经济水平较一般但环保 PPP 项目投资力度却很大。由此我们可以得出结论:环保 PPP 项目分布范围很广,且环保 PPP 项目的投资力度并非与经济发展水平的高低相一致，而是根据不同地区不同情况有其独特的分布特点。

环保 PPP 项目在全国范围内的质量良莠不齐，因此我们在推广环保 PPP 项目个数的同时，不能忽视项目质量。在回报机制中可行性缺口补助的项目高达 442 个，可见政府是 PPP 项目中的主力军。通过对合作期限的分析，我们发现环保 PPP 项目合作期主要集中在 10～20 年，我国大多数环保 PPP 项目正处于初步执行阶段，可见在未来数年内，我国的环境将得到有效改善。

基于 PPP 模式的研究和环保事业的发展态势，我们认为政企环保合作是能促进绿色发展的，污染防治攻坚战我们一定能胜利，但是在不同地区或项目不同阶段而言，环保的效果表现略有不同，为此我们提出了相关的建议及对策。

我们通过对政企合作下政府与企业所面临的情况，并对政府、企业、社会三个方面的分析，进而发现了政府同企业所面临的具体问题以及明晰了问题的严重性，环保 PPP 项目在 2018 年的资金下降速度之快令人心惊，如果问题不能及时解决将会带来更大的问题。面对这种情况，我们追其源头，发现了影响 PPP 项目发展的诸多因素，例如，河南 PPP 项目实施时间长达 15 年以上的项目数占总项目数的 66.64%，带来企业资金运行困难的问题；政府在项目运行的过度干预导致项目最终失败等。面对这些情况，在文章的最后我们分别对政府和企业给予了一些建议，政府应当对症下药，正视自身位置，做好所担任的角色，企业也应当增强自身竞争力，提高项目质量，在获取经济利益的同时也为社会的发展尽一份力。

我们相信 PPP 模式在未来不断发展中将越来越完善，政企合作也将有更完善的制度体系以协调两者的关系，未来政企合作对污染防治将起到日益重要的作用，我国经济、社会的绿色发展之路也将越来越顺畅。

获奖情况：第 14 届"挑战杯"河南省大学生课外学术科技作品终审决赛二等奖
完成人员：马俊杰，赵耀，李志，周昊，莫艳霞，林秀珍，马蓓蓓，杜彦锋

农村双创与乡土情怀：乡村振兴背景下如何激发农村创新创业活力

——以河南特色小镇为例

摘要：乡村一直是我国发展的薄弱环节。乡村的发展振兴，对于我国走出"中等发达国家陷阱"、建设社会主义现代化强国、实现中华民族伟大复兴的中国梦具有重大意义。因此，本小组以乡村振兴为研究背景，以如何激发农村创新创业活力为研究目的，探索乡村发展的新路径。本文且以河南省特色小镇为例，深入研究当前乡村振兴背景下农村创新创业存在的困难，探寻乡村振兴对农村创新创业的作用，总结出提升乡村产业发展和支持农村创新创业对策与建议。本小组采用实地调查、问卷、个别交谈、会议、图片照片、书报刊物、文件等多种调查方式，来研究激发农村创新创业活力各方面的问题。

通过分析发现，农村创新创业在发展过程中主要有两大阻力。一是乡村基层组织存在的问题，主要体现在群众利益需求多元化、各类矛盾纠纷问题突出、基层治理能力不足、管理失利使人才流失而导致治理主体弱化等问题；二是农村长期存在的发展问题，主要体现在城乡区域发展不平衡、乡村振兴资金来源不稳定、乡村内生动力不足、乡村产业发展质量水平低下、农村绿色发展止步不前等。

激发农村创新创业的活力需要各方的齐心协力。要解决这些问题最重要的是要增加乡村实用性技术人才的培养、加强农业现代化带头人与农民的联结尤为重要。实用性人才的培养，使农村创新创业增添激情与活力，将他们培育成职业农民、生产能人、经营能人，调动其反哺家乡和奉献家乡的积极性，是激发农村创新创业活力的关键所在。同时，要想解决这些问题都需要结合村民自身努力、村民与政府合力、招商引资、国家政策的正确引导等多方力量，众志成城、共同解决。以河南省特色小镇为范例来展开我们的课题研究，就是要在充分了解先进小镇的发展模式后，把握住农村创新创业的"命脉"。特色小镇的建设主要体现在"坚持特色产业"这一发展架构上；功能上实现"生产+生活+生态"，形成产城乡一体化功能聚集区；形态上具备独特的风格、风貌、风尚与风情；机制上以政府为主导、以企业为主体、社会共同参与的创新模式。应充分发挥这些小规模"团体"的优势，促进农村创新创业的发展。

关键词：乡村振兴；创业创新；特色小镇；发展模式

一、乡村振兴如火如荼

（一）落实乡村振兴，推进创新创业

在改革开放四十周年的 2018 年，党的十九大首次提出乡村振兴战略，并指出，农业农村农民问题是关系国计民生的根本性问题，必须始终把解决好"三农"问题作为全党工作的重中之重，实施乡村振兴战略。在随后的 2018 年 2 月 4 日，国务院公布了 2018 年中央一号文件，即《中共中央国务院关于实施乡村振兴战略的意见》，2018 年 3 月 5 日，李克强在《政府工作报告》中讲道，大力实施乡村振兴战略，2018 年 5 月 31 日，中共中央政治局召开会议，审议《国家乡村振兴战略规划（2018～2022 年）》，2018 年 9 月，中共中央、国务院印发了《乡村振兴战略规划（2018～2022 年）》，并发出通知，要求各地区各部门结合实际认真贯彻落实，正式把乡村振兴发展上升到国家高度。

（二）观察农村现状，了解创新创业

乡村是指人口密度低，聚居规模较小，以农业生产为主要经济基础，社会结构相对较简单、类同，居民生活方式及景观上与城市有明显差别的地区综合区域。相对于我国城镇的蓬勃发展，乡村一直是我国发展的薄弱环节，是我国主要矛盾的突出体现，是我国实现中华民族伟大复兴中国梦的关键所在。我国农村不仅有传统农业，而且在多地进行技术、制度等的创新。我国涌现出一批批独具特色的小镇，它们结合自身的优势，推动新型农业产业的发展，助力乡村创新创业。邓小平曾提出：中国改革是从农村开始的，充分肯定了农村发展的重要性。

（三）实施创新创业，加快经济发展

党的十八大提出"到 2020 年全面建成小康社会"，全面小康有更高的标准、更丰富的内涵、更全面的要求，是"五位一体"全面进步的小康。加大统筹城乡发展、区域发展的力度，推进城乡发展一体化，缩小城乡区域发展差距。决胜全面建成小康社会，坚决打好精确脱贫攻坚战，农村创新创业势在必行，只有农村发展了，农民生活富了，才能缩小城乡区域发展差距，缩小国内生产总值总量和增长速度的差距，缩小居民收入水平、人民生活水平等方面的差距。实施农村创新创业能进一步构建三次产业融合发展的体系；实施农村创新创业能进一步推动解决城乡区域发展不平衡问题；实施农村创新创业能进一步提高村民收入促进经济绿色可持续发展。农村创新创业还能促进经济发展提高村民收入水平，改善村民思想提升村民文化素质，完善领导体制加强村官领导能力。

二、望闻问切：农村双创存在的问题

党的十九大提出乡村振兴创新创业战略，现在我国社会主要矛盾是"人民日益增长的

美好生活需要和不平衡不充分的发展之间的矛盾"。由于我国经济的飞速发展，目前的任务不再是一味地追求经济发展，而是要解决发展不平衡不充分的问题。发展不平衡主要是农村和城市的发展不平衡，不充分的问题也是乡村发展不充分的问题。自 2018 年以来，各地为贯彻落实以习近平同志为核心的党中央关于实施乡村振兴创新创业战略的决策部署，坚持将乡村振兴创新创业战略作为地方发展首要目标，努力在 2020 年实现创新创业带动全国整体经济飞速发展，实现全面脱贫。在创新创业问题的过程中存在一些问题亟须解决。

（一）双创历史沿革，回顾振兴历程

改革开放以来，政府支持自主创业，在中国创业浪潮中，农村创新创业有着非同一般的地位。自党的十九大提出乡村振兴以后农村创新创业的热潮达到前所未有。很多有志之士想要振兴家乡、富强家乡，积极响应国家和政府的号召，毅然投身于农村创新创业。

我国农村经历了几轮创新创业阶段，每一次创新创业对城乡经济社会发展都产生了重大影响。

新中国成立后，合作化和集体化组织及制度创新促成了农民在城乡有限范围内的有计划流动，在缓解城市产业工人不足和调节城乡要素结构方面发挥了积极作用。

改革开放初期，安徽凤阳小岗村首次实施家庭联产承包责任制，产量超过全国平均水平，随后全国范围实行家庭联产承包责任制，激活了农村的经济活力。

1992 年沿海地区改革开放，涉足国际面向国际，是外向型经济发展最好时期。改革开放使沿海地区经济飞速发展，大量农村人员到该地区谋求生活，带动了农村经济跨区域发展，推动了农村人民异地就业，为我国经济发展带来红利。

1997 年亚洲金融风暴席卷泰国，随后影响到亚洲大部分地区，造成很多大型企业倒闭，大批工人下岗失业，社会经济萧条。在金融危机期间，中国扩大内需，完善基础设施建设，使农村经济逐渐步入调整提升阶段。

2013 年农村粮食实现"十连增"，农村基础建设持续加强，农村经济面临新的发展机遇，农村互联网普及、三次产业融合发展等推动我国农村进入新一轮大众创业、万众创新阶段。

（二）双创现状分析，剖析深层原因

在新的历史时期，党的十九大提出乡村振兴战略，国家陆续出台《关于支持返乡下乡人员创新创业促进一二三产业融合发展的意见》（2016）、《促进农村创业创新园区建设指导意见》（2017）、《关于推动创新创业高质量发展打造"双创"升级版的意见》（2018）等相关政策，河南省也积极响应出台相关政策鼓励支持社会各类人才返乡下乡创业创新与劳动力就地转移就业。目前农村创业创新发展迅速，全国初步统计大体达 740 万（截至 2018 年 7 月）其中，82% 创办农村产业融合项目，54% 采用网络新技术开发农村商业新模式。

目前，我国农村创新创业具有一些新的特征。首先，返乡创业主体素质越来越高；其次，新技术新业态运用更多；再次，回乡创业的基础条件更好；最后，新生代创业农民的城乡融合意识和能力更强。尽管农村创新创业呈现良好的发展态势，但仍存在一些问题。

一是创业资源不足，农民工返乡创业存在资金紧缺、融资困难的问题。稳定的资金投入机制尚未建立，乡村振兴过度依赖财政专项资金，投入渠道有待拓宽。返乡农民工创业用地困难。农民下返乡创业一般都是投资规模较小的项目。难以批准进入工业园区，农村也没有划分工业园区用地以供创业之需。

二是城市乡村帮扶政策及落实效果各不相同，支持返乡农民创业平台没有完善，适用返乡农民下创业的项目、技术支持市场信息较少。回乡创业就业与原有村镇企业互动不足。

三是政策宣传不到位，不了解相关政策，一些本土创业人员想要振兴家乡，富强家乡，积极响应国家和政府的号召，毅然投身于农村创新创业，但是不知道从何处下手，不了解相关政策，就好像看到门想进去但是找不到钥匙。

四是城乡受改革开放先后顺序与影响程度不同，很多项目在城市实施起来比较方便，但是由于农村受到改革开放的影响较小，政治、经济、文化方面发展跟不上城市进程，因而很多项目在农村不方便实施。

五是创新创业内生动力不足，现在仍然存在一些地区，关于乡村振兴、百姓小康，看政府的力度，坐等政府扶持，"靠着墙根晒太阳、等着政府送小康""政府干、农民看"等现象依然存在。在这种消极思想的状态下，农村基层政府和农村农业人员就不会积极进取，不会想着用创新创业的方式来振兴家乡。一些地方仍然存在基层政府人员发挥领导核心作用不够，导致发挥农民主体地位不够，还存在乡村本土实用技能人才缺乏，农民自主创业、自我发展能力弱问题。

六是乡村产业发展质量问题，乡村产业发展基础不牢固，农业有产品无品牌、有品牌无规模、有规模无产业问题依然存在，发展质量和综合效益有待进一步提升。农产品结构不优，仍然走"大路货"，优质绿色产品数量不多，农业科技创新能力不强，科技成果转化不快，基层农技服务人员普遍数量不足，且服务缺乏针对性，缺少农产品从产地到餐桌、从生产到消费、从研发到市场的全产业链科技支撑。

表1表现的是文化程度、户口、职业与"农村创新创业遇到的最大问题"这个问题的分析。从表中可以看出，文化程度方面初中及以下认为创业资源不足的占比是57.89%，高中占比35%，专科占比35.71%，本科占比36.07%，研究生及以上占比35.14%，不管什么文化程度的人在这个问题上有一样的认识，创业资源不足在所有问题中最为严重。在户口方面，农村在创业资源不足这个结果中占比36.74%，城市占比36.3%，同样不管什么户口在创业资源不足这个结果中占比最高，由此可以看出创业资源不足这个困难很严重，不容易解决。统观职业在这方面的数据情况，与文化程度和户口情况相似，在创业资源不足这个结果上比重最大。综合来说，不同的文化程度、户口、职业的人在这个问题上一致认为，农村创业可能遇到的最大障碍是创业资源不足。

表1　　　　　　　　　　　农村创业创新存在的最大障碍

X/Y	政策宣传不到位，不了解相关政策	创业资源不足	城乡受改革开放先后顺序与影响程度不同	城市乡村帮扶政策及落实效果各不相同	小计
初中及以下	1（5.26%）	11（57.89%）	2（10.53%）	5（26.32%）	19
高中	11（27.5%）	14（35%）	3（7.5%）	12（30%）	40
专科	37（18.88%）	70（35.71%）	32（16.33%）	57（29.08%）	196
本科	88（18.03%）	176（36.07%）	87（17.83%）	137（28.07%）	488
研究生以上	7（18.92%）	13（35.14%）	2（5.41%）	15（40.54%）	37
农村	93（18.24%）	186（36.47%）	83（16.27%）	148（29.02%）	510
城市	51（18.89%）	98（36.30%）	43（15.93%）	78（28.89%）	270
学生	123（20.13%）	211（34.53%）	99（16.20%）	178（29.13%）	611
教师	1（5.56%）	8（44.44%）	3（16.67%）	6（33.33%）	18
农民	3（13.04%）	9（39.13%）	3（13.04%）	8（34.78%）	23
政府单位	2（4%）	26（52%）	7（14%）	15（30%）	50
企业单位	9（20.93%）	16（37.21%）	8（18.60%）	10（23.26%）	43
医生	3（60%）	1（20%）	1（20%）	0（0.00%）	5
律师	1（33.33%）	0（0.00%）	1（33.33%）	1（33.33%）	3
个体工商户	2（12.5%）	9（56.25%）	3（18.75%）	2（12.5%）	16
无业	0（0.00%）	4（36.36%）	1（9.09%）	6（54.55%）	11

农村创新创业存在宣传政策不到位、不了解相关政策、创业资源不足、城市乡村帮扶政策及落实效果不到位等方面的障碍。职业方面，60%的医生认为政策宣传不到位，创新创业人员不了解相关政策是创新创业的主要障碍；56.25%的个体工商户和52%的政府单位认为创业资源不足是创新创业的主要障碍；54.55%的无业人员认为城市帮扶政策及落实效果不行是创新创业的主要障碍。解决农村创新创业问题，在城乡改革开放先后顺序与影响程度方面可以减小一些力度，在其他三个方面可以加大力度。

解决乡村振兴和农村创新创业存在的问题可以"普遍撒网，重点捕鱼"，乡村振兴和农村创新创业存在的所有问题都需要关注、解决。但解决问题有侧重点，这样有利于快速解决创新创业中存在的问题，加快实现乡村振兴的目标。

三、择善而从：激发农村双创活力的成功范例

（一）特色小镇的含义及意义

特色小镇创建之初是为了促进有条件的小镇更好发展，由于一些体制机制的限制，不利

于一些小镇参与到市场化竞争中,因此挖掘一些有潜力、有特色的小镇,通过一些产业的发展,来带动当地经济的发展,也可以吸纳小镇周边一部分农村劳动力就业,从而促进周边小镇的发展。全力打造具有规模的特色小镇,其实是探索出了自我生产与自我消费的良好循环模式,促进小镇的自我发展,以及小镇间的相互发展。

含义:特色小镇属于新经济社会产业一类。中国特色小镇是指国家发展改革委、财政部以及住建部决定在全国范围开展特色小镇培育工作,计划到 2020 年,培育 1000 个左右各具特色、富有活力的休闲旅游、商贸物流、现代制造、教育科技、传统文化、美丽宜居等特色小镇,引领带动全国小城镇建设。特色小镇是在新的历史时期、新的发展阶段的创新探索和成功实践。

主要特征:产业上坚持特色产业、旅游产业两大发展架构;功能上实现"生产 + 生活 + 生态",形成产城乡一体化功能聚集区;形态上具备独特的风格、风貌、风尚与风情;机制上是以政府为主导、以企业为主体、社会共同参与的创新模式。

意义:首先,从保护的意义来说,特色小镇的建设与发展其实是对历史文化的一种传承与保护。其次,从总体规划来看,特色小镇的建立对所在地区的经济结构及全国经济的科学合理规划具有重要意义。最后,现实意义重大。有利于充分挖掘优势地区的资源,发展壮大特色产业,进而促进乡镇经济增长,实现城乡平衡发展,破解"三农"发展难题。

(二) 河南省特色小镇——芒山镇发展模式剖析

"芒砀苍苍,育我之乡,无时或忘,还我故乡!"这是梁太祖朱温念念不忘的故乡,也是在 2017 年 8 月确定的第二批全国特色小镇——芒山镇。

芒山镇是中国特色小镇、全国重点镇、全国发展改革试点镇、全国小城镇建设试点镇、中州名镇、河南省规划建设的中心镇、河南省重点示范镇、河南省奔小康科普示范镇;同时是永城的副中心城。其发展的基本概况如下。

发展模式:

传统历史人文 + 传统加工产业 + 特色旅游服务业。

建制沿革:

自商代开始,经历西周、战国、秦汉、三国、晋、南朝、北魏、北齐、隋唐、宋、元、明、清等朝代,1985 年提升为芒山镇至今。

区位概况:

芒山镇位于豫、皖、苏、鲁四省结合部的永城市北部,境内有高速铁路:郑徐高铁——国家级交通大动脉徐兰客运专线东段,高速公路:连霍高速公路、齐祁高速公路及完善的公路和城市公交运输网。

产业特征:

农业:"三高"发展,即高开发率、高垦殖率、高复垦率;开展"双田制"工作,封山禁采,及林 + 养 + 农副加工。

工业：以板材、面粉、饲料和石雕的加工业为主，以农机具的生产为主。

服务业：金融服务机构体系完善，商业外贸发展迅速，态势良好。

运营管理：

政府主导、企业主体、社会共同参与。

盈利模式：

生产盈利＋服务盈利＋旅游收入。

发展成就：

芒砀山是国家AAAA级景区，是千里豫东平原上唯一的山群，素有"仙女峰"之美称，2012年被国家旅游局与农业部认定为"全国休闲农业与乡村旅游示范点"。

芒山镇有3个全国重点文物保护单位、6个省级重点文物保护单位、5个市级重点文物保护单位及若干特色旅游。

城镇荣誉主要有：

全国重点镇

全国发展改革试点镇

全国小城镇建设试点镇

全国休闲农业与乡村旅游示范点

河南省"十二五"期间十大文化产业集聚区

河南省第一批重点示范镇

河南省中心镇规划示范

中州名镇

河南省奔小康科普示范镇

河南省特色文化产业镇

河南省历史文化名镇

河南省卫生镇

河南省文明镇

河南省园林镇

借鉴意义：

"特色历史人文＋传统加工产业＋特色旅游服务业"模式是建立在小镇有可挖掘的、独具特色的传统历史人文条件下，升级传统加工制造业，叠加特色旅游服务产业。如果小镇拥有类似的传统历史人文，如酒文化、茶文化、食文化、曲艺文化、刺绣文化、彩陶文化等，可以借鉴芒山镇的发展模式，可以发展这些具有深厚历史文化底蕴的加工制造业，大力发展小镇旅游业，从而光大其独有的历史人文传统，建立起闻名远近的特色人文小镇。

适配条件：

发掘农村特色、发展特色产业对农村产业兴旺具有不可替代的作用。模式：文化＋加工＋旅游，正好契合有特色文化或产业的农村发展需要，即以挖掘当地特色文化及生产相应的附加产品，形成规模的工业生产，并以特色文化为发展契机，大力推进当地特色旅游业的发展。如果想发展此类特色模式，需要地区适配品牌产业、工艺技艺、艺术文化等资源优势明显且具有较强的旅游转化和延展能力。

（三）河南省特色小镇的模式总结

河南特色小镇创建初衷是促进有条件的小镇更好发展，由于一些体制机制的限制，一些小镇在参与市场化竞争中处于极度略势。因此挖掘一些有潜力、有特色的小镇，通过一些特色产业的发展，带动当地经济的发展，吸纳小镇周边一部分农村劳动力就业，从而也可以促进周边小镇的发展。河南小镇各具特色，文化、历史、地理环境等各不相同，以下是归纳整理出的几个成功发展的模式。

1. "经典加工制造+时尚设计+休闲旅游"发展模式。

模式简介：

"经典加工制造+时尚设计+旅游"模式，其特点是有一定的物质基础，也有一定的发展前景，可以嵌入时尚设计元素，也可以叠加一定的旅游功能。在不放弃传统加工业前提下，积极利用传统加工业的基础，寻找发展机遇，实现制造业的转型升级，从而达到产、城、人、文的产业化、规模化、一体化结构。

2. "特色天然资源+旅游度假养生"发展模式。

模式简介：

"特色天然资源+旅游度假养生"模式的发展需要地区具有独特的天然条件和自然资源，或是独特的风土人情，或是具有难得的新鲜空气和洁净水源。这些特色的、得天独厚的生态资源，可在发展旅游业的同时带动相关健康产业的发展。

3. "未来新兴产业+休闲旅游"发展模式。

模式简介：

"未来新兴产业+旅游"，是有发展前景的、独具特色的未来产业，这种特色可以是现代信息、科技、高端制造等战略性新兴产业，其特点是面向未来、面向现代化。并且，伴随着全球未来产业发展走好的趋势，相关地区的旅游业发展也非常可观。

借鉴意义：特色小镇的发展主要还是依靠在国家政策的正确引导下，政府跟村民的集体努力，不是国家、政府或是村民单方面努力的结果。"未来新兴产业+休闲旅游"的发展模式，正好符合国家大力发展新兴产业的政策，在国家的大政方针的引导下，政府和农民合力发展，并积极延长附加产业链，推动旅游业的发展。此类特色发展模式，适用于在空间上有相对完整的小镇形态、有文化依托、基础产业和城市配套支撑较好的区域。

四、诊断症结：农村创新创业存在问题的因素分析

党的十九大提出乡村振兴战略，现在我国社会主要矛盾是"人民日益增长的美好生活

需要和不平衡不充分的发展之间的矛盾"。由于我国经济的飞速发展,目前的任务不再是一味地追求经济发展,而是要解决发展不平衡不充分的问题。发展不平衡主要是农村和城市的发展不平衡,不充分的问题也是乡村发展不充分的问题。

改革开放以来,政府支持自主创业,在中国创业浪潮中,农村创新创业有着非同一般的地位。自党的十九大提出乡村振兴以后农村创新创业的热潮达到前所未有。很多有志之士想要振兴家乡,富强家乡,积极响应国家和政府的号召,毅然投身于农村创新创业。政府提出农村创新创业想带动一部分人先富起来,继而带动其他人奔小康脱贫,从而形成一个循环,从而实现乡村振兴,奔向小康。但是在创新创业过程中,还是遇见了很多问题,如政策宣传不到位,不了解相关政策,创业资源不足,城乡受改革开放先后顺序与影响程度不同,城市乡村帮扶政策及落实效果各不相同。

(一) 影响城乡区域发展失衡的因素

1. 城乡收入差距悬殊。

由图1可知,农村户口的被调查者大部分选择城乡收入差距大,占比为43.14%,较少一部分选择了水、电、气、路、网基础设施不足,占比为8.04%;城市户口的被调查者在教育、医疗、卫生、文体、社保等基本公共服务不健全和城乡收入差距占比一样都是33.7%,在水电基础设施上城市占比17.78%,在城乡间存在贫与非贫在帮扶政策上的"悬崖效应"占比最少14.81%。

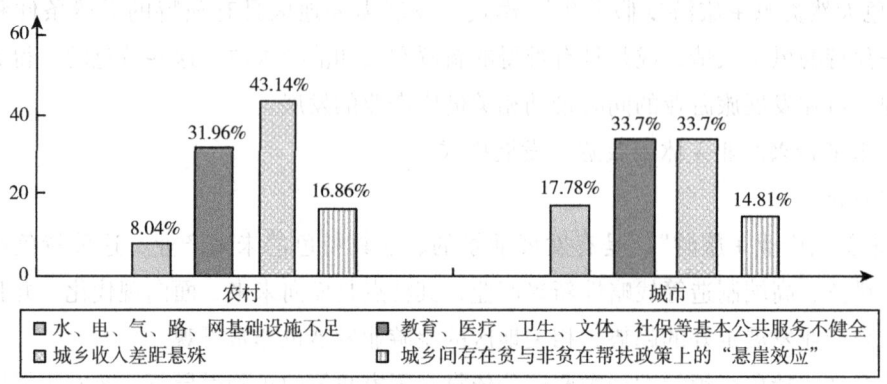

图1 影响城乡区域发展不平衡主要因素(按户口)

综合来看,农村在影响城乡发展不平衡因素问题上,农村的分布较城市差异大,农村与城市大多集中于教育、医疗、卫生、文体、社保等基本公共服务不健全和城乡收入差距这两个选项。

2. 公共基础服务不健全。

图2中选择教育、医疗、卫生、文体、社保等基本公共服务不健全有32.52%,虽然和城乡收入差距悬殊这个数据39.82%相比不高,但这仍然是一个存在的问题。

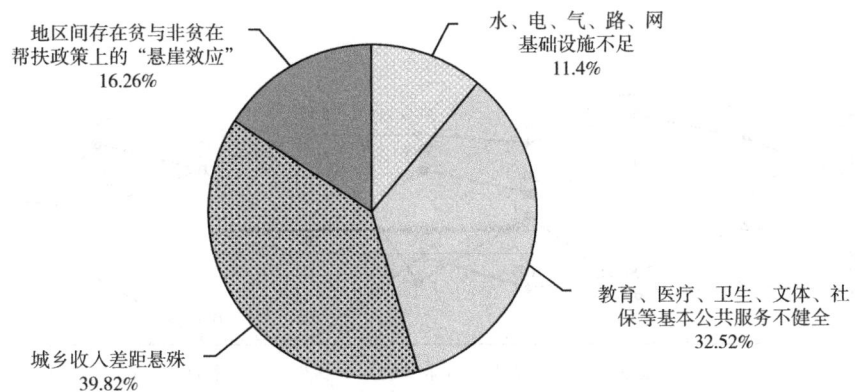

图 2　影响城乡区域发展部平衡主要因素

3. 城乡帮扶政策不同。

由图 3 可知，在 18 周岁以下和 18~30 周岁之中，选择城乡收入差距悬殊占比最高，分别为 51%、41%；在 31~45 周岁之中，主要集中于教育、医疗、卫生、文体、社保等基本公共服务不健全，占比 32%；在 60 周岁以上中，水、电、气、路、网基础设施不足占比较多为 40%。总体看，不同的年龄段对城乡区域发展不平衡的主要因素有着各不相同的看法。

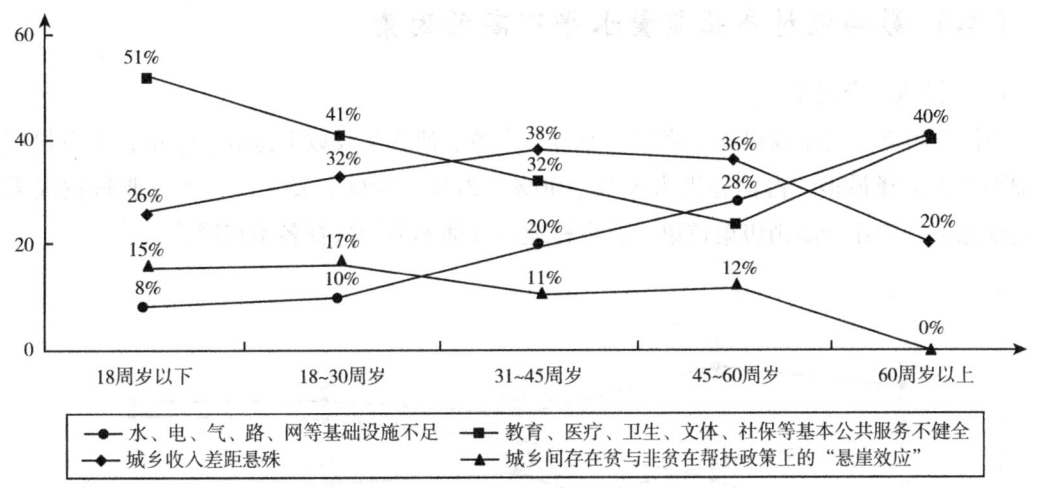

图 3　影响城乡区域发展不平衡主要因素（按年龄）

4. 公共基础建设不健全。

从图 4 可知，在教师、农民、政府单位、企业单位、医生、律师、个体工商户、无业这些职业中，对教育、医疗、卫生、文体、社保等基础公共服务不健全的选择占比最高；在学生和个体工商户中，教育、医疗等……占比最大，分别为 43%、38%。总体来说，选择基础公共服务不健全和城乡收入差距悬殊占比最大。

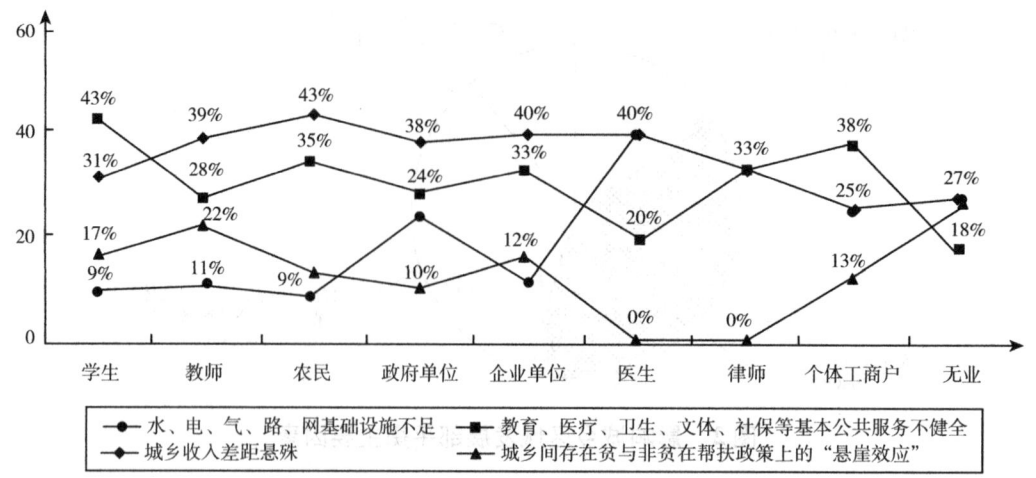

图4 影响城乡区域发展不平衡主要因素（按职业）

综合户口、年龄、职业三个方面分析，对于影响城乡区域发展不平衡主要因素，不同的人群对于主要因素的选择不同，但选择主要集中于教育、医疗、卫生、文体、社保等基础公共服务不健全和城乡收入差距悬殊这两个因素。

（二）影响农村产业质量水平不高的因素

1. 乡村地区交通不便。

由图5可知，初中及以下、高中、专科、本科、研究生及以上这五个学历，对乡村产业基础不牢固选择最多，占比分别为37%、40%、32%、34%、35%，对于农业科技成果转化效率低下、产业产品销售渠道单一、乡村地区交通不便的选择各不相同。

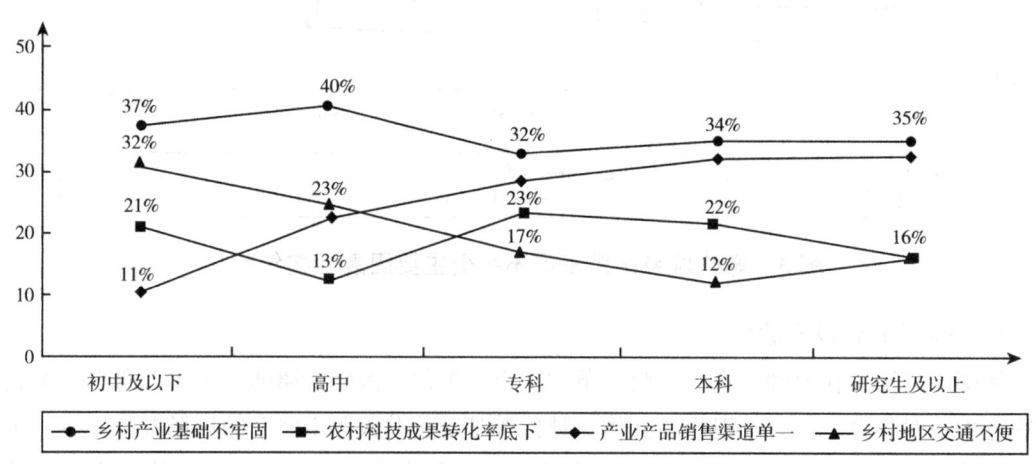

图5 影响农村产业发展水平的因素（按学历）

2. 农业科技成果转化率低下。

从图6可知，农村对于乡村产业基础不牢固、农业科技成果转化效率低下选择居多，分别占比为32.55%、32.75%；城市对于乡村产业基础不牢固的选择最多，占比为37.41%。总体来看，农村与城市对于影响农村产业发展水平因素的选择差距不大，但都主要集中于乡村产业基础不牢固、农业科技成果转化效率低下这两个选项。

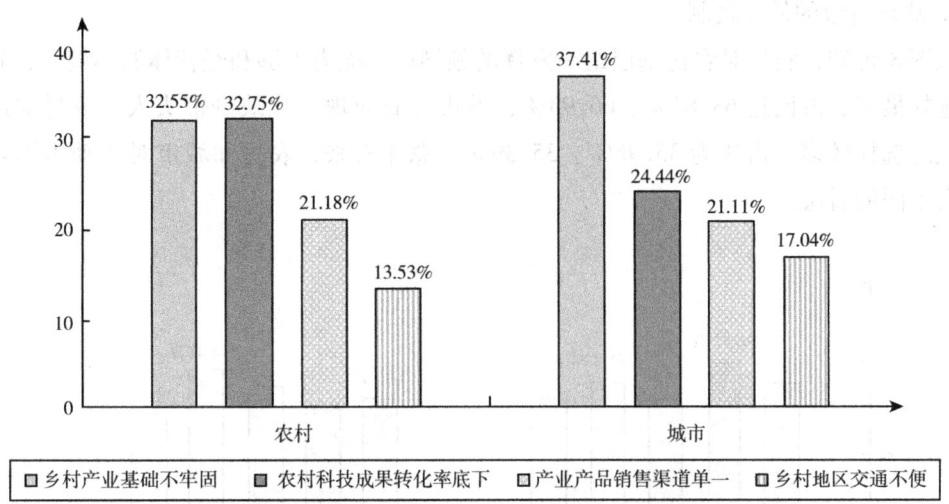

图6　影响农村产业发展水平的因素（按户口）

3. 乡村产业基础不牢固。

从图7可知，2万元以下，选择乡村产业基础不牢固居多，为35.15%；2万~5万元，选择乡村产业基础不牢固最多，为38.04%；5万~10万元，选择农业科技成果转化效率低较多，为29.03%；10万元以上，与2万元以下和2万~5万元选择相同，为28.17%。

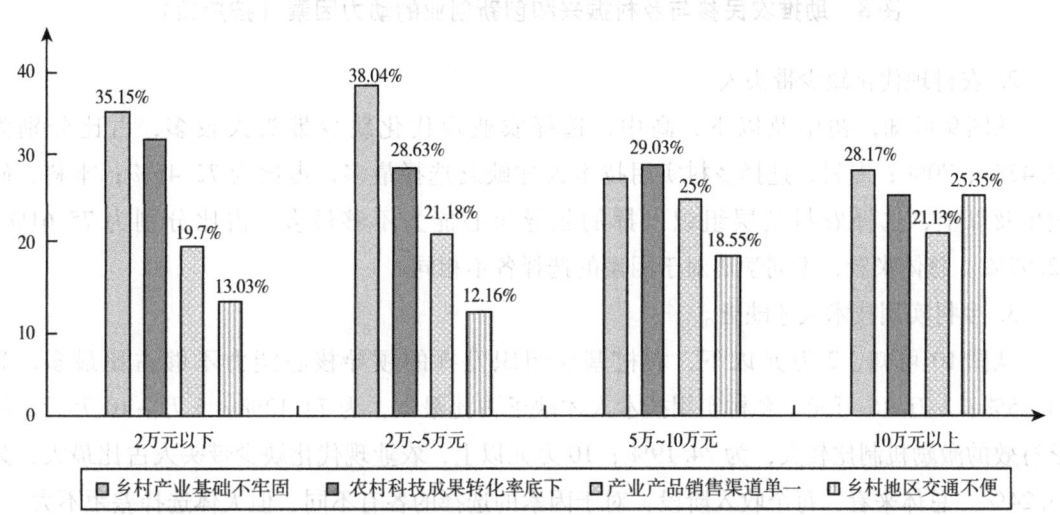

图7　影响农村产业发展水平的因素（按收入水平）

综合学历、户口、收入水平分析，不同的群体对于因素的选择各不相同，但受调查群体大多认为，乡村产业基础不牢固和农业科技成果转化效率低较多是影响农村产业发展水平的最主要因素。

（三）影响农民参与乡村振兴内生动力不足的因素

1. 缺乏有效的鼓励机制。

从图8可知，农村对农村基层组织发挥的领导核心能力不够和经营体制不健全，管理不规范选择最多，占比达68.84%、66.93%；城市对农业现代化缺少带头人、乡村实用技术人才缺乏选择较多，占比为35.96%、35.39%。总体看来，农村和城市对于动力因素的侧重点有不同的看法。

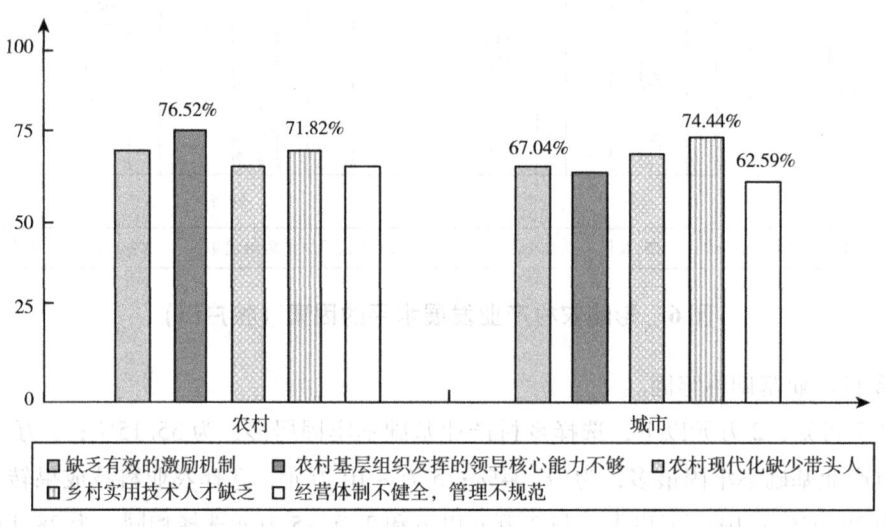

图8　助推农民参与乡村振兴和创新创业的动力因素（按户口）

2. 农村现代化缺少带头人。

从图9可知，初中及以下、高中，选择农业现代化缺少带头人较多，占比分别为68.42%、70%；专科，选择乡村实用技术人才缺乏选择最多，占比为72.45%；本科、研究生及以上，选择农村基层组织发挥的领导核心能力不够最多，占比分别为75.61%、72.97%。总体来看，不同学历对于因素的选择各不相同。

3. 乡村实用技术人才缺乏。

从图10可知，2万元以下，农村基层组织发挥的领导核心能力不够占比最多，为74.85%；2万~5万元，乡村实用技术人才缺乏占比最大，为74.12%；5万~10万元，缺乏有效的激励机制比较大，为74.19%；10万元以上，农业现代化缺少带头人占比最大，为73.24%。总体来看，每个收入阶段，对于因素的选择的各有不同，但大体选择差距不大。

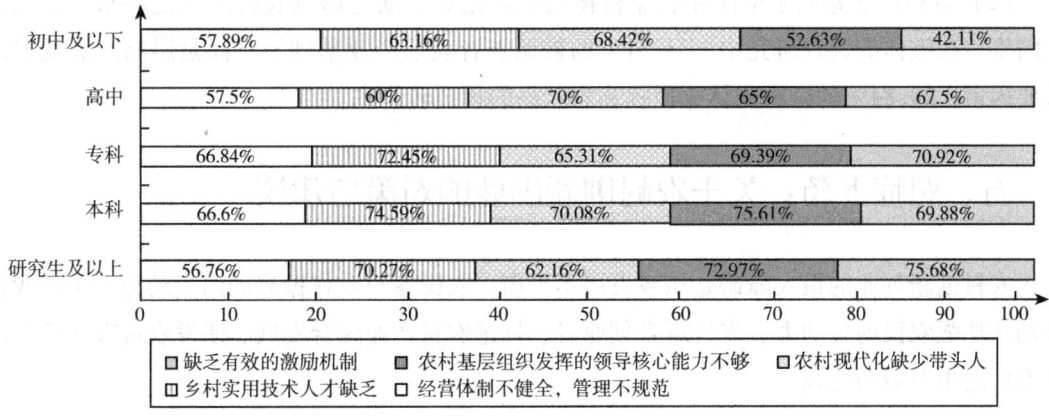

图9 助推农民参与乡村振兴和创新创业的动力因素（按学历）

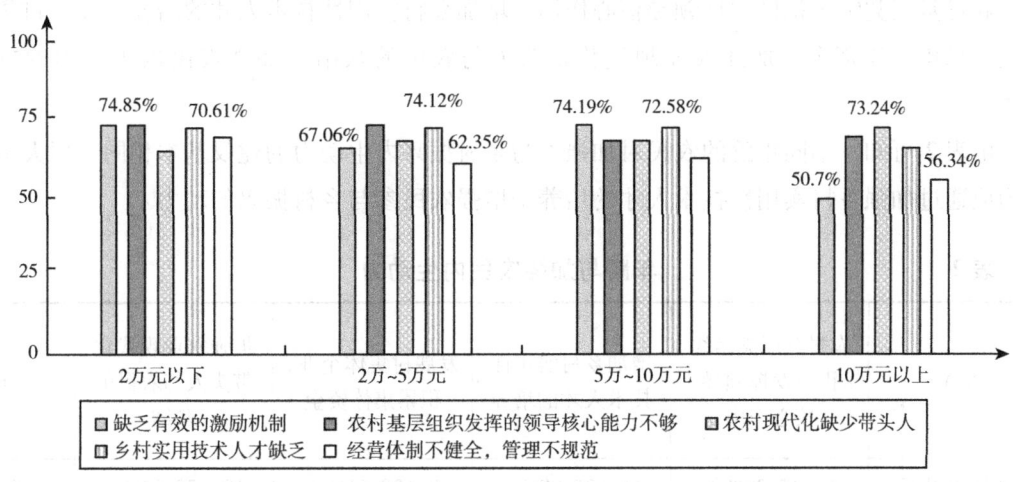

图10 助推农民参与乡村振兴和创新创业的动力因素（按收入水平）

综合户口、学历、收入水平三个方面分析，不同群体对于动力因素的选择存在差异，但差异较小，完善有的激励机制、发挥基层组织的领导核心能力、培养农业现代化带头人、大力引进乡村实用技术人才、健全经营体制和管理制度仍是助推农民参与乡村振兴和创新创业的主要动力因素。

乡村产业的发展和乡村的创新创业是助推我国农村经济的重要方式。本章主要从影响城乡区域发展不平衡的主要因素、影响农村产业发展水平的最主要因素、助推农村创新创业因素、助推农民参与乡村振兴和创新创业的主要动力因素这四个方面对产业发展和创新创业进行分析总结。

（1）教育、医疗、卫生、文体、社保等基础公共服务不健全和城乡收入差距悬殊是影响城乡区域发展不平衡的主要因素。在781份问卷调查中，311个人认为收入差距是导致城乡不平衡的重要因素，254个人认为公共服务不健全是其主要原因。

(2) 乡村产业基础不牢固和农业科技成果转化效率低是影响农村产业发展水平的最主要因素。在整体的调查研究中，34.31%的被调查者表示产业基础不牢固是影响产业发展的重要因素，29.84%的被调查认为应提高农产品的科技转化率。

五、对症下药：关于农村创新创业的对策与建议

农村创新创业的最大障碍是城乡发展不平衡、农民参与乡村振兴的内生动力不足。我们分别从加强农民内生动力、支持返乡创业者、推进农村产业融合发展、激发农村人才活力四个方面给出对策与建议。

（一）培养技术人才，加强内生动力

农村基层党组织积极发挥领导核心作用、增加乡村实用性技术人才的培养、发展村集体企业，积累集体资金、加强农业现代化带头人与农民的联结是加强农民内生动力的主要方法。

由表2可知，不同年龄的农民对加强参与乡村振兴内生动力的建议基本相同。但大多数认为应通过加强乡村实用性技术人才的培养来增强农民参与乡村振兴的动力。

表2　　　　　　　　　　年龄与加强农民内生动力

X/Y	农村基层党组织积极发挥领导核心作用	增加乡村实用性技术人才的培养	发展村集体企业，积累集体资金	加强农业现代化带头人与农民的联结	小计
18周岁以下	6（15.38%）	14（35.90%）	8（20.51%）	10（25.64%）	39
18~30周岁	201（31.16%）	213（33.02%）	108（16.74%）	119（18.45%）	645
31~45周岁	19（28.79%）	18（27.27%）	9（13.64%）	20（30.30%）	66
46~60周岁	7（28%）	6（24%）	4（16%）	8（32%）	25
60周岁以上	1（20%）	2（40%）	0（0.00%）	2（40%）	5

由表3可知，不同的文化程度对加强农民参与乡村振兴内生动力的建议差别较大。专科学历，选择要加强农民参与乡村振兴的内生动力要靠农村基层党组织积极发挥领导核心作用，占比31.63%。本科学历，选择应该通过加强乡村实用性技术人才的培养来增强农民参与乡村振兴的动力，占比占33.40%。而研究生及以上学历者则比较认可加强农业现代化带头人与农民的联结的观点，约占32.43%。

由表4可知，不同的户口对增强农民参与乡村振兴内生动力的建议差别不大。大都选择增加乡村实用性技术人才的培养。

表3　　　　　　　　　　　　　学历与加强农民内生动力

X/Y	农村基层党组织积极发挥领导核心作用	增加乡村实用性技术人才的培养	发展村集体企业，积累集体资金	加强农业现代化带头人与农民的联结	小计
初中及以下	8（42.11%）	5（26.32%）	1（5.26%）	5（26.32%）	19
高中	13（32.5%）	13（32.5%）	6（15%）	8（20%）	40
专科	62（31.63%）	61（31.12%）	38（19.39%）	35（17.86%）	196
本科	144（29.51%）	163（33.40%）	78（15.98%）	99（20.29%）	488
研究生及以上	7（18.92%）	11（29.73%）	6（16.22%）	12（32.43%）	37

表4　　　　　　　　　　　　　户口与加强农民内生动力

X/Y	农村基层党组织积极发挥领导核心作用	增加乡村实用性技术人才的培养	发展村集体企业，积累集体资金	加强农业现代化带头人与农民的联结	小计
农村	158（30.98%）	162（31.76%）	79（15.49%）	107（20.98%）	510
城市	76（28.15%）	91（33.70%）	50（18.52%）	52（19.26%）	270

综上所述，应把发展农民内生发展的重点放在增加乡村实用性技术人才的培养上。

（二）实施扶持政策，支持返乡创业

细化和完善扶持政策实施，提供社会保障和信息支撑，制定契合大众创业，万众创新的决策，形成有利于创业创新的环境、消除城乡、行业、身份、性别等影响平等就业的制度是引导创业人员返乡创业的主要对策。

由表5可知，不同的年龄段对政策支持创业人员的看法各不相同。选择主要集中在细化和完善扶持政策实施、提供社会保障和信息支撑。选择消除城乡、行业、身份、性别等影响平等就业的制度者较少。

由表6可知，不同的文化程度对政策支持创业人员的看法差别较大，大部分都认为应该细化和完善扶持政策实施、提供社会保障和信息支撑，较少部分选择消除城乡、行业、身份、性别等影响平等就业的制度。

由表7可知，不同的户口对于支持创业人员政策的选择差别不大，都主要集中于细化和完善扶持政策实施提供社会保障和信息支撑约有70%，较少部分选择消除城乡、行业、身份、性别等影响平等就业的制度约有50%。由此可见无论是居住在城市还是农村对于支持创业人员制度的选择大体上是相同的。

表5　　年龄与支持创业人员返乡创业

X/Y	细化和完善扶持政策实施	提供社会保障和信息支撑	制定契合大众创业、万众创新的决策	形成有利于创业创新的环境	消除城乡、行业、身份、性别等影响平等就业的制度	小计
18周岁以下	21（53.85%）	26（66.67%）	24（61.54%）	26（66.67%）	26（66.67%）	39
18~30周岁	469（72.71%）	474（73.49%）	445（68.99%）	436（67.60%）	373（57.83%）	645
31~45周岁	46（69.70%）	54（81.82%）	41（62.12%）	44（66.67%）	43（65.15%）	66
46~60周岁	11（44%）	15（60%）	11（44%）	15（60%）	15（60%）	25
60周岁以上	4（80%）	3（60%）	1（20%）	2（40%）	3（60%）	5

表6　　学历与支持创业人员返乡创业

X/Y	细化和完善扶持政策实施	提供社会保障和信息支撑	制定契合大众创业、万众创新的决策	形成有利于创业创新的环境	消除城乡、行业、身份、性别等影响平等就业的制度	小计
初中以下	11（58.89%）	17（89.47%）	11（57.89%）	10（52.63%）	10（52.63%）	19
高中	26（65%）	25（62.5%）	24（60%）	28（70%）	24（60%）	40
专科	134（68.37%）	141（71.94%）	133（67.86%）	124（63.27%）	117（59.69%）	196
本科	354（72.54%）	364（74.59%）	330（67.62%）	335（68.65%）	284（58.20%）	488
研究生以上	26（70.27%）	25（67.57%）	24（64.86%）	26（70.27%）	25（67.57%）	37

表7　　　　　　　　　　　户口与支持创业人员返乡创业

X/Y	细化和完善扶持政策实施	提供社会保障和信息支撑	制定契合大众创业、万众创新的决策	形成有利于创业创新的环境	消除城乡、行业、身份、性别等影响平等就业的制度
农村	359（70.39%）	380（74.51%）	344（67.45%）	341（66.86%）	304（59.61%）
城市	192（71.11%）	192（71.11%）	178（65.93%）	182（67.41%）	156（57.78%）

综上所述，应把细化和完善扶持政策实施、提供社会保障和信息支撑作为吸引创业人员返乡创业的重中之重。

（三）培育经济新增长点，推进产业融合

推进农产品加工发展，培育第一产业经济新的增长点；组建农产品产业技术研究院，完善产品研发机制；加强农产品分级、包装、营销，打造农产品销售公共服务平台；推进农产品创品牌、进超市、上网络，优化农产品电商孵化平台；构建"种养加、农林旅"多样化发展模式是推进农村三次产业融合发展的重要方式。

由表8可知，不同的年龄对推进农村三次产业融合发展的建议差别不大。大多数认为推进三次产业融合发展需要推进农产品加工发展，培育第一产业经济新的增长点。较少部分认为要构建"种养加、农林旅"多样化发展模式。

表8　　　　　　　　　　年龄与推进农村三次产业融合发展

X/Y	推进农产品加工发展，培育第一产业经济新的增长点	组建农产品产业技术研究院，完善产品研发机制	加强农产品分级、包装、营销，打造农产品销售公共服务平台	推进农产品创品牌、进超市、上网络，优化农产品电商孵化平台	构建"种养加、农林旅"多样化发展模式
18周岁以下	24（61.54%）	29（74.36%）	26（66.67%）	26（66.67%）	20（51.28%）
18~30周岁	455（70.54%）	446（69.15%）	47（72.87%）	423（65.58%）	380（58.91%）
31~45周岁	48（72.73%）	30（45.45%）	42（63.64%）	50（75.76%）	46（69.70%）
46~60周岁	14（56%）	9（36%）	11（44%）	15（60%）	14（56%）
60周岁以上	4（80%）	3（60%）	2（40%）	1（20%）	1（20%）

由表9可知，不同的文化程度对推进农村三次产业融合发展的建议差别不大。大多数认为推进三次产业融合发展需要推进农产品加工发展，培育第一产业经济新的增长点。较少部分认为要构建"种养加、农林旅"多样化发展模式。

表9　　　　　　　　学历与推进农村三次产业融合发展

X/Y	推进农产品加工发展，培育第一产业经济新的增长点	组建农产品产业技术研究院，完善产品研发机制	加强农产品分级、包装、营销，打造农产品销售公共服务平台	推进农产品创品牌、进超市、上网络，优化农产品电商孵化平台	构建"种养加、农林旅"多样化发展模式	小计
初中以下	11 (57.89%)	9 (47.37%)	10 (52.63%)	10 (52.63%)	9 (47.37%)	19
高中	29 (72.5%)	17 (42.5%)	24 (60%)	21 (52.5%)	21 (52.5%)	40
专科	132 (67.35%)	126 (64.29%)	132 (67.35%)	123 (62.76%)	111 (56.63%)	196
本科	345 (70.70%)	342 (70.08%)	359 (73.57%)	333 (68.24%)	293 (60.04%)	488
研究生以上	28 (75.68%)	23 (62.16%)	26 (70.27%)	28 (75.68%)	27 (72.97%)	37

由表10可知，不同的户口对推进农村三次产业融合发展的建议有一定的差别。农村户口的人认为应该通过加强农产品分级、包装、营销，打造农产品销售公共服务平台来促进农村三次产业融合发展，约占72.94%。城市户口的人认为应该通过推进农产品加工发展，培育第一产业经济新的增长点来促进农村三次产业融合发展，约占71.11%。

表10　　　　　　　　户口与推进农村三次产业融合发展

X/Y	推进农产品加工发展，培育第一产业经济新的增长点	组建农产品产业技术研究院，完善产品研发机制	加强农产品分级、包装、营销，打造农产品销售公共服务平台	推进农产品创品牌、进超市、上网络，优化农产品电商孵化平台	构建"种养加、农林旅"多样化发展模式
农村	353 (69.22%)	343 (67.25%)	372 (72.94%)	339 (66.47%)	305 (59.80%)
城市	192 (71.11%)	174 (64.44%)	179 (66.30%)	176 (65.19%)	156 (57.78%)

综上所述，应把推进农产品加工发展，培育第一产业经济新的增长点放在农村三次产业融合发展的首位。

（四）健全人才培训制度，激发农村人才活力

由表11可知年龄与激发农村人才活力的关系并不明显，认为应该通过健全农村实用人才培训制度来激发农村人才活力的居多，分别占33.33%、33.33%、45.45%、36%、40%。可见年龄大小对人才的培训都是十分看重的，但同时也反映出人才培训制度十分不完整，健全培训制度是人们的最强呼声。

表11　　　　　　　　　年龄与激发农村人才活力

X/Y	积极完善乡村治理体系	大力培育新型职业农民	健全农村实用人才培训制度	实施新型农业经营主体培育工程	小计
18周岁以下	9（23.08%）	8（20.51%）	13（33.33%）	9（23.08%）	39
18~30周岁	153（23.72%）	155（24.03%）	215（33.33%）	122（18.91%）	645
31~45周岁	10（15.15%）	10（15.15%）	30（45.45%）	16（24.24%）	66
46~60周岁	3（12%）	8（32%）	9（36%）	5（20%）	25
60周岁以上	3（60%）	0（0.00%）	2（40%）	0（0.00%）	5

由表12可知学历与激发农村人才活力的关系比较明显。初中及以下学历者认为激发农村人才活力要靠大力培育新型职业农民，占比为42.11%。研究生及以上学历者认为要通过健全农村实用人才培训制度来激发农村人才活力，占比为37.84%。

表12　　　　　　　　　学历与激发农村人才活力

X/Y	积极完善乡村治理体系	大力培育新型职业农民	健全农村实用人才培训制度	实施新型农业经营主体培育工程	小计
初中及以下	3（15.79%）	8（42.11%）	4（21.05%）	4（21.05%）	19
高中	6（15%）	10（25%）	20（50%）	4（10%）	40
专科	51（26.02%）	42（21.43%）	68（34.69%）	35（17.86%）	196
本科	113（23.16%）	111（22.75%）	163（33.40%）	101（20.70%）	488
研究生及以上	5（13.51%）	10（27.03%）	14（37.84%）	8（21.62%）	37

由表13可知户口与激发农村人才活力的看法关系并不明显。认为应该通过健全农村实用人才培训制度来激发农村人才活力的占大多数，分别有34.31%、34.81%。可知无论是农村户口或是城市户口都比较重视人才的培训制度。

表 13　　　　　　　　　户口与激发农村人才活力

X/Y	积极完善乡村治理体系	大力培育新型职业农民	健全农村实用人才培训制度	实施新型农业经营主体培育工程	小计
农村	111（21.76%）	123（24.12%）	175（34.31%）	101（19.80%）	510
城市	67（24.81%）	58（21.48%）	94（34.81%）	51（18.89%）	270

由表 11 至表 13 可知大多数人都认为要通过健全农村实用人才培训制度来激发农村人才活力，可见人们对于人才的重视以及现下人才培训制度还有诸多的不足。因此认为要想激发人才活力要从根源解决，直接培训需要的人才。

六、结论

农村创新创业是促进我国农村经济发展的重要环节。在此，本小组从农村创新创业存在的问题、创新创业的因素、特色小镇对于创新创业的作用三个方面进行调查分析，并得出了一些关于激发农村创新创业活力的对策及建议。

随着农村创新创业的提出和实施，多地区都取得了不错的成效，但也存在一些不容忽视的问题。据调查数据显示，我们得出结论：当前农村创业存在的最大问题是创业资源不足和城乡帮扶政策不同，分别得到 36.36% 和 28.94% 被调查者的支持；乡村创新创业还存在的主要问题是城乡区域发展不平衡和农民参与乡村振兴的内生动力不足，分别得到 77.59%、69.91% 被调查者的支持。

乡村一直是我国发展的薄弱环节，农村创新创业对于我国发展具有重要意义，所以实施乡村振兴战略、推进农村创新创业是非常有必要的。据调查分析，我们得出结论：农村创新创业最重要的因素是为农民增加收入开辟新渠道，助推农民富起来，得到 37.26% 被调查者的支持；实施乡村振兴战略最主要的因素是新时代乡村发展的新动力和现代化建设的必然要求，分别得到 576 位和 291 位被调查者的支持。

全国各地的特色小镇都在如火如荼地进行着，为乡村的创新创业提供了借鉴意义。根据我们的调查结果可以得出：特色小镇对于农村创新创业的作用主要体现在特色产业驱动农村三次产业融合发展，这一结论得到 41.61% 被调查者的支持。

乡村产业的发展和农村的创新创业是助推我国农村经济的重要方式，农村创新创业不仅能推动现代农业的发展，为农民增加收入开辟新渠道，而且为建设社会主义新农村构建新模式、为农业供给侧结构性改革提供新的力量，助推城乡发展一体化。根据调查，我们发现，农村创新创业最重要的作用是为农民增加收入开辟新渠道，助推农民富起来，认同此观点的被调查者为 37.26%，占比较高；实施乡村振兴战略体现了国家振兴战略的决心，同时加快了农村的城市化进程。

乡村振兴是现代化建设的必然要求，为新时代乡村发展提供新动力。所以乡村振兴和农村创新创业对于解决农村问题具有重要意义,各地区要更加积极地去落实乡村创新创业。

最后,对于解决城乡区域发展不平衡的问题,最好的方法是加强教育、医疗、卫生、文娱等基本公共服务建设,得到了48.14%被调查者的支持;对于解决农民参与乡村振兴的内生动力不足的问题,最好的方法是加强乡村实用性技术人才的培养,得到了34.44%被调查者的支持;为解决农村创新创业存在问题最主要的是发挥资源优势,得到了39.05%被调查者的支持,其次是强化农村政策落实,有18.82%的被调查者支持这一观点。

综上所述,为激发农村创新创业活力,我们提出以下对策建议:(1)加强基本公共服务,促进城乡平衡发展;(2)加强乡村实用性技术人才培养,增强农民内生动力;(3)发挥当地资源优势,缓解创业资源不足的问题;(4)强化农村政策落实,解决城乡帮扶政策不同的问题。

获奖情况:第14届"挑战杯"河南省大学生课外学术科技作品终审决赛二等奖
完成人员:郭明鑫,李美萱,邱增媛,徐子云,李志琦,黄荣庆,郑芳洁

脱虚向实与知行合一：社会主义核心价值观与会计职业道德的相得益彰

——基于会计从业人员的调查分析

摘要：围绕会计行业与社会主义核心价值观的关系展开研究，根据国家现有的制度，以及现实社会中存在的问题，发现从事会计相关人员的职业道德方面存在的不足和缺陷并提出相应的对策建议，并为规范从事会计相关人员的职业道德提供一些见解，帮助会计行业在符合社会主义核心价值观的道路上健康向前发展。

本调研从以下几方面展开：第一，我们充分了解并展示了社会主义核心价值观和会计职业道德的相关知识、背景及意义。第二，我们通过调查问卷结果对社会主义核心价值观的现状进行了相关数据分析，其中包括社会人员的现状、认知社会主义核心价值观的渠道以及践行社会主义核心价值观的方式等方面。第三，我们对会计职业的现状进行了分析，其中包括认知的途径、当前会计职业道德突出的问题及严重性分析，建设会计职业道德的必要性及途径，其中又重点从会计诚信方面加以分析会计行业的现状。第四，对社会主义核心价值观和会计职业道德进行了融合研究分析，包括社会主义核心价值观的各个层面对于会计职业道德的促进作用以及会计职业道德的缺失对国家、社会造成的影响。第五，我们对践行社会主义核心价值观和建设会计职业道德提出了建议。

培育和践行社会主义核心价值观，是推进中国特色社会主义伟大事业、实现中华民族伟大复兴中国梦的任务，是全党全社会的共同责任。社会主义核心价值观对会计从业人员的影响及意义大多体现在会计人员的职业道德方面。会计工作者必须有敬业的工作态度，以完成精细的会计工作，在工作中不偏不倚、公平公正，遵守国家会计制度，要做到对个人负责，对企业和社会负责。

关键词：社会主义核心价值观；会计职业道德；会计从业人员

一、社会主义核心价值观视角下的会计职业道德建设

（一）培育和践行社会主义核心价值观：是全社会的共同责任

培育和践行社会主义核心价值观，是推进中国特色社会主义伟大事业、实现中华民族伟大复兴中国梦的战略任务，是社会主义核心价值体系的内核，体现了社会主义核心价值体系的根本性质和基本特征，反映了社会主义核心价值体系的丰富内涵和实践要求，是社会主

核心价值体系的高度凝练和集中表达。党的十八大提出：倡导富强、民主、文明、和谐；倡导自由、平等、公正、法治；倡导爱国、敬业、诚信、友善，积极培育和践行社会主义核心价值观。

（二）规范和健全会计行业的信用体系：是会计领域的迫切要求

随着我国的市场经济不断发展，人们的价值观在不断发生变化，曾经所倡导的无私奉献精神已被市场经济的金钱和个人主义所笼罩。以会计行业为例，会计行业也存在许多关于社会主义核心价值观方面的问题。因此，2018年，为加快推进会计领域信用体系建设，培育和践行社会主义核心价值观，形成褒扬诚信，惩戒失信的强大合力，发改委等多部门联合签署《关于会计领域违法失信相关责任主体实施联合惩戒的合作备忘录》，对会计领域严重失信主体开展联合惩戒。全国人大代表、立信会计师事务所首席合伙人兼董事长朱建弟也表示用制度规范会计职业，加大企业因财务造假导致的信息披露违法行为的处罚力度，在制度规范下，明确会计师的责任，以规范会计师的职业道德。

（三）融合社会主义核心价值观：是会计职业道德建设的新观念

培育和践行社会主义核心价值观是新形势下对会计人才培养工作的明确要求。要求会计职业道德建设要密切结合社会主义核心价值观，结合专业特点，融入人才培养实践中，使社会主义核心价值观具体化、生活化。社会主义核心价值观二十四字的基本内容中的"敬业、诚信、公正、法治"与会计的职业道德要求基本一致。

（1）"敬业"是社会主义核心价值观对个人职业态度的首要要求，把爱岗敬业精神融入职业道德中是各行各业的基础性要求。

（2）"诚信"是社会主义核心价值观对个人从业的又一要求。会计信息真实性要求会计从业人员必须坚持诚信原则。

（3）"公正"是社会主义核心价值观对个人从业生涯的要求，即工作中做到不偏不倚。由于会计工作的严谨性，要求会计从业人员必须按照国家和公司的相关制度做好自己分内的事，客观公正，而不是随意发挥。

（4）"法治"是社会主义核心价值观对社会层面的要求。遵纪守法是公民应尽的义务，更是会计人员应该遵守的底线。

二、新形势：会计职业道德与社会主义核心价值观

（一）社会主义核心价值观

党的十八大以来，中央高度重视培育和践行社会主义核心价值观。习近平总书记多次作出重要论述、提出明确要求。中央政治局围绕培育和弘扬社会主义核心价值观、弘扬中华传

统美德进行集体学习。中办下发《关于培育和践行社会主义核心价值观的意见》。党中央的高度重视和有力部署，为加强社会主义核心价值观教育实践指明了努力方向，提供了重要遵循。

社会主义核心价值观：
国家层面：富强、民主、文明、和谐
社会层面：自由、平等、公正、法治
公民层面：爱国、敬业、诚信、友善

（二）会计职业道德

会计职业道德，指在会计职业活动中应当遵循的、体现会计职业特征的、调整会计职业关系的各种经济关系的职业行为准则和规范。

关于会计职业道德的基本内容，《会计法》没有做出具体规定，且在会计职业道德的演进过程中没有具体体现，但依财政部1996年6月发布的《会计基础工作的规范》的规定，会计职业道德的主要内容主要包括以下六个方面：

1. 敬业爱岗。即会计人员应当热爱本职工作，努力钻研业务，使自己的知识和技能适应所从事工作的要求。

2. 熟悉法规。即会计人员应当熟悉财经法律、法规和国家统一会计制度，并结合会计工作进行广泛宣传。

3. 依法办事。即会计人员应当按照会计法律、法规、规章规定的程序和要求进行会计工作，保证所提供的会计信息合法、真实、准确、及时、完整。

4. 客观公正。即会计人员办理会计事务应当实事求是、客观公正。

5. 搞好服务。即会计人员应当熟悉本单位的生产经营和业务管理情况，运用掌握的会计信息和会计方法，为改善单位内部管理、提高经济效益服务。

6. 保守秘密。即会计人员应当保守本单位的商业秘密，除法律规定和单位领导人同意外，不能私自向外界提供或者泄露单位的会计信息。

我们对社会主义核心价值观：富强、民主、文明、和谐、自由、平等、公正、法治、爱国、敬业、诚信、友善，与会计职业道德的主要内容：敬业爱岗，熟悉法规，依法办事，客观公正，搞好服务，保守秘密，进行了比对，发现社会主义核心价值观与会计职业道德的融合部分主要体现在公正和敬业方面，诚信、法治方面也有一定的相关性。

三、新观察：社会主义核心价值观及会计职业道德现实扫描

本小组以大众为研究对象，将收集到的数据进行交叉分析，对可能影响了解核心价值观及会计职业道德的突出因素进行了分析。

(一) 认知渠道广泛

从目前身份来分析，无论是在校生、人民教师、个体工商户还是会计师事务所人员、政府部门工作人员、事业单位工作人员、企业单位工作人员、其他职业普遍对待核心价值观的看法是理论与实践结合，把核心价值观的作用发挥到最好。其分别占了91.45%、91.67%、100%、100%、92.86%、90.91%、96.03%、91.89%。

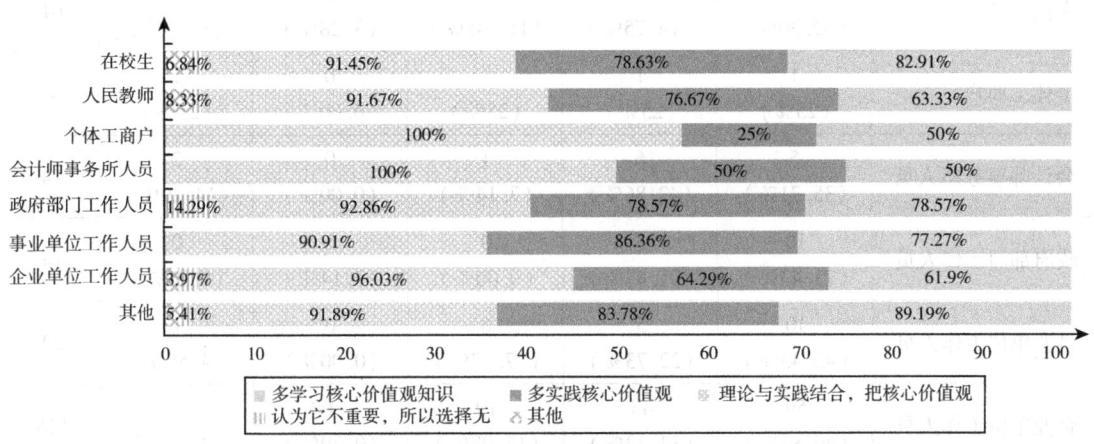

图1 认知核心价值观的渠道

根据问卷调查结果得到的表1可以发现，超过一半的在校生是通过从相关课程中了解的方式学习了解会计职业道德；人民教师也有超过60%的通过从相关课程中了解的方式学习了解会计职业道德；个体工商户从相关课程中了解、通过会计资格考试课本自学、所在公司规章制度要求、其他方式比例相等；会计师事务所人员多是通过会计资格考试课本自学的方式学习了解会计职业道德，但比例未达一半，从相关课程中了解的方式达到35%左右；政府部分工作人员主要通过从相关课程中了解的方式学习了解会计职业道德；事业单位工作人员主要是从相关课程中了解的方式学习了解会计职业道德，但比例也未达一半；企业单位工作人员通过从相关课程中了解的方式学习了解会计职业道德比例未达50%；其他职业身份的人员主要通过会计资格考试课本自学的方式及从相关课程中了解的方式学习了解会计职业道德比例均在35%左右。由以上的数据我们可以得出以下结论：虽然身份职业不同但是也都相对集中地学习了解会计职业道德的方式为通过会计资格考试课本自学的方式及从相关课程中了解的方式。身份的不同也在一定程度上影响学习了解会计职业道德的主要方式，如会计事务所人员的主要学习了解方式是考证。

新文科背景下"345"模式在会计学课程思政与实践育人中的研究与实践

表1　　　　　　　　　学习会计职业道德的方式

X/Y	从相关课程中了解	通过会计资格考试课本自学	所在公司规章制度要求	听别人说的	其他	小计
在校生	131（55.98%）	52（22.22%）	8（3.42%）	26（11.11%）	17（7.26%）	234
人民教师	38（62.30%）	9（14.75%）	7（11.48%）	2（3.28%）	5（8.20%）	61
个体工商户	1（25%）	1（25%）	1（25%）	0（0.00%）	1（25%）	4
会计师事务所人员	5（35.71%）	6（42.86%）	1（7.14%）	0（0.00%）	2（14.29%）	14
政府部门工作人员	10（71.43%）	3（21.43%）	0（0.00%）	1（7.14%）	0（0.00%）	14
事业单位工作人员	10（45.45%）	5（22.73%）	6（27.27%）	0（0.00%）	1（4.55%）	22
企业单位工作人员	59（46.83%）	43（34.13%）	19（15.08%）	1（0.79%）	4（3.17%）	126
其他	13（35.14%）	14（37.84%）	5（13.51%）	1（2.70%）	4（10.81%）	37

（二）传播途径丰富

从图2可以观察到家庭教育和学校教育在价值观形成中影响较大，高达80%左右；其次则为媒体信息和朋友圈子，对价值观形成的影响程度达到50%左右；除上述的四个因素之外的其他因素对价值观形成的影响仅达到18.71%。

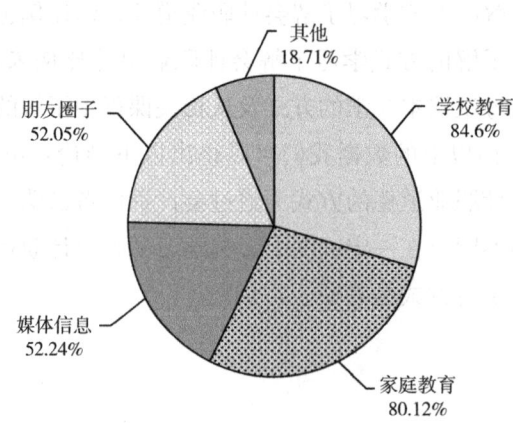

图2　影响价值观形成的因素

(三) 践行方式多样

党的十八大以来，以习近平同志为核心的党中央高度重视培育和践行社会主义核心价值观。党的十九大报告指出，把社会主义核心价值观融入社会发展各方面，转化为人们的情感认同和行为习惯。所以我们就要先将核心价值观广泛有效地能做到最有力度地传播给广大人民群众，让他们了解、明白并践行社会核心价值观。

怎样才能做到最有效呢？根据问卷调查结果得到的图3可以发现，人们认为社交网络宣传最有利，其次志愿者活动也可以做到有效传播核心价值观。从结果我们可以发现在科技经济飞速发展的今天，网络成为我们日常生活的一部分，不管是什么身份都对网络格外的关注所以不妨将核心价值观在其上加大宣传的力度；在物质条件基本满足下，人们开始追求精神满足，志愿者活动是人们满足精神生活的方式之一，多举办能够体现社会核心价值观的活动也是传播方式很好的途径之一。当然我们除了要做到最有效外也要做到最基本的。

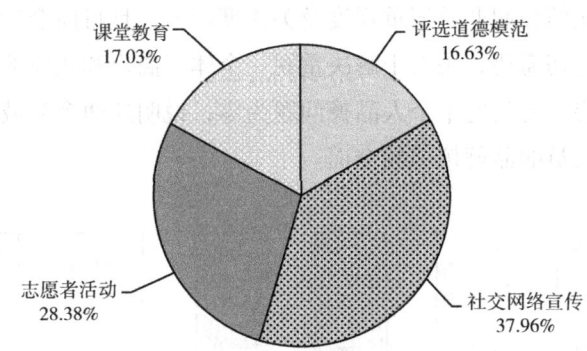

图3　社会主义核心价值观的传播方式

由图4可知，不同的身份下，提高认识、加强学习和教育，增强会计人员的道德使命感，增强法律意识提高专业技能三者所占比例都在70%以上，健全会计岗位轮换和选拔激励制度所占比例都在50%以上，即不同身份的人们对加强会计职业道德的这四种途径认可

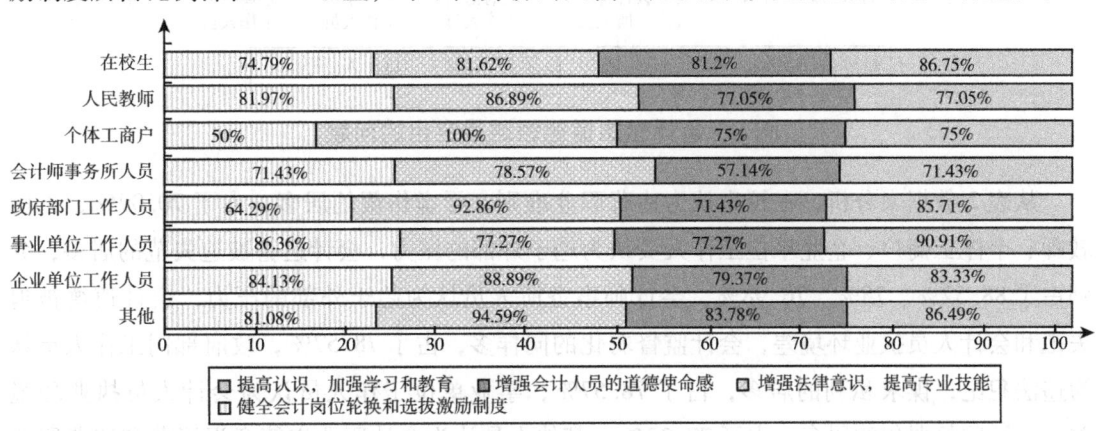

图4　加强会计职业道德的途径

度均较高,由此可知,加强会计职业道德的途径包括:提高认识加强学习和教育,增强会计人员的道德使命感,增强法律意识提高专业技能和健全会计岗位轮换和选拔激励制度。

(四)现实问题突出

不同身份的人对于会计思想道德领域的认识程度深浅不同、层次不同,会影响到对目前会计职业道德问题严重性的认识程度产生不同,故我们从不同身份及他们对目前会计行业职业道德问题严重性的认识程度进行了交叉分析。

根据问卷调查结果得到的图5可以发现,虽然身份不同但是认为目前会计思想道德领域最突出的问题都相对集中于社会诚信缺失和职业道德缺失且和比例占总比例的绝大部分;个体工商户和政府部门工作人员认为目前会计思想道德领域最突出的问题中个人品德问题所占比例为零。由以上的数据我们可以得出以下结论:虽然身份职业不同但是认为目前会计思想道德领域最突出的问题中的社会诚信缺失和职业道德缺失所占比例较大,说明目前公众对于会计思想领域的社会诚信和职业道德重视度及关注度较大,且目前会计领域社会诚信和职业道德缺失形势严峻,迫切需要相关人士解决重视。个体工商户和政府部门工作人员对于目前会计思想道德领域最突出的问题中个人品德问题为零,说明这两个领域中会计思想道德的个人品德较好,对会计人员的品德培养较全面。

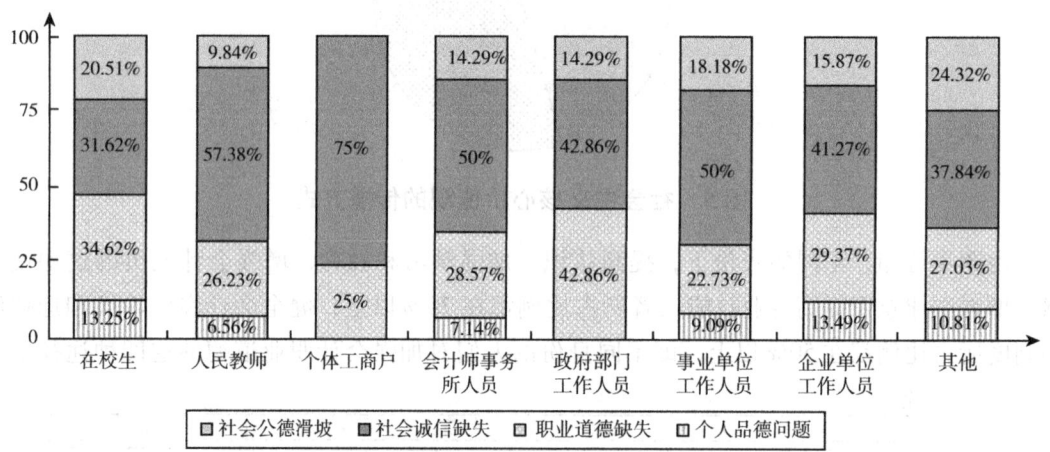

图5 会计思想道德领域最突出的问题

从表2数据来分析,在校生认为违背职业准则、弄虚作假的居多,占了70.09%,人民教师、个体工商户、企业单位工作人员认为趋于外部的压力,会计道德被迫失范的居多,分别占了88.52%、75%、76.98%,会计师事务所人员认为趋于外部的压力,会计道德被迫失范和会计人员执业环境差,会计监督弱化的同样多,占了78.57%,政府部门工作人员认为违法犯纪,谋求私利的居多,占了78.57%,事业单位工作人员认为会计人员执业环境差,会计监督弱化的居多,占了77.27%,其他人员认为会计职业道德意识淡薄和违背职业准则,弄虚作假的同样多,占了72.97%。

表 2			会计领域突出的问题表现			
X/Y	违法犯纪,谋求私利	会计职业道德意识淡薄	违背职业准则,弄虚作假	趋于外部的压力,会计道德被迫失范	会计人员执业环境差,会计监督弱化	小计
在校生	153(65.38%)	159(67.95%)	164(70.09%)	162(69.23%)	144(61.54%)	234
人民教师	28(45.90%)	39(63.93%)	39(63.93%)	54(88.52%)	39(63.93%)	61
个体工商户	2(50%)	2(50%)	2(50%)	3(75%)	1(25%)	4
会计师事务所人员	5(35.71%)	10(71.43%)	10(71.43%)	11(78.57%)	11(78.57%)	14
政府部门工作人员	11(78.57%)	10(71.43%)	10(71.43%)	10(71.43%)	9(64.29%)	14
事业单位工作人员	10(45.45%)	15(68.18%)	15(68.18%)	13(59.09%)	17(77.27%)	22
企业单位工作人员	50(39.68%)	84(66.67%)	68(53.97%)	97(76.98%)	81(64.29%)	126
其他	19(51.35%)	27(72.97%)	27(72.97%)	23(62.16%)	22(59.46%)	37

(五) 原因深入剖析

造成会计诚信缺失的原因有很多,其中包括利益相关者对会计人员的影响、缺少监督机制,易于失信、缺乏法律意识、会计行为缺乏独立性以及会计理论的缺失(见图6)。

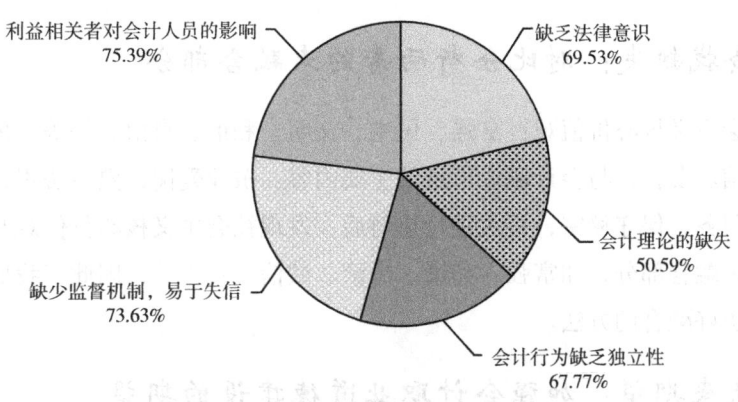

图 6 造成会计诚信缺失的原因

减少会计失信是当前会计行业刻不容缓的事。扬汤止沸不如釜底抽薪,应从根源上去思考如何对待这一问题。首先需要培育良好的会计诚信环境,其次要健全会计制度,让会计造假无法实行,从而间接地强制会计诚信。然后要加强监督和监控,这样能较好地解决会计失信现象,具体上来说大致分为两个方面,一是建立独立金融审计体系;二是完善国家法律法规。最后要进行个人素质道德教育,约束个人行为外在的是规范其内在的行为道德,并且在依法治国的同时,加强以德治国。

通过对统计数据的分析,我们可以看出个体工商户中的75%、人民教师中的57.38%、会计事务所中的50%等各行各业的人员绝大部分人员认为目前社会诚信、职业道德缺失为目前会计思想道德领域最突出的问题。这说明了社会诚信、会计职业道德缺失形势严峻,政府及社会对它们的监督力度不够,使它们成为目前会计职业发展道路的阻碍,亟待相关人士及部门解决和重视,加大监督力度。

加强会计诚信有利于保证业财融合、营造良好风气、促进企业发展、维护会计形象,各行各业、各政治面貌中人员的比例均超过50%认为会计诚信是指按国家规定及企业业务实质、经济利益办事。这表明会计诚信的加强是符合可持续发展的,群众的认知中还是把国家的规定和经济的利益放在重要的位置。也就说明了会计诚信的国家层面的规定还是具有一定的约束力,但是监督力度乏力、经济利益的正确引领还需要加强,还需要相关人士的努力。

在努力践行社会主义核心价值观时,我们首先需要将价值观广泛有效地传播给广大人民群众。通过调查得知要想社会主义核心价值观得到最有效的传播我们可以优先选择社交网络宣传比例高达37.96%,在互联网飞速发展的今天通过网络对社会主义核心价值观的传播可以做到最广泛和迅速。其次就是以志愿者活动形式进行传播,赞同人数在被调查人员中占28.38%,通过举办具有仪式感的志愿者活动可以增强人们的参与感,使社会主义核心价值观得到充分的传播,有利于践行社会主义核心价值。

四、新探索:社会主义核心价值观与会计职业道德的融合

(一)查找缺失:对比分析两者的未融合部分

我们对社会主义核心价值观:富强、民主、文明、和谐、自由、平等、公正、法治、爱国、敬业、诚信、友善,与会计职业道德的主要内容:敬业爱岗,熟悉法规,依法办事,客观公正,搞好服务,保守秘密,再次进行比对后,发现社会主义核心价值观与会计职业道德仍然存在许多未融合部分,如富强、和谐、法治、诚信、友善等,因此,我们希望通过调查找出能让两者更好融合的方法。

(二)未来期望:加强会计职业道德建设的期望

不同的会计人员对于社会主义核心价值观与会计职业道德融合的了解程度不同,其在社

会主义核心价值观与会计职业道德融合部分呈现出不同的选择。

根据图7可以发现，诚信是会计人员的首选，其占比高达94.39%，紧随其后的选项为敬业，占比是93.62%，对于会计职业道德内容中明显体现出的公正要求处在选择的第三位，占比为89.17%，法治、爱国、文明、友善的占比分别为83.95%、75.63%、73.11%、69.44%。可见，关于已体现在会计职业道德要求的公正和敬业，会计人员已经有了较为深刻的认识，公正和敬业已经与会计职业道德有了很好的融合。会计人员期待在会计职业道德内容中体现的社会主义核心价值观排在首位的是诚信，其次是法治，往后按占比依次为爱国、文明、友善。

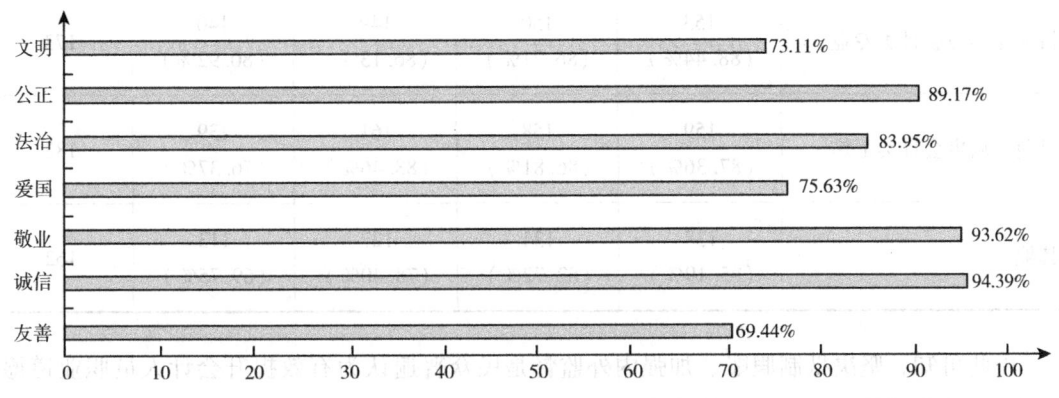

图7 会计人员认为会计职业道德要求体现的社会主义核心价值观

（三）相得益彰：引领会计职业道德建设的方向

由图8可知，会计及其他人员认为促进国家富强和谐的最好的方式是遵守法律法规，而会计人员认为严格依法办事是次要的方式，其他人员认为做到爱岗敬业也是较为重要的方式，但被调查人员都认为坚决保守秘密是相对而言不太重要的。由此推断，会计人员做到遵守法律法规、严格依法办事、做到爱岗敬业和保持乐观公正可以促进国家富强、和谐。

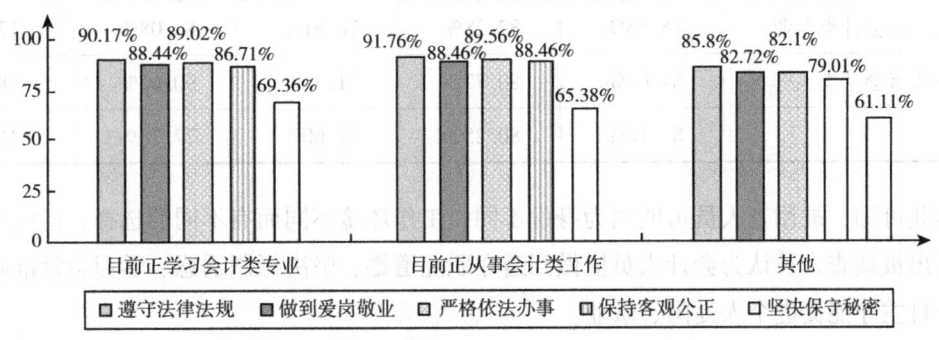

图8 促进国家富强、和谐的会计人员行为

由表3可知，会计专业学生认为坚决抵制造假对于促进社会平等和公正起着决定性作用。与其不同的是，会计工作人员认为加强内外监督处于最为重要地位。而其他身份调查受众也认为坚决抵制造假处于极为重要的地位。对于会计专业学生和会计工作人员则认为提升职业道德对促进社会平等，公正处于次之地位，至于保持自身定力则处于所有选项的末位。

表3　　　　　促进社会平等、公正的会计人员行为

X/Y	坚决抵制造假	提升职业道德	加强内外监督	保持自身定力	小计
目前正学习会计类专业	153（88.44%）	150（86.71%）	149（86.13%）	140（80.92%）	173
目前正从事会计类工作	159（87.36%）	158（86.81%）	161（88.46%）	139（76.37%）	182
其他	138（85.19%）	134（82.72%）	127（78.40%）	113（69.75%）	162

由此可知，坚决抵制假账、加强内外监督是民众普遍认为有效提升会计人员职业道德，从而促进社会平等、公正的有效途径。

由表4可知，会计专业学生认为学习会计准则是促进个人爱国、敬业最重要的因素。会计工作人员认为促进个人爱国、敬业最重要的因素是遵守职业道德。其他人员则同样地认为学习会计准则最为重要。虽然被调查人员所认为的最重要的因素有所不同但总体来看比例分布较为均匀，比例之间相差不大。

表4　　　　　促进个人爱国、敬业的会计人员行为

X/Y	学习会计准则	坚决抵制诱惑	保证工作自主	遵守职业道德	小计
目前正学习会计类专业	85.55%	87.28%	78.61%	82.08%	173
目前正从事会计类工作	84.07%	80.77%	71.43%	90.66%	182
其他	82.10%	80.25%	71.60%	77.78%	162

由此可知，被调查人员可能因为身份不同，工作环境不同而有不同的选择，但我们依旧可以看出被调查人员认为会计人员应做到遵守职业道德、坚决抵制诱惑、学习会计准则和保证工作自主才能促进个人爱国、敬业。

由表5可知，对于促进个人诚信、友善的因素被调查人员有一致的看法。无论是否学习会计专业，从事会计工作的人员都认为诚信为首，不做假账是会计人员促进个人诚信、友善

的最重要的因素，排在后面的依次是恪守独立、客观、公正的会计原则，积极披露会计信息存在的问题等。

表5　　　　　　　　　　促进个人诚信、友善的会计人员行为

X/Y	诚信为首，不做假账	积极披露会计信息存在的问题	在组织内外进行充分的交流沟通	恪守独立、客观、公正的会计原则	有足够的耐心、能准确的表达会计信息	注重文明礼貌，体现良好的会计人员形象	小计
目前正学习会计类专业	150 (86.71%)	142 (82.08%)	123 (71.10%)	143 (82.66%)	136 (78.61%)	121 (69.94%)	173
目前正从事会计类工作	162 (89.01%)	134 (73.63%)	131 (71.98%)	159 (87.36%)	128 (70.33%)	123 (67.58%)	182
其他	143 (88.27%)	119 (73.46%)	111 (68.52%)	123 (75.93%)	119 (73.46%)	101 (62.35%)	162

由此可知，会计人员应自觉做到诚信为首，不做假账；恪守独立、客观、公正的会计原则；积极披露会计信息存在的问题；有足够的耐心、能准确地表达会计信息；在组织内外进行充分的交流沟通；注重文明礼貌，体现良好的会计人员形象，这样才能促进个人诚信、友善。诚实守信是企业的经营之道、立命之本，是社会进步不可缺少的无形资本。

在社会主义核心价值观的引领下加强我国会计职业道德建设具有极其重要的现实意义。随着社会主义市场经济的发展和改革开放的深化，人们思想活动和行为方式的自由性和多变性增强，道德观念和价值取向在不断变化中出现了一些亟待解决的问题。会计职业道德领域作为道德体系的重要组成部分，也在经济社会变革中遇到了很大的挑战。而社会主义核心价值观，为破解会计职业道德建设的难题指明了方向。

本文我们按被调查人员是否从事会计行业，对会计人员职业道德与社会主义核心价值观的融合部分进行了分析，其中，诚信、公正、敬业在不同人群中占有很重的份量。按是否从事会计相关行业得出，目前正从事会计类相关工作、其他人员认为诚信最重要，分别占了97.24%、92.45%，目前正学习会计类专业的人员认为敬业最重要，占了94.15%。其次，我们对促进会计职业道德与社会主义核心价值观的融合行为进行了分析，知道了会计人员只有自觉遵守诚信为首，不做假账，恪守独立、客观、公正的会计原则，积极披露会计信息存在的问题，有足够的耐心，能准确地表达会计信息，在组织内外进行充分的交流沟通，注重文明礼貌，体现良好的会计人员形象，这样才能促进个人诚信、友善。

社会主义核心价值观体系的培育和践行过程其实就是良好会计环境的营造过程。只要真正坚持社会主义核心价值观的引领，将会计职业道德建设与国家富强和民族振兴的使命相结

合，促进社会主义核心价值观与会计职业道德的融合，会计职业群体就一定能够形成价值共识，实现理想的会计职业道德建设。

五、新思考：社会主义核心价值观对会计职业道德的促进

（一）切实发挥社会主义核心价值观的引领导向作用

如调查结果所示，我们可以基本确定人们认为会计人员践行社会主义核心价值观可以促进职业道德建设，但还有极小部分人认为会计人员践行社会主义核心价值观对职业道德建设没有促进作用。调查结果如图9所示。

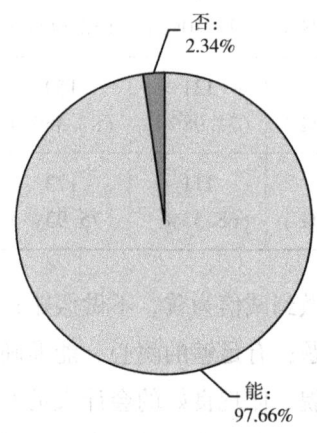

图9　会计人员践行社会主义核心价值观对促进职业道德建设的影响

然后我们将学习会计职业道德的方式与践行社会主义核心价值观对职业道德的促进作用进行了交叉分析，得出图10。

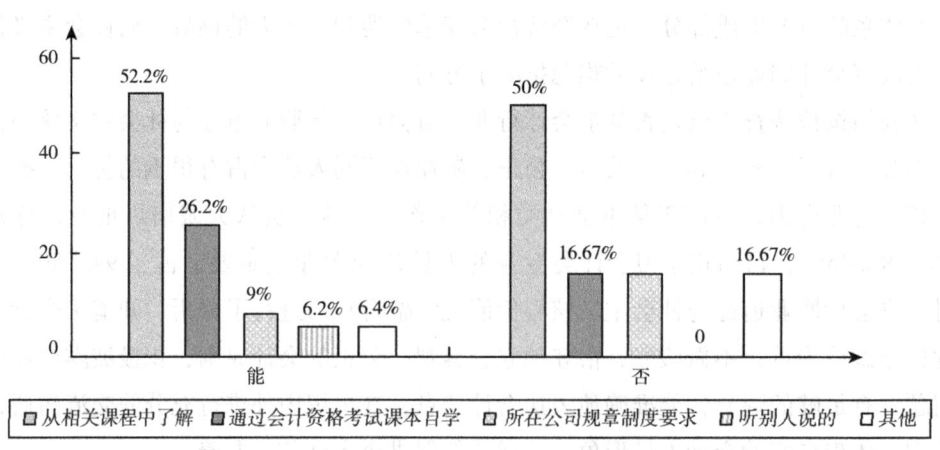

图10　会计人员践行社会主义核心价值观对促进职业道德建设的影响

分析图 10，我们可以得知，听别人说的人都认为践行社会主义核心价值观能促进职业道德建设。认为践行社会主义核心价值观促进职业道德建设的人中从相关课程中了解的人数最多，其次是通过会计资格考试自学的，听别人说的人数最少，还有部分人是通过所在公司的规章制度要求和其他方式学习的；认为践行社会主义核心价值观不能促进职业道德建设的人也是从相关课程中学习的人最多，通过会计资格考试自学、通过所在公司规章制度要求和其他方式学习的人数比例是 1:1:1。由此可见，学习职业道德建设的方式与践行社会主义核心价值观能否促进职业道德之间没有必然的联系。

最后我们得出的结论是，大学阶段受到的教育和是否清楚社会主义核心价值观的内涵，导致了少部分人认为践行社会主义核心价值观不能促进职业道德建设。

（二）知行合一以会计行为践行社会主义核心价值观

由表 6 可知，因被调查者的受教育程度不同，认为缺失会计职业道德的影响也不同。文化程度为本科以下的人群比较倾向认同缺失会计职业道德会导致社会风气腐化以及影响会计质量和形象。这两种影响所占比例都位于该类群体的前二位，而本科及以上的人群则赞成缺失会计职业道德会导致会计信息严重失真与影响会计质量和形象。由此可见，认为缺失会计职业道德的影响会由于文化程度的不同而有所不同。故可得知在所有不同程度文化水平群体中，普遍认为缺乏会计职业道德会影响会计质量和形象，而对于其他影响所支持的比例差别不是很大。

表6　　　　　　　　　　会计职业道德缺失会造成的影响

X/Y	影响经济发展	引起社会恐慌	社会风气腐化	影响会计质量和形象	导致会计信息严重失真	失去社会对会计的信任	没有影响	小计
初中及以下	1 (100%)	0 (0.00%)	1 (100%)	0 (0.00%)	0 (0.00%)	1 (100%)	0 (0.00%)	1
高中	4 (44.44%)	4 (44.44%)	5 (55.56%)	6 (66.67%)	2 (22.22%)	4 (44.44%)	0 (0.00%)	9
专科	44 (74.58%)	35 (59.32%)	49 (83.05%)	45 (76.27%)	42 (71.19%)	43 (72.88%)	7 (11.86%)	59
本科	242 (71.60%)	175 (51.78%)	263 (77.81%)	291 (86.09%)	278 (82.25%)	267 (78.99%)	17 (5.03%)	338
研究生及以上	71 (64.55%)	47 (42.73%)	79 (71.82%)	87 (79.09%)	93 (84.55%)	83 (75.45%)	1 (0.91%)	110

由图 11 可知,在不同职业群体中,从事会计事业的人员一致认为缺失会计职业道德会影响会计质量和形象,其次是认为会导致会计信息严重失真;个体工商户比较偏向于会导致社会风气腐化以及影响经济的发展;政府部门则偏向支持于会失去社会对会计的信任。这也与他们从事行业不同使关注点不同有关,会计行业人群比较关心会对会计行业带来的影响,而个体工商户看重盈利,经济发展与否才是他们所关心的,政府部门关心人民,看重民心所向。

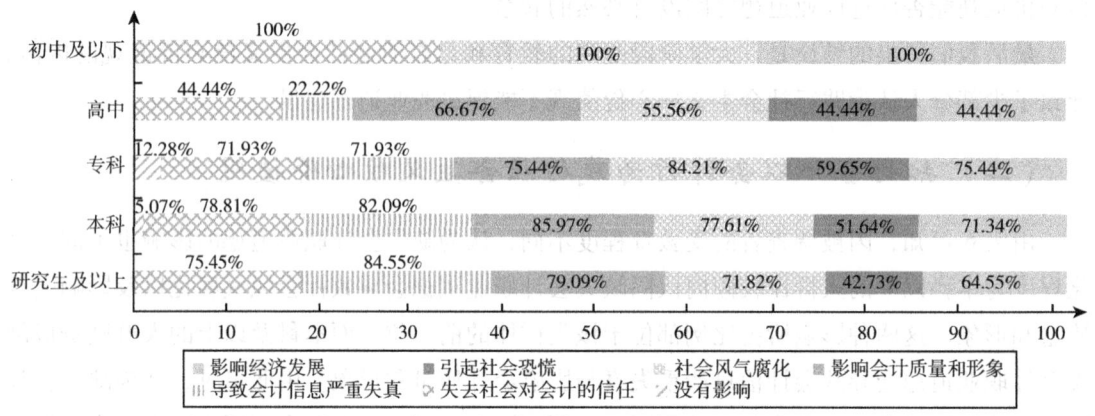

图 11 会计职业道德缺失会造成的影响

通过本文的调查分析我们可以发现,社会主义核心价值观对于会计职业道德建设存在促进作用,在关于会计人员践行社会主义核心价值观是否可以促进职业道德建设这一问题上,基本达成了认同性的共识。并且我们还发现践行社会主义核心价值观来促进职业道德并不拘泥于学习职业道德建设的方式。另外,会计人员对于社会主义核心价值观的了解程度决定了其能否将践行社会主义核心价值观与促进会计职业道德建设更好地结合起来,最大限度地发挥社会主义核心价值观对于促进会计职业道德建设的作用。

我们还可以得知,国家层面对建设会计职业道德建设起到了相当重要的作用,其中认为国家"提高法律对违法会计行为的约束力"的占比最高,达到85.85%。群众普遍认为应该提高法律对违法会计行为的约束力,这也为会计职业道德建设提供了规范新思路,对于会计职业道德的规定应将更加法律化与规范化。通过社会层面可以得知,认为社会"加强了价值观教育"的占比80.43%,认为社会"营造了良好的会计从业环境"的占比84.11%,因此人们更期望看到一个良好的会计从业环境。而营造一个良好的会计从业环境还需要社会各方面更好的配合。从个人层面来讲,在对个人应该如何营造良好会计职业道德并践行社会主义核心价值观的调查中,数据显示,参与调查的人员对四个方面均较为认同,各方面所占比例均达到75%以上,但提高会计人员的专业能力仍是首选,由此,会计人员应该提高职业道德能力、专业知识能力、尽职勤勉能力。

我们应从三个方面共同努力,让社会主义核心价值观渗透在会计职业道德建设中,发挥出社会主义核心价值观更大的作用。

六、践行社会主义核心价值观和建设会计职业道德的建议

(一) 以24字方针为指引,完善职业道德框架

在调查过程中我们对被调查者进行了社会身份的细分,包括群众、共青团员、党员等。根据图12,我们不难发现,这些人群对问题的看法存在共性,对于什么措施能规范会计行业道德规范的选择具有一定的趋同性。公众倾向认为解决会计道德领域突出问题应主要从学校思想道德教育建设、经济社会的政策导向以及法律、法规和制度建设这三方面来着力。其中,法律法规建设制度所占比例最高,说明人们认为法律法规对于会计行业道德约束力最大。因此,政府应该强化法律法规,依法整顿会计行业道德中出现的问题,让会计行业健康发展;其次,在这些数据中,可以发现人们认为经济社会的政策导向也对会计行业道德规范具有较大的影响。因此,需要政府确定正确的政策导向,建立一个会计行业道德规范标准,让人们更好地去践行;最后,人们认为学校加强思想道德建设对规范会计行业道德发展也有举足轻重的作用。因此,为了能够更好地规范会计行业道德,应从学校教育中抓起,把加强思想道德建设融入会计学生的日常学习中,让职业道德规范深入人心,避免以后在会计就业的过程中出现行业道德方面的问题。

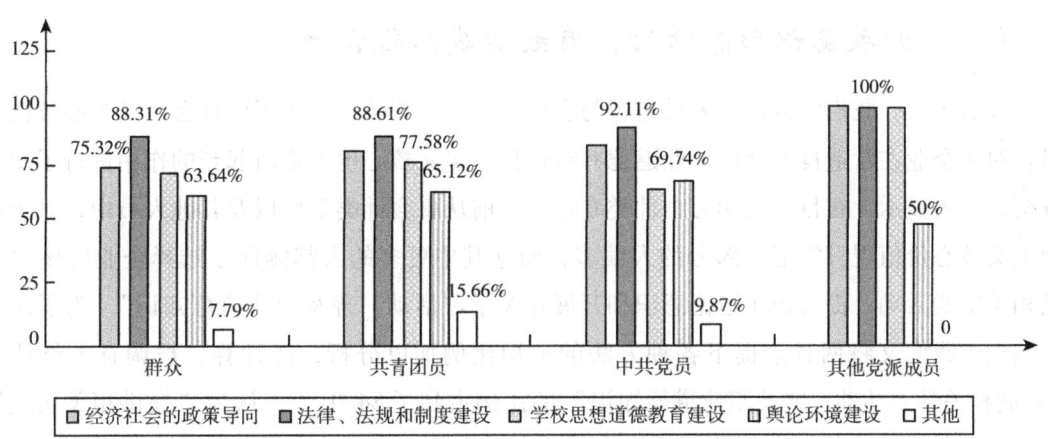

图12 解决会计道德领域突出问题的着手方面

(二) 各行各业关联互动,健全激励约束体制

在图13对所有不同社会身份的被调查人员的意见统计中,我们发现从国家角度来考虑如何营造良好会计职业道德并践行社会主义核心价值观时,不同社会身份的被调查人员所倾向的方面也不尽相同。在平均各种方法被选择的百分比之后,方法"加强法律引导"占比达到88.31%,方法"完善监督体制"位居第二,占比同样达到了87.58%,而在会计师事务所人员中,这两种方面的被选择比例达到了100%。

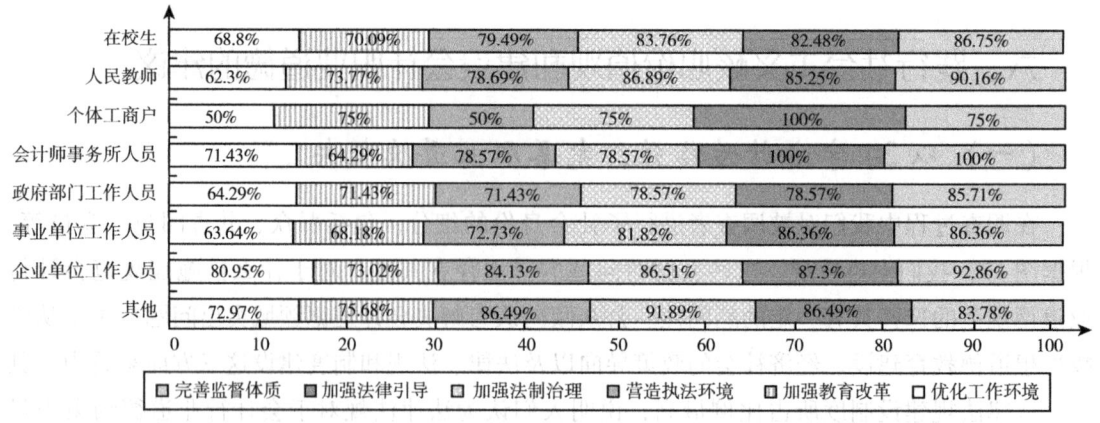

图 13　营造良好会计职业道德并践行社会主义核心价值观社会的做法

综合图 13 我们可以知道，大家对于国家的期望多是建立健全相关的职业道德法律制度与监督评价机制，保证有法可依。美国经济学家康芒斯曾将制度定义为"集体行动控制个体行动"，且生活中事实也表明，缺少制度的约束，社会将会陷入混乱。因此，国家在加强会计人员的职业道德方面，要建立健全有关会计职业道德的法律性条文和监督评价机制，以规范会计职业道德，同时培育和践行敬业价值观。

（三）开展意识形态活动，有效实践知行合一

在表 7 中，我们将被调查人员是否与会计专业工作相关、是否了解社会主义核心价值观以及对于企业在营造良好会计职业道德并践行社会主义核心价值观所起到的作用进行了交叉分析，结果显示，在目前正学习会计类专业和目前从事会计类工作以及其他人员中，对于社会主义核心价值观只知道一部分的人偏多，而这其中更多的人都倾向于选择企业应该"提供相关实践活动，提高职业道德意识和开展相关学习活动，普及职业道德知识"。为了避免偶然性，我们又将两种前提下各种方法的平均比例加以分析，经计算，被调查人员认为"开展相关学习活动，普及职业道德知识"的比例占到了 84.01%，认为"提供相关实践活动，提高职业道德意识"占到 81.83%，"定期举办论坛讲座，加强职业道德宣传"和"各项制度标准化，完善职业道德规范"所占比例分别为 73.04% 和 78.26%。

表 7　营造良好会计职业道德并践行社会主义核心价值观企业的做法

X/Y	完善监督体质	加强法律引导	加强法制治理	营造执法环境	加强教育改革	优化工作环境	小计
目前正学习会计类专业/不清楚	7 (87.5%)	6 (75%)	7 (87.5%)	6 (75%)	4 (50%)	4 (50%)	8
目前正学习会计类专业/知道一部分	66 (90.41%)	60 (82.19%)	60 (82.19%)	57 (78.08%)	52 (71.23%)	57 (78.08%)	73

续表

X/Y	完善监督体质	加强法律引导	加强法制治理	营造执法环境	加强教育改革	优化工作环境	小计
目前正学习会计类专业/仅仅知道二十四字内容	59 (90.77%)	55 (84.62%)	54 (83.08%)	54 (83.08%)	54 (83.08%)	51 (78.46%)	65
目前正学习会计类专业/非常了解	23 (85.19%)	26 (96.30%)	25 (92.59%)	26 (96.30%)	23 (85.19%)	22 (81.48%)	27
目前正从事会计类工作/不清楚	5 (71.43%)	5 (71.43%)	5 (71.43%)	6 (85.71%)	4 (57.14%)	5 (71.43%)	7
目前正从事会计类工作/知道一部分	74 (92.5%)	69 (86.25%)	71 (88.75%)	64 (80%)	55 (68.75%)	57 (71.25%)	80
目前正从事会计类工作/仅仅知道二十四字内容	46 (86.79%)	46 (86.79%)	46 (86.79%)	44 (83.02%)	37 (69.81%)	41 (77.36%)	53
目前正从事会计类工作/非常了解	38 (90.48%)	40 (95.24%)	37 (88.10%)	36 (85.71%)	34 (80.95%)	34 (80.95%)	42
其他/不清楚	4 (57.14%)	4 (57.14%)	4 (57.14%)	4 (57.14%)	3 (42.86%)	1 (14.29%)	7
其他/知道一部分	66 (85.71%)	61 (79.22%)	65 (84.42%)	54 (70.13%)	51 (66.23%)	43 (55.84%)	77
其他/仅仅知道二十四字内容	42 (87.5%)	42 (87.5%)	40 (83.33%)	39 (81.25%)	33 (68.75%)	33 (68.75%)	48
其他/非常了解	28 (93.33%)	26 (86.67%)	26 (86.67%)	25 (83.33%)	20 (66.67%)	19 (63.33%)	30

由此可以基本确定，在营造良好会计职业道德并践行社会主义核心价值观时，作为企业管理者，必须注重会计工作人员的职业道德培育，深入研究新形势下会计人员道德建设新特点、新方法，增强针对性、实效性，更应该通过开展对在职人员的各项专业培训学习和实践活动，使理论与实践相结合，让员工学习到更多会计职业道德的知识的同时提高职业道德意识，促使会计人员了解工作中应该遵循的基本道德准则和应承担的道德责任与义务，增强会计人员恪守职业道德的自觉性。

（四）增强勤勉尽职意识，提高个人专业能力

在图14对个人应该如何营造良好会计职业道德并践行社会主义核心价值观的调查中，数据显示，参与调查的人员对四个方面均较为认同，各方面所占比例均达到75%以上。

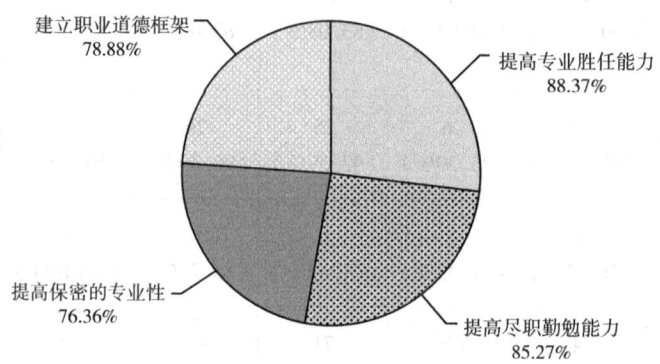

图14 营造良好会计职业道德并践行社会主义核心价值观个人的做法

在图15综合了对不同社会主义核心价值观认知的调查人员的分析后，调查结果显示，"提高专业胜任能力"和"提高尽职勤勉能力"依然是被选择比例最高的选项，那么在参与调查的人中，可以认为个人在营造良好会计职业道德并践行社会主义核心价值观时，提高能力是被认为最有效用的方法。

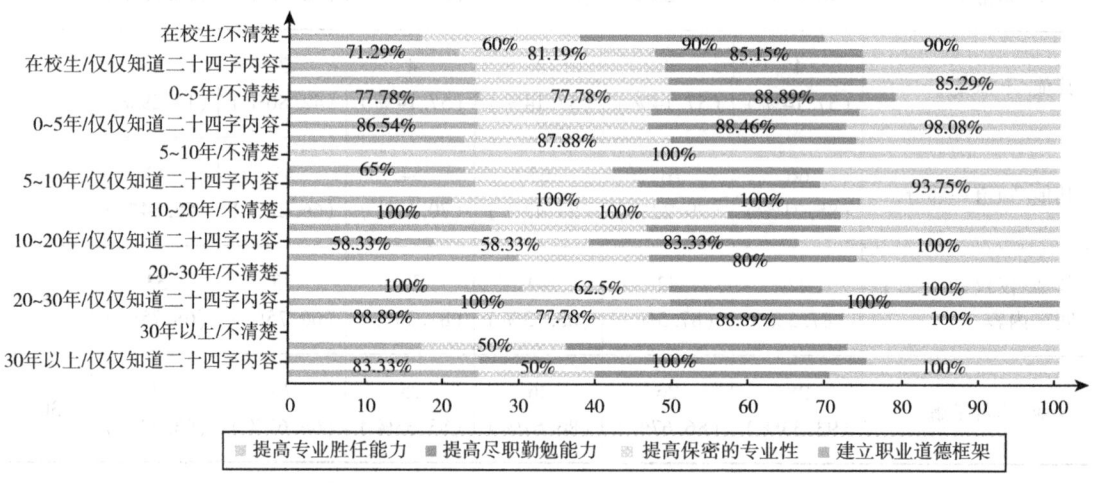

图15 营造良好会计职业道德并践行社会主义核心价值观个人的做法

会计人员提高职业道德能力、专业知识能力、尽职勤勉能力是应对会计工作的基本要求也是提升自身素质的重要途径。而提高保密的专业性，建立职业道德框架更是会计工作人员应当承担的行为准则和义务。作为一名会计人员，首先要树立正确的社会主义核心价值观，以便能与当今社会主义市场经济相契合同时以国家、集体的利益为最高原则，以会计职业道德规范为标杆认真度量自己在会计工作中的言行，自我检查，自我批评，同时树立爱岗敬

业、恪尽职守、廉洁奉公、遵纪守法的精神品质，将职业道德同个人发展相结合，抵制利益诱惑，杜绝违法操作，全面提高自身意识，配合国家开展会计工作。

对所有不同社会身份的被调查人员的意见统计中，我们发现从国家角度来考虑如何营造良好会计职业道德并践行社会主义核心价值观时，在平均各种方法被选择的百分比之后，方法"加强法律引导"占比达到88.31%，方法"完善监督体制"位居第二，占比同样达到了87.58%，我们大概可以知道大家对于国家的期望多是建立健全相关的职业道德法律制度与监督评价机制，保证有法可依。从企业方面考虑，被调查人员认为"开展相关学习活动，普及职业道德知识"的比例占到了84.01%，认为"提供相关实践活动，提高职业道德意识"占到81.83%，由此可以基本确定，在营造良好会计职业道德并践行社会主义核心价值观时，作为企业管理者，必须注重会计工作人员的职业道德培育，深入研究新形势下会计人员道德建设新特点、新方法，增强针对性、实效性。调查结果显示，从个人方面考虑，"提高专业胜任能力"和"提高尽职勤勉能力"是被选择比例最高的选项，那么可以认为个人在营造良好会计职业道德并践行社会主义核心价值观时，提高能力是最有效用的方法。

因此，我们对于践行社会主义核心价值观和践行会计职业道德给出了建议：首先是宏观环境，在国家方面，会计职业道德规范性文件的制定，需要依据会计行业发展中出现的问题，结合我国经济社会发展趋势和发展需要，形成社会职业道德风尚，并发挥其应有的指导作用，使会计人员建立会计职业道德框架，能够妥善处理各种矛盾，言行一致，具有高度的工作责任心和强烈的工作责任意识。其次是中观环境，在企业方面，会计工作作为一项本身专业性较强的工作，面对会计人员工作门槛的高低不同的情况，其职业道德意识的培育也应该引起相应注意。企业内部所具有的严格的监督管理制度，在一定程度上来说也是使企业财务经济工作有效落实的根本保障。最后是微观环境，在个人方面，会计工作作为关系到我国经济发展的一项工作，其从业人员的职业道德水平直接关系到我国会计工作的质量。在新时期的背景下，会计职业道德素养已注入新的内涵，为此，会计人员应加强职业道德素养，紧跟时代步伐。会计职业道德作为会计人员提高工作素养的潜在要求，具有很强的自律性，会计工作人员应使理论与实践相结合，加强对相关法律法规的学习，树立爱岗敬业的奉献服务精神，养成谦虚谨慎的工作作风，以客观公正的态度面对会计工作，提高自身的职业道德素养。

结论

培育和践行社会主义核心价值观，是对新形势下职业教育人才培养工作的明确要求，是推进中国特色社会主义伟大事业、实现中华民族伟大复兴中国梦的战略任务。为了积极培育和践行社会主义核心价值观，在会计行业，会计职业道德要密切结合社会主义核心价值观，结合专业特点，融入人才培养实践中，使社会主义核心价值观具体化、生活化。

首先，在对会计职业道德和社会主义核心价值观的现状分析中，通过数据分析得知，目前职业道德的突出问题中认为社会诚信、职业道德缺失是最主要的问题。以不同身份为例，在校生的比例分别为31.62%和34.62%，人民教师分别为57.38%和26.23%，相对来说，社会诚信、职业道德缺失的比例是最高的。对此，我们给出了建议，会计职业相关业务的透明度不够，但目前会计职业道德相关规定还是比较严格，具有权威、震慑性；加强会计诚信有利于保证业财融合、营造良好风气、促进企业发展、维护会计形象；目前会计职业道德的现状、形势较为严重，需要国家、个人的监督。

其次，对社会主义核心价值观与会计职业道德的融合研究，我们发现随着中国的发展，核心价值观的概念渐渐深入人心，是否从事会计相关行业人员对于会计人员应该拥有的核心价值观有不同的见解，其中认为会计人员应拥有敬业、诚信、公正的居多。同时，会计人员如何做才能促进国家富强、和谐，促进社会平等、公正，促进个人爱国、敬业，促进个人诚信、友善，得出结论为会计人员只有遵守法律法规、严格依法办事、爱岗敬业、坚决抵制假账、遵守职业道德、坚决抵制诱惑，深入贯彻落实社会主义核心价值观，才能使会计行业蓬勃发展。

再次，我们对社会核心主义价值观对会计道德建设的促进作用进行了研究，在国家层面，认为国家"出台各种政策规范会计行为"的占比78.88%，认为国家"提高法律对违法会计行为的约束力"的占比85.85%，这两项是被选择最高的选项。由此，我们可以得知国家层面对建设会计职业道德的促进作用是很大的，表示大众对国家法律约束力的肯定，也认为法律对会计人员，对会计职业道德的建设有较大的作用。在社会层面，从调查结果来看，认为社会"加强了价值观教育"的占比80.43%，认为"增强了社会约束力"的占比76.74%，认为社会"营造了良好的执法环境"的占比79.46%，认为社会"营造了良好的会计从业环境"的占比84.11%。由此，我们发现社会在营造良好的会计职业道德中所起作用较大的是"营造良好的会计从业环境"，因此我们应做好这方面的努力。在个人层面上，综合对不同社会主义核心价值观认知的调查人员的分析后，调查结果显示，"提高专业胜任能力"和"提高尽职勤勉能力"是被选比例最高的选项，那么在参与调查的人中，可以认为个人在营造良好会计职业道德并践行社会主义核心价值观时，提高能力是被认为最为有效的方法。

最后，我们对践行价值观和建设会计职业道德提出了对策建议，第一，宏观环境，国家要完善法律法规，避免法律漏洞的出现，增强法律的约束力；第二，中观环境，企业要加强内部监察，充分利用信息技术，减少会计信息失真，确保会计行业职业道德；第三，微观环境，会计人员应该通过不断学习法律法规、行业规范，提升自身素养，让自己在会计行业有一个更好的发展。

获奖情况：第14届"挑战杯"河南省大学生课外学术科技作品终审决赛二等奖
完成人员：姚新宇，安宜晨，郑焱，程小婷，冯小宁，张梦妍，叶菲菲，宋佳敏

我们需要怎样的公众信息？微信公众号对大学生学习生活的影响研究

——以河南省高校为例

摘要： 作为"微传播模式"的后起之秀，微信凭借着免费的社交体验以及便捷的信息传输赢得了大众的青睐。其中，作为附加模块的微信公众平台提供了与特定群体进行全方位沟通的渠道，很快成为传统媒体改革新闻传播新模式的试验场。

为了解大学生对于微信公众号平台的订阅使用情况，准备了在线问卷调研，62.9%的学生有空才会去看，关注度不高。同时80.29%的学生阅读时间控制在30分钟之内，只有占比较小的学生有较长时间的阅读，大学生微信公众号的浏览时间碎片化，这也体现出了随时随地阅读的特点。

对于大学生关注微信公众号的原因也做出了汇总，41.3%的大学生认为关注公众号是为了打发时间，为了拓展知识的占比30.29%，16.23%的学生是为了自主学习，更有一些是为了社团所需。公众号对大学生的影响也极为重要，专业知识的增长占到64.2%，64.06%的大学生认为给予了更多的生活窍门，人际交往、衣食住行等方面也占到了不小的比重，相比来说积极影响更多一些，但消极影响也不容小觑，58.55%的大学生认为此造成社会舆论不实增加，认为过度使用与现实脱节的学生占比48.84%。大量的数据表明，大学生对于公众号的选择更符合自己的学习、生活习惯。

我们以"微信公众号对大学生的学习生活的影响"为课题，进一步总结传统媒体在微信公众平台下的发展状况，并从中发现问题，给予解决问题的建议。

关键词： 大学生；微信公众号；公众信息；对学习生活的影响

引言

微信是腾讯公司在2011年推出的一款聊天软件，它以移动互联网为阵地，为客户提供免费的即时通讯服务。在选择多样化的今天，微信凭借其独特的优势在短短八年内积累了数亿的用户。微信成为后起之秀的原因主要在于它实现了通信、社交、平台化的三者结合。而在通信方面，微信支持文字、语音、图片及视频等传播内容，为广大用户提供了一个全方位的通信平台，给人新鲜感。2012年，腾讯公司又推出了微信公众平台，这是微信的一个附加功能，任何组织或个人都可以免费申请注册微信公众帐号。之后便可以通过后台编辑文字、图像、语音、视频信息，并发送给该帐号的订阅用户，每天可发一次，每次可发多条独立内容。自微信公众号推出后，受到了广大欢迎。特别是对于大学生这一庞大的队伍，极其青睐。越来越多媒体纷纷开通微信公众帐号，利用微信多媒体兼容的传播优势向受众提供服务。目前为止，已有近百家纸媒认证了微信公众号，着力打造各具特色的微信公众平台，借助微信发展自身优势。微信公众平台在新闻内容的生产、推送、接收以及反馈环节带来了新的发展优势。一时间，大多数人认为微信公众号的使用或许可以挽救传统媒体日益衰落的趋势。然而，微信公众帐号在实际的运营中也存在一些问题，其运行效果并非那般理想。我们以大学生为探究主体，进行了一番调查和统计，并进行分析，深入探索微信公众号对大学生的学习生活影响。大学生们又能否克服新兴媒介的缺陷而从中受益，这是一个社会都在关注的问题。

一、微信公众号的背景及现状

（一）微信的横空出世及其优缺点

微信作为一款集文字、图片、语音、视频，并支持多人语音对讲的手机聊天软件，自2011年推出后备受年轻人特别是大学生群体推崇。据统计，截至2018年9月，微信的使用户数约为10.8亿，其中55岁以上使用户数约为6300万。可以说，以微信、微博等为代表的新媒体工具，深刻地改变了信息传播的总体格局，尤其是通过信息创造、加工及交换方式的一系列改变，加速了人们语言、沟通甚至思维方式的转变。

微信是基于QQ好友、手机通讯录而建立的人际关系网络，以实现即时通讯的。通过微信朋友圈了解好友生活是最直接的方式。大学生处于增长知识的时期，具备着自主学习意识，而分享信息是微信的基本功能之一。微信中大量的信息和资讯，用户可以分享到朋友圈，也可以收藏到自己的收藏夹里面，将信息和资讯存储在云空间里，在候车等碎片化的时间段里就可以翻阅查看，同时能将好的信息和资讯与自己的亲朋好友分享。

微信功能上的众多优点，打破了传统的时间和空间限制，可以缩短彼此之间的时空距离，给当代学生的学习成长、信息获取带来翻天覆地的变化。但是，从辩证角度讲，微信的插件游戏等娱乐性等功能具有两面性，特别是腾讯公司开发的一些小插件、小程序，虽然能够解压，却又容易使人沉迷其中。

（二）揭开微信公众号的神秘面纱

微信公众号是开发者或商家在微信公众平台上申请的应用帐号，该帐号与QQ帐号互通，通过公众号，商家可在微信平台上实现和特定群体的文字、图片、语音、视频的全方位沟通、互动，形成了一种主流的线上线下微信互动营销方式。

微信公共平台于2012年8月23日正式上线，腾讯官方给它的定位为"为用户、媒体、企业等提供一种全新的互动沟通模式，以及通过自由平台来打造一种全新的阅读模式和体验"。2013年8月5日，微信公众平台进行升级，将微信公众平台分为订阅号和服务号两种类型。服务号旨在为用户提供服务，订阅号旨在为用户提供信息和资讯。

与传统媒体相比之下，微信公众号的费用较低、讯息传递便捷等特征满足了大学生需要，它更加关注传播过程中的外部环境影响，鼓励构建传者和受者的反馈机制。

（三）微信公众号的使用现状介绍

报告显示，微信公众账号数已经超1000万。在2016年，平均每日发布文章数多达70万，可谓是最有影响力的新媒体之一。2016年调查显示，微信用户平均年龄26岁，86.2%的用户在18～36岁，其中大学生是最主要的构成群体。2015年，国务院办公厅《关于进一步加强和改进高校宣传思想工作》在新形势下的观点强调"使网络舆论引导高校宣传思想文化工作，促进普通高校教师和学生在网络空间成为重要力量，指导高校网络文化的健康发展"。

微信公众号对大学生学习生活的影响研究，相较于报纸、杂志等传统纸质媒体，受印刷和发行周期等种种限制，难以第一时间跟进报道的不足。微信以互联网为依托，信息传播时效性极强，尤其是以熟人圈为主的封闭式环状传播特点，信息传递带有私密性，这又不同于微博、腾讯QQ等以社交功能为主的新媒体工具"点对面""面对面"传播，微信公众数量可以"点对点"将内容传递关注用户。

目前，微信在公立院校，数量和覆盖面上都呈现出爆炸性增长的趋势。按照微信公众号阅读量多少来衡量，从稳定居于排行榜前十的高校官方微博发布的文章排序来看，可以发现与大学生相关的实时热点、新闻、校园生活点滴排列在榜首，校园角色模范居于中间位置，紧随其后的则是直接开展思想政治教育理论的宣传。

二、微信公众号的发展与运营

随着互联网和大数据时代的来临，移动碎片化的模式成为主流，应运而生的新媒体营销逐渐成为信息传播的重要手段。作为手机移动端重要的信息接口，微信公众号开始影响着越来越多的人，已经成为最主要的阅读方式之一。在这一趋势下，成年人平均每人每天阅读时间大大提升。但是对于一些不完善、不规范的运营平台来说微信公众号的运营还是存在着一些问题。

（一）微信公众号的定位阶段

微信公众号运营是自媒体人当下面临的主要问题之一，运营者首先要搞清楚自己运营的目的是什么，才能做出精准定位，定位阶段是从零开始的阶段，也是所有公众号应该想清楚的问题。定位直接影响后续内容策划、活动策划等具体执行内容，因此要找准自己的细分领域，做自己擅长的部分，选择最有优势的领域开展。

公众号的运营模式也不尽相同,一共有四种:吸粉+内容的自媒体模式、吸粉+卖货的卖货模式、宣传窗口+舆论通道的品牌模式、维护老客户的后勤模式,目的不同,模式也不同,一切都要根据自己的情况定夺。

(二)微信公众号的包装阶段

这一阶段可以看作是第一阶段的后续延伸,这一阶段主要是完成自身公众号的搭建和一些基本信息的完善。公众号的包装分为:头像、公众号名称、简介、欢迎语、二维码等内容,这些都是专属于自己的,要突出个性化信息,便于传播与记忆。可以印上独有的标志,有自己独特的风格,可以有美景美食等。简介也可以丰富多样,独特创新。

(三)微信公众号的内容策划阶段

一篇好的文章不怕没有人阅读,一块好的金子不怕不能发光,人人都知道这个道理。图文内容不需要很全面,或许偏门,或许有特色,或许很幽默,或许是心灵鸡汤,只要可以吸引学生,不存在内容同质化很严重的现象,都是好的内容。

内容策划包括选题、内容、素材、更新频次、更新数量等。要根据粉丝群体的需求推送一些有价值的内容,了解粉丝的需求,坚持原创。在编辑图文时,对每一个字进行推敲,选择适合手机观看的图片,使用简单大方的模板,重要的字体加粗,不同颜色突出重点;对于转载的,也要注意文章的内容是否与自己的风格及定位相一致,还要注明出处以尊重原创作者。

(四)微信公众号的运营推广阶段

公众号之所以好用,就是可以利用活动将用户迅速拉新、引流、促活。这个阶段包括用户管理、消息管理、素材管理。对用户进行分组,增加标签,加入黑名单。消息管理是用户与微信号之间进行沟通的主要渠道之一,在后台要关注用户的需求与建议,根据他们的建议意见改正自己的不足,吸引更多的用户。素材管理则是为发布编辑内容提供了方便,将常用的图片加入素材库以实现快速编辑。但是在此过程中仍会出现许多的问题,相对应的也有很多的策略。本小组针对微信公众号的维护策略、服务策略以及推广策略作出阐述。

1. 微信公众号维护策略。

一些微信公众号存在许多不良现象,在实际工作中,传播平台搞应景工作,面子工程,信息运营得不到高质量的维护,不仅不能发挥作用,更有可能成为信息传播的累赘。一些微信公众号自开设之后,维护不力,内容缺乏,运营艰难,最终很多都沦为"僵尸号"。因此,微信公众号的管理和维护,显得尤为重要。对于处理大量消息问题,可从设置自动回复和选择性回复,从而减少工作量。

2. 微信公众号服务策略。

一些微信平台运营人员是轮流运营,能力不一,导致公众号运营混乱,无法发挥其应有的价值。另外，从其服务内容来看，大部分还停留在公告发布、活动宣传等内容上，内容形式较为单一，且读者留言也鲜有工作人员回复。

针对这些问题，也应该做出相对应的措施。

（1）规范团队，明确定位。

规范团队和明确定位，即建立规范专门的微信公众号运营团队。部分运营人员能力参差不齐，而在当前背景下，微信公众号必须由专业的团队来运营，才能够使其发挥更大的作用。

（2）利用资源，规范建设。

加强资源利用，实现媒介互动。微信公众号还要遵循信息传播规律，创新方法手段，加强与各个平台的互动，以实现资源的利用最大化。微信公众平台可以利用社交软件、微信、QQ等，鼓励学生在贴吧、腾讯新闻、今日头条等各类门户网站相互转发分享链接，增加曝光度，同时联合微博、微信帐号，利用网络平台传播速度快、范围广的特点，将组织的微信公众号与外媒体机构联盟，加强信息资源整合，促进资源共享。规范团队建设，提升创作质量。建立稳定专业的运营团队是保证微信公众号长久发展的前提，根据团队人员各自特长进行明确分工，并定期开设相关的新媒体课程对运营人员进行培训，提升团队成员整体素质和文字处理能力、音视频的拍摄与后期编辑能力、动画动图等新媒体技术的运用能力，进一步提升创作质量。

（3）提高服务质量，重视双向沟通。

大学生活跃于网络，官方微信号应提供更高的服务性定位。如公交班次查询、成绩查询、学习资料，甚至是PPT、简历模板等基本服务就可以达到增强用户黏性的效果。在对部分高校的微信公众平台的研究过程中发现，未及时有效解决受众需求，不客观看待负面评价，低质量回复频繁出现或基本没有回复，态度敷衍，直接忽视受众的提问或需求等现象比比皆是。针对此类情况，公众号管理者应完善部门制度，提高运营者素质和服务水平。搭建良性互动不仅有利于提高用户忠诚度，也有利于打造校园的精品文化和塑造官方媒体的品牌形象。

3. 微信公众号推广策略。

微信公众平台开通后应该如何推广，这是微信运营首先要解决的问题。现提出以下推广策略：推送原创内容、用户收藏或传播、微信互动和沟通、线上线下齐推广。

微信公众号作为传播信息，提供服务的重要平台，要有自身的特色，增加相关原创内容。公众号传播者在形式选择时可以采用图文结合，以及短视频等新媒体传播方式打破枯燥刻板的印象，在文风上切忌严肃古板，多以活泼直白的平实风格为主，在互动技巧上多采用亲切调皮的话语进行人格化传播，这种形象创造既能表明形象，更能使抽象的媒体认知具体化，拉近用户距离。同时还要对提供的数据分析（用户数量、新增用户、取消关注用户、送达数量、阅读及分享数量）做详细的分析和反思，调整今后的发展方向和发展方式。有效的数据可以加速运营的成果，一定要着重把握。

总的来说，微信公众号的运营与发展还是离不开好的公众号建设，优质的内容和符合多数读者的兴趣。无论是公众号的定位、包装、内容策划、运营、推广当中的哪一环节没有做好，都会使自己的公众号得不到更好的发展。

三、大学生对微信公众号的使用情况分析

随着移动互联网发展越来越快，微信公众号已经成为我们获取信息的重要平台。为了解大学生对于微信公众号平台的订阅使用情况，本组准备了此次的在线问卷调研。

（一）调查数据整理分析

本次调查对象为河南高校学生，问卷调查填写的男女比重分别为 24.64% 和 75.36%，大一学生占 41.01%，大二学生占 40.58%，大三学生占 7.68%，大四学生占 6.38%，研究生及以上学历学生占 4.35%。此外，被调查者中经管类占 42.32%，文学类占 13.19%，理工类占 12.9%，艺术类占 7.54%。填写问卷的大学生多为经管类本科一二年级，所以样本数据稍有局限性。此次调查通过问卷星制作网络问卷的形式，采用网上发送链接形式调查。本次调查发布与回收持续一周，共计收回 690 份问卷。

（二）调查结果统计分析

1. 大学生微信公众号使用基本信息。

（1）大学生微信公众号的时间分析。

图 1 表明，极大多数学生累计浏览微信公众号的时间在 30 分钟以内，15.65% 学生累计浏览时长在 30~60 分钟，每天浏览时间大于一小时的学生占 4.05%，其中 1.01% 浏览时间超过两小时，大学生微信公众号的浏览时间碎片化，具有随时随地的特点，可利用课间或是睡前，走路或是吃饭的碎片时间浏览推文。

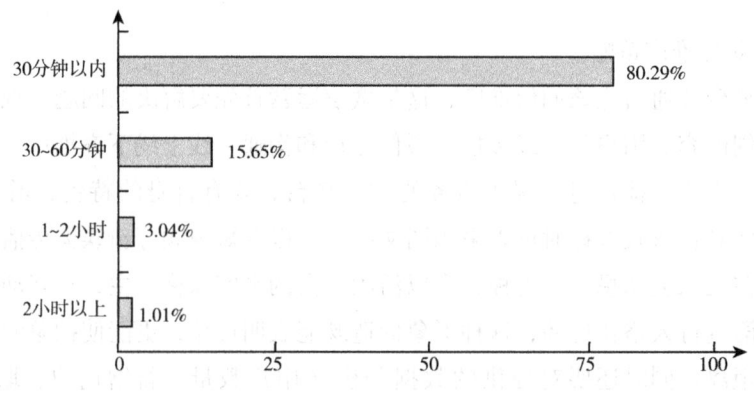

图 1　每天累计浏览微信公众号的时间

通过图2可以看出，对于推送消息的时间频率上，有34.93%的人倾向于每天固定时间推送，有29.28%的人认为可以灵活决定。综上所述，为了提高微信公众信息浏览量和浏览时长，应选择在大学生空余时间推送，使更新的推文及时阅览。

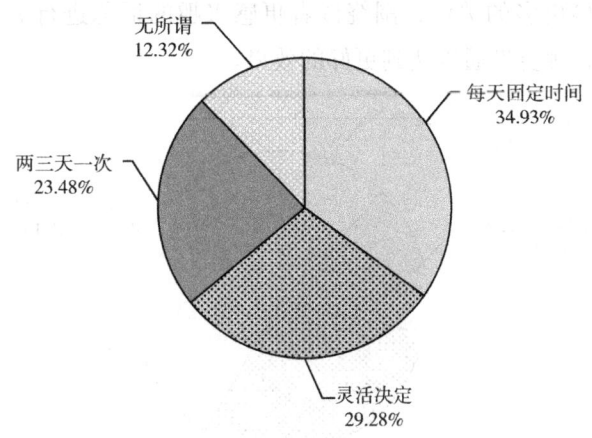

图2 希望微信公众号的文章推送频率

（2）大学生微信公众号关注数量分析。

本次问卷中从调查人数所关注的微信公众号数量来看，大学生所关注的微信公众号数量大多集中在10~20个，共占比例41.74%，关注数量0~10个所占比例为33.04%，关注数量为20个以上的比例为23.68%。因此，大学生群体在微信公众号的使用用户中所占比例还是比较高的。微信公众号越来越成为大学生获取信息的重要途径之一，微信公众平台随着微信的爆发式发展，也逐渐渗透到大学生学习、生活的方方面面，必然会受到广大学生的青睐。

2. 大学生对微信公众号的关注原因。

（1）在什么情况下查看公众信息的？

图3展示了大学生在什么情况下查看公众信息，可以看出因无聊打发时间查看公众信息的学生占41.4%，其次因扩展知识而查看的学生占30.29%，因自主学习所必须查看公众信息的学生占16.23%，因社会团体所需要而查看的学生占12.17%，总体看来，利用微信公众号来学习的大学生占比一半，也符合大学生群体具有强烈求知欲和提高自身学习技能拓展知识的特点。目前微信公众号种类丰富，极大地满足了大学生求知与拓展视野的需求。大学生可以通过微信公众号学习专业外的知识，掌握更多的技能，也可以通过这一平台查找关于专业知识，更深入地学习。

（2）什么因素会促使您关注某个微信公众号？

图4可以看出超过半数大学生选择资讯类型丰富，种类繁多、关注热点问题，了解社会现状、朋友推荐关注这三个原因，文章质量相对其他平台质量较高和打发时间，娱乐消遣这两个原因超过40%大学生选择，仅有26%大学生是因为著名的专栏作者而关注微信公众号，

25%大学生选择了其他原因。可见促使大学生关注微信公众号的因素具有多元化,也体现了微信公众信息多样性的特征。另外,社会热点问题公布的及时性、资讯类型的丰富与否及文章质量的好坏也是大学生促使关注该微信公众号的主要因素。文章应尽量避免晦涩难懂,更贴近社会生活才能获得更多的关注,围绕读者更感兴趣的话题进行展开,如社会圈、娱乐圈、文学圈等,或将其融会贯通以达到更好的效果。

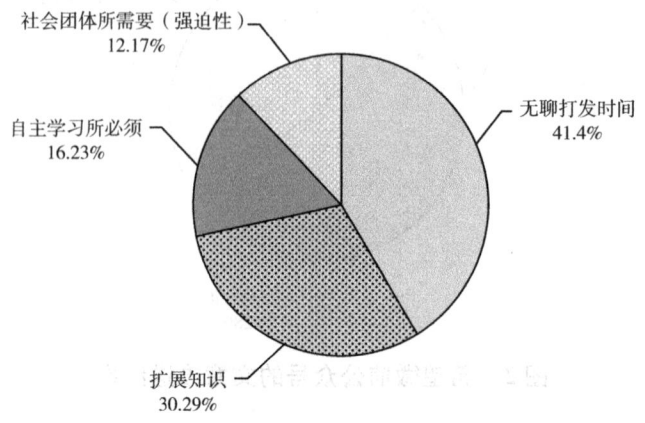

图3 在什么情况下查看公众信息的

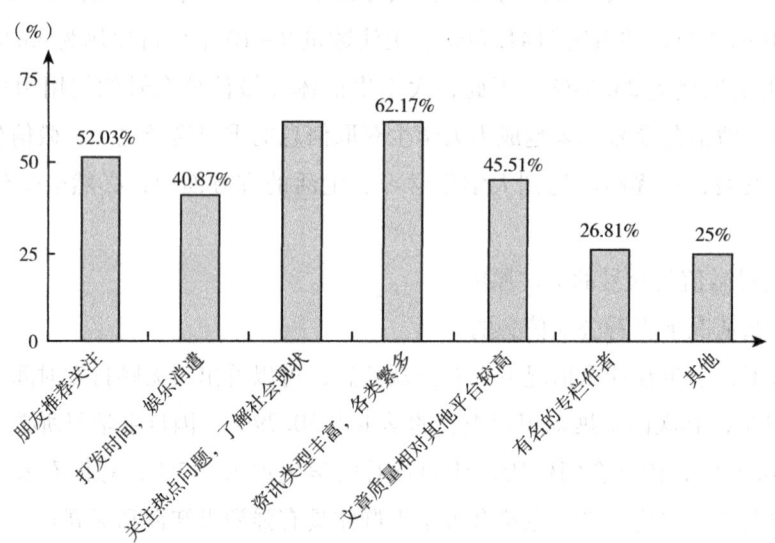

图4 促使大学生关注微信公众号的因素

微信公众号发布的文章对于大众的思想具有引导作用,因此其中观点应该符合正确的价值观人生观,以免对读者造成错误的引导。

3. 大学生关注微信公众号的类型及偏好

(1)大学生所关注微信公众号的类型。

图5表明了超过60%的大学生会关注时事新闻类微信公众号,时尚美妆类、旅游美食

类、杂谈时评类的比重在40%~50%，品牌公众号和小说散文集锦类的比重在30%~40%，机构公众号类、创意软广类、其他、漫画视频类的比重在20%~30%，特殊公众平台以及创业干货类占较少的比重，在20%以下。微信公众信息可以为大学生提供各个方面的信息，其中多数大学生关注时事新闻类，说明当代大学生对当今国际局势与国内时事关心程度较高。社会现象这一类型受到大众的欢迎，这类文章的推送紧贴时事热点话题，涵盖了政治科学文化等多方面，评析各种时事热点，让读者更进一步了解国内外变化，从而引发共鸣。

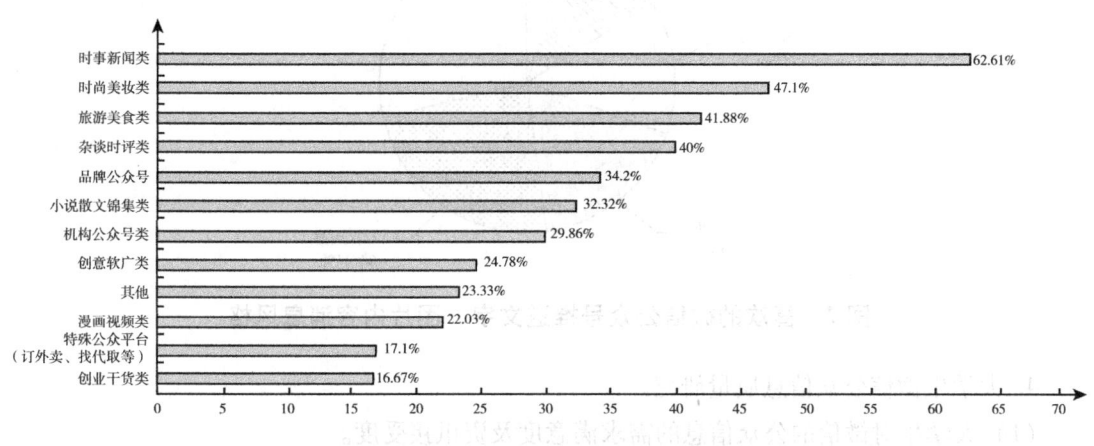

图5　大学生关注微信公众号的类型

（2）大学生所关注微信公众号的内容形式。

微信公众账号内容形式多样，图6表明了89.57%的同学喜欢关注"图文结合为主"的推文形式，占据绝大多数，少数同学喜欢以文字为主或以图片为主，占比分别为23.45%、18.12%，加载语音或视频的形式占比分别为18.99%、31.16%。字体使用固定字号，可适当使用下划线和加粗以增强视觉效果，文字颜色也不应使用太多色彩以免令人眼花缭乱，从而更加符合当下年轻人的审美。优美华丽的文字和赏心悦目的美图往往能够吸引读者的注意。

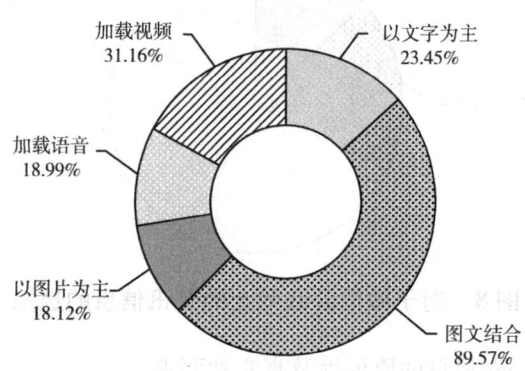

图6　大学生关注微信公众号的内容形式

（3）大学生所关注公众信息的风格。

从图7可看出，在推送消息的内容风格上，大学生更倾向于清新简约的风格，所占比例为79.13%，其次为诙谐幽默、文艺唯美、高端大气、古典婉约风格，所占比例分别为64.35%、47.83%、40%、32.17%。清新简约的风格总能带给人一种耳目一新的感觉。由于本次问卷调查的男女比例不够均衡，因此风格方面数据分析并不具实际情况的代表性。

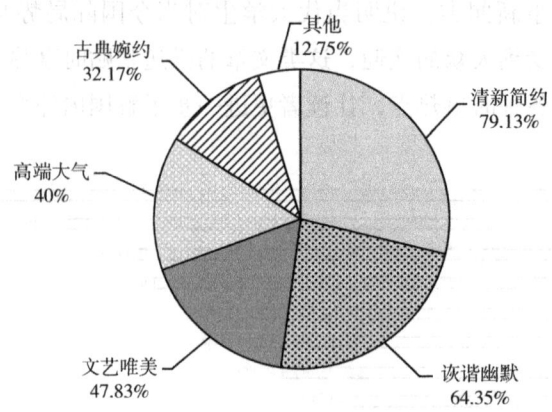

图7 喜欢的微信公众号推送文字、图片内容消息风格

4. 大学生微信公众信息质量研究。

（1）大学生对微信的公众信息的需求满意度及资讯接受度。

调查表明，目前的公众信息是否能满足大学生的需求，得知选择满足需求的大学生超过了51%，而认为并未满足需求的大学生占总人数的48%，对公众信息的需求满足程度有待提升。

图8可以看出大学生对于微信公众号上的资讯信息大多选择接受度一般，会作为参考。19.28%的大学生对其资讯信息接受程度高，而13.19%的大学生只是随便看看，接受度低。

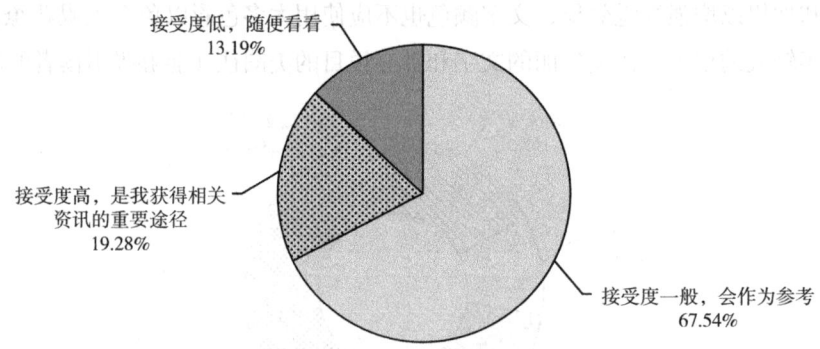

图8 对于微信公众号上的资讯信息的选择

（2）大学生对微信公众信息的原创性及真实性要求。

图9可以看出68.84%的人认为微信公众号消息最好原创。如果发布原创作品，运营者需要投入更多的时间和精力，花费时间寻找素材，把素材进行归纳整理，为了增加用户黏性，在固定的时间发布。要想获得更有效的流量，需要踏踏实实地创作，追求粉丝质量而非数量。

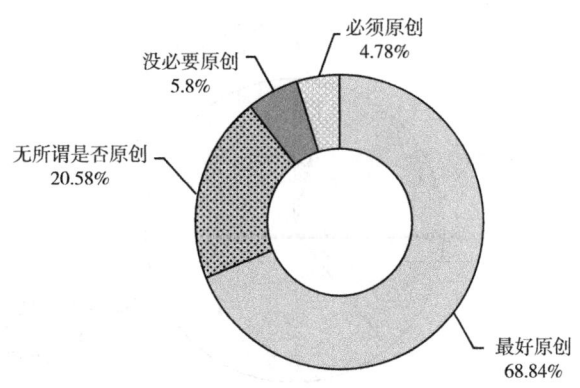

图 9　微信公众号的内容是否必须原创

图 10 可以看出 65.94% 的大学生对微信公众信息持有怀疑态度，认为信息为绝对真实或虚假的占极少数。因此，微信公众号信息的真实性有待考量，读者应该拥有一定辨别信息真假的能力。

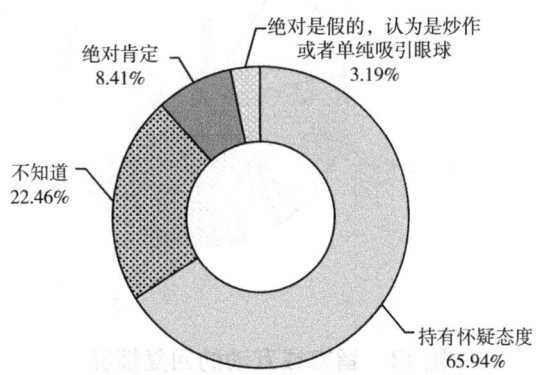

图 10　查看的公众信息是否真实

5. 大学生微信公众平台利用及互动状况。

（1）微信公众号广告推送及功能性。

图 11 表明大学生对于公众号推送广告或进行营销活动的态度还是较为宽容的，有 35.65% 的人虽然介意微信公众号推送广告，但是 60.87% 的同学即便是有少量广告还是选择继续关注。因此，建议微信公众号运营工作人员要把精力放在提高文章质量上。

公众号具有功能性（如订外卖、发放优惠券）所能吸引用户的比例为 60.72%，更倾向于选择关注，可知大学生对于功能性的需求还是很大的。

（2）大学生与微信公众号的互动情况。

图 12 表明大学生与微信公众平台的互动情况较少，36.23% 的大学生从未留言，留过言但是很少收到回复的为 25.65%，从未受到回复的有 7.39%，能收到回复但回复不及时的占 15.8%。可见评论区互动情况并不乐观，积极性不高。留言评论是一种很好的沟通方式，可以使公众信息发布者更好地了解大学生对学习、生活方面的需求。

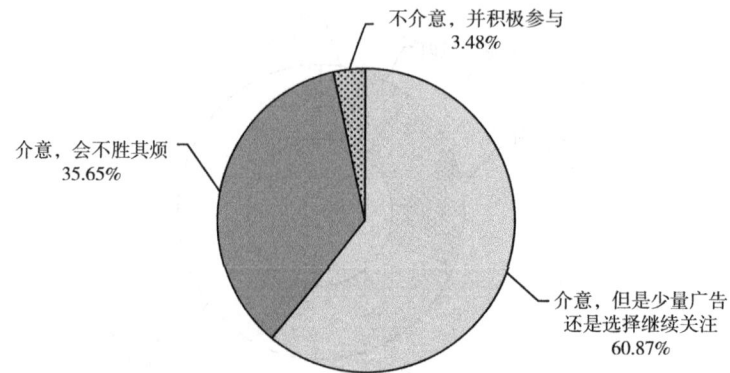

图 11　是否介意公众号推送广告及营销活动

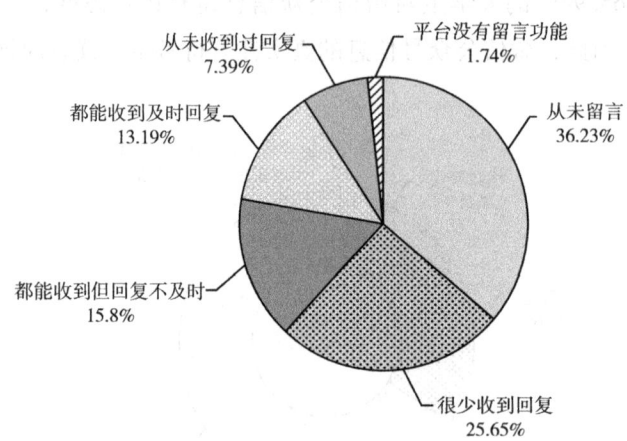

图 12　留言或互动的回复情况

（三）本章小结

通过以上对调查问卷的分析，我们了解到大学生对于微信公众号的一些使用以及看法。在使用微信公众号方面，浏览频率较低，浏览时间短，具有碎片化的特点。大多数人只是为了打发时间而选择浏览公众号信息。而关注的微信公众号类型呈现多元化、多样性的特点，资讯类型丰富种类多样以及了解时政热点成为大学生关注微信公众号的主要原因。在文章的表现形式方面，图文结合的方式更能吸引读者眼球。大多数大学生具有明辨是非的能力，对公众号信息接受度一般，持怀疑态度。

四、微信公众号对大学生的影响分析

（一）对大学生学习的影响

新时代背景下利用新媒体对大学生进行思想政治教育成为一种有效的方法。目前大学生对微信公众号的关注度比较高，微信公众号作为典型的"触屏时代"阅读学习平台，提供了完全不同于传统书本的阅读方式。我们从大学生微信使用习惯及微信学习使用习惯等角度对大学生进行了调查，提出了基于微信公众平台的学习策略。

1. 公众号对学习影响的类型分析。

凡事均有两面性，微信公众号在给大学生带来便利的同时也潜移默化地影响着大众。

从图13中可以看到，大学生关注微信公众号的原因有很多，且比例相差不大，由此可知，微信公众号给我们的日常生活带来了很多便利。从图13我们也可以直观地看到大学生对各个方面的关注度都呈现一个较高值，不论是人际交往、衣食住行还是一些新闻八卦，这也从侧面反映了当代大学生对各个层面的需求和关注越来越大。

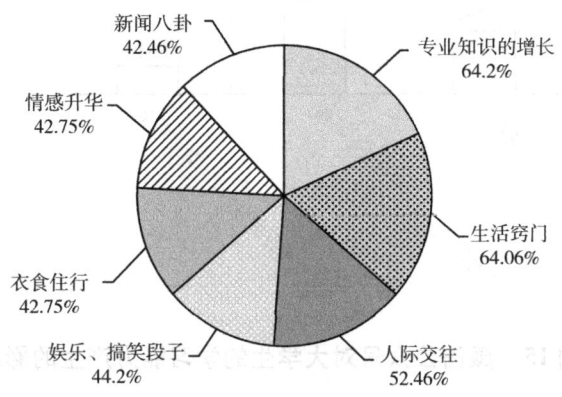

图13 公众信息对大学生的哪些方面有了作用

对学习的主要优势我们从方便快捷、经济实用、图文并茂、简单易懂、携带方便等方面进行了调查，通过图14我们可以看出学生们认为这样的学习方式更方便快捷，微信公众号是我们平时不可或缺的一部分，打开便可以接受最新的学习播报，同时公众号新颖的形式总是能吸引不少的关注量，图文并茂、简单易懂也为学习提供了便利。

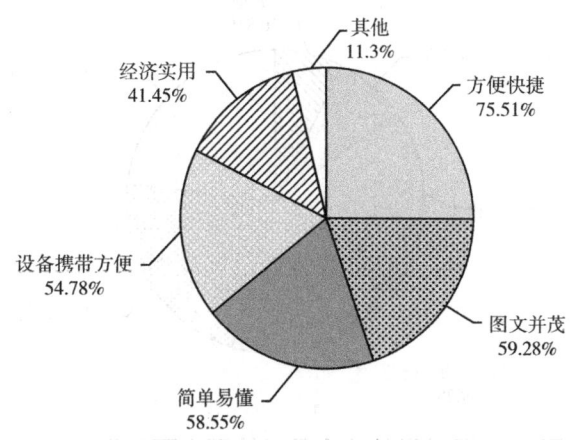

图14 使用微信公众号学习的主要优势

2. 公众号对学习影响的公众信息作用。

图 15 反映出 47.83% 的大学生认为这些公众信息对自己的学习并没有什么显著的影响，也有 27.1% 学生认为长时间地看推文或公众信息会让注意力有所分散，导致效率不高，更有 7.54% 的大学生认为无法集中注意力，学习效率低下。但也可以看出 17.54% 的大学生认为浏览这些推文信息能够让自己的注意力更加集中。

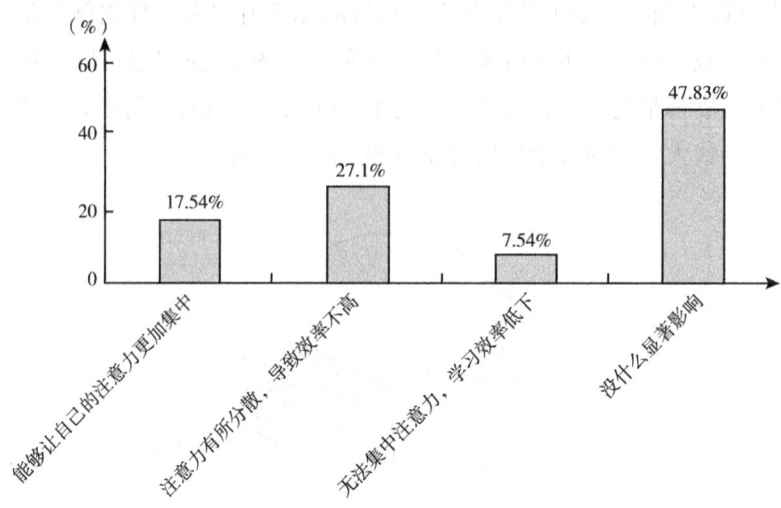

图 15　微信公众号对大学生的学习能力产生的影响

图 16 直接反映出了大学生关注微信公众号的目的，我们可以看出学习软件的使用、专业知识的传授、考试的相关技巧占比前三，均是为了学习的提升。虽然微信公众号也有很多的缺陷，但不能否定其积极性，相关推文的关注的确也帮助我们了解很多之前忽视的部分，同时也给我们更多的机会去接触一些学习技巧应用。越来越多的学习软件都会配带上相关的微信公众号的推荐关注，大学生可以通过该途径学习。

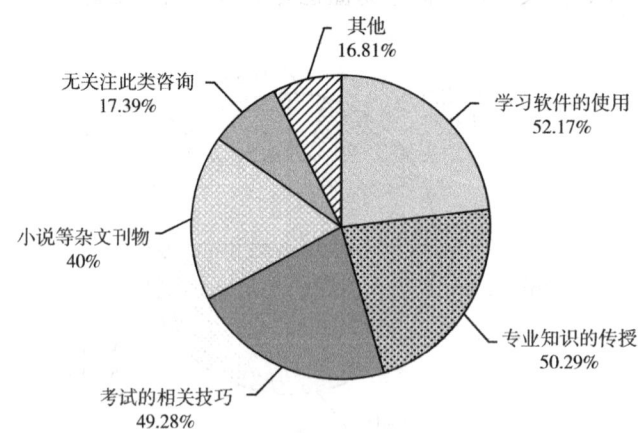

图 16　通过微信公众号阅读哪方面的学习资讯

3. 公众号对学习的消极影响与积极影响。

从图 17 中我们了解到微信公众号在我们学习方面的优势。其可移动性强，操作上更占优势：利用手机的可移动性，易操作，不限时间和地点，方便快捷。用户群体不限，关注率高，即发即到：只要在微信中编辑好文章，随手就可以发布，可充分利用微信二维码，了解最新的新闻资讯，同时利用微信公众号，还可以统计分析，互转互动，了解需求。覆盖面广、传播速度快。但凡事都有两面性，公众号在给了大学生如此多的优势之外也给学生带来了一些消极影响。

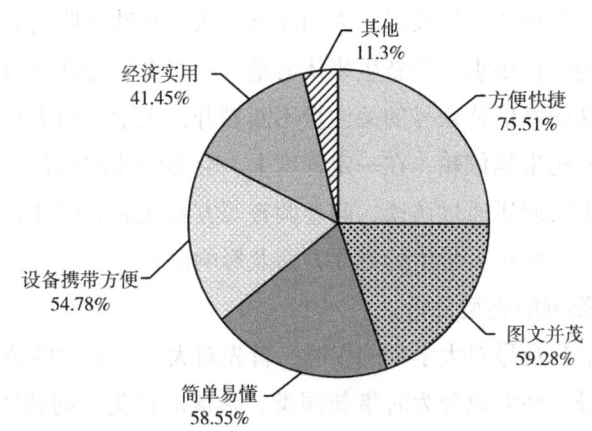

图 17　微信公众号在学习方面的优势

从图 18 中我们可以看出长期阅读推文会出现很多的不实信息，致使社会不实舆论的泛滥，大学生认为这方面的影响占比 58.55%，其次还有与社会脱节，可能长期间学习文章的一些内容，会让大学生忽视社会的发展，关心时事的积极性减弱，跟不上时代的更新速度。另一个占比较高的缺点就是思考能力下降，经常引用文章的内容，会让我们自己的思考能力下降，会被文章中的观点所引导。

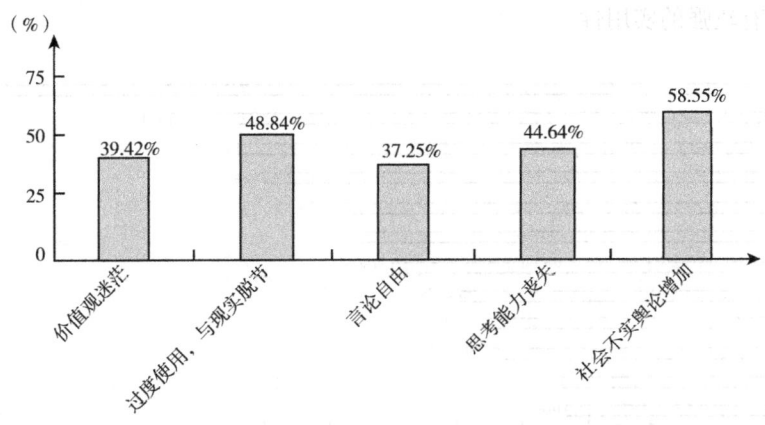

图 18　公众信息的消极影响有哪些

4. 对于公众号缺点的看法。

就如刚开始所说，事物的两面性不可消除。媒体在兴起阶段不可避免地会受到更多舆论来讨论其优劣性，微信公众号自微信兴起便一直相伴，长时间的存在肯定有其独特的特点。作为知识阶层，我们更要有超前的眼界，不论对哪一方面都要保持一定的敏感性，我们要作为创造者，不要做被塑造者。

（二）对大学生生活的影响

随着互联网和手机媒体的快速发展，人们逐渐步入了移动互联网时代，微信以其自身方便快捷等特点逐渐成为一种很重要的新生媒体力量。同时微信公众号越来越多样化，微信的用户量也不断增加，从而微信公众号的关注量不断攀升，大学生作为高校微信公众号的主要群体，对这种服务方式越来越依赖，在一定程度上，会影响他们的行为方式甚至于影响其思维方式和兴趣爱好。本次调研通过访谈、问卷调查等方式获取数据并且进行分析总结，从而全面了解高校微信公众号影响大学生的哪些方面及影响路径。

1. 公众号对生活影响的类型分析。

为了全面了解微信公众号对大学生的影响，首先对大学生关注的公众号类型进行了调查及访问。调查的公众号类型大致分为时事新闻类、杂谈时评类、时尚美妆类、综艺明星类、文化教育类、旅游美食类、品牌以及机构公众号等类型。下面对微信公众号对大学生生活影响进行分析，大致分析内容分为学习、生活、思维方式等方面，首先对公众号类型入手进行分析。

从图19中可以看出，大学生关注的公众号当中时事新闻类、时尚美妆类、旅游美食类这三大类占比相对较高，时事新闻类占比高达62.61%，这表明多数大学生比较关心国家大事，并积极了解；时尚美妆类占比47.1%，旅游美食类占比达到41.88%。这组数据同时表明了微信公众号与时俱进的特点，紧跟时代步伐，提供相关内容，同时也具备贴近大学生生活的特征，具有较强的实用性。

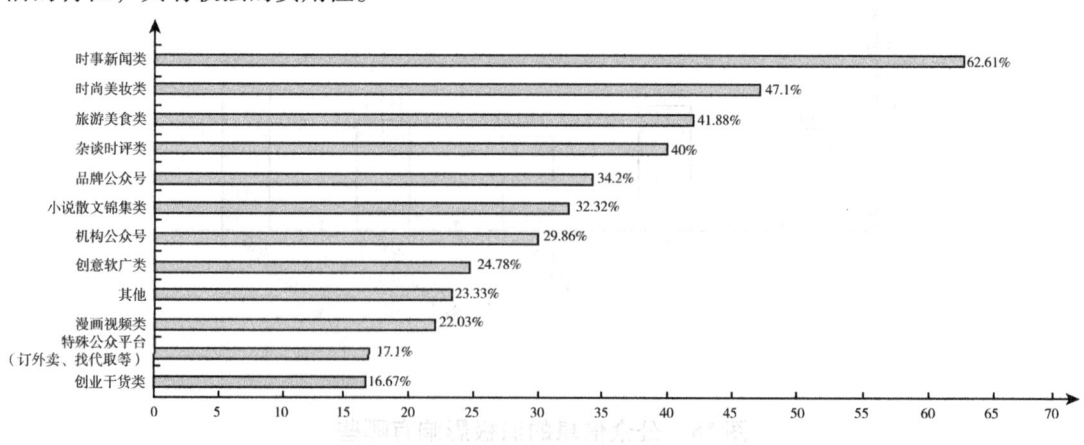

图19　关注的微信公众号类型

其中占比最高的是时事新闻类的公众信息，时政大事通常是热点话题，新闻一直以来都是公众关注的热点，当然也不乏一部分大学生对国家大事非常感兴趣，这类公众号对大学生及时知晓国家大事提供了渠道，现在也出现了许多官方公众平台，如订票平台、警民通、公众号查证通之类的，不仅提供了便利，而且拉近了人与人之间的距离，有利于形成社会和谐、和睦相处的良好氛围。

公众平台既有利也有弊，对于这个问题，本次调查也微信公众号的作用进行了调研，下面进行简单分析。

2. 公众号对生活影响的公众信息作用。

从图20中可以看出有64.2%的人认为通过公众号学习，专业知识有所增长。大学学好一门技能，也是很重要的，他们可以从这类公众号中提取自身所需要的信息，丰富和充实自己。同时这类公众号也会推送一些与学习相关的内容及其他应用型软件的音频、视频和文章等，进行技能性的指导。大学的时间是十分充裕的，很多大学生都喜欢在闲暇之余看一些有趣的文章视频，那么娱乐性质的公众号就应运而生，成为大学生乐于浏览的一种公众号类型。其中有64.06%的人认为通过浏览公众信息使他们的生活方式有所变化；也有相当一部分大学生认为微信公众号对他们的衣食住行、人际交往、情感升华等方面有所影响。

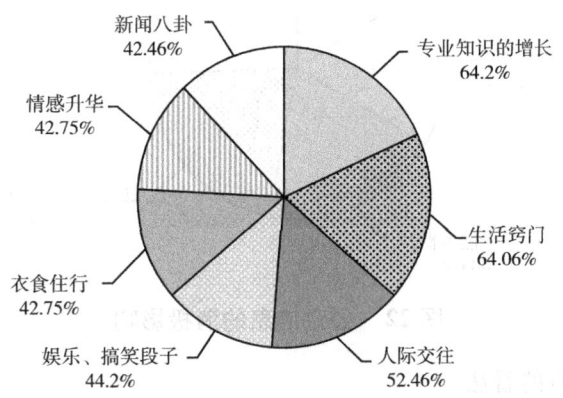

图20　浏览的公众信息对哪些方面有了作用

3. 公众号对生活的消极影响与积极影响。

任何事物都是"双刃剑"，有利必有弊。首先是微信公众号对大学生的积极影响，其中有67.83%的大学生认为公众信息对其生活感悟有所影响，同时这也体现了公众信息具有引导思维的特征；有63.91%的大学生认为公众平台有利于他们了解社会热点新闻，也有40%左右的学生认为公众平台可以给他们提供职业规划上的指导或者心理健康引导（见图21）。

从图22可知58.55%的大学生认为公众平台可能会导致不实言论的快速传播，最终可能会导致社会不实舆论的增加，也有48.84%大学生认为对公众信息的过度使用导致其与现实脱节，甚至丧失了部分思考能力，部分大学生过于依赖网络的便利化，导致学生不愿意思考，只想利用网络的便利，增长了学生的懒惰性，有 37.25% 的大学生认为言论过度自由，导致一些不实信息的传播，甚至进行言论攻击，影响他人的心理，传播负能量。

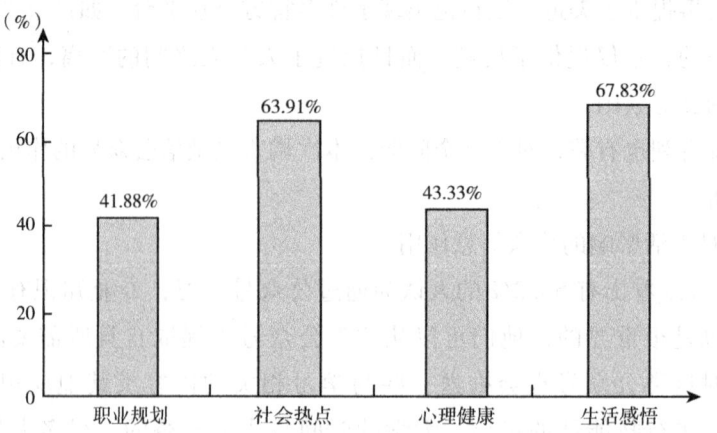

图 21　公众信息对生活方面产生哪些比较大的积极影响

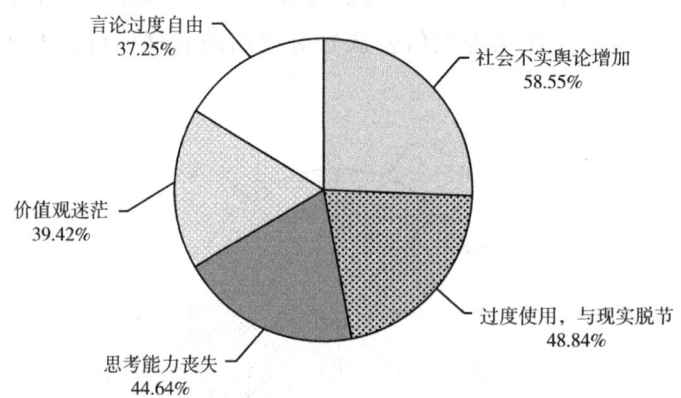

图 22　公众信息的消极影响

4. 对于公众号缺点的看法。

63.19% 的人认为信息来源不一定真实，有可能造成误导，有 67.68% 的人认为这属于快餐式阅读，是人们的理解思考停留在基础层面，也有 59.57% 的大学生认为公众号阅读是

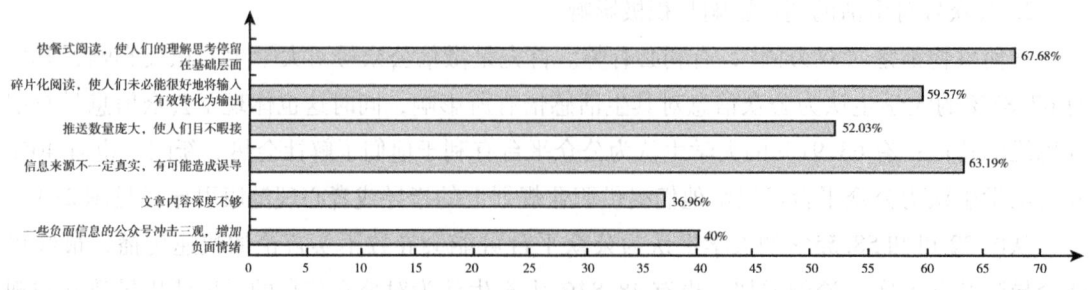

图 23　对微信公众号阅读存在的缺点的看法

碎片化阅读，人们未必能够很好地将输入转化为输出，并没有将看的内容转化为自己的内在知识，还有40%大学生认为一些负面情绪的公众信息冲击三观，增加自身的负能量，传播不良情绪。

（三）小结

微信公众号的快餐式阅读倾向，50%以上的大学生对于公众号内容的理解仅仅停留在表面，没有过多的深入思考，也没有从当中汲取到有用的知识，这是一大弊端，有相当部分的大学生关注的公众号数量在10~20个甚至20个以上关注的公众号数量过于庞大，阅读不及时，或者信息质量不高，挑选标准以包含社会元素和生活元素的信息量、经验值为考量，倾向于选择社会热点和生活感悟类的公共账号，进行深入加工。

由此可见，微信公众平台是一把"双刃剑"，要知道并利用它有利的一面，并尽量将它的优势发挥到最大，同时规避其弊端，化物为己所用，不断提升和丰富自己。

五、促进微信公众号对大学生积极影响的建议

微信作为一个在世界通信领域较为领先的平台，微信公众号更应该运用好这一份机遇。微信号不仅仅是简单的传统自媒体，而是一个具有多功能能够多项发展的平台。微信公众号拥有众多优越性，对大学生的学习和生活具有两个方面的影响，本小组将对促进微信公众号对大学生学习生活的积极影响提出建议。

（一）公众号浏览时间碎片化

由于大学生微信公众号的浏览时间碎片化，具有随时随地的特点，可利用课间或是睡前，走路或是吃饭的碎片时间浏览一篇推文，得到精神放松。因此，公众号可以增加推送频率且大多数集中在下课和休息时间，文章尽量短小精悍，减少无用文字的出现，提高干货比例。

（二）公众号质量和信息来源

微信公众号越来越成为大学生获取信息的重要途径之一，微信公众平台随着微信的爆发式发展，也逐渐渗透到大学生学习、生活的方方面面，必然会受到广大学生的青睐。微信公众号目前的文章质量良莠不齐，若想在众多的微信公众号中脱颖而出，势必提高文章质量，加强信息管理，保证信息来源的可信性以及准确性。

（三）公众号的团队建设及要求

建立规范专门的微信公众号运营团队。部分高校运营人员能力参差不齐，而在当前背景下，微信公众号必须由专业的团队来运营，才能够使其发挥更大的作用。因此，作为高校微信运营平台，建立专门规范的运营团队是十分必要的，这样对于公众号只开通不维护的情况

能够有所减轻。

(四) 公众号的发展运营及推广

微信公众号在日趋复杂的信息领域之中,要求运营者自己要有清晰的定位。根据自己的定位确立品牌形象、目标人群,才能在市场上拿下先机,占据固定市场。与其他的各行业具体推广方法类似:线上+线下。线上推广包括:微商户首页广告位、微信朋友圈、微信群、微博、论坛等。微信光靠自然增长用户会很有限,线下活动也是增加微信用户的重要手段。线下推广包括:报纸、宣传册、展板、电视、电影、公交站牌、户外广告等。

目前微信公众号已超200万,那说明粉丝的选择机会越来越多。此外不要轻易放弃任何目前运营情况较差的公众号,微信营销不能靠"一招鲜",拼的是投入和执行力,长期坚持下去,在实践中不断积累经验,培养和用户的感情,目标才有可能实现。

(五) 公众号需要健全关键词回复系统

创立一个关键词回复系统,这是微信公众号运营的一个重点,微信运营时间一旦长久了,将会积累许多的素材内容文章,这些内容是前人不断努力的心血的积累,放任沉底下去会很可惜,所以建立一个丰富易查的关键词回复系统就非常必要。

(六) 公众号需要有技巧的粉丝引流

微信的粉丝引流是有技巧的,只靠微信自然增长会很有限,要善于利用名人、节日主题等进行营销。微信公众号有吸引人的名字、符合粉丝搜索习惯,也可以在一定程度上吸引人群。线下活动是重要的手段,可以使用奖品,但要注意奖品的数量比奖品质量更重要。要在大学生中取得相当的关注量,需要做大量的基础调研。内容的定位应该结合自身所具有的特点,同时又从用户的角度去着想,不要一味地只推送自己的内容,微信不是为公众号服务的,而是为用户服务的。

(七) 公众号需要不断地创新模式

目前大多数公众号尚且处于形式内容较为单一的方面,而且与读者的交流不多,建议适当增加公众号和读者的互动程度以了解当前学生所关注热点以及自身不足和被期待方面的发展。这是沟通的机会,如向读者提问问题、采纳读者的有益建议、喜欢什么时候接收内容、喜欢接收什么内容等,有益于公众号的改进,增强用户黏性。

结论

本课题主要分为五部分,分别讲述微信公众号的背景及其现状、影响因素、解决措施、结合图表写大学生对微信公众号的使用情况、微信公众号对大学生的影响、建议等。通过调查问卷，我们可以发现62.9%的学生有空才会浏览微信公众号，有34.93%的学生他们认为应该每天固定时间推送公众号内容，因无聊打发时间查看公众信息的学生占41.3%，因拓展知识而查看的学生占百分30.29%。由此表明，大学生可以通过微信公众号学习专业外的知识，掌握更多的技能。其次我们研究大学生所关注的微信公众和类型，60%的大学生会关注时事、新闻类微信公众号，而特殊公众平台，即创业干货类所占比重却在20%以下，这说明现在的大学生对国际局势及国内时事关心程度较高。89.57%的同学喜欢图文结合为主的推文形式，有68.84%的学生认为微信公共号内容最好原创，65.94%的学生对微信公众号持有怀疑态度，这对我们微信公众号的图文编辑排版和风格设计以及内容选择尤为重要。微信公众号优缺点并存，且优点大于缺点，为使信息充分得到利用，我们应对其进行完善的发展运营，具体问题具体分析，针对每一个问题找出解决方案。

微信公众平台的产生为传统媒体的发展提供了难得的机遇，它的出现打破了传统媒体的旧格局，带来了整个行业的大变革。但是透过调查问卷又可以看出，大学生对于微信公众号在信息质量和创新形式以及交流互动上表现并不满意。36.23%的大学生从未在公众号上留过言，留言但是很少收到回复的占比25.65%，因此我们应该改善公众号的运营方式。在公众号对学习影响的方面，75.51%的同学认为微信公众号方便快捷，且54.78%到同学认为设备携带方便，但也有47.83%的同学认为微信公众号没有什么显著影响，27.1%的学生认为会导致注意力有所分散，效率不高，甚至有58.55%会造成社会不实舆论增加，48.84%学生认为过度使用会导致与现实脱节。由此我们得知公众平台有利有弊，虽然事物的两面性不可消除，但我们在使用公众平台时一定要有理性的选择，加强信息管理，保证信息来源的可信性以及准确性，推动微信公众平台在未来实现进一步的飞跃。

获奖情况：第14届"挑战杯"河南省大学生课外学术科技作品终审决赛二等奖
完成人员：高晓宁，薛惠丹，李芳芳，蔡弘毅，何奕霖，曲贝，胡慧恩，王皓婕

把舵领航和保驾护航：党组织参与公司治理的中坚作用与"中国奇迹"

摘要：中华民族千秋伟业，百年恰是风华正茂。为推进企业高质量发展，为企业、社会创造价值，企业党组织应该既发挥"领航"作用，找准企业前行方向；又发挥"护航"作用，充分落实监督、服务、保障功能。

党的十九大报告指出："中国特色社会主义最本质的特征是中国共产党领导，中国特色社会主义制度的最大优势是中国共产党领导，党是最高政治领导力量。"回首百年征程，党领导中国人民不断革命和奋斗，经历了追求翻身解放、追求发展繁荣、追求文明进步、追求美好生活的伟大历史进程。调研小组选取了566家不同地区、行业的企业为研究对象，针对现有企业党组织设立情况、权责边界、重视程度及发挥作用四个方面进行现状分析，并以此为基础从优化公司治理结构、定位持续发展方向、抑制高管腐败现象及缓解经营风险冲击四个方面阐述了党组织在企业中如何发挥把舵领航与保驾护航的中坚作用，推动企业的改革创新。

纵观百年伟业，党组织在各个方面都起到了举足轻重的作用，创造了令人瞩目的中国奇迹，而企业在党的领导下将"中国奇迹"发展延续。在推动社会治理上，企业党委加强党员意识、强化教育培训，注重社会利益、加强企业引导，积极响应国家号召、参与社会治理。在建设民生工程方面，党领导下的企业不局限于眼前的利益，而为了国家发展做更长远的打算，且积极扶持教育事业，使贫困学子有学可上，同时奉行"绿水青山就是金山银山"的宗旨，致力于环境治理。在抗击天灾人祸时，面对疫情，党组织带领企业积极捐赠物资，提供救急资源；面对地震，各方出钱出力，万众一心重建家园；面对洪水，党组织带领企业奋战在抗洪的第一线。这些举世瞩目的事迹无一不是"中国奇迹"，深深地印刻在我们中国人民的心中。

千里江山春永驻，万年事业国常兴。党组织的参与为企业的改革创新把舵领航，为企业的稳定发展保驾护航，改革发展的现实成果缔造的"中国奇迹"也惊艳了世界。同时也为企业党建更好地完善和发展提出更长远的展望与规划，以期将党组织更好地参与到公司治理中，充分发挥组织的领导作用，促进企业在发展的道路上行稳致远，带动国民经济高质量发展。

关键词：党组织；公司治理；中坚作用；中国奇迹；保驾护航

一、豆角开花藤牵藤：党和企业"相处心连心"

（一）有利于保障企业深化改革，促进中国企业的现代化建设

在2018年《做好新形势下民营经济领域党建工作》中习近平总书记指出，非公有制企业的数量和作用决定了非公有制企业党建工作在整个党建工作中越来越重要。推动新形势下民营经济领域党建工作，提高思想认识是前提。党建虽然不是经济工作，但能引领方向、提供保障、凝心聚力、提高效益，在企业健康发展中发挥不可替代的作用。抓好企业党建工作，就是架起党与企业的"连心桥"、培育企业发展的"根"和"魂"。

由此观之，在全面深化改革的基础上，把党的领导渗入公司治理中，是中国特色社会主义发展到一定阶段必然的产物。将党的建设参与公司治理结构中，能够全面促进企业公司制改革，使企业资产保值增值、提高企业经济竞争能力、放大企业资本功能，从而快速推进企业深化改革的实施，促进中国企业现代化建设。

（二）有利于党组织的绝对领导，体现社会主义制度的优越性

2021年2月，习近平总书记强调，2021年是实施"十四五"规划、开启全面建设社会主义现代化国家新征程的第一年，我们将隆重庆祝中国共产党成立100周年。贯彻落实中共十九大和十九届二中、三中、四中、五中全会精神，始终把加强党的领导和公司治理相结合，把党建工作参与到公司法人治理结构中，将党章融入企业章程，使企业管理规范化、制度化，加强党的作风建设，充分发挥党的先进性、纯洁性和领导性。

（三）有利于加强企业监督管理，提升企业自身的社会责任感

中国共产党是中国工人阶级的先锋队，是中国各族人民利益的忠实代表，是中国社会主义事业的领导核心。将党的建设融入公司治理文化，可以充分发挥党性的效用，提高自我修养，提升自身的纯洁性。从职工队伍层面来看，加强党的领导，搞好党的建设，能够使职工深刻体会党的先进性和纯洁性，提高自己的觉悟，从而能充分发挥党员的先锋模范作用，调动干部职工积极性。贯彻实施批评与自我批评，保持思想上和政治上的高度统一，能够有效预防企业腐败，加强企业自我监督，推进企业良好发展。

二、省躬方知责任重：党组织参与公司治理的现状

坚持党的领导、加强党的建设，充分发挥党组织政治核心作用，是我国企业的重大特色和独特优势，是我国企业高质量发展的重要驱动力和不可缺少的活水源。以下，我们通过四

个方面从不同角度探索党组织参与企业治理的发展现状,研究不同区域和不同行业之间存在的相似性或差异性问题,帮助报告的进一步研究。

(一) 现有企业内部党组织设立情况

据官方数据显示,2002~2018年全国范围被调查的民营企业党组织覆盖率总体呈上升趋势,从2002年的27.42%上升到2018年的48.31%。西北地区党组织设立比例最高,达到58.74%,与我们的调查结果大体一致。

据问卷调查显示,如图1所示,通过对党组织覆盖情况调查显示,"是"的情况中,西北地区的企业占比最高,占87.5%;其次是华北地区的企业,占84%;此外,其他各地区也几乎都有党组织设立。而对党组织覆盖情况"否"的情况中,西南地区的企业占比程度较高,达到31.58%;西北、华北地区占比相对较少,仅为12%左右。我们可知当前地区大部分都设有党组织,而且西北地区较偏远的地区设立情况最好。

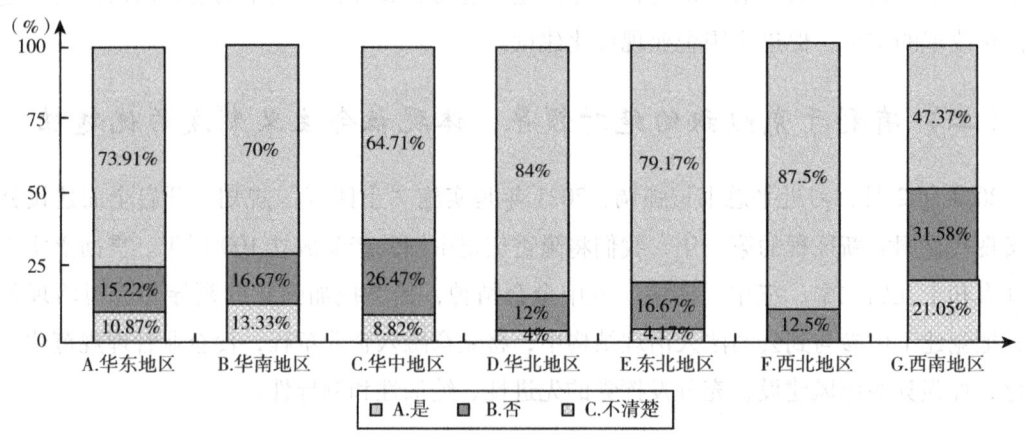

图1 调查样本对企业内部党组织设立情况(基于区域差异)

根据官方数据表明,制造业的党组织覆盖率最高,达到61.71%,批发和零售业最低,仅为26.21%。

从图2可知,各行业对党组织设立情况的了解程度都较高,"不清楚"的行业指标占比较少,只有信息技术、计算机和软件管理业类产业较高,达到33%。而"否"的指标中农林牧渔业占比较高,为38%。相较于其他行业,制造业、教育业企业内部党组织设立情况较高,除此之外的其他企业"是"的指标中也占有着相当大的比重,可见当今各类型的企业对党组织的重视程度普遍较高。

(二) 企业党委与高层权责边界分析

从图3可知,在企业党委与高层权责边界情况调查中,对企业内部企业党委与高层权责边界分析"清晰"的情况中,西北与华东地区占比最高,均为70%左右;其次是西南地区的企业，占 52.63%。对划分情况"比较清晰"的情况中，华北、华中和华南地区企业占比都有较高的比重，在 40%~70%；华东地区的企业占比最低，占 15.22%。而"不清晰"的情况中，各地的占比都较少，没有特别夸张的区域差异，像西北地区几乎没有。由此可知，西北及华东地区企业内部党委与高层权责边界划分相对比较清晰，而华北、华中及华南地区企业应当注意企业内部党委与高层的权责划分，采取恰当的措施改善这一情况。

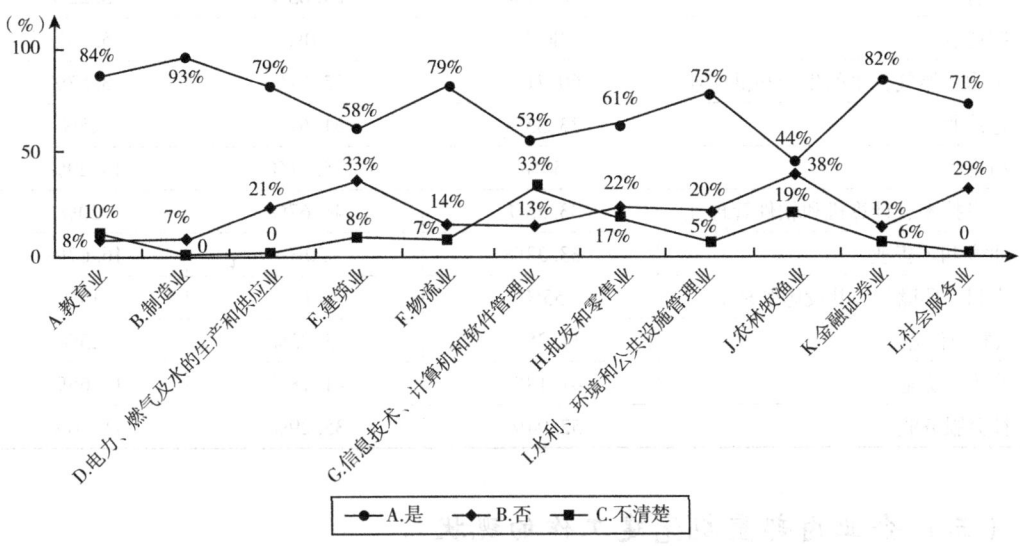

图 2 调查样本对企业内部党组织设立情况（基于行业差异）

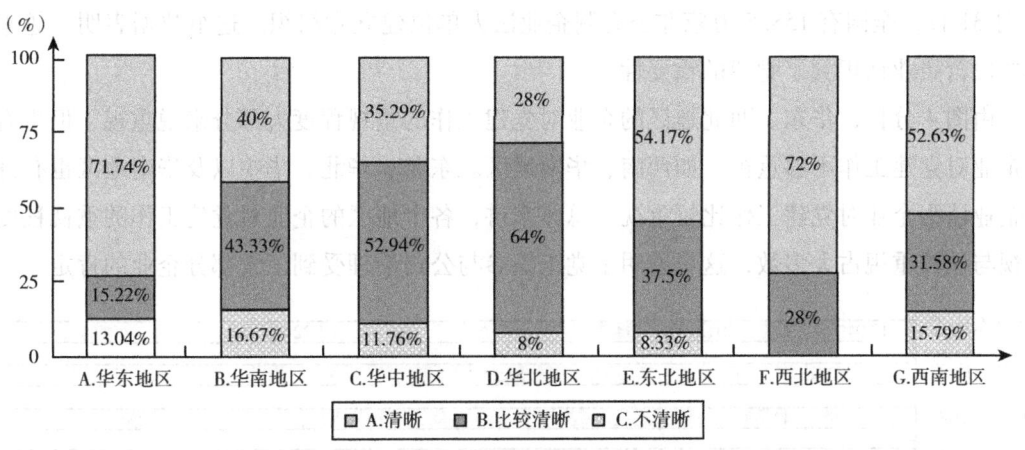

图 3 企业党委与高层权责边界分析（基于区域差异）

从表 1 可知，对于企业内部党委与高层权责边界分析中不同行业对其划分情况有不同了解。相对来说，教育业和制造业以及电力、燃气及水的生产和供应的从业人员认为其企业内部党委与高层权责边界划分清晰；也有相当一部分企业认为划分比较清晰，如批发和零售业、信息技术、计算机和软件管理业、农林牧渔业以及建筑业等。此外，也有小部分企业认为其划分存在不清晰的问题，如金融证券业和批发零售业的部分企业。但总体来讲，各个行业对企业内部党委与高层权责边界的划分还是持肯定态度的，而那些存在问题的企业应该及时去更改以适应更好的发展转变。

表1　　　　　　　企业党委与高层权责边界分析（基于行业差异）

X/Y	清晰	比较清晰	不清晰
A. 教育业	70.97%	29.03%	3.22%
B. 制造业	80%	20%	5.13%
D. 电力、燃气及水的生产和供应业	60.71%	35.71%	3.57%
E. 建筑业	33.33%	41.67%	25%
F. 物流业	50%	35.71%	14.29%
G. 信息技术、计算机和软件管理业	33.33%	46.67%	20%
H. 批发和零售业	33.33%	50%	16.67%
I. 水利、环境和公共设施管理业	55%	40%	15%
J. 农林牧渔业	31.25%	43.75%	25%
K. 金融证券业	41.18%	41.18%	17.65%
L. 社会服务业	52.94%	35.29%	11.76%

（三）企业内部重视党建工作的现状

2019年中共中央组织部公布的《2018年中国共产党党内统计公报》显示，截至2018年12月31日，全国有158.5万家非公有制企业法人单位建立党组织。这组数据表明，越来越多的民营企业认识到了党建的重要性。

由图4分析，华东、西北地区的企业对党建工作的重视程度大部分来说重视，但也有部分企业对党建工作不够重视，如西南、华南地区。东北、华北、华中以及华南地区也有许多家企业认为企业对党建工作比较重视。总体来讲，各个地区的企业对党建工作的重视程度中重视与比较重视占大多数，这也说明了党组织参与公司治理受到了大部分企业的肯定。

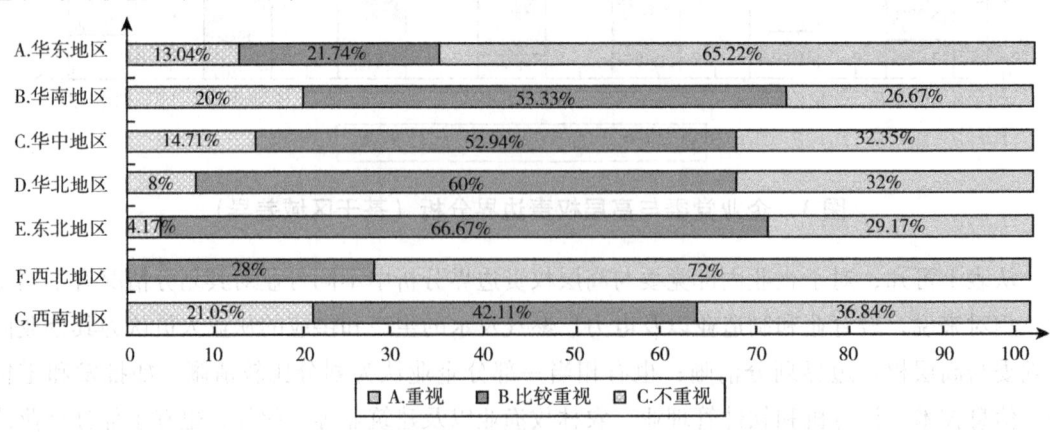

图4　企业对党建工作的重视程度（基于区域差异）

如表2所示，不重视程度在20%以上的，占比较大的行业依次是建筑业、信息技术、计算机和软件管理业、金融证券业、批发和零售业以及物流业；重视及比较重视占比较高的行业为教育业以及制造业。由此可以反映对党建重视程度低的行业应该增加对党建工作的重视，而重视的企业应该保持向前发展的趋势，来共同促进企业高质量发展。

表2　　　　　　　　　企业对党建工作的重视程度（基于行业差异）

X/Y	重视	比较重视	不重视
A. 教育业	70.97%	25.81%	3.23%
B. 制造业	66.67%	33.33%	5.22%
D. 电力、燃气及水的生产和供应业	57.14%	39.29%	3.57%
E. 建筑业	25%	41.67%	33.33%
F. 物流业	50%	28.57%	21.43%
G. 信息技术、计算机和软件管理业	33.33%	40%	26.67%
H. 批发和零售业	5.56%	72.22%	22.22%
I. 水利、环境和公共设施管理业	50%	45%	5%
J. 农林牧渔业	25%	62.5%	12.5%
K. 金融证券业	35.29%	41.18%	23.53%
L. 社会服务业	29.41%	70.59%	3.19%

（四）党组织在企业发挥领导作用的现状

图5中，各个地区对党委发挥领导作用的评价都是"好"以及"比较好"占多数，由此可看出大多数企业对党委发挥领导作用持肯定态度，也预示着党委在企业中发挥领导作用的前景是光明的。此外，西南与华南地区的企业对党委发挥领导作用的评价态度不一，大约持均衡态度，这也表明西南与华南地区的企业应该更加发挥党委领导的作用，增强党组织在企业内部的作用。

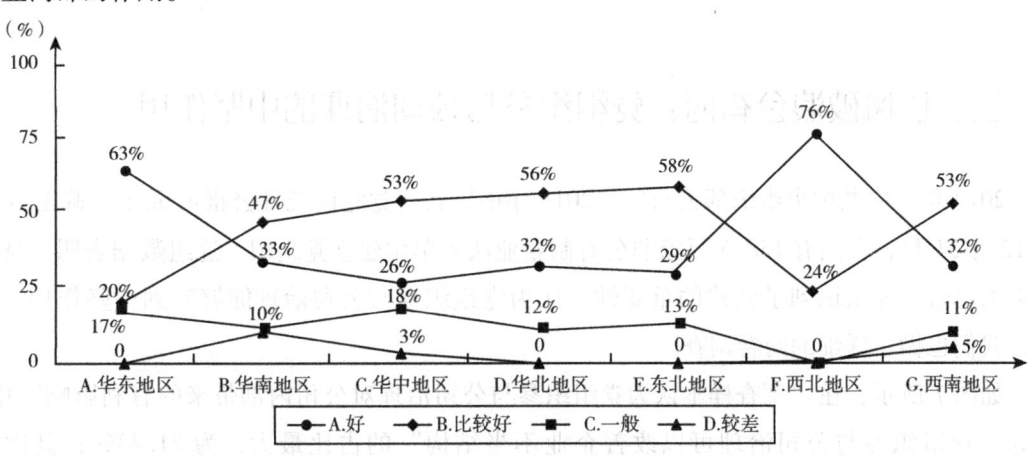

图5　不同单位对党委发挥领导作用的评价（基于区域差异）

据官方调查显示，我国民营企业数量超过 3200 万家，个体工商户超过 7600 万户。我国民营经济从小到大、从弱变强、从国内走向国外，不断发展壮大，贡献了 50% 以上的税收，60% 以上的国内生产总值，70% 以上的技术创新成果，80% 以上的城镇劳动就业，90% 以上的企业数量。在世界 500 强企业中，我国民营企业由 2010 年的 1 家增加到 2018 年的 28 家。

由此可见，党组织带领企业把握机会、攻克难关，使中国越来越多的企业逐渐登上国际舞台，其绝对的领导作用不容忽视。

由图 6 可知，大多数行业对企业内部党委发挥领导作用持肯定态度，认为党组织发挥的是积极作用，尤其在教育业、制造业以及电力、燃气及水的生产和供应业中效果极其显著，可见党组织正在采取行动，积极推动这些企业的发展。但是对于农林牧渔以及建筑业来说，他们认为党组织对其企业发挥作用较差，这也使我们反思为何会出现这样的结果。

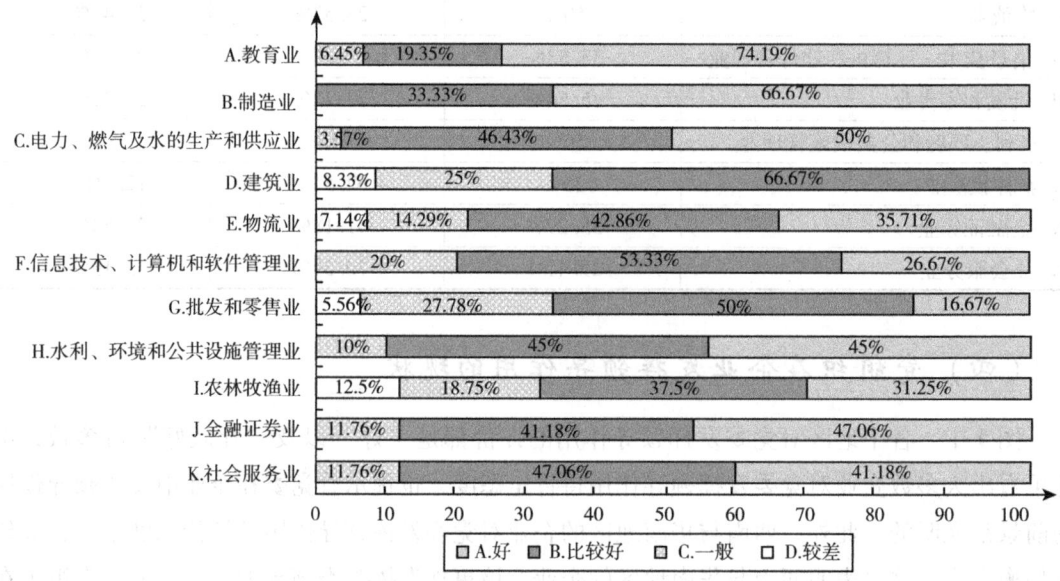

图 6　不同单位对党委发挥领导作用的评价（基于行业差异）

三、长风破浪会有时：党组织参与公司治理的中坚作用

2019 年，中共中央组织部公布的《2018 年中国共产党党内统计公报》显示，截至 2018 年 12 月 31 日，全国有 158.5 万家非公有制企业法人单位建立党组织。这组数据表明，越来越多的民营企业认识到了党建的重要性，认为党组织参与公司治理能够起到中坚作用。据此，我们也做了详细的问卷调查。

如图 7 所示，在"调查样本认为党组织参与公司治理对公司内部带来的有利影响"中，认为"党组织参与公司治理可以改善企业不当结构"的占比最大，为 71.43%；其次是 68.47% 的被调查对象认为"党组织参与公司治理可以定位持续发展方向"；然后是 66.5%

的被调查对象认为"党组织参与公司治理可以抑制高管腐败现象";最后是47.78%的被调查对象认为"党组织参与公司治理可以缓解经营风险冲击"。由此可见,大多数人都认为党组织参与公司治理会对公司发展产生积极影响。

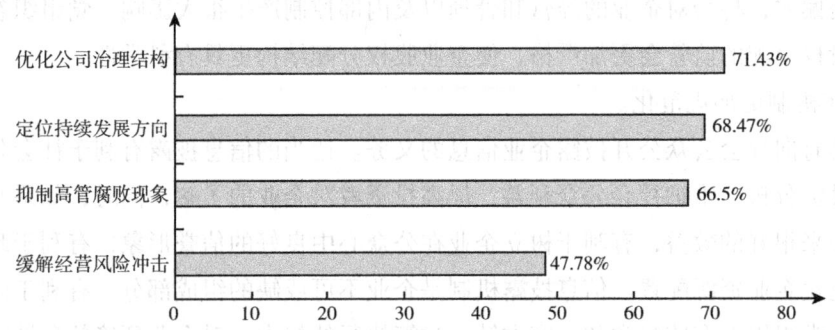

图7 调查样本认为党组织参与公司治理对公司内部带来的有利影响

(一)把舵:优化公司治理结构

根据表3和图8所示,企业内设有党组织的企业大多认为党组织参与公司治理在改善企业结构方面主要能够使权力结构更具有科学性,占比78.23%;企业内没有设党组织的企业大多认为党组织参与公司治理在改善企业结构方面主要能够使激励机制更具有多样性,占比78.38%。

表3　　党组织参与公司治理对改善企业治理结构的表现方面

X/Y	权力结构更加科学化	披露机制更加规范化	激励机制更加多元化
A. 是	78.23%	57.82%	66.67%
B. 否	64.86%	70.27%	78.38%
C. 不清楚	88.89%	72.22%	61.11%

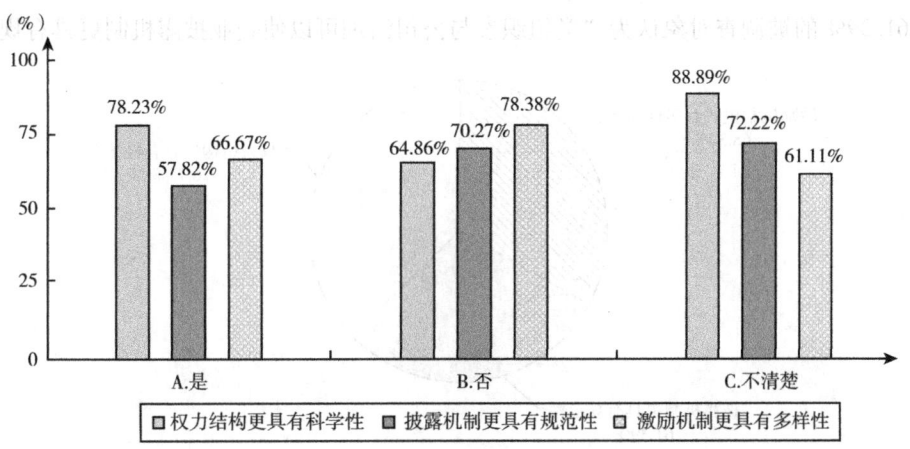

图8 调查样本对党组织参与公司治理在改善企业不当结构中的主要影响

1. 权力结构更加科学化。

部分企业的股权结构构建缺乏科学性，这种不合理的股权结构导致控股股东或者公司高层掌控公司。一般情况下，良好的股权结构可以帮助完善公司的分配机制，如果股权结构出现问题或是偏差，将会对企业的经营和管理以及内部控制产生很大影响。党组织参与公司治理，对于股权分配的监管会更加严格，使企业股权分配结构更具有科学性。

2. 披露机制更加规范化。

企业具有向社会公众公开披露企业信息的义务。适当的信息披露有利于社会公众能够很好地进行投资分析，维护社会公众利益，提高投资者对企业的了解，同时，如果时机合适还会给公司带来很好的效益，有利于树立企业在公众心中良好的信誉形象，有利于政府宏观调控，从而优化企业资源配置。信息披露机制是企业不可或缺的组成部分，有利于国内市场的发展成长。党组织拥有监督党和国家方针、政策执行的权力，对企业环境信息披露行为起着重要的监督作用，进而维护利益相关者整体利益最大化。同时能有效抑制内部人对信息发布的控制，从而提高企业环境信息披露水平，并且党组织代表广大人民的利益，针对大股东侵占中小股东问题，能够维护中小股东对企业环境的投入，改善企业环境绩效，激发企业自愿性环境信息披露行为的积极性。

3. 激励机制更加多元化。

目前我国企业的激励机制主要存在激励方式单一、激励强度太低、长期激励不足等问题。激励方式单一主要为我国企业大多是以少量工资薪金加成的方式来激励，缺乏创新，但在目前市场经济条件下，只是少量的加薪不足以满足如今员工的需求，难以提高其积极性。而党组织以"全心全意为人民服务"要求自己，在参与公司治理中可以有效地了解企业员工的需求，集思广益，改善并创新公司激励机制，激发企业员工的工作积极性。

如图9所示，在"调查样本认为党组织参与公司治理对改善企业不当结构的表现"中，认为"党组织参与公司治理可以使企业权力结构更具有科学性"所占比重最大，为76.73%；其次是68.32%的被调查对象认为"党组织参与公司治理可以使企业激励机制更具有多样性"；最后是61.39%的被调查对象认为"党组织参与公司治理可以使企业披露机制更具有规范性"。

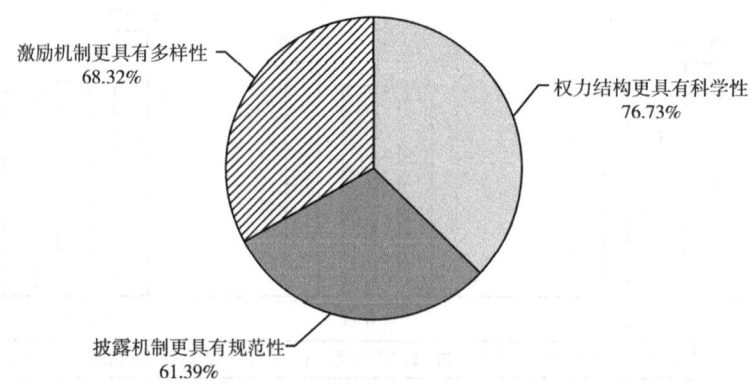

图9　调查样本认为党组织参与公司治理对改善企业不当结构的表现

(二) 领航：定位持续发展方向

如表4和图10所示，企业内设有党组织的企业大多认为党组织参与公司治理在缓解融资困难局面方面主要利用的是新型政商关系，以此来促进信息公开，占比72.79%；企业内没有设党组织的企业大多认为党组织参与公司治理在缓解融资困难局面方面主要利用的也是新型政商关系，占比81.58%。由此说明新型政商关系在缓解融资困难方面起着一定的作用。

表4 党组织参与公司治理对缓解融资困难局面的表现方面

X/Y	新型政商关系促进信息公开	国家出台政策拓宽融资渠道	营造一视同仁市场竞争环境
A. 是	72.79%	57.14%	71.43%
B. 否	81.58%	65.79%	57.89%
C. 不清楚	77.78%	88.89%	38.89%

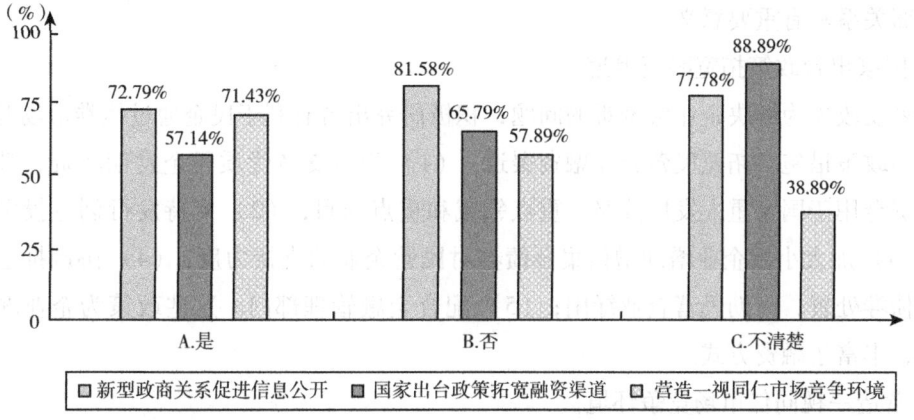

图10 调查样本对党组织参与公司治理在缓解融资困难局面中的主要影响

如图11所示，在"调查样本认为党组织参与公司治理对缓解融资困难局面现象的表现"中，认为"党组织参与公司治理可以通过新型政商关系促进信息公开的方式缓解融资困难局面"的占比重最大，为74.88%；其次是66.01%的被调查对象认为"党组织参与公司治理可以通过营造一视同仁竞争环境缓解融资困难局面"；最后是61.58%的被调查对象认为"党组织参与公司治理可以通过国家出台政策拓宽融资渠道缓解融资困难局面"。

党组织的存在可以降低银行与企业之间的信息不对称，通过帮助中小企业获得银行贷款从而缓解融资约束。同时国有股权可以通过帮助企业获得信贷资源和进入高壁垒行业的方式来提升公司的绩效。党组织可以通过发挥以下作用缓解融资约束困难局面。

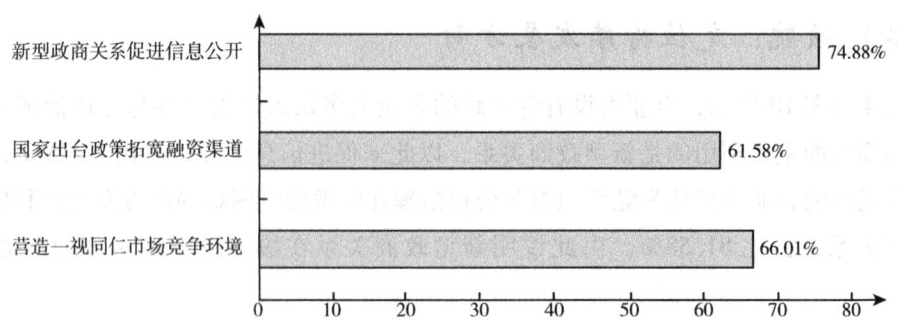

图11 调查样本认为党组织参与公司治理对缓解融资困难局面现象的表现

1. 新型政商关系促进信息公开。

党组织作为执政党和企业的纽带，在政商关系中占据着举足轻重的地位。改革开放四十多年来，我国市场化经济程度不断提高，旧时的依赖于个人政治身份或企业家与官员的正式或非正式联系的政商关系容易滋生腐败，且维系成本太高，所以现今逐渐消失。未来的政商关系正往制度化、规范化方向发展，以企业法人与政府之间的交往替代个人因素。党组织具有沟通联系政府和企业的使命任务，具有制度化、规范化的特征，对于构建"亲""清"的新型政商关系具有重要意义。

2. 国家出台政策拓宽融资渠道。

国家发改委为解决企业融资难的问题，积极研究出台有利于民企通过债券市场开展市场化融资的政策措施，拓宽民营企业融资渠道：（1）积极支持优质民企发债融资，鼓励将债券募集资金用于国家重大发展战略、重点领域和重点项目；（2）支持发行创业投资类企业债券；（3）加大小微企业增加增信集合债券对民营企业的支持力度；（4）协调推进民营企业违约债券处置，帮助民营企业纾困；（5）配合金融管理部门。这些政策为企业融资拓宽了渠道，丰富了融资方式。

3. 营造一视同仁市场竞争环境。

在市场准入条件、资源要素配置、政府管理服务等方面，党组织参与治理的企业更能紧跟国家政策享受"国民待遇"。在此背景下，国家坚持一视同仁，抓紧建立市场准入负面清单制度，进一步放开民用机场、基础电信运营、油气勘探开发等领域准入，在基础设施和公用事业等重点领域去除各类显性或隐性门槛，在医疗、养老、教育等民生领域出台有效措施，促进公平竞争。

（三）保驾：抑制高管腐败现象

如表5和图12所示，设有党组织的企业大多认为党组织参与公司治理在抑制高管腐败方面主要依靠的是党的监督制衡作用，占比72.79%；未设党组织的企业大多认为党组织参与公司治理在抑制高管腐败方面主要依靠的是党的保护职工作用，占比76.32%。

表 5　　党组织参与公司治理对抑制高管腐败现象的表现方面

X/Y	党的监督制衡作用	党的保护职工作用	党的人事任免权力
A. 是	72.79%	59.86%	68.71%
B. 否	63.16%	76.32%	65.79%
C. 不清楚	61.11%	83.33%	61.11%

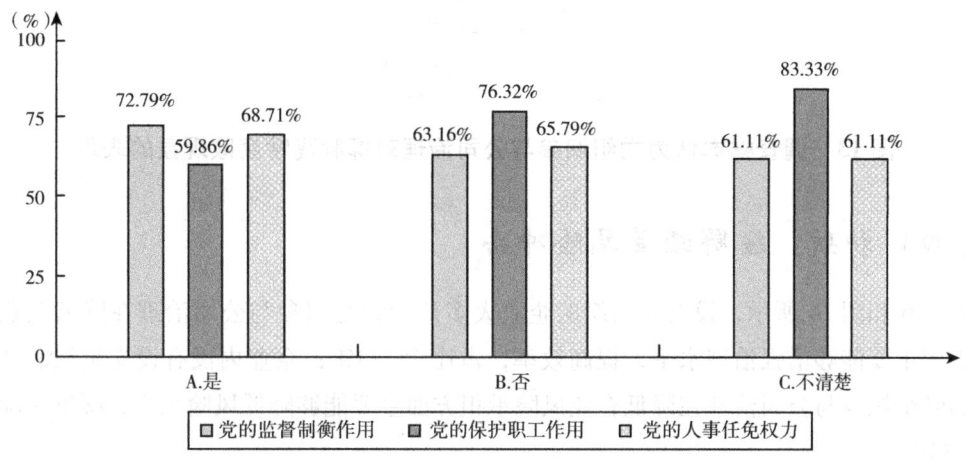

图 12　　调查样本对党组织参与公司治理在抑制高管腐败中的主要影响

1. 党的监督制衡作用。

管理者有自利动机时,党组织的监督、制衡能对其形成压力,迫使其放弃自利行为,减小在薪酬契约和薪酬制度的制定和执行中扩大薪酬差距的可能性。

2. 党的保护职工作用。

党组织参与公司治理,有助于在公司内部对职工形成直接保护,提高其谈判意识、信心和能力,进而抑制由管理者权力导致的不合理的薪酬差距。

3. 党的人事任免权力。

由于"党管干部"原则现实存在,党组织一直掌握着公司重要人事的任免权,一方面有助于制约管理者的机会主义行为;另一方面,使管理者面临互为替代的薪酬激励和政治晋升的双重激励。

我国国有企业管理者的行为具有集体主义倾向,以追求委托人福利最大化为目标。出于对政治晋升激励的追求,党组织参与公司治理使管理者更加关注自身的政治前途。

如图 13 所示,在"调查样本认为党组织参与公司治理对抑制高管腐败现象的表现"中,认为"党组织参与公司治理对党的监督制衡作用有帮助"的占比最大,为 70.3%;其次是 67.82% 的被调查对象认为"党组织参与公司治理对党的人事任免权力抑制作用";最后是 64.85% 的被调查对象认为"党组织参与公司治理对党保护职工有作用"。

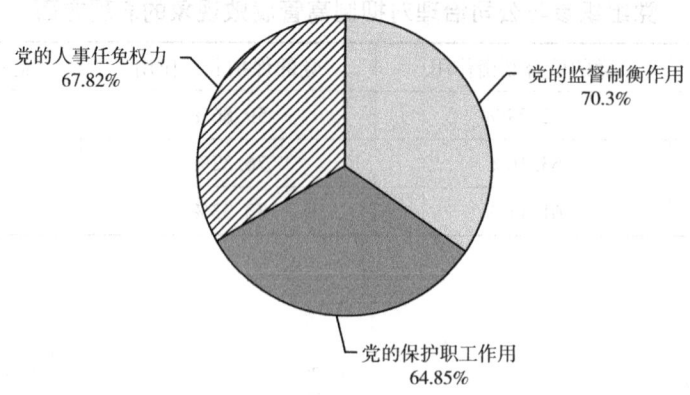

图 13　调查样本认为党组织参与公司治理对抑制高管腐败现象的表现

（四）护航：缓解经营风险冲击

如表 6 和图 14 所示，设有党组织的企业大多认为党组织参与公司治理在降低企业风险承担方面主要能够增强治理水平，提高效率，占比 78.23%；企业内没有设党组织的企业大多认为党组织参与公司治理在降低企业风险承担方面主要能够降低风险承担，缓解风险，占比 78.38%。

表 6　党组织参与公司治理对降低企业风险承担的表现方面

X/Y	健全治理结构，降低成本	降低风险承担，缓解风险	增强治理水平，提高效率
A. 是	65.99%	60.54%	78.23%
B. 否	64.86%	78.38%	64.86%
C. 不清楚	61.11%	83.33%	66.67%

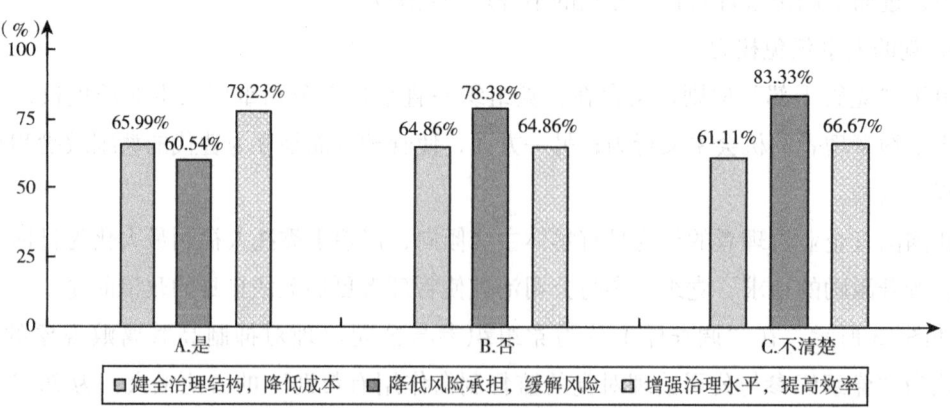

图 14　调查样本对党组织参与公司治理在降低企业风险承担中的主要影响

1. 健全治理结构，降低成本。

党组织参与公司治理可以加快健全现代企业的治理结构，提高内部治理水平，可以有效防范金融风险。企业盈利能力越强，则其金融风险越低，而党组织参与公司治理可以抑制大股东的掠夺，进而提高其经营绩效。党组织参与监事会和高管层能降低公司的代理成本，进而提升公司价值，还可以提高企业资产并购溢价水平，抑制企业资产流失。

2. 降低风险承担，缓解风险。

党组织参与公司治理通过提高上市银行拨备覆盖率降低银行等金融机构的风险承担。党组织与银行董事会、监事会以及管理层的"双向进入、交叉任职"有助于降低银行等金融机构的代理成本，从而降低或缓解企业金融风险。

3. 增强治理水平，提高效率。

党组织进入董事会、监事会和管理层之后，不仅可以促进企业发展，而且可以提高公司治理水平、提升管理层决策能力等。

党组织参与公司治理使企业决策尤其是对"三重一大"问题的决策更加有效，提高了决策的制定与执行效率，有助于企业灵活应对风险，可以有效降低银行的风险承担。

如图15所示，在"调查样本认为党组织参与公司治理对降低企业风险承担的表现"中，认为"党组织参与公司治理可以增强治理水平，提高效率"的占比最大，为74.75%；而认为"党组织参与公司治理可以降低风险承担，缓解风险"和"党组织参与公司治理可以健全治理结构，降低成本"的相差不大，分别为65.84%和65.35%。

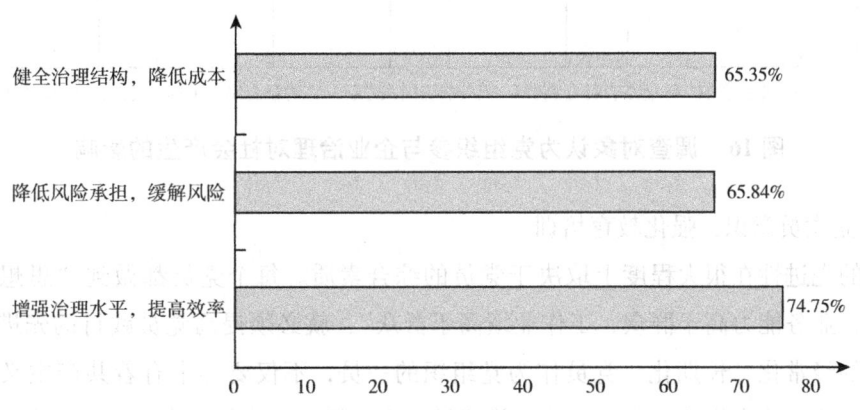

图15　调查样本认为党组织参与公司治理对降低企业风险承担的表现

2018年，从党组织实际发挥的作用来看，已设立党组织的民营企业中，企业家大多认为党组织有助于吸纳和培养优秀人才。在企业对外关系中，有助于企业与政府部门沟通。对于企业自身发展来说，大多数企业家还认为党组织有助于推动企业技术、业务的发展，提高企业经济绩效。

由此可见，党组织参与公司治理有利于推动企业发展，提高企业经济绩效，对企业发展起到了积极作用。

四、赤心报国为先锋：企业党组织缔造的"中国奇迹"

（一）红旗已指先锋路：企业党建对社会的影响

如图16所示，认为党组织参与企业治理对社会的影响体现在"积极响应国家号召方面"的所占比重最大，为70.44%；其次是66.5%的被调查对象认为党组织参与企业治理对社会的影响体现在"树立强化党员意识方面"；然后是65.52%的被调查对象认为党组织参与企业治理对社会的影响体现在"深度结合社会利益方面"；接下来是49.75%的被调查对象认为党组织参与企业治理对社会的影响体现在"完善社会民生工程方面"；最后是44.83%的被调查对象认为党组织参与企业治理对社会的影响体现在"发挥社会道德作用方面"。

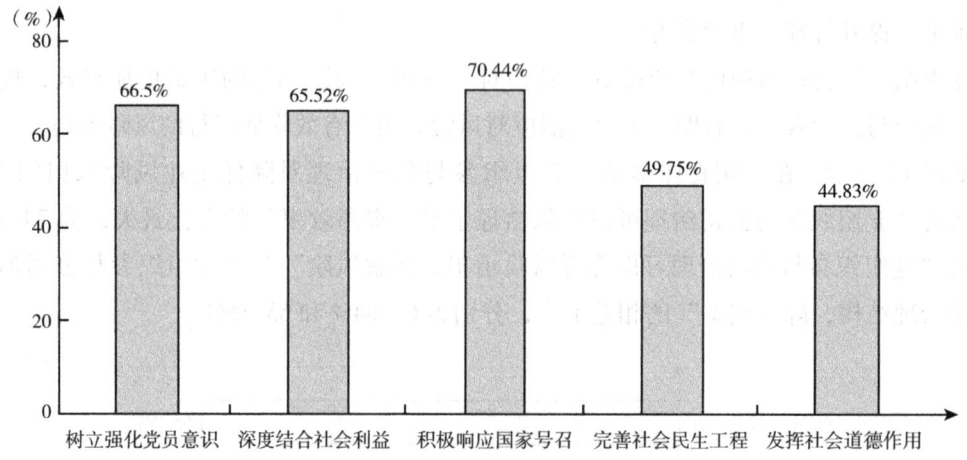

图16　调查对象认为党组织参与企业治理对社会产生的影响

1. 树立党员意识，强化教育培训。

党员的先进性在很大程度上取决于党员的综合素质。每个党员都做到"思想政治觉悟高于群众，业务能力高于群众，工作业绩高于群众"，就必须提高党员践行的先进性，实现党员教育的经常化、长期化。党员作为党组织的一员，不仅要心中有着共产主义的伟大抱负，还要将这一伟大抱负应用于新的时代背景之下，根据时代的要求，树立起全面建设小康社会的理想信念。而作为企业生产经营活动的主体，这一理想信念更不能动摇，党的党性意识更不能萎缩。企业党建的工作以生产经营为中心，要使企业在当今时代背景下快速发展，就必须提高广大党员的业务技能水平，使党员真正成为普通职工、人民群众的带头人、引路人，发挥先锋作用。企业要按照党章和"三个代表"重要思想的要求，认真贯彻"坚持标准、保证质量、改善结构、慎重发展"的方针，做好入党积极分子的培养、教育、考察工作。教育培训为企业引导党员践行先进性奠定了坚实的政治思想基础、业务技能技术和优秀的党组织队伍，为党员践行先进性提高了素质能力。

2. 注重社会利益，加强企业引导。

党员的先进性，如果离开了实践，就犹如纸上谈兵，无从谈起。企业党组织的工作中心要放在生产经营上，把生产经营的难点作为党组织工作的重点。在原有的基础上，创新形式，把一定浮动化的活动逐步转化为稳定的机制，注重社会利益，把自己的工作与社会群体的利益紧密联系起来，积极营造良好的工作氛围、轻松的生活环境。切实从民众的角度解决生产生活中存在的实际问题，凝聚党心民心，努力创造文明、和谐、稳定的环境。

3. 响应国家号召，参与社会治理。

如图 17 所示，69.95% 的被调查对象认为党组织参与企业社会治理可以通过"推动企业发展，扩大就业做出积极贡献"来实现的所占比重最大；其次是 63.55% 的被调查对象认为党组织参与企业社会治理可以通过"发挥技术优势，社区建设提供智力支持"来实现；接下来 60.1% 的被调查对象认为党组织参与企业社会治理可以通过"组织党员下沉，积极参与社区志愿服务"来实现；最后 55.67% 的被调查对象认为党组织参与企业社会治理可以通过"加强宣传教育，开展创建企业文化建设"来实现。

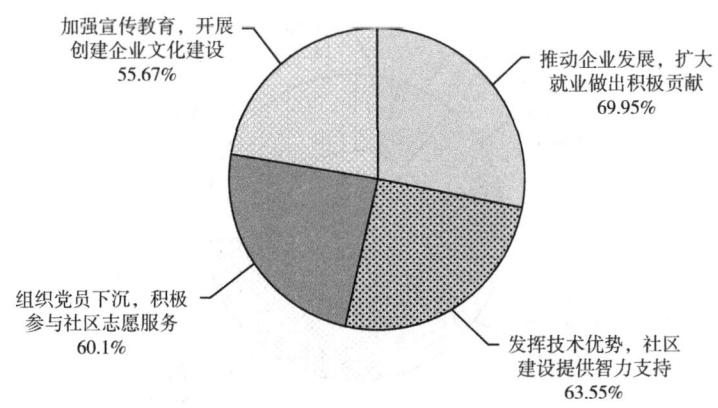

图 17　调查对象认为党组织参与企业社会治理的途径

党的十九届四中全会以来，党建引领社会治理作为一项重点工作，是积极推进企业党建和国家治理的重要组成部分，企业要提高责任感、使命感，积极参与到社会治理中来，推动社会治理不断取得新成果。

一是发挥技术优势，为社区建设提供智力支持。企业覆盖交通通信、电力基础设施建设等各个领域，涉及人民生活的衣食住行各个方面，在与民生息息相关的公共服务中，发挥着不可替代的作用。在推进基层社会治理、基层下移的政策号召下，企业将继续发挥技术和人才优势，为社区规划建筑设计智慧社区提供咨询服务，为打造安全舒适的生活环境提供专业的技术指导。

二是组织党员下沉，积极参与社区志愿服务。企业各级党组织要积极响应号召政策，通过组建社区工作队，落实党员积极投身成为社区治理力量，督促党员干部履职，将社区工作落实到实处，且要积极参与社区工作，开展社区志愿服务，关爱扶持特殊群体，协助解决社区重难点问题，切实发挥企业基层党组织战斗堡垒作用。

三是加强宣传教育引导，开展文明建设和企业文化建设。企业为职工干事提供了展现自己的平台，同时也承担着宣传教育的重要责任。一个企业的企业文化会不断影响着职工的价值追求和思想道德品质，潜移默化地改变了职工的价值观与人生追求。企业可以通过宣传自己的企业文化，引导员工树立乐观积极的人生态度。

（二）位卑未敢忘忧国：建设民生工程的先锋队

如图18所示，83.25%的被调查对象认为党组织参与治理的企业助力于民生问题的解决主要体现在"环境提升"方面，其所占比重最大；其次是81.77%的被调查对象认为党组织参与治理的企业助力于民生问题的解决主要体现在"扶贫解困"方面；80.79%的被调查对象认为党组织参与治理的企业助力于民生问题的解决主要体现在"教育助学"方面；认为党组织参与治理的企业助力于民生问题的解决主要体现在"社会保障"方面的和"医疗卫生"方面以及"文化体育"方面的，分别为28.08%、19.21%、14.78%。

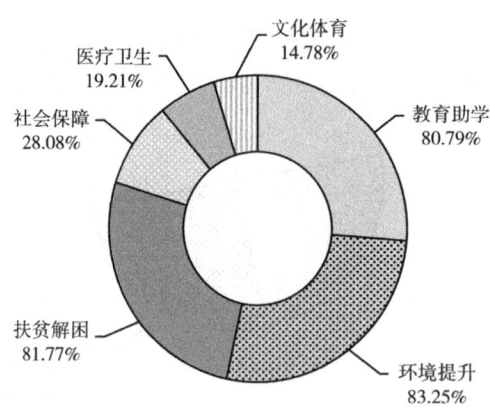

图18 调查样本认为党组织参与治理的企业助力于社会各项事业的发展

1. 教育助学：让党旗高高飘扬。

为履行企业的社会义务，在社会治理中发挥政治引领作用，企业党组织需要一直紧贴企业实际，大力加强党群建设，不断夯实党的建设基础，在实践中探索出紧扣教育属性、具有企业特色的党建新模式，为企业健康、高质、高效的发展提供了坚强的组织保障和力量支持。

企业为员工健康成长提供了优质的政治生态环境，为社会做出了贡献，也赢得各级领导和社会各界的广泛好评。为建设民生工程，企业全体职工可以积极投身公共事业，既可加强自身政治素养，也可提升社会认同感。企业的蓬勃发展，得益于党的正确领导，得益于党的路线方针和政策的可靠保证，也得益于社会上广泛的认可和各界鼎力的支持。

饮水思源，企业应当以行动回馈社会。2020企业社会责任高峰论坛日前揭晓"2020CSR竞争力——中国企业社会责任评选"榜单。完美（中国）有限公司荣获"2020CSR竞争力——中国企业社会责任评选"年度公益行动奖。作为侨资企业，"公益中华，四海同心"

是完美公司扎根中国二十多年来，积极践行社会责任的真实写照。在追求企业稳健发展的同时，完美公司已经形成捐建希望小学暨发起希望教师工程、推广母亲水窖、倡导无偿献血、参与慈善万人行、支持华文教育、推动禁毒事业等公益体系项目。1997年，完美公司在革命圣地延安捐建第一所完美希望小学。自此，完美公司向中国希望工程项目捐款总额逾1.1亿元，捐建逾百所希望小学遍布全国各地。2011年至今，完美公司向中国华文教育基金会捐资1.21亿元，不仅搭建起华人华侨文化交流的宽广平台，更在文化层面推动"一带一路"建设在沿线国家落地生根，助力中华文明传承。

在政治和精神层面上，企业应当坚持以立德树人为根本，培养德才兼备、全面发展的中国特色社会主义合格建设者和可靠接班人。

2. 环境提升：绿水青山在行动。

党的十九大报告提出，"生态"和"绿色"发展为企业指明了方向，明确了道路，企业应紧紧围绕绿色发展理念，推进能源生产和消费革命，构建清洁低碳高效安全的能源体系。结合"剿灭劣Ⅴ类"等省委省政府部署的重大任务和打赢"污水剿灭战、治气巩固战、治土攻坚战"等环保中心工作，提高政治建设、组织建设、纪律作风建设和服务中心的水平，增强党务干部本领，建设更讲政治、更有活力、更能战斗的基层党组织，将党的组织活力转化为生态环保的内生动力。

经过长期实践，企业已不能再局限于系统内部，而是要走出企业，为社会绿色发展出谋划策。只有在可持续发展的时代背景下，企业才能长久发展下去。所以企业应牢固树立"绿水青山就是金山银山"的理念，坚持人与自然和谐共生，在实际工作中实施绿色行动，助力企业绿色发展。牢固树立"安全红线不能碰，环保底线不可越"的理念。在建设美丽中国时，各级党组织和广大党员应修身正己，率先垂范做表率，严肃认真地进行批评与自我批评，认真履职尽责，主动担当作为，持续作风转变，把全面提升自己贯穿始终，抓好安全环保，确保经营稳健发展，把完成目标作为首要任务。

3. 扶贫解困：精准扶贫惠民生。

人民是历史的创造者，人民是真正的英雄。在习近平新时代中国特色社会主义思想的体系里，"人民"是最响亮的字眼；为了人民、依靠人民，是最坚定最有自信的力量所在。以人民为中心，是习近平新时代中国特色社会主义思想最鲜明、最核心、最本质的特征。不忘初心，坚持以人民为中心的立场，牢记使命，践行我们党的宗旨——全心全意为人民服务，就是实现中华民族的伟大复兴最强大、最可持续的动力源泉。而作为党建企业，应积极顺应国家政策，帮助国家实现精准扶贫，成为脱颖而出的主力军。同时应该坚持关注民生，多举措施促进贫困地区民生改善，让脱贫攻坚成果切实惠及人民。

企业党组织在党建促进企业发展上应走出一条"红色配方"之路，为新形势下党建助力企业如何发展提供了坚强的组织保障和智力支撑。企业应始终秉持"坚持经营抓党建，抓好党建促发展"的思路，将党建工作同运行经营、文化建设、脱贫致富相结合，在促进当地经济发展、产业带动群众增收致富方面发挥积极作用。

（三）一方有难八方援：天灾人祸前的众志成城

1. 地动天不塌：万人齐心建家园。

2008年5月汶川大地震，给当地带来了巨大的损失。信息化物流企业，如深圳华为、中国移动，第一时间保障了信息的有效传播，使地震灾区与外界在最短的时间内取得了联系，为营救生命争取了宝贵的时间，这都体现了企业的社会责任感和使命感。安徽合力累计捐赠现金293.5万元，公司有800多名中国共产党主动交纳"特殊党费"41.7万元，有10多名职工愿意参与无偿献血，并向地震灾区捐赠大量救灾物资。在突如其来的自然灾害面前，企业充分发扬了"一方有难，八方支援"的团结精神，体现了"临危不惧、恪尽职守、不屈不挠、无私无畏"的无私奉献精神。

如图19所示，80.3%的被调查对象认为在抗震救灾中企业的主要贡献是"提供物资"的所占比重最大；其次68.97%的被调查对象是认为在抗震救灾中企业的主要贡献是"带头捐款"的；接下来是67.98%的被调查对象认为在抗震救灾中企业的主要贡献是"做志愿者"；最后是46.31%的被调查对象认为在抗震救灾中企业的主要贡献是"建设灾区"。由此可见，有党组织参与治理的企业比没有党组织参与的企业在国难面前更有责任感。

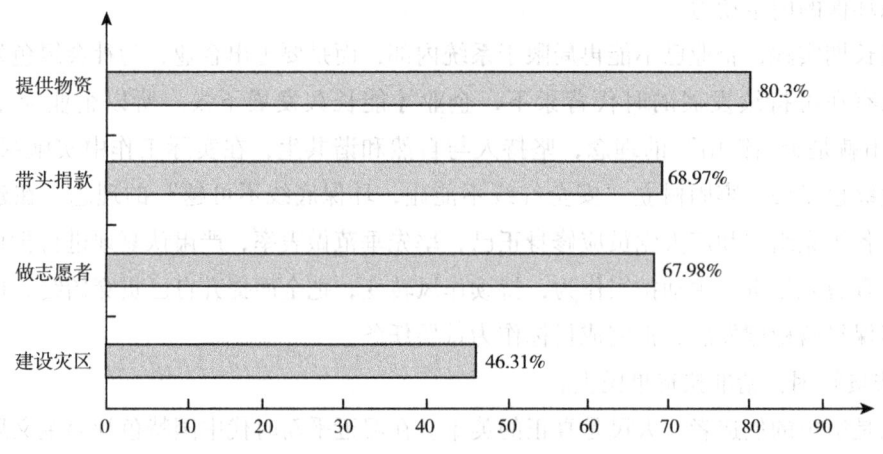

图19 调查样本认为党组织参与下企业在抗震救灾中的主要贡献

2. 抗疫急且险：主动请缨驱疫疠。

在湖北武汉防控一线的大战中，国有企业充分发挥了大国重器的中流砥柱之作用，在这场前所未有的疫情中成为中国各族人民救援的主力军。在这个没有硝烟的战场上，国有企业率先复工复产，成为稳定经济增长"领头羊"。与其他国家相比，中国应对疫情的反应速度、组织的规模、动员的广泛性、工作的有序性、丰富的物资供给以及强有力的后备保障，让国际社会刮目相看。这充分体现了中国共产党领导的正确性、决策的果断性以及管理的有效性，体现了中国特色社会主义制度的优越性，也体现了在党中央坚强正确的领导下，中国人民坚决打赢防控疫情的人民战争、总体战、狙击战的意志和决心。

3. 水淹城不倒：团结抗洪已有谋。

2020年8月，陕西省凤县连续几日发生强降雨，嘉陵江水位上涨迅猛，防汛面临十分严峻的挑战，凤县企业党组织面对汛情灾情，积极应对、主动出击，充分发挥了党组织的战斗堡垒作用和党员的先锋模范作用，凝聚起了防汛救灾的坚实力量，为保障人民群众的安全提供自己的力量。9月甘肃省农垦集团有限公司等7家爱心企业向陇南、甘南州等爆发洪水的灾区捐赠能力救灾物资以及钱款。各个地区的部分企业把防洪救灾作为当前的首要任务，帮助零售商户开展抢救自救和安全经营，确保汛期的物流运输畅通无阻以及配送员的自身安全，组织党员冲在防汛一线、战斗在前沿，以实际行动带领群众战胜洪水猛兽。

五、研究结论与未来展望

（一）研究结论

党组织在公司治理中发挥的中坚作用，不仅为企业稳定了内部资源，而且为企业创造了优越的运营环境。本研究从党组织与企业的关联、党组织参与公司治理的现状、党组织在公司治理中的中坚作用、党组织带领企业创造的"中国奇迹"这四个方面展开论述，较为详细地梳理了新时代下党组织对企业的发展的重要性。本研究在党组织参与公司治理的理论与现实依据分析的基础上，通过查阅资料与调查问卷的形式从现有企业内部党组织设立情况、企业内部重视党建工作的现状、党组织参与公司治理对改善企业结构的表现等几个方面展开，研究发现党组织参与企业治理从治理结构、发展方向、抑制腐败、经营风险这几个方面起着不可替代的中坚作用。据中华工商时报调查显示，83.96%的民营企业没有设立党组织有由于党员数量少，还有一些企业未设立党组织的原因是党员流动性大以及不知如何建立，同时发现有些党组织对于企业重大决策的影响力不能得到有效的发挥、党组织与董事会高层权责划分不够明确等一些需要进一步去探索的问题。但同时，党组织带领企业创造的一个又一个"中国奇迹"也让世界人民震撼。

党组织参与公司治理实践已经取得重大突破性的成就。目前来看，党组织发挥的中坚作用为企业的长远发展营造了一个和谐健康的内外部环境，党组织带领企业创造的一个个"中国奇迹"，不仅促进了社会主义现代化建设，也为中国赢得了良好的国际荣誉，但是不可否认的是，党组织参与企业治理还存在着一些需要我们花费时间精力去认真研究探索的问题，所以未来我们依然要保持长期研究探讨，为完善党组织参与公司治理提供新的思路。

（二）未来展望

目前，近200万非公有制企业建立了党组织，这说明越来越多的民营企业家认识到党建的重要性，让党组织参与到每一家企业经营管理的道路仍然任重道远。我们毫不畏惧，因为我们坚信党组织已然参与的的企业治理的成功实践是最好的证明。发展呼唤理论创新，用更加开阔的视野审视党的领导与完善公司治理的融合发展，用更加现代的技术方法分析公司的运行机制，用更有说服力的治理实践彰显中国特色现代企业制度的强大优势，将是这一领域理论和实践的发展方向。可以预见，在各方的共同努力下，以党组织参与公司治理结构为核心特征的中国特色现代企业制度将日趋完善，优秀的公司治理将支撑中国企业蓬勃发展。在中国特色的社会主义政治、经济制度背景下，我国企业的最大特色优势就是，将党组织积极有效地融入公司治理中去，并充分发挥党的领导作用，而相关法律法规的制定和颁布，也为企业党组织参与公司治理提供了法律支撑和保障，从而为企业的未来发展把舵领航、保驾护航。我们相信，未来 30 年时间，到 21 世纪中叶，伴随着中华民族伟大复兴的步伐，中国企业将以前所未有的昂扬姿态走近世界舞台中央，不仅企业的规模实力领先世界，先进的公司治理模式也将备受世界瞩目。

获奖情况：第 15 届"挑战杯"河南省大学生课外学术科技作品终审决赛一等奖
完成人员：李炳慧，王贺情，陶成，符佳伊，刘丹，张梦，王敏，祝捷

中国税治：减税"说服"企业创新和绿色发展了吗？

摘要： 在当前中国经济转型的过程中，政府亟需借助减税降费提高企业创新活力和推动绿色发展，培育经济发展新动能以实现区域协调发展。本报告运用我国 2010~2020 年企业的相关统计数据，基于实证研究分析减税降费对企业创新和绿色发展的影响，并探讨减税降费政策对企业技术创新和绿色发展的联合调节效应。

实证研究发现：（1）减税降费对企业技术创新具有激励效果，减税降费对东部地区企业技术创新水平的促进效果优于非东部地区企业；（2）减税降费的相关政策与企业环境效益之间呈正相关关系，即税收优惠的力度越大，企业环境效益越高；（3）减税降费有利于激发企业的环保意愿，但对不同行业的激励效果具有差异性；（4）技术创新和绿色发展相互协调。减税降费可以缓解企业创新而产生的成本压力，激励企业积极开展绿色工艺创新，从而弥补企业开展绿色创新活动的局限性。

本报告构建了减税降费对企业创新和绿色发展的循环影响机制，从降低成本、补齐短板等方面进一步分析减税降费的作用，为企业技术创新与绿色发展融合研究提供了新的视角。同时从优化服务、健全政策、加大投入等多个方面提出对策建议，进而提高企业技术创新能力和绿色发展水平，促进经济高质量发展。

关键词： 减税降费；技术创新；环保意愿；绿色发展

一、抽丝剥茧：减税降费视角下的企业创新和绿色发展

（一）实施减税降费，是推动企业焕发活力的有效方法

2021 年李克强总理在政府工作报告中多次提及"税收优惠"，明确指出要优化和落实减税政策，并实施新的结构性减税措施，对冲部分政策调整带来的影响，继续执行制度性减税政策，延长小规模纳税人增值税优惠等部分阶段性政策执行期限。推进减税降费，焕发企业活力，是驱动企业价值创造、产业提质增效和提振实体经济的重要举措。理论上，降低企业税率不仅能降低企业创新投入成本，而且会减少企业现金的流出，增加企业内部融资，缓解企业创新面临的融资约束。减税降费政策是激发企业创新活力和绿色发展的政策支撑。

（二）激发创新活力，是提高企业核心竞争的关键之举

在我国创新驱动发展的战略背景下，习近平总书记在党的十九大报告中明确指出："我国经济已由高速增长阶段转向高质量发展阶段。""十四五"规划纲要提出，坚持创新驱动发展，加快发展现代产业体系，坚持创新在我国现代化建设全局中的核心地位，把科技自立自强作为国家发展的战略支撑。创新是一个国家强盛和社会进步的不竭动力，更是一个企业的生存之本和发展之基，是引领经济发展的第一动力，通过减税激励企业创新，强化企业的创新主体地位，有助于保持创新的原动力并实现创新的快速转化，提高企业的核心竞争力。

（三）推进绿色发展，是助推美丽中国建设的重要手段

习近平总书记强调："推动形成绿色发展方式和生活方式，是发展观的一场深刻革命。"在我国"十四五"规划纲要中明确指出推动绿色发展促进人与自然和谐共生、提升生态系统质量和稳定性、持续改善环境质量和加快发展方式绿色转型。绿色发展是转变经济发展方式、提高发展质量和效益的具体要求，是促进经济社会和谐稳定发展的必要选择。企业应坚持"绿色发展"的主导思想，不断提升创新能力和技术水平，投入资金开展技术攻关、研发和改进。在党的十九届五中全会精神指引下，企业应紧跟时代发展的脉搏和步伐，担当起"一方平安"的社会责任，秉承产业报国的精神，在清洁生产、智能制造、节能减排上"大做文章"，实现产业结构、技术创新、转型再升级，不断提升企业绿色发展的意识和理念，实现高质量发展，从而促进全行业的转型升级。

二、穿花寻路：减税、创新和绿色的现实扫描

本部分主要包括减税降费现状、企业创新现状和企业绿色发展现状的分析。其中减税降费现状主要从税返金额、税收增速和优惠政策三个方面来分析；企业创新现状主要从企业的研发投入、专利数量、产出现状三个方面来分析；绿色发展主要从企业环保投资、环保意识和转型水平进行现状分析，从而对我国减税降费、创新活力和绿色发展的现状有一个充分全面的认识。

（一）减税降费的减法有待落实

1. 减降力度逐渐加强。

2017年我国税收减费共1万亿元，占当年税收比重的7.94%；2018年我国税收减费共1.3万亿元，比上年同期同比增长30%，占当年税收比重的7.65%；2019年我国减税降费共2.36万亿元。比上年同期同比增长81.5%，占当年税收比重的14.94%；2020年我国减税降费共2.5万亿元，比上年同期同比增长59%，占当年税收比重的18.27%。从图1上的趋势变化，我们可以知道我国减税降费的力度在逐年加大，占税收的比重也越来越大，可以看出国家在减税降费方面的决心。

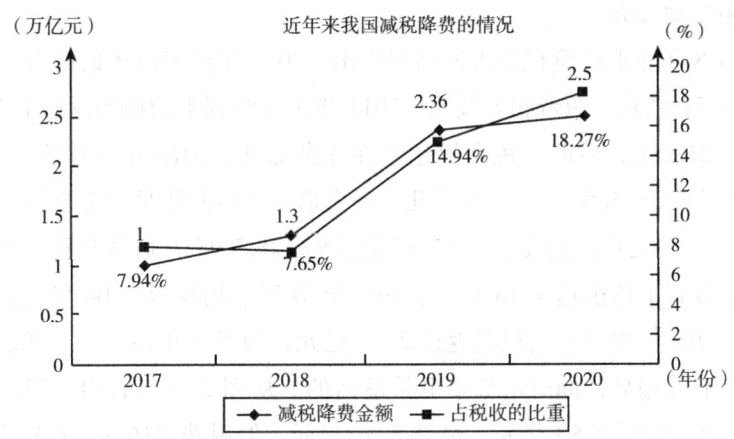

图 1 2017～2020 年企业减税费及其占比

2. 税收增速逐渐下降。

如图 2 所示，在 2012 年税收增速达到 12.1%，为近九年最大值，此后四年逐渐降低，同时当年 GDP 增速为 7.9%，为近九年最大值，GDP 增速和税收增速呈现正相关；2013 年 GDP 增速为 7.8%，相较于上年降低 0.1%，税收增速 9.9%，相较于上年降低 2.2%；2016 年 GDP 增速为 6.7%，相较于上年降低 0.2%，同时增速为 4.4% 达到近一阶段最低值。2017 年 GDP 增速为 6.8%，相较于上年增长 0.1%，税收增速为 10.8%，相较于上年增速上涨 6.4%，增速下降情况开始出现反弹；2018 年 GDP 增速 6.6%，相较于上年增速下降 0.2%，税收增速出现下降；2019 年 GDP 增速 6.1%，相较于上年同期下降 0.5%，税收增速出现极大幅度的下降至 1%，同时受新冠肺炎疫情影响，2020 年 GDP 增速出现较大幅度下降，税收增速也下降至最低点 -2.6%。我国税收的增速总体上呈现下降的趋势，并且 GDP 增速下降较为平缓，而税收增速下跌较快。

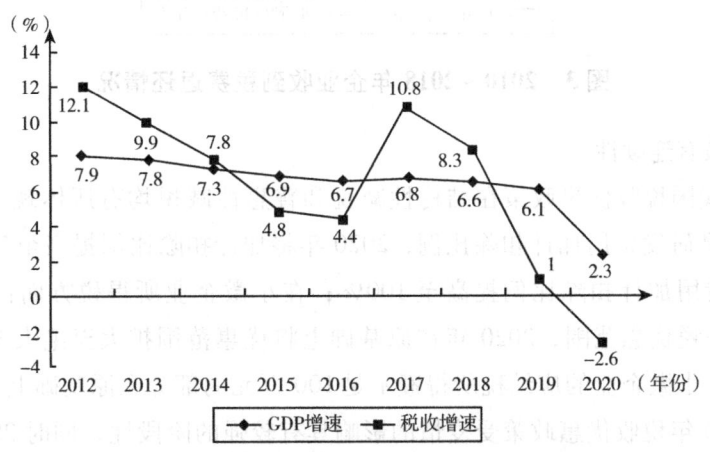

图 2 2012～2020 年 GDP 与税收增速

数据来源：国家统计局网站。

3. 税返金额波动较大。

由 2010~2018 年企业收到税费返回情况看出，2013 年税费返还最低为 0.83 亿元，比最高的 2018 年低 1.54 亿元，两者相差较大。2011 年企业收到平均税费返还 1.2 亿元，相较于 2010 年同比增长 21.1%，后两年税费返还率在逐渐降低；2013 年企业收到返还为 0.83 亿元，相较于上年减少 35.38%，减幅为近几年最大值，之后两年呈上涨趋势。2014 年企业收到平均税费返还 1.24 亿元，相较于 2013 年同比增长 48.74%，后两年税费返还率在逐渐降低；2016 年企业收到平均税返 1.13 亿元，2017 年收到平均税返 1.04 亿元，这两年税费返还在逐渐下降；2018 年收到平均税费返还 2.37 亿元，为近九年最高值，相较于上年同比上涨 127.46%，呈上升趋势，同时增长率也是最高的。从图 3 可以看出，我国近年来的税费返还金额变化不大，最低 0.83 亿元，最高 2.37 亿元，但税费返还率存在较大的波动。

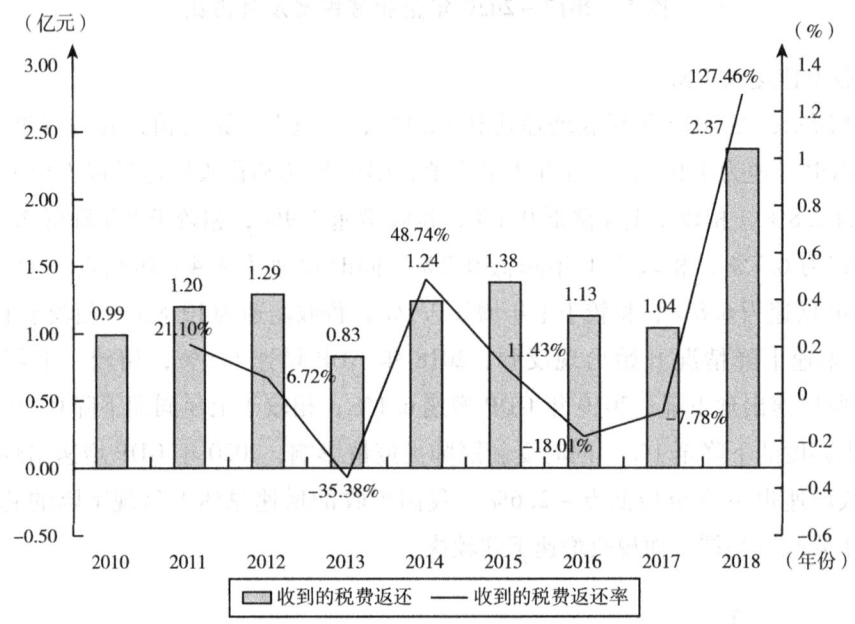

图 3　2010~2018 年企业收到税费返还情况

4. 优惠政策有连续性。

2019 年，我国税收优惠政策在结构性减税和普惠性减税均有所体现，在加计扣除方面：2019 年提高研发费用加计扣除比例，2020 年将加计扣除比例提高至 75%，两会中又将制造业研发费用加计扣除比例提高至 100%；在小微企业所得税方面：2019 年扩大了小微企业的所得税优惠范围，2020 年在原基础上将优惠范围扩大至绝大多数小微企业主体，两会中又将小微企业的应纳税所得额不足 100 万元的部分在原基础上再减半征收。从整体来看，2020 年税收优惠政策受疫情的影响具有较强的阶段性，同时 2021 年两会在原优惠基础上又继续提高了优惠的力度和范围，从表 1 可以看出税收优惠政策具有一贯性和连续性。

表1　　　　　　　　　　2018~2020年减税政策

	2018~2019年	2019~2020年	两会政策
结构性减税	延长高新技术和科技型中小企业亏损结转弥补年限	小微企业和个体工商户延缓缴纳所得税	实施新的结构性减税举措对冲部分政策调整带来的影响
	提高研发费用税前加计扣除比例	研发费用加计扣除比例由50%提高到75%	制造业研发费用加计扣除比例提高到100%
	扩大固定资产加速折旧优惠政策至整个制造业	扩大加计扣除优惠政策由科技型中小企业至目前的所有企业	
普惠性减税	扩大小型微利企业所得税优惠政策范围	小微企业所得税优惠政策覆盖绝大多数企业主体	小微企业和个体工商户年应纳税所得额不到100万元的部分，在现行政策基础上，再减半征收
	增值税原适用16%税率的，税率调整为13%；原适用10%税率的，税率调整为9%	小规模纳税人减免增值税；更加注重结构性、精准性和针对性	小规模纳税人增值税起征点从月销售额10万元提高到15万元
社保费改革	降低养老保险单位缴费比例降至16%调整社保缴费基数政策	减免小微企业社保费	
	阶段性降低失业保险工伤保险费率	继续实施阶段性降低失业和工伤保险费率	

（二）创新活力的加法有待突出

随着经济全球化的不断发展，国际间的科技竞争也愈发激烈，科技创新和自主创新已经成为一个企业的核心竞争优势。但是我国的企业起步较晚，缺乏先天优势，欠缺研发资金，并且会受到外国核心技术和自主创新能力的影响。所以我国的一些企业在技术方面面临着或多或少的问题。要想我国企业健康稳定的发展，就必须激发企业的自主创新能力和科技研发能力。企业的核心竞争力就是要提高自主创新能力，使技术创新成为企业在竞争中的一个中坚力量。其中减税降负能够激发企业的创新活力。通过企业的研发投入以及专利数量，再结合我国主要经济分区的情况来说明我国的企业在创新活力发展方面的状况。

1. 科研战略地位不突出。

2012~2020年我国研发投入金额不断增加，其中2013年研发金额31123200万元与2014年31075100万元基本持平，但研发投入总额占营业收入比重仍保持上升趋势，即从

1.2%升至1.3%;2016年研发投入总额占营业收入比与2017年研发投入总额占营业收入比持平,均保持为1.7%,但研发投入金额2017年比2016年增加15437900万元;2020年研发投入金额与其所占营业收入比均为近年来最大值。从图4得知,研发投入金额虽然逐渐增加,但其所占营业收入的比重仍保持较低水平,需要提高技术创新在企业发展中的战略地位。

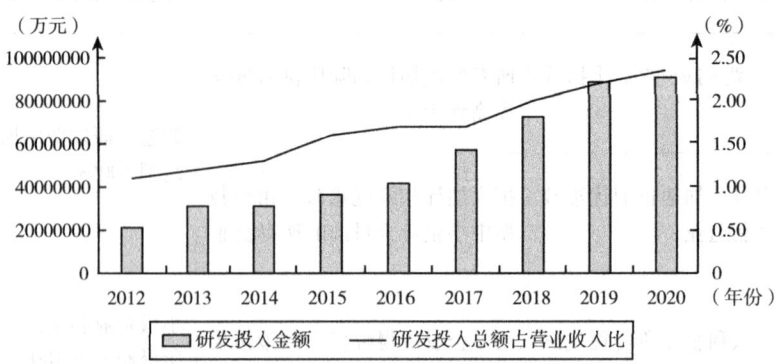

图4 2012~2020年研发投入及其占收入比重

2. 地区研发投入差异大。

图5按照国家统计局的经济区域分类条件将企业分为四大经济区域,从地区的角度来观察企业的研发投入情况。从统计结果可知,东部地区研发投入金额均值最高为16007.60万元。位列第二的是中部地区,其研发投入金额均值为12592.42万元。东北地区排名第三,其研发投入金额均值为10720.49万元。位于四大经济区域之末的是西部地区,研发投入金额均值仅有9276.53万元。所以各地区间的研发投入受经济水平和优惠政策试点影响差距还是比较大的。

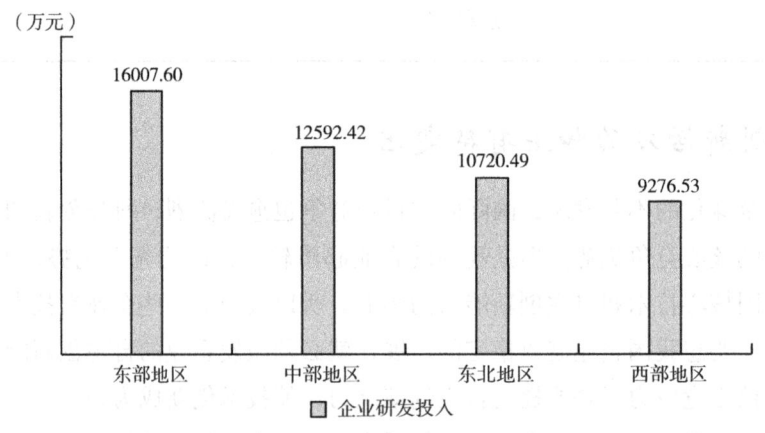

图5 不同地区研发投入情况

3. 行业专利产出区别大。

通过国泰安GSMAR数据库搜集我国企业的专利申请数与专利授权数,并且按其行业规范进行了分类。根据图6数据可知,房地产的专利申请数和专利授权数的均值都是最高的,分别是 241 件和 430 件。其次是工业专利申请数和专利授权数分别是 117.7 件和 66.3 件。另外，综合类、公用事业和商业的专利申请数均值比较接近，分别是 32.5 件、32.3 件和 32 件。综合类、公用事业和商业的专利授权数的均值相差不大，分别为 26.7 件、27.5 件和 27.9 件。由此得出结论，房地产的研发投入是最高的，专利申请数和授权数也是最高的，行业间的专利产出区别较大。

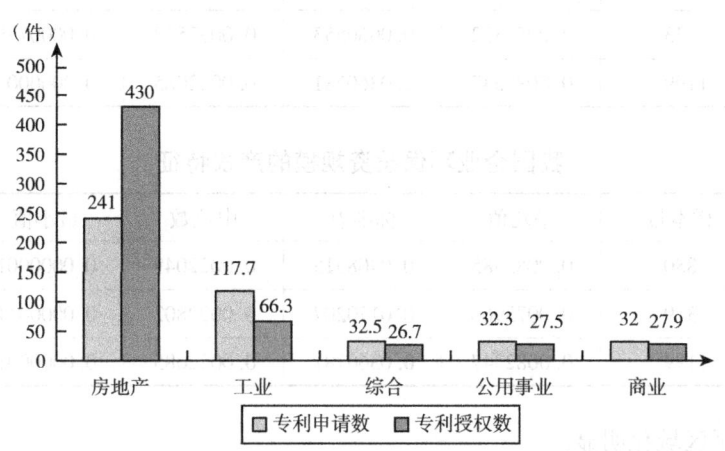

图 6　我国公司的专利申请数和专利授权数

（三）绿色发展的乘法有待显著

随着我国经济的不断发展，在经济发展中出现了一些新的问题。我国提出从"高速"发展到"高质量"发展的政策，所以绿色发展的道路才是适应新时代经济发展趋势的选择，通过分析我国企业绿色发展的现状，可以发现企业在绿色发展中面临的困难，为企业绿色发展纾困解难。

1. 环保投资差异性较大。

通过分析我国不同地区企业环保投资规模特征，得出环保投资规模在不同地区存在着明显差异。从环保投资规模的均值来看，西部地区为 0.0111，明显高于东部、中部和东北地区，东北地区为 0.0055，处于较低水平；从环保投资的标准差来看，东北地区为 0.0061，明显低于东部、西部和中部地区，而东部地区标准差为最高值 0.0425；从环保投资的中位数来看，东北地区数值最高为 0.0038，高于东部、西部和中部地区，而东部地区的中位数值最小，为 0.0018。

同时从环保投资产权特征的均值来看，国有上市公司均值较高为 0.0085，而民营企业的均值较低；从产权特征的标准差来看，国有企业标准差 0.0409 高于民营企业的 0.0170；从产权特征的中位数来看，国有企业中位数 0.0022 低于民营企业的中位数 0.0023。由表 2、表 3 分析得出，我国现阶段的环保投资无论从地区特征还是产权特征，均存在较大的差异。

表2 我国企业环保投资规模的地区特征

地区	样本	平均值	标准差	中位数	最小值	最大值
东部地区	796	0.0080118	0.0424966	0.0018276	0.0000004	0.2292391
西部地区	188	0.0111018	0.0235158	0.0024689	0.0000137	0.1456131
中部地区	182	0.0067470	0.0096312	0.0033514	0.0000001	0.0732491
东北地区	33	0.0054832	0.0060553	0.0037512	0.0000738	0.0321417
合计	1199	0.0082347	0.0360781	0.0022085	0.0000001	0.2292391

表3 我国企业环保投资规模的产权特征

产权特征	样本量	平均值	标准差	中位数	最小值	最大值
国有公司	880	0.0085385	0.0408515	0.0022049	0.0000001	0.2292391
民营公司	319	0.0073966	0.0170207	0.0022802	0.0000011	0.2221537
合计	1199	0.0082347	0.0360781	0.0022085	0.0000001	0.2292391

2. 转型水平区域化明显。

通过分析我国企业的绿色转型水平分布特征散点图7可得，北京、广东、上海、天津和浙江等东部沿海经济发达地区制造业绿色转型水平层级较高，保持在0.8~1，其中北京地区绿色转型水平最高；吉林、黑龙江、广西、甘肃、重庆、山东等部分地区处于第二层次；河南、湖南、福建、山西、辽宁等地区处于第三层次；青海、宁夏、新疆和云南等西部地区则处于第四层次，其中宁夏的绿色转型水平最低。从各地区企业绿色转型水平分布特征来看，各地区绿色转型水平仍存在较大差异，区域化差异明显。

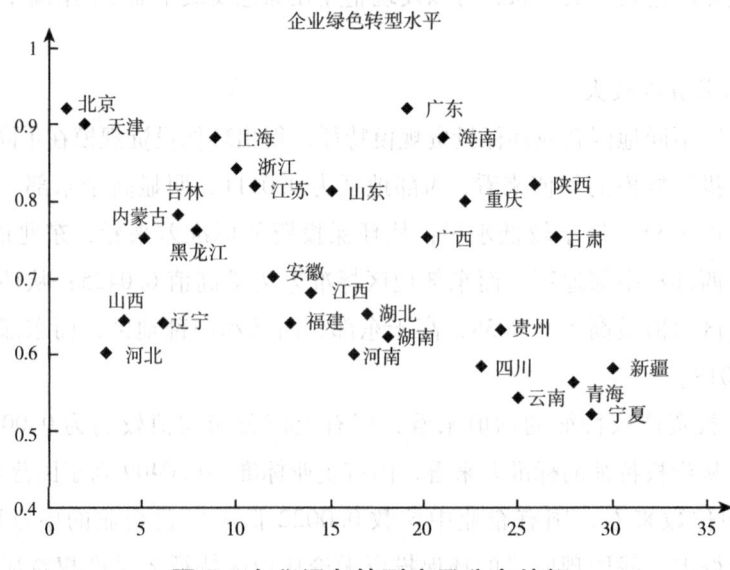

图7 企业绿色转型水平分布特征

3. 环保意识水平仍欠缺。

2010~2013年企业的环保意识评分相差较小,最高分与最低分相差0.15,增长率前期略微上升后期略微下降;2014年时企业的环保意识评分出现较大下降,增长率也出现较大变化;2014~2015年企业的环保意识评分出现逐步上升,且环保意识的增长率在2015年达到最大值135.9%;2015~2018年,企业的环保意识和环保意识增长率不断下降,与前期拉开较大的差距。由图8可知,我国企业的环保意识水平整体偏低,并且在波动变化。

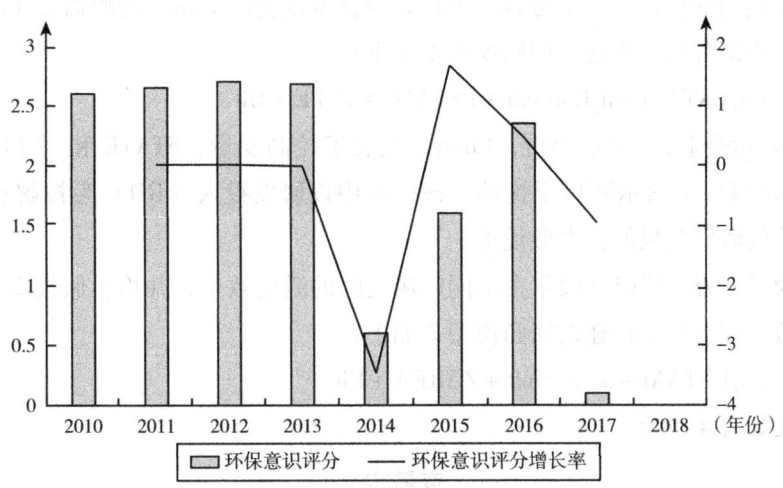

图8 我国企业环保意识评分和增长率

综上所述,通过对减税降费、创新活力和绿色发展现状的分析研究,得出现阶段我国减税降费力度在不断提高、企业转型在不断推进,但仍然存在着政策无法落到实处、区域间差异较大、创新活力和环保意识较低等问题制约经济的高质量发展。

三、开拓进取:减税降费对企业创新的实证研究

(一) 减税降费与企业创新的研究假设

1. 减税降费对企业技术创新具有激励效果。

减税降费对企业的创新发展具有重要的影响,近年来,国家大力倡导万众创新,推动企业的创新发展,相继出台了各种减税降费的优惠政策。本报告为了更好的研究分析减税降费与企业创新发展之间的关系,提出假设1:减税降费对企业技术创新具有激励效果。

2. 减税降费对技术创新具有区域性的差异。

减税降费在我国各地都开始发挥着它的作用,每个地区由于具有其特殊性,减税降费政策在不同的地区也具有不同的效果,为了更好地研究减税降费在不同区域之间的激励效果,提出假设2:减税降费对技术创新具有区域性的差异。

（二）减税降费与企业创新的变量定义与模型设计

样本的选取来源于国泰安 CSMAR 数据库，同时搜集到国泰安 CSMAR 数据库中收到的税费返还企业，以及企业所适用的税率、研发金额的投入、相关专利等资料，其他辅助数据主要来源于国泰安 CSMAR 数据库、巨潮资讯网站、国家税务总局网站。

为了更好地考查减税降费对企业技术创新的影响，并检验研究假设，按照本报告选取的各个变量进行模型的构建。为了考查减税降费与技术创新的关系并检验假设 1，本报告构建回归模型进行实证分析，构建的回归模型 1 如下：

$$RDtt = a_0 + a_1 LNTAXt + a_2 Controlt + LSTATE + TYPE + Git \tag{1}$$

其中，i 表示企业，t 表示年份，Control 代表了控制变量，STATE 和 TYPE 分别表示权属性质与所属行业，ε 表示随机干扰项。该模型中以研发投入（RD）为被解释变量，用以检测减税降费的激励效果的，即假设 1。

假设 2 为了考查减税降费政策在不同区域之间的激励效果，并检验假设 2，本报告构建回归模型进行实证分析，构建的回归模型 2 如下：

$$RDtt = a_0 + a_1 LNTAXt + a_2 Controlt + ZAREA + Eit \tag{2}$$

变量定义如表 4 所示。

表 4　　　　　　　　　　　变量定义

被解释变量	研发投入 RD	研发投入金额取对数
	研发产出 PATENT	专利申请数加 1 取对数
解释变量	减税降费 Lntax	收到的税费返还的对数
控制变量	企业年龄 Age	观测年份 - 上市年份
	企业资产规模 Size	资产总额
	企业偿债能力 Lev	资产负债率
	企业盈利能力 Roe	净资产收益率
	企业经营能力 Incm	总资产周转率
	企业发展能力 Growth	总资产增长率
	企业权属性质 State	国有企业 = 1
		非国有企业 = 0
	企业所属行业 Type	高新企业 = 1
		非高新企业 = 0
		制造业 = 1
		非制造业 = 0
	企业所属地区 Area	东部地区 = 1
		非东部地区 = 0

(三) 减税降费与企业创新的相关性分析

1. 相关性分析。

表 5 为主要变量的相关性检验，结果显示，在 1% 的程度上减税降费与研发投入存在线性关系，回归系数为 0.367，这说明减税降费对企业技术创新具有正相关性。

表 5　　　　　　　　　　主要变量相关性分析

变量	RD	Lntax	SH	RS	Age	Size	Lev
RD	1						
Lntax	0.367***	1					
SH	0.125***	-0.108***	1				
RS	-0.131***	-0.116***	0.228***	1			
Age	0.049**	0.124***	-0.394***	-0.221***	1		
Size	0.852***	0.315***	-0.100***	-0.151***	0.009	1	
Lev	0.357***	0.277***	-0.256***	-0.367***	0.271***	0.312***	1

2. 描述统计。

表 6 为本报告主要变量的样本描述性统计结果。由表 6 可得，在本报告选取的 2247 个样本中，公司研发投入金额（RD）的均值为 22133.68 万元，最大值为 1059000.00 万元，最小值为 23.23 万元，标准差为 67994.14，另外，25 分位、75 分位分别为 3496.22、16491.31，得出样本公司的研发投入情况存在较大差异。

减税降费的均值为 0.12，最大值为 0.47，最小值为 0.00，标准差为 0.01，说明样本公司享受的减税降费力度存在差异。

表 6　　　　　　　　　　样本描述性统计

variable	N	sd	mim	max	mean	p25	p75
RD	2247	67994.140	23.230	1059000.000	22133.680	3496.220	16491.310
LNTAX	2247	0.110	0.000	4.070	0.120	0.090	0.140
SH	2247	0.160	0.000	1.150	0.100	0.000	0.160
RS	2247	0.070	0.010	0.680	0.110	0.070	0.140
Age	2247	5.570	6.000	26 000	11 430	7.000	15.000
Size	2247	90967.200	194.700	1862000.000	17581.040	1869.000	8592.000
Lev	2247	0.170	0.010	0.850	0.340	0.200	0.460
Roe	2247	0.070	0.000	0.650	0.120	0.070	0.150
Incm	2247	0.360	0.030	3.230	0.670	0.450	0.800
Growth	2247	0.370	0.000	7.790	0.240	0.080	0.260

（四）减税降费显著促进企业技术创新

1. 减税降费促进企业研发投入。

减税降费对企业技术创新的回归分析。本报告对模型1进行实证分析，回归结果如表7所示。如表7所示，是在没有加入控制变量和加入控制变量的两种情况下，减税降费对企业技术创新的作用效果，可以看出，在1%的水平上，减税降费对技术创新存在正相关，回归系数分别为0.0720和0.0458，表明减税降费能够促进企业进行创新投入，激发企业创新活力，即减税降费对企业技术创新具有激励效果。

表7　　　　　　　　减税降费对企业研发投入回归分析

	RD	RD
Lntax	0.0720 *** (6.6200)	0.0458 *** (5.7000)
Age		0.0088 (0.7900)
Size		0.4967 *** (18.0200)
Lev		−0.2233 * (−1.6900)
Roe		0.2326 (0.9600)
Incm		0.3040 *** (3.3300)
Growth		−0.0414 (−1.5300)
Year	Yes	Yes
Industry	Yes	Yes
Observations	2247	2247
R-squared	0.3060 0.6340	0.5800 0.6340

注：* $p<0.1$，** $p<0.05$，*** $p<0.01$ 使用聚类稳健标准误（cluster robust standard error）。

为了研究不同区域减税降费对企业研发投入有何差别，本报告在模型2中固定了地区属性并进行实证分析，回归结果如表8所示。另外，将中部、西部和东北地区的公司合并为一体,称为"非东部地区",因此本报告的地区属性分为两大类,分别是东部地区和非东部地区。

根据表 8 考察减税降费对不同区域企业技术创新的影响我们发现,在 1% 水平上,减税降费与技术创新在东部区域和非东部区域的回归系数分别为 0.614 和 0.448,表明减税降费对东部区域企业技术创新水平的促进效果优于非东部区域,这与本报告假设 2 相吻合,原因可能是东部地区整体经济水平相对发达,缴纳基数也比较大。所以享受的减税降费额度相对较高。即减税降费对技术创新具有区域性的差异。

表 8　　　　　　　　　　东部和非东部地区企业回归分析

	RD 东部	RD 非东部
Lntax	0.614 *** (0.533)	0.448 *** (1.871)
Size	0.745 *** (0.073)	0.453 ** (0.116)
Lev	−0.280 (0.275)	1.340 * (0.679)
Roe	2.201 *** (0.612)	1.121 (1.506)
Incm	0.177 (0.200)	0.649 (0.467)
Growth	−0.199 *** (0.501)	−0.009 (0.109)
Constant	1.387 (1.522)	6.590 ** (2.479)
Year	Yes	Yes
Industy	Yes	Yes
Observations	1659	588
R-squared	0.642	0.401
Ajusterd R^2	0.388	0.388

2. 减税降费与创新产出正相关。

本段将进行一系列的检验分析,以确保实证分析结果的稳健性与有效性。全报告的实证分析采用研发投入的金额衡量减税降费对创新投入的影响效果,此部分将采用专利数量,从创新产出的角度来检测税收优惠对企业创新的影响效果。

对假设 1 的稳健性检验结果如表 9 所示。结果显示在 1% 的显著水平上，减税减费与企业创新之间存在正线性关系。该回归结果与前面检验结果相一致，说明减税降费与企业创新正相关，该检验结果与前面假设 1 一致。

表 9　　减税降费对企业研发产出的稳健性检验

	patent	patent
Lntax	26.30*** (7.165)	8.806*** (3.477)
Size		46.20*** (14.670)
Lev		1.976 (26.42)
Roe		−53.47 (89.50)
Incm		1.194 (16.58)
Growth		−8.823*** (3.774)
Year	Yes	Yes
Industry	Yes	Yes
Observations	2247	2247
R-squared	0.049 0.0958	0.102 0.0958

对假设 2 的稳健性检验结果如表 10 所示。结果表明，减税降费与东部区域的企业技术创新的回归系数为 5.099 与非东部区域的回归系数为 3.087，从两者的回归系数来看，减税降费对非东部地区的企业技术创新效果更显著，该检验结果与前面假设 2 一致。

表 10　　东部地区与非东部地区企业的稳健性检验

变量	patent 东部	patent 非东部
Lntax	5.099 (15.50)	3.078 (1.93)
Size	61.77*** (17.96)	11.81* (6.039)

续表

变量	patent 东部	patent 非东部
Lev	-20.31 (32.32)	81.20** (38.31)
Roe	-54.88 (116.9)	1.027 (85.93)
Incm	-12.59 (17.53)	22.87 (24.66)
Growth	-6.484 (5.224)	-8.498 (5.382)
Constant	-1.285*** (369.8)	-284.8* (128.2)
Year	Yes	Yes
Industy	Yes	Yes
Observations	1659	588
R-squared	0.113	0.114
Ajusterd R^2	0.0954	0.0954

四、开荒拓林：减税降费对绿色发展的实证研究

(一) 减税降费与绿色发展的研究假设

1. 减税降费与企业环境效益正相关。

企业在污染治理的初期需要投入大量的资源要素，进行污染治理设备的购买、安装、使用等一系列活动，以及在使用期间不断地对绿色清洁技术进行探索创新，这就会造成企业经营成本的增加，导致企业经营利润下降。减税降费减少了企业在绿色清洁技术的投入，激发企业进行环保投入，促进企业朝着绿色发展。基于上述分析，提出假设3：减税降费与企业环境效益正相关。

2. 减税降费对企业环保意愿的影响具有行业差异。

社会工业化进程的加快创造了巨大的物质财富，但也产生了难以弥补的生态创伤。我国一直致力于环境生态保护工作，为了刺激企业，尤其是重污染企业积极响应国家的环保号召，政府出台了一系列减税降费政策，促进企业积极研发绿色产品，改进传统的生产技术，降低环境污染。通过查找相关数据，发现绿色投资具有外部性、投资耗时长、见效慢的特

点,使企业绿色环保投资存在市场失灵的情况,需要政府宏观调控来改变这种状态。基于上述分析,提出假设4:减税降费与企业环保意愿具有行业差异。

(二)减税降费与绿色发展的变量定义与模型设计

本报告研究所需要的减税降费数据来源于国泰安 CSMAR 数据库,同时搜集到国泰安 CSMAR 数据库中收到的税费返还企业,以及企业所适用的税率。其他辅助数据主要来源于国泰安 CSMAR 数据库、巨潮资讯网站以及《中国统计年鉴》《中国检查年鉴》《中国环境统计年鉴》。

1. 变量定义。

本报告中将被解释变量定义为环境效益和企业环保意愿。环境效益主要为环保投资金额;环保意愿主要为环保意识评分;减税降费主要为收到的税费返还的对数,如表11所示。

表11 变量定义

被解释变量	环境效益 Enb	环保金额对数
	环保意愿 Ena	环保意愿评分
解释变量	减税降费 Lntax	收到的税费返还的对数
控制变量	盈利能力 Rmop	营业利润/营业收入*100%
	财务杠杆 Le	年末负债/年末资产
	政府投资水平 Lninvest	国家预算内资金和环保转向资金的对数
	经济发展水平 Lnrjgdp	企业所在城市人均 GDP 的对数衡量
	产权权属性质 State	国有企业 0
		民营企业 1
	企业所处的行业类型 Type	重污染企业 1
		非重污染企业 0
		高新技术企业 1
		非高新技术企业 0
		制造业企业 1
		非制造业企业 0

2. 模型设计。

为了更好地考查减税降费对企业环境效益的影响,并检验研究假设,按照本报告选取的各个变量进行模型的构建。为了考查减税降费与环境效益的关系并检验假设3,本报告构建回归模型进行实证分析,构建的回归模型3如下:

$$Enb = \gamma_0 + \gamma_1 Lntax + \gamma_2 Rmop + \gamma_3 Le + \gamma_4 Lninvest + \gamma_5 Lnrjgdp + \gamma_6 State + \gamma_7 Type + \varepsilon \quad (3)$$

假设4为了考查减税降费政策对不同行业环保意愿的不同影响效果,并检验假设4,本

报告构建回归模型进行实证分析,构建的回归模型4如下:

$$Ena = \theta_0 + \theta_1 Lntax + \theta_2 Rmop + \theta_3 Le + \theta_4 Lninvest + \theta_5 Lnrjgdp + \theta_6 State + \theta_7 Type + \varepsilon \quad (4)$$

其中,$\alpha_1 \sim \alpha_7$、$\beta_1 \sim \beta_7$、$\gamma_1 \sim \gamma_7$、$\eta_1 \sim \eta_7$、$\theta_1 \sim \theta_7$、$\Phi_1 \sim \Phi_7$ 为各变量回归系数,ε 为随机扰动项,α_0、β_0、γ_0、η_0、θ_0、Φ_0 为常数项

(三)减税降费与绿色发展的相关性分析

1. 相关性分析。

由表12中的相关性分析,可得减税降费与企业环境效益之间在1%的水平上呈现正相关关系,且减税降费系数为0.118。

表12　　　　　　　　　　　相关性分析

变量	Lntax	Enb	Rmop	Le	Lninvest	Lnrigdp
Lntax	1					
Enb	0.118***	1				
Rmop	-0.088***	0.009	1			
Le	0.305**	0.058*	-0.363***	1		
Lninvest	0.013**	-0.018	0.041	-0.017	1	
Lnrjgdp	0.076**	0.05	-0.047	0.041	-0.023	1

注:相关系数通过 pearson 相关性检验,*、**、*** 分别表示在置信度为0.1、0.5和0.01时,相关性是显著。

2. 描述统计。

根据上市公司数据资料分析,表13为各个指标的描述性统计结果,研究的样本量为1036。企业环保意愿均值为1.68分,最大值为4分,最小值为0分,有一半企业的环保意愿评分低于2分,说明不同企业环保意愿差别较大。环境效益对数均值为17.42,最大值为24.99,最小值为7.39,大部分企业环境效益对数低于19.69,意味着不同企业对环境污染治理的关注度不同。减税降费对数均值为16.81,最大值为22.07,最小值为5.76,大部分企业税收优惠对数低于18.35。

表13　　　　　　　　　各变量的描述统计

变量	N	sd	min	max	mean	p25	p50	p75
Ena	1036	1.65	0	4	1.68	0	2	4
Enb	1036	3.15	7.39	24.99	17.42	15.24	17.42	19.69
Lntax	1036	2.3	5.76	22.07	16.81	15.52	17	18.35

续表

变量	N	sd	min	max	mean	p25	p50	p75
Rmop	1036	14	-84.29	136.72	8.88	2.07	6.55	14.22
Le	1036	0.19	0.03	1.03	0.5	0.35	0.51	0.64
Lninvest	1036	0.66	-1.33	1.91	0.9	0.85	1.03	1.21
Lnrjgdp	1027	0.52	9.72	13.06	11.31	11.04	11.38	11.68

（四）减税降费促进企业绿色发展

1. 减税降费促进企业环境效益的提升。

根据表14的回归结果，是在没有加入控制变量和加入控制变量的两种情况下，减税降费对环境效益的作用效果，可以看出，在10%的水平上，回归系数分别为0.362和0.208，即减税降费对环境效益存在正相关，假设3得到验证。

表14　　　　　　　减税降费对企业环境效益回归分析

变量	Enb 环境效益	Enb 环境效益
Lntax	0.362* (2.04)	0.208* (1.94)
Rmop		0.007 (0.58)
Le		0.318 (-0.23)
Lninvest		-0.685 (-1.19)
Lnrjgdp		-0.495 (-1.00)
_cons		-19.931*** (-2.79)
N	1027	1027
r2_a	0.477	0.477

注：t statistics in parentheses　*$p<0.1$, **$p<0.05$, ***$p<0.01$ 使用聚类稳健标准误（cluster robust standard error）。

2. 减税降费有利于激发企业环保意愿。

如表 15 所示,是在没有加入控制变量和加入控制变量的两种情况下,减税降费对企业环保意愿的作用效果,可以看出,在 5% 的水平上,减税降费对环保意愿存在正相关,回归系数分别为 0.069 和 0.046,其主要原因可能在于:减税降费适用范围广,具有优惠力度大、见效快、成本较低的特点,而且对清洁、节能和治理污染的产品给予税收返还,进而提升企业环保意愿。总体来说,减税降费能提高企业的环保意愿。

表 15　　　　　　　　　　减税降费对企业环保意愿回归分析

变量	环保意愿 Ena	环保意愿 Ena
Lntax	0.069** (3.41)	0.046** (2.07)
Rmop		-0.002 (-0.58)
Le		-0.082 (-0.27)
Lninvest		-0.124 (-0.13)
Lnrjgdp		-0.071 (-0.69)
_cons		-4.068*** (-2.79)
N	1027	1027
r2_a	0.483	0.483

注:t statistics in parentheses $* p < 0.1$, $** p < 0.05$, $*** p < 0.01$ 使用聚类稳健标准误(cluster robust standard error)。

根据表 16 线性回归结果可知,在 5% 的水平上,减税降费与非高新技术企业具有显著的线性关系,且相关系数为 0.063。由表 16 可得减税降费对重污染企业的环保意愿具有正向调节作用,且随着减税降费力度越来越大,企业环保意识也越来越强。减税降费对非重污染企业的环保意愿虽为正数,但两者之间无显著的线性关系。根据表 16 线性回归结果可知,在 10% 的水平上,减税降费与制造业企业之间呈显著的线性关系,且相关系数为 0.054。表明减税降费的力度越大,制造业企业环保意识越高。减税降费对不同行业的环保意愿具有差异性,论证假设 4。

表 16　　　　　　　减税降费对不同行业企业环保意愿回归分析

变量	Ena 高新	Ena 非高新	Ena 重污染	Ena 非重污染	Ena 制造	Ena 非制造
Lntax	0.031 (0.88)	0.063** (2.08)	0.062* (1.90)	0.026 (0.88)	0.054* (1.95)	0.018 (0.67)
Rmop	0.002 (0.60)	-0.007** (-2.03)	-0.007* (-1.90)	0.004 (1.08)	-0.004 (-0.10)	-0.002 (-0.69)
Le	-0.288 (-0.64)	-0.195 (-0.46)	0.013 (0.03)	-0.166 (-0.36)	-0.159 (-0.42)	0.277 (0.69)
Lninvest	0.053 (0.25)	-0.262* (-1.77)	-0.094 (-0.66)	-0.231 (-1.12)	0.002 (0.02)	-0.398** (-2.60)
Lnrjgdp	-0.004 (-0.03)	-0.164 (-1.23)	-0.103 (-0.83)	-0.073 (-0.41)	-0.028 (-0.22)	-0.293** (-2.31)
cons	-3.414 (-1.55)	-3.681* (-1.91)	-5.003*** (-2.86)	-3.719 (-1.54)	-4.491** (-2.55)	-2.476 (-1.41)
N	502	525	531	496	722	305
r2_a	0.418	0.545	0.529	0.438	0.430	0.650

究其原因，高新技术企业具有先进的科学技术，其享受的税收优惠力度较大，更加注重自身核心产品的研发，而可能会忽视对环境的保护。现下市场对绿色发展的需求逐渐增大，由于重污染企业的污染能力相对较强，再加上政府在环境治理方面施加的压力，导致企业治理环境污染成本加大，使对环境无益的项目的边际回报降低，促使重污染企业必须改变原有的战略，将绿色创新战略纳入企业战略框架内。目前，我国制造业正处于转型升级的过程中，我国能源消耗与环境问题日益突出，解决能源短缺问题就要不断进行技术创新。在此背景下，出于降低排污成本以及提高潜在环保收益的考虑，要加速转变生产方式使其逐渐成为企业增强核心竞争力的重要途径。

五、乘风破浪：影响机制及作用

（一）欲穷千里目——循环机制

目前，我国已初步形成了以企业所得税优惠为主的全方位、惠及面广的保护和激励创新税收政策体系，有效降低了纳税压力，提升了企业发展动力。从降税对企业创新与绿色发展的机制看,如图9所示,减税对企业发展的影响最为直接,可以降低企业经营成本,促进企业发展,使企业有更多的资金注入研发领域,使创新投入得到加强,同时也有助于企业创造更多就业机会,更好地推动经济发展;而创新发展后企业改进生产技术,生产效能得到提高、污染排放降低,推动企业进行产业结构升级和发展方式转变,从而得到绿色发展的结果。同时创新后的研发费用加计扣除、技术转让的所得税减免等政策;绿色发展后的专项补助和一系列税收优惠政策又反作用于减税降费,推动经济可持续发展,经济发展为税基进一步夯实了基础,成为财政收入的重要保障,也为财政投入力度扩大创造了条件,并通过人才培养等方式为企业发展提供支持,形成了良性循环。

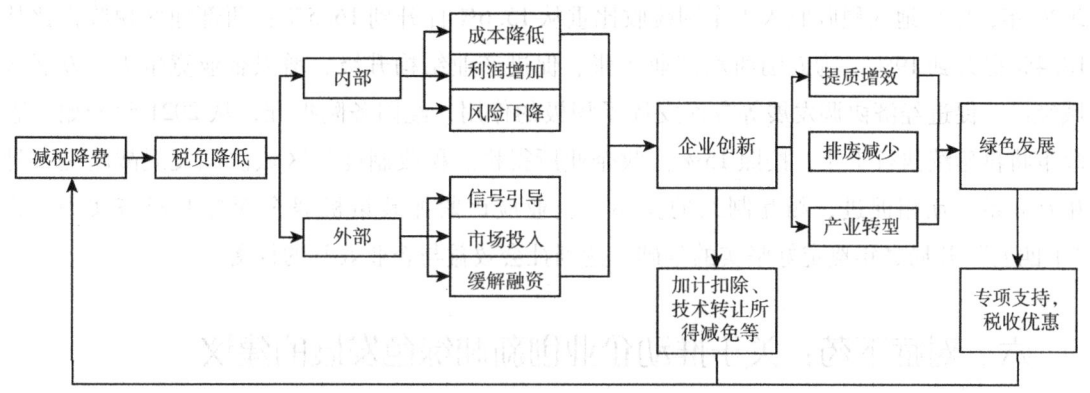

图9 影响机制路径图

(二)更上一层楼——循循善诱

1. 降成本——为企业创新添砖加瓦。

在新冠肺炎疫情冲击之下,广大企业特别是中小微企业面临前所未有的困境,多家企业在"破产边缘线"徘徊。为此,各级政府及社会组织在抗击疫情的同时,果断打出政策组合拳,通过缓缴税款,减免城镇土地使用税和房产税,返还失业保险税,减免疫情期间的租金,加强金融信贷支持等具体政策措施帮助广大中小微企业减少损失度过难关。一方面,疫情期间免征中小微企业基本养老、失业、工伤三项社会保险单位缴费部分,降低企业人工成本;另一方面,大力发展多式联运,让公铁海空四种运输方式的运输结构更加合理,缩短企业物流运输时间,极大提升了运输效率,降低企业物流成本。通过技术创新,降低用能用工成本,减轻企业经济压力,释放更多利润空间,企业可以用此补贴款进行再创新,减少能源和材料的浪费。

2. 减税费——为绿色发展保驾护航。

公司引进环保设备,推进企业绿色升级。环保设备虽是耗能设备,但适用了研发费用加计扣除、社保费阶段性减免、高新技术企业所得税减免等一系列优惠政策后,累计享受税费优惠高达百万元,使用环保设备可将印染废水变成净水,减少印染企业近一半的运行成本,其性价比远高于设备升级前。如此一来,既符合了国家绿色发展的需要,又为企业降低了生产成本;量身定制"绿税"方案,鼓励企业特色发展。税务部门主动贴近企业需求,成立专门的业务骨干服务团队,为企业进行"一对一"辅导,让企业财务人员及时掌握最新的税收优惠政策,为企业带来切实的政策红利。帮助企业实现了稳岗稳就业,极大地缓解了企业的资金压力,实现了从技术到产业上的整体优化升级,不断开发创新产品,提供更多"顺国情、合地情"的生态修复方案,为国家绿色产业发展贡献力量。

3. 补短板——为社会效益锦上添花。

促进协调发展,在税收等政策扶持下,区域协调发展成效显著。税收数据显示,2016~2020年,中部地区税收收入占全国税收比重从15.6%提升到16.5%;西部地区税收占比从18.4%提升到19%。为鼓励西部产业扩张、促进产业结构升级、增强企业竞争力、发展区域经济、促进经济协调发展等方面发挥了积极的作用,经国务院批准,从2021年开始优惠政策将再延续执行十年,按照15%征收企业所得税。税收制度与区域协调发展战略是一种相互联系、互相促进、相互制约的关系。企业应该紧抓政策机遇全面提升经济实力,为"十四五"开局之年奠定好坚实的基础,达到社会效益与企业效益的权衡。

六、对症下药:关于推动企业创新和绿色发展的建议

(一)清源正本:优化政府税收服务,确保政策应享尽享

1. 简流程,轻装简行负担轻。

为进一步减轻企业办税负担,应持续精简涉税审批事项、减少资料报送,稳步提高网络申报比率,研究扩大自助办税终端的使用范围,试行分时段申报等办税服务,逐步在全系统推广"一窗式"服务。不断探索拓宽国地税联合办税的范围,积极开展纳税人信用等级评定、纳税人权益保护以及其他成熟项目的联合办理,以审批资料的"简"换取企业活力的"增"。

2. 优服务,收获便捷新税感。

牢固树立"以纳税人为中心"的纳税服务理念,加深对纳税服务的深刻内涵和现实重要性的理解,在服务中实施管理,在管理中体现服务,把尊重纳税人、方便纳税人、让纳税人满意作为税收工作的出发点和落脚点,不断提高纳税服务的自觉性和主动性。通过纳税服务需求调查及时掌握纳税人需求,强化纳税服务的针对性和服务内容的规范操作。

3. 新宣传,跑出创意加速度。

进一步创新宣传手段,着力抓好税法宣传,深入挖掘各类宣传亮点,实现宣传思路、宣传方式及宣传载体的创新。我们可以结合地方区域经济的特点,在充分利用税收刊物、宣传栏等传统载体的基础上,突出个性化服务,开展分类宣传、定制税法服务、提供分类指南等,增强宣传的针对性,更好地满足不同层面纳税人的需求。

（二）披荆斩棘：建立健全政策支持，避免政策顾此失彼

1. 因地制宜，适应不同地区环境。

由于东西部之间的区域差异和税收结构差异，东部地区税基较大，税收优惠力度较强，税收增长率较低，而西部地区的税基较小，却承担着较高的税收增长率，同等的优惠力度对促进西部发展意义不大。所以国家应给予西部地区更加优惠的税收政策，进一步降低企业税费负担，支持企业加大研发投入力度。同时，通过更加优惠的税收政策，鼓励资本、技术和人才向西部地区流动，创建高新技术企业，为西部地区实现创新驱动和高质量发展提供有力支撑。

2. 因行施税，满足不同行业需求。

不同类型的企业在经营规模、组织结构、内部控制、会计核算等方面各有特色。为满足不同类型的企业在纳税方面的需求，更加有效地帮助企业规避涉税风险，提高其纳税遵从度，政府应细化税收优惠政策的行业分类，针对不同类型的企业制定不同的财税政策，以及在不同领域的企业实施财税优惠的侧重点也不同。

3. 因时制政，顺应不同发展阶段。

企业不同阶段实施不同税收优惠政策。为适应企业初创期、成长期、成熟期和衰退期等不同生命周期的发展战略，应设立能够覆盖企业整个生命周期的税收优惠政策，通过结构性减税和普遍性降费有针对性地促进创新及绿色发展。

（三）排除万难：加大资源整合力度，助力实体升级转型

1. 轻赋薄敛，加大税收优惠力度。

进一步加大对创新企业、环保产业的税收优惠力度。一方面，创新是引领发展的第一动力。但其不确定性高、风险大，且具有外部溢出效应，仅靠市场力量难以有效激发企业持续创新活动，为缓解企业创新中的资金瓶颈，有效地避免技术创新"失灵"的情况，需要进一步加大对创新平台的税收优惠力度。另一方面，为鼓励企业不断加大环保技术研发投入、增加环保设施投资、提高运营服务水平，推动环保产业绿色高质量发展，应进一步加大对环保产业的税收优惠力度。

2. 推贤进善，加大人才引进力度。

人才是企业进行创新的坚实后盾，企业可以从制度和培养两个方面加大人才引进力度。一方面，企业应适当提高创新人才的福利待遇，加快建立完善符合各类人才特点、与人才贡献相适应的激励机制，使科技人才有发展的机会与舞台，营造鼓励创新的工作氛围；另一方面，企业应该加强与高校、科研机构的合作，有目的地培养人才，重视人才培养工作。

3. 赋能引擎，加大资金投入力度。

企业创新与绿色发展离不开资金的支持，对于一些高污染企业，当前的首要任务是加大对自主创新研发新材料和新工艺的资金投入，引进先进机器设备，提高企业效率，促进企业

长远发展。为此，企业可将每年销售收入中一定比例的资金固定作为技术研发创新、环保设施投资的专项资金，并积极地与当地政府以及金融机构沟通，获得其税收政策和资金上的支持，用绿色推动高质量发展。

结论

本文选取 2010~2020 年我国具有财税优惠、研发投入和环保投资的企业为研究对象，实证分析了减税降费对研发投入、专利产出以及环保投资、环保意愿的影响，结论如下：

第一，减税降费对企业创新具有激励效果。这表明政府的减税降费政策对发挥企业在创新中主导地位、加强社会主义市场经济建设具有重要的作用。

第二，减税降费与东部地区和非东部地区的企业创新均为正相关，但对东部地区的促进作用更显著。由于东部地区整体经济水平相对发达，缴税的基数也较大，所享受的减税降费额度相对较高，故受减税降费影响的作用也更显著。

第三，减税降费能促进企业环境效益的提升。减税降费可以缓解企业绿色发展而产生的成本压力，从而弥补企业开展绿色创新活动时产生的外部性。

第四，减税降费有利于激发企业环保意愿，但对不同行业效果有所差异。减税降费与非高新技术企业和制造业具有显著的线性关系，即减税降费力度越大，企业环保意愿越高；减税降费对重污染企业的环保意愿具有正向调节作用，对非重污染企业的环保意愿虽为正数，但两者之间无显著的线性关系。

近些年，我国大力推动经济社会绿色发展，"创新""绿色"更是在今年两会和"十四五"规划纲要中多次提及，减税降费政策为推动企业加速技术创新添砖加瓦，同时企业创新能力的增强又为企业高质量绿色发展保驾护航，最终企业创新和绿色发展的不断增强又反作用企业，增加企业经济效益，国家税收收入增多，再次加大对企业的优惠力度，由此形成良性循环。综上所述，减税降费政策的实施能够"说服"企业走上技术创新和绿色发展的道路。

获奖情况：第 15 届"挑战杯"河南省大学生课外学术科技作品终审决赛一等奖
完成人员：张鹏旺，罗秋香，许诺，李志琦，崔延萍，段玉婷，靳亚丹，王晨

数据赋能"数字中国"：数据作为生产要素的确认计量与经济价值

——基于数字平台企业的调查研究

摘要：在未来的经济主战场中，数字经济将会成为核心的经济形态，数据资产毫无疑问将是数字经济中的核心要素。2015年10月，党中央提出"国家大数据战略"以来，推动数字经济发展和数字化转型的政策不断深化和落地。2019年10月，党的十九届四中全会明确提出将数据作为生产要素纳入市场经济体系之中。2019年11月，重庆市、广东省、浙江省、四川省、福建省、河北省等相继启动国家数字经济创新发展试验区。2020年4月，中共中央、国务院正式出台《关于构建更加完善的要素市场化配置体制机制的意见》，明确将数据作为一种新型生产要素写入政策文件。数据已和其他要素一起融入经济价值创造过程之中，对生产力发展具有广泛影响。因此，如何科学对数据资源进行确认计量和经济价值的衡量，成为当今社会亟待解决的现实问题。

在构建经济双循环新发展格局的大背景下，为打通国内市场各要素循环运转的通道，推动建立高效的要素市场化配置体制机制具有重要战略意义。生产要素决定了生产力的发展，数据资源成为继土地、人力、资本、技术之后新的关键生产要素，不仅可以提高企业生产效率、实现智能化生产、培育新业态，更能推进经济社会数字化转型，由工业经济向数字经济转变、为建设数字中国赋能引擎。作为生产要素，数据资源可以转化为竞争优势，实现数据质量、规模和应用同步提升，发掘和释放数据资源的潜在价值，有效提升企业竞争力、社会生产力和国家治理能力现代化，数据资源赋予了"数字中国"建设的新动能和新活力。

通过实地调查和访谈，调研小组对阿里巴巴集团控股有限公司、深圳市腾讯计算机系统有限公司、京东商城杭州分公司、杭州字节跳动科技有限公司、高途集团、鸿雁集团等数字平台企业进行调研。围绕数据资源在数字经济时代的重要作用和战略价值，对数据资源的会计确认条件、确认节点，数据资源的初始计量、后续计量和估值进行详细分析。结合所调研的数字平台企业分析数据资源对企业财务报表的影响及其经济价值，最后提出推进数字经济发展和数字化转型的对策建议。

关键词：数据资源；数字中国；会计确认；会计计量；经济价值

一、万象更新，程风正劲：数据资源是助推高质量发展的核心要素

（一）智能互联，数据资源为高科技发展引擎

"万里长征，千钧重任再扬帆"，中国数字经济已经进入了数字红利充分释放的扩展阶段，数字技术引领"数字中国"建设持续发力，数字产业迎来了新一轮的发展机遇。《"十四五"规划纲要》中提出，到2025年，我国数字经济核心产业增加值占GDP的比重要由2020年的7.8%提升至10%。当前，人工智能、大数据、云计算、区块链等新技术新应用在全球范围蓬勃发展，各种智能终端、丰富应用层出不穷，智能信息时代正在呼啸而来。在习近平总书记关于网络强国重要思想的指引下，"数字中国"建设不断加快推进并呈现蓬勃生机，数字经济已经成为中国经济高质量发展的新动能。

1. 数字化浪潮风起云涌，发展势头迅猛。

1996年，美国首先提出数字经济一词。2016年，中国首次将数字经济写入政府工作报告。截至2019年，世界前十大市值公司中，有七家为数字经济企业，分别是微软、苹果、亚马逊、谷歌、脸书、阿里巴巴和腾讯。《中国数字经济发展和就业白皮书（2019年）》显示，我国的数字经济总量接近31.3万亿元，占GDP的比重高达34.8%，创造了1.9亿个工作岗位，已成为带动国民经济发展的核心关键力量。习近平总书记曾说：我国网络购物、移动支付等数字经济新业态新模式已走在了世界前列，我们国家从"跟跑""并跑"到"领跑"飞速前进，数据已成为继土地、资本、技术等要素之后新的关键生产要素。

2. 数字化促使技术发展创新商业模式。

在调研过程中，中国国际电子商务中心研究院人员认为，在技术上云计算、大数据、人工智能、区块链、5G奠定了驱动商业创新的技术基础，数字化生存成为必然，数字化消费、数字化生产、数字化交互、数字化协同成为时代发展的关键词，互联网经济未来的增长空间也一定会聚焦于如何在互联网思维下去提升、改造实体经济，甚至是催生颠覆性的新商业模式。阿里有关技术人员认为，面对环境变化，企业最根本且最可预测的创新是数字化转型和相应的组织重构，以数字技术为支撑，推出新产品、新服务和新商业模式。目前阿里工业互联网平台提供多达300多款面向垂直行业的工业APP应用，进入平台的企业可以快速对接上下游资源，优化产销协同。杭州字节跳动科技公司人员认为，企业发展模式要从竞争模式转向共生模式，协同行业内外的合作伙伴，提升线上与线下的价值空间，以及企业与上下游伙伴成员更高效的协同合作，实现资源共享、循环流通和价值创造。

（二）与时俱进，数据资源价值成为时代焦点

1. 数据的确认计量开发利用，才能衍生无限商机。

当今时代，5G、大数据、物联网、人工智能等信息技术深度发展，阿里巴巴、京东、

淘宝等电商航母如日中天。当我们通过这些电商平台购物时，留下了我们的消费需求、品牌偏好、价格敏感、资信状况、产品质量等大量数据信息，这些电商平台通过大数据、云计算推算出我们的偏好和需求，据此为商家的产品或服务提供精准营销。电商平台也可以直接将消费者的数据信息出售给制造生产企业，以便其调整生产线和优化产品设计，数据信息的交易也给电商企业带来了高额利润。电商企业提供给零售商家或者制造生产企业的数据信息，在财务报表上如何进行反映，这些数据资源如何作为数字资产加以确认和计量，是一道现实难题。

在实地调研和访谈过程中，财务人员认为，目前按照会计准则编制的财务报表尤其是资产负债表和利润表，仅是遵从法律法规要求的一种反映，而对于维持核心竞争力和创造价值的数据资源要素，报表上缺乏相关的确认、计量和披露。对于这些资源的确认、计量和开发利用，才能衍生出无限的商机。

2. 做好数据资源的价值管理，提高信息供给质量。

通过调研发现，财务报表目前在数据资源方面存在信息供给不足的问题，需要与时俱进。我们需要辩证地看待这一问题，科学变革确认、计量和报告规则，将企业创造价值的各个因素纳入财务报表范畴之内，做好数据资源的价值管理，才能从根本上扭转信息相关性不断下降的趋势。据我们调查的企业财务人员反映，有人建议表内确认和表外披露相结合，有人建议以辅助报表的形式来反映数字资产，有人认为可以先鼓励企业自愿披露，待有了明确的会计准则之后再做强制性披露，多数企业的财务人员提出可以将数据资源计入存货、无形资产等会计科目。这些改进和变革具有探索性，其效果也有待时间的检验，我们对此应充满信心，客观辩证地看待经济社会的发展，在"大智移物云"时代不断提高自身的思考能力、判断分析能力和持续学习能力，更好地服务社会主义市场经济的发展。

（三）任重道远，数据资源赋能数字中国建设

1. 数据资源修炼企业的数字化生存能力。

新经济的兴起和发展以及疫情的冲击，对全球经济社会的发展模式、各行各业的生存和思维方式，都将产生深刻的影响。调研过程中，阿里云研究中心的统计数据显示，疫情期间，网络媒体和社交媒体表现出了巨大威力，电视大屏在舆论宣传领域发挥了不可替代的作用，新闻类节目的人均收视时长同比增长了60%。居家隔离推动微博、微信等社交软件和相关网络媒体进入高度活跃期，人均使用时长增长了15%。阿里云研究中心的技术人员谈及，后疫情时代企业的云化、数字化和在线化发展将进一步深化，数据化、智能化、平台化的互联网运营成为重中之重，依靠数字技术的舆情响应、应急报道和新闻甄别系统将成为主流阵地的标配。数字化转型越早、全产业链数字化程度越高，企业在面临重大突发事件时就会越从容、所受冲击也越小。

2. 数据资源增强产业链韧性和响应速度。

目前，中国的数字技术越来越完善，现有的5G、云计算、人工智能、大数据等技术已

经走在国际前沿。这些数字技术的完善支撑着数字中国建设的完善。利用先进的数据技术发展教育事业，促进教学、科研、管理、服务的进步，为学生提供良好的学习环境；数字中国能促进医疗卫生的发展，促进医疗卫生数据的采集，加速医疗卫生领域数字信息化，为人们提供更好的医疗服务；数字中国有利于城市地区的发展，以数字化助推城乡发展，开发创新治理模式，完善信息模型平台和运行管理服务平台，为市民提供更美好的生活。在重大突发事件面前，数字化能力强的行业、上下游企业、产业链、供应链展现了较强的韧性，在危机处理、响应能力与恢复速度上都远胜于仍处在数字化边缘的企业和行业。

3. 数据资源为市场经济循环体系增效益。

党的十九届四中全会明确提出将数据作为生产要素纳入市场经济体系之中，并按贡献参与分配。2020年4月，关于培育高水平的数据要素市场并构建数据市场健康发展的体制机制的实施意见也正式出台；以互联网平台和科技公司为代表的市场主体已经在数据资产交易领域进行了较为深入的实践，贵阳大数据交易所等数据资产市场基础设施建设也已经在各地试点展开；我们可以看到，数据要素已经成为市场经济循环体系中的重要部分，围绕数据资产交易市场的体制机制建设正在实施，并得到决策层的高度重视，实力较强的头部企业也在积极参与其中。

在未来的经济主战场中，数字经济会成为核心的经济形态，而数据资产则毫无疑问将是数字经济中的核心要素，围绕数据资产的生产、分配、流通、消费打造运转高效的数据资产市场循环体系成为构建数字经济核心竞争力的关键。在数据资产市场循环体系的组成部分中，流通是中心环节，大范围、可持续、高效率的数据资产流通依赖于数据资产市场交易机制的建立，而这一市场交易机制的建立又需要公平高效的数据资产估值定价体系作为核心支撑。

二、相机而动，有的放矢：数据资源的确认条件

（一）本末同异：数据资源与无形资产、存货的异同

1. 数据资源与无形资产的异同。

会计准则中，关于无形资产的定义为：企业拥有或控制的、没有实物形态的、可辨认的非货币性资产，也指企业为了生产商品、提供劳务，或出租经营目的而持有的非流动资产。通常包括专利权、非专利技术、著作权、土地使用权等。

数据资源没有实物形态这一特点与无形资产相同，但对于新型互联网的企业来说，其利益来源就是无形但可长期收益的数据资源，这一过程是长期且持续的，而非类似无形资产的一次性销售业务。根据《企业会计准则第06号——无形资产》中对无形资产的定义：是指企业拥有或者控制的、没有实物形态的可辨认非货币性资产，如专利权、土地权等。中国信息通信研究院云计算与大数据研究所发布的《数据资产管理实践白皮书》将数据资产定义

为"由企业拥有或者控制的,能够为企业带来未来经济利益的,以物理或电子方式记录的数据资源"如文件资料、电子数据等。

如表1所示,企业销售无形资产通常是一次性的,其风险及所有权等都直接通过出售而进行了转移,其会计确认计量过程都是一次性的,当然也可以通过出租使用权等方式获取多次收益。与之不同的数据资源产品则具有无限复制的特点,它不仅可以实现同时销售给数位用户,还可以在未来期间进行连续的复制销售,故其账面价值亦无法进行单次计量。因此,盲目地将数据资源所带来的经济效益确认为无形资产并不合适。

表1　　　　　　　　　　　数据资源与无形资产的异同

性质	数据资源	无形资产
实物形态	无	无
所有权出售与转移后的归属	依然属于研发单位	属于接收单位
所有权的出售与转移次数	单次或多次	单次
预期经济价值	不可准确计量	可准确计量

数据资源不可以准确计量预期的经济价值,且使用寿命也是无法估计的,所以不满足摊销的条件。无形资产的会计核算可根据其使用寿命确定是否进行划分,摊销方法反映该项无形资产有关经济利益的预期实现方式,且摊销金额一般应计入当期损益(管理费用、其他业务成本等)。

2. 数据资源与存货的异同。

在会计准则中,存货被定义为:企业在日常的生产经营销售活动中所持有的、以备出售的产成品或者商品,或是仍处于生产过程中的在产品以及在生产或提供劳务过程中耗用的材料等。两者虽有类似之处,但是,存货的销售过程必须在确认收入的同时将成本结转,其收入与成本皆可以进行准确的计量。相反,数据资源产成品的边际成本几乎可以忽略不计,无法按销售次数与研发成本间的数量关系来进行成本的配比。因此,如表2所示,传统存货的会计确认计量方式也并不适合数据资源产品。

表2　　　　　　　　　　　数据资源与存货的异同

性质	数据资源	存货
实物形态	无	有
所有权出售与转移后的归属	依然属于研发单位	属于接收单位
所有权的出售与转移次数	单次或多次	单次
预期经济价值	不可准确计量	可准确计量
单位价值	由于边际成本几乎为零故不可准确计量	可通过成本与销售量进行准确配比

(二)首肯心折：数据资源会计确认条件

由《企业会计准则》可知，将一项资源确认为资产需要符合资产的定义，且需要同时满足以下两个条件：(1) 与该资源有关的经济利益很可能流入企业；(2) 该资源的成本或者价值能够可靠计量。

1. 数据资源有关的经济利益有可能流入企业。

随着电子商务的快速发展，时代塑造了京东、阿里、苏宁等一批巨头平台。以京东商城为例，京东在电商界的飞速发展，积累了海量的真实数据，并通过对数据的挖掘分析，帮助合作的品牌厂商找到未被满足的细分市场，并整合京东平台的运营和销售能力，品牌厂商生产指定产品，达成以数据驱动增长的目标。由此，京东商城的数据运营将会给京东带来无限大的福利，增加其经济利益。

2. 数据资源的成本或者价值能够可控性计量。

据尼尔森《2020年3C家电行业消费趋势报告》显示，京东家电相较于上年同期市场份额提升至28.9%，近半数消费者表示京东将会是他们选购3C家电产品的首选。另外京东通过对"70后""60后"养生需求的洞察，联合蒙牛打造了葛根口味酸奶；通过对厨房纸品行业潜力形态、包数、层数等重要属性及行业舆情的探索和挖掘，以及用户清洁果蔬肉、食物沥水沥油、存储保鲜等多种场景需求的洞察，与维达推出新型厨房纸品等；京东以数据驱动价值增长的策略已经获得了市场认可。

(三)步步为营：数据资产的确认节点

依据数据资产确认的条件，在会计确认时可将数据资产确认分为初始确认、持有期间确认和最终确认。

1. 数据资产销售时的初始入账。

由于数据资源与无形资产、存货有着部分相似的特征，使得不同学者之间对于如何确认数据资源的销售收入性质产生了不同看法。刘芳等学者认为，应将其销售收入确认为正常的销售收入，消费者购买了数据资源产品后便拥有了该产品的所有权，这一过程与传统的实物商品的销售过程相似，因此可将其确认为销售商品的收入；而吕玉芹等学者认为，数据资源的销售收入应当视为让渡资产所有权的收入。如图1所示，他们认为由于生产数据资源产品所需的边际成本几乎为零，而在数字产品的销售过程中，消费者本质上并没有通过销售行为将产品的所有权进行转移，所有权及版权等依然属于生产研发者，所以应将销售数据资源产品的收入视为让渡资产所有权的收入。

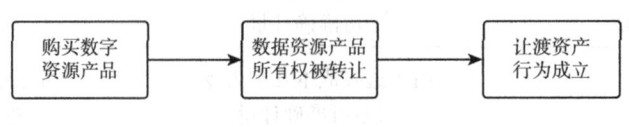

图1 数据资源产品的转移

虽然数据资源产品的总权掌握在平台企业手中,但消费者在发生购买行为后得到的也是所购买数据资源产品的使用权及所有权,其依然有权对其现在所拥有的产品进行处置,这与传统的商品销售区别不大。例如,传统商品的销售过程中,商品的商标及品牌所有权等权利也并未随商品的出售而转移。

2. 数据资产销售成本的确认。

传统的商品销售单位收入与成本有着准确的配比关系,而数据资源的研发成本与复制成本相差极大,难以对两者进行配比及结转。因此,结合现状我们认为数据资源的成本可按下述方式进行确认结转:

(1) 生产经营数据资源相关产品的企业可通过一次性买断全部使用权的,可在收到买断款时将其一次性全部结转销售成本。

(2) 对于非一次性买断型互联网企业来说,可将数据资源的摊销费用转入销售成本,此外还可包括其他相关人力成本等的支出。

这样处理可使企业主营业务成本与其当期所销售的数据资源产品数量无关,而是与销售的时期相关,这也符合间接配比的原则,排除不合理情况。

3. 数据资产在持有期间的确认。

数据资源在持有期间可以参照存货的计量准则通过对数据资源的预期收益进行初步估价,并类比存货计入数字资产科目。

对于数据资源研发企业来说,当数据资源产品研发成功还未进入市场流通时,可按入账价值进行暂时的估价,计入数字资产科目。当数据资源产品进入市场流通完成销售环节后,若购买者属于非买断型消费者,则产品的本质依然留存于研发企业,数据资源依然确认于研发企业的数字资产科目下,并根据相关销售量对其产品价值进行调整;若为买断型,研发企业则可将其销售数据资源所得的买断收入计入销售收入后从数字资产科目中转出。对于数据资源消费者来说,非买断型消费者,仅拥有该数据资源产品的使用权,虽然并未拥有该产品的专利所有权,但也可将其为企业带来的经济利益流入计入数字资产;而对买断型购买者来说,理论上已经有了该资产的所有权与使用权,亦可将其为本企业带来的经济效益及预期经济流入计入数字资产科目。

4. 数据资产的终止确认问题。

互联网市场有着更新换代速度极快的特点,一旦该产品不再被市场接受,就无法为企业带来预期收益,将不再符合数字资产的定义和确认条件,应当进行终止确认,同时要将其账面价值进行转销。

即当数据资源产品如图 2 所示满足以下条件之一时,可以进行终止确认。

图 2 数据资源产品的终止确认

(1) 该数据资源产品被购买者买断。

(2) 该数据资源由于技术进步而面临淘汰，不会再给企业带来预期收益。

目前会计制度尚未将数据资产单独作为一项资产类型予以确认，由此我们在中国证监会上市公司中分析55家公司发现，32.7%的公司将其利用数据所得收入确认为"主营业务收入"科目下，45.5%的公司将其确认为"无形资产"科目下，21.8%的公司并未将其列入任何科目。

本研究认为，在具体核算上，应当设"数据资产"作为核算数据资产的基本会计科目。其借方表示资产的增加，贷方表示资产的减少，其次应设置二级科目"数据资产摊销""数据资产减值准备"等。

对于企业自行研发的数据资产，企业应对数据资产做初始入账，借"数据资产"，贷"银行存款"。在期末，若数据资产未来现金流量值低于账面价值，按其差额，借"营业外支出——计提数据资产减值准备"，贷"数据资产——数据资产减值准备"；当高于账面价值时则无需调整。

三、奋楫笃行，臻于计量：数据资源的会计计量

数据资源会计计量方法各有千秋，现行的计量属性主要有公允价值、历史成本、重置成本等，我们要通过考虑其适用范围及局限性来分析其是否可行。对于数据资源来说，公允价值计量方法一般用于对外市场有公开报价的资源交易；没有公开报价的自主研发的数据资源则用历史成本计量；对于数字资产，寿命期限和未来价值预期都有高度的不确定性，其计量也可采用重置成本法。

（一）数据资源的初始计量

数据资源的初始计量理应按照其成本进行，数据资源入账价值的计量也应该根据数据资源的取得方式的不同来进行区分。

1. 数据资源支出总计金额为数据资产的初始成本。

外购数字资产的过程与传统的实物销售行为有相似之处，因此也可根据数据资源的相关购买价款、税费以及直接归属于使此项数字资产达到预定可使用状态时所发生的其他支出相加总进而得出总计金额，来确定该数字资产的初始成本。

2. 数据资源产品研发整体费用进行资本化确认。

数据资源产品生产经营企业的自主研发过程与无形资产相似，两者的相似之处已在前面说明，因此本文认为可适当参考无形资产研发成本的相关规定。当然，也有学者持不同观点，他们认为，数据资源产品的研发就是为了使其商品化，具有明确的未来收益目的，因此应该将数据资源产品的研发整体费用都进行资本化确认。我们认为如图3所示，数据资源产

品的研发具有一定的风险性，并不预期所有的研发产品最终都能顺利研发成功进入市场，一旦研发失败，研发期间的支出就属于企业的沉没成本，应作为费用确认计量。

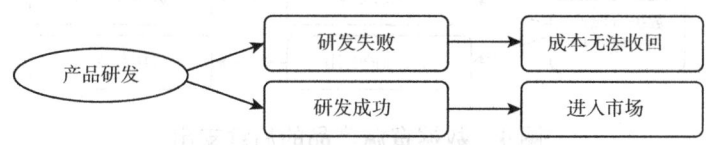

图3　数据资源产品的研发

因此，对于这类企业，其生产成本应当包括从该数据资源研发项目具备研发成功的可能性时起，至数据资源产品顺利研发上市且满足数字资产确认条件期间的支出总额。

（二）数据资源的后续计量

从发展的眼光来看，数据资源研发企业皆面临着产品被市场接受而产生巨大的收益或被替代、淘汰等方面问题。如希望其数据资源不被市场所淘汰，就要紧跟市场需求，及时进行产品的更新与完善。当然，每次产品的升级都有一定的成本，也都给该数据资源产品增加了一定的附加值。因此，能够以重置成本来进行计量。

1. 数据资源的摊销。

数据资源的生产销售企业应于取得时开始分析判断其使用寿命年限，即预期该数据资源能够为企业带来经济利益的期限。在互联网技术发展迅速的信息时代，数据资源产品极其容易被取代和淘汰，因此企业应依据谨慎性原则，尽可能地缩短摊销年限。另外，对于解决数据资源的摊销问题也应该采用加速摊销法，因为在数据资源产品推向市场的初期，其独特性与新鲜感通常会带来较高的初期收益。但当数据资源产品进入市场的成熟期后，在市场竞争力增大与技术进步的共同作用下，旧数据资源产品的价值可能会有一个断崖式的迅速下跌过程，收益极低。所以对企业来说，通常应该在数据资源产品上市的初期分摊更多的成本。

此外，可采用按计划收入比例法或固定比例法等对某些暂时无法预见其为企业带来经济效益期限的、使用寿命不确定的数字资产进行摊销处理。当然，数据资源产品的摊销金额也应当计入当期的销售成本。

在数据资源通过技术进步而进行二次开发时，其成本应随二次开发的支出增加而增加。同时也应重新估计其入账成本、摊销年限等。如果数据资源产品的摊销年限及方法发生了改变，则应该按照企业会计准则相关的规定进行相应处理。

2. 数据资源产品的后续支出。

从现实角度来看，数据资源研发企业的设备资产是非常有限的，一般来说，没有大规模的生产办公设备、车间，亦没有原材料等，仅靠电脑、场地及技术人员，但他们所创造的价值却是不可估量的。

因此，仅仅以历史成本来计量数据资源是不完全科学的，对于那些研发周期较长、技术含量较高的、能够给企业带来长期经济效益的数据资源产品较为适用重置成本。

此外，后续支出也可按图4区分资本化与费用化支出。

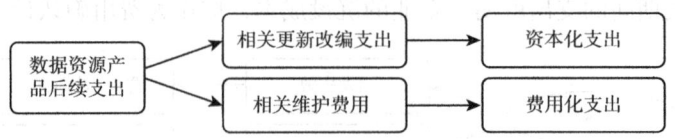

图4 数据资源产品的后续支出

资本化后续支出：与数据资源产品相关的更新改编等后续支出，符合数字资产确认条件的，应当计入数字资产成本。

费用化后续支出：与数据资源产品相关的维护费用等后续支出，不符合数字资产所定义确认条件的，应根据实际情况的不同在该项目发生时分别计入当期的管理费用或是销售费用。

（三）数据资源的估值方法

1. 传统估值模型。

现金流贴现模型是巴菲特所推崇的，现金流贴现的计算大致过程是通过对公司未来三到五年的现金流预测，然后通过折现算法得到内在的价值。现金流贴现模型如下：

$$P = \sum_{t=1}^{n} \frac{C \cdot F_t}{(1+r)^t} \tag{1}$$

P—企业的评估值

N—资产（企业）的寿命

CFt—资产（企业）在t时刻产生的现金流

r—反映预期现金流的折现率

上述中有现金流和折现率两个变量，下面就京东和阿里巴巴展开讨论，所以要计算出未来五年内京东和阿里巴巴的现金流量额和折现金额。表3和表4即为预测京东和阿里巴巴未来五年现金流量表。

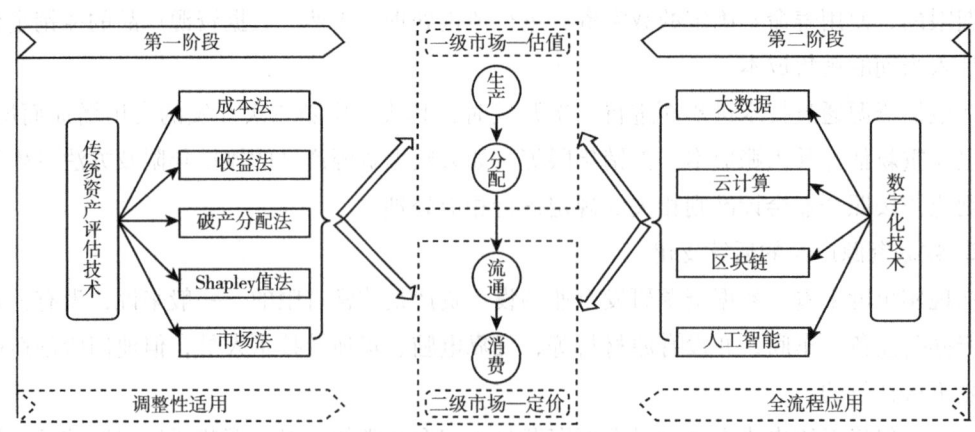

图5 数据资源估值定价的技术方法及其流程

表3　　　　　　　　　　预测京东未来五年现金流量表　　　　　　　　　　单位：亿元

年份	2020	2021	2022	2023	2024	2025
年数	1	2	3	4	5	6
增长率	0%	16%	16%	16%	16%	6%
自由现金流	24.24	28.12	32.62	37.84	43.90	46.53
每年折现流	1.18	1.39	1.64	1.94	2.29	2.70
每年折现自由现金流	20.54	20.23	19.90	19.51	19.17	17.23

根据京东和阿里巴巴的往年盈利对比的盈利增长率来估算增长率，从而算出未来五年的现金流量额。一般来说，对于保守型企业折现率一般在11%～13%，所以对于互联网企业来说，波动加大，幅度变动快，所以折现率要稍微高一些。下面的表3中京东的自由现金流折现率采取的是18%，表4中阿里巴巴的自由现金流折现率采用的是32%。

京东永续年金价值（PV）= 46.53 × (1 + 16%) ÷ (18% − 16%) = 2698.74（亿元）

京东永续年金折现 = 2698.74 ÷ (1 + 18%)^5 = 1179.64（亿元）

京东所有者权益 = 10年折现现金流 + 永续年金折现值 = 116.58 + 1179.64 = 1296.22（亿元）

京东每股价值 = 1296.22 ÷ 15.65 = 82.83（元）

表4　　　　　　　　　　预测阿里巴巴未来五年现金流量表　　　　　　　　　　单位：亿元

年份	2020	2021	2022	2023	2024	2025
年数	1	2	3	4	5	6
增长率	0%	28%	28%	28%	28%	18%
自由现金流	194.09	248.44	318.00	407.04	521.01	614.79
每年折现率	1.32	1.74	2.30	3.04	4.01	5.30
每年折现自由现金流	147.04	142.78	138.26	133.89	129.93	116.00

阿里巴巴永续年金价值 = 614.79 × (1 + 28%) ÷ (32% − 28%) = 19673.28（亿元）

阿里巴巴永续年金折现 = 19673.28 ÷ (1 + 32%)^5 = 4909.17（亿元）

所有者权益 = 10年折现现金流 + 永续年金折现值 = 807.90 + 4909.17 = 5717.07（亿元）

阿里巴巴每股价值 = 5717.07 ÷ 27.13 = 210.73（元）

现金流折现估值法（DCF）适用于那些现金流可预测度较高的行业，但对于现金流波动频繁、不稳定的行业，其准确性就会降低，由于对未来十几年现金流做准确预测难度极大，所以对于这些互联网企业来说并不适合。

传统会计估值模型如何在互联网企业中得到合理使用将是本文的论证要点之一，目前互联网产业呈现出明显的"马太效应"和"长尾效应"的产业发展特点，这将极大地影响到会计模型的建立，互联网企业大部分处于高速发展的原因是技术变革速度极快，现金流模型适用于白酒、家电、食品这类业务已经较为稳固，缺乏大变革的行业，所以这种方法很不适合于大型数字平台企业。

2. 梅特卡夫定律。

1993年，乔治·吉尔德提出，一个网络的价值等于该网络内的节点数的平方，并且该网络的价值与联网的用户数的平方成正比。该定律指出，一个网络的用户数目越多，那么整个网络和该网络内的每台计算机的价值也就越大。相比于其他传统行业，互联网企业发展周期短、企业更迭快、盈利性变化较大，市场往往更在乎企业的未来而非现在，对企业更加期待爆发式的增长。所以这些多变性导致互联网企业产生现金流的数量和持续的时间都很难预测，如果仅以传统的估值方式去评价互联网企业，可能会进入误区。其中互联网企业的收入来源主要是用户资源，因此评估互联网企业价值的关键是月活跃用户。

梅特卡夫定律：一个网络的价值和这个网络节点数的平方成正比。其模型：

$$V = K \times N^2 \tag{2}$$

其中V代表一个网络的价值，N代表这个网络的节点数，K代表价值系数。

我们可以看到，当网络节点数越大时，企业价值呈指数级别的增长，这让无数互联网人对规模和增长前仆后继，因为他们深刻地理解，规模能带来指数级的回报，这一回报通常会超出正常的预期。

其实"梅特卡夫定律"背后有两个隐藏的假设：（1）网络的机制取决于网络之间互相连接数的价值之和；（2）每一个连接的价值是相同的。显然这两个假设在现实生活中不可能完全符合，因为连接的质量是不同的，同时新加入的人也不可能与所有人建立连接，忽略了规模带来的其他外部效应，如人数足够多之后的边际成本降低了。

采用梅特卡夫定律这种估值方法重视了用户价值对互联网企业的影响。但是同时这种估值方法也存在着很大的弊端，例如，必须无法保证每一个用户的权重是相同的、定性分析多于定量分析。

3. 齐普夫法则。

齐普夫定律是美国学者齐普夫于20世纪40年代提出的词频分布定律。它可以表述为：如果把一篇较长文章中每个词出现的频次统计起来，按照高频词在前、低频词在后的递减顺序排列起来，按照高频词在前、低频词在后的递减顺序排列，并用自然数给这些词编上等级序号。因为每个连接者的价值不一样，新增的连接者给互联网的价值是边际递减的。所以需要从一个新的角度思考互联网金融企业的价值增长方式。后来出现了一种新的估值方法：齐普夫法则，这个法则要是与单个用户的贡献量和月活跃用户数有关。

$$V = K \times N \times Ln(n) \tag{3}$$

其中 V 代表一个网络的价值，N 代表这个网络的节点数，Ln(n) 是对数函数，K 代表价值系数。K 值，是互联网企业由用户变成盈利能力的系数，也就是类似于 ARPU 值的系数，代表每单位用户为企业带来的价值。这一系数包括的因素很多，如企业商业模式、用户特点、用户渗透率、行业特性等都需要考虑在内，不同领域中的不同企业，K 值也不近相同。

对于互联网企业来说有：

企业价值 = 单个用户的贡献量 × 月活跃用户数 × Ln（N） (4)

目前 Twitter、Facebook、腾讯三家企业的数据已经验证了用户数据和企业价值的新规律，互联网价值是处于用户 n 方和线性 n 区域内的增长曲线，每新增一个用户，会带来超过之前用户的平均价值，而用户新增价值也在逐渐衰减。互联网企业价值曲线是一条在 n 方和线性 n 区域内的增长曲线。

4. 平台型企业数字资产估值的探索。

企业估值问题因需要考虑多方因素的共同作用会变得多变、复杂，而平台型企业因其拥有大量的数字资产，企业价值的估计会变得更加困难。结合文献资料和实地调研，我们尝试探索数字资产估值的路径：①厘清数据权力边界，确定个人信息和数据产品的归属问题，说归个人所有还是属于数据的生产者或持有者。②数据资产的分类，借鉴调研数据，可以将数据资产分为指标—标签—物理数据集三个部分，指标是用来衡量公司及企业运营期刊的基本确认单位或计量方法，标签是一种对行为对象概况性特征的标识，可以包括固定属性（性别、身高、学历）也可以包括可变动属性（消费偏好），物理数据集表示数据进入平台的方式，如音频、视频或图像等物理编码形式。③数据资产的估值。既然不能将所有维度整合在一个模型中，我们可以将拥有相同属性的数据维度聚合在一起，形成多个模型，通过多角度来为平台企业数字资产估计价值。结合传统估值方法与梅特卡夫定律和齐普夫定律相结合，取长补短，合理地对互联网企业进行估值。

四、业财融合，创收增盈：数据资源对企业财务报表的影响及其经济价值

我国互联网企业的发展经历了近十年的时间，在互联网的普及状态下，手机网民用户的数量也有着飞速的发展，这也为互联网企业市场的发展提供了一个良好的平台，更好地促进了大数据时代的发展。

近年来，我国电子商务行业世界占比超过 40%。如图 6 所示，中国的电子商务市场近年来一直处于一个蓬勃发展的状态，增长速度也很快，京东正是在这样的社会环境下茁壮成长的。

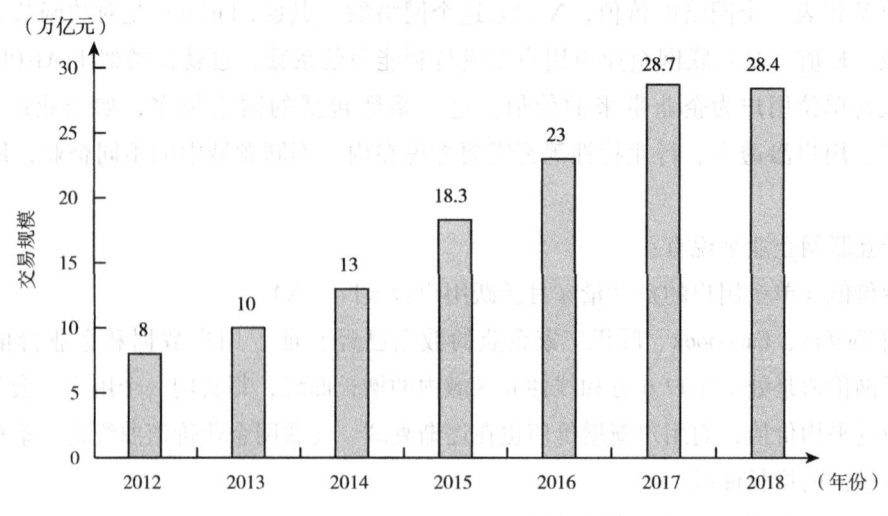

图 6　中国电子商务市场交易规模

(一) 研究探索：实地调研京东企业

1. 京东商城的发展历程。

京东（JD.com）是近年来中国最大的自营式电商企业，自 1998 年起以代理销售光磁产品为主要业务。2003 年，网上的订单量超过了线下产业链的业务量。2005 年，放弃线下连锁，主打网上销售业务。2008 年，京东商城的销售业绩达到了 13 亿元人民币，并首次超越了当当、卓越亚马逊等成为中国最大的自主式 B2C 网站。2014 年 5 月 22 日，京东以每股 19 美元的价格，在纳斯达克挂牌上市，而后仅次于腾讯与百度并成为中国的第三大互联网上市公司。作为一个以数据资源产品为主营业务的电商企业，数据资源为其带来的经济效益显而易见。

2. 京东商城的营业状况。

如表 5 所示，销售净利率表现了企业的盈利能力，而京东商城所披露的报表中显示其一直呈负值的状态，且自 2014 年以来京东商城的净资产收益率与总资产净利率皆为负值，这种情况持续时间之久，虽说近几年来相对有所好转，但其盈利能力依然处于一个相对一般的水平。

表 5　京东商城盈利能力指标

	2019-03-31	2018-03-31	2017-03-31	2016-03-31	2015-03-31
销售净利率	-0.61%	-0.00%	-1.32%	-5.04%	-4.34%
净资产收益率	-4.46%	-0.35%	-11.81%	-26.76%	-21.38%
总资产净利率	-1.27%	-0.09%	-3.10%	-12.02%	-10.80%

虽然京东集团报表显示其处于一个亏损的负盈利状态，但依然能够维持日常的运营，最

可能的原因即把数据资源这一重点经济效益来源隐没在了会计信息中。

如图 7 所示,京东商城的营业收入情况随着数字经济时代的发展逐年提升。虽然其盈利不是十分理想,但其拥有较高的总资产周转率,在充足现金流水平的保驾护航下,企业的发展还是未来可期的。

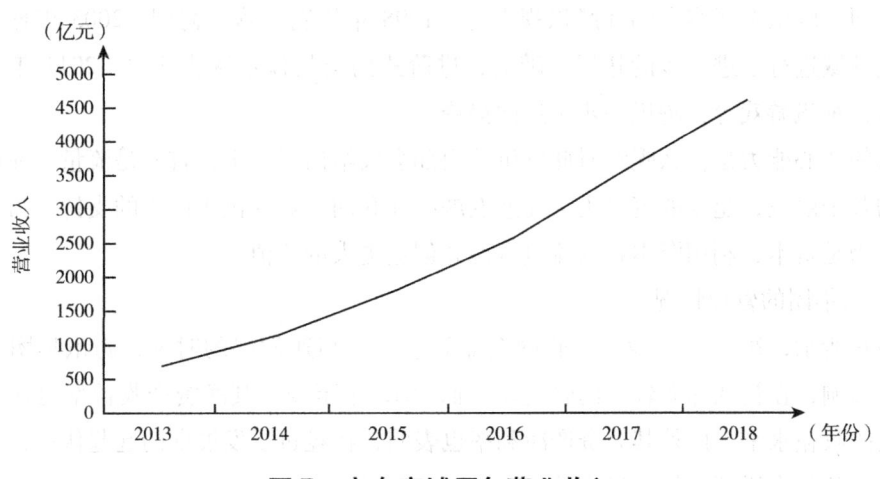

图 7　京东商城历年营业收入

3. 京东商城数据资源在报表中的价值体现。

当我们作为用户在网络上通过电子商务企业进行网购时,就会在其电商平台上留下我们的消费需求偏好等一系列个人数据,而电商平台通过大数据分析,为商户与消费者解决信息之间不对称的问题。另外再通过一些第三方支付平台,解决两者之间的信任问题,通过交易撮合,再按照商品的销售量、销售额等指标按比例向商户收取推介、管理等费用,以此来获得经济效益。而这些用户信息也就成为企业重要的数据资源,为企业带来巨大的经济利益。

那么,作为电子商务企业最重要效益来源的数据资源又是如何在京东集团的财务报表中体现的呢？通过采访京东集团管理层人员我们得知,公司将 JD digit 相关信贷产品的影响计入了营业现金流。此外,附注中也直接点明了"公司非公认会计准则财务指标并不能反映影响公司运营的所有收入和费用项目"。以 2019 年第一季度报为例,其营业收入总额达到 1211 亿元,其中包含产品净收入 1086 亿元、市场和广告收入 81 亿元、物流及其他收入 42 亿元、服务收入净额 124 亿元,而其中广告、服务等部分的收益情况是符合数据资源相关定义与分类的。年报中表示:公司采取了一些非公认的会计准则来定义部分营业收入。也就是说,京东集团认为某些收入是无法用现有公认会计准则来进行确认计量的,因此,只能将这部分收入在利润表中暂计为营业收入。另外其他部分无法归类的收入则直接计入了营业现金流。在目前没有完整政策规定的情况下,京东的做法也是较为合理的,是能够被市场所接受的。

（二）精准考察：实况访问腾讯集团

1. 腾讯集团的发展历程。

腾讯的服务以其多元化著称，包括但不限于社交和通信服务 QQ 及微信、空间、QQ 游戏、腾讯网、腾讯新闻客户端和腾讯视频等。1998 年年底，腾讯初创。2003 年腾讯业务首次向游戏领域进行了进一步的拓展。随后，进阶式的会员体系逐步建立。2011 年腾讯又推出了微信，腾讯游戏等，腾讯一步步迈向巅峰。

腾讯的核心能力是什么呢？对此腾讯的内部会议给出了答案：首先是流量，在国内互联网发展的各个阶段，超高的流量也为高速发展的互联网企业提供了巨大的支持。另一核心能力则被认为是资本，利用资本释放流量资源并创造更大的价值。

2. 腾讯集团的营业情况。

如表 6 所示，2014 年初我国互联网企业处于一个高速发展的时期，腾讯集团也受当时社会环境影响，在初期拥有较高的收益率。而 2015 年至今，其净资产收益率也保持在一个较为稳定的收益水平。此外其总资产净利率也表明，在经过了发展期的起起伏伏，企业的盈利能力在近几年来说还是较为稳定的。

表 6　　　　　　　　　　　腾讯集团盈利能力指标表

	2019-12-31	2018-12-31	2017-12-31	2016-12-31	2015-12-31
净资产收益率	24.68%	27.16%	33.20%	27.89%	28.79%
总资产净利率	11.12%	12.31%	15.04%	11.69%	12.05%

如图 8 所示，在数字经济时代背景下腾讯集团实现营业收入逐年递增。单看营业收入的逐年增长，腾讯是一个发展较好的企业，成长能力较为稳定。

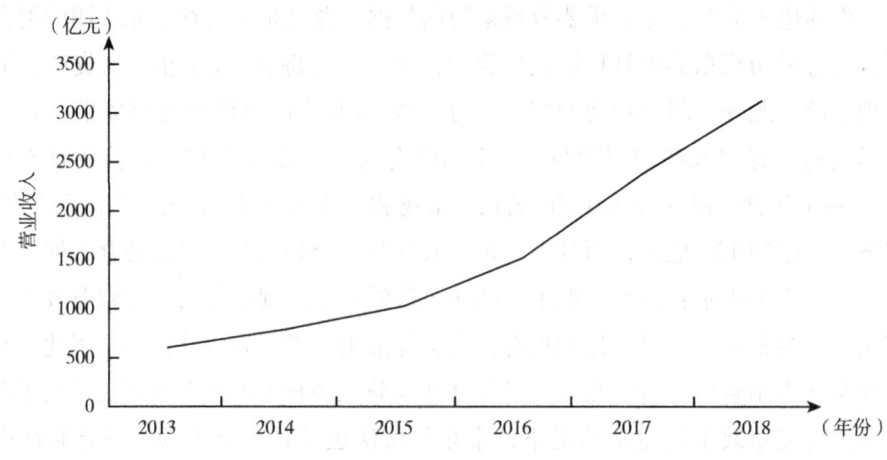

图 8　腾讯集团营业收入

3. 腾讯集团数据资源在报表上的价值体现。

我们以 2018 年的年报为例，根据腾讯集团所公布年度财务报表所披露的数据显示，该企业将授权网络内容与其他无形资产进行了区分。授权网络内容主要包括着视频及音乐等信息产品内容，而其他无形资产则主要包括游戏特许权、版权、电脑软件及技术以及不竞争协议等。此外，腾讯集团为用户提供的增值服务、收取第三方平台的网络渠道服务费、媒体广告及其他社交的广告等方面的收入、提供的金融科技服务、云服务、电视剧电影的制作服务等，显然，这些与授权网络内容都符合数据资源的定义。

根据年报数据显示，腾讯集团将其企业这些可归类于数据资源的相关收益给出了部分说明：本集团将网络服务费及游戏协议等按照基准确认为收入，进而在利润表中直接以营业收入 3127 亿元体现了出来，并从增值服务、网络广告、其他收入三方面来进行了简单的划分。而在资产负债表中则与游戏特许经营权、版权、专利技术等共同计入了无形资产与其他非流动资产科目。此外，附注中也提出按照分销渠道成本、交易总额向客户收取的价格等相关金额作为此类资产的入账价值。这样做虽然对于数据资源来说并非完全妥帖，但在目前没有关于数据资源相关会计准则规定的情况下，与其他符合定义的资产共同计入无形资产与非流动资产科目的这一做法也是较为合理的，是目前能够被大众所接受的。

京东与腾讯关于数据资源带来收益的确认计量方案在目前无相关准则规定的情况下是较为可取的，也是能够将数据资源创造的价值在企业财报中有所体现的。因此，在当前的公认会计准则背景下，两者将数据资源的价值创造功能体现在企业的财报中的处理方式也可为其他各企业提供一定的参考，以寻求最适合企业自身对相关数据资源进行会计确认与计量的最佳方式。

（三）深入一线：现场考察阿里巴巴

1. 阿里巴巴集团的发展历程。

阿里巴巴集团 1999 年创立，它的业务包括核心商业、云计算、数字媒体及娱乐以及创新业务。除此之外，它的非并表关联方蚂蚁集团为平台上的消费者和商家提供支付服务和金融服务。到目前为止，围绕着平台与业务，一个涵盖了消费者、商家、品牌、零售商、第三方服务提供商、战略合作伙伴及其他企业的数字经济体已经建立。截至 2020 年 3 月 31 日止 12 个月期间，阿里巴巴数字经济体产生了人民币 70530 亿元的 GMV，作为一个数据资源产品为主营业务的电商企业，数据资源为其带来的经济效益显而易见。

2. 阿里巴巴的营业状况。

根据调查研究如表 7 所示：阿里巴巴的销售净利率比较高，净资产收益率自 2017 年每年都是增长且趋于稳定。照此发展，2021 年净资产收益率可能会超过 20%。净资产收益率大于 20%，公司发展势头良好。而巴菲特的平均收益率也不过 20%。

表7　　　　　　　　　　　阿里巴巴盈利能力指标

年份	2017	2018	2019	2020	TTM（十二个月）
销售净利率（%）	27.6	25.6	23.3	29.3	24.9
净资产收益率（%）	4.9	17.6	16.4	19.7	16.3

3. 阿里巴巴数据资源在财务报表中的价值体现。

数据资源是企业的核心生产要素。根据实地调查我们发现，在阿里巴巴集团中，淘宝、天猫、1688、饿了么等电商软件就是一个庞大的数据收集中心。通过数据分析，对比卖家和买家的数据，为对方提供有价值的信息。为消费者推荐合适的商品，为销售者提供销售平台和机会。阿里巴巴通过从核心商业业务获取的消费者洞察和自有数据技术使我们能够为消费者提供其感兴趣的数字媒体及娱乐内容，如表8所示，由此产生的协同效应为客户提供卓越的娱乐体验，提升客户忠诚度和企业投资回报，并改善数字经济体内的内容提供方的变现能力。

阿里高管直言道：阿里巴巴的数据资源库——阿里云中的数据可以反复使用，使用越多数据越精确，价值体现就越明显。数据库中所有的数据可以推动企业间的合作、交换和共享数据，体现了共享性和交换性。阿里收集的数据都可以为企业带来收益，将数据变现。每天数以亿计的用户使用阿里集团的软件，每一次使用更新的数据都被实时收入数据库中，具有时效性。阿里在运营技术平台并制订交易规则，将各方参与者联系在一起，助力他们随时随地彼此发现、交流、交易及管理业务，将大部分的努力、时间和精力投入于提升这个数字经济体的整体利益及平衡各个参与者的利益，更以这一数字经济体的持续发展为己任。

表8　　　　　　　　　　　阿里巴巴经营业绩构成　　　　　　　　　　　单位：百万元

	2018年		2019年		2020年	
	人民币	占比	人民币	占比	人民币	占比
核心商业	214020	86%	247615	86%	436104	86%
云计算	13390	5%	24702	7%	40016	8%
数字媒体及娱乐	199564	8%	24077	6%	26948	5%
创新业务及其他	3292	1%	4665	1%	6643	1%
总计	250266	100%	376844	100%	509711	100%

五、行而不辍，未来可期：推进数字经济发展和数字化转型的建议

（一）积极迎接数字时代，推动数字化快速发展

迎接数字时代，激活数据要素潜能，推进网络强国建设，加快建设数字经济、数字社

会、数字政府，以数字化转型整体驱动生产方式、生活方式和治理方式变革。加快推动数字产业化，提升产业水平，促进经济的健康发展。通过提供智慧的数字化服务，扩大公共服务的覆盖范围，创新产品与技术。加强政府公共数据的开放共享，构建统一的国家公共数据开放平台，鼓励人们开放数据资源和第三方对数据的挖掘利用。

通过此次调研，我们发现（以阿里巴巴为例）迎接数字时代，激活数据要素潜能，推进网络强国建设，要加快数字经济建设、在数据资产估值定价体制机制构建过程中，需要凝聚各类市场主体力量，根据各类主体的组织特征、行为方式和市场优势，将其能量置于合理的体制结构和机制模块之中，充分利用市场主体在数据资产市场循环体系中形成的互动合力来推动数据资产估值定价在技术和系统等方面实现突破与优化（见图9）。

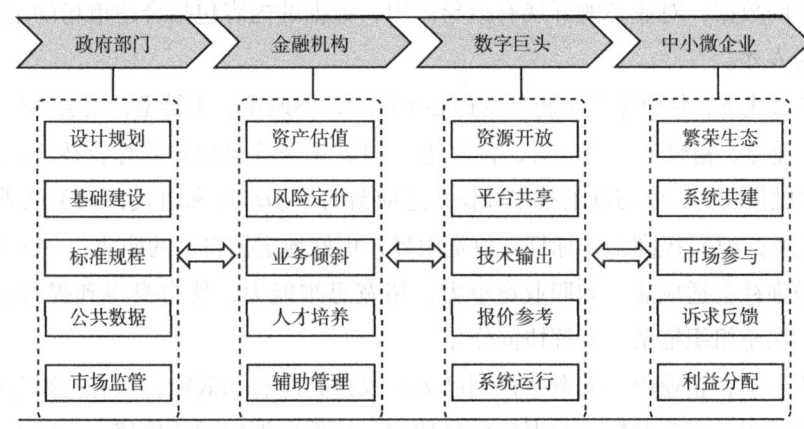

图9　推进数字化发展的数据资产估值定价体制机制

（二）健全数据要素规则，营造规范政策新环境

"大数据已成为新的关键生产要素，发展大数据技术、培育数据要素市场、激发数据价值是经济社会创新发展必然要求。"2020年10月12日，第十二届全国政协副主席、数字中国产业发展联盟专家咨询委员会主任王钦敏在第三届数字中国建设峰会大数据论坛上指出，数据要素正成为经济发展新一轮抢夺焦点，要加快培育数据要素市场；数据驱动成为国家治理现代化的关键特征，要充分发挥政务数据引领作用推动治理模式转变；数据流通共享成为数据治理的痛点和难点，要推动跨部门、跨层级、跨地域的数据链接和业务协同服务。

建立健全数据产权交易和行业自律机制，培育规范的数据交易平台和市场主体，发展数据资产评估等市场运营体系。加强涉及国家利益、商业秘密等数据保护，加快推进数据安全、个人信息保护等领域基础性立法，强化数据资源全生命周期安全保护。构建与数字经济发展相适应的政策法规体系。健全共享经济、平台经济和新个体经济管理规范，清理不合理的行政许可、资质资格事项，支持平台企业创新发展、增强国际竞争力。依法依规加强互联网平台经济监管，明确平台企业定位和监管规则，完善垄断认定法律规范，打击垄断和不正当竞争行为。探索建立无人驾驶、在线医疗、金融科技、智能配送等监管框架，完善相关法律法规和伦理审查规则。健全数字经济统计监测体系。

（三）充分发挥数据优势，深化业务与财务融合

传统会计工作的基本职能已经慢慢被数字计算机所取代，低端核算型的会计人员面临淘汰。传统会计模式下，主要以负责记账、对账、编制财务报表等为主，分析针对的是单位内部的资源。随着时代的发展，数字经济时代的到来，这些都可以通过财务软件自动生成，使核算人员大大减少，取代了会计人员的工作，需要的是个性化的财务服务，那这些就会给会计行业带来巨大的冲击与挑战。

在数字经济时代下，会计人员要领先于业务，综合市场数据分析，为未形成的业务和销售提供第一手的数据，对业务的开展有指导作用，数据的内容包括合适市场的定价、销售的地区、所需的人才。

数字经济时代下，使财务人员转型变得必不可少，不改革、不转型，就会落后。财务人员要知战略、懂业务、精财务、会分析、善沟通。（1）财务人员要培养综合技能，强化自身素质，提高专业胜任能力，学习新的技术知识，适应新的市场环境和时代；（2）提高协作能力，服务企业的发展；（3）提高工作标杆，放宽眼界，更好地定位自己的职业；（4）培养沟通交流的能力，增强社会适应能力和职业竞争力，拓宽思维能力，使自身得到提升；（5）要注重以人为本，调整组织框架，发挥协同作用。

大数据背景下，企业单一的财务控制已无法发挥其应有的效能，只有将财务层面的控制融入生产经营流程，充分发挥大数据的信息功能，挖掘数据背后的价值，才能有效保证现代企业实现自身的发展和进步。数据来源于业务部门，如果会计部门不关注数据的来源，只注重依据业务部门提供的数据信息进行整理、统计分析，未来的发展势必会受到限制。因此，企业必须顺应形势，在大数据背景下，深化业财融合，发挥业财融合的真实职能，最终提升综合竞争力。

后记

挑战杯，为梦想时刻挑战着

从理论框架的建立到调研计划的制订，从调研方案的确定到实地访谈的进行，从数据的录入分析到报告的撰写，从现有问题分析到模式创新、政策的考量……一年来的艰辛与快乐，都凝聚在这本"薄而厚重"的作品里。不觉间，我们"追梦"团队的"挑战杯"寻梦之路走过了整整一个年头，回想这一路来的风景，那酸甜苦辣依然历历在目。

习近平总书记曾说过：脚下沾有多少泥土，心中便沉淀有多少深情。的确，"挑战杯"之旅中遇到的迷茫与困惑，艰难与险阻都在考验着我们的意志，更在磨练着我们的毅力，未经历过挑战杯的人很难理解到一个萌发的思路、一个显现的灵感、一次重要的调研会是那么的重要。最终，当我们满含热情选择"数字经济和数字中国"的这个课题进行研究后，在

张老师的指导下，稿子从一稿、两稿、三稿直至最后三十余稿的修改，我们的报告最终确定为《数据赋能"数字中国"：数据作为生产要素的确认计量与经济价值——基于数字平台企业的调查研究》。

难以忘记在综合楼办公室、在夜间校园小路、在本部图书馆头脑风暴激荡出的思想火花；难以忘记在张老师抽丝剥茧的分析下，我们的思路豁然开朗；难以在寒冬腊月的寒风中，奔走在河南省郑州市、浙江省杭州市等一线调研，奔赴阿里巴巴集团控股有限公司、京东商城杭州分公司、杭州字节跳动科技有限公司、高途集团、鸿雁集团等数字平台企业实地走访调研，每一次访谈都凝聚心血；难以忘记一起撰写的作品，淹没在一堆数据和材料中的通宵达旦。

以其所学，供之于世；以其所志，献之于身。当看到我们的作品为政府相关部门对数字经济的决策提供参考时，吃再多的苦，受再多的累，内心也是充满着喜悦。选题、构思、实地调研；撰写、修改、最终成稿。每一个环节在张老师看来都是那么重要，无不得到她的悉心指导和倾力帮助。她那兢兢业业、一丝不苟的教导让我们铭记于心，受益终身。也感谢我们学院学校领导、老师的关怀和鼓励，感谢团队成员的始终如一，感谢帮助过我们的同学，让我们可以坚持着，不离不弃。

人生的道路上，让我们一直为梦想时刻挑战着！

获奖情况：第15届"挑战杯"河南省大学生课外学术科技作品终审决赛二等奖
完成人员：王嘉琦，刘景钰，栾冬阳，席晨瑜，廉紫薇，吴培钊，吴蓉，刘文慧

立德树人久久为功：社会主义核心价值观引领课程思政的调查研究

——以会计学课程为例

摘要：习近平总书记在 2016 年全国高校思想政治工作会议上的讲话中强调：高校思想政治工作关系着高校"培养什么样的人，如何培养人，以及为谁培养人"这个根本问题。要坚持把立德树人作为中心环节，把思想政治工作贯穿教育教学全过程，实现全程育人，全方位育人。在 2020 年教育部又印发了《高等学校课程思政建设指导纲要》（以下简称《纲要》），《纲要》明确提出，课程思政要在所有高校、所有学科专业全面推进。近年来"三全育人""课程思政"成为高校教育教学领域的热词。在社会经济快速发展下，财务舞弊和资本市场丑闻接连不断，会计道德缺失现象日益明显。如英国巴林银行倒闭案、安然事件、雷曼兄弟破产之路、法国兴业银行交易欺诈、华夏证券破产、紫鑫药业炮制惊天骗局、三株口服液破产、三九集团财务造假、三鹿奶粉事件、郑百文破产、康美＋康得新舞弊串通、瑞幸咖啡事件等，这些事件都警示着我们不能继续忽视会计人才培养中的职业道德建设。

经济越发展，会计越重要。这就要求在现有的会计专业课程中，逐步融入思政教育的内容，加强社会主义核心价值观对高校课程思政的引领作用。本文从社会主义核心价值观内涵出发，对高校会计学课程思政建设进行现实扫描，发现大学生对课程思政认同度较高、高校对课程思政重视程度不足等问题。通过社会主义核心价值观与高校会计学思政建设、会计学科之间的内在联系，分析了会计学科与高校课程思政教育的关联性、社会主义核心价值观与会计学思政建设之间的相互作用。

立德树人，久久为功。高校学科教育的发展、学生个人能力的培养与社会主义核心价值观密不可分，发挥社会主义核心价值观对课程思政建设的引领作用，助推高校课程思政的建设和发展，实现学生、高校、社会的协同发展与进步。

关键词：社会主义核心价值观；立德树人；课程思政；会计学

一、以德为邻，与时俱进：在新时代脉搏下把握高校会计学课程思政建设

"好的思想政治工作应该像盐，但不能光吃盐，最好的方式是将盐溶解到各种食物中自然而然的吸收。"这句话是习近平总书记在北京举行的全国高校思想政治工作会议上提出的，并且他同时强调："要用好课堂教学这个主渠道，思想政治理论课要坚持在改进中加

强,提升思想政治教育亲和力和针对性,满足学生成长发展需求和期待,其他各门课都要守好一段渠、种好责任田,使各类课程与思想政治理论课同向同行,形成协同效应"。现如今已经到了2021这个特殊的时空交汇点,五年时间过去了,社会各界仍在强调高校课程思政建设,足以证明高校课程思政建设的必要性。这一年是中国共产党成立100周年,这是向第二个百年进军之年,这是"十四五"规划开局之年,在这个党的大日子、国家的大日子、高校的大日子,我们要进入课程思政普及化,从而建设高质量高校课程思政体系。习近平总书记曾经强调过,学生时代是形成价值观以及确立价值观至关重要的一个阶段,在这个时期,学生非常容易被一些错误甚至是极端的思想侵蚀感染,因此高校要在学生学习期间,把握机会和时间,给学生一个正确的价值观引导和学习。这对会计学课程思政建设提出了挑战,要求会计学思政不断深化发展。因此加强高校会计学课程思政方面的教学是迫在眉睫的任务,高校必须通过这项任务,正确引领学生踏上人生道路的第一步,帮助学生树立正确的三观,坚定其理想以及信念,从而丰富自身专业技能知识,培养良好的道德品质。

为深入贯彻落实习近平新时代中国特色社会主义思想,贯彻落实党的十九大和十九届二中、三中、四中、五中全会精神,学习贯彻习近平总书记关于教育的重要论述,加快构建高校思想政治工作体系,努力培养担当民族复兴大任的时代新人,培养德智体美劳全面发展的社会主义建设者和接班人,教育部提出了关于加快构建高校思想政治工作体系的意见。高校在新时代背景下肩负践行着立德树人、为民族复兴提供人才支撑的重任,这也是每位教育者应有的职责和担当。当然,思想政治教育是一个庞大的系统工程,除国家宏观的顶层设计外,更多的是需要教学第一线教师的积极参与,协调各类课程打破课程体系、学科结构,发挥课程思政的作用,在教学过程中既要传授有厚度的专业知识,又要在专业课中提炼有温度的思想政治教育隐性与显性的资源,从而使受教育者达到知识、能力与素质的有机统一。在全面建成小康社会决胜期的今天,培养和造就大批合格的建设者和接班人是高校义不容辞的责任,需要高校创新"课程思政"理念,采取切实有效的方法加快构建全员、全过程、全方位育人的思政平台,同耕责任田。

新时代要求我们将社会主义核心价值观融入高校课程思政建设,更是对会计行业、会计学课程教育的一种警示与启迪,把握新时代脉搏,要求我们用社会主义核心价值观引导高校会计学思政建设,不断践行社会新风尚。

二、十年树木,百年树人:高校会计学课程思政建设的现实扫描

(一) 十年之计,莫如树木:会计类学生对会计学职业道德的认知程度

会计学课程思政建设离不开学生,高校学生是承载课程思政建设的主体,也是高校思政建设情况的最直接表现。我们从河南省的十几所高校的会计学类专业学生中进行了访谈和问

卷调查，并对会计专业的老师进行了访谈。包括郑州大学、河南财经政法大学、河南工业大学、河南农业大学、河南工程学院、中原工学院、河南财政金融学院等16所高校共627人，其中本科472人、专科155人。发出800份问卷，回收627份。

1. 对会计准则内容缺乏认知。

会计准则是会计人员从事会计工作必须遵循的基本准则，会计核算工作的规范。朱镕基同志为北京国家会计学院题词："诚信为本，操守为重，坚持准则，不做假账。"会计准则是一条有形的红线，对我们起到了警示作用，无论何时在会计工作中都不能触碰这根红线。

根据图1可以看出河南省16所高校会计类专业学生对会计准则内容的了解情况，在各个专业学生对会计准则内容的了解情况中，"不太了解"占大多数，其中审计（专科）对会计准则内容的了解情况中，"不太了解"已高达41.31%。而"很了解"占比较小，会计（专科）"很了解"的占比仅仅只有12.74%，这说明高校会计类专业学生对会计准则内容的了解程度十分不足。如果在会计行业中缺乏对会计准则的了解认知，会很容易违背会计相关的规范要求，甚至助推不良风气的滋生。了解并遵守会计准则是会计行业的基本操守，是每个从事会计行业应该铭记于心的灯塔，会计类专业学生应深入加强对会计准则内容的学习了解。

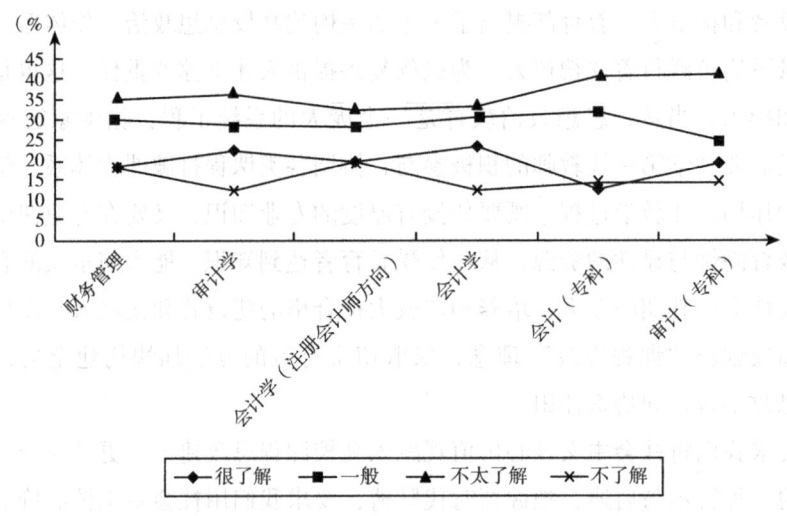

图1　调查样本对会计准则内容的了解情况

2. 对会计违法行为了解不足。

近年来会计违法行为频频出现在大众视野，一些案例中涉及的金额、牵扯的利益关系令人震惊，为减少这种现象的频发，加强学生对会计违法行为的认知，我们需要从会计类专业学生对会计违法行为的认知情况入手。

图2按照河南省16所高校随机调查的会计类专业的学生对会计违法行为了解的多少，从该饼状图我们可以清晰地看到，高校学生对会计违法行为了解的程度中，"基本不了解"占大多数。其中学生对会计违法行为的了解程度中，"基本不了解"已高达32%。而"很了

解"的占比只有 17%，这说明高校会计类学生对会计违法行为了解的程度十分不足。会计类的违法行为助长了腐败现象和不良风气，影响正常的经济秩序，使投资者信心受挫，会受到法律的制裁，而我们的学生对会计违法行为的了解情况却如此令人担忧。

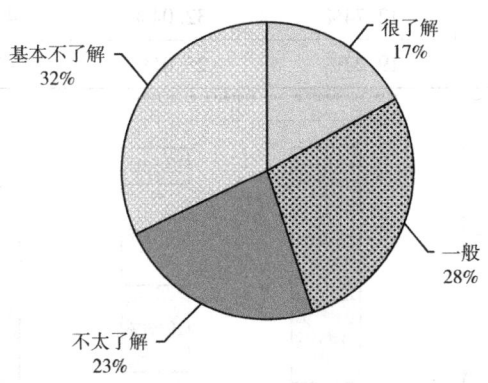

图 2　调查样本对会计的违法行为的了解情况

3. 对会计诚信教育不够重视。

会计职业道德缺失很大部分是学生对会计诚信重视程度不足造成的，中国现代会计学之父潘序伦先生认为"诚信"是会计职业道德重要内容。他终身倡导："信以立志、信以守身、信以处事、信以待人、毋忘立信、当必有成"。如果缺少诚信，会计的职能就很难发挥出来，市场经济就难以很好地运行。在大学生世界观形成的关键时期，增强其对会计诚信的重视程度，为其日后从事会计工作打下良好基础，这是高校完成会计类学生培养目标的重要举措。

从表 1、图 3 可以看出，河南省 16 所高校随机调查会计类专业的学生对会计诚信的重视程度，无论是在哪个专业对会计诚信的重视程度中，"必要性不大"占大多数，其中审计（专科）对会计诚信的重视程度中"必要性不大"已高达 42.31%，而各个专业学生对会计诚信的重视程度中"很有必要"占比较小，其中会计（专科）对会计诚信的重视程度中"很有必要"仅占 12.74%，由此可见，高校会计专业学生对会计诚信的重视程度不是很高，本科与专科的学生也呈现出一定的差异。会计诚信是会计类专业学习的必要内容，高校会计学专业学生对诚信的重视程度却很低。究其原因，是因为学校在平日里缺乏对会计诚信长期的、潜移默化的课内及课外教育。无论从事哪一种职业，都应该具备良好的诚信品质。

表 1　　　调查样本认为是否有必要开展会计诚信教育

专业/了解程度	很有必要	一般	必要性不大	没必要
财务管理	18.41%	25.19%	38.15%	18.26%
审计学	22.39%	26.79%	38.36%	12.46%
会计学（注册会计师方向）	19.64%	28.29%	40.46%	11.61%

续表

专业/了解程度	很有必要	一般	必要性不大	没必要
会计学	23.44%	29.69%	34.38%	12.50%
会计（专科）	12.74%	32.04%	41.86%	13.36%
审计（专科）	19.22%	25.01%	42.31%	13.46%

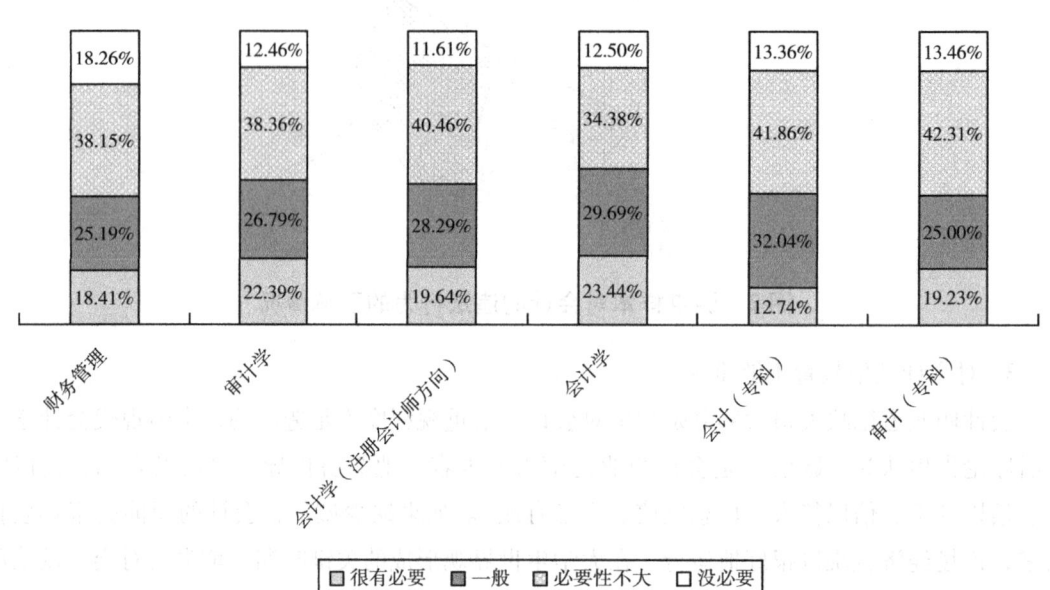

图3　调查样本认为是否有必要开展会计诚信教育

我们通过对河南省16所高校会计类专业的学生随机调查以上三个问题发现，身为会计学专业的学生并不了解相关会计职业道德规范。这很直观地反映高校会计类专业学生很少进行会计专业课程思政，近年来出现了诸多财务造假案例，如具体我们可以看表2，1995年英国巴林银行倒闭案、1998年三株口服液破产、2001年安然事件、2003年三九集团财务造假、2008年雷曼兄弟破产之路、2012年佛山照明被罚、2016年乐视网收入造假、2018年的长春疫苗财务造假事件、2019年的康美药业A股史上规模最大的财务造假舞弊案、东旭光电大存大贷货币资金真实性存疑事件、2020年的瑞幸咖啡财务造假案。表2分析了几个典型的财务造假案例，我们不难看出这些财务造假案都是公司财务人员职业道德缺失导致的。所以一些会计人员平时不注意自身的道德修养，忽视国家的法律法规，不按国家的财务制度对企业的经营活动进行确认、计量、核算、监督，在现实工作中，经不起金钱、权力和美色的诱惑，做出了违背会计职业道德的行为。还有一些会计人员缺少必要的职业道德教育，法制意识淡薄、缺乏爱岗敬业精神和精益求精精神。工作中不能够做到廉洁自律、实事求是、客观公正地办理各项经济事务，为了自身的利益提供虚假会计信息，甚至一些会计人员，利用职务之便监守自盗，最终走上了违法犯罪的道路。

表 2		会计财务造假事件分析
时间	事件	造假方式
1995 年	英国巴林银行倒闭案	控制不当
1998 年	三株口服液破产	虚假广告宣传
2001 年	安然事件	做假账来制造利润,通过"资产置换"和关联交易包装业绩,用资本运营来处理"垃圾"
2003 年	三九集团财务造假	东墙补西墙,抽取上市公司的巨额资金用于维持运营
2008 年	雷曼兄弟破产之路	掩盖负债,粉饰财务报告,营造良好的债务状况
2012 年	佛山照明被罚	虚假证券,隐瞒关联交易
2016 年	乐视网收入造假	串通"走账"虚构业务、伪造合同虚增业绩
2018 年	长春生物案件	高价不卖低价卖,进行眼花缭乱、几乎无收益的倒手
2020 年	獐子岛事件	虚减营业成本、营业外支出、虚增资产减值损失
2020 年	瑞幸咖啡事件	虚增收入,虚增成本费用,利用关联方交易虚构收入

虽然不能全将问题归咎于高校没有进行专业课程思政。但会计职业道德主要是依靠会计从业人员自愿地执行,基本上是非强制性的,因此它的执行力较差。由于现阶段我国相关会计的法律制度并不健全,相关法律对违法会计行为的制约缺乏强制性,客观上不利于制约违法会计行为的滋生蔓延。国无德不兴,人无德不立。可见德乃立"兴"之本,那么从会计行业现状出发,小学至高中学习专业相关的内容匮乏,那么这也就向我们的高校提出要求,如果从学生大一开始进行会计课程思政,进行会计行业职业道德的讲授,高校应在如何在专业最大化进行育人这个方向努力。

(二)终身之计,莫如树人:高校对会计学课程思政建设的重视程度

高校在会计学思政建设中发挥导向性作用,高校学生是道德建设核心,但学生的自主学习与认知能力较为薄弱,在很大程度上需要高校进行引导,会计学专业学生对高校的会计学课程思政建设认知反映情况往往能够集中表现出高校会计学课程思政的建设程度。

1. 高校对会计类课程思政建设程度较低。

图 4 对河南省 16 所高校 17 级至 20 级的会计类专业的学生进行了随机调查,调查的问题为"你认为高校对会计类课程思政的建设程度如何",认为"比较完善"的学生最少,占比都在 12% 及以下,而认为"不够完善"的学生最多,占比都在 39% 及以上,尤其是 17 级学生的比例达到了 45%。这说明,大部分会计类高校学生都认为高校对会计类课程思政建设程度较低。从调查中可以看出,高校对会计类课程思政建设程度较低,高校对课程思政的建设应该起到关键作用,因此,充分发挥高校在会计类课程思政建设中的作用刻不容缓。

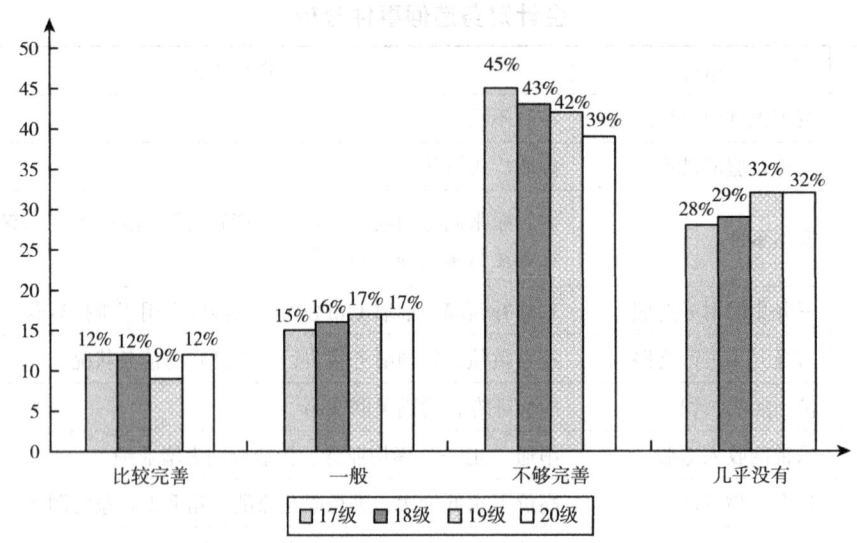

图 4 调查样本认为高校对会计类课程思政的建设程度

2. 会计专业课老师在课程中融入思政教育不足。

根据图 5 对河南省 16 所高校随机调查的会计类专业学生进行了随机调查，调查的问题为"专业课老师是否在你们的专业课融入课程思政"。我们可以看到占比最高的是 17 级"偶尔讲述"占比为 36%，并且"偶尔讲述"在 20 级中的比例为 30%，"基本不讲"也是 27%～32%，而"经常讲述"占比只是 12%～18%。所以从此调查来看，专业课老师在专业课融入课程思政是极少的。这说明，目前高校课程思政的建设情况可以说是不容乐观，对课堂思政建设的重视程度明显不足，所以加强会计课程思政建设迫在眉睫。

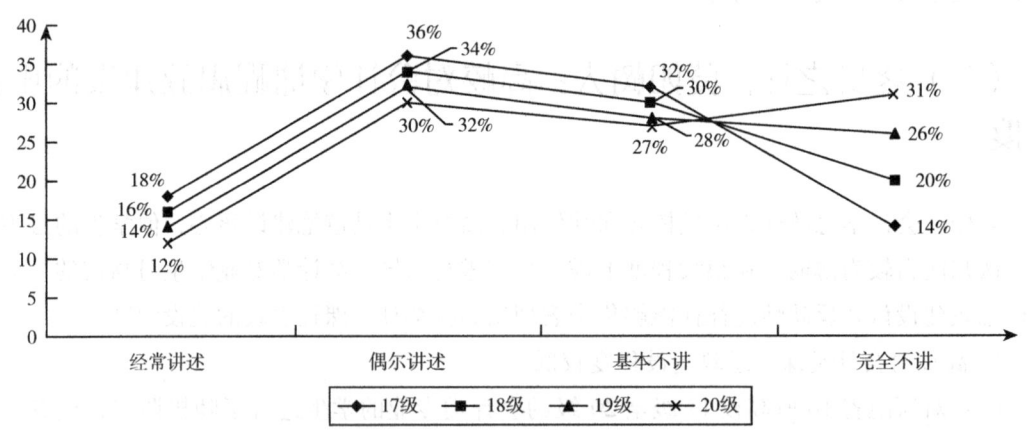

图 5 调查样本认为会计专业课老师在专业课中融入课程思政的情况

3. 会计类专业学生对会计学课程思政建设的重视程度较高。

图 6 是根据河南省 16 所高校会计类课程学生对会计类学科课程思政重要程度的调查，各个年级的高校学生，对会计类学科课程思政重要程度的认知中，"重要"占比最大，全都

达到35%以上。"完全不重要"和"不太重要"占比最少。其中，20级学生在会计类学科课程思政重要程度认知中，"不太重要"仅占10%。综上所述，会计类学科课程思政重要程度在高校学生心目中的重要程度还是很高的。同时，我们的会计知识又能与思政完美结合：会计核算的基本方法和会计核算的基本环节对如何面对人生，思考人生等具有很深的借鉴意义。

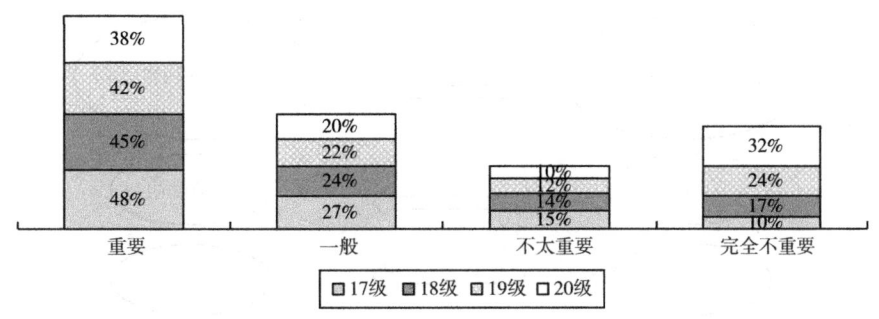

图6 调查样本认为会计类学科课程思政的重要程度

这三个调查分析可以清晰地看出，学生意识到高校思政课程建设的重要性。不过大家并不了解专业课程思政，原因在于学校对其重视程度不足、老师在课堂讲述得比较少。当前，在大学生社会主义核心价值观教育方面，高校承担了重要的任务，但是高校在对大学生进行社会主义核心价值观教育方面仍然存在许多问题。高校普遍存在"重智轻德"的现象，往往只重视大学生知识和技能的学习而忽视了大学生社会主义价值观的培育，没有给予充分的重视，同时存在重智谦德的片面认识。在这种认识的指导下，必然导致大学生社会主义核心价值观教育流于形式，效果不佳。因此对"课程思政"的研究有着十分重要的意义。

三、相辅相成，方能远行：社会主义核心价值观与会计学课程思政建设的关系

我们党立足实际，在党的十八大报告中首次明确凝练为"三个倡导"，即"倡导富强、民主、文明、和谐，倡导自由、平等、公正、法治，倡导爱国、敬业、诚信、友善"。这是针对现阶段我国意识形态领域的变化得到的新的概括和总结，是我国建设和谐社会的根本方针。社会主义核心价值观与我们高校休戚相关，高校学生是建设社会主义的青年军，我们要重视对学生的思想教育，高校应当在其中发挥重大影响力。高校思政建设中，不能只是进行课程思政，要与所在专业相互结合，所以我们身为会计学类专业的学生，在此提出高校应在社会主义核心价值观下进行会计学课程思政建设。应当把会计学科与高校课程思政紧密结合，深入发掘社会主义核心价值观与高校课程思政的联系。

（一）相得益彰：会计学科内容与会计学课程思政建设息息相关

会计学思政建设可以在会计学科内容中具体表现，两者联系紧密，会计学科内容中的具体理论、方法等与我们人生的教育相互呼应，如图 7 会计学科内容与人生相关内容的关系、资金运动与生命运动、会计要素与人生要素、会计假设与生命持续等。

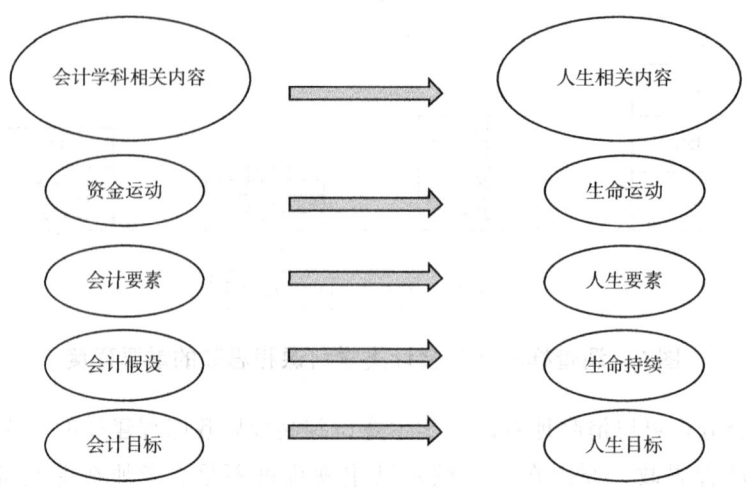

图 7　会计学科内容与人生相关内容的关系

如图 8 所示，我们在学习会计基本环节时，可以发现与人生相关对应，如会计确认与面对人生对应，会计计量与把握人生对应，会计记录与评价人生对应，会计报告与优化人生对应。不难发现，会计学科中的很多部分都与我们的人生一一对应。所以我们可以在进行会计课程内容时深刻地启迪我们对会计学思政的思考，在社会主义核心价值观的引领之下，掌握会计学科与会计学课程思政建设的契合性，促进我们对会计学科与会计课程思政的深度思考，不断持续推动高校会计学课程思政建设。

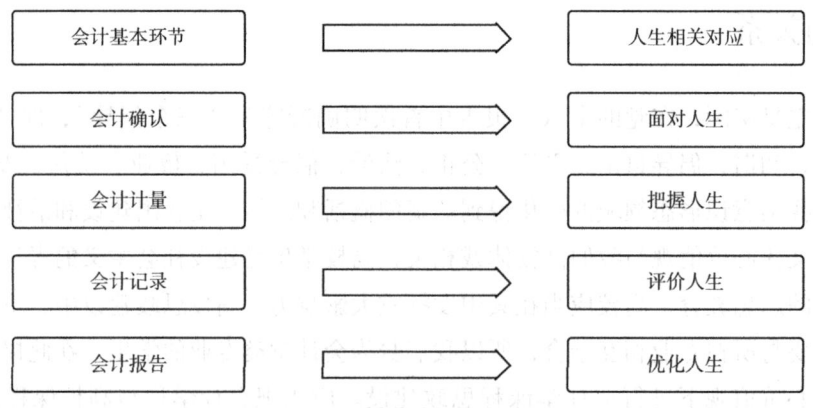

图 8　会计基本环节与人生相关对应

1. 会计学科逻辑蕴含课程思政教育逻辑。

会计逻辑是会计的思维语言规律，包含会计的概念、判断、推理等方面内容，会计逻辑与人生教育逻辑十分贴合。

概念逻辑形式：总分类账与明细分类账在人生教育中的实例表现为长辈与晚辈、上级与下级；会计的概念与分类在人生教育中的表现实例为人与种族、家族与家族成员；收入与费用表现实例为快乐与痛苦、成功与失败等。会计的相关概念可以匹配人生教育逻辑中的一些相关概念，能够体现出两者的很多联系点。

判断逻辑形式：所有的假账都是违背诚信原则的在人生教育中的表现实例为所有欺骗都是不道德的；有的资产账户不是借方余额在人生教育中的表现实例为所有欺骗都是不道德的；应收账款可能收回，可能收不回表现实例为善意可能得到回报，也可能得不到回报。通过不同形式的判断逻辑匹配相关人生教育逻辑，能够从课程方面体现出对人生教育的思考，强化认知。

推理逻辑形式：待处理财产损失不是资产在人生教育中的表现实例为被欺骗的友谊不是友谊；递延所得税资产也是资产在人生教育中的表现实例为暂时的吃亏是未来的财富；盘亏存货是损失，盘亏固定资产也是损失表现实例为失去亲人是损失，失去朋友也是损失。通过推理逻辑形式匹配人生教育逻辑，表现出两者的关联性。

会计上不同形式的逻辑和人生教育的逻辑紧密对应，在会计逻辑中找寻人生教育逻辑，能够非常直观地得到精神层面的教育启迪，并且十分贴合生活实际，让我们从身边的道德教育中受到启发，得到精神层面的发展，进而助推会计学思政建设的发展。

2. 会计学科理论呼应课程思政教育理论。

会计理论包括会计环境、会计目标、会计假设、会计信息质量特征等方面的内容，会计理论构建会计行业的框架是会计的坚实基础，与人生教育理论休戚相关，两者不能分而论之。

会计环境包含政治、经济、法律、科技、教育、文化等方面的环境，在人生教育中可以表现为人生总是在一定的环境中发展度过，我们应当充分了解认识所处的环境，学会适应环境，更应该懂得利用环境，让环境推动自己发展。

会计目标反映受托责任履行情况，有助于信息使用者的经济决策，在人生教育中可以表现为履行对工作、家庭、亲友的职责，我们在学习工作中应当发扬敬业精神，认真做好自己的工作，对待家人和朋友时，我们应当在其中发挥担当职责，成为他们的精神的依靠。在会计目标中很好地匹配了人生目标，在学习与生活中引起共鸣，加深对会计学思政建设的影响。

会计信息质量特征的客观性、相关性、明晰性、重要性、谨慎性等在人生教育中可以表现为做人诚实守信、与人为善、做事有时间观念、看待事物不只看表面等，在对会计学的课程中清晰地对应到为人处世的做法，将会计学科内容具体体现到会计学思政建设上来。会计学科的多项理论和人生教育理论联系紧密，要学会在会计理论中对应好相关的人生教育理论，将人生教育理论嵌入会计理论之中，引领我们在会计学科中深化会计学课程思政的建设。

3. 会计核算方法紧扣课程思政人生教育。

我们可以发现会计核算方法中的设置会计科目中的合法性原则、相关性原则和实用性原则就与我们此文章的社会主义核心价值观的高校课程思政息息相关。我们可以在讲述设置会计科目时也同时穿插思政教育。如审核和填制凭证，就可以表达要言之有据，避免主观臆断，尊重客观事实；在讲授成本计算时，可以讲授一分耕耘一份收获，减少不劳而获、急功近利的思维和行为；在讲授财产清查时，完全可以融入言行一致，兑现承诺，勤于自省，取长补短的人生道理。

从上述举例，我们不难理解会计教育与会计类专业高校课程思政人生教育之中的契合点，而搭建两者的沟通桥梁，是理解和讲授会计类专业高校课程思政人生教育的关键环节。为此，我们可以寻找两者的共同点，找出最大契合点。关键点在于会计教育中的人生教育解读。例如表3，资产运动与会计类思政课程的人生教育关系，而会计理论是系统化会计知识体系的总结，会计工作是系统的会计流程的总结，会计方法是系统的会计手段的总结。所以无论会计理论、会计工作还是会计方法，均具有系统性、整体性，与人生理念、人生过程、人生手段具有极其密切的内在逻辑联系。因此我们可以大胆地做出如下判定：任何会计理论、会计工作、会计方法均具有一定的人生教育价值，值得我们深入挖掘、探讨和实践。在会计学课程中恰当地加入思政教育，能够让学生在掌握知识的同时，培养良好的综合素质，树立正确的三观，从而为以后的从业和人生打下良好基础。

表3　　　　　　　资产运动与会计类思政课程的人生教育关系

会计内容	会计类思政课程的人生教育	相应核心价值观体现
资产	地位、金钱	富强、和谐
所有者权益	个人品德	爱国、诚信、友善
收入	个人收获	诚信、友善
利润	幸福感受	公正、法治
会计目标	人生目标	自由、民主
会计假设	人生过程	文明、和谐
会计信息质量特征	为人处世原则	敬业、诚信、友善

（二）知行合一：社会主义核心价值观对会计学课程思政建设的作用

1. 社会主义核心价值观为会计学课程思政建设引路。

在教学过程中落实立德树人的根本任务，在传授会计类专业知识的同时，融入社会主义核心价值观内容，强化思想引领的作用。使思政教育贯穿会计专业课教育的全过程、全方位。与普通的会计学课程内容不同，会计学课程思政建设将社会主义核心价值观融入会计学知识的各个层面中。当今的教学模式已经从智育为主逐渐转变为智育德育相结合，学习新的会计知识前，将社会主义核心价值观引入课程中，不管在课上还是课下，都把践行社会的主要价值导向放在首位，能够充分发挥社会主义核心价值观对会计课程内容的导向作用。

2. 社会主义核心价值观为会计学课程思政建设凝魄。

自2004年中央先后出台关于进一步加强和改进未成年人思想道德建设和大学生思想政治教育工作的文件以来，学校就开始着手课堂思政建设，但通过调查发现，会计学对于思政建设还仅仅停留在职业道德与个人品行方面，老师只注重会计准则与会计职业道德的教育，这对于会计学课程思政建设来说是远远不够的。历史表明，无论使命任务如何发展，环境形势如何变化，课程思政固本强基的"主渠道"作用始终不会改变。社会主义核心价值观承载着一个国家、一个民族的精神追求，体现着一个社会是非曲直的价值标准。会计学科应以社会主义核心价值观为导向，培养高校学生的文明习惯、公正意识、法律精神以及诚信行为，用社会主义核心价值观来完善思政建设，使其更加有效，更加全面。

3. 社会主义核心价值观为会计学课程思政建设铸魂。

我国在2013年12月印发的《关于培育和践行社会主义核心价值观的意见》中曾经提出："把培育和践行社会主义核心价值观融入国民教育全过程"，我们会计学课程思政的重点与主体便是社会主义核心价值观，将社会主义核心价值观和会计学科的学科属性相互联系，使学生学到专业知识的同时，还得到思想政治方面的提升，甚至在社会主义核心价值观的学习中加深对专业知识的领悟"善之本在于教，教之本在于师"。探索建立"会计课程思政"的育人格局是迫在眉睫的任务，从而做到"思政课程"与"课程思政"同向同行，协同育人。只有让学生深刻学习社会主义核心价值观，提升自身的思想政治素养，才能成为一名合格的社会主义建设者和接班人（见图9）。

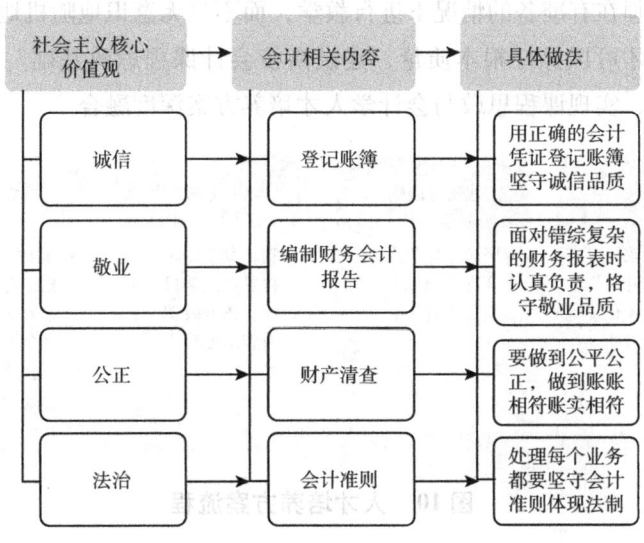

图9　社会主义核心价值观与会计相关内容的关系

四、育人育德，育德育魂：在社会主义核心价值观下，推动会计学课程思政建设

为了真正迎合当今社会的发展，我们肯定要全面贯彻落实好习近平总书记所提出的"各类课程都要与思想政治理论课同向同行"。我们应在现有的会计专业课程中，逐步融入思政教育的内容。但万事皆有度，倘若在专业课程中融入过多的思政教育，那岂不是将专业课老师变成了思想政治老师？所以践行社会主义核心价值观，将其融入高校会计课程思政建设已经到了必须做并且不得不做的地步。那归根到底，高校到底应该怎样去做，我们从如下五个方面进行论述。

（一）正本清源：将课程思政深入融合会计学专业人才培养方案

解决问题最重要的是找到本源，无论在任何一所高校，想要抓好根本质量，抓好人才培养的新基建，最根本的还是课程，课程是培养人才的核心要素。将社会主义核心价值观中诚信、敬业等优秀品质体现在会计学专业人才培养方案中，引导学生在学习、强化自身的过程中与社会主义核心价值观共鸣，通过人才培养方案持续深化践行社会主义核心价值观。在制订专业教学培养方案、教学大纲这些重要教学文件时，高校一定要把社会主义核心价值观和会计学课程思政紧密结合起来。例如图10，制订人才培养方案的目的、人才培养方案原则、培养方式、实施方式，切实将知识、能力和价值观融为一体。我们要在专业课程教学过程中体现课程思政的内容，发挥课程思政的作用，从而最大化实现会计专业课程和思政的完美融合。必须把会计学课程思政落实到每一科的专业课程教学文件的制定中，并且可持续地坚持专业课程思政的教学循环，一个循环下来进行修改调整和完善，尽最大努力增强专业课程思政的教育性，让教师在有准备的情况下进行教学，而不是无意识地随机地靠灵感来补充课程思政的内容，这样才可以抓好根本质量，建设高校会计课程思政基础。在本源之处下足功夫，做到正本清源，实现课程思政与会计学人才培养方案深度融合。

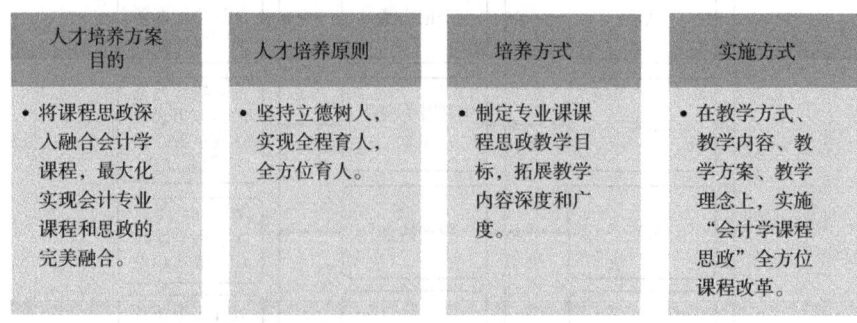

图10 人才培养方案流程

(二) 果行育德:强化教师作为会计学课程思政建设引路人的作用

要想抓好整体质量,提升高校会计课程思政教育水平,就要侧重考察教师教学行为,让教学行为真正发挥作用,解决目前高校会计学课程思政存在的诸多不足。在专业课程大纲的制定中,一定要及时修订,提醒专业课老师有效地分配适当学时给会计学课程思政内容,从而避免师生遗忘这一部分的内容。但并不是在一节课或几节课中,全部进行课程思政的内容,而是像细雨润物细无声般对学生进行价值引导和思想渗透,使学生在专业课堂上,不仅仅只是学到专业的知识,还要体会到专业知识背后所蕴含的道德思政问题。例如,大一我们就接触过公司最基本的业务,现金的流入和流出。众所周知,一个公司每天所要面临的现金流是巨大的,然而怎样能做到不为之所动呢?这就需要专业课老师在讲授专业课的同时告诉学生君子爱财、取之有道的真正内涵;这样可以将社会主义核心价值观的具体表现深入贯穿到学生的思想意识之中,引导学生理解吸收社会主义核心价值观具体内涵。

以上我们就课堂教材、教学大纲、专业课学时以及如何在细微的知识点中融入课程思政做出了论述,但我们无法保证在高校推出课程思政改革的同时老师能否认真的完成,所以教学评价就变成了不可忽视的存在。高校要构建一个以学生为重点的课程思政教学评价体系,突出学生在评价中的重要性,从而建设课程思政教学评价标准体系,强化教师对会计课程思政的重视程度,最大限度地推动会计学课程思政建设。教师真正做到果行,方能实现育德的目的。

(三) 嘉言懿行:通过文体赛事活动来助推会计学课程思政建设

首先,要想推动会计学课程思政建设,高校与老师要做的还有很多。高校一定要将思政课教师、专业课教师等教师整体纳入思政培训体系,通过举办教师课程思政能力提升训练营专题培训,运用微课、公开课课程思政工作等多种形式提升全体教师践行课程思政能力和水平。会计作为世界通用的商业语言,见证了社会经济的发展和变迁,在推动社会全面进步等方面,需要而且应该有所作为。而高校作为会计人才输出的主要力量,更应该重视会计专业知识的传递和职业道德的引领和培养,在会计课程思政理念下,对会计人才培养模式进行全面改革和创新。只有这样,高校才能为社会提供更多的合格会计从业者。如果想要推动高校专业思政课程特色化发展,不能只依赖于专业课程老师讲授,更要充分利用学校与学院的资源和传播。

其次,高校校内举行会计学课程思政示范课大赛,可以进一步推进"会计学课程思政"教学改革,一方面充分发挥课堂教学育人主渠道作用,另一方面提升会计学教师对课堂思政的重视程度。教学必须深入挖掘专业课程所蕴含的思政元素和所承载的思政教育功能,将价值引领功能放在重要位置,各类课程要与思想政治理论课同向同行,形成协同效应,并在课程教学内容和教学方法上注重思政元素的无形浸润和渗透作用,提高课程育人的实效。

最后，高校深化实践教育，加强对校内社团、学生会等各种组织思政教育。学校社团、学生会、各种校级组织，在举行各种活动时要以社会主义核心价值观为活动思想基础，把社会主义核心价值观渗入活动中，在日常中逐渐提升学生的价值观。把思想政治教育融入社会实践、志愿服务、实习实训等活动中，创办形式多样的"行走课堂"。

高校校园联合媒体网络平台，加强网络育人。提升校园新媒体网络平台的服务力、吸引力和黏合度，如利用校园广播站的宣传，学校公告栏的示范性、引领性和提升学校网站的辐射度，重点建设属于自己的高校思政类公众号，发挥新媒体平台在社会主义核心价值观下对高校思政工作的促进作用。通过诸多嘉言懿行将敬业、诚信、公正、法治等品质游光扬声，细微之处践行社会主义核心价值观。

（四）行稳致远：发挥思政课程与课程思政的协同育人作用

积极拥抱思政建设主力，方能稳步前行。以马克思主义学院为主力，与会计学院相结合，做到"1+1>2"的效果，告别思政课和会计专业课联系匮乏的现状，实现协同育人，有效推进学校会计学课程思政工作深入开展，促进思想政治教育和专业教育的有效融合，进一步落实立德树人根本任务、构建全面育人的思政格局。马克思主义学院是高校思政建设的"领头羊"，是传播社会主义核心价值观、推动思政建设的潺潺溪流。马克思主义学院对整个高校的精神层面建设有着莫大的作用。会计学院的思政建设是其一条支流，会与马克思主义学院这条溪流交汇，最终所有的支流都将汇入大海，成为一片汪洋。马克思主义学院的政治建设助推会计学课程思政建设；会计专业课程的思政建设践行着高校整体的政治构建，两者之间相辅相成，互相联系，相互影响。会计学院自己也可以向其他高校相同院系学习，开拓创新思维，专业教师要以新思维催生新思路，以新思路谋求新方法，以新方法解决新问题，行稳致远实现课程思政的创新发展。会计学思政建设要与社会主义核心价值观紧密结合，不断借鉴其中对我们最具影响力的精神品质，深化践行社会主义核心价值观，在稳步前行中远航。

（五）春风化雨：围绕课程思政目标强化人性、人格、人本教育

我们认为，大学会计学课程思政教育目标应体现"独立""自由""批判"等大学精神，以"人才培养"为手段，以"社会主义核心价值观"为宗旨，将其定位为："培养具有健全人格、服务于人生价值最大化的会计人才"。这一目标定位包含会计学课程教育中的职业需求、技能与能力要求、品德与人文素质、创新与思辨思维等理念，在具体实施中需要并引起以下方面的配合及定位。

会计学老师应将会计学课程思政与社会主义核心价值观紧密结合。例如，会计学老师在授课时可以将固定资产与生命价值相联系、无形资产与人的品德相联系。高校应更新教育理

念，让老师将课程思政与社会实际相结合，为未来新社会输出优秀的会计人员，将社会主义核心价值观融入会计学课程思政教育目标后，应树立和强化人性、人格、人本、尊严等理念。在会计学课程思政建设教学中，可以增加"人的品德"方面的教育引导，将人的品德、人生价值以及相关理念渗透到教学内容中。例如，"资产=负债+所有者权益"的会计等式隐含的资源与人生价值的关系，等式左方的资源可以代表人所拥有的金钱、地位，等式右方代表人生中的价值，负债代表对社会、对他人有损害的负价值，所有者权益代表正价值，从而达到社会主义核心价值观和高校课程思政相融合的效果。

高校的会计学老师应该善于与时俱进，在讲授社会主义核心价值观时，应当联系生活实际情况，考虑到学生的实际需求。教学内容更加丰富有趣，讲解生动幽默，要设身处地的从学生角度思考，启发高校课程思政注重人性化和人文关怀。高校会计学课程思政老师采用传授、讲授、讨论、案例等教育教学方法，学生并没有参与到课程教学内容中，学生对教学内容没有深入的理解，只是浅尝辄止。教师与学生是教学的主体，因此，高校老师应当丰富教育方法，让学生参与其中，学会以质疑为纽带，寻找问题、质疑问题、观察问题、思考问题、分析问题、解决问题，更加深入的了解教学内容。例如，会计学老师在课程思政教育中可以让学生自主学习探讨相关内容，学生们可以积极展示探讨成果，然后由老师进行点评讲解。这种方式可以开拓学生的思维，激发学生学习的兴趣。在学生和学生之间、学生与老师之间进行学术讨论，不断促进思想的深度交流碰撞，迸发出火花，从而推动社会以主义核心价值观对课程思政建设的导向作用，在学习交流中深入践行社会主义核心价值观，把教育的春风化成思政的细雨滋润学生的心田。

五、结语

社会主义核心价值观作为社会主义核心价值体系的重要体现、新时代高校思政课堂的重要组成部分，引领会计学课程思政建设是非常重要且必要的。同时，思政课堂的有序和有效开展，也使社会主义核心价值观深入人心，有助于培养大学生健康的心态、健全的心智和健全的人格。社会主义核心价值观与会计学中的具体知识点十分契合，社会主义核心价值观是会计学课程思政的"灵魂指引"。大学生是社会主义建设的重要力量，同时大学生的阅历不足，很容易受到不良思想的影响，在课程中加入思政元素就非常有必要。

在会计专业课程教学中融入思政教育，不仅可以拓展教学内容，还能提高育人价值和学习效果。会计课程思政有助于启发学生对社会主义核心价值观的深入认知，引导学生坚定理想信念和培养奋斗精神、帮助学生树立诚信、敬业、公正的品质，培养学生健全的性格，形成正确的职业观、价值观，成为真正的高素质从业者。学生在毕业之后有更多的机会与金钱等利益接触，思想道德一旦动摇，就极有可能会触犯法律，课程思政有助于学生毕业后在工作形成良好的金钱观，培养廉洁奉公、敬业爱岗、坚持原则、依法办事的会计品德。帮助学生毕业后在工作中恪守会计职业道德底线，使学生终身受益，真正实现高校立德树人的作用。

育人育德,育德育魂。经过社会主义核心价值观下的课堂思政的熏陶,高校培养的学生能够在走向社会时,热爱本职工作,努力钻研业务,严格遵守法规法纪,提升道德素质,理解并践行职业精神和职业规范,成为中国特色社会主义事业的建设者和推动者!

获奖情况:第15届"挑战杯"河南省大学生课外学术科技作品终审决赛二等奖

完成人员:冯若宇,申鹏,黄珂,王艳丽,刘焕迪,张宜谦,钱慧敏,牛梦雅,栾冬阳

看万山红遍：红色文化资源对新时代大学生"三观"塑造的育人导向与价值引领

摘要：中国共产党立志于中华民族千秋伟业，百年恰是风华正茂！我们党的一百年，是矢志践行初心的一百年，是筚路蓝缕奠基立业的一百年，是创造辉煌开辟未来的一百年。我们要认真回顾走过的路，不能忘记来时的路，继续走好未来的路。回顾过去的路：红色文化资源承载了中国共产党波澜壮阔的革命史、艰苦卓绝的奋斗史、可歌可泣的英雄史。不能忘记来时的路：红色文化资源是我们在新的历史征程上不忘初心、牢记使命、永远奋斗的不竭动力。革命英雄、红色故事不断引导一代又一代青年人的"三观"发展。继续走好未来的路：充分发挥红色文化资源育人育心，铸魂固本的功能，引领大学生树立正确的世界观、人生观、价值观，培育德智体美劳全面发展的社会主义建设者和接班人。

习近平总书记指出，光荣传统不能丢，丢了就丢了魂；红色基因不能变，变了就变了质。时代为大学生树立了红色指标，而大学阶段正是大学生世界观、人生观、价值观塑造的关键时期，对于高校而言，培育大学生形成正确的世界观、人生观、价值观是其责无旁贷的义务。本研究报告将围绕红色文化资源对大学生"三观"的育人导向和价值引领展开研究，从知、情、意、行四个方面阐述红色文化资源对大学生"三观"的影响，知：发现红色文化资源下大学生"三观"存在的问题、现状和困境；情：体会红色文化资源对大学生"三观"的育人导向；意：形成红色文化资源对大学生"三观"价值引导的思维模式；行：推进红色文化资源厚植大学生"三观"的建设。提升大学生红色认同感并内化于心，营造良好的校园红色文化环境，通过网络媒介外化于行，最后知行合一，落到实处，从地方开始传承红色文化基因。最终引导大学生作出正确抉择并建立正确的世界观、人生观、价值观。

关键词：红色文化资源；世界观；人生观；价值观

一、红色文化资源与大学生"三观"的基本内涵

（一）价值引导：红色文化资源引导红色风尚

翻开红色记忆，献礼建党100周年，红日东升照四方，忆往昔峥嵘岁月，一百年的沧桑巨变，一百年的翻天覆地，在这风雨交加的一百年时间长流中，孕育了无数红色革命先辈，书写了无数红色故事，激荡出了数百万、数千万的红色浪花。星星之火可以燎原，红色文化资源掀起了百年的红色浪潮，唱响了嘹亮的中国之歌，为大学生世界观、人生观、价值观的

塑造树立了红色指标。

红色文化资源既包括显性的物质形态的文化资源：革命时期遗留下来的遗迹、遗物、遗址等历史遗存，以及后来修建的纪念碑、纪念馆等，还包括隐性的非物质形态的红色精神文化资源：革命精神、革命事迹、革命文献。无数红色文化资源激励着我们前进的步伐，引导着我们的世界观、人生观、价值观的塑造。

习近平总书记一直高度重视对红色文化资源的保护利用，在地方考察时遍访革命故地、红色热土，反复叮嘱要用好红色资源、传承红色基因。2021年3月，习近平总书记在福建考察时曾说："要用好这样的红色资源，讲好红色故事，搞好红色教育，让红色基因代代相传。"并且在习近平总书记对革命文物工作作出的重要指示中，习近平总书记强调，加强革命文物保护利用，弘扬革命文化，传承红色基因，是全党全社会的共同责任，对于当代大学生来说，这也是对大学生提出的基本要求。

（二）拔节孕穗：世界孕价值，价值衍人生

关于"三观"这一概念的起源难以考证，一般来说，人的三观来源于哲学范畴，大学生的"三观"即传统意义上人的三观，一般是指世界观、价值观和人生观。而世界观、人生观和价值观三者又是统一的：有什么样的世界观就有什么样的价值观，有什么样的价值观就有什么样的人生观。

世界观也叫宇宙观，是哲学的朴素形态。世界观是人们对整个世界的总的看法，但是由于人们的社会地位不同，观察问题的角度不同，从而形成了不同的世界观。而世界观是形成价值观的基础，世界观不同，价值观也就不同。

价值观是基于人的一定的思维感官之上而作出的认知、理解、判断或抉择，也就是人认定事物、辨定是非的一种思维或取向，从而体现出人、事、物一定的价值或作用。价值观具有稳定性、持久性、历史性、选择性与主观性的特点，不仅对人生有导向的作用，同时也反映人们的认知和需求状况。

人生观是指对人生的看法，也就是对于人类生存目的、价值和意义的看法。人生观是世界观的重要组成部分，是一定社会或阶级的意识形态，是一定社会历史条件和社会关系的产物。而人生观的形成是在人们实际生活过程中逐步产生和发展起来的，受人们世界观的制约，所以不同社会或阶级的人有着不同的人生观，人生观又决定着我们实践活动的目标、人生道路的方向和对待生活的态度。

（三）挥斥方遒：以红色精神引领大学生"三观"

青年兴则国家兴，青年强则国家强。大学生是推动社会发展的重要中坚力量，必须引导大学生形成正确的世界观、人生观、价值观。当前，我国社会多元发展，充斥着各种观念与舆论思想，而大学生的世界观、人生观、价值观仍处于尚未成形的在塑阶段，一些不良思潮容易对大学生正确世界观、人生观和价值观的形成造成一定危害和影响。向社会输送社会主

义事业人才是高校一直以来的教育职责,所以学校需要首当其冲扛起"红色"大旗,以红色精神晕染大学生"三观",用"红色"主旋律占领教书育人阵地,用"红色"革命思想武装大学生头脑,将"红色"革命精神内化成大学生正确世界观、人生观、价值观塑造的动力,营造浓厚的"红色"文化氛围。

习近平总书记多次要求把红色资源利用好、把红色传统发扬好、把红色基因传承好,强调"让信仰之火熊熊不息,让红色基因融入血脉,让红色精神激发力量"。大学生身为祖国未来的建设者和接班人,更要从自身寻找切入点,以革命先辈为楷模,切实塑造自身正确人生价值观念,做到无愧于心、无愧于党和国家,时刻谨记自己身上流淌的中国血脉,将红色基因发扬壮大,让"红光"浸染我们的世界观、人生观、价值观,逐步向合格的祖国接班人靠拢。

二、知:红色文化资源在大学生"三观"塑造中的现实问题

(一)青山缭绕疑无路:缺乏红色文化资源熏陶

红色文化资源承接着过去和未来,是当代大学生宝贵的精神食粮。新时代大学生在经济全球化、文化多样化、价值多元化、生活时代不同的情况下,对红色文化资源的感知程度和认识程度也不同,不可避免地对红色文化资源产生了危机感和缺乏感。

1. 红色文化资源教育的缺失。

由图1可以看出,当代大学生红色教育的缺失,在很大程度上源于高校的失职,红色教育资源缺失。除了部分专业学习的学生外,课程设置中很少将课程同红色文化资源想结合,校内的专题讲座也很少涉及红色文化资源或是与红色文化相关联的内容。课堂上教师并不能将自己的教学内容同红色文化相结合,没有起到积极引导的作用。

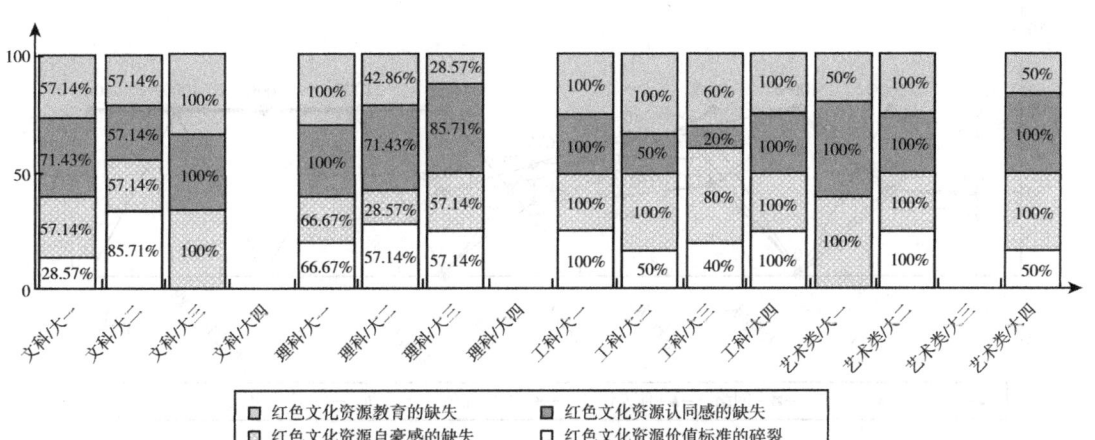

图1 大学生红色文化精神缺乏的原因

高校的红色教育过程缺乏科学规划。红色文化资源虽然已进入教学课堂，但纵观当前的大学生红色文化教育，涉及红色文化的教育内容并没有科学规划，没有明确的阶段目标和总体目标。在教育过程中，高校普遍存在随意性，没有科学的统筹规划，没有阶段层次的具体计划，不能形成大学生红色文化教育的长效机制，教学内容简单重复，学生没有学习兴趣甚至是有厌烦的心理。因此在教学过程中定制一个完整合理的教学机制尤为重要。

2. 红色文化资源认同感的缺失。

红色文化历史记忆和认同感的淡泊，"历史记忆"是人们了解过去、正视现实、把握未来的一种理性活动。随着经济的高速发展，大学生拥有优越的物质生活条件，无法亲身体会到革命先烈的苦难充满血与泪的奋斗历史，对中国苦难革命的历史理解也不够深刻，在学校没有接触到更多的红色文化资源，无法对红色文化资源的革命意义深入思考，导致对红色文化资源的学习和认同仅仅停留在表面。

3. 红色文化资源价值标准的碎裂。

现代性社会状态下，人们对物质的过分追求、对功利的过分崇拜、对欲望的过度放纵、对他人的过分冷漠、对当下娱乐的过分关注、对崇高的过分贬黜等，人们不再关心伟大的事物，所有的价值标准都变成一种相对的存在，对大学生价值观的影响是难免的，价值标准的碎片化在一定程度上导致了红色文化资源的碎裂。

（二）忽见千帆隐映来：传承红色文化精神塑造三观

结合新时代特征和当代大学生的现实实践，深入剖析，不断挖掘对红色文化资源的利用，培育当代大学生红色文化的认同感。

由图2可以看出，通过网络了解的人居多，而通过参加红色文化活动了解的较少。因而可以通过以下方式增加大学生对红色文化的了解与学习。

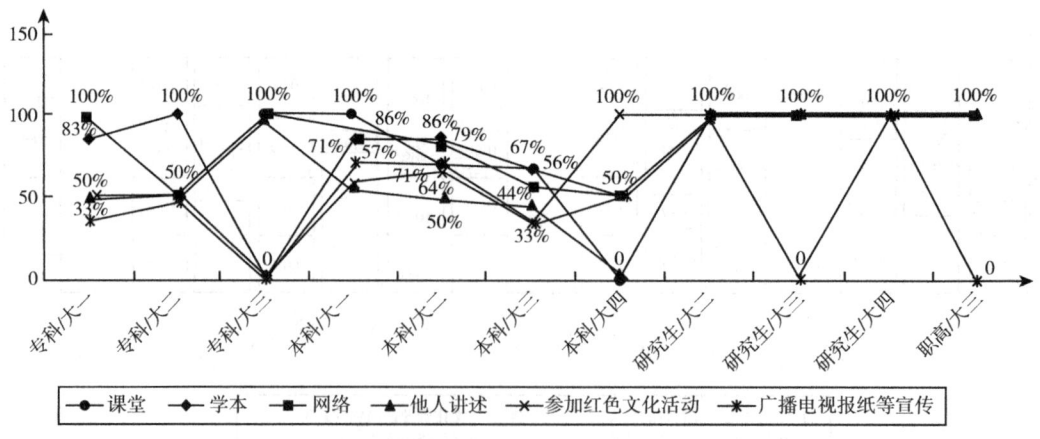

图2　大学生了解红色文化资源的途径

1. 深化课堂红色教育。

传承红色文化精神，高校应做出更多的努力和计划，提高学习能力。让红色文化深入课堂。教师需要做到的不仅仅是将其所教的课程授予学生，更应该在传授过程中融入红色文化，让学生在学习专业知识的同时也能烙下红色印记，结合红色文化资源与社会现状对学生进行三观教育是一种重要的模式和途径。

2. 重温往昔红色故址。

红色资源充分利用，让学生设身处地地参与其中，增强认同感。参观旧址，重温誓词，重走长征路，重上井冈山，重温窑洞岁月，让学生在静谧中思索自己的人生道路和方向，减少社会给大学生带来的轻浮。利用好红色文化资源，拓宽学生的思想政治教育渠道，在大学生的三观教育中注入红色基因。

3. 创新教育教学模式。

传播红色文化资源，开展线上创新的教育方式。通过互联网自媒体等手段让红色文化发散魅力。将红色文化资源投放到互联网上，打造包装红色文化，让更多学生浏览并且逐渐深入人心，线上创新同时兼顾线下。在丰富的校园活动中，将红色文化涵盖其中，让学生能够多接触。同时举办红色主题文化活动，通过重温誓词、演讲、歌唱等丰富多样的方式鼓励学生参与，避免因单一的活动方式而打消学生传承红色文化的积极性。建设红色文化基地，从而形成新的红色文化教育平台，充分挖掘当地的红色文化资源，为大学生的"三观"建立物质载体和平台。

三、情：红色文化资源在大学生"三观"中的育人导向

（一）育人育心：红色资源厚植大学生爱国主义情怀

古人常说"十年栽树，百年育人"，培育人才不易，育人要先从育心出发，当代大学生"三观"的培育也需落实到根本。

如图 3 所示，在这个问题中，有 76.47% 的大学生认为红色文化资源增强了大学生的民族自信，74.51% 的大学生认为红色文化资源有助于大学生形成正确的民族观念和信仰，并且有 72.55% 的大学生认为红色文化资源让大学生更加形象地理解爱国主义精神；很少数学生认为红色文化资源是无用的。可见新时代大学生拥有着浓厚的爱国主义情怀，这也是因为我们国家近年来，为加强学生的的爱国主义教育，鼓励中国各大纪念馆、博物馆以及红色文化教育基地充分利用红色文化资源来倡导爱国主义精神。"爱国主义"是人们对于国家的一种情感态度和价值观，爱国主义精神作为世界观、人生观和价值观的重要内容，对大学生的"三观"的塑造有着重要的意义。红色文化资源能够生动且形象地诠释爱国主义情怀，国家利用革命先辈留下来的丰富的红色文化资源培育下一代社会主义接班人，健全了新时代大学生的思想，让新时代的大学生在实现他们的梦想的同时，为实现中华民族的伟大复兴梦而作

出贡献。新时代大学生的爱国主义教育，从丰富的红色文化资源落实到实处，从而使新时代的爱国主义精神真正成为民族精神的核心。

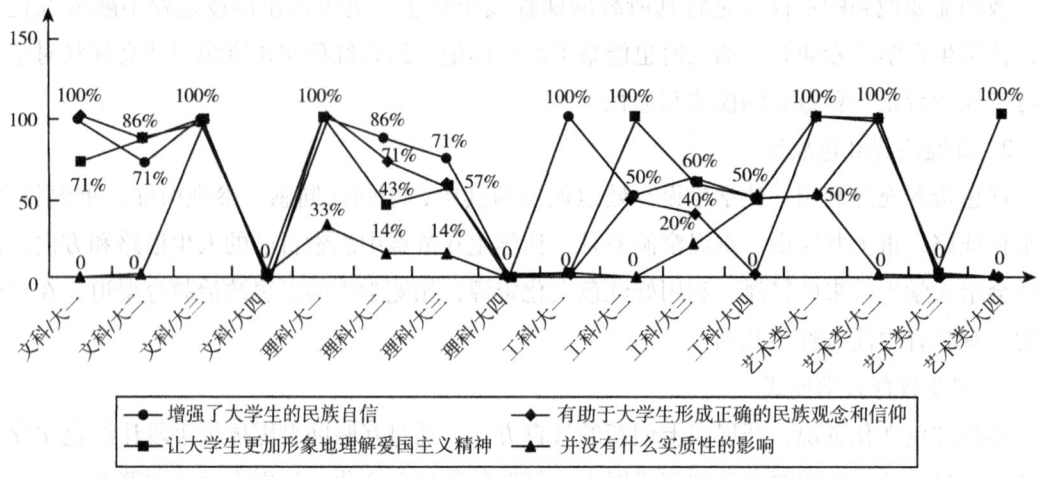

图3 你认为红色文化资源对大学生的爱国教育培养有什么样的影响？

（二）砥身砺行：培养大学生艰苦奋斗的"长征精神"

在红色文化资源中，最为典型的便是红军长征。两万五千里的长征是一部伟大的英雄史诗，它不仅为中国共产党打赢革命战争提供了基础，更创造出了我们现在也一直在延续的"长征精神"。习近平总书记指出："伟大长征精神，是中国共产党人及其领导的人民军队革命风范的生动反映，是中华民族自强不息的民族品格的集中展示，是以爱国主义为核心的民族精神的最高体现。"长征精神既是中国共产党人艰苦奋斗、砥砺前行的生动体现，又是中华民族自强不息、追求复兴的精神丰碑。

如图4所示，我们调查的学生中有66.67%的学生认为当代大学生继承"长征精神"有着重要的历史意义和现实意义；82.35%的学生认为在大学这样一个特定的环境里，弘扬"长征精神"尤为重要；有72.55%的学生认为大学生在复杂的环境中长大，成长过程中品质难免有缺失，大学生需要继承"长征精神"来完善自我。随着新时代的不断发展，"长征精神"不仅没被淘汰，而且还被时代赋予了新的内涵。"长征精神"作为我们宝贵的精神财富，对引导当代大学生树立正确的"三观"有着重要的价值。"金沙水拍云崖暖，大渡桥横铁索寒。"新时代大学生学习红军长征中的勇往直前、坚韧不拔的精神，有助于大学生树立正确的人生观和价值观。"更喜岷山千里雪，三军过后尽开颜。"红军这种苦中作乐的精神有助于树立大学生的价值观。"长征精神"作为典型的红色文化资源，为培育正确"三观"的大学生做出了伟大的贡献。

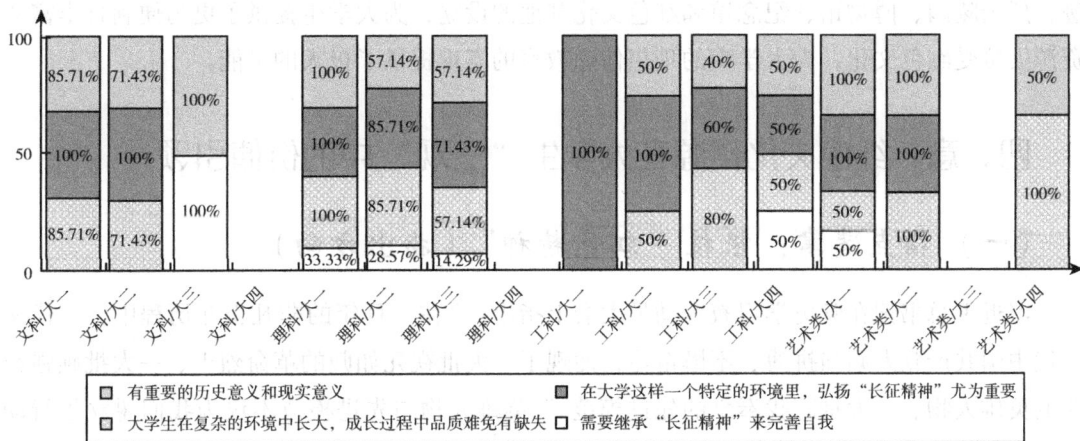

图4 您对当代大学生继承"长征精神"有什么看法？

（三）坚定信念：树立大学生崇高远大的"理想信念"

红色文化资源是大学生理想信念养成的重要的资源，在当今这个社会，复杂的社会环境使大学生的理想信念面临着社会思潮、多元文化的冲击，一些消极的思想正在腐蚀着大学生的理想信念，影响着当代大学生的"三观"，而红色文化资源在引领大学生树立崇高的理想信念发挥着积极且重要的作用。

如图5所示，有绝大部分的大学生认为杨靖宇精神帮助大学生树立了人生理想目标，认为大学生在杨靖宇精神潜移默化的影响中得到强烈的认同感，并逐渐清晰自己身上肩负的责任感，还有一部分学生认为杨靖宇精神提高了学生的思想道德素养，极少数学生认为杨靖宇精神没有什么作用。从这里可以看出，杨靖宇精神作为红色文化资源的一部分，以其特有的文化底蕴熏陶着当代大学生，大学生普遍对杨靖宇精神有着积极向上的印象，也肯定了红色文化资源对大学生理想信念的塑造起着重要的作用，中国的大江南北都存在着红色文化的痕

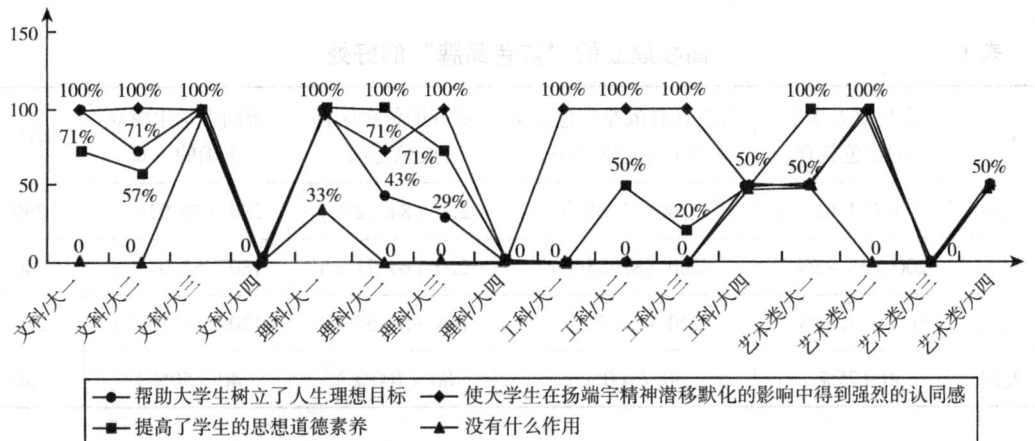

图5 你认为杨靖宇精神对大学生的理想信念塑造起到了什么样的作用？

迹、烈士陵园、博物馆、纪念馆和红色文化基地的设立，为大学生提供了更为便利且丰富的资源去接受红色文化，为大学生的理想信念教育的实现提供了极大的可能。

四、意：红色文化资源在大学生"三观"中的价值引领

（一）指点迷津：根植"红色精神"（指出方向）

习近平总书记在党史学习教育动员大会上指出："在一百年的非凡奋斗历程中，一代又一代中国共产党人顽强拼搏、不懈奋斗，涌现了一大批视死如归的革命烈士、一大批顽强奋斗的英雄人物、一大批忘我奉献的先进模范。"英雄人物与先进模范不仅为我们树立了行动的标杆，更向我们传递了更多的精神价值。

人无精神则不立，国无精神则不强。伟大的事业需要伟大的精神支撑，革命年代的杨靖宇精神、长征精神，社会主义建设时期的焦裕禄精神，改革开放新时期的抗震救灾精神都是赋予我们当代大学生的强大动力。实现中华民族的伟大复兴，我们大学生需要树立坚持真理、科学求实的实干创新精神；不断推进中国特色社会主义现代化事业，我们大学生需要坚持坚定理想、勇往直前的奋斗精神，众多的红色精神，已然熔铸为红色文化的根与魂，为我们大学生现在以及未来的发展目标指出了方向，为心中的茫然点开了迷津，引领着大学生的"三观"向正确又积极的方向发展。

（二）踵事增华：叫响"红色品牌"（丰富内涵）

红色文化是中国共产党领导人民在革命、建设、改革进程中创造的以中国化马克思主义为核心的先进文化。高校应以国家政策为导向，以满足本校及周边区域学生的红色文化需求为出发点，通过策划宣传等方式整合本校所拥有的红色文化资源，树立好高校的"红色品牌"（见表1）。

表1　　　　　　　　高校建立的"红色品牌"的好处

X/Y	实现对大学生的红色教育	营造具有浓厚红色人文气息的校园氛围	更好的传承弘扬红色基因	帮助大学生树立正确的三观	小计
大一	220（84.62%）	260（100%）	220（84.62%）	200（76.92%）	260
大二	200（58.82%）	280（82.35%）	220（64.71%）	180（52.94%）	340
大三	160（61.54%）	220（84.62%）	160（61.54%）	120（46.15%）	260
大四	60（75%）	80（100%）	80（100%）	40（50%）	80

在祭拜郑州烈士陵园的活动中，通过专业研究人员的带领和讲解员饱含深情的讲述和"沉浸式"红色主题文化教育，使爱国主义精神在新时代青年中入脑、入心、见行动；在参

观杨靖宇将军纪念馆的过程中,通过瞻仰杨靖宇将军抗日战争时期的革命文物,听取将军生平的讲解,近距离地感受到杨靖宇将军顽强斗争、不屈服、不妥协的精神;在清明节举办的缅怀先烈升旗仪式中,通过对革命烈士的追忆,铭记每位烈士背后不应被忘却的英勇。

新时代,发挥红色文化铸魂育人的功能十分重要。由图6可以看出,认为建立红色品牌更能营造浓厚红色人文气息的大一、大四同学最多,占比100%。因此要将红色资源和校园文化品牌多渠道融和,打响"红色品牌"的口碑,使红色文化不断实现创新转化,实现对大学生的积极濡染,有利于帮助大学生更形象具体地认同中国特色社会主义理论、制度、道路的必然性,从而帮助大学生建立和实践理想信念,树立正确的世界观、人生观和价值观。

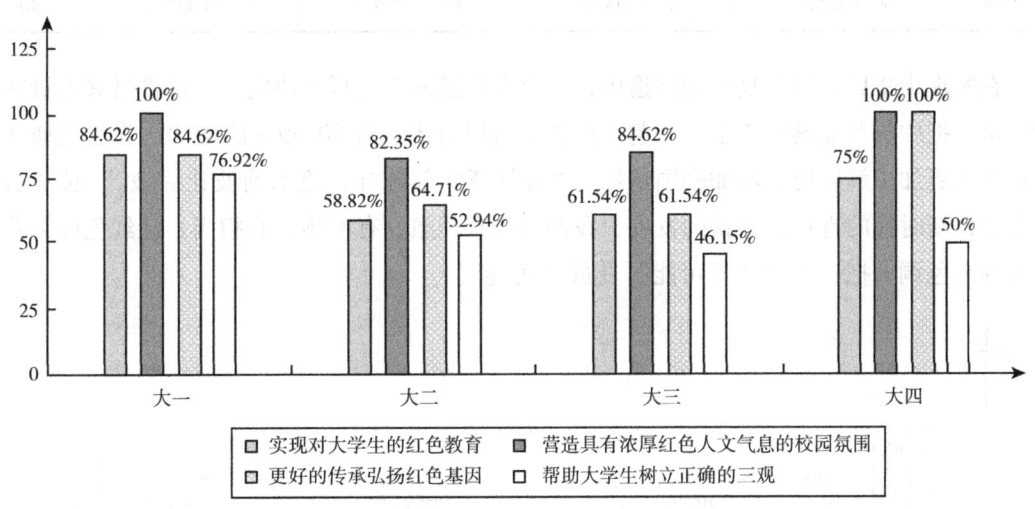

图6 高校建立的"红色品牌"的好处

(三)笃行致远:点亮"红色青春"(提供途径)

中国共产党百年的伟大历程、伟大成就,是一代代红色青春炼铸而成的,是经得起历史、现实和未来检验的。习近平总书记明确指出:"青年是祖国的未来、民族的希望,也是我们党的未来和希望"。因此,作为新时代的青少年,我们应紧跟党的脚步,让红色成为青春最庄严的底色。

西南联大师生怀着教书救国、读书救国的进取精神,走向战乱中国,跨越湘、黔、滇三个省份,行走三千多里,他们经历轰炸、贫穷和病痛,却从未间断过教学与研究;钱学森、邓稼先等"两弹一星"元勋怀着以身许国的奉献精神,在严格保密的科研院所、飞沙走石的戈壁试验场里呕心沥血,反复实验只为掌握第一手资料;最美逆行者"95后"女孩甘如意骑行四天三夜辗转300公里到达抗疫第一线,在武汉抗击疫情的历史上创造了一个奇迹,全国各族青年不畏艰险、冲锋在前,以行动书写在武汉抗击疫情的史册中添上了一篇浓烈的青春篇章。

表2　　　　　　　　　身边的红色地区对红色教育的意义

X/Y	让青年人更加了解历史，增强爱国情怀	寓教于乐，提高青年人的思想道德修养	传承民族精神，树立正确的三观	提升青年人政治觉悟，拥护党的领导	小计
大一	260（100%）	240（92.31%）	180（69.23%）	180（69.23%）	260
大二	240（70.59%）	240（70.59%）	220（64.71%）	200（58.82%）	340
大三	200（76.92%）	180（69.23%）	180（69.23%）	120（46.15%）	260
大四	60（75%）	80（100%）	60（75%）	80（100%）	80

在实现中华民族伟大复兴的路途中，一个个震撼人心的行动决定，一件件凝聚力量的举措实事，把中华儿女紧紧团结在一起。由图7可以看出，有80.39%的同学认为红色地区能让青年人更加了解历史，增加爱国情怀。"芳林新叶催陈叶，流水前波让后波。"长江后浪推前浪，新时代的青年会有新的发展，我们必须有理想、有本领、有担当，让红色成为我们青春的主色调，把一个个"不可能"变成"可能"。

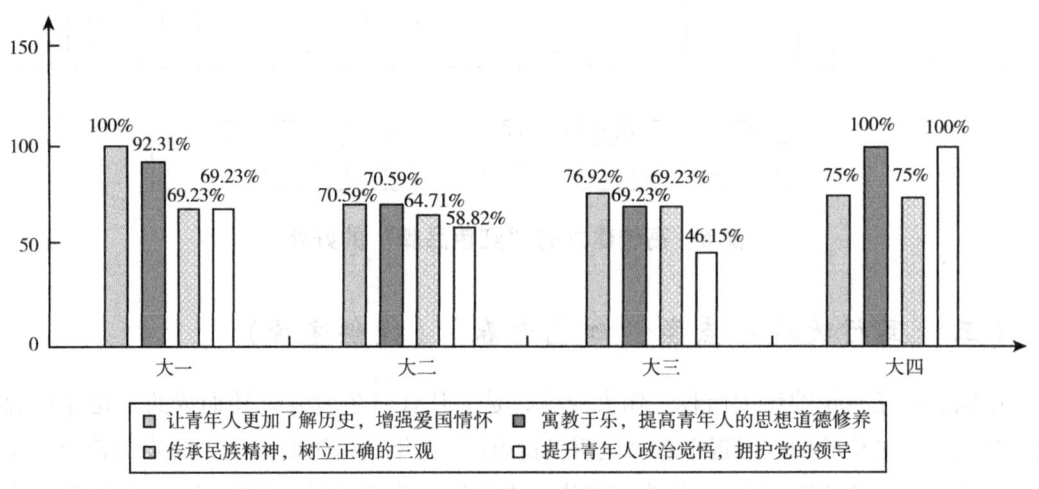

图7　身边的红色地区对红色教育的意义

五、行：推进红色文化资源与"三观"建设的破冰之举

（一）内化于心：从世界观层面提升大学生红色认同感

1. 坚持指导思想，强化红色记忆。

从图8中我们不难发现，社会舆论风气导向对大学生红色文化认同感的影响占到了64.71%，说明学生认为舆论导向对其价值观引导很重要，这就要求政府加大对社会舆论风

气的把控作用，处理整顿不良的社会风气，引领正确"三观"建设。其次，学校思政教育建设对大学生价值观的引导也有较大影响，占比 80.39%，这就需要各高校、师生的共同协作，发挥课堂教学主渠道，更加注重对学生信念与志向的培养。最后，要着重提高家庭教育与学生个人的判断能力，尤其是家庭道德责任培养，要在日常生活中使红色文化资源深入人心，避免后期出现价值选择错误的问题。

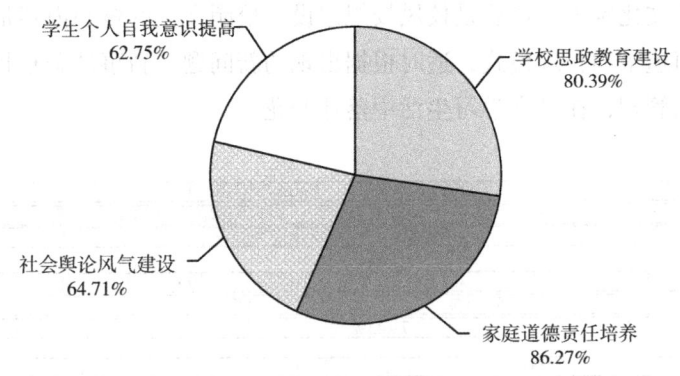

图 8　解决大学生红色文化践行问题的着手方面

2. 增强四个自信，营造爱国情怀。

为了实现中华民族伟大复兴的中国梦，我们进行了多年的持续奋斗，在此之际，理想信念尤为重要，提升民族自信心，增强爱国情怀是我们的当务之急，要以红色文化为基础坚持"四个自信"。

首先，红色文化能强调理论自信。随着世界的多元化、开放化，大学生的思想容易受到西方个人主义、享乐主义等观念的影响，容易对国家认知出现偏差，严重者甚至会对国家体系产生怀疑。这就需要中国共产党所创造的的红色文化精神来作为精神支撑。培育人民的家国情怀，为中国梦而奋斗。其次，制度自信是对我国特色社会主义制度的高度认同，是实现国家稳定的重要心理因素，如五四青年节、八一建军节等红色活动，都在一定程度上强化了人民的制度自信。最后，在信息多元化的新时代，我们更要大力探索红色文化资源所蕴含的物质和精神资源，强化"四个自信"，为实现两个一百年奋斗目标奠定基础。

（二）外化于行：从人生观层面营造良好校园文化主环境

1. 完善红色文化环境建设，发挥渲染作用。

校园文化作为学校发展的灵魂，对学生而言具有潜移默化的教育价值，大学生正处于"三观"塑造的关键时期，容易受到外来思潮的影响，从而在思想上产生一系列问题。因此将红色文化资源融入校园，能促使学生自觉产生对红色文化以及国家的认同感，树立正确的"三观"。这就是"把红色基因传承好，确保红色江山永不变"的切实举措，将红色文化融入育人主阵地的高校，能够对大学生进行正确的价值引领。

在图 9 营造良好红色文化校园环境建设中，不同学生对校园文化环境建设的意见不尽相同。从条形图中不难看出大多数同学仍喜欢充实的课外生活,将知识性、互动性、体验性集于一体,在愉悦氛围之中回望红色故事,感悟红色精神。如开展红色歌曲传唱,红色诗词朗诵等使学生深入探究红色资源。其次是大学生能看得见、摸得到的校园物质文化建设,是我们不能忽视的,高校作为全方位育人场所更应熏陶良好的学术氛围,小到教室文化墙、宣传标语栏,大到红色文化广场、主题教育馆等。既能体现校园历史,又能创新校园文化,并且营造了浓厚的红色文化氛围。最后是校风校规建设,校园文化的核心内容是基于高校规章制度体现出来的价值追求和管理模式,适时根据出现的新问题、新事件调整相关规章制度,使学生加强对自身的管理,在日常学习生活中落地开花。

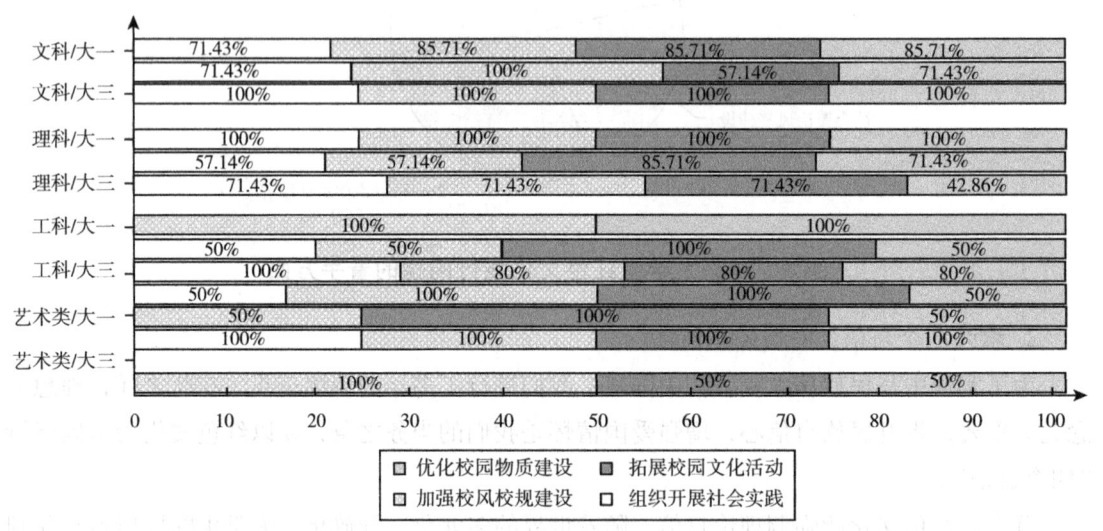

图9 营造良好红色文化校园环境的做法

2. 深化红色文化理论教学,提高思政教育。

中华民族的伟大复兴之梦需要大学生培养坚定的理想信念,高校的思政教育就是帮助大学生引领和塑造正确的世界观、人生观、价值观。红色文化所蕴含的艰苦奋斗精神和伟大奉献精神等,都为思政课堂注入了活跃的生命力和鲜活的案例。但是从图10中,我们不能忽视红色文化融入高校思政教育所面临的现实问题,如故事陈旧、内容重复、缺乏课堂教学吸引力等,这些都没有充分发挥课堂思政的真正教育意义。因而应注重以人为本的教育观念,避免教学成为机械化、复制化的活动。

立足于从学生的需求出发,用通俗易懂、学生易于接受的方式在思政教育中融入红色文化精神,激发学生探索意识,提高学生参与性。通过学生个人讲评红色影片等方式,将红色资源与思政教育相结合。这样不仅创新了教学模式,还为高校思政教育指明了方向,为其提供了更多的新的可能。

3. 加强红色文化媒体搭建,提升甄别能力。

习近平总书记在党的十九大报告中强调:开展"传承红色基因,担当强军重任"主题教育。新媒体为红色文化资源的传播与共享提供了新的途径、新的载体、新的平台。在新媒体快速发展的大环境下，大学生也有了更高的向往与追求，所以在当下时代要加强红色文化资源内容的传播力度运用多种移动智能设备上的各种方式，如微博、微信、小视频，微电影等。其次在宣传红色文化资源时要注意对红色文化资源内容的展示要多层次化，内容具体不抽象，不能让人产生疏离感。最后，在传播红色文化资源的平台上设置新颖的网络议题。这样可以吸引大学生关注红色文化资源，探讨红色文化资源的热门话题，由此来传承和弘扬红色文化资源。

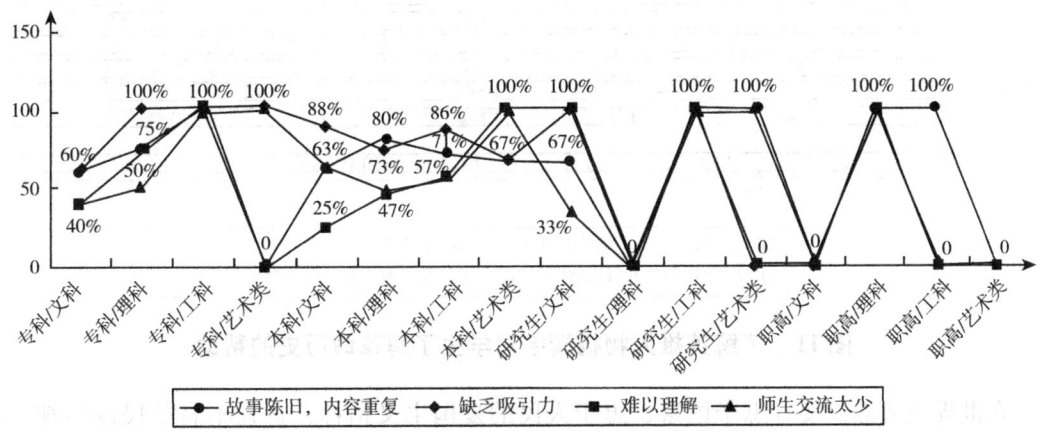

图10 高校思政教育所面临的问题

（三）知行合一：从价值观层面传承地方红色文化基因

1. 杨靖宇精神：中华民族不屈之魂。

习近平总书记在《在颁发"中国人民抗日战争胜利70周年"纪念章仪式上的讲话》中特别指出："一个有希望的民族不能没有英雄，一个有前途的国家不能没有先锋。包括抗战在内的一切民族英雄，都是中华民族的脊梁，他们的事迹和精神都是激励我们前行的强大力量。"这里特别强调了民族英雄的事迹和精神，是一个民族前行的强大力量，所以研究具有代表的民族英雄尤为重要。

杨靖宇将军作为著名的抗日民族英雄，东北抗日联军的主要创建者和领导人之一，被誉为"东三省第一个执行游击战术的人"。杨靖宇精神，不仅是斗争中的一种革命精神，也是留给后人的宝贵财富。

弘扬杨靖宇精神，能够培养和完善当代大学生具有健全的人格，有利于帮助学生树立正确的世界观、人生观与价值观。

由图11我们可以知道，了解英雄人物杨靖宇可以增强我们对国家和民族的热爱，帮助我们进一步了解抗日战争，解决一些历史认知错误。杨靖宇精神告诉我们，在人生观方面，要树立坚定的理想信念，大学生作为民族的希望，国家的未来，肩负着中华民族伟大复兴的重担。因而应激励大学生努力学习文化知识，加强自身道德修养，努力成为社会主义合格建设者与接班人。

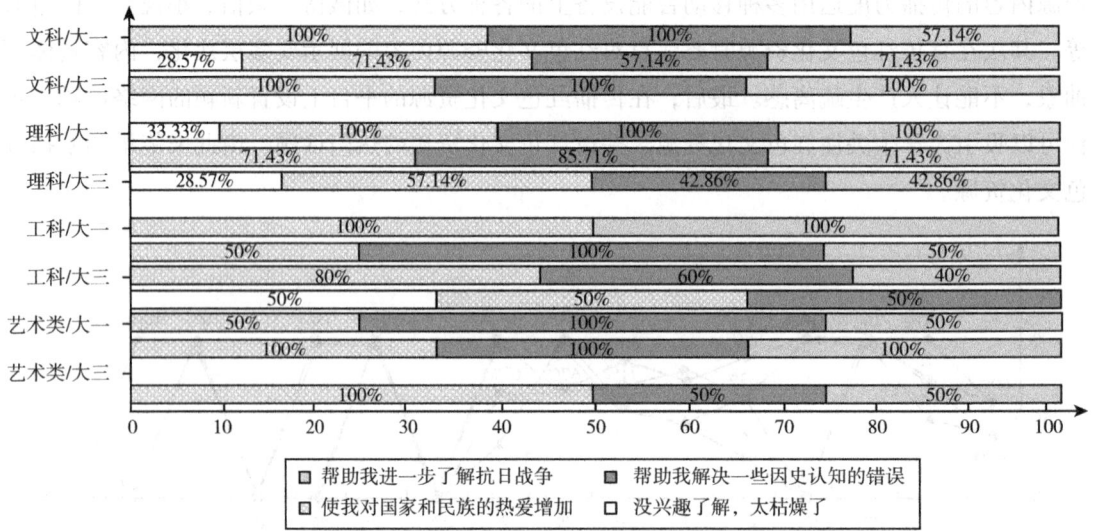

图11 了解英雄人物杨靖宇对学生了解革命历史的帮助

在世界观方面，要有忠于国家、忠于人民的爱国主义精神，自强不息的民族精神。从图12可以看出，推广红色文化资源的方式多种多样。高校可以通过组织参观地方红色革命遗址、烈士纪念馆等方式来让学生亲自挖掘其背后的革命故事。在价值观方面，要继承和弘扬艰苦奋斗的革命精神，培育百折不挠的乐观主义精神，如在寒暑假期间可以进行义务劳动、支教等方式来深入实际体会红色文化所蕴含的精神，身体力行地去领悟其中所蕴含的道理。这不仅可以弘扬中华民族的优良传统美德，还是精神上的强大支柱。其次，学习"靖宇精神"，还可以培养大学生实事求是、开拓创新精神，通过弘扬"靖宇精神"，可以引导

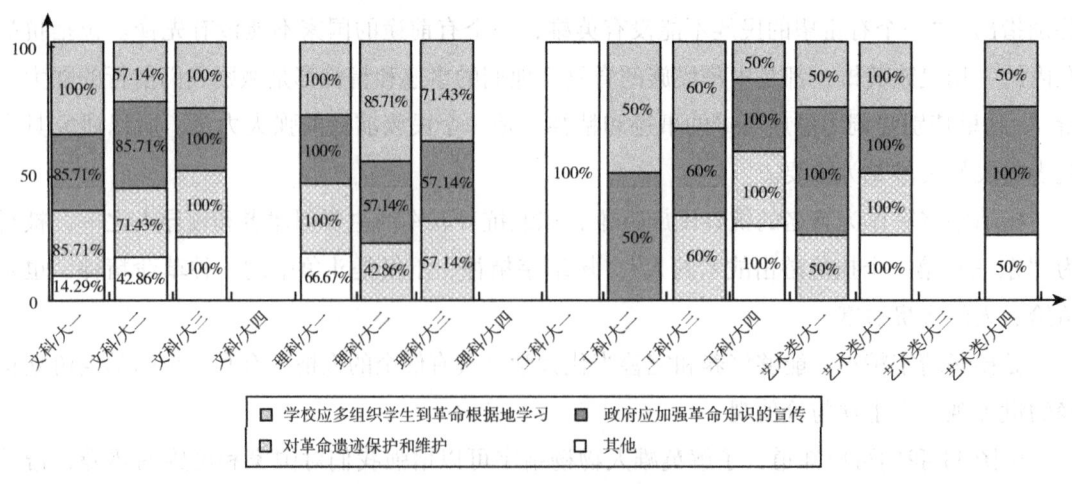

图12 如何开展红色文化资源的推广

学生主动将自我发展与社会发展相结合，适应当今社会需求，能够更好地实现自己的人生价值，实现伟大中国梦。

2. 焦裕禄精神：心系人民公仆情怀。

焦裕禄精神是对担任兰考县委书记焦裕禄同志带领全县人民艰苦奋斗、顽强拼搏，为改善兰考县贫穷落后而无私奉献事迹的高度概括。习近平总书记也曾三赴兰考，根据习近平同志在兰考的重要讲话，《河南日报》随后发表文章将习近平同志对焦裕禄精神的深刻阐述总结为："亲民爱民、艰苦奋斗、科学求实、迎难而上、无私奉献"的精神，认为这是当代焦裕禄精神的时代内涵。5年后，当习近平总书记再次来到兰考调研时，对焦裕禄精神的内涵做了新的概述："要特别学习弘扬焦裕禄同志'心中装着全体人民、维度没有他自己'的公仆情怀"，由此可见焦裕禄精神在每个历史阶段都呈现不同的语言内涵，是一种与时俱进的文化精神。这不仅是对当代大学生"三观"的精神引领，更是对党的十九大报告中"坚持人民主体地位，坚持立党为公、执政为民、践行全心全意为人民服务的根本宗旨"的生动诠释。

通过焦裕禄精神的学习告诉我们，在价值观方面要培养艰苦朴素、不怕苦的精神。在价值观层面，要深入学习焦裕禄同志的奉献精神，以及为人民群众鞠躬尽瘁、死而后已的伟大精神。例如，有些落后的地方红色基地，可以通过打造红色文化品牌，来助力乡村振兴。用红色旅游带动脱贫，实现农业强、农村美、农民富的美好愿望。对于有特色文化产品的地区，还可以通过维护革命遗址，以实体遗址进行重点保护和复原，通过打造主题公园来积极争取国家红色旅游发展基金，宣传红色文化历史来带动产业扶贫，推动产业园的建设。大学生应充分理解焦裕禄精神，在如今浮躁的社会中求真务实，为社会贡献自己的一份力量，为中国特色社会主义事业而不懈奋斗。

3. 红旗渠精神：精神之渠永不断流。

十一届全国人大四次会议期间，习近平总书记在参加河南代表团审议时指出："红旗渠精神是我们党的性质和宗旨的集中体现，历久弥新，永远不会过时。""立下愚公移山志，决心劈开太行山"。

"自力更生、艰苦创业、团结协作、无私奉献"这十六个字是红旗渠精神的内涵。在中国共产党成立一百周年之际，我们怎能忘记那些修渠的人，忘记人民对美好生活的期盼，那是太行精神最厚重的积淀。红旗渠开凿将自力更生精神体现得淋漓尽致，艰苦创业精神引导大学生实现自我价值，从而成为优秀的社会主义建设者。当代大学生是国家的栋梁之才，是未来社会主义事业的建设者和接班人。我们应该极力在当代大学生中弘扬优秀的中国民族精神，弘扬红旗渠精神中蕴含的锐意进取精神和真才实干的工作作风，它将对培养当代大学生树立正确的世界观、价值观、人生观有着极大的启发作用。

4. 愚公移山精神：脚踏实地久久为功。

在第一个一百年目标即将实现的大背景下，重温愚公移山精神是必然要求。愚公移山作为一则寓言故事，激励人前进，给予人前进力量。

习近平总书记也曾在全国政协新年茶话会上指出,"让我们大力弘扬愚公移山精神,大力弘扬将革命进行到底精神,在中国和世界进步的历史潮流中,坚定不移把我们的事业不断推向前进,直至光辉的彼岸。"习总书记的这些讲话,又将愚公移山精神赋予了新的时代内涵,对当今大学生坚定信念、坚定信仰具有重大的指导意义。实干精神作为愚公精神的最好体现正是我们当代大学生所欠缺的,在生活、学习中面对艰难险阻时,要有"明知山有虎、偏向虎山行"的勇气和担当。要有经历磨难的充分准备,愈挫愈勇、百折不挠。我们要知道愚公移山行为并非盲目行为,而是立足当前,放眼未来,一张蓝图绘到底,实现伟大中国梦。

5. 鄂豫皖苏精神:不忘初心牢记使命。

鄂豫皖苏革命根据地,是土地革命战争时期中国共产党领导创建的主要根据地之一,同时也是中国工农红军第四方面军成长壮大的摇篮,全盛时期占地四万多平方公里。而大别山作为中国三大革命历史名山之一,是我们党和国家重要的红色基因库,也是鄂豫皖苏区首府所在地。2019年习近平总书记视察河南,强调"要讲好党的故事、革命的故事、根据地的故事、英雄和烈士的故事,加强革命传统教育、爱国主义教育、青少年思想道德教育,把红色基因传承好,确保红色江山永不变色。"因此我们更要传承和发扬好大别山精神,深刻认识到大别山精神的重要论断,践行大别山精神,领会大别山精神所蕴含的初心和使命。

结论

习近平总书记强调,要把红色资源利用好,把红色传统发扬好,把红色基因传承好。红色文化资源是先辈们为我们留下的珍贵的文化资源,是中国共产党带领人民进行一次次革命、一次次斗争、一次次改革凝结而成的珍贵资源。红色文化资源深刻的思想文化底蕴以及先进的文化价值,映射出了中国共产党人和人民的革命精神和奋斗思想。这为大学生"三观"的塑造提供了强硬的精神思想的源头支撑和优秀的文化根基。

时代在发展任何事物也都需要更新发展,这样才能拥有持续的活力和新鲜的血液。红色文化资源已经存在几十年,但是高校的授课和媒体的传播还仅仅停留在浅层的描述上。只强化爱国主义的思想和教育,却忽视了对红色文化资源时代价值的深度挖掘和提炼。这会让大学生无法将红色精神与自身发展相结合,不能讲红色文化资源与实现国家伟大复兴相联系。与此同时还要在传播文化资源是减少空泛的言辞说教,过于抽象化的宣传教育满足不了大学生多元化的个人思想。增强红色文化资源开发和利用,有利于提高红色文化资源对大学生"三观"的塑造效果。

在大学生的生活和学习中,红色文化资源出现的频率比较低。大学生接触到红色文化资源的机会也是比较少,缺乏红色文化资源的熏陶。这就需要学生积极主动地去了解红色文化资源,以此来进行大学生"三观"的塑造。大学生应积极学习红色文化资源中杨靖宇精神、焦裕禄精神、狼牙山精神等的社会主义价值目标和优良革命传统。大学生通过学习了解红色文化资源充分认识和把握社会主义共同的理想，树立马克思主义信念走中国特色社会主义发展道路来树立正确的人生观、价值观和世界观。大学生应该将个人的理想同步国家、同步民族以自身之力投身对祖国的回报实现中华民族的伟大复兴。

获奖情况：第 15 届"挑战杯"河南省大学生课外学术科技作品终审决赛三等奖
完成人员：王江冉，林靖，赵静静，王冰滋，闫思洁，张璐姚，夏超凡，李迪

"大智移物云区"能否成为注册会计师行业的"六脉神剑"?

摘要:《"十四五"规划纲要》指出"加快数字化发展,建设数字中国",培育大数据、人工智能、移动互联网、物联网、云计算、区块链等新兴数字技术,以加快推动数字产业化,促进共享经济、平台经济健康发展。本研究围绕"大智移物云区"对注册会计师行业的影响进行研究,通过分析"大智移物云区"应用现状和现实问题,进一步提出相应的解决方案,为注册会计师从业人员应用"大智移物云区"提供参考建议,推动注册会计师行业在数字化转型的道路上健康发展。

本研究从以下四个方面展开:(1)"大智移物云区"的研究背景、含义、内容及生活中的应用。通过对建设银行、中税中兴会计师事务所进行现场访谈和问卷调查,对"大智移物云区"技术在注册会计师行业中的应用现状进行分析。(2)"大智移物云区"的应用对注册会计师行业产生的影响,包括给注册会计师行业带来的机遇和挑战两个方面。机遇体现在能够有效地规避审计风险,高效率地完成作业,拓展更加新颖的业务,完成传统作业方式的数字化转变、更方便快捷地确定审计目标;挑战体现在注册会计师就业难度增大,数据分析能力和综合能力有待提升,数据的繁杂使其工作量增加,数据的安全性无法得到有效保障,相关法律制度规范不够完善,财务数据造假和审计证据伪造等舞弊行为以假乱真,让人真假难辨。(3)同时"大智移物云区"技术的应用将使注册会计师行业的发展趋势体现在新型审计人才需求增加、对审计人员的思维更新速度提出更高要求、审计业务发展更加个性化和提高工作效率等方面。(4)在"大智移物云区"给注册会计师行业带来挑战的同时,其相关技术诸如利用大数据扩大数据收集范围、通过移动互联网搭建经验交流平台交流工作经验和以区块链技术推动数据共享发展进程等应用也极大地促进了注册会计师行业的数字化发展。而对于"大智移物云区"带来的挑战,我们提出了建立健全数据安全防范机制、培养复合型审计人才和完善相关法律规范等参考建议。

关键词:大智移物云区;注册会计师;审计风险;共享经济

一、醉里挑灯看剑:"大智移物云区"知多少

"大智移物云区"即大数据、人工智能、移动互联网、物联网、云计算、区块链的总称,它们之间交融渗透,在各个行业中的应用越来越广泛,对我们的生活产生了翻天覆地的

影响，也增加了企业的竞争优势。

我们首先对注会相关人员是否了解"大智移物云区"做了简单的调研，问卷调查结果如图1所示。受访者中近50%完全没有听说有关"大智移物云区"的内容，近43%的被调查人员基本了解一些相关知识，只有约3%的被调查人员对相关领域非常了解。

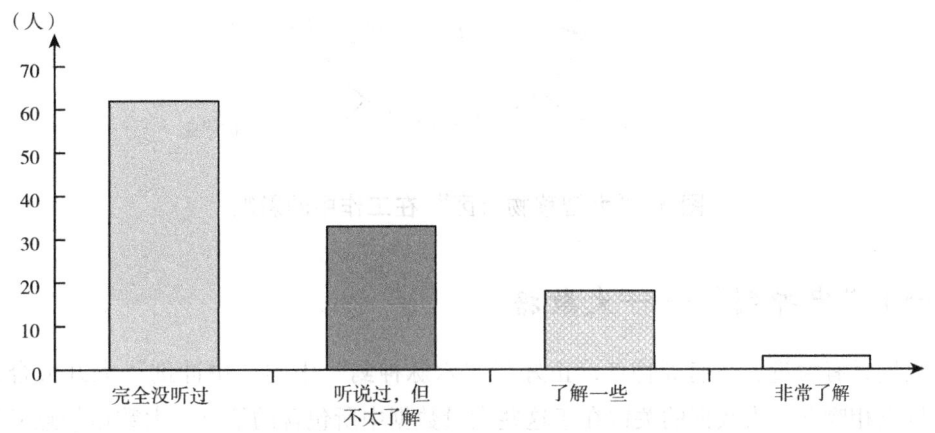

图1 注会相关人员对"大智移物云区"的了解情况

调查发现，"大智移物云区"给我们生活带来的影响主要体现在如图2所示的四个方面，即"暂时还没有发现""生活更加便捷""丰富了娱乐活动"和"移动出行更加方便"。多数人觉得其给我们生活带来了便捷，仅有5%的调查者认为丰富了娱乐活动。

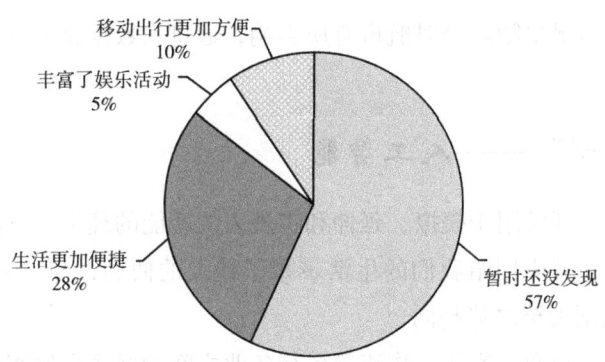

图2 "大智移物云区"在生活中的影响

"大智移物云区"的应用不仅给我们的生活带来了影响，也给我们的工作方式带来很大改变，主要体现在以下几个方面："移动办公的出现""出现了新的职业""重复性工作逐渐被取代""对学习能力提出更高的要求"。受访者中32%认为对学习提出更高的要求，占比最大，具体调查结果如图3所示。

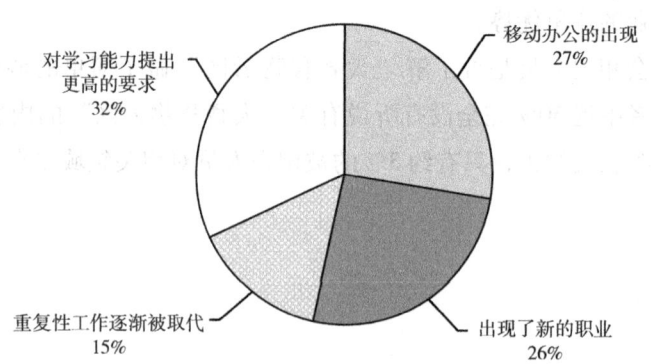

图 3 "大智移物云区"在工作中的影响

(一)"中冲剑"——大数据

大数据具有大量、高速等特点,正好与"六脉神剑"中的"中冲剑"大开大合、气势雄迈的特点相吻合。大数据的关键在于这些大量数据中所包含的信息,大数据的意义不仅仅在于大量的数据本身,而在于基于它之上所进行的一系列的分析活动。

大数据的应用范围越来越广泛,涉及医疗健康、金融、交通、电商、教育、食品等方方面面。如智能手环或智能手表,这些智能穿戴设备可以监测我们日常的运动情况、睡眠情况等,其会在后端汇总成大数据的数据集群,经过分析处理,来推荐个性化的运动计划和运动模式。而在空运中,利用大数据分析旅客的季节性波动,从而对座位需求进行估算;社会趋势、热点事件、天气情况也随时会对航班有所影响,通过大数据就可以根据这些事件来部署航班数量。

(二)"少商剑"——人工智能

人工智能是研究、开发用于模拟、延伸和扩展人的智能的理论、方法、技术及应用系统的一门新的技术科学,其应用给我们的生活带来了极大的便利,与"六脉神剑"中的"少商剑"石破天惊、风雨大至之势趋同。

人工智能与金融、交通、家居、物流等各行各业之间的联系愈发密切。例如,用户可以远程控制家居设备,实现场景化智能家居控制。此外,机器视觉、指纹识别、人脸识别、虹膜识别、专家系统、智能搜索、博弈、遗传编程等都是人工智能发展的产物。

(三)"少冲剑"——移动互联网

移动互联网是指移动通信终端与互联网相结合成为一体,是用户使用手机或其他无线终端设备,通过速率较高的移动网络,在移动状态下随时、随地访问 Internet 以获取信息,使用商务、娱乐等各种网络服务。

目前,移动互联网正逐渐渗透到人们生活、工作的各个领域,微信、支付宝、位置服务等丰富多彩的移动互联网应用迅猛发展，正在深刻改变信息时代的社会生活，近几年，更是实现了3G经4G到5G的跨越式发展。全球覆盖的网络信号，使身处大洋和沙漠中的用户，也可随时随地保持与世界的联系。

（四）"少泽剑"——物联网

物联网指通过各种信息传感器、射频识别技术、全球定位系统、红外感应器、激光扫描器等各种装置与技术，实时采集任何需要监控、连接、互动的物体或过程，采集其声、光、热、电、力学、化学、生物、位置等各种需要的信息，通过网络接入，实现物与物、物与人的泛在连接，实现对物品和过程的智能化感知、识别和管理。这与"六脉神剑"中的"少泽剑"变化精微的特点相照应。

物联网技术在交通、物流、环保、建筑等方面的应用比较成熟。例如，智能交通利用信息技术将人、车和路联系的更加紧密，改善了交通运输环境、保障交通安全并且提高资源利用率；公交车上安装定位系统，能及时了解公交车行驶路线及到站时间，乘客可以根据搭乘路线确定出行，免去不必要的时间浪费。

（五）"商阳剑"——云计算

云计算指通过网络"云"将巨大的数据计算处理程序分解成无数个小程序，然后，通过多部服务器组成的系统进行处理和分析，这些小程序得到结果后返回给用户。这与"六脉神剑"中的"商阳剑"巧妙灵活的特点相匹配。

云计算在医疗、交通、通讯、教育等领域的应用较为广泛。例如，教育云可以将所需要的任何教育硬件资源虚拟化，然后将其传入互联网中，以向教育机构和学生老师提供一个方便快捷的平台；在购票软件中利用云计算部署出一套余票查询系统，从而为出行减负。

（六）"关冲剑"——区块链

区块链是一个分布式的共享账本和数据库，具有去中心化、不可篡改、全程留痕、可以追溯、集体维护、公开透明等特点。这些特点保证了区块链的"诚实"与"透明"，与"六脉神剑"中的"关冲剑"拙滞古朴的特点相对应。

区块链应用领域涉及金融、物流、医疗、食品等行业，区块链丰富的应用场景，基本上都基于区块链能够解决信息不对称问题，实现多个主体之间的协作信任与一致行动。例如，用区块链技术对个人医疗记录进行保存，从而实现医疗机构之间资料共享；区块链可以保证数据不可篡改，并应用于食品溯源链，进而使食品生产流程透明化。

二、倚天万里须长剑：注会行业的风雷之变

社会经济在"大智移物云区"影响下不断改变，它们的重要性可见一斑。注册会计师

行业的发展更是离不开"大智移物云区"技术的应用，在中国发展高层论坛经济峰会中有人提出，人工智能与新型的企业模式是不可分割的。在注册会计师行业中引入人工智能，可以为审计流程提供便利条件，使注册会计师做出的判断更加准确。同时，大数据、移动互联等对其的影响也日趋深远。从"大智移物云区"的发展对注册会计师行业带来的影响进行分析，涉及机遇、挑战以及未来趋势三个方面，多角度地阐述了未来注册会计工作中我们应该注重的发展方向以及如何有效应对工作中的潜在问题。

（一）风云际会——新机遇

在本次调查研究中，我们发现"大智移物云区"给注册会计师行业带来的机遇主要体现在以下四个方面，即"传统工作方式的转变""更好规避风险""提供更加新颖的业务"以及"企业管理地位提升"。其中占比最大的为"传统工作方式的转变"，为31.03%，其次是"更好规避风险"，为30.17%。具体结果见图4。由此可见，"大智移物云区"的发展给注册会计师的工作方式带来了很大的转变，同时在审计工作中可以更好的规避风险。

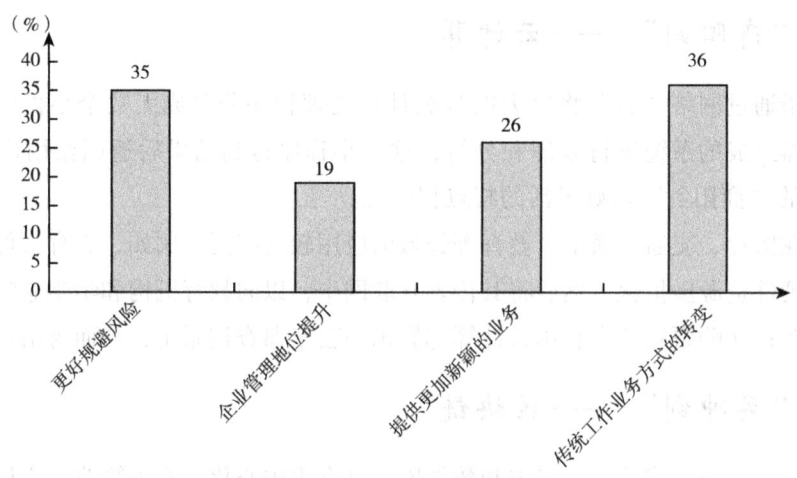

图4 "大智移物云区"给注册会计师行业带来的机遇

1. 规避审计风险，确保数据真实性。

研究调查发现，"大智移物云区"能让注册会计师更好地规避风险，主要体现在以下四个方面："数据分析技术不断完善""企业的信息化不断提高""审计的'重要性'水平确定的更加准确""信息技术发展带来的审计监督全覆盖"。调查结果见图5。

在传统的审计工作中，注册会计师人员不能仅依靠给出的样本对企业进行分析，因为样本的数量较少会增加审计的风险。另外，在抽取样本的过程中极可能出现错误，从而得出不正确的结论。但是应用"大智移物云区"技术后，注册会计师可以快速分析统计的审计样本，降低了审计的风险，可以得到更加准确的结论。"大智移物云区"在提高审计效率的同时降低了审计的风险，所以可以保证审计工作的顺利进行。

2. 取缔简单劳动，高效完成业务量。

随着"大智移物云区"时代的到来，人工智能被不断创新和应用。人工智能可以取代很多的简单重复的人力劳动，同时也为注册会计师带来机会。注册会计师工作繁多而且复杂，在大数据、人工智能等技术的帮助下，注册会计师处理业务时省时省力，更能高效完成工作。

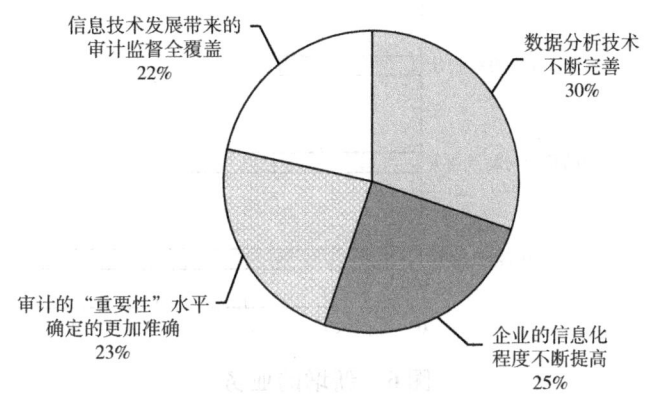

图 5　降低审计风险的途径

3. 增加新颖业务，提供发展新渠道。

在"大智移物云区"的时代背景下，所有行业都在积极进行着技术和方法变革，以求得在全新的市场环境中生存，同样注册会计师行业也不例外。可见，伴随着信息和数据技术的更新，注会行业正迎来新的机遇，只有不断调整和适应才能在"大智移物云区"时代中赢得竞争。"大智移物云区"代表着一个新的时代，它提供了海量且种类多样的数据，能够帮助注册会计行业更好地处理业务及拓展业务范围，同时对其传统业务、新兴业务也有较大影响，为新兴业务提供了发展机会。最典型的是咨询业务，包括企业管理咨询业务和企业财务咨询业务。

通过对新兴业务近几年来的发展情况进行问卷调查，我们得到的结果如图6所示。通过图6可以看到，近几年来发展极为迅猛的四种新兴业务分别是财务总监外包业务、企业秘书服务业务、会计信息资源的整合与配置业务和高端战略咨询业务，其中又尤以"高端战略咨询业务"的比重最大，超过了40%，由此可见发展企业咨询业务的重要性和必要性。

对企业管理咨询业务而言，大数据的出现可从源头上提高了注册会计师的咨询质量。例如，在人力资源咨询中，在有了整个企业甚至整个行业的大数据，注册会计师就可以准确分析出该企业的员工素质、专业化程度以及员工对薪酬的满意度。对企业财务咨询业务来说，大数据带来的机遇是保证了咨询服务的质量，能做出更科学的结论，避免客户受到损失。

4. 转变传统方式，开拓思维新方向。

对于注册会计师行业而言，其主要业务无疑是审计业务。在以往的传统审计模式下，审计工作缺乏足够的信息和数据，注册会计师只能通过审计抽样的方法，以高质量但低数量的样本数据特征来推测总体特征，这就要求数据必须精确且典型。注册会计师在搜寻审计证据时也必须完全按照严格的因果逻辑进行，只有这样才能保证高质量的审计。

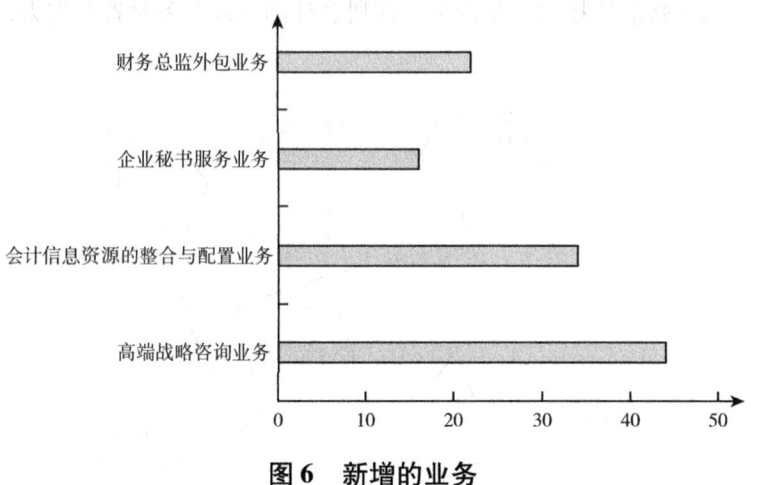

图 6　新增的业务

"大智移物云区"代表着全新的时代，不仅提供数量多且种类多的数据，这无疑给注册会计师行业带来了一定的机遇。所谓机遇是指大数据可以更加便捷有效地帮助注册会计师完成审计工作。传统工作业务方式的转变提高了工作效率，节约了时间成本。

5. 明确审计目标，精准企业方向标。

传统的财务审计的目标是务必确保企业公司财务报表的既定规律和真实可靠，而在"大智移物云区"时代下，区块链的发展与运用使对审计目标的确定不用再像过去那样通过相关审计程序了解每个项目的认定，从而确保财务报表的规律真实可靠，最后才能确定每个项目的具体目标，而是只要确保区块链技术的适当设置和部署，就可以对公司财务报表的相关数据进行全方位的具体的精准的分析解读，更好地确定公司财务报表的既定规律和真实性。

（二）长风破浪——新挑战

"大智移物云区"时代的到来，给注册会计师行业带来了新的商业模式、思维模式以及更加便捷的数据处理模式，为注册会计师获取信息、使用信息的方式开辟了新天地。但新时代的到来注定不是一帆风顺的，只有人与时代的碰撞才能擦出最美的火花。但新时代给我们带来机遇的同时，也带来了前所未有的挑战。

在对问卷调查研究的分析中，发现"大智移物云区"给注册会计师带来的挑战主要体现在以下四个方面，即"审计与数字化技术应用的知识结构需优化""PC 端算力与大数据等技术不匹配""保障财务数据与审计证据的安全性""数据分析和审计风险评估综合能力有待提高"，调查结果如图 7 所示。

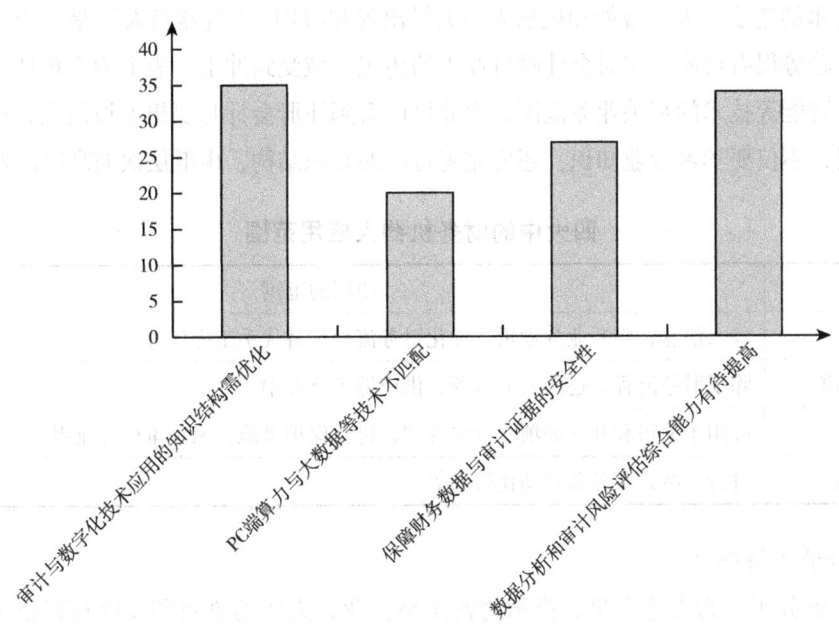

图 7 在"大智移物云区"时代下,注册会计师面临的最大挑战

1. 职业风险显增加。

随着"大智移物云区"时代的到来,人工智能不断创新和应用,会计人员面临的挑战之一就是失业问题。经调查研究发现,"大智移物云区"时代下会计人员失业主要受五个因素的影响,分别为"没有与时俱进,不断增加知识储备""不能熟练掌握并运用数据的处理和分析""不具有更高的职业道德""没有较强的人际沟通能力"以及"没有提高自身职业判断的能力"。在图 8 中,我们可以看到,有 33% 的人认为在"大智移物云区"时代下,注册会计师面临失业风险的主要原因是"没有与时俱进,不断增加知识储备",还有 22% 的人认为注册会计师应该提升数据运用和处理分析能力。可见,新时代的到来对注册会计师提出了更高的要求。

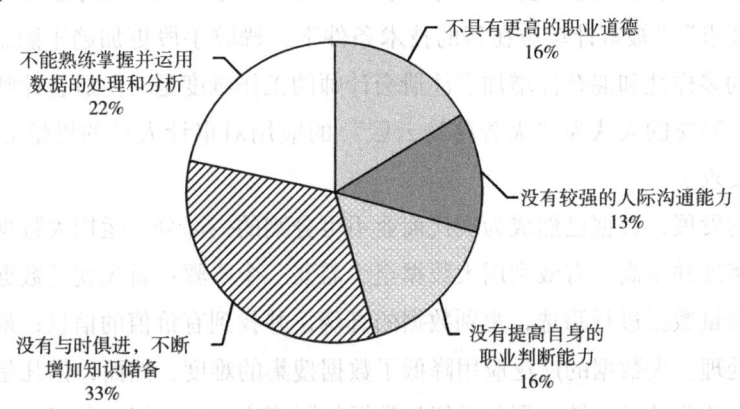

图 8 "大智移物云区"时代注会人员失业的要原因

随着技术的进步，人工智能和机器人的大量出现和应用，"机器换人"是一个不可阻挡的趋势，这一趋势很有可能使注册会计师行业中的传统领域受到冲击。表1为全球四大会计事务所使用人工智能等技术的相关业务范围，由此可以看到注册会计师要想不被淘汰，就必须顺应时代的发展，不仅要学习专业知识，还要完善自己的知识结构，由低层次向高层次发展。

表1   四大中的财务机器人应用范围

事务所	使用的范围
德勤	录入信息，判断业务逻辑，优化财务流程，替代手工操作等
普华永道	除了财务流程，还向人力资源、供应链等行业中
安永	应用于关账和开立账项，订单管理，付款保护措施，账项审核等流程
毕马威	进行一站式服务和自动化管理等

2. 综合能力待提高。

会计师事务所作为人才密集、指示物密集型企业，人才的创新和发展对其企业自身稳定性具有决定性影响。目前，大多数注册会计师事务所还是采用在账套中读取数据的审计软件取数工具，数据的分析和处理还是围绕单一来源的"信息孤岛"进行的，而"大智移物云区"时代对注册会计师提出了更高的要求。审计工作人员在面临巨大、庞杂的数据云平台时，要具备更高水平的数据分析能力和数据敏感度，要具备熟练操作相关软件，预处理大数据并分析得出可靠结论的能力。另外，审计人员除了掌握专业基础知识外，还应该具备经济、管理、法律等方面的知识。就目前现状而言，审计人员的专业素养及大数据技术的运用能力都急需提高。

3. 数据真假难辨别。

通过调查，我们发现"大智移物云区"对注册会计师的职业也带来了一定的威胁，主要体现在如图9所示的四个方面，"数据多样性和混杂性增加了审计工作人员的工作难度""新的商业模式缺乏与之匹配的会计准则和审计准则""对审计人员的思维方式和业务水平提出了更高的要求""被审计单位在新的技术条件下，舞弊手段更加趋于隐蔽"。其中40%的人认为数据的多样性和混杂性增加了注册会计师的工作难度是对注册会计师职业最大的挑战，占比最大，33%的人认为"大智移物云区"的应用对审计人员的思维方式和业务水平提出了更高的要求。

随着时代的发展，数据已然成为现代商业不可分割的一部分。运用大数据所搜集的海量信息，其价值密度并不高。有效利用大数据至少需要三个步骤：首先就是数据的搜集；其次是对获取到的海量数据进行筛选，辨别数据的真伪，并找到有价值的信息；最后再对这些数据进行分析和处理。大数据的广泛应用降低了数据搜集的难度，然而，但凡是与计算机相关的数据，都存在造假的可能性，那些虚假的数据如同癌症一般，侵入各行各业的缝隙，且难以辨别。

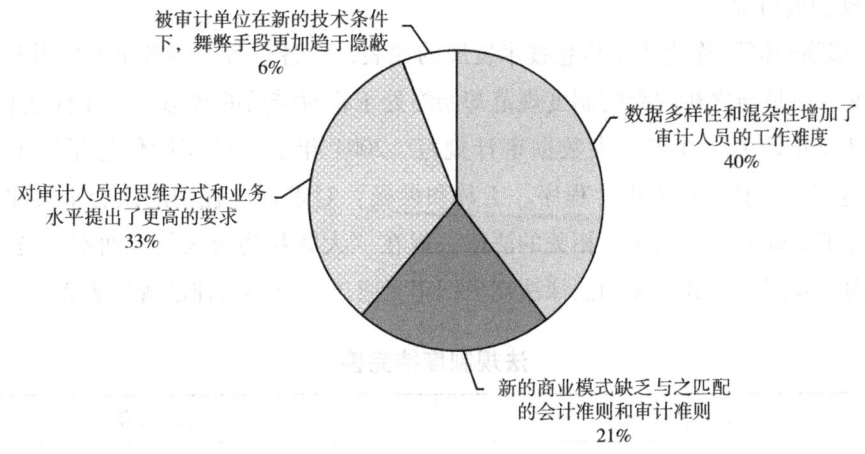

图 9 "大智移物云区"对注册会计师职业的威胁

4. 数据安全难保障。

伴随着云计算技术的出现，审计相关数据的储存空间得以扩大，而区块链技术的日渐成熟与应用也使去中心化的记账和录入数据终将实现。但是海量的数据信息被不停地用于生产、存储、搜集、处理与运用给人们带来便利的同时，数据泄露、数据安全和隐私泄露也成为我们不得不面临的问题。例如，在审计流程中，注册会计师人员在其电脑上使用非涉密或者外来的移动存储设备，通过互联网邮件系统发送审计保密数据；审计机关对网络安全工作不重视，内外网混为一体等行为都会导致数据泄露。此外，黑客等非法分子通过伪造身份、植入木马病毒等方式攻击数据库，窃取相关的机密数据和信息并将其进行非法交易，给利益相关方造成极大的损失，这将使审计数据储存在云平台上的安全风险大大增加。

根据调查结果显示，数据的安全也是注册会计师要面临的一大问题。相关数据如图10所示，有26%的被调查者认为大数据可能会遭受异常流量攻击，也有24%的被调查者认为"大数据信息有泄露风险"，而"数据传输过程中的完全隐患"和"数据储存管理风险"分别占28%和22%。

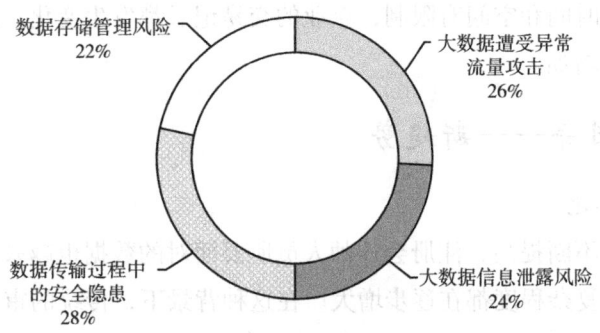

图 10 影响数据安全的因素

5. 法规制度待完善。

"大智移物云区"作为当下信息技术发展的代表,在各行各业的各个方面得到了广泛的应用和发展,但是与之相配套的制度规范却始终处于相对滞后的状态。到目前为止,欧美等发达国家已经开始关注并推行大数据审计规范。2001年成立的国际信息系统审计协会在2010年规定了云计算管理下审计程序、工具和模板,对审计过程中应该着重关注的审查点等内容进行了明确要求,使审计相关的法律法规在"大智移物云区"方面不再是一片空白。但是在国内,我国对与其相关的法律法规依旧很是匮乏,具体法律法规见表2。

表2　　　　　　　　　　　　法规制度待完善

文件名	文件内容
2001年《国务院办公厅关于利用计算机信息系统开展审计工作有关问题的通知》	明确了审计机关的联网审计权,是目前审计机关开展联网审计的直接依据
2009年《内部审计具体准则第28号——信息系统审计》	为大数据审计提供了依据,但缺乏实施环节的具体指导
2014年《关于加强审计工作的意见》	审计全覆盖被首次写进法律条文,加大了大数据在审计工作中的利用力度
2021年《注册会计师行业信息化建设规划(2021~2025年)》	协调推进"标准化、数字化、网络化、智能化"战略布局

6. 舞弊行为更隐蔽。

在"大智移物云区"时代下,各种信息数据让人越来越眼花缭乱,面对繁杂的信息,一方面,大数据分析技术帮助注册会计师更加有效的识别舞弊风险。另一方面,庞大的数据流和信息,也可以使企业策划和实施更加隐蔽的财务舞弊行为,这些可能会被注册会计师发现,大大增加了审计风险,而且传统企业的交易记录大多是比较容易查找的,但是在移动互联网的背景下,交易时间和空间有限制,企业的交易记录都发生变化。这种商业模式下,审计的风险可能会大大增加。

(三) 日新月异——新趋势

1. 新型人才多样化。

随着信息技术的不断提高,注册会计师人员所要面对的数据也越来越复杂,如行业、客户系统等数据信息的复杂程度都在逐步增大。在这种背景下,传统的审计人员依旧用传统的审计方式和思维很难应对日趋复杂的数据信息和客户需求,此时更需要一些新型的审计人才来提高工作效率,更好地满足客户的要求。对于传统审计人员来说需要增加对大数据的分析能力和筛选能力，学会恰当的使用大数据审计软件，新型审计人才除了需要大数据分析能力外，仍旧需要有丰富的审计工作经验，还要具有足够的专业知识。在这一时代背景下，注册会计师行业对于传统的审计人才需求已经减少，注册会计师人员要提高自身能力来更好地顺应注册会计师行业的发展。

在图11的调查研究结果中我们可以看到，"培养审计人员表达能力"的占比为20%；"培养数字技术综合能力"占比达到了30%；而"必要的计算机专业技能"和"足够多的专业知识储备"比重则是达到了22%和28%。由此可见，新型审计人才的培养要适应时代的发展和变化，同时我们也注重审计人才综合能力与个性专长能力相结合的原则，以便做到与时俱进。

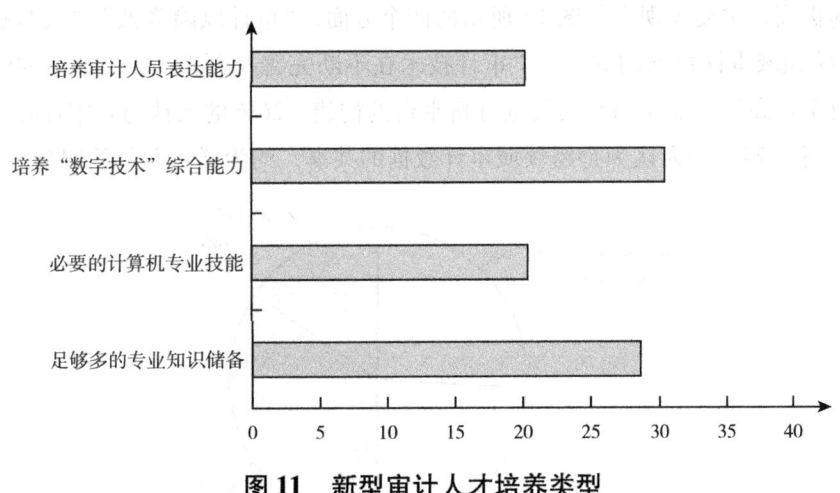

图11　新型审计人才培养类型

2. 人员思维创新化。

随着大数据的发展，数据信息越来越庞大，注册会计师人员应该要学会利用互联网和大数据的技术去解决审计问题。现在注册会计师行业对于大数据的利用也是在发展阶段，很多注册会计师人员仍旧沿用传统的实力工作，有些事务所也没有很好地跟随时代发展去更新技术，这也说明存在管理人员对大数据技术的重视和认知还不够。在数据越来越发达的今天，审计人员如果仅用传统的审计方法和思维，而且不充分利用数据是很难做好审计工作的，审计人员的风险也会增加。

大数据信息会给审计工作带来很多的便利，但是它也有自己独特的风险，所以审计人员要提高风险意识。现在数据信息共享程度不断加深，但数据存储系统本身存在着一定的风险，数据的保存、传输和安全等方面都存在着风险，注册会计师人员一定要增强风险防范意识，要更安全更合理地去利用数据，从而保证审计工作的质量。因此，注册会计师人员要改变传统的思维模式。

3. 审计业务个性化。

随着互联网大数据技术的进步，注册会计师人员可以利用大数据技术来更全面或从数据的不同角度来满足不同人员的不同需求。在传统审计业务中，注册会计师发表审计意见的方式是比较单一而且固定的，这只能在一定程度上向不同的报表使用者提供相似的信息，也不利于不同报表使用者对信息的分析。

在大数据发展的背景下，注册会计师可以更加全面而且便利地掌握数据，通过大数据注册会计师也可以自由地筛选不同的信息，多角度全方位地分析，这就使注册会计师可以为不同使用者提供不同的信息，这就更好地满足了不同人员的需求，更促进了审计业务个性化的发展，这也是注会行业发展的一个未来趋势。

4. 审计工作高效化。

通过调查研究，我们发现在"大智移物云区"时代下，注册会计师的审计工作效率得到了很大的提高，主要表现在如图12所示的四个方面，"审计风险降低""大数据分析平台的构建""跨领域审计数据的共享""审计技术在不断完善及创新"。其中有34%的人认为审计工作效率提高的主要原因是大数据分析平台的构建，26%的人认为是审计技术在不断完善及创新，还有24%的人认为是跨领域审计数据的共享，约为样本总数的四分之一。

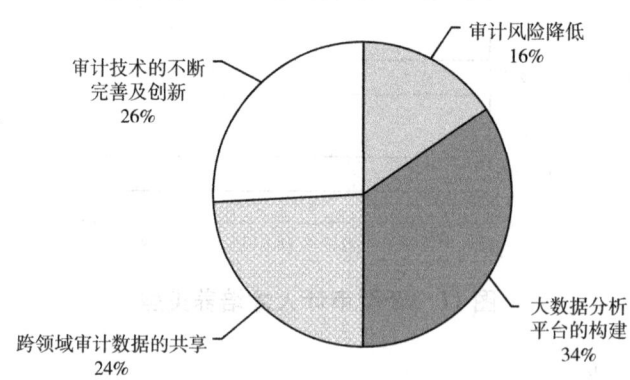

图12　注会人员的工作效率提升途径

在传统审计业务中，注会人员开展审计工作一般需要耗费很大的精力，审计人员对数据也只能进行抽样审计，而且传统审计多数在事后审计，这在一定程度上存在滞后性，审计人员也很难及时地分析处理数据。现在信息技术高速发展，大数据技术为注会人员开展审计工作提供了很多便利，跨领域数据共享的出现可以提升审计效率，通过多种部门的信息互联，注册会计师可以很方便地取得需要的数据，而且数据的采集可以在事中甚至事前获取或预测，这无疑让注册会计师更及时地获取了信息，就可以让注册会计师人员及时发现企业可能存在的错报，会提升审计效率。而且大数据人工智能也可以帮助审计人员处理掉一些重复性高的工作，这也可以提升审计效率。

5. 审计计划多元化。

"大智移物云区"时代下，区块链技术得到了较大的发展，其已经对总体审计目标起到了影响作用，而这必然会给总统审计策略和具体审计计划带来相应的变化。在总体审计策略方面，区块链源代码的访问、参数的相关设置和适当的时间变化安排，以及对区块链技术的初步的设置和部署对效用方面的问题将会成为相关审计人员的工作之中的重中之重，而不再是像过去一样重复地确定相关项目的重要性水平问题；同时，审计的范围的确定、审计策略的制定等问题都会发生相应的变化。

三、提三尺剑以定四海："六脉神剑"的广大神通

（一）扩大数据归集范围——大数据

1. 获取完整数据。

在传统的审计分析程序中，在审计工作的初始阶段，往往需要进行审计信息的收集整理和分析，这些审计信息包括数据信息和非数据信息，受到技术和成本的制约，大量数据信息的收集和分析增加了注册会计师人员的工作量，而一些非数据信息的收集和分析则需要注册会计师人员的职业经验来进行筛选收集和分析，因此在实际的审计工作中注册会计师人员往往选择了重要性程度较高的审计信息进行收集和分析，对审计信息的完整性造成了一定程度的影响。

而利用"大数据"技术则可以获取更加全面完整的审计证据，基于"大数据"的数据挖掘、数据处理和数据分析功能，可以对审计工作中的数据资料进行加工整理。首先利用"大数据"的信息挖掘汇总技术对所需的审计数据进行全面的收集，然后由注册会计师人员根据所需的具体信息通过大数据的数据分析手段对收集的大量数据进行筛选，利用注册会计师人员的职业经验结合大数据的分析功能对挑选的信息进行进一步的分析，进而得出全面有效的审计报告，为审计报告信息的使用者提供更加准确的信息。

2. 协同处理数据。

财务数据的处理是审计工作的关键环节，然而在实际的审计工作当中，由于财务舞弊和其他因素的影响，普通的审计手段往往无法只依靠对财务数据的分析来对风险进行有效的识别和应对，其还需要对非数据类的信息进行分析，增加了注册会计师人员的工作量，以至于风险评估的时效性低下且形式化。在这种情况下，通过"大数据"技术可以对审计信息中的数据信息和非数据信息进行整合，节省注册会计师人员的时间成本；此外，大数据的分析处理程序可以通过科学模型的建立，将相关数据引入并进行数据验证分析，能够帮助注册会计师人员了解和发现被审计单位的具体财务状况和异常的财务数据，从而提高审计工作的效率。

（二）应用智能提高效率——人工智能

1. 参与风险评估。

风险导向审计是当今主流的审计方法。在传统的审计风险评估程序中，注册会计师进行审计风险评估通常采用询问被审计单位人员、检查和观察有关信息、实施分析程序等方法，

但这些方法的执行的工作量较大，而利用人工智能技术与审计软件的结合，利用人工智能技术的"智能搜索"功能可以准确、快速地获取注册会计师需要的信息，同时，利用人工智能技术"语言和图像理解"功能对获取的信息自动进行加工并生成相关的图表以方便审计人员进行分析。审计人员则根据自己的职业经验对这些信息加以分析，做到事前预测，以达到识别和评估财务报表的重大错报风险的目的。

2. 改善抽样程序。

传统的审计抽样方法是注册会计师人员根据自己的职业经验选择抽取样本，这对注册会计师的职业经验有着较高的要求，且样本收集的工作量较大，抽样结果分析的结论也难以做到客观。利用人工智能技术则可以做到智能控制和智能搜索，注册会计师人员可以利用人工智能技术对所有的审计样本进行抽样分析，这样既保证了抽样总体的全面性也保证了其客观性，提高了审计抽样结果的准确性，减小了由抽样风险导致的重大错报风险，便于注册会计师给予被审计单位更好的建议。

（三）数据交互共享经验——移动互联网

1. 收集审计资料。

在信息时代，移动互联网的广泛应用极大地推动了人类的发展。在"移动互联网+"时代，审计工作也变得更加高效和便捷。利用移动互联网，审计人员可以快速地查询所需要的审计信息，如审计法律、法规等，同时利用移动互联网注册会计师人员还可以收集相关的资料，更好地开展审计工作。

2. 交流审计经验。

审计工作设计的专业知识较多，需要注册会计师人员具备不断学习的素质，利用移动互联网的信息共享功能，注册会计师人员可以远程参加职业培训，提高自己的综合素质，加强自己的执业能力。另外，注册会计师人员还可以利用移动互联网随时随地学习相关的政策和知识。

移动互联网在审计工作中的另一个应用是加强注册会计师人员之间的经验和交流。审计工作中有许多好的方法和经验，如果要到实地去进行学习交流，从时间和费用上来说都是不可行的，而利用移动互联网和相关软件，注册会计师人员可以在线加强彼此之间的交流，以更好地服务客户和促进行业的发展。

（四）协作多方加强管理——物联网

1. 便于审计取证。

物联网技术主要影响了审计证据的获取，使审计人员从烦琐的盘点工作中脱离出来。传统的方式下，主要是对实物进行盘点，以验证实际数是否与账面一致。但是在物联网技术下，可以给实物贴上电子标签，如此一来，就可以通过互联网迅速准确地提取信息，可以节省大量的人力物力，并取得良好的效果。当需要知道某项资产的所有权时，也可以用物联网技术进行查询。在此之前，一般是通过购买发票或者产权证来确认所有权的，但是这些东西的真实性很难保证。正因为如此，万物互联技术的应用才显得尤为重要。物联网增加了物品的详细信息，所有的信息一应俱全，审计人员可以通过这个特点，获取更多的审计证据。

2. 加强存货管理。

在被审计单位存货较多的情况下，被审计单位的管理层就有很大可能通过存货进行舞弊，进行盈余管理。在以往的审计工作中，可能会因为存货数量众多，品类繁杂，给注册会计师带来巨大的负担，甚至还有可能只对存货进行抽查。当存货系统应用了物联网技术后，这些问题都将迎刃而解，还能加强被审计单位的存货管理，节省审计费用。

（五）云端计算降低风险——云计算

1. 改变抽样方法。

云计算与大数据是相辅相成的，大数据主要是搜集、挖掘和储存数据，而云计算则是分析、计算和处理数据。在传统的审计工作中，审计人员只是进行事后审计，而且还是抽样调查，并不能全部检查。而现在，在大数据和云计算优势互补的情况下，实时审计也不再是空话，不仅如此还能对被审计单位进行彻底的清查。与传统审计相比，不仅审计结果更加可靠，还能节省审计人员的时间。

2. 降低抽样风险。

利用云计算技术来提取全面的审计数据进行分析，同时参考"大数据"对抽样的数据进行横向比较，抽样分析的准确性也会提高，这样，审计抽样将不再是审计数据的局部抽样，而是逐步转变为总体抽样，这样审计抽样产生的与实际结果之间误差也会减小，进而降低审计抽样的风险，保证了审计工作的质量。

（六）协同推进数据共享——区块链

1. 奠定信任基础。

过去的信息一般都是储存在中心服务器里，一旦数据中心遭到攻击，就可能面临数据丢失的风险。但是在区块链技术下，当交易发生时，把交易数据记录到某个节点中去，其他的节点也会同时记入。而且这个过程是公开透明的，任何人都可以看到。同时，因为区块链所带有的加密传输特性，使数据的篡改几乎成为不可能。如果更改了，一定会留下记录，而且它的非对称性加密，在一定程度上保证了数据的安全性。

2. 改变审计方式。

在区块链技术的支持下，企业和它上游的供应商、下游的客户之间的交易数据将会被储存在各自的区块之中。而注册会计师可以通过访问他们的数据库，利用大数据、云计算等技术，分析交易记录，当出现问题时，由注册会计师进行查验。几乎所有的审计工作都可以在互联网上进行，与传统的审计方式差异巨大。当审计工作完成时，注册会计师把出具的审计报告也储存在区块链中，由于区块链是透明的，这些审计结果所有人都可以看到。同时，如果更换了审计单位，那么也能完成连续审计的目标。

四、宝剑锋从磨砺出：纾困解难之法

（一）建立防范机制，保障数据安全

在全球数字化经济大背景下，数据成为企业最重要的信息资产之一，因此，为保护数据安全而建立相关保护机制十分重要。首先，要建立加密和隐蔽机制，使攻击者无法发现信息，同时为了防止会计师事务所内部数据泄露风险，根据工作性质与范围对注册会计师人员的数据浏览修改权限进行划分，网络设备之间应相互认证，确保正确赋予操作权力和数据的存取控制，并与接触数据的工作人员签订保密协议，定期进行信息安全保护讲座学习，减少内部员工泄露数据的可能性。其次，为了保障线上数据安全，事务所应当建立相关数据资料安全保存机制，对重要数据进行多层备份，以防数据丢失造成的损失以及进一步导致的决策失误；不断加强事务所网络防火墙，以防黑客入侵篡改数据，使用区块链技术对数据进一步加密，同时解决被审计单位数据不公开所造成的数据信息不对等的情况，减少了注册会计师在工作中的审计风险。在此基础上，还应当定期对线上数据进行安全评估，及时进行防火墙漏洞修复工作，消除潜在的安全隐患。

（二）加强员工培训，培养综合人才

注册会计师为了适应"大智移物云区"带来的变化，需要提升如下能力，"应加强注会人员的后续教育""提高注会人员职业素养与法律知识储备""国家应健全与信息化审计相关的法律法规""注会人员应着重提高自己的分析和应变能力""注会人员应加强对自身数据的运用、审核和监督能力""高校对注会人员的培养应更多融入'大智移物云区'相关知识的学习"。在图13中，我们可以看到受访者中，有24%的认为应加强注会人员的后续教育，占比最高。并且，要提高高校对注会人员的培养。

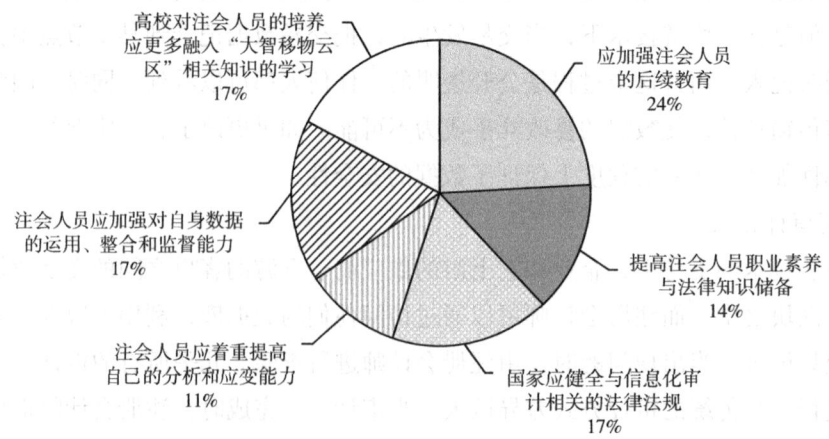

图13 "大智移物云区"时代，提升人员的六大应对能力

在"大智移物云区"时代背景下,会计师事务所以及高校必须注重人才多方面知识的培养。这里我们提出了"四要",即要培养审计人才在会计、审计等方面的知识储备,为其以后的工作打好坚实基础。要培养计算机等信息技术载体的技术完备型人才。计算机是"大智移物云区"等数字技术的载体,培养审计人员的计算机专业能力也是培养综合型审计人才的要求。要培养数据型审计人才。培养审计综合人才还需要培养审计人员对数据的审核,运用和分析能力,如开设大数据与审计相关的课程等。要培养审计人才的职业素养和法律知识。优秀的综合审计人才是德智双全的人才,培养审计人才的职业素养是其从事审计工作的基石,同时审计人员的工作也常与法律想联系,因此加强审计人员的职业素养和法律知识也显得尤为重要,可以在培养审计人员专业知识的过程中结合职业道德和法律的相关知识来提高审计人才的全方面专业能力。

(三)转换工作方式,推动业财融合

想要适应人工智能的应用对传统注册会计师行业的冲击,就必须了解人工智能在注册会计师行业的主要应用以及具体操作,而提高注册会计师从业人员的整体智能化、电子化业务水平是在人工智能蓬勃发展与应用时代背景下注册会计师行业发展变革的首要一步。具体来说,会计师事务所以及企业要从理论和实践两个不同的角度去培养事务所和企业内部的注册会计师人员认识辨别和在相关审计或者是财务数据管理系统等方面应用人工智能技术的能力,尤其是人工智能发展应用背景下对于注册会计师行业的以前常用的相关硬件和软件等操作系统的更新升级的要求更是所要关注的重点。人工智能技术在未来将会在财务金融管理领域得到更大的发展,而为了应对这一变化,注册会计师相关从业人员必须了解和掌握更多的人工智能方面的知识和技能。注册会计师从业人员不仅要具备过去必需的专业知识技能,还需要掌握与人工智能技术相关的数字技能。

伴随着人工智能技术的不断进步,注册会计师的工作方式很可能也会发生改变。如审计目标由"查错纠弊"向"增加价值"转变、审计职能定位由"审计监督评价"转变为"确认和咨询"并重、审计内容由财务控制向业务控制转变、审计手段由资料审计向数据审计转变等变化。如图14所示,以上四种工作方式变化的比重分别为25%、17%、27%和31%。随着"大智移物云区"技术的不断发展,注册会计师人员的工作方式也会随之发生变化,注册会计师人员要想适应时代和行业的发展变化,必须做到与时俱进,积极应对和提高自己的综合能力。

(四)健全规章制度,做好法律界定

目前,"大智移物云区"等技术在注册会计师行业应用中的相关法律规范制度还不够完善,这些缺漏在监管工作中造成了很多问题,其中相对比较严重的问题就是企业数据的失窃和知识产权极易受到侵犯。想要解决这些问题,就要像全面深化改革一样深度优化注册会计师审计信用体制,规范和完善相关的会计准则、审计准则以及制度,主要可以分为建立保障

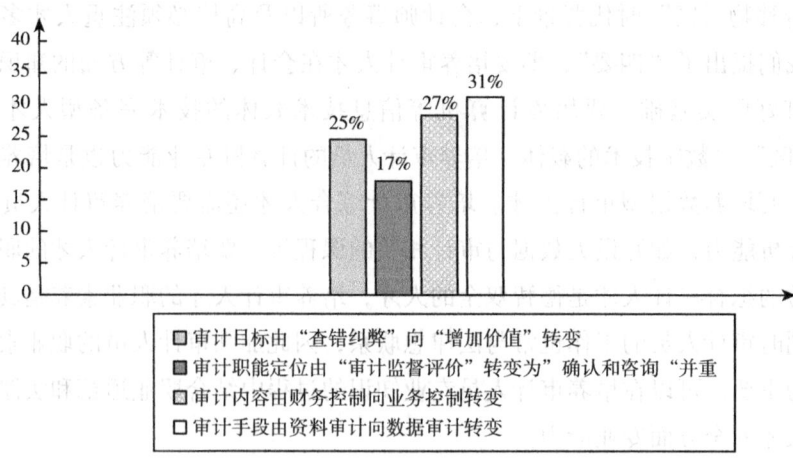

图 14　审计工作方式的转变

机制、完善法律规范、完善标准体系、加强顶层设计四个方面，使相关问题有法可依，使其更加透明化。同时，要建立起多元化的人员参与机制以充分地调动相关人员的主动性与积极性，使利益相关者都积极参与到审计机制的制定和规范化管理中去，合理并且有效地使现有的相关会计准则和审计准则能够最大限度地满足大数据、人工智能、移动互联网、物联网、云计算、区块链等技术的需求，同时确保了报表使用者在财务报表中获得更有价值的数据信息，增强数据的透明性和真实可靠性。

获奖情况：第 15 届"挑战杯"河南省大学生课外学术科技作品终审决赛三等奖

完成人员：储燕，毛文博，张元，史欣宇，白富营，刘刚，霍佳柯，段甜甜

人工智能与就业之争：会计人员何以"安身""立命"？
——基于会计从业者的调查研究

摘要：当前，以人工智能为代表的云计算、大数据等新型生产力发展得如火如荼，而人们对此的态度则是喜忧参半。我们以会计从业者为例，通过网络调查问卷采访了全国各省区市，涉及各大高校、会计企业机构与各公司财务部门，一共收到566份有效问卷，从而分析了会计从业者在人工智能时代"安身""立命"的现实困难与解决之策。

通过问卷调查发现，当企业经济活动发生时，人工智能可以自动执行会计管理工作，大幅节约人力、物力、财力，提高工作效率。会计从业者可以从繁冗复杂的基础性工作中脱离出来，借助人工智能进行高质量的数据分析，发挥更多作用来参与调查、决策，为业务部门和管理部门提供决策有用信息，为企业创造更大价值。

与此同时，不少底层会计从业者面临被人工智能取代的风险，无论是从会计的两大基本职能，账务处理程序一体化还是八大信息质量要求，人工智能对其处理水平都已达到了人类前所未有的高度，这必将迫切地倒逼会计从业者革故鼎新。另外，会计从业者也应该充分利用人工智能难以企及的领域：积极转变职能，推动会计工作由核算型向管理型转变；将财务工作深入业务活动的前端，实现两者融合；从事后财务报表向实时财务报表转变，将反映过去的作用向预测未来转变。会计人员在人工智能时代应积极寻求转变，强化和提升综合能力实现更好的生存、发展和高质量"就业"。君子善假于物也，顺应时代潮流、完成身份蜕变、承担应有的战略使命是会计人员服务社会主义市场经济发展的应有之义和必然之路。

关键词：人工智能；会计从业者；安身立命；职能转变

一、东风吹水春意生：人工智能潮流大势所趋

（一）相得益彰——工作效率并同职能转变齐头并进

改变财务会计核算模式，探索从财务会计到管理会计的转型。随着海量的智能化财会软件横空出世，报表一键自动生成、通过语音自动扫描录入、越来越多"无纸化办公"，可以预见未来的人工智能将会替代会计核算工作。

改革财务管理机制，提高工作效率。人工智能背景下的企业管理信息，增长迅猛，财务管理人员需要处理的信息篇幅爆炸式增加。在各种大数据喷涌而来的信息时代里我们可以运

用网络信息技术对数据进行快速排查以及校对。

审计取证冗杂程度大大减少，达到"快准狠"。智能的审计平台替审计人员完成大量的审计取证工作，通过追踪性的疑点核实和分析非结构化数据、建立大数据之间的联系、识别任何异常情况以避免风险。

（二）转型升级——构建企业协同信息会计管理系统

人工智能推动企业系统转型升级，达到"企业财务一体化"。"企业财务一体化"是统一把企业看作整体，强调企业资源的优化配置以及子系统的协同作用，实现企业内部多方面的信息流动运转达成企业内部信息共享，企业内部信息不再是"孤岛的鲸"，构建一体化融会贯通不同系统之间的资源配置问题，找到"共磁的鱼"以促进企业发展，大大提升企业的运行效率与效益，实现企业价值最大化，从而获得总体效应。

（三）根本之举——助力经济社会健康发展行稳致远

运用财会人工智能，构建会计信用体系制度，完善市场保障制度，形成新的市场经济制度，为实体经济保驾护航。利用直观的大数据技术加强对会计金融风险决策智能化，建立健全的信用监督体系以便公司治理，保障资本市场发展。

通过加强金融审计，维护国家金融安全。利用人工智能的便捷化，实现了对银行、证券、保险等金融行业的经常性审计，紧扣国家热点问题，充分发挥国家金融体系的综合性优势。

二、横看成岭侧成峰：博弈双方现实战况分析

国内数据来源于中国知网，以人工智能为主题在期刊中进行搜索。国外数据来源于Web of Science核心数据库，以人工智能为主题进行搜索，以相关性进行排序。

（一）人工智能现状扫描

以人工智能为关键词在中国知网进行搜索，选取了相关性最强的前7000篇文章，数据整理后实际有效文章6080篇。由表1可知，人们对人工智能的关注度在2010~2020年逐年大幅度增长。特别是从2016年开始，国内对人工智能的研究有了爆炸性的增长，随后几年间，发文数量也在持续增加，可以看出随着人工智能的高速发展，人们对其关注力度也在逐渐加强。

同样以人工智能为关键词在web of science进行搜索，选取了相关性最强的前4000篇文章，数据整理后实际有效文章3410篇。在短短十年间，中国知网关于人工智能文献数量增长了6071篇，而国外web of science关于人工智能文献数量增长了3337篇，由此可见，人工智能在国内外都有较高的热度。

由表1和表2可得，随着经济的发展和科学技术的不断进步，人工智能的热度逐年增长，人工智能在各个方面也逐渐开始普及，其中"移动互联网"应用程度高达58.81%。但即便如此，人工智能的普及率还是比较低的，尤其是在"智能化"和"物联网"方面。

表1　　　　　2010~2020年人工智能文献年增长量统计（国内外）　　　　单位：篇

年份	中国知网	web of science
2010	9	73
2011	8	96
2012	14	80
2013	26	67
2014	19	99
2015	34	126
2016	119	150
2017	375	312
2018	1709	567
2019	1589	634
2020	2178	1206

表2　　　　　2010~2020年人工智能技术应用情况统计

	已应用	打算应用	不打算应用
移动互联网	58.81%	20.12%	21.07%
大数据	37.42%	26.42%	36.16%
云计算	25.15%	25.79%	49.06%
智能化	19.81%	27.36%	52.83%
物联网	18.87%	24.21%	56.92%

（二）会计人员近况统计

由图1可知，从事会计工作的人员都愿意通过"掌握科技信息，适应时代要求"来适应人工智能的浪潮。人们会选择"拓宽知识构架，提高工作能力"。少部分人会选择"强化法律意识，坚守职业道德"。会计人员应当学会掌握信息技术，将会计语言与信息工具相互交融，从而更好地适应人工智能带来的挑战。

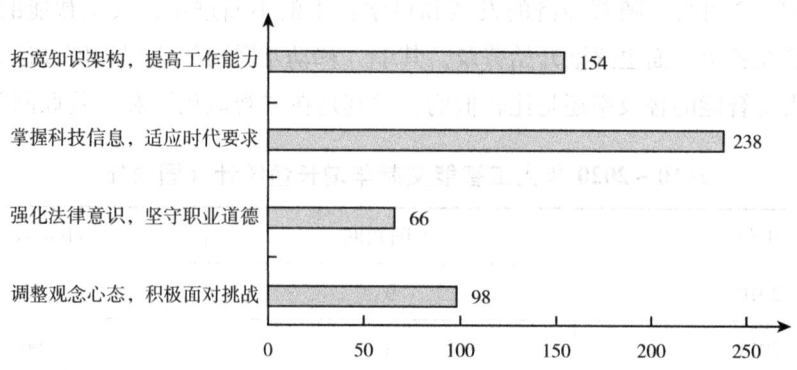

图 1　国内的会计人员在人工智能时代下的职业规划措施

由图 2 可知，在北京、上海、杭州、深圳和广州，人们对人工智能满意程度高。北京、上海人工智能发展程度高、发展速度快，使其满意度远超过其他城市，其成熟的市场环境以及政策的迅速跟进为发展人工智能打下了坚实基础。深圳和杭州聚集了大批高科技公司，奠定了良好的人工智能发展环境。随着广州推进新一代人工智能产业发展的行动计划，其发展速度也持续加快，人们的满意度和幸福感也在逐步上升。

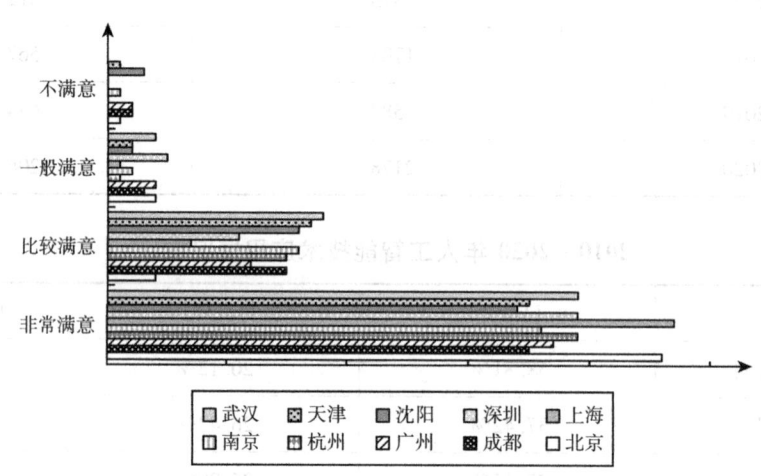

图 2　国内主要城市的会计人员对人工智能的满意程度

在人工智能的时代背景下，会计人员失业率显著上升。由于人工智能的高速发展，基础的会计工作已经不需要人来执行，从而导致一些从事基础工作的会计人员被逐渐取代，会计失业率因此逐步上升。

三、路漫漫其修远兮：会计从业者何以"安身"

人工智能在各行各业呈现欣欣向荣的发展趋势，会计行业领域也卷入这场科技发展浪潮之中，人工智能带来了许多朝阳产业，为会计行业注入新生力量，对会计行业的推进也是历史使然，会计工作者受到影响也是必不可免的。在这过程中，我们既要解决好人工智能在会计行业的推进工作，也要解决好会计工作者面对这场革新所面临的问题。

（一）会计两大基本职能直面挑战

1. 数据处理效率与会计信息安全。

根据图 3 可知，与人工智能相比，分别有 89.97% 和 88.33% 的被调查者认为会计人员数据处理效率较低和所提供的数据信息质量较低，其次认为会计信息不安全的，占 76.41%；认为可能出现财务造假问题的占 75.29%。

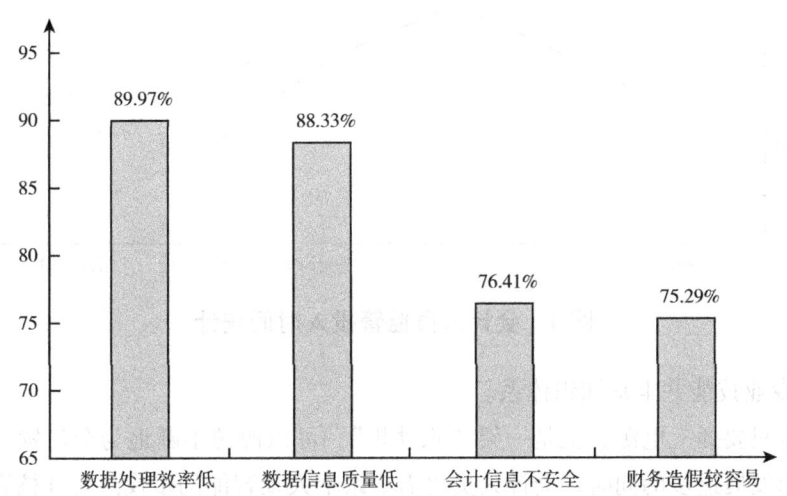

图 3　会计人员业务处理方面所面临的问题统计图

在经济活动中，会计人员需要进行记账、算账和报账。而在人工智能条件下，财务机器人可以录入信息、合并数据、汇总统计，从而有效提高数据处理速度和信息质量。并且财务机器人能够全天候不间断地处理财务工作，按照系统设置好的流程自动核算信息。会计人员确认、记录、计量、报告等机械化的工作将被人工智能所取代，企业为节省人工成本而缩减会计岗位，将会造成会计人员失业。

在以往的工作中，会计人员在提供会计信息时，经常会出现数据信息错误，从而影响会计信息的可靠性。但随着人工智能的发展，使用人工智能来处理业务流程，会计数据的输入输出更加规范化，自动核算、生成所需的会计信息，降低了会计信息的出错率，通过人工智能进行核算，保障了会计信息质量，明确了会计人员分工，如若发现某一部分工作有问题，可以追溯源头，找到相关负责人，降低了财务信息造假。

2. 经济活动合法与会计资料完善。

会计监督过程中事实认定环节较为重要，这要求企业以及其他监管部门对会计数据和资料有明确的评判标准。但在以往传统的会计监督体系下，会计人员要对企业的经营过程中具体的资产、负债、所有者权益等内容的合法性作出分析，将以往的会计监督工作中规程和法令不太符合的地方进行明确规制,如图 4 所示,由于人的精力有限,并不能够实现全天候实时监管,同时也与政府监管机制无法形成密切配合。但运用人工智能信息化工具,可以实现 24 小时的实时监管,且数据由计算机处理,很大程度防止了人为因素的介入对会计监督过程的影响,同时也可以更好地与外部监督机构、政府部门形成信息互通机制,根据统一的会计监督标准结合企业会计核算数据将企业的自我监督与相关的财政部门挂钩互通,继而形成可动态调整的信用等级管理办法,促进会计监督的有效实施。

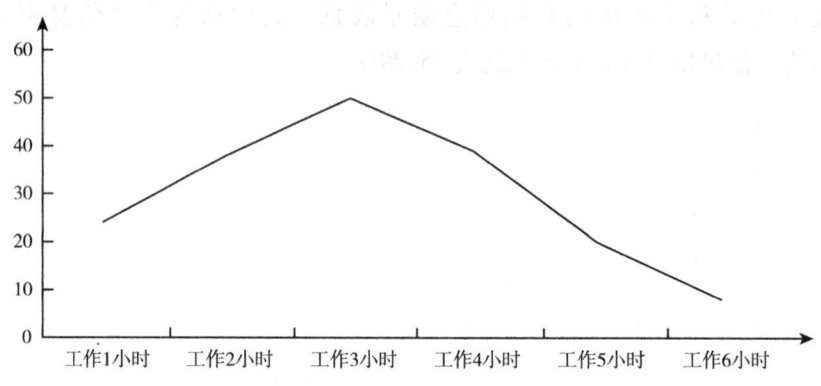

图 4　会计人员监管投入时间统计

3. 提高专业技能并丰富知识体系。

人工智能只要插上电源,就是一架"永动机",可以源源不断地为会计发电。因此,人工智能在快速发展进步的同时,会计人员也需要跟上人工智能的步伐。会计核算智能化有全新的信息处理体系,可以使财务会计报告这些机械性重复性的工作更准确、更有效率,从而取代很大一部分会计人员。面对这一冲击,财务人员应当更新储备知识,充分利用人工智能的好处,运用新思维和新方法处理会计信息。

如图 5 所示,会计人员更倾向于增强管理层思维能力,如逻辑分析、决策创新能力、组织协调能力等,来避免被人工智能时代所淘汰。财务人员还需要建立新的知识体系,面对人工智能的冲击,应当紧跟形势,学习 AI 应用、智慧会计、RPA 等相关知识,巧妙运用人工智能来扩展新的会计领域。2020 年,证监会共办理了 740 起财务造假案件,会计人员的财务造假行为频繁出现,证监会称下一步将会坚决贯彻"十四五"规划总体部署,依法查办资本市场造假行为。会计人员也应遵纪守法,不能将集体甚至个人利益和意志强加于会计制度、政策、法律和国家利益之上,更不能牺牲国家利益,来谋取集团的利益。真实完整是会计工作的根本,是会计工作人员最基本的道德要求。会计人员需要提高自身的法律意识和法制观念,遵纪守法,积极同违法行为做斗争。

要想让会计人员在人工智能时代下"安身",会计人员必当有所作为去改变,发挥财会监督行业优势,在持续加大行业监管力度的同时,还要充分发挥行业自律优势,寻求政府监管和行业自律的有机融合,助推提升财会监督效能。当前,财政部门根据《注册会计师法》《资产评估法》对行业履行监督职责,对重大违法执业行为严厉惩处,具备了处罚威慑力和监管独立性。实现自我约束、自我规范、自我管理和自我控制功能，有着法律强制之外的独特性和优越性，为净化行业环境、提升执业质量和服务水平保驾。

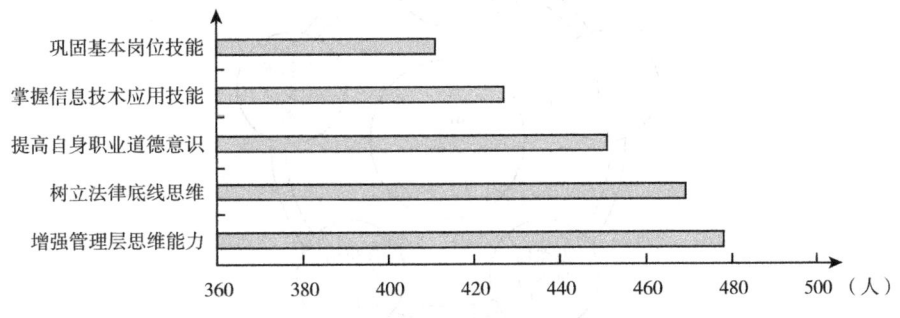

图5　会计人员巩固自身本领可采取的措施建议

（二）账务处理程序一体化新发展

传统的会计账务处理程序工作量繁冗、工作效率低下、信息反馈不及时，严重不符合当代信息大爆炸的财会处理要求，随着人工智能时代的到来，财务云、区块链电子发票、会计大数据技术、电子档案等技术的引进，促进了会计账务处理程序向现代化方向转型，实现了账务处理程序一体化，有利于企业形成内部会计信息共享，使企业各级管理者做出更好的决策。

1. 源头把控发票质量关。

随着人工智能的发展，区块链电子发票应用到会计行业，在企业内部形成共享数据库，一方面，可以将形成的原材料购买、主营业务产品的销售等相关业务的发票自动录入企业数据库，提高了发票整理效率，降低错误率。另一方面，区块链的去信息化共识机制保证了电子发票的真实性，能够有效地防止发票造假、偷税漏税的财务行为。

由图6可知，相对普通发票而言，区块链电子发票采用分布式储存、多方参与记账，具有全流程可追溯性、数据不可篡改性等特点，使用区块链电子发票将保证会计信息真实完整，规避假发票，完善发票监管流程，提高发票质量。对于政府监管而言，区块链电子发票采用双层链架构，其中核心链由税务机关管控，这种体系防止了企业一票多报、虚报虚抵等违规行为，有利于政府从源头把控发票质量。

采用区块链电子发票，会计人员可以快速实现对发票的申领、开具、报销、入账，使会计人员有更多精力去从事更高价值的会计工作。但人工智能的处理工作缺乏灵活性，若在两方有特殊协议的情况下开出发票，将发票录入系统时，人工智能只会按照原来的设定程序进行记账，而这种记账方式并不能满足企业的需要。因此，会计从业人员应该与人工智能深度融合，利用人工智能账务处理的优点，提升自己的业务处理能力，补齐人工智能过于程序化的缺点。

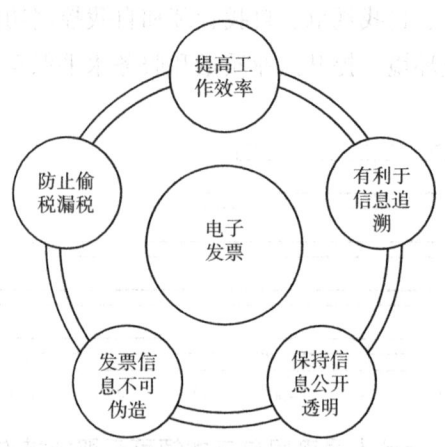

图6　电子发票的作用示意图

2. 财务账簿精准性导入。

在人工智能背景下，会计人员可以依托电子商务和系统集成与共享，将标准的电子原始凭证自动转换为记账凭证，再通过财务云、分布式账本技术将记账凭证整理形成总账及明细账。相比人工记账，这降低了人工记账的错误率，将复杂烦琐的工作运用人工智能一站式解决。

如图7所示，财务账簿的录入程序大抵与会计凭证是相同的，在后续管理方面也是可以相互借鉴。利用电子档案技术，一方面保存了纸质文稿，另一方面将相对应的电子账簿保存到数据库，将会计账簿数据化管理，可以实现会计账簿与会计凭证的实时对账，保证会计信息的准确性，且减少了会计人员的工作量，所以会计人员应该积极面对人工智能的到来。但人工智能对于会计准则的理解是比较机械的，对于成本核算方法选择、各类商品税率的选择方面不能做出灵活判断，这就要求会计工作者提高自身素质，结合人工智能更好地进行账务处理。

图7　账簿录入系统流程

3. 报表提供可视化信息。

财务报表可以为使用者提供企业以往的经营成果，预估企业未来发展状况。但是由于传统的记账模式具有会计信息滞后性和会计信息难理解性的缺点，让会计人员不能及时做出反馈市场的会计决策。随着人工智能的发展，会计人员可以利用XBRL技术对会计报表的编制、披露等环节实现统一，XBRL利用统一的信息技术标准简化了财务报告的传输和分析过程，使数据传输速度更快，改善了会计信息的滞后性，且不同的用户可对信息进行不同的提取和利用，更好地为使用者提供相关的会计信息。

此外，以往的会计人员都是提供事后报表，但是随着人工智能的推进，会计从业人员也可以利用信息技术提供事前报表，根据企业发展态势，预估资产、负债、所有者权益和收入、费用流入流出情况，从而制定模拟未来的虚拟财务报表，为企业下年的决策制定提供更好的会计信息支撑，使企业做出更精准的决策，实现企业利润最大化。

（三）会计信息质量要求继往开来

1. 先发制人，战局瞬息万变。

IASB认为，信息的新旧程度与它的有效性呈正相关。人工智能的引进、数据库的应用、管理驾驶舱技术的运用等，会计人员对于处理会计信息的效率也越来越高，人工智能提供的信息具有可预见性，能够实时反馈市场信息，从而让财务决策者能够事前做出判断，然后及时做出有利于企业发展的会计决策。

如图8所示，人工智能的运用，首先提高了企业内部的会计信息运作效率。数据仓库技术不仅保障着企业会计信息安全，也提高了会计信息的利用效率，采用传统的管账模式，各部门需要的会计信息需要找财务部查阅，而会计信息是企业内部的核心，所以领用程序相当麻烦，这将延误各部门管理者制订本季度或年度计划。数据仓库在全企业形成信息共享平台，各级管理者可以通过平台提取关键信息，大大提高企业运用信息的速率。除此之外，互联网的运用，企业可以根据模拟的数据制订产品未来价格，通过可视化技术，了解产品未来在东部市场、西部市场、沿海市场发展走势，从而做到能提前做出企业发展战略。

图8　影响企业会计信息运作效率的因素分析

在加快对外会计信息流通方面也发挥着不可忽视的作用。企业在销售商品中是否要接受对方的应收款项，需要判断该企业的资信力，人工智能将会从海量的互联网信息中择选关键信息，然后制成图表的形式最直观、快速地反馈给会计从业人员，最后做出精准决定。企业若在对外投资中要对某公司投资，不能只看粉饰后的报表信息，应通过人工智能技术快速搜集信息，以最快的方式提供多维度的公司会计信息，再通过风控系统判断对该公司投资的必要性。

从上述分析来看，人工智能的运用将大大提高会计从业人员的工作效率，为会计从业人员做出及时有效的会计决策提供保障，在这一进程中，就需要会计从业人员向管理工作方向转变，形成人工智能及时提供会计信息，会计从业人员做出精准的决策的发展模式。

2. 一目了然，全局尽在眼中。

可理解性要求用明晰、简洁的方式对会计信息进行分类、描述和列报。由于当前标准化财务报告中的信息是高度综合且难以利用的,一些对会计数据进行解释的文字少则数十页、多则上百页,大大降低了会计信息的可理解性。而运用人工智能会计之后,从凭证编制到报表输出、财务分析,可以由总账、采购与付款等子系统按照已有的数据流程完成,因此,相比传统会计而言,人工智能会计编制出的报表更加明晰。另外,人工智能会计开发人员可将自然语言理解功能引入系统,这样会计信息的使用者在向人工智能质询财务信息相关问题时,人工智能利用信息可视化技术,将数据通过图形或图形格式进行展示,从而能够在连贯而简短的报告中体现大量的信息。

现时代的会计人员应学习数据可视化技术,提高会计信息的可理解性。在此提出五点数据可视化方法。

第一,2D 区域:此方法使用的地理空间数据可视化技术,往往涉及事物特定表面上的位置。2D 区域的数据可视化的例子包括点分布图,可以显示诸如在一定区域内犯罪情况。第二,时态:时态可视化是数据以线性的方式展示。最为关键的是时态数据可视化有一个起点和一个终点。时态可视化的一个例子可以是连接的散点图,显示诸如某些区域的温度信息。第三,多维:可以通过使用常用的多维方法来展示目前二维或高维度的数据。多维可视化的一个例子可能是一个饼图,它可以显示诸如政府开支。第四,分层:分层方法用于呈现多组数据。这些数据可视化通常展示的是大群体里面的小群体。分层数据可视化的例子包括一个树形图,可以显示语言组。第五,网络:在网络中展示数据间的关系,它是一种常见的展示大数据量的方法。网络数据可视化方法的一个例子是冲积图,可以显示医疗业变化的信息。如图 9 所示,除了数据可视化的方法外,会计人员还应了解数据可视化的工具。

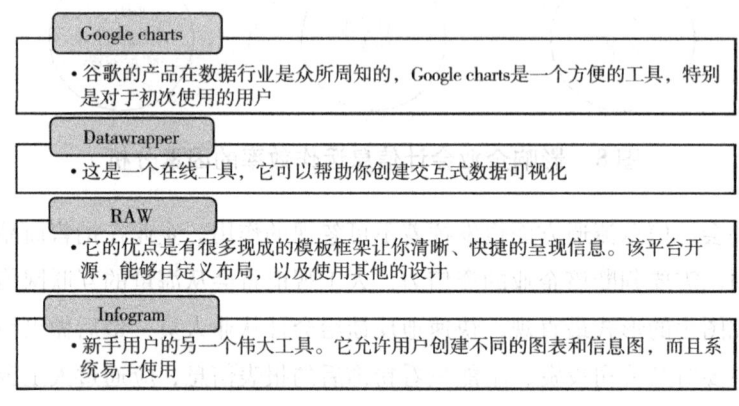

图 9　会计从业者更倾向的数据可视化工具分析图

3. 取长补短,知彼方可全胜。

不同项目之间存在差异,会计信息使用者对不同项目也会产生不同理解,如果会计信息满足横向可比和纵向可比,则此会计信息就是可用的。现如今按照会计准则要求,企业会计人员采用通用的方法进行账务处理,虽确保了可比性,但也导致了财务人员提供信息的单一性,这也不符合"互联网 +"时代所提倡的人性化。当今时代提倡的人性化,并不是要摒弃会计信息的可比性，而是要对其进行强化。

不同会计主体的会计信息可以借助扩展商业报告语言（XBRL）形成的财务报告在不同平台、不同系统、不同软件之间自由流动，更加方便比较，同时，XBRL也可实现同行业所有公开财务信息报告的企业之间进行比较，增强比较时间跨度、区域跨度。新一代ERP技术依托包括大数据、人工智能、云计算等信息技术，一方面不断整合管理思想与企业管理，另一方面实现企业内部系统之间、企业系统与外部系统之间的整合。例如，在品胜电子、金蝶EAS品胜提供全网全渠道全品类的销售大数据分析，基于GPS地理信息系统，实现所有实时交易数据的展现，包括交易金额、产品类型、客户信息、经销商门店信息等，这加强化了会计信息的可比性，为信息使用者提供更加有价值的信息。

四、不畏浮云遮望眼：会计从业者何以"立命"

（一）职能转型分秒必争

1. 浪潮所袭难有立锥之地。

目前我国会计从业人员数量早已突破千万，但整体文化水平却不高，大专及以上学历人员不足50%，完全不能满足人才市场对高级财会人员的要求。而随着科技的日新月异，智能机器人越来越多地出现在大众的视野中来，重复性强、可替代性高的会计岗位必将被未来智能时代所淘汰，会计人员向管理方向发展成必然趋势。

由图10可知，在被调查的所有会计从业人员中，有33.95%的被调查者十分了解人工智能；有48.56%听说过人工智能；仅有17.49%对人工智能没有了解。人工智能深入影响着会计行业，深刻冲击着低端财会人员职业，而他们对人工智能了解程度较低，说明财会人员危机意识还不够强，还没有足够正视人工智能对财会职业的冲击。

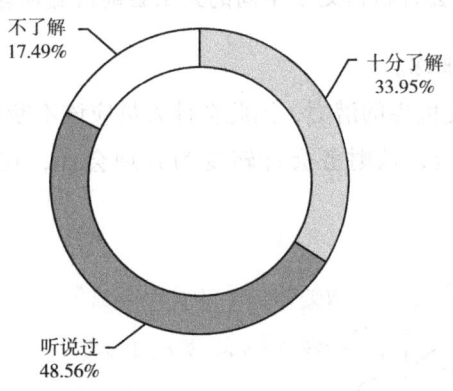

图10 会计从业人员对人工智能的了解程度

如图11所示，绝大多数被调查人员都赞同智能会计是大势所趋。如图12所示，根据资料显示，会计机构正处于不同的人工智能配置阶段。市场所需要的高端管理型人才与拥有低端核算能力的会计从业者不匹配，出现结构性失业。由此可见，会计人员要有危机感，多了解会计行业发展现状，加强自身的培训，加强业务素质的学习，"活到老，学到老"，不仅掌握财务知识，还掌握计算机技术、人工智能技术，与时俱进，才能不被社会淘汰。

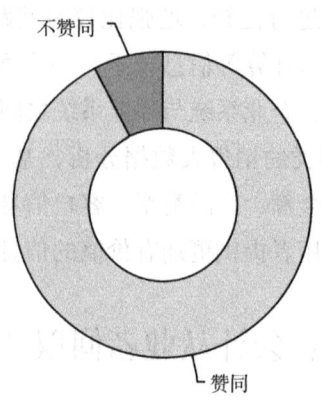

图 11　会计人员对智能财务会计发展趋势认同图

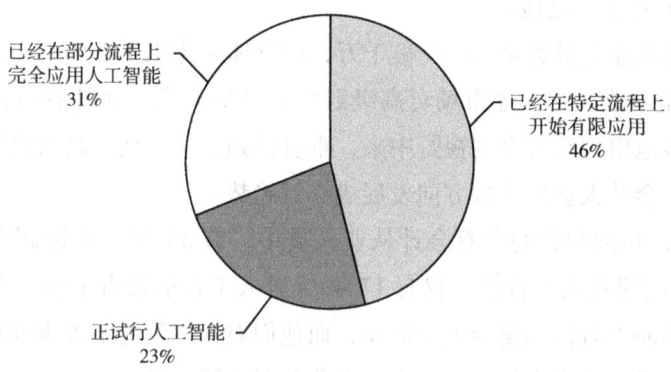

图 12　会计机构处于不同的人工智能配置阶段统计图

2. 转型之路仍需精雕细琢。

人工智能技术有着改变世界的潜力，因此会计人员应该不断提升自我技能，利用人工智能，实现自我技能转变升级，从财务会计转变为管理会计，在此提出以下三点建议，如图 13 所示。

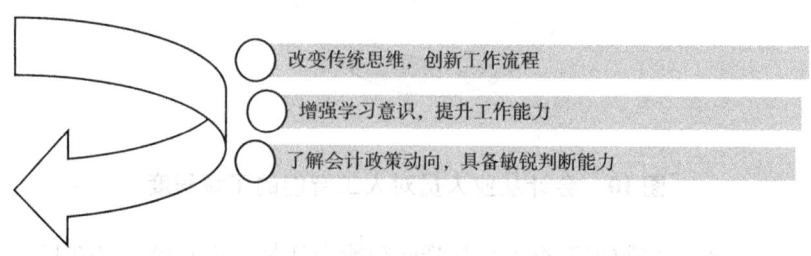

图 13　会计人员实现自我技能转型升级措施图

第一，改变传统思维，创新工作流程。在人工智能技术发展的趋势下，为了更好地适应时代对会计人员的要求，会计人员必须改变传统的会计体系中固有的工作程序，深入了解并更新自身的知识体系，发挥人工智能自身精准记账的长处，深化人工智能体系在会计实际工作中的应用。

第二，增强学习意识，提升工作能力。一方面，充分了解人工智能在会计行业发展的特点，通过学习人工智能方面的知识，考取 Python 以及相关计算机证书等，提高自身在人工智能运用到会计程序的实操能力；另一方面，会计从业者掌握的知识技能也应该向管理方向转变，考取 CPA 和审计师证书成为会计从业者提升能力的途径之一。综上所述，会计从业者应该把自己培育成人工智能与会计知识双向具备的复合型人才。

第三，了解会计政策动向，具备敏锐判断能力。会计人员向管理方向培养自己已是历史使然，充分了解国家会计政策动向，了解国家税收优惠政策、准则调整变化等，才能做出符合时代要求以及企业利益要求的会计决策。而这些灵活性技能是人工智能所不具备的，所以会计人员应该充分补齐人工智能在会计管理上的短板，联手人工智能推进会计行业转型。

3. 凤凰涅槃可盼光明未来。

最近几年随着科技的日益成熟，现实中不乏有很多企业成功利用好人工智能的例子。如深圳黑云科技有限公司通过智能管理系统，借助数字技术，已经实现了对整条生产线的全程数字化信息管理，可以随时查出每件产品的收入、费用和利润，真正让"智能财务"成为现实。

人们对人工智能的接受度越强，智能财务的未来也就越光明。如图14所示，大多数被调查对象都认为未来企业的管理模式是人机一体化协同管理，表明人们对人工智能的接受程度相当可观。在会计人员转型为管理会计以后，利用人工智能让机器自动获取财务信息、行业信息，可以以可视化的方式更鲜明地呈现在人们眼前。同时利用智能信息系统与税务系统同步，具有自动纠错机制、三重的检查与核验，也保证了账目的规范性和零失误。

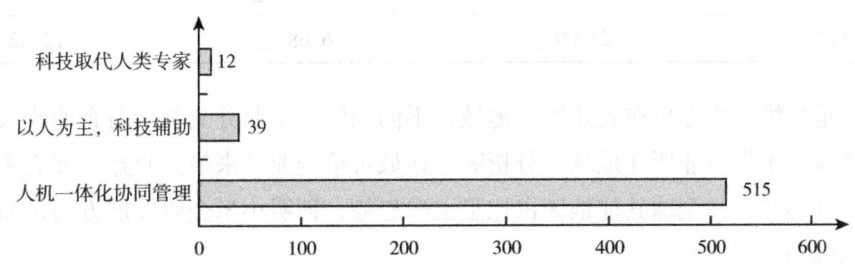

图14 会计人员对财务管理模式未来发展方向调查图

（二）事前决策全面把握

会计给人的传统印象仅仅是记账，但会计专业的很多发展方向并不是核算，而是参与企业的管理决策，以及着眼于企业的价值创造、投资管理、证券分析等。同时，在学术领域，某些诺贝尔奖级别的制度经济学家、信息经济学家，其研究的大量课题也是会计学研究的范畴。因此，会计并非传统意义上的那么简单，更不可能被人工智能完全替代。数字化技术对于会计并不是雪中送炭，而是锦上添花。

狭义上来说，财务分析是基于财务报告，分析财务指标的增减变化情况。而广义上的财务分析，是指"管理会计"，利用商业智能（BI）进行经营分析，业财同步数字化处理，财务工作深入业务活动的前端，从促进业务经营发展的角度出发关注财务重点、安排财务计划，实现业财一体化。在此，本篇论文给出三个会计人员进行事前财务分析的发展方向。

1. 收入成长性与可持续性。

成长性分析主要分析"收入"的成长性和可持续性。其主要包括收入增速分析、收入结构分析、收入驱动因素分析以及业务政策分析。收入增速分析主要从收入的整体来分析，分析收入在几个会计期间的增长变化，看增速是快是慢，是好是坏。收入结构分析可分为三个维度：产品维度、地域维度以及客户维度。

第一，产品维度重点放在企业的不同产品，产品结构不同，对收入所带来的贡献也就不同。会计人员应该据此分析企业最优产品结构。如表3所示，小米2015~2018年分产品及服务营业收入构成情况显示，小米企业主营业务为智能手机、IoT生活消费产品、互联网服务，其中，智能手机收入额最高，占比最大，虽呈下降趋势，但仍是小米企业的主要收入来源，而其他两项虽有上升趋势，但仍远不及智能手机营业收入。根据人工智能提供的数据，会计人员判断出小米企业产品销售额特点，制订企业下一年度发展计划。

表3　　小米2020年三个季度的产品及服务营业收入构成情况表　　单位：元

	2020-12-31	2020-09-30	2020-06-30
智能手机	1521.91亿	476.04亿	619.52亿
IoT生活消费产品	674.10亿	181.19亿	282.37亿
互联网服务	237.55亿	57.72亿	118.08亿
其他	25.09亿	6.68亿	12.42亿

第二，地域维度重点放在企业所在地域，不同地域的企业分支结构对企业收入有不同的影响，会计应该根据企业所在地域，分析哪个地域可给企业带来最大收益。如表4所示，中国占比呈下降趋势，而全球其他地区占比呈上升趋势，证明小米企业发展方向是面向国际市场，开拓国际市场区域。

表4　　小米2020年按地区分营业收入占比情况数据表

	2020-6-30	2020-9-30	2020-12-31
中国	52.67%	44.89%	50.22%
全球其他地区	47.33%	55.11%	49.78%

第三，客户维度研究目标是客户群体，会计人员应分析不同客户对收入的贡献价值。从图 15 可以看出，小米手机定价偏低，据此看出小米手机客户定位为中低端人群，采取薄利多销的经营方式，虽压缩了利润空间，但占据了大量的市场，使客户达到了对企业收入的最大贡献价值。

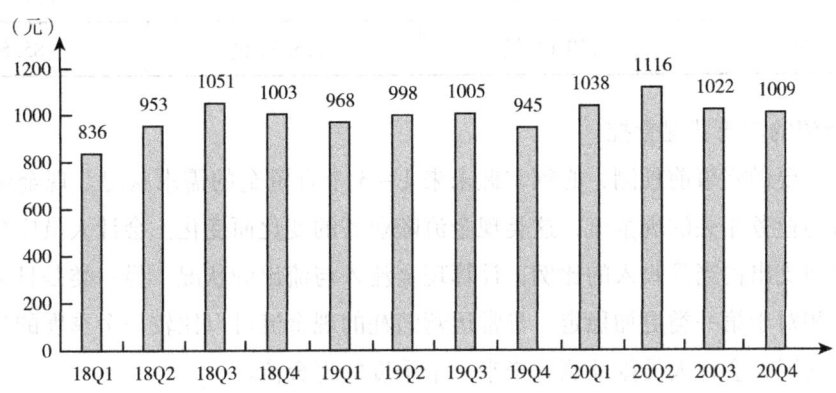

图 15　小米手机平均售价数据

收入驱动因素分析是建立在上述分析之上进行的全方面分析，会计人员根据上述分析数据，将收入指标进行分解，进一步研究导致收入增减的因素，并分析这些因素的变化，从而为企业管理层决策提供数据资源。业务政策评估是会计人员发展的重要方向，会计人员需要对企业实施的策略进行评估，分析运营推广策略是否有所成效（见表 5）。

表 5　　2016～2018 年小米成长能力指标变化数据表

指标	2018 – 12 – 31	2017 – 12 – 31	2016 – 12 – 31
总资产增长率	61.6%	77.03%	29.71%
主营业务收入增长率	52.6%	67.33%	2.45%
主营利润增长率	-90.2%	222.73%	175.83%

2. 盈利能力三层结构分析。

盈利能力分析主要从三个方面来分析企业的盈利能力，包括成本结构分析、盈利水平分析以及边际贡献分析。成本结构分析要求会计人员分析成本结构中占比最大的项目，以此作为重点研究对象，然后对该项目再进行进一步分析，找出影响该项目的因素。盈利水平分析要求会计人员借助一些传统的财务指标，对比如毛利率、净利率等指标，并结合成本结构分析，对企业盈利水平做全方位的判断。从表 6 小米企业盈利指标分析表来看，2018～2020年小米企业的营业收入、毛利以及净利润呈上升趋势。企业会计人员可据此分析企业盈利能力。边际贡献分析要求会计人员利用边际贡献的方法进行产品定价，若产品价格高于对应的变动成本，则这款商品可以进行生产经营，反之则不可进行。

表6 2018~2020年小米盈利指标分析

指标	2020年末	2019年末	2018年末
营业收入	2458.66亿	2058.39亿	1749.15亿
毛利	367.52亿	285.54亿	221.92亿
净利润	130.06亿	115.32亿	85.5亿

3. 现金流的需求状况管控。

会计人员要做好事前预测，必须掌握未来1~3个月资金的需求状况。现金流可分为两类，一类指与业务相关的现金流，这类现金流随业务的变化而变化。会计人员应统计以往月份现金回收与支出占当月收入的比例，计算现金流入与流出的状况。另一类是日常运营消耗的现金流，相对于第一类更加稳定。日常运营消耗的现金流可以比较一个季度的日常消耗类现金的增长状况，会计人员据此测算未来一个季度的现金流。

（三）事后分析与时俱进

1. 财务处理记账流程优化。

对于传统的手工记账来说，流程烦琐且容易出错，不同步骤不能同时进行，不仅限制了会计核算效率，致使财务数据处理速度降低，导致财务信息提供不及时，也使管理层做出错误的经济决策。而随着人工智能技术的应用，手工账的七大步骤可以同步进行，从而可以处理大量财务数据，提高会计核算的效率，更实时地反映财务状况，给企业创造更大的价值。既然财务会计记账流程优化能够给企业和会计人员带来如此多的好处，那么是什么因素导致财务会计记账流程优化的呢？

通过研究发现，导致财务会计记账流程优化的因素主要有四个分别为"业务与财务的融合进程加快""财务软件的不断创新及应用""企业内部控制体系不断完善"和"由事后核算转向全过程管理"，为了进一步调查这些因素的认同度，采用五级量表进行分析，非常认同为5，认同为4，中立态度为3，不认同为2，非常不认同为1，平均分越高说明对该因素认可度越高，具体分析结果如表7所示。

表7 导致财务会计记账流程优化的因素分析数据

项目	1	2	3	4	5	平均分
由事后核算转向全过程管理	2.20%	2.20%	17.92%	37.11%	40.47%	4.12
业务与财务的融合进程加快	2.52%	2.83%	17.92%	38.68%	38.05%	4.07

"由事后核算转向全过程管理"（4.12分）位居第一，这一点与近几年逐渐重视管理会计职能的事实较为一致，说明要想加快财务会计记账流程的优化，需要加快会计核算向管理

会计职能的转型,从而加强全过程管理:"业务与财务的融合进程加快"(4.07 分)和"财务软件的不断创新及应用"(4.06 分)排名紧随其后,符合一般的直观感受;而"企业内部控制体系不断完善"(4.03 分)虽排在最后但认同程度与前三个因素的差距不大,说明企业的内部控制越完善,会计工作越好开展,从而促使财务会计记账流程优化。

2. 事后报表迈向实时报表。

目前,大部分企业的会计人员只有在生产经营活动结束后才能编制财务报表,而且财务报表编制的过程十分漫长,严重影响了会计信息的及时性和使用效率。而随着信息化的发展,企业的经营模式越来越复杂、生产活动越来越频繁,这对财务信息的及时性要求更高了。越来越多的人逐渐意识到实时财务报表的重要性,而随着"大智移物云"技术的发展,财务报表也从事后报告逐步向实时报告进行转变。表 8 总结了导致财务报表从事后报告向实时报告的主要因素,并采用五级量表进行分析,原理同上。

表 8　　　　导致财务报表从事后报告向实时报告的主要因素分析

项目	1	2	3	4	5	平均分
及时提供给使用者使其正确决策	3.15%	0.63%	15.72%	34.59%	45.91%	4.19
将会计视角融入单位经营全过程	2.52%	2.20%	13.21%	40.25%	41.82%	4.17
会计管理由"静态"变为"动态"	2.83%	1.57%	16.67%	35.53%	43.40%	4.15
打破传统财务"信息孤岛"状态	2.83%	1.57%	19.81%	33.65%	42.14%	4.11

通过分析发现,"及时提供给报表使用者,使其做出正确的决策"(4.19 分)位居第一,这一点与会计人员编制财务报表的理念基本一致,而且随着"大智移物云"技术的发展,企业对会计信息的及时性要求越来越高,尤其对业务数据和风险控制"实时性"要求较高的特定行业更是如此,如银行、证券、保险等行业。"将会计视角融入单位经营全过程"(4.17 分)位居第二,说明企业将会计视角融入企业经营全过程,实现信息流、物流、资金流的高度融合,高配置资源,管理效益最大化,同时也能促进财务与业务的融合,使会计信息便于获取而且能够及时得到反映,从而促进财务报表从事后报告向实时报告的转变。"会计管理由'静态'变为'动态'"(4.15 分)和"打破传统财务'信息孤岛'"(4.11 分)排名紧随其后,说明贯通传统业务、财务割裂的时间、空间和由事后核算转向全程管理,都能够及时地获取财务信息,从而加快财务报表的编制,促进报表从事后报告向实时报告的转变,而且这两点因素也符合一般的直观感受。

3. 反映过去转为预测未来。

目前,越来越多的人意识到会计信息从反映过去向预测未来进行转变的重要性,并采取一定的措施加速这种转变,那么这种转变会带来哪些影响呢?为了研究这些影响,采取了问卷调查的方式,并采用五级量表进行分析,原理同上,具体调查结果如表 9 所示。

表 9　　　会计信息从反映过去向预测未来转变所产生的影响分析

项目	1	2	3	4	5	平均分
更加及时提供财务信息	2.21%	3.14%	14.15%	32.39%	48.11%	4.21
更好给企业创造经济价值	1.89%	1.89%	18.87%	35.53%	41.82%	4.14
更加凸显预算管理的重要性	2.20%	1.89%	19.50%	35.53%	40.88%	4.11
促进财务人员实现角色的转换	1.89%	3.14%	21.07%	37.74%	36.16%	4.03
有助于企业合理规避风险	2.20%	3.47%	21.38%	36.16%	36.79%	4.02
避免不必要开销，控制成本	1.89%	4.40%	22.96%	38.05%	32.70%	3.95

通过调查发现，排在前三位的分别是："可以更加及时提供财务信息"（4.21分）、"更好给企业创造经济价值"（4.14分）和"更加凸显预算管理的重要性"（4.11分）。该研究又将"非常认同"和"认同"的比例合并得出排在前三位的结果与上述一致，有80.5%的人认为这种转变可以更加及时提供财务信息，可以更好帮助会计人员收集、存储和分析数据，从而获得有用信息，及时提供给利益相关者，便于他们做出决策；有77.35%的人认为这种改变能够更好地给企业创造经济价值，说明会计信息能够预测未来，那么管理层就能够很清楚未来市场的走向，做出正确的投资决策，同时可以减少不必要的开支为企业节约成本，从而给企业创造更大的价值；有76.41%的人认为这种改变能够更加凸显预算管理的重要性，说明会计信息从反映过去向预测未来进行转变和凸显预算管理的重要性互为因果，企业只有做好预算管理，才能更好进行预测，为了预测的准确性，企业必须重视预算管理，故这种转变能够更加凸显预算管理的重要性。

五、而今迈向从头越：会计从业者未来可期

随着人工智能的不断发展，部分会计岗位必然会被其所取代。首先受到冲击的便是非技术性岗位，其次是核算岗位与一般性会计管理岗位。而人工智能在取代传统岗位的同时也催生了许多新型会计管理岗位，包括财务专家、系统架构师、大数据分析师等。新型会计专业培养的也不再是单一的应用型人才，而是同时具备技术和专业知识的专家型人才。新型会计人才要能动手、懂建构、会决策，即能够利用技术提升管理工作的自动化、智能化水平；搭建企业智能会计体系；基于大数据分析提供重要决策信息和建议。

作为我国大力发展的领域，国务院于2017年发布《新一代人工智能发展规划》，指出"我国到2030年人工智能理论、技术与应用总体达到世界领先水平，成为世界主要人工智能创新中心"。2018年，中央经济工作会议上提出"新基建"战略，计划大力发展人工智能、5G等高科技技术。中国大型企业集团作为智能会计的先行者，发挥示范带动作用，为各行各业提供了宝贵的发展经验。阿里巴巴建设财务中台解决了财务与业务脱节的难题，由财务为业务提供实时的定制化信息，在财务和业务不一致时发挥传导作用。华为公司开发智能报

销系统，扫描后的发票通过银企直连系统费用将被直接报销。

曾经，我们一直都是西方会计的追随者，会计准则大多根据国际准则制定。但如今，全球人工智能都基本站在同一起跑线上，中国在很多方面已经成为领先者：科研投入逐步增加、会计教育与时俱进、人工智能技术与实践发展迅速，人工智能为中国会计行业承担领先者的角色提供了千载难逢的机会，中国会计行业也必将利用人工智能勇立时代潮头，展现中国力量，共创时代未来！

获奖情况：第15届"挑战杯"河南省大学生课外学术科技作品

完成人员：宋佳，王雨洁，杜金山，肖翠，付艺彤，谷淇垚，梁娅婷，赵阳，王嘉琦，刘景钰

鱼和熊掌能否兼得：环保投资影响企业研发投入吗？

摘要：自党的十八大以来，环境问题被提高到了前所未有的高度，随着中国环境问题日益突出，国家对环保的重视程度愈加提升，环保投资对经济发展起着越来越重要的作用。"完善生态文明领域统筹协调机制，构建生态文明体系，推动经济社会发展全面绿色转型，建设美丽中国"对照"十四五"新目标、新愿景、新要求，生态环境保护结构性、根源性、趋势性总体上承受到更大的压力。在2020年12月中央经济会议工作中，生态环境部表示将进一步创新绿色金融政策，引导金融资金对生态环境治理的投入。

"十四五"规划指出，深入实施创新驱动发展战略，完善国家创新体系，加快建设科技强国。我们可以注意到创新是国家发展的不竭动力，企业作为市场中最重要的经济主体，想要谋取可持续发展，不被市场淘汰，就必须拥有自己的核心竞争力，而自主创新是其获取核心竞争力的主要途径之一，自主创新离不开研发投入的支持，因此长期看来，企业的研发投入对提升企业未来的核心竞争力起着关键作用，是企业赢得竞争优势、成为行业翘楚的有力武器，历经冗长的投资之后，不断推动企业实现经济实质性增长。完善技术创新市场导向机制，强化企业创新主体地位，促进各类创新要素向企业集聚，形成以企业为主体、市场为导向、产学研用深度融合的技术创新体系。

孟子在《鱼我所欲也》一文中曾言："鱼，我所欲也，熊掌亦我所欲也；二者不可得兼，舍鱼而取熊掌者也。"环保投资与研发投入对于企业来说就像是鱼与熊掌，环保投资助力企业治污和绿色发展，实现经济效益与社会效益的双赢；研发投入能帮助企业形成先进技术，为企业创造新的竞争优势。二者都能够在一定条件下促进企业价值提升、最终实现可持续性发展。但是环保投资与研发投入都要占据企业资金且短期内见不到直接的利益回报，在企业资金有限的情况下如何取舍，如何抉择投资的方向才能使得企业的价值最大化是当下值得思考的现实问题。

在此基础之上，本文来研究环保投资与企业研发投入的关系，探究二者是否可以兼得，让企业能同时享有鱼与熊掌，从而探索和形成一条兼顾创新和环保的发展道路，对促进企业和中国经济实现高质量发展具有重要的现实意义。

关键词：环保投资；研发投入；可持续发展；高质量发展

一、绿水青山与金山银山：事关企业可持续发展的问题

（一）绿水青山：环境保护任重道远

党的十八大以来，生态文明已纳入中国特色社会主义现代化事业的建设中来，环境治理问题成为政策制度顶层设计者关注的重要方面。在第十四个五年规划和2035年远景目标纲要中，多次提到要提升政府经济治理能力、加快培育完整内需体系、发展壮大战略性新兴产业、加快发展方式绿色转型等战略规划。

国内环保产业规模不断扩大，环保产业对经济发展起着越来越重要的作用。在北京举办的有关"促进经济社会全面绿色转型"高峰发展论坛会上，生态环境部部长黄润秋表示，近年来，中国绿色发展成效逐步显现。"十四五"时期中国进入了新发展阶段，对照新目标、新愿景、新要求，生态环境保护结构性、根源性、趋势性压力总体上尚未根本缓解。与发达国家相比，中国实现碳达峰、碳中和远景目标时间更紧、幅度更大、困难更多、任务异常艰巨。当前中国生态文明建设和生态环境保护工作任重道远。以重化工为主的产业结构，以煤为主的能源结构和以公路货运为主的运输结构没有根本改变，污染物排放和生态破坏的严峻形势没有根本改变，生态环境事件多发频发的高风险态势没有根本改变。

近几年，我国的经济正在迅速发展，国内生产总值呈明显上升趋势，2020年即使在疫情的影响下更是首次突破了100万亿元大关。环境问题是我国经济快速发展的"绊脚石"。经济的快速发展势必要大量建造工厂，而工厂的正常经营生产必然要使用大量的电力以及水资源，此时如果没有系统完善的净化排污体系，势必会对环境造成一定的污染甚至是不可逆转的污染，如火力发电带来的大气污染，臭氧层空洞；工业废水对土地的污染。因此，只有妥善解决好环境问题，才能消除现如今经济发展的壁垒，实现可持续发展的目标。

（二）活力源泉：研发投入行稳致远

一个企业要想经久不衰，最重要的就是要有自己的核心知识和能力，而要想拥有自己的核心知识和能力就必须加大对研发的投入，研发可以让企业创造出属于企业自己的新技术、新知识和新能力。反过来，企业则可以充分运用这些独一无二的技术、知识和能力，去开发出既满足政府的环保要求，又满足市场需求的新产品，新产品凭借其高技术性和新颖性又能够迅速占领市场，同时产生的强有力的竞争就会使企业在市场中具有较好的表现，这些优良的竞争性市场模式又会进一步促进企业自身的成长。因此研发投入对企业自身的发展至关重要。

企业作为市场中最重要的经济主体，想要谋取可持续发展不被市场淘汰，那么就必须拥有自己的核心竞争力；而自主创新是其获取核心竞争力最主要的途径之一，但自主创新肯定

离不开企业研发投入的大力支持,所以从长期看来,加大企业的研发投入对企业在市场中的地位起着决定性作用。

(三) 践行理念:环保投资与研发投入统筹兼顾

强调"绿水青山就是金山银山",就是要尽最大可能维持经济发展与生态环境之间的精细平衡,走生态优先、绿色发展之路,要向绿色转型要出路、向生态产业要动力。充分挖掘绿水青山的经济效益,是应对风险危机,实现高质量发展的长久之策。

经济新常态下,我国的生态文明建设和环境保护工作被提上新的高度,强调环境保护紧迫性与艰巨性的同时,进一步突出了"经济社会发展与环境保护相协调"的重要性。企业作为社会的重要组成部分以及资源、能源的主要消耗者与环境问题的主要制造者,对于环境保护具有不可推卸的责任,应该加大环保投资。领先的全球性企业承诺实现新的可持续发展目标,更主要是因为他们认识到加强环境保护是企业生存发展的必要条件。另外,在"大众创业、万众创新"的浪潮下,企业应该抓住经济增长的新动能,增加技术创新投入,通过技术创新来提高企业的竞争力,为企业创造更大的价值。如果不从经济角度来寻求可持续的方案,企业很难长期参与其中,环境问题也无法得到根本解决。环境保护还必须考虑经济的增长与社会的发展,只有相互之间协调发展,才是新时代的环境保护新概念。

只有环保投资与研发投入统筹兼顾,两者之间相互促进,彼此提升,才能使企业在新的经济常态中应对变局,开拓新局,实现企业经济效益的最大化,在激烈的竞争环境中谋求长远发展,而且对促进中国经济实现绿色可持续发展具有重要的现实意义。

二、鱼和熊掌:企业的环保投资及研发投入的现状分析

(一) 鱼:企业环保投资

环保投资是为解决现如今环境问题,协调人与自然关系,保障经济社会可持续发展而采取的各种用于环境污染防治、生态环境保护和建设投资行为的措施。

研究表明,中国 70% 以上的环保投资是政府和公共部门投入的,但由于政府财政资金有限,导致政府现行的投融资供给能力不足,可实际资金需求巨大。这样的投资体制必然会存在各种各样弊端。投资供给总量严重不足。从 20 世纪 80 年代初至今,中国环保投资的总量呈现平稳的上升趋势。尤其是 90 年代末期,环保投资总量有了大幅度的增加,在局部领域和地区,环保投资增加的效应逐渐显现出来。近些年,尽管我们环保投资总量有所增加,但占 GDP 的比重依然很小。中国环境科学研究院研究表明,要想使中国的环境质量有明显改善,环保投资需要占 GNP 的 2% 以上;环境问题基本解决,环保投资需要占 GNP 的 1.5%;环境污染基本得到控制,环保投资也需占 GNP 的 1%。而现在发展的实际情况是远远没有达到 1.5% 的,因此,加大环保投资刻不容缓。

该部分以部分企业的样本数据进行收集整理结合当期政府制度进行系统分析；分析主要运用 Excel 软件将样本企业按不同年份、企业产权性质及企业类型等进行分类，并绘制出相应的统计图表进行横向和纵向分析，具体分析如下。

1. 各年份环保投资额纵向分析。

如图 1 所示，是部分企业具体平均环保投资额，可以看出总体呈现上升趋势，但 2011～2015 年波动较大，2012 年平均环保投资额较 2011 年增加了 159656.5 万元，同比增长了 627%，在该年之后平均环保投资额较为稳定，变化幅度较小。其具体原因在于"终结环境换取 GDP"；早在 20 世纪 70 年代，我国提倡"环境保护与经济发展协调"结果环境问题始终没有解决，于是出现了 GDP 翻了几十倍，2012 年前，北京的人均 GDP 已经达到了 1.3 万美元，远远超过发达国家，而我国却只是发展中国家。各国的经验表明，人均 GDP 达到 3000 美元以上时，经济发展应该进行转型；人均 GDP 达到 5000 到 1 万美元时，就可以实行环境优先原则，即宁可牺牲一定的经济发展速度也要确保环境保护。在这种情况下，国家政策的具体实施下环保投资额在 2012 年达到了巅峰，得到适当的明显的控制之后才会结合实际减小投资使经济和环境协调发展。

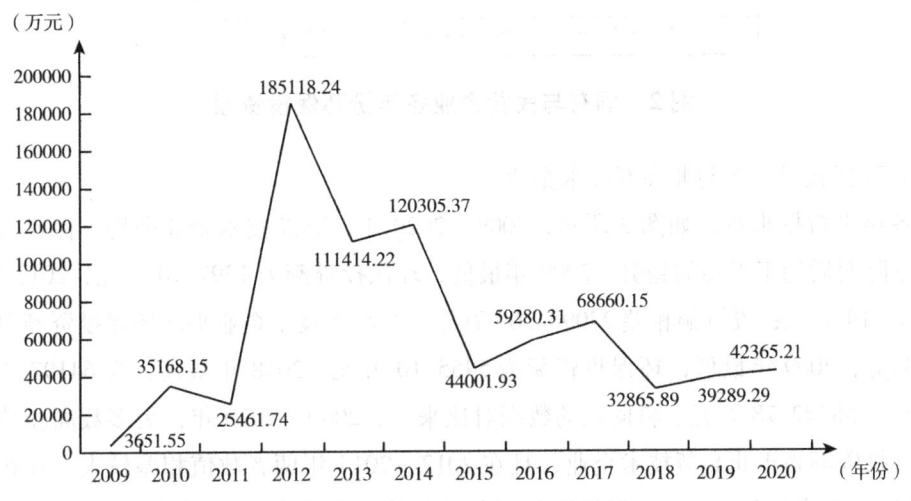

图 1 企业各年份环保投资额

2. 不同性质类型企业横向分析。

（1）国有企业与民营企业。

从变化趋势来看，如图 2 所示，我国国有企业平均环保投资额在 2009～2020 年呈先上升后下降而后平稳上升的趋势，但总体水平并不算高，其中 2012 年投资额最高为 243266.24 万元，与之相比最低的 2009 年 6348.83 万元同比上涨了 3731.67%。民营企业平均环保投资额呈平稳上升趋势，2017 年最高为 111574.16 万元，最低为 2009 年 279.95 万元同比上涨了 39755.03%。从国有企业与民营企业平均环保投资额数值对比来看，2009～2014 年以及 2018 年，国有企业平均环保投资额高于民营企业平均环保投资额，其中在 2012 年两者数值相差较大，相差额为166690.94万元；2015~2017年，民营企业平均环保投资额高于国有企业，但数值相差较小。同期数据来看，在2012年国有企业平均环保投资额高于民营企业环保投资额最大为166690.94万元，在2017年民营企业高于国营企业最高为81886.73万元。

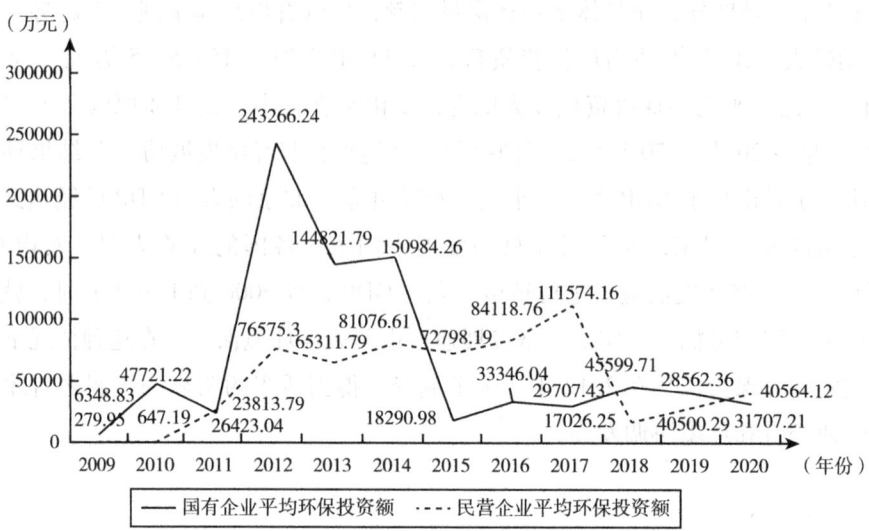

图2　国有与民营企业各年份环保投资额

（2）高新技术企业与非高新技术企业。

从各年份数据来看，如图3所示，2009~2020年，高新技术企业平均环保投资额呈先上升后下降而后趋于平稳的趋势，2009年最低，环保投资额为1397.10万元，2012年最高，为272301.19万元；投资额相差270904.09万元。非高新技术企业平均环保投资额总体呈平稳上升趋势，2009年最低，环保投资额为5455.10万元，2018年最高，为64197.88万元；投资额相差58742.78万元。将同期的数据对比来看，2009~2020年，大多数高新技术企业平均环保投资额高于非高新技术企业，且在2012~2014年两者数值相差较大，在相差最大的2012年高新技术企业平均环保投资额比非高新技术企业高出227204.06万元。高新技术企业的平均环保投资额在2012年明显上升，比上一年增长了1155.75%，是增长幅度最大的一年，在2013年和2014年虽有减少，但仍处于较高水平。

（3）重污染企业与非重工业污染企业。

从变化趋势来看，如图4所示，2009~2020年，非重污染企业平均环保投资额呈先上升后下降而后平稳上升趋势，2009年最低，平均环保投资额为1664.04万元，2012年达到最高，为316261.48万元，投资额相差314597.44万元；重污染企业平均环保投资额呈平稳上升趋势，2009年最低，为5241.55万元，2016年最高，为95137.43万元，投资额相差89895.88万元。对比重污染企业与非重污染企业平均环保投资额数值来看，2010~2014年以及2018年，非重污染企业平均环保投资额高于重污染企业，且2012~2014年两者差距较大，在差距最大的 2012 年非重污染企业平均环保投资额比重污染企业高出 289187.66 万元。2015~2017 年，重污染企业平均环保投资额高于非重污染企业，其中在 2016 年投资额高出 68275.89 万元。

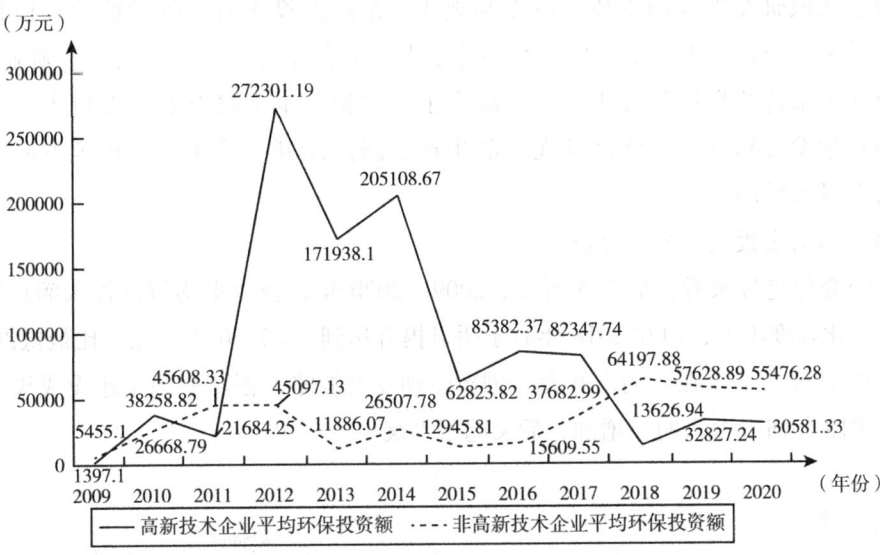

图 3　高新与非高新技术企业各年份环保投资额

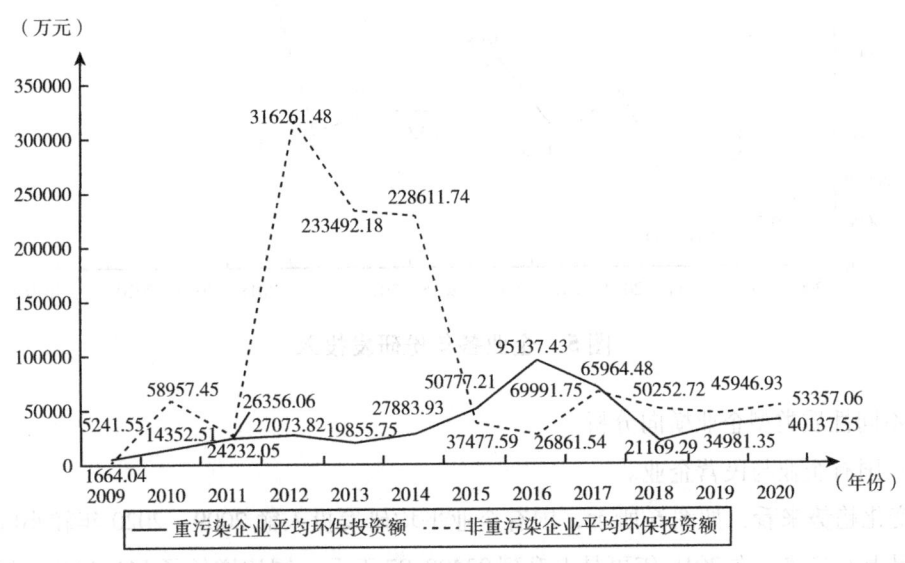

图 4　重污染与非重污染企业各年份环保投资

（二）熊掌：企业研发投入

企业研发投入是指企业将一定的创新资源转化为新知识和新技术，进而将创新成果市场化，从中获取商业价值的过程。

研发投入是以创造新技术为目的的创新或以科学技术知识及其创造的资源为基础的创新，指生产技术的创新，包括开发新技术，或者将已有的技术进行应用升级和改良，研发投入的成功指一项新产品或新技术从构思→研究→试运行→投入市场→被市场接受的整个过程。认识研发投入的本质、特点和规律，是研发投入有效管理的重要前提。研发投入的本质是使企业在市场上获取持续的竞争力，是企业为自身注入的"新鲜血液"，是能让企业在未来持续发展的强大动力。综合上述理论，本文将企业研发投入定义为企业为了获得长远发展和持续经济利益在产品生产、新产品开发或生产流程等方面所进行的一系列研发投入活动。

1. 各年份研发投入额纵向分析。

从年份变化趋势来看，如图 5 所示，2009~2020 年，企业平均研发投入额总体呈上升趋势，但变化幅度不大，但在 2018 年有了明显提升达到了 82586.4 万元，比最低的 2011 年增长了 72048.71 万元。在党的十八大"创新驱动发展战略，创新型国家建设成果丰硕"的号召下，2018 年研发投入明显增加，后又趋于平缓。

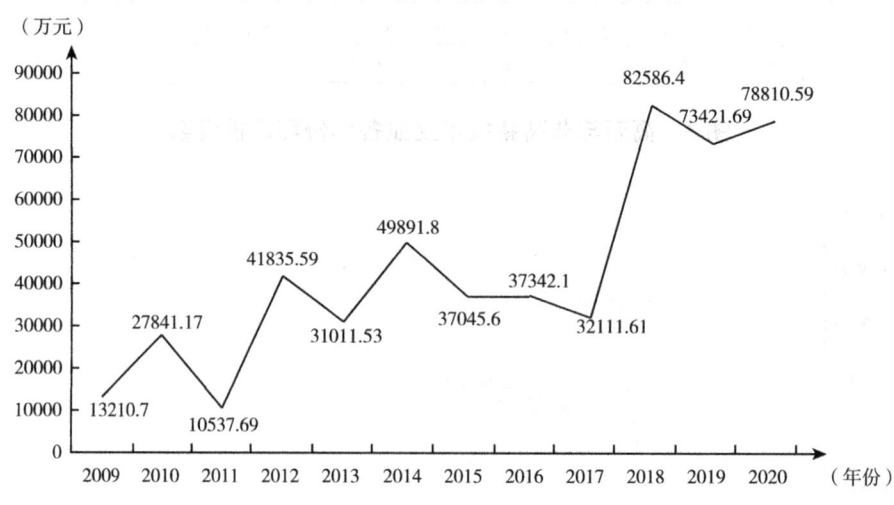

图 5　企业各年份研发投入

2. 不同性质类型企业横向分析。

（1）国有企业与民营企业。

从变化趋势来看，如图 6 所示，国有企业平均研发投入额 2009~2020 年较小幅度波动但整体呈上升趋势，在 2018 年更是上升到 93400.97 万元，同比增长了 141.13%；民营企业平均研发投入额 2009~2020 年呈平稳上升趋势，整体上升幅度较稳定；在研发投入方面，国有企业起到了带动作用，在国有企业的带动下民营企业也逐渐加大了研发投入，从图表中不难看出，民营企业的研发投入额随国有企业的研发投入增长而增长下降而下降，充分体现出了国有经济在市场中的主导地位和引领作用。从国有企业与民营企业平均研发投入额对比来看，2009~2020 年，国有企业平均研发投入额均高于民营企业，且两者差距呈逐渐减小的趋势，在2014年两者差距最大，为34182.06万元，在2016年两者差距最小，为4791.28万元，2018年两者研发投入均达到最大金额。

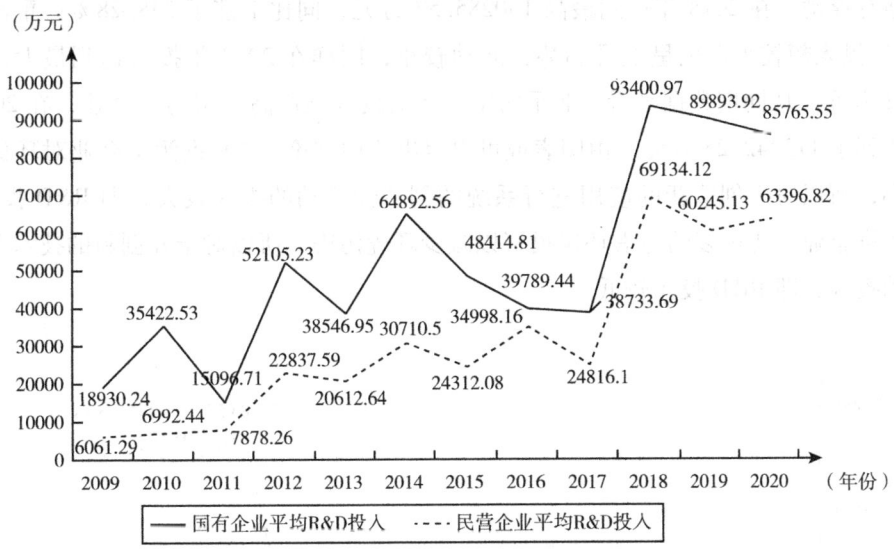

图6　国有与民营企业各年份研发投入

（2）高新技术企业与非高新技术企业。

从变化趋势来看，如图7所示，非高新技术企业的平均投入总体呈现增长趋势但整体波动幅度较大，如2009~2012年说明我国整体的创新发展力仍然不足发展状况不稳定，经济发展中非高新技术产业所占份额较大；高新技术企业的平均投入呈现缓慢增长趋势，2018年投入68389.66万元，同比增长了210.66%，说明我国在大力鼓励创新型技术鼓励创新型企业发展，但任何高精尖的技术产业是一个逐步摸索形成的过程，平均投入逐步增加，说明我国正在逐步实现突破。

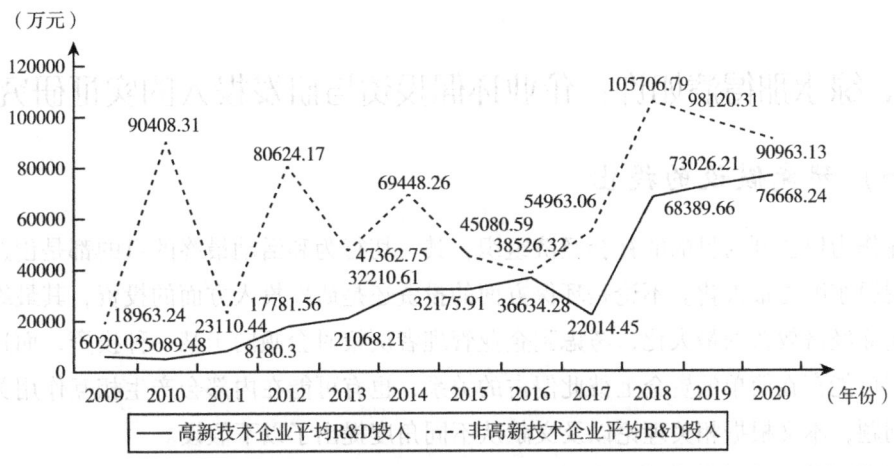

图7　高新与非高新技术企业各年份研发投入额

(3) 重污染企业与非重污染企业。

从变化趋势来看,如图8所示,非重污染企业相对平均R&D投入额较大,总体呈现上升趋势略有浮动,在2018年达到最高150285.57万元,同比上涨了248.28%;重污染企业平均R&D投入额较小但也呈上升趋势,波动较小,同样在2018年投入达到最大,达到了37043.32万元。从同期数据来看,非重污染企业的投入额均高于重污染企业,在2018年两者差额达到了113242.25万元。由图表或可以得出这种结论:"非重污染企业对环保的投资额度较小,所以对于创造新的应用进行系统的创造性活动的投入较大,即R&D投入较高;相反重污染企业需要过多的考虑环保投资以减少环境污染,所以对于开创新的技术等开发研究性活动投入,即R&D投入较低。"

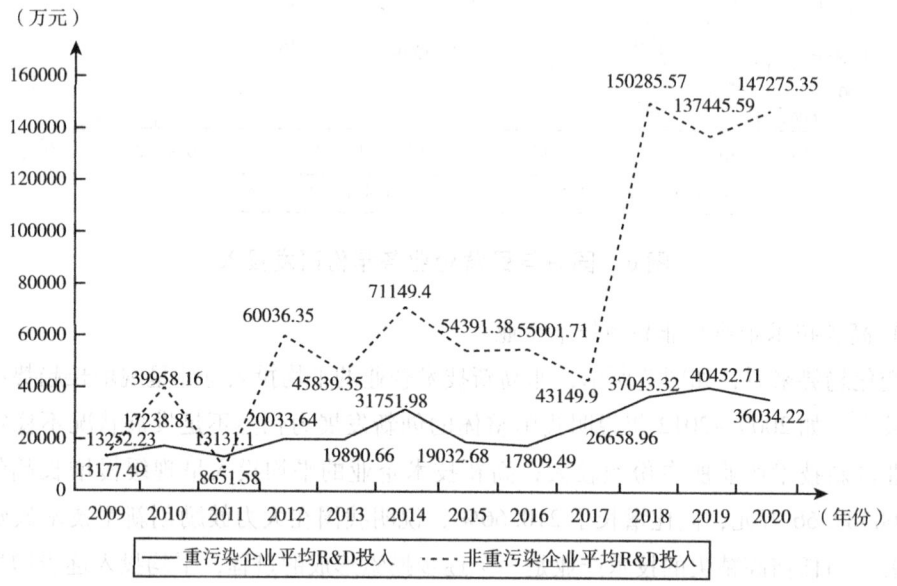

图8 重污染与非重污染企业各年份研发投入额

三、绿水那得清如许:企业环保投资与研发投入的实证研究设计

(一)研究假设的提出

企业作为以盈利为目的的社会经济组织,其一切行为和活动最终的目的都是创造经济效益,实现股东财富最大化。不论是环保方面的投资还是研发投入方面的投资,其最终目的均是达到企业经济效益的最大化,考虑到企业管理者决策时会倾向于某一种投资,而这些投资活动之间可能存在简单的资金上彼此侵占的关系,也有可能在内部会产生相互作用关系,基于这些问题,本文根据相关理论以及文献从不同角度提出了以下假设。

1. 环保投资与企业价值呈正相关。

波特假说认为,环保投资会促进企业进行更充分的革新活动,进而提高企业生产力,从而提升企业的经济效益，促进实现股东财富最大化。对于环保投资与企业价值的关系，国内外学者也从不同角度做了广泛的研究。一方面，郭静（2012）认为短期内企业环保投入会对企业价值产生负向作用，但两者之间存在滞后效应，在滞后三期两者呈显著的正相关关系。另一方面，杨哲（2017）发现企业环保投入、研发投入只有超过一个临界值时才能促进企业价值的提升，同时企业环保投入与企业研发投入彼此调节，共同促进企业市场价值的提升。李章崇（2019）认为对于重污染企业，环境绩效对财务绩效有显著促进作用。张钊铭、李月娥（2020）认为企业的环保投资有利于推动企业 EVA 值的提高。基于以上学者的研究成果，并结合波特假说与利益相关者理论，本文做出以下分析：环保投资对于企业来说既会带来收入效应也会带来成本效应，但两种效应在没有确切主体时无法判断哪方更胜一筹。例如，企业进行环保投资固然要付出一定成本，组织相关人员综合企业现状进行专业规划，消耗人力物力把计划进行实践等。与此同时，企业的环保投资一旦产生效果后，其带来的收入效应也是难以预测的。企业履行环保责任的行为无形中会成为一种信号，从而会更好地赢得社会的信任，拥有更高的社会知名度以及良好的口碑，会同时为企业带来经济效益和社会效益，从理论上来说环保投资为企业带来的收入效应是大于其成本效应的，因此，本文提出如下研究假设：

假设 H1：企业环保投资与企业价值之间存在正相关关系。

2. 研发投入与企业价值呈正相关。

综合大众创新、万众创新的奔涌洪流，可以知道研发投入对于企业来说是不可或缺的，研发投入就是引领企业发展的股股新流，也是推动企业掌握行业高端的技术拥有核心竞争力的有力武器。考虑到研发投入活动具有不确定性高、研发时间持久等特点，我们把企业分为两类来观察。对于中小型企业来说，处于行业内中等的地位，研发需求不迫切，对自主研发的需求不高且其所需要的一些技术基本已经相对成熟。张魁（2020）发现在中小板上市公司中，研发投入与企业绩效呈显著正相关关系。谭庆、吴镀镀（2020）选取我国 316 家信息技术业上市公司为样本，发现研发投入与企业经营绩效呈正相关。可见对于小微企业和科技型企业来说，研发投入与企业绩效是正相关的。另外，考虑到企业是本行业的大前锋，对自主研发的需求迫在眉睫，研发领域基本处于未知状态且难度极高，因此他们进行研发活动的成本更大、周期更长、风险更高，并且研发成功之前其成本都将费用化，影响企业的当期损益，基于以上分析，本文提出如下研究假设：

假设 H2：企业研发投入与企业价值之间存在正相关关系。

3. 环保投资与研发投入呈正相关。

从相关研究中可以发现，伴随着我国环境规制日益完善，企业进行环保投资受到了来自于政府规制的压力，即环境规制迫使企业选择环保投资，技术升级。考虑到国家法律法规、税收优惠和市场压力等外部因素与企业规模、产权性质等内部因素均会对企业研发投入和环保投资产生影响，对于企业来说，研发投入活动才是引领企业发展的不竭动力，研发投入能力才是产生企业价值的直接动力源泉，那么在环保投资与研发投入这两种投资活动中，国内外学者对此从不同角度进行研究。第一，贺娜、李香菊（2018）认为狭义环保税对研发投入数量的增加有显著的促进作用，且在国企中更为显著。第二，刘志红、曹俊文（2018）发现节能环保企业规模与研发投入的关系为倒"U"形曲线，与研发投入的关系则为正"U"形曲线。与企业而言，用于投资活动的资金是有限的，选择一项投资活动便会对另一投资产生不可忽视的影响，但这并不代表企业的研发投入与环保投资不能兼顾，对于企业，环保投资会为他们带来无形的价值，如社会中知名度、良好的社会形象以及好的口碑等，从而进一步获得经济效益。据此，本文提出如下研究假设：

假设 H3：企业环保投资与研发投入之间存在正相关关系。

（二）样本选取与数据来源

本文以国内 A 股上市公司中的企业为研究对象，选取深市主板、沪市主板、中小企业板以及创业板四大板块的上市公司，选取 2009～2018 年共计十年的数据，作为研究样本，舍弃环保投资额和研发投入额的企业，以及主要数据缺失的企业，共得到初始样本 791 个。

其中，环保投资额数据主要来源于手工整理获取的社会责任报告、可持续发展报告。企业研发投入额数据、托宾 Q 值以及企业规模、财务杠杆、总资产收益率等控制变量数据均来自国泰安数据库。数据处理和计量分析均采用 STATA15.0。初始样本分类情况如表 1 所示。

表 1　　　　　　　　　各板块样本数据分布情况

板块＼年份	2009	2010	2011	2012	2013	2014	2015	2016	2017	2018	总计
创业板	—	—	2	3	11	11	13	16	15	3	74
沪市板	—	5	4	47	56	64	8	36	62	63	345
深市板	3	2	—	18	24	26	23	27	16	4	143
中小板	6	4	13	18	28	38	9	60	31	22	229
总计	9	11	19	86	119	139	53	139	124	92	791

从表 1 中可以看出，从数据情况来看，2012 年之前主动发布社会责任报告的公司较少，样本数据缺失情况严重，随着时间的推进以及经济的发展，发布社会责任报告的公司越来越多，企业环保投资额数据也越来越具体，因此样本数据也越来越完善。从板块角度来说，沪市板和中小板主动披露社会责任报告的公司较多，相对创业板与深市板稍微逊色。

如表 2 所示，从数据情况来看，2012 年以前样本数据偏少，整体数据缺失较为严重，但在 2012 年以后，随着更多的企业主动发布社会责任报告，样本数据愈加详细。从地区角度看，东部地区样本量最多，中部地区和西部地区近而次之，东北地区起步较晚，样本数据整体偏少。

表 2 各地区样本数据分布情况

地区\年份	2009	2010	2011	2012	2013	2014	2015	2016	2017	2018	总计
东北地区	—	—	—	3	3	5	2	4	4	2	23
东部地区	6	8	14	58	67	90	33	87	68	55	486
中部地区	1	2	1	13	28	21	8	25	29	17	145
西部地区	2	1	4	12	21	23	10	23	23	18	137
总计	9	11	19	86	119	139	53	139	124	92	791

(三) 变量选取与模型构建

1. 变量的选取。

(1) 被解释变量。

企业作为以盈利为目的的社会经济组织，其一切行为和活动都是为了创造企业经济效益，并实现企业价值的最大化，对于企业价值的衡量，当前文献一般有这三种衡量方式，第一种方法是运用财务指标如总资产收益率等衡量企业的经济效益；第二种方法是用经济增加值来衡量企业价值；第三种方法是用市场价值指标托宾 Q 值来衡量企业价值，托宾 Q 值指企业市场价值与企业总资本的重置成本的比值，相比于单纯的财务指标，托宾 Q 值更能客观全面地反映企业的市场价值，并且在国内外文献中受到广泛应用，因此，本文用市场价值指标托宾 Q 值（tq）作为反映企业价值的替代变量，数据来自国泰安数据库。

(2) 解释变量。

本文研究的是企业环保投资与研发投入的关系，但对于企业来说，最终目的还是实现股东财富最大化，所以只有在投资活动能为企业带来商业或社会价值的前提下，研究投资活动间的关系才是有意义的，因此，本文以企业的研发投入和环保投资为解释变量，先研究其对企业价值的影响作用。通过梳理国内外文献，可以看出体现企业的投资程度的数值通常有绝对值及相对值两类，为了避免选取变量的片面化以及数值的差异化对结果产生的影响，本文采用对原始数值取自然对数的方式确定解释变量，即企业研发投入额（R&D）的自然对数（lnrd）作为体现企业研发投入的替代变量，同样，以企业环保投资额（Env）的自然对数（lnenv）作为体现企业环保投资的替代变量。

(3) 调节变量。

考虑到解释变量和被解释变量之间并不会是简单的线性关系，可能存在着一些中介变量来调节他们之间的关系，对于上市公司来说，利益相关者主要有企业客户、企业员工、原料或产品供应商以及股东等主体，其中股东是企业最重要的利益相关者，对于股权集中度较高的企业，股东的决策直接决定了企业的投资方向和发展方向。因此，基于上市公司的独特性质以及本文所研究的内容，本文选择股权集中度（cr1）作为调节变量，研究其是否会对两者之间的关系产生影响。对于股权集中度,本文以上市公司中企业第一大股东持股比例作为衡量企业股权集中度的指标,数据来源于国秦安数据库。

(4) 控制变量。

通过梳理现有文献,本文使用经营能力(cf)、财务杠杆(lev)、企业年龄(age)、盈利能力(roe)、流动比率(cr)、速动比率(ar)为控制变量,企业类型(Tech)为虚拟变量,高新技术企业取1,非高新技术企业取0;企业产权性质(Nat)为虚拟变量,国有企业取1,民营企业取0;企业行业(Ind)为虚拟变量,重污染行业取1,非重污染行业取0。各变量定义与计算方法如表3所示。

表3　　　　　　　　　　　　　变量定义

变量	含义	计算方法
tq	托宾Q值	(A股*今收盘价A股当期值 + 境内上市的外资股B股*今收盘B股当期值)/资产总计
lnrd	企业研发投入	企业研发投入额的自然对数
lnenv	企业环保投资	企业环保投资额的自然对数
crl	股权集中度	第一大股东持股比例
cf	经营能力	经营活动中产生的现金流净额/总资产
lev	财务杠杆	总资产/总负债
age	企业年龄	观测年度 − 公司注册年度
roe	盈利能力	净利润/总资产平均余额
cr	流动比率	流动资产/流动负债
ar	速动比率	速动资产/流动负债
Tech	企业类型	高新技术企业取1,非高新企业取0
Nat	企业产权性质	国有取1,民营取0
Ind	行业	重污染取1,非重污染取0

2. 模型的构建。

为验证假设H1,本文构建以下模型:

$$tp = \alpha_0 + \alpha_1 lnenv + \alpha_2 cf + \alpha_3 lev + \alpha_4 age + \alpha_5 roe + \alpha_6 cr + \alpha_7 ar + \mu \quad (模型一)$$

为验证假设H2,本文构建以下模型:

$$tq = \alpha_0 + \alpha_1 lnrd + \alpha_2 cf + \alpha_3 lev + \alpha_4 age + \alpha_5 roe + \alpha_6 cr + \alpha_7 ar + \mu \quad (模型二)$$

为验证假设H3,本文构建以下模型(注:对于企业来说,研发投入能力是企业发展的核心动力,研发投入活动对于企业来说是最重要的一项投资活动,因此在环保投资与研发投入的关系中,研发投入被定义为被解释变量,而环保投资则作为解释变量):

$$lnrd = \alpha_0 + \alpha_1 lnenv + \alpha_2 cf + \alpha_3 lev + \alpha_4 age + \alpha_5 roe + \alpha_6 cr + \alpha_7 ar + \mu \quad (模型三)$$

四、鱼和熊掌可以兼得：企业环保投资与研发投入的实证结果分析

（一）描述性统计

本文运用 Stata 软件从最大值、最小值、标准差和均数四个方面对模型的各变量进行了描述性统计分析，分析结果如表 4 所示。

表 4 变量的描述性统计

variable/变量	N/有效数据记录数	sd/标准差	min/最小值	max/最大值	mean/均数
lnrd	791	1.79	2.12	14.28	9.31
tq	791	1.16	0.78	7/10.86	1.95
lnenv	791	2.98	-1.35	15.76	7.91
cf	791	0.08	-0.46	0.36	0.06
lev	791	0.19	0.04	1.04	0.46
age	791	5.14	3	36	16.91
roe	791	0.07	-0.68	0.38	0.05
cr	791	2.24	0.25	24.09	2.03
ar	791	1.99	0.13	22.34	1.54

由表 4 可以看出，企业研发投入（lnrd）的最小值为 2.12，最大值为 14.28，均值为 9.31，说明样本企业研发投入之间波动较大，不稳定。托宾 Q 值（tq）的最小值为 0.78，最大值为 10.86，高 Q 意味着高的投资回报率，由此可以说明样本企业市场价值也有明显差异。环保投资额自然对数（lnenv）的最小值为 -1.35，最大值为 15.76，均值为 7.91，标准差为 2.98，说明样本企业之间环保投资差距较大，且存在两极分化的现象。从经营能力（cf）来看，其最小值为 -0.46，最大值为 0.36，均值为 0.06，说明样本企业之间经营能力相差甚微。资产负债率（lev）的最小值为 0.04，最大值为 1.04，均值为 0.46，标准差为 0.19，资产负债率反映了企业的偿债能力，说明样本企业之间资产负债率比较稳定。从企业年龄（age）来看，最小值为 3，最大值为 36，均值为 16.91，标准差为 5.14，说明样本企业年龄之间参差不齐，但企业总体存在时间较长。盈利能力（roe）的最小值为 -0.68，最大值为 0.38，标准差为 0.07，说明样本企业盈利能力相当，经营状况相差不大。流动比率（cr）的最小值为 0.25，最大值为 24.09，均值为 2.03，说明样本企业资产的变现能力各不

相同，差异较大，但大多数样本企业流动比率并不高。速动比率（ar）的最小值为0.13，最大值为22.34，均值为1.54，说明样本企业之间偿还短期负债能力差异较大，与流动比率相似，大多数样本企业的速动比率并不高。

（二）相关性分析

为验证各变量之间的相关性，本文对变量进行了相关性检验，检验结果如表5所示。由表5可知，各变量间的相关系数基本都在0.5以下，说明变量间不存在严重的多重共线性问题。

表5　　　　　　　　　　　相关性分析

	lnrd	tq	lnenv	cf	lev	age	roe	cr	ar
lnrd	1								
tq	-0.267 ***	1	-0.786 *						
lnenv	0.228 ***	-0.092 **	1						
cf	0.072 **	0.180 ***	0.021	1					
lev	0.297 ***	0.461 ***	0.095 ***	0.268 ***	1				
age	0.091 **	-0.116 ***	0.03	-0.034	-0.184 **	1			
roe	0.033	0.351 ***	-0.009	0.489 ***	0.431 ***	0.152 ***	1		
cr	-0.169 ***	0.367 ***	-0.051	0.061 *	0.615 ***	0.124 ***	0.222 ***	1	
ar	-0.135 ***	0.318 ***	-0.03	0.061 *	0.579 ***	0.129 ***	0.204 ***	0.984 ***	1

由表5可知，环保投资（lnenv）与企业价值（tq）的相关系数为-0.092，研发投入（lnrd）与企业价值（tq）的相关系数为-0.267且在1%水平上显著，初步验证了假设一。环保投资（lnenv）与研发投入（lnrd）之间的相关系数为0.228且在1%水平上显著，初步验证了假设三。另外，企业价值与控制变量经营能力（cf）、盈利能力（roe）、流动比率（cr）、速动比率（ar）均在1%水平上呈显著正相关，与资产负债率（lev）、企业年龄（age）均在1%水平上呈显著负相关。相关性结果初步表明前文假设一、假设三是正确的，但相关性分析并未考虑其他的影响因素，仅对两个变量之间做了简单的比较，更准确的结果还需在下一步的回归分析中进行证明。

（三）实证结果分析

1. 持续性环保投资对企业价值有正向促进作用。

为验证模型一，本文对样本数据进行了回归分析，回归结果如表6所示。

表 6　　　　　　　　　　环保投资对企业价值的回归分析

	(1) tq	(2) tq	(3) L.tq	(4) L2.tq
lnenv	0.1675*** (2.07)	0.1218** (2.00)	0.1430** (2.13)	0.0450 (0.49)
cf		0.3141 (0.33)	-0.7151 (-0.63)	-0.9586 (-0.98)
lev		-1.3153*** (-4.31)	-0.7650 (-1.53)	-0.8354 (-1.58)
age		-0.0062 (-0.65)	-0.0029 (-0.21)	-0.0201 (-1.27)
roe		3.2555*** (2.92)	2.9869** (2.57)	0.7934 (1.10)
cr		0.6629*** (3.70)	1.0004*** (3.72)	0.4917** (2.03)
ar		-0.6544*** (-3.42)	-0.9264*** (-3.30)	-0.2669 (-0.84)
_cons	1.9235*** (45.47)	2.0901*** (7.06)	1.7199*** (3.77)	1.7801*** (4.89)
N	772	772	293	201
r2_a	0.0076	0.3353	0.4307	0.3903
F	4.2978	13.3823	9.3153	6.2473

　　由表6可知，环保投资经过投资期后（lnenv）与当期企业价值（tq）的相关系数为0.1218，且在5%的水平上显著，说明环保投资可以明显促进当期企业价值的提升，由此验证了假设一。而后本文对环保投资与滞后期企业价值进行了进一步分析，发现环保投资与滞后一期企业价值（L.tq）仍在5%水平上显著正相关，而与滞后二期企业价值（L2.tq）相关系数虽然为正但并不显著，说明环保投资并不是一劳永逸的，具有时效性，只有坚持进行环保投资才能持续的对企业价值起到正向促进作用。控制变量资产负债率（lev）、速动比率（ar）均与当期企业价值（tq）在1%的水平上是显著负相关，盈利能力（roe）、流动比率（cr）与当期企业价值（tq）在1%的水平上是著正相关，企业规模（age）与当期企业价值（tq）则没有显著相关关系。

2. 研发投入对滞后期企业价值有正向促进作用。

　　为验证模型二，本文对样本数据进行了回归分析，回归结果如表7所示。

表7　　　　　　　　　　　研发投入对企业价值的回归分析

	(1) tq	(2) tq	(3) L. tq	(4) L2. tq
lnrd	0.1739*** (-7.97)	-0.1015*** (-4.47)	-0.0741** (-2.38)	-0.0708* (-1.86)
cf		0.4187 (0.46)	-0.4523 (-0.41)	-0.5884 (-0.62)
lev		-0.9806*** (-3.02)	-0.5301 (-0.94)	-0.5209 (-0.90)
age		-0.0068 (-0.68)	-0.0037 (-0.26)	-0.0195 (-1.21)
roe		3.7917*** (3.04)	3.1480** (2.54)	0.8862 (1.15)
cr		0.6059*** (3.30)	0.9523*** (3.49)	0.4708* (1.98)
ar		-0.5839*** (-2.98)	-0.8598*** (-3.02)	-0.2423 (-0.79)
cons		2.8064*** (7.72)	2.2266*** (4.18)	2.2594*** (5.08)
N	768	768	292	201
r2_a	0.0700	0.3532	0.4321	0.3998
F	63.5556	14.4953	9.2930	6.1471

由表7可知，企业研发投入（lnrd）与当期企业价值（tq）的相关系数为-0.1015且1%的水平上显著，说明企业的研发活动会对当期企业价值产生不利影响，随后本文对研发投入与滞后期的企业价值再次进行回归分析，发现企业研发投入与滞后一期、滞后二期的企业价值之间的相关系数为-0.0741和-0.0708且显著性水平逐渐降低，也就是说，研发投入对企业价值的不利影响在逐渐减小，说明对于企业来说，研发是一项周期长且耗资巨大的投资活动，前期的研发活动可以说是完全"亏本"的，在研发支出不断费用化的情况下势必会对企业价值产生负向影响，但随着时间的推移，研发活动逐渐取得成果，因此研发投入对企业价值的负向影响会逐渐减小，而且如果企业最终研发成功，取得的创新成果会使企业的经济实现实质性的增长并能抓住机遇在激烈的竞争中占据优势。

3. 环保投资推动研发投入形成良性循环。

为验证模型三，本文对样本数据进行了回归分析，回归结果如表8所示。由表8可知，企业研发投入（lnrd）与环保投资（lnenv）的相关系数为 0.1043 且在 1% 水平上显著，假设三得到验证，由此可知，企业进行环保投资不仅不会对其研发投入产生抑制作用，反而会促进其进行技术上的创新从而统筹兼顾更好的发展，故对于企业，不能以牺牲环境为代价获取经济利益，环保投资与研发投入会互相促进从而实现一个良性循环，企业可以实现环保与创新这两项投资活动的双赢。从控制变量来说，企业研发投入（lnenv）与其资产负债率（lev）在 1% 水平上显著正相关，与盈利能力（roe）、速动比率（ar）在 5% 水平上显著正相关，说明资产负债、盈利能力与速动比率对企业研发投入会产生显著正向影响，此外，研发投入还与企业的流动比率（cr）在 5% 的水平上显著负相关，说明流动比率会对企业研发投入产生显著负向影响。研发投入与企业年龄（age）正相关但并不显著，说明企业存在时间的长短并不会对研发投入产生明显的影响。

表 8   环保投资对研发投入的回归分析

	(1) lnrd	(2) lnrd
lnenv	0.1369 *** (5.35)	0.1043 *** (4.74)
cf		1.9785 (1.37)
lev		3.4918 *** (5.33)
age		0.0009 (0.04)
roe		4.4061 ** (2.44)
cr		-0.4202 ** (-2.19)
ar		0.5201 ** (2.57)
_cons	8.2283 *** (40.65)	6.1775 *** (11.91)
N	787	787
r2_a	0.0508	0.1823
F	28.5947	9.8846

4. 不同类型企业的实证结果对比分析。

为进一步研究企业环保投资与研发投入的关系，本文按照产权性质和行业类型将样本企业分为国有企业与民营企业、高新技术企业与非高新技术企业、重污染企业与非重污染企业，分别对其进行回归分析，分析结果如表9所示。

表9　　　　产权性质、不同类型企业对结果产生的影响回归分析

	(3) lnrd 国有	(4) lnrd 民营	(5) lnrd 高新	(6) lnrd 非高新	(7) lnrd 重污染	(8) lnrd 非重污染
lnenv	0.1577*** (4.45)	0.0557*** (2.01)	0.0505** (2.25)	0.2749*** (5.60)	0.0792** (2.31)	0.1108*** (3.47)
cf	3.4322* (1.72)	−0.4693 (−0.31)	1.6700 (1.31)	2.4259 (0.97)	1.7803 (1.18)	3.0319 (1.30)
lev	3.4421*** (3.60)	3.4568*** (3.85)	3.0766*** (4.17)	4.3973*** (2.81)	2.8032*** (3.43)	3.7956*** (4.13)
age	−0.0500 (−1.59)	0.0494* (1.91)	−0.0092 (−0.42)	0.0101 (0.22)	0.0170 (0.54)	−0.0270 (−0.92)
roe	2.5465 (1.07)	7.2917*** (4.07)	3.1218* (1.72)	6.7548** (2.11)	3.5077 (1.48)	5.1582** (1.98)
cr	−0.6844** (−2.07)	−0.1941 (−0.97)	−0.3701* (−1.82)	−0.4009 (−0.89)	−0.0807 (−0.44)	−1.4352*** (−2.88)
ar	0.8399** (2.38)	0.2522 (1.09)	0.4535** (2.14)	0.6157 (0.99)	0.1034 (0.50)	1.5887*** (3.11)
_cons	6.4239*** (7.41)	5.9837*** (8.60)	6.8808*** (12.61)	4.1802*** (3.12)	6.2939*** (8.73)	6.9212*** (8.34)
N	432	355	488	299	431	356
r2_a	0.2039	0.2093	0.2143	0.2090	0.1453	0.2436
F	6.5349	5.3185	8.9401	5.3563	6.4078	8.1761

（1）国有企业与民营企业对比分析。

由表9可知，国有企业环保投资（lnenv）与研发投入（lnrd）的相关系数为0.1577且在1%水平上显著，民营企业环保投资（lnenv）与研发投入（lnrd）的相关系数为0.0557且在5%水平上显著，说明国有企业的环保投资对其研发投入产生的正向影响更大，这可能是由于国有企业自身社会影响力与社会公信力较大，加之融资渠道更方便，对环保方面更加

重视监管更严，因此其环保活动更会进一步提升企业形象与企业价值，从而对其研发投入活动产生正向促进作用。

(2) 高新技术企业与非高新技术企业对比分析。

由表9可知，高新技术企业环保投资（Inenv）与研发投入（Inrd）的相关系数为0.0505且在5%水平上显著，非高新技术企业环保投资（Inenv）与研发投入（Inrd）的相关系数为0.2749且在1%水平上显著，说明高新技术企业的研发投入活动对其环保投资的多少敏感性较低，表明对于高新技术企业这种以研发投入能力为核心竞争力的企业来说，不论其环保投资如何，其研发活动都是至关重要的，而对于非高新技术企业来说，其生产经营活动及投资方向可能较为灵活，因此环保投资对研发投入的影响比较明显。

(3) 重污染企业与非重污染企业对比分析。

由表9可知，重污染企业环保投资（Inenv）与研发投入（Inrd）的相关系数为0.0792且在5%水平上显著，非重污染企业环保投资（Inenv）与研发投入（Inrd）的相关系数为0.1108且在1%水平上显著，说明非重污染企业环保投资对其研发投入的正向促进作用效果更显著。

五、鱼和熊掌如何兼得：促进企业高质量和可持续发展的建议

(一) 政府层面

1. 完善环境规制，提高政策针对性。

由我国企业环保投资现状可知，民营企业、非高新技术企业以及重污染企业环保投资额相对较低，这就需要政府根据不同类型企业有针对性地制定差异化环境规制政策，重点关注环保积极性较低的企业，针对其制定适合其自身企业特点和发展状况的环境规制政策，使之承担起应承担的社会环境责任，根据不同类型的企业采取适当的激励机制，同时，对于环境污染情况较为严重的企业，适当加大环境污染处罚力度，激励企业从被动进行环保活动到主动寻求研发投入以缓解环保压力的转变，从根本上落实环境保护政策。

2. 调动公众参与，激发企业积极性。

"十四五"中强调加大环保信息公开力度，加强企业环境治理责任制度建设，完善公众监督和举报反馈机制，引导社会组织和公众共同参与环境治理。公众作为企业投资的最终受益者，理应承担起保护环境的社会责任，这就需要公众从自身做起树立环保意识，大力支持绿色环保企业产品，减少对重污染高排放产品的使用，在政府的推行下，切实践行环保理念，从而使企业根据民众的需求，对产品进行技术上的创新，激发企业环保投资的积极性，根据民众所需"投其所好"。同时也应该发挥大众媒体的监督作用，疏通公众参与公开环保投资项目的渠道，从而提升企业的环保意识，在追求政绩的过程中，树立长远的发展目标，落实环保投资工作。

3. 优化产业结构，树立发展新理念。

优化重工业的产业结构，推动传统重化工企业的转型升级。大力发展资源节约和环境友好的产业，对传统工业进行绿色改造，减少能源消耗，降低污染物排放，提高资源的利用率配合国家宏观调控政策，遏制重污染行业盲目扩张的势头，减少污染排放促进产业结构和的调整和优化升级。政府应重点支持新材料、节能环保、新能源信息等企业的发展，加大对其投资力度，推动工业的高质量发展。使企业树立起经济与环境融合发展的新理念，在推动企业经济发展的同时，增加环保投资环境保护，谋求企业长期可持续性发展。环保投资的效益可能存在滞后性，企业应该树立长远的目光，综合考虑环保投资带来的经济效益。

（二）企业层面

1. 提高企业意识，加大环保投资力度。

加强企业主动进行环保投资意识。对于企业来说，环保投资是其不可忽视的一项经济活动，通过提高企业环保投资所带来长期经济效益的意识，引导企业正确进行环保投资并主动投资。作为企业，在其生产产品的过程中会消耗大量可再生和不可再生资源并产生废弃物，因此理应承担更多的环境责任，企业自身只有意识到环保投资带来的长期的丰厚效益，才能真正将环保投资持续进行下去。企业需要制订环保投资战略，加大环保投资，包括购买环保设备以及在技术水平上减少废弃物的排放，将企业的环保战略和经济战略相融合，脚踏实地的开展环保活动，增强自身对环境污染的应对及治理能力，打造绿色企业，树立良好的社会形象从而吸引更多顾客已达到企业的长远发展，但环保投资绝不可自欺欺人，走形式主义，也不可能一劳永逸，只有企业踏踏实实地坚持做环保，自觉承担起应承担的社会责任，绿色企业的形象才能真正地深入人心，企业才能真正地提升自身价值并实现可持续发展。

2. 调整股权结构，提升科学决策能力。

从以上的分析结果可知，对于企业来说，研发投入与环保投资并不是不可兼得、需要取舍的，它们呈现正相关的关系，即两者之间相互促进、相互影响，共同促进企业经济效益的提高。科学的决策水平会给企业带来更大的经济效益。而提高企业科学决策水平的关键在于调整企业的股权结构，股东的决策对企业的投资活动会产生直接的影响，对规模较大的上市公司来说，股权越集中，企业投资活动产生的效益越大。因此，善于决策，目光长远的股东对公司的发展是至关重要的，它们在保证企业自身良好发展的同时也应肩负起身为有影响力的公众人物的社会责任，注重绿色环保发展，保证研发投入与环保投资并驾齐驱的同时科学慎重决策。在企业发展的过程中，不断的提高科学决策能力。

3. 健全环保机制，促进企业协同发展。

健全企业的环保投资信息的披露机制，使其投资信息更明确，缓解信息的不对称。首先，在企业的生产经营过程中，要对企业环保投资方面的费用单独核算，确保每一项环保投入都能可靠、完整、及时、准确地记录下来，为企业编制财务报表和环保报告书提供有利的数据支撑，另外，企业要单独设立环保投资预算，结合企业自身情况，将企业的产品开发、原料选取以及制作工艺等环节的节能降耗，废弃物排放的治理进行量化，以科学合理的方式评估环保投资给企业带来的经济效益，形成专属于企业的环保绩效分析报告。促进企业经济效益与环境保护兼顾的协同发展。特别是以重化工和煤炭为主的企业，更需要健全环境成本的核算，根据"十四五"时期研讨会上国家提出碳中和的目标，向绿色经济发展转型，这样才能在挑战中抓住机遇，促进企业长远发展。最后，以环境报告书为引来扩大企业对环保投资信息的披露，还要健全环境保护方面会计内容、业务核算及信息披露的规范，搭建企业的环保投资信息服务平台，便于企业环保投资和产出的比较以及企业外部环境信息者使用与评价。扩大企业在环保投资方面对外的影响力，从根本上促进企业绿色低碳高质量，经济效益的协同发展。

六、结论

本文通过对 2009~2020 年 A 股上市公司中部分企业的数据进行实证分析，实证研究环保投资与研发投入对企业价值的影响、环保投资与研发投入之间的关系，并进一步研究产权性质与不同类型企业对结果产生的影响，得出的结论如下：

（1）企业环保投资对当期企业价值具有显著正向影响，但对滞后期企业价值的影响较小，说明环保投资具有时效性，只有持续性地进行环保投资才能实现绿色发展。

（2）企业研发投入对当期企业价值具有显著负向影响，但随着时间的推移，这种负向影响逐渐减弱，说明研发投入活动是一项周期较长的投资活动，在短期内看不到明显的利益回报，但长期来看研发投入会对企业价值产生正向影响。

（3）企业环保投资与研发投入呈正相关，环保投资会在很大程度上促进企业的技术创新。虽然环保与研发都会挤占企业资金，但对于企业而言，两者并不是相互抑制、此消彼长的关系，并非不可兼得。相反，两者之间呈正相关，环保资金的投入也有利于企业研发投入的提升，推动企业实现绿色创新发展。

获奖情况：第 15 届"挑战杯"河南省大学生课外学术科技作品
完成人员：刘文慧，张明星，范媛，裴明文，屈艺婷，张芙容，刘聪兰

参考文献

[1] 徐凯文. 建设具有中国特色的社会心理服务体系 [J]. 心理学通讯, 2019 (1): 22-24.

[2] 朱永新. 彰显生命的高度——新教育实验理论及教师成长之道 [J]. 河北师范大学学报 (教育科学版), 2021 (2): 1-6.

[3] 栾甫贵. 论会计教育理念 [J]. 会计研究, 2013 (4): 20-25, 95.

[4] 栾甫贵. 会计教育内涵的拓展——基于人生教育的思考 [J]. 会计研究, 2017 (12): 87-92, 97.

[5] 尚洪涛, 栾甫贵. 会计学专业教学理念的探讨 [J]. 中国大学教学, 2010 (6): 49-52.

[6] 栾甫贵. 会计教育目标: 人才与人生的思考 [J]. 商业会计, 2017 (4): 4-7.

[7] 孙立会, 王晓倩. 智能时代下信息技术与课程整合的解蔽与重塑——课程论视角 [J]. 河北师范大学学报 (教育科学版), 2020 (4): 118-124.

[8] 张悦, 邵坤, 岳新茹. "大智移物云区" 时代的注册会计师能力建设及人才培养 [J]. 中国注册会计师, 2021 (9): 3, 72-74.

[9] 张悦. 数字经济时代应用型高校会计学教材的编写理念与建议 [J]. 教育与职业, 2021 (7): 90-94.

[10] 栾甫贵. 论会计学的学科性质 [J]. 会计研究, 2019 (3): 18-24.

[11] 秦荣生. 大数据思维与技术在会计工作中的应用研究 [J]. 会计与经济研究, 2015, 29 (5): 3-10.

[12] 谢诗蕾. 探索信息化时代会计人才培养的转型之路 [J]. 财会月刊, 2020 (1): 81-85.

[13] 黄世忠. 移动互联网时代财务与会计的变革与创新 [J]. 财务与会计, 2015 (21): 6-9.

[14] 张庆龙. 疫情背景下的专业思考 [J]. 财务与会计, 2020 (5): 81-85.

[15] 秦荣生. 云计算的发展及其对会计、审计的挑战 [J]. 当代财经, 2013 (1): 111-117.

[16] 徐经长. 人工智能和大数据对会计学科发展的影响 [J]. 中国大学教学, 2019 (9): 39-44.

[17] 刘国城, 董必荣. "互联网+" 时代我国高校本科会计教育的困境与变革 [J].

南京审计大学学报, 2017, 14 (1): 102-109.

[18] 秦荣生. 大数据、云计算技术对审计的影响研究 [J]. 审计研究, 2014 (6): 23-28.

[19] 况玉书, 刘永泽. 人工智能时代高等会计教育变革与创新 [J]. 财经问题研究, 2019 (7): 96-103.

[20] 王奕俊, 杨悠然. 人工智能背景下专业人才培养的发展路径与方向——基于会计职业相关数据的实证研究 [J]. 中国远程教育, 2020 (1): 35-45, 76-77.

[21] 刘正阳, 刘正航. 基于价值创造的企业会计人才评价: 理论框架、关键概念与运行机制 [J]. 会计研究, 2019 (5): 89-96.

[22] 闵维方. 从经济视角看我国面向2035年的高等教育发展战略 [J]. 教育与经济, 2018 (2): 3-9, 42.

[23] 杨开城, 许易. 论现代教育的基本特征与教育信息化的深层内涵 [J]. 电化教育研究, 2016 (1): 12-17、24.

[24] 张敏, 王银屏, 李昂. 新文科背景下的商科学生项目制学习方法——以智能会计专业为例 [J]. 财会月刊, 2021 (12): 1-5.

[25] 刘光强, 干胜道. 管理会计数字技能的培养路径——基于CDIO工程教育模式 [J]. 财会月刊, 2021 (13): 52-59.

[26] 唐衍军, 蒋尧明. 论"四跨"融合下新时代新文科审计人才培养 [J]. 财会月刊, 2021 (6): 105-108.

[27] 陈晓芳, 夏文蕾, 张逸石, 李铭泽. 新时代新商科的内涵及"多维度协同"培养体系改革 [J]. 财会月刊, 2021 (5): 107-113.

[28] 孙刚. 大数据驱动下业财融合导向的管理会计人才培养机制创新 [J]. 财会月刊, 2021 (2): 88-93.

[29] 栾甫贵. 论会计学的质疑教学法 [J]. 财会月刊, 2020 (21): 54-58.

[30] 颜敏. 论以学生为中心会计"金课"的建设路径 [J]. 财会月刊, 2020 (5): 47-56.

[31] 刘阳. 区块链下财务管理专业业财融合教学模式革新 [J]. 财会月刊, 2020 (1): 50-54.

[32] 白露珍, 邱玉莲, 张宏. 案例教学法在管理会计课程教学中的应用 [J]. 财会月刊, 2019 (S1): 13-16.

[33] 陈晓芳, 李琴. 会计学原理课程教学设计与评价研究——基于"MOOC+SPOC+翻转课堂"[J]. 财会月刊, 2019 (20): 74-81.

[34] 唐运舒, 马雯, 姚禄仕. 从系统视角看会计专业教学改革 [J]. 财会月刊, 2019 (14): 104-108.

[35] 诸波, 张明薇, 干胜道. 论高校会计本科教育供给侧结构性改革——基于大数据

的会计人才需求调查 [J]. 财会月刊, 2019 (7): 55-60.

[36] 阳杰, 应里孟. 审计大数据分析人才需求及其培养——基于CDIO理念的模式建构 [J]. 财会月刊, 2019 (4): 108-119.

[37] 杨瑞平, 吴秋生, 王晓亮. 通识教育下的《中级财务会计》教学改革研究 [J]. 财会月刊, 2019 (2): 72-77.

[38] 张媛, 刘海, 李中傲. "智慧财务"下创新教育对人工智能商数的需求——以数据分析法案例教学为例 [J]. 财会月刊, 2018 (24): 98-104.

[39] 刘金彬, 赵蓓, 曹明才. 以能力培养为导向的会计学专业人才培养体系探索与实践 [J]. 财会月刊, 2018 (20): 99-105.

[40] 张悦, 杨乐, 韩钰, 邱保印. 大数据环境下的审计变化、数据风险治理及人才培养 [J]. 审计研究, 2021 (6): 26-34、60.

[41] 宋荣, 贺沙, 高进东. 基于逻辑学课程的实践育人模式探究——以华中师范大学为例 [J]. 湖北第二师范学院学报, 2021, 38 (10): 54-61.

[42] 陈华钢. 应用型本科环境设计专业"三方联通、五位一体"协同育人模式的创新与实践 [J]. 美术教育研究, 2021 (8): 98-103.

[43] 叶红春, 陈奇. 新商科背景下经管类大学生培养"五位一体"模式构建研究 [J]. 教书育人 (高教论坛), 2020 (24): 36-38.

[44] 莫付欢. 地方高校"1+6式"科研育人创新模式探索与示范——以广西科技师范学院为例 [J]. 广西科技师范学院学报, 2018, 33 (5): 79-81, 92.

[45] 蒲莹莹, 冯慧春. 全过程育人视角下"六位一体"学士导师制实践育人机制探究——以上海理工大学材料科学与工程学院为例 [J]. 现代教育科学, 2018 (3): 102-106.

[46] 戴亚虹, 李宏, 邹杨波, 陈芬. 新工科背景下"学践研创"四位一体实践教学体系改革 [J]. 实验技术与管理, 2017, 34 (12): 189-195, 225.